新三板挂牌工作手册

常规、重点法律问题反馈解决实例与新三板法律法规

高慧 律师 编著

中小企业资本梦

SMEs' DREAM OF CAPITAL

法律出版社 LAW PRESS · CHINA

序一
今日感慨:新创业项目的融资

有大学生问我,我想创业但没有啥方向怎么办,我说那就试试开个网店或者跟别人去做个事情,因为如果我们的创业还没有方向,还只是在尝试,在练手,在找感觉,这个时候最好的方法是多少用一点自己的钱、借到的朋友的钱、父母亲友愿意支持的钱去练。如果我们有点资源与经验去做个传统的创业项目,也多少有点规模,或者因为我们的认真投入还有了点像样的发展,因为在传统项目领域中真正很勤奋与很钻研的人也是有限的,也未尝没有点机会,比如,我看有人做很传统的面店,把面做得很地道很有特色,也很有人气呢,这样的项目如果遇到一些传统的投资者,或者正好也在相关的产业领域发展的投资者,那么他们可能会愿意并购你的股份或者争取整体购并你。只有多少能透视前沿的消费需要与市场机会,或者能接触前沿的商业模式,所进行的探讨或者惊艳异人,或者有很大的想象空间,这样的项目才可能得到风险投资的支持。

消费与储蓄类金融机构,它们的风险耐受程度显然不能与风险投资机构相比,它们更适合在较为稳健的商业模式下提供有较低风险度的融资服务,因此它们努力革新;而为了支持更有创新发展空间的企业,股权交易机构为更大规模与更大半径的公开融资提供了机会,但这些企业在境内与境外的交易机会与交易模式也有很大的区别,不同类型的机构所提供的融资类别与机会也不同。本书着眼于为中小企业服务,对于各类融资服务渠道与利用方式所进行的介绍,有一定的工具价值与参考意义。很多时候,我们的帮助渠道是有的,但很零散与多元,做这样一件整合的工作,需要相当耐心与细致的工作,这本书就是这样工作的成果。

中国有1.1亿个营业主体,拿到过各类他人与其他机构投资的企业大约5万家,其中得到正规机构投资的企业大约2万家,涉及公开股权交易的企业5千家左右,得到银行与小额贷款服务的机构则以百万计。而在这里面,算作大型企业的最多也就是5千家,绝大多数的企业是中小企业。对于中小企业的服务,在今天已经远比以往更受重视了,其中互联网金融、民营银行、小额信贷等服务机构,更加以中小企业与小微企业服务为重心,这方面探索的力度与投入在近年是相当可观的,这也为本书提供了适当的素材。我们希望这样的探索还能继续扩大政策空间,尤其是在产品丰富与服务针对性方面,有更多的服务机构与服务形态出现,并且以政策支持的市场化服务力量为主导,以此期待进展。

零点研究咨询集团董事长兼总裁　袁　岳

序二

创业、融资、上市这似乎是一条很多创业者心里的梦想之路和外人眼中的成功之路！随着越来越多的年轻人参与到创业的大军中来、越来越多的公司在海外资本市场上市、越来越快的资本造富神话不断涌现，尤其是最近京东商城、阿里巴巴的上市让中国的资本市场和管理部门不得不反思，我们的资本市场管理和运营出了什么问题？我们要怎样留住优质的企业？我们要给创业者什么样的舞台？我们要给投资者什么样的投资机会？

我在私募股权投资领域工作多年，退出是我们最为关注的一个环节，因为只有实现了完美的退出，才能获得投资回报。对于私募股权投资基金来说，最好的退出渠道非公开上市莫属，其次才是并购或回购等方式。我关注了中国的主板市场、中小板市场的发展、经历了创业板推出和飞快成长、目睹了过去数十年美元基金在中国私募股权投资市场翻云覆雨以及在海外公开市场赚得盆满钵满，以及人民币股权投资基金后来居上并在创业板上表现不错。

新三板在几个地方的试点早已不是一件新鲜事，现在成为一个全国性的市场，并配合众多政策的支持、政府部门的重视，已经吸引了大量创业者和投资人的关注。中小企业融资难一直是困扰中国企业家的难题，主板、中小板和创业板的硬性门槛，挡住了大量中小企业、尤其是轻资产创业企业的上市融资之路，但新三板相对宽松的要求，给他们提供了一条不错的上市机会。另外，无论是对我们这样的股权投资人还是对创业家自己而言，都提供了一个实现股权流通的平台。

新一届政府在公司设立、行政许可、税收优惠、创业扶持、银行信贷、资本市场等方面做了很多政策上的倾斜，最近国家主席和国务院总理都频频公开表示对创新创业的支持和鼓励，相信这会大大地激发一大批有志青年走上创业之路，促进一大批高新技术企业走上资本市场的道路。

中小企业在新三板上市是一个战略性的系统工程，需要企业、投资机构、中介机构等进行综合评估。高慧律师将自己在资本市场多年积累的经验汇集成本书，相信能够帮助企业家了解新三板及其运作模式，方便他们在实施新三板上市时参考。本书也为我们这些投资机构提供了很好的知识要点和学习素材。

蓝石天使 创始合伙人　桂曙光

Contents 目录

第一部分 常规问题反馈应对方案

第二部分　重点法律问题反馈解决案例

Contents 目录

第三部分　法律法规汇编

Contents 目录

第一部分

常规问题反馈应对方案

第一章

《反馈意见》"第一部分 1. 合法合规"

1.1 股东与实际控制人

1.1.1 股东适格性

请主办券商、律师核查公司股东是否存在法律法规或任职单位规定不适合担任股东的情形,并对公司股东适格性,发表明确意见。

答复:

1. 核查过程及分析

本所经办律师查阅了公司工商登记资料、股东名册、法人股东工商登记材料、法人股东公司章程、自然人股东身份证明等资料,并在全国法院被执行人信息查询网、全国法院失信被执行人名单信息公布与查询网及全国企业信用信息公示系统中对股东情况进行了查询。

截至本补充法律意见出具之日,公司现有股东持股情况如下表所示:

序号	股东名称	持股数量(股)	持股比例	股东性质
1				
2				
合计				-

公司股东基本情况详见法律意见之"六、发起人、股东和实际控制人"所述。

经核查,公司现有【 】名股东中,自然人股东【 】、【 】系具备完全民事权利能力及民事行为能力的中国籍公民,不存在《中华人民共和国公务员法》、《关于严禁党政机关和党政干部经商、办企业的决定》、《国有企业领导人员廉洁从业若干规定》、《中国人民解放军内务条令》等国家法律、法规、规章及规范性文件规定不适宜担任股东的情形;法人股【 】系根据《公司法》依法设立并有效存续的有限公司;公司股东均具备法律、法规和规范性文件规定进行出资的资格。

2. 核查结论

本所经办律师认为,公司现有股东均不存在国家法律、法规、规章及规范性文件规定不适宜担任股东的情形,其股东资格适格。

3. 补充披露情况

无须补充披露事项。

1 | 1.2 控股股东与实际控制人认定

请主办券商、律师核查控股股东、实际控制人认定的理由和依据,并对认定依据是否充分、合法发表意见。请公司补充披露。

答复:

1. 核查过程及分析

本所经办律师查阅了【　】工商登记资料、【　】工商登记资料、中国委托公证人及香港律师【　】出具关于【　】的《证明书》、开曼群岛政府出具的关于【　】良好存在证明及开曼律师出具的公证书及注册登记资料等。

根据《公司法》及《全国中小企业股份转让系统挂牌公司信息披露细则(试行)》关于"控股股东"及"实际控制人"的认定,公司的第一大股东【　】持股比例为【　】,系公司控股股东;【　】和【　】系夫妻关系,均通过间接方式合计控制【　】100%股权,因此【　】和【　】合计实际控制【　】、【　】股份,系【　】实际控制人。

2. 核查结论

本所经办律师核查后认为,公司控股股东和实际控制人认定的理由和依据充分,符合法律法规和规范性文件的规定。

3. 补充披露情况

无须补充披露事项。

1 | 1.3 控股股东与实际控制人合规性

请主办券商、律师核查公司的控股股东、实际控制人最近24个月内是否存在重大违法违规行为,对控股股东、实际控制人的合法合规情况发表意见。

答复:

1. 核查过程及分析

本所经办律师查阅了控股股东【　】工商登记资料及控股股东、实际控制人出具的书面确认函,并登陆全国法院被执行人信息查询网站、全国法院失信被执行人名单信息公布与查询系统网站及全国企业信用信息公示系统进行查询。

经本所经办律师核查，控股股东【 】于【 】年【 】月【 】日成立，报告期内不存在因违法违规经营而被工商、税务、社保、海关、质监、环保等部门处罚的情况，也不存在因违反国家法律、行政法规、部门规章、自律规则等受到刑事、民事、行政处罚或纪律处分。公司实际控制人【 】曾任【 】、【 】的法定代表人，但【 】、【 】于【 】年【 】月【 】日被工商部门处以吊销营业执照的行政处罚，导致【 】在【 】年【 】月至【 】年【 】月期间担任【 】有限执行董事兼总经理的任职资格存在瑕疵。【 】承诺若因【 】有限期间董事、监事、高级管理人员的任职瑕疵给公司带来任何不利影响，均由其承担。

除上述情形外，公司实际控制人【 】、【 】在报告期内无因违反国家法律、行政法规、部门规章、自律规则等受到刑事、民事、行政处罚或纪律处分；无因涉嫌违法违规行为处于调查之中尚无定论的情形；最近两年无对所任职（包括现任职和曾任职）的公司因重大违法违规行为而被处罚负有责任的情形；无个人负有数额较大债务到期未清偿的情形；无欺诈或其他不诚实行为。

2. 核查结论

本所经办律师核查后认为，公司控股股东【 】及实际控制人【 】和【 】最近 24 个月内不存在重大违法违规行为，不存在尚未了结的或可预见的重大诉讼、仲裁或行政处罚及受到相应处罚的情况。

3. 补充披露情况

无须补充披露事项。

1 | 2 出资

1 | 2.1 出资验资

请主办券商、律师、会计师根据《关于新修〈公司法〉施行后挂牌条件及其指引调整情况的公告》规定，说明股东是否按公司章程规定出资、制作核查出资工作底稿及取得出资证明文件（包括但不限于验资报告、打款凭证）等情况，并就公司股东出资是否真实、缴足发表明确意见。

答复：

1. 核查过程及分析

本所经办律师查阅了公司的工商变更材料、历次公司章程、股东会/股东大会决议、验资报告、银行进账单、现金缴款单等出资证明文件，并就出资情况对实际控制人进行了访谈。

经核查，自【 】有限成立之日起至本补充法律意见出具之日，公司设立及历次注册资本变化验资情况如下：

序号	设立\变更后的注册资本(万元)	注册资本变化情况	验资报告等文件
1			
2			

经核查，自《中华人民共和国公司法》(2013 年 12 月 28 日修订，以下简称《公司法》)2014 年 3 月 1 日起施行以来，公司共发生【　】次增资行为，包括之前的【　】次注册资本的变更均已履行验资手续，并附有相关缴款凭证。

经本所经办律师核查，公司章程并无对股东出资方式的限制，且股东已按照章程规定的时间及时足额完成出资义务，出资情况符合《公司法》及公司章程的规定。

2. 核查结论

本所经办律师核查后认为，公司股东已经按照章程及《公司法》规定完成了出资义务，不存在虚假出资、出资不实或抽逃出资的情形，历次出资真实有效，且缴足了全部出资。

3. 补充披露情况

无须补充披露事项。

1 | 2.2 出资程序

请主办券商、律师核查公司出资履行程序的完备性、合法合规性并发表意见。

答复：

1. 核查过程及分析

本所经办律师查阅了公司的工商变更材料、历次公司章程、股东会/股东大会决议、验资报告、股改审计报告/评估报告/验资报告、发起人协议及工商登记等文件，并就出资情况对实际控制人进行了访谈。

关于公司历次出资履行程序情况，具体详见《法律意见》“四、公司的设立”及“七、股本及其演变”所述。

经本所经办律师核查，公司在设立及改制前的历次出资已根据当时有效《公司法》、《中华人民共和国公司登记管理条例》等法律法规和规范性文件及公司章程相关规定履行了股东会决议、验资及工商变更登记手续；整体变更为股份公司时已履行有限公司决议、审计、评估、验资、创立大会决议及工商登记手续；减资行为已履行内部决议、减资公告、验资及工商登记手续。

2. 核查结论

本所经办律师核查后认为，公司历次出资行为已根据章程及《公司法》相关规定履行了必要的程序，法律手续完备，合法有效。

3. 补充披露情况

无须补充披露事项。

1 | 2.3 出资形式与比例

请主办券商、律师核查公司股东历次出资形式、比例，并就股东出资形式与比例是否合法、合规发表明确意见。

答复：

1. 核查过程及分析

本所经办律师查阅了公司的工商变更材料、历次公司章程、股东会/股东大会决议、验资报告、股改审计报告/评估报告/验资报告、发起人协议及工商登记等文件，并就出资情况对实际控制人进行了访谈。

经核查，自【 】有限成立之日起至本补充法律意见出具之日，公司历次的出资情况：

序号	设立\变更后的注册资本(万元)	出资形式	有无出资形式及比例限制
1			
2			

关于公司历次出资情况，具体详见《法律意见》"四、公司的设立"及"七、股本及其演变"所述。

经核查，公司股东历次出资形式包括货币、资本公积转增及净资产折股三种方式，其出资比例未在当时有效《公司法》及章程规定中存在限制。

2. 核查结论

本所经办律师核查后认为，公司历次出资形式及比例符合当时有效《公司法》及章程的规定，合法有效。

3. 补充披露情况

无须补充披露事项。

1 | 2.4 出资瑕疵

请主办券商、律师核查公司股东历次出资有无瑕疵。如有，请核查出资问题的形成原因、存在的瑕疵及影响，以及公司采取的补正措施，并对以下事项发表明确意见：(1)公司采取的措施是否足以弥补出资瑕疵，公司是否存在相应的法律风险；(2)是否存在虚假出资事项，公司是否符合“股票发行和转让行为合法合规”的挂牌条件。请主办券商、会计师核查以上瑕疵补正的会计处理方式是否符合《企业会计准则》的规定。

答复：

1. 核查过程及分析

本所经办律师查阅了公司的工商变更材料、历次公司章程、股东会/股东大会决议、验资报告、银行进账单、现金缴款单等出资证明文件，并就出资情况对实际控制人进行了访谈。

经核查，自【 】有限成立之日起至本补充法律意见出具之日，公司共发生【 】次注册资本变化和【 】次股权转让，其具体情况见《法律意见》“七、股本及其演变”所述。

通过前述核查，公司股东历次出资均真实有效，不存在出资不实的情形，并均已办理验资手续，出资形式及比例均符合当时有效《公司法》及章程规定；股权转让已依法履行公司内部决议、股权转让双方真实合意及工商变更登记程序，股权变更合法有效。

根据【 】书面确认并经本所经办律师核查，【 】及其子公司不存在下列情形：

(1)最近36个月内未经法定机关核准，擅自公开或者变相公开发行过证券；

(2)违法行为虽然发生在36个月前，目前仍处于持续状态。

经本所经办律师核查，【 】股票限售安排符合《公司法》和《全国中小企业股份转让补充业务规则》的有关规定。

2. 核查结论

本所经办律师核查后认为，公司股东历次出资及股权转让均真实有效，不存在虚假出资的情形，股权清晰，股票发行和转让行为合法合规。

3. 补充披露情况

无须补充披露事项。

1 | 3 公司设立与变更

1 | 3.1 公司设立

请主办券商、律师核查以下事项并发表明确意见:(1)设立(改制)的资产审验情况,如以评估值入资设立股份公司,补充说明是否合法、合规,是否构成“整体变更设立”;(2)自然人股东纳税情况,如未缴纳,说明其合法合规性及规范措施;(3)是否存在股东以未分配利润转增股本的情形,公司代缴代扣个人所得税的情况。若没有,请说明若发生追缴税费的情形,相关防范措施情况。

答复:

(1)设立(改制)的资产审验情况,如以评估值入资设立股份公司,补充说明是否合法、合规,是否构成“整体变更设立”。

1. 核查过程及分析

本所经办律师审阅了【 】设立的文件,包括但不限于发起人协议书、整体变更时的审计报告、资产评估报告、验资报告、董事会决议、创立大会暨第一次股东大会会议记录和决议、工商档案、公司章程、营业执照等资料。

公司的设立过程详见《法律意见》“四、公司的设立”中的描述。

根据公司设立时的工商资料、【 】会计师出具的《审计报告》、【 】出具《【 】拟股份制改造评估项目资产评估报告》、【 】会计师出具中【 】号《验资报告》,【 】系净资产折股整体变更设立的股份有限公司,且截至改制基准日净资产的评估值大于审计值,不涉及以评估结果调整入账问题,并已履行了必要的内部决策、审计、评估、验资、创立大会决议及工商登记程序,设立行为合法合规。

2. 核查结论

本所经办律师核查后认为,【 】是依法设立并有效存续的股份有限公司,【 】有限的资产、业务、债权、债务全部由股份公司承继,各发起人已投入公司的资产产权关系清晰,将该等资产投入公司不存在法律障碍,整体变更合设立股份有限公司行为合法有效。

3. 补充披露情况

无须补充披露事项。

(2)自然人股东纳税情况,如未缴纳,说明其合法合规性及规范措施;(3)是否存在股东以未分配利润转增股本的情形,公司代缴代扣个人所得税的情况。若没有,请说明若发生追缴税费的情形,相关防范措施情况。

1. 核查过程及分析

本所经办律师核查了【　】设立时的工商资料、发起人协议书、整体变更时的审计报告、资产评估报告、验资报告及个人所得税缴款凭证。

经核查,公司系于【　】年【　】月【　】日由【　】有限采取整体变更方式设立的股份有限公司,注册资本【　】万元在整体变更为股份公司后变更为【　】万元。

根据【　】会计师出具的《审计报告》,截至审计基准日【　】年【　】月【　】日止,【　】有限账面净资产为【　】元,其中盈余公积【　】元,未分配利润【　】元。根据公司提供缴款凭证,以盈余公积和未分配利润转增股本产生的个人所得税均已由公司代扣代缴。

经本所经办律师核查,除上述改制涉及以未分配利润转增股本的情形外,公司其他注册资本变更均不涉及以未分配利润转增股本的情形。

2. 核查结论

本所经办律师核查后认为,公司改制设立时自然人股东就盈余公积和未分配利润转增资本部分缴纳了个人所得税,并已由公司进行代扣代缴,除此之外,公司其他注册资本变更均不涉及以未分配利润转增股本的情形。

3. 补充披露情况

无须补充披露事项。

1 | 3.2　变更程序

请公司补充说明并披露公司历次增资、减资等变更所履行的内部决议及外部审批程序。请主办券商、律师就前述事项作核查,并就公司历次的增资、减资等是否依法履行必要程序,是否合法、合规,发表明确意见。

答复:

1. 核查过程及分析

本所经办律师核查了公司提供的历次工商变更资料、股东会或股东大会决议、变更涉及的验资报告、审计报告及评估报告、公司章程等文件。

经核查,自【　】有限成立之日至本补充法律意见披露之日,公司共发生过【　】次增资及【　】次减资行为,具体详见《法律意见》"七、股本及其演变"所述。

经本所经办律师核查,公司在改制前的历次增资行为已根据当时有效的《公司法》、《中华人民共和国公司登记管理条例》等法律法规和规范性文件的要求履行了股东会/股东大会决议、验资及工商变更登记手续;整体变更为股份公司时已履行有限公司决议、审计、评估、验资、创立大会决议及工商登记手续;减资行为已履行内部决议、减资公告、验资及工商登记手续。

2. 核查结论

本所经办律师核查后认为,公司历次增资及减资行为已依法履行了法律、法规及其他规范性文件所规定的必要程序，合法、合规。

3. 补充披露情况

无须补充披露事项。

1 | 4 股权变动

请主办券商、律师核查以下事项并发表明确意见：(1)公司历次股权转让的合法合规性，有无潜在纠纷；(2)是否存在股权代持，如有代持的，代持的形成、变更、解除是否已经取得全部代持人和被代持人的确认，解除方式是否真实有效，有无潜在纠纷；(3)公司是否符合“股权明晰、股份发行转让合法合规”的挂牌条件。

答复：

(1)公司历次股权转让的合法合规性，有无潜在纠纷。

1. 核查过程及分析

本所经办律师核查了公司提供的历次工商变更资料、股东会决议、股权转让协议、章程修正案，并就股权转让情况取得了公司实际控制人说明。

经核查，自【 】有限成立之日起至本补充法律意见出具之日，公司共发生【 】次股权转让，具体情况见《法律意见》“七、股本及其演变”所述。

经本所经办律师核查，公司就上述股权转让及修改公司章程行为召开的股东会已按照《公司法》及《公司章程》规定的程序做出批准决议；股东会的会议召集、召开程序、表决方式和决议内容符合《公司法》及《公司章程》的有关规定，合法、有效；其签署的《股权转让协议》系真实、自愿的行为，且其历次股权转让行为均向相关工商主管部门办理了变更登记手续。

2. 核查结论

本所经办律师核查后认为，公司历次股权转让行为依法履行了法律、法规及其他规范性文件所规定的必要程序，合法、合规，无潜在纠纷。

3. 补充披露情况

无须补充披露事项。

(2)是否存在股权代持，如有代持的，代持的形成、变更、解除是否已经取得全部代持人和被代持人的确认，解除方式是否真实有效，有无潜在纠纷。

1. 核查过程及分析

本所经办律师核查了公司提供的历次工商变更资料、股东会决议、股权转让协议、章程修正案，并就股权变更情况取得了公司实际控制人说明。

经本所经办律师核查，公司股东历次出资均系其本人真实出资，股权变更均系股东真实自愿行为，不存在股权代持的情况，亦不存在纠纷或潜在争议。

2. 核查结论

本所经办律师核查后认为，公司股权不存在代持情形，亦不存在纠纷或潜在争议。

3. 补充披露情况

无须补充披露事项。

（3）公司是否符合“股权明晰、股份发行转让合法合规”的挂牌条件。

1. 核查过程及分析

本所经办律师核查了公司提供的历次工商变更资料、股东会决议、股权转让协议、章程修正案，并就股权情况取得了公司实际控制人说明。

经本所经办律师核查，公司的股东不存在国家法律、法规、规章及规范性文件规定不适宜担任股东的情形；公司历次增资、减资及股权转让已履行了《公司发》及公司章程规定的必要程序，真实有效；公司的股权结构清晰，权属分明，真实确定，合法合规，股东持有的公司股份不存在权属争议或潜在纠纷。

2. 核查结论

本所经办律师核查后认为，公司股权清晰，股票发行和转让行为合法合规。

3. 补充披露情况

无须补充披露事项。

1 | 5 公司违法行为

请主办券商、律师：（1）核查公司最近24个月是否存在违法行为，并以上违法行为是否构成重大违法行为发表意见；（2）针对公司受到处罚的情况，核查公司受处罚的原因、公司的整改措施，并对整改措施的有效性发表意见。

答复：

1. 核查过程及分析

本所经办律师查阅了公司工商登记文件、就经营合规情况取得的工商/税务/质监/海关/社保/公积金合规证明，并向公司管理层进行了访谈及制作访谈笔录，核查了公司管理层出具的《【　】相关事项的说明》等。

(1)公司报告期内的纳税情况

【 】年【 】月【 】日,【 】国家税务局、【 】地方税务局【 】分局向【 】有限出具《涉税事项调查证明材料》,经其查询【 】有限【 】年【 】月至【 】年【 】月均按期纳税申报,未发现违法违章行为。

【 】年【 】月【 】日,【 】国家税务局、【 】分局向【 】有限出具《涉税事项调查证明材料》,经其查询【 】有限【 】年【 】月【 】日至【 】年【 】月【 】日均按期纳税申报,依法纳税,未发现偷税漏税行为及任何税务行政处罚。

(2)公司报告期内的社会保险金及住房公积金缴纳情况

根据【 】年【 】月【 】日【 】社会保险事业管理中心向【 】出具的《单位参加城镇社会保险基本情况》,【 】截至【 】年【 】月无欠款,无欠费险种及金额。

【 】年【 】月【 】日,【 】公积金管理中心出具《住房公积金缴存情况证明》,证明"【 】于【 】年【 】月建立住房公积金账户,该单位开户缴存以来未收到我中心的行政处罚。"

(3)公司的环境保护

【 】年【 】月【 】日,【 】环境保护局出具《证明》,证明【 】有限自【 】年【 】月以来未发生环境污染事故,未受到环保方面的行政处罚。

(4)产品质量和技术

【 】年【 】月【 】日,【 】质量技术监督局出具《证明》,【 】自【 】年【 】月【 】日至开具证明之日不存在因违反质量技术监督法律法规而被行政处罚的情况。

【 】年【 】月【 】日,【 】分局出具《证明》,自【 】年【 】月至开具证明之日未发现【 】存在重大经营缺陷或违法行为,亦未受到行政处罚。

(5)诉讼、仲裁及行政处罚

经在全国法院被执行人信息查询网站、全国法院失信被执行人名单信息公布与查询网及全国企业信用信息公示系统的查询结果,截至本补充法律意见出具之日,公司报告期内不存在尚未了结的或可预见的重大诉讼、仲裁及行政处罚案件。

2. 核查结论

本所经办律师认为,公司报告期内经营行为不存在重大违法违规行为。

3. 补充披露情况

无须补充披露事项。

1 | 6 董监高及核心技术人员

1 | 6.1 合法合规

请主办券商、律师核查公司的董事、监事、高管最近24个月内是否存在重大违法违规行为,并对董事、监事、高管的合法合规情况发表意见。

答复:

1. 核查过程及分析

本所经办律师查阅了公司董事、监事及高级管理人员出具的《关于诚信状况的书面声明》及其出具的《声明及承诺》,登录全国法院被执行人信息查询网站、全国法院失信被执行人名单信息公布与查询网及全国企业信用信息公示系统的进行查询等。

截至本补充法律意见出具之日,公司董事、监事和高级管理人员的任职情况如下:

序号	姓名	职务
1		
2		

经核查,公司的董事、监事、高级管理人员最近24个月内不存在因违犯国家法律、行政法规、规章的行为受到刑事处罚的情况;不存在涉嫌犯罪被司法机关立案侦查,尚未有明确结论意见的情形;亦未受到经济管理部门因公司涉及经营活动的违法违规而给予行政处罚的情况;报告期内不存在受到中国证监会行政处罚或者被采取证券市场禁入措施的情形;不存在《公司法》第146条所列示的情形。

2. 核查结论

本所经办律师核查后认为,公司的董事、监事、高级管理人员最近24个月内不存在重大违法违规情形,具备《公司法》、《业务规则》及《公司章程》规定的任职资格。

3. 补充披露情况

无须补充披露事项。

1 | 6.2 任职资格

请主办券商、律师核查以下事项并发表明确意见:现任董事、监事和高级管理人员是否具备和遵守法律法规规定的任职资格和义务,最近24个月内是否存在受到中国证监会行政处罚或者被采取证券市场禁入措施的情形。

答复:

1. 核查过程及分析

本所经办律师查阅了公司董事、监事及高级管理人员出具的《关于诚信状况的书面声明》及其出具的《声明及承诺》，查阅董事、监事、高级管理人员简历，登录全国法院被执行人信息查询网站、全国法院失信被执行人名单信息公布与查询网及全国企业信用信息公示系统进行查询，并对董事、监事、高级管理人员进行了访谈。

经核查，公司的董事、监事、高级管理人员不存在《公司法》第 146 条所列示的情形，不存在未因贪污、贿赂、侵占财产、挪用财产或者破坏社会主义市场经济秩序，被判处刑罚，执行期满未逾五年，或者因犯罪被剥夺政治权利，执行期满未逾五年；担任破产清算的公司、企业的董事或者厂长、经理，对该公司、企业的破产负有个人责任的，自该公司、企业破产清算完结之日起未逾三年；担任因违法被吊销营业执照、责令关闭的公司、企业的法定代表人，并负有个人责任的，自该公司、企业被吊销营业执照之日起未逾三年；各人所负较大债务未清偿的情况；最近 24 个月内不存在因违犯国家法律、行政法规、规章的行为受到刑事处罚的情况；报告期内不存在受到中国证监会行政处罚或者被采取证券市场禁入措施的情形。

2. 核查结论

本所经办律师核查后认为，公司现任董事、监事和高级管理人员具备和遵守《公司法》规定的任职资格和义务，最近 24 个月内不存在受到中国证监会行政处罚或者被采取证券市场禁入措施的情形。

3. 补充披露情况

无须补充披露事项。

1 | 6.3 竞业禁止

请主办券商、律师核查以下事项并发表明确意见：(1)公司董监高、核心人员是否存在违反关于竞业禁止的约定、法律规定，是否存在有关上述事项的纠纷或潜在纠纷；(2)是否存在侵犯原任职单位知识产权、商业秘密的纠纷或潜在纠纷。

答复：

1. 核查过程及分析

本所经办律师查阅了董事、监事、高级管理人员出具的《调查问卷》、核心技术人员出具的《入职声明书》及签署的《保密协议》、《竞业禁止协议》、《持股 5% 以上股东、董事、监事、高级管理人员对外投资及兼职情况统计表》，并对董事、监事及高级管理人员进行了访谈。

截至本补充法律意见出具之日，公司董事、监事、高级管理人员及核心技术人员的基本情况如下：

序号	姓名	职务	进入公司工作时间
1			
2			

根据公司董事、监事、高级管理人员出具的《调查问卷》，其均不存在从事与公司相同或相似业务情形。根据核心技术人员出具的《入职声明书》，其均不存在与前雇主或任何单位负有保守商业秘密义务，受聘于【　】不会违反前雇主的任何竞业限制义务，如因与任何其他单位因劳动关系产生纠纷或因【　】雇佣引发任何诉讼的，均由其本人承担，与公司无关。

根据公司董事、监事、高级管理人员及核心技术人员出具的《声明函》，其到【　】有限或【　】入职前及其在【　】有限或【　】股份工作期间，不存在侵犯他人知识产权、商业秘密的纠纷或潜在纠纷的情形。

2. 核查结论

本所经办律师核查后认为，公司董事、监事、高级管理人员及核心技术人员不存在违反关于竞业禁止的约定、法律规定；不存在涉及竞业禁止事项的纠纷或潜在纠纷；亦不存在侵犯原任职单位知识产权、商业秘密的纠纷或潜在纠纷。

3. 补充披露情况

无须补充披露事项。

第二章

《反馈意见》"第一部分 2. 业务"

2 | 1 资质

请主办券商、律师核查公司的以下事项并发表明确意见:(1)是否具有经营业务所需的全部资质、许可、认证、特许经营权,对其齐备性、相关业务的合法合规性发表意见;(2)是否存在超越资质、范围经营的情况,是否存在相应的法律风险,公司的风险控制和规范措施,是否构成重大违法行为;(3)是否存在无法续期的风险,对公司持续经营的影响。

答复:

(1)是否具有经营业务所需的全部资质、许可、认证、特许经营权,对其齐备性、相关业务的合法合规性发表意见。

1. 核查过程及分析

本所经办律师通过公司管理层访谈,核查了公司产品手册、生产及销售记录,查阅《医疗器械监督管理条例》、《医疗器械经营监督管理办法》以及《医疗器械注册管理办法》等国家食品药品监管法律法规、规章等资料。

(1)医疗器械生产、经营许可及产品备案、注册

公司生产及销售的正畸产品,属于II类医疗器械,主要包括金属正畸托槽、金属正畸带环、金属正畸颊面管及金属正畸牙弓丝;公司生产及销售的根管产品,属于I类医疗器械,主要包括根管治疗针、根管治疗锉,具体如下:

产品品名	产品类别	产品分类	类别编号	管理类别

《医疗器械监督管理条例》(2014 年 6 月 1 日起实施)第 8 条规定:"国家对医疗器械按照风险程度实行分类管理,第一类医疗器械实行产品备案管理,第二类、第三类医疗器械实行产品注册管理。"《医疗器械监督管理条例》第 21 条、第 22 条规定:从事第

一类医疗器械生产的，由生产企业向所在地设区的市级人民政府食品药品监督管理部门备案，从事第二类、第三类医疗器械生产的，生产企业应当向所在地省、自治区、直辖市人民政府食品药品监督管理部门申请生产许可及所生产医疗器械的注册证。

《医疗器械经营监督管理办法》(2014 年 10 月 1 日起实施)规定："从事第二类医疗器械经营的，经营企业应当向所在地设区的市级食品药品监督管理部门备案，符合规定的予以备案，发给第二类医疗器械经营备案凭证。"

《医疗器械注册管理办法》(2014 年10 月1 日起实施)第5 条规定："第一类医疗器械实行备案管理。第二类、第三类医疗器械实行注册管理。境内第一类医疗器械备案，备案人向设区的市级食品药品监督管理部门提交备案资料。境内第二类医疗器械由省、自治区、直辖市食品药品监督管理部门审查，批准后发给医疗器械注册证。境内第三类医疗器械由国家食品药品监督管理总局审查，批准后发给医疗器械注册证。进口第一类医疗器械备案，备案人向国家食品药品监督管理总局提交备案资料。进口第二类、第三类医疗器械由国家食品药品监督管理总局审查，批准后发给医疗器械注册证"。

根据国家食品药品监督管理总局《关于医疗器械生产经营备案有关事宜的公告(2014 年25 号)》，2014 年6 月1 日前已经取得第二类医疗器械经营许可的，不需重新办理备案。

【　】年【　】月【　】日，【　】食品药品监督管理局已经为【　】股份出具《第二类医疗器械经营备案凭证》。【　】年【　】月【　】日，【　】有限《医疗器械生产企业许可证》已经完成变更登记，《医疗器械生产企业许可证》中生产企业名称已变更为【　】股份。

【　】年 11 月 24 日，【　】有限所持的全部第二类医疗器械《医疗器械注册证》，生产企业名称已经变更为【　】股份；【　】有限所持的全部第一类医疗器械《医疗器械注册证》，因 2014 年6 月1 日起，第一类医疗器械不再实行产品注册管理，仅执行备案管理。截至本补充法律意见出具之日，公司全部已经拥有《医疗器械注册证》的第一类医疗器械备案手续正在办理中。【　】及其子公司【　】持有的《医疗器械经营企业许可证》依据上述规定不需要重新办理备案。

(2)医疗器械的进出口资质

根据《对外贸易经营者备案登记办法》(商务部2004 年14 号)，应向商务部货或其委托的机构办理"对外贸易经营者备案登记"；根据《中华人民共和国海关报关单位注册登记管理规定》规定，办理报关业务的单位应该到海关办理注册登记，报关单位注册登记分为报关企业注册登记和进出口货物收发货人注册登记；根据国家质量监督检验检疫总局相关规定，办理出入境检验检疫报检手续的出入境货物收/发货人，以及进出口货物的生产、加工和经营等单位，应办理自理报检单位备案登记。

公司及子公司【　】从事进出口业务、报关及自理报检，所需要的特许经营资质包括：

①对外贸易经营者备案登记证

序号	证书名称	备案登记表编号	进出口企业代码	取得日期	单位名称
1	对外贸易经营者备案登记证				
2	对外贸易经营者备案登记证				

②海关进出口货物收发货人报关注册登记证书

序号	证书名称	海关注册登记编码	发证机关	有效期	单位名称
1	中华人民共和国海关进出口货物收发货人报关注册登记证书				
2	中华人民共和国海关进出口货物收发货人报关注册登记证书				

③自理报检单位备案登记证明书

序号	名称	备案登记号	发证机关	备案日期	发证日期	单位名称
1	自理报检企业备案登记证明书					
2	自理报检企业备案登记证明书					

(3)互联网药品信息服务资格证书：

根据《互联网药品信息服务管理办法》第5条规定："拟提供互联网药品信息服务的网站，应当在向国务院信息产业主管部门或者省级电信管理机构申请办理经营许可证或者办理备案手续之前，按照属地监督管理的原则，向该网站主办单位所在地省、自治区、直辖市(食品)药品监督管理部门提出申请，经审核同意后取得提供互联网药品信息服务的资格。"

名称	备案登记号	发证机关	备案日期	有效期至	单位名称
互联网药品信息服务资格证书					

2. 核查结论

本所经办律师认为，按照公司及其子公司【 】具体业务分工模式，公司及【 】已经取得其开展实际经营业务所需的业务资质、许可和认证，公司开展相关业务合法合规。

3. 补充披露情况

（1）医疗器械经营及生产许可证书更新后况

序号	名称	证号	发证机关	发证日期	有效期至	许可单位
1						
2						

（2）疗器械产品注册证

序号	注册名称	产品材质	生产单位	注册证编号	批准时间	证书有限期
1						
2						

补充说明：表中第一类医疗器械《注册证》因变更登记事项，未来不再换发新证，仅需按规定向国家食品药品监督管理部门履行备案登记手续。该等第一类医疗器械备案手续正在办理中。

（3）外贸易经营者备案登记证

序号	证书名称	备案登记表编号	进出口企业代码	取得日期	单位名称
1	对外贸易经营者备案登记证				
2	对外贸易经营者备案登记证				

（4）关进出口货物收发货人报关注册登记证书

序号	证书名称	海关注册登记编码	发证机关	有效期	单位名称
1	中华人民共和国海关进出口货物收发货人报关注册登记证书				
2	中华人民共和国海关进出口货物收发货人报关注册登记证书				

(5)备案登记证明书

序号	名称	备案登记号	发证机关	备案日期	发证日期	单位名称
1	自理报检企业备案登记证明书					
2	自理报检企业备案登记证明书					

(2)是否存在超越资质、范围经营的情况，是否存在相应的法律风险，公司的风险控制和规范措施，是否构成重大违法行为。

1. 核查过程及分析

本所经办律师查阅了公司章程、营业执照、公司资质证书、国家关于经营许可及产品注册方面的法律法规等资料。

2. 核查结论

本所经办律师认为，公司不存在超越资质、范围经营的情况，不存在相应的法律风险，公司的风险控制和规范措施得当，没有重大违法行为。

3. 补充披露情况

除上述已披露情形外，无其他需补充披露事项。

(3)是否存在无法续期的风险，对公司持续经营的影响。

经核查，公司医疗器械生产、经营许可资格已经完成变更或按规定完成重新备案，公司第二类医疗器械产品注册证书已经完成变更、第一类医疗器械产品注册按规定重新备案中。

本所经办律师认为，公司经营许可、相关资质、认证、特许经营权不存在无法续期的风险。

2 | 2 技术研发

2 | 2.1 技术

请公司补充说明并披露公司产品所使用技术的研发过程、核心技术(业务)人员情况。请主办券商和律师就公司产品所使用技术做进一步核查，并就以下事项发表明确意见：(1)公司产品所使用的技术是否真实、合法；(2)公司产品所使用技术是否存有侵犯他人知识产权情形，有无潜在纠纷。

答复：

1. 核查过程及分析

本所经办律师通过公司管理层及研发部门负责人访谈，核查公司《审计报告》、研发项目立项书、研发开发技术任务书、专利证书及专利申请文件等资料。

关于公司已取得专利情况，具体见《法律意见》"十、主要财产"，除披露的情况外，公司取得【　】项授权专利，该项专利系从公司实际控制人【　】无偿受让取得，具体如下：

专利名称	专利号	专利权人	专利类型	专利申请日	专利授权日	取得方式

截至本补充法律意见出具之日，公司正在申请专利情况：

序号	申请专利名称	专利申请号	专利权人	专利类型	专利申请日	取得方式
1						
2						
3						

截至本补充法律意见之日，上述正在申请第【　】至【　】项的专利正在办理申请人变更为【　】手续。

同时，在公司产品所使用的技术包括金属粉末注射成型技术、微小器件精密制造技术和 NiTi 合金热处理及表面技术，该等技术属于非专利专有技术。公司自【　】年【　】月成立以来，一直专注于【　】等【　】的研发、生产及销售。其中，微小器件精密制造技术和 NiTi 合金热处理及表面技术属于非专利技术，分别系多年来从事根管、正畸牙弓丝研发、生产过程中摸索、试验及总结而形成的技术诀窍；金属粉末注射成型技术系公司研发自锁正畸托槽产品过程中掌握的核心技术。

2. 核查结论

本所经办律师认为，公司产品所使用的核心技术来源均为自主研发或合法受让取得，部分已经取得或正在申请专利证书，其拥有的技术及专利真实、合法；公司产品所使用技术不存在有侵犯他人知识产权情形，亦不存在潜在纠纷。

3. 补充披露情况

除上述已披露情况外，无其他需补充披露事项。

2 | 2.2 研发

请主办券商、律师核查以下事项并发表明确意见：(1)研发情况，包括且不限于研发机构设置、研发人员构成、研发项目与成果、报告期内研发投入及其占营业收入比例；(2)公司自主研发能力及合作研发情况；(3)知识产权是否涉及其他单位的职务发明或职务成果，是否存在潜在纠纷，核心技术(业务)人员是否违反与原就职单位的竞业禁止约定(如有)；(4)若为高新技术企业，结合研发投入、研发人员情况等分析公司是否存在无法通过高新技术企业资格复审的风险。

答复：

1.核查过程及分析

本所经办律师通过公司管理层及研发部门负责人访谈，核查了公司《审计报告》、公司组织架构、员工情况、研发项目立项书、研发项目技术任务书、专利证书、专利申请文件等资料，履行了核查义务。

(1)公司研发部门组织架构、研发人员情况、报告期内研发经费投入占营业收入的比例、研发项目等情况。

公司设有技术部，下设正畸产品组、根管产品组，未来视业务发展情况择机成立有源产品组。公司研发部主要负责新产品研发工作，公司制造部视项目需求情况参与或提供支持。截至【 】年【 】月【 】日，公司投入研发工作的技术人员共【 】人。研发部组织架构见下图(略)。

公司的研发费用主要用于新产品的研发。报告期内研发投入情况如下：

单位：元

项 目			
研发费用(元)			
营业收入(元)			
研发费用占营业收入的比重			

(2)报告期内主要研发项目为被动自锁正式托槽(锁片式自锁托槽)，该项目已经完成研发工程并开始生产。“锁片式自锁托槽”项目，经上海市高新技术成果转化项目办公室审定，认定为【 】高新技术成果转化项目(编号:201409450)。报告期内，公司未发生与其他单位合作研发的情形，所有研发工作全部由公司研发部门及技术人员(包括核心技术人员)承担。

关于公司已取得专利情况，具体见《法律意见》“十、主要财产”，除披露的情况外，公司取得一项授权专利：

专利名称	专利号	专利权人	专利类型	专利申请日	专利授权日	取得方式

截至本补充法律意见出具之日,公司正在申请专利情况:

序号	申请专利名称	专利申请号	专利权人	专利类型	专利申请日	取得方式
1						
2						
3						

截至本补充法律意见之日,上述正在申请第【　】至【　】项的专利正在办理申请人变更为【　】手续。

(3)公司知识产权包括申请中的专利,不涉及其他单位的职务发明或职务成果,不存在潜在纠纷;关于公司的核心技术人员情况,参见本补充法律意见"第一部分 1. 合法合规"之"1.6 董监高及核心技术人员"部分。在公司核心技术人员中,除【　】自公司成立以来一直在公司任职以外,其他公司【　】名核心技术人员加入公司之前,均无牙科医疗器械、医疗器械或相近行业从业经历,也未与原单位签订竞业禁止约定或类似协议。

(4)公司不是高新技术企业。

2. 核查结论

本所经办律师认为:(1)公司研发情况已在本补充法律意见相关部分客观、充分披露;(2)报告期内,公司所有研发工作均有公司研发部门及公司技术人员承担,不存在与其他单位或个人合作开发的情形,公司研发投入比例及研发成果,与公司经营状况及自主研发能力较为匹配;(3)公司知识产权包括申请中的专利,不涉及其他单位的职务发明或职务成果,不存在潜在纠纷;公司核心技术人员不存在与原单位竞业禁止约定的情形;(4)公司不是高新技术企业,不适用。

3. 补充披露情况

【　】年【　】月【　】日,公司"锁片式自锁托槽"研发项目,经上海市高新技术成果转化项目办公室审定,被认定为上海市高新技术成果转化项目(编号:【　】)。

公司已授权专利中更名情况:

序号	申请号	发明创造名称	专利权类型	专利权期限	专利权人	申请时间	法律状态
1							
2							

除上述第 1 项专利未完成专利权人变更为【 】外，其他均已完成专利权人变更登记手续。

除上述已披露情况外，无其他需补充披露事项。

2 | 3 业务、资产、人员

2 | 3.1 业务描述

请公司准确、具体地阐述公司的业务、业务分类的标准、产品或服务。请主办券商和律师就公司业务描述是否准确发表意见。

答复：

1. 核查过程及分析

本所经办律师核查了公司营业执照、经营资质证书、产品手册、产品注册证书、采购及销售合同（订单）以及查阅《上市公司行业分类指引》（2012 年修订），《国民经济行业分类（GB/T4754—2011）》、国家食品药品监督管理总局《医疗器械分类目录》以及医疗器械相关监管法律法规等文件资料。

根据《医疗器械分类目录》，公司根管锉、根管扩大针属于口腔科手术器械（6806）中的口腔用锉、正畸产品属于口腔科材料（6863）。根据证监会颁布的《上市公司行业分类指引》（2012 年修订），公司所处行业属于专用设备制造业（C35）。根据国家统计局《国民经济行业分类（GB/T4754—2011）》，公司所处行业属于专用设备制造业（C35）、医疗仪器设备及器械制造（C358）、口腔科用设备及器具制造（C3582）。

2. 核查结论

本所经办律师认为，公司的主营公司业务描述及业务分类标准准确。

3. 补充披露情况

无须补充披露事项。

2 | 3.2 资产权属

请主办券商、律师核查公司资产权属是否清晰，是否存在纠纷或潜在纠纷。

答复：

1. 核查过程及分析

本所经办律师查阅了公司机器设备、运输工具、办公家具等固定资产，以及重大设备购置发票、注册商标证书，专利权证书、商标等无形资产的权属凭证、相关合同等资料，并进行实地查看。

经核查，公司及子公司名下共【　】项价值在【　】万元以上的重大设备、【　】项注册商标、【　】项专利（截至【　】年【　】月【　】日）。公司及其子公司已取得了上述资产的权属，公司对上述资产享有完整的所有权，公司经营过程中使用上述资产不存在争议和障碍。公司就上述资产具有独立的所有权，公司资产权属清晰，不存在纠纷或潜在纠纷。

2. 核查结论

本所经办律师认为，公司资产权属清晰，不存在纠纷或潜在纠纷。

3. 补充披露情况

无须补充披露事项。

2 | 3.3 知识产权

请主办券商、律师核查以下事项并发表明确意见：（1）是否存在权利瑕疵、权属争议纠纷或权属不明的情形，公司相对应的解决措施及其有效性；（2）知识产权方面是否存在对他方的依赖，是否影响公司资产、业务的独立性；（3）存在知识产权纠纷的诉讼或仲裁的，量化分析诉讼或仲裁对公司持续经营能力的影响。

答复：

1. 核查过程及分析

本所经办律师就公司知识产权情况与管理层及核心技术人员访谈，核查了公司专利、商标权属证书、专利、商标申请文件以及知识产权公开信息检索。

公司合计拥有【　】项注册商标、【　】项发明专利、【　】项实用新型专利、【　】项外观设计专利。其中【　】项实用新型专利、【　】项外观设计专利为公司与公司实际控制人之一【　】共同拥有。【　】年【　】月【　】日，公司实际控制人之一【　】与【　】股份签订《专利权转让协议》，约定该等专利权无偿变更为【　】有限单独持有。截至【　】年【　】月【　】日，公司该等与【　】共同拥有的专利，除锁片式自锁托槽一项实用新型专利尚未完成专利权转让（无偿转让）变更手续，其他【　】项实用新型专利、【　】项外观设计专利已经完成专利权转让（无偿转让）变更登记手续。

截至本补充法律意见出具之日，公司正在申请专利【　】项，均系从公司实际控制人之一【　】无偿受让取得。截至【　】年【　】月【　】日，在该等申请中的专利中，【　】项申请中的专利已完成变更专利申请人为【　】股份，其余【　】项正在办理专利申请人变更登记手续，具体情况可参加本补充法律意见“第一部分 2. 业务”之“2. 2. 2 研发”部分。经核查，公司实际控制人之一【　】已经出具承诺，将该等专利权/专利申请权无偿变更为【　】单独持有。

2. 核查结论

本所经办律师认为，公司全部知识产权具有独立的所有权，不存在权利瑕疵、权属争议纠纷或权属不明的情形；不存在对他方的依赖；不存在知识产权纠纷的诉讼或仲裁。

3. 补充披露情况

除上述已披露情况外，无须补充披露事项。

2 | 3.4 人员、资产、业务的匹配性

请主办券商、律师核查以下事项并发表明确意见：(1)结合公司员工的教育背景、学历、职业经历等分析并披露员工状况与公司业务的匹配性、互补性；(2)公司主要资产与业务、人员的匹配性、关联性。

答复：

(1)结合公司员工的教育背景、学历、职业经历等分析并披露员工状况与公司业务的匹配性、互补性。

1. 核查过程及分析

本所经办律师查阅了员工名册、公司组织结构及部门人员构成、部门主要职责等资料。

截至报告期末【 】年【 】月【 】日，【 】有限员工人数为【 】人(不包括退休返聘员工【 】名)。公司员工人数、岗位结构、教育程度结构及年龄结构、核心人员结构等情况：

(1)岗位结构

部门名称	员工人数	比重
制造部		
质量工程部		
采购部		
研发部		
财务部		
人事行政部		
市场部		
内贸部		
外贸部		
售后服务部		
合　计		

(2)教育程度结构

教育程度	员工人数	比重
硕士及以上		
本科		
大专		
大专以下		
合　计		

(3)年龄结构

年龄段	员工人数	比重
25 岁(含)以下		
26 – 35(含)岁		
36 – 45(含)岁		
46 岁(含)以上		
合　计		

根据公司提供的文件,公司现有员工【　】人,其中,【　】人具有博士研究生学历、【　】人具有硕士研究生学历,【　】人具有大学本科学历,大专以上教育背景的员工人数合计【　】人。公司大专以下学历占比约【　】%,与研发、生产型企业较为匹配。经核查,公司核心技术人员均具有本科及以上学历。

2. 核查结论

本所经办律师认为,公司岗位分工明确、部门职责分明,员工整体年龄结构较为年轻,员工教育程度结构、从业背景及知识结构具有互补性,符合公司研发、生产及销售型业务特征,与公司经营规模、发展阶段及业务类型相匹配。

3. 补充披露情况

无须补充披露事项。

(2)公司主要资产与业务、人员的匹配性、关联性。

1. 核查过程及分析

本所经办律师通过查阅固定资产清单、主要机器设备购置发票、商标、专利等无形资产权属证明文件;与公司管理层、公司部门负责人访谈等,了解公司主要业务流程、部门及岗位职责,履行了核查义务。

2. 核查结论

本所经办律师认为，公司具有开展业务所需的人员、技术、场所、设备以及经营资质等关键资源要素，具备完整的研发、采购、生产、销售业务流程，公司具备与业务相匹配的相关资源要素情况。公司业务的关键资源要素符合《全国中小企业股份转让系统股票挂牌条件适用基本标准指引（试行）》之"每种业务应具有相应的关键资源要素，该要素组成应具有投入、处理和产出能力，能够与商业合同、收入或成本费用等相匹配"的挂牌条件。

3. 补充披露情况

无须补充披露事项。

2 | 4 规范运营

2 | 4.1 环保

请主办券商、律师核查以下事项并发表明确意见：(1)公司的日常生产经营需要遵守的相关环保规定，公司日常环保运营是否合法合规；(2)是否需要并且取得相应的环保资质、履行相应的环保手续（如排污许可证、环评批复、环评验收，存在危险物处理、涉及核安全以及其他需要取得环保行政许可事项的，公司是否已经取得）；(3)公司所处行业根据国家规定是否属于重污染行业，并请予以特别说明。

答复：

(1)公司的日常生产经营需要遵守的相关环保规定，公司日常环保运营是否合法合规。

1. 核查过程及分析

本所经办律师查阅了有关环境保护监管法律、法规如《中华人民共和国环境保护法》、《中华人民共和国固体废物污染环境防治法》、《中华人民共和国水污染防治法》、《中华人民共和国大气污染防治法》、《国家危险废弃物目录》（中华人民共和国环境保护部第1号令、2008年）《危险废物经营许可证管理办法》以及上海市环境保护局地方法规规章，查验了公司生产经营环保相关手续文件及环保主管部门出具的合规证明。

经核查，公司的日常生产经营需要遵守《中华人民共和国环境保护法》、《中华人民共和国固体废物污染环境防治法》、《中华人民共和国水污染防治法》、《中华人民共和国大气污染防治法》等国家有关环境保护方面的法律法规。公司生产废水及生活污水、工艺废气、噪声排放需要达到国家相关排放标准，以及固（危）废物需要合规处理、处置。

根据上海市嘉定区环保局出具证明，【 】公司自【 】年【 】月以来，没有受到环保行政处罚、没有发生环境污染事故。

2. 核查结论

本所经办律师认为，公司的日常生产经营需要遵守《中华人民共和国环境保护法》等国家有关环境保护方面的法律法规，公司其所从事的生产及经营活动符合国家有关环境保护方面的相关规定，没有发生过重大环境污染事故，亦不存在因违反环境保护方面的法律法规而被处罚的情形。

3. 补充披露情况

无须补充披露的事项。

（2）是否需要并且取得相应的环保资质、履行相应的环保手续（如排污许可证、环评批复、环评验收，存在危险物处理、涉及核安全以及其他需要取得环保行政许可事项的，公司是否已经取得）。

1. 核查过程及分析

本所经办律师通过与公司管理层、生产管理人员及技术人员访谈、查阅公司生产管理、质量控制等内部管理制度，公司生产车间及环保设施实地走访等，了解公司主要产品生产工艺流程以及生产过程中涉及的工业噪声以及工业废水、废气和废弃物排放及处置措施。

本所经办律师核查了公司“环境项目环境影响报告表”、【　】环境保护局“关于【　】环境影响报告表的审批意见”、“关于【　】项目试生产的审批意见”和“关于【　】环境保护设施竣工验收的审批意见”等资料文件，以及与有资质的单位签订的“工业固（危）废弃物处理合同”、危险废弃物经营单位《危险废弃物经营许可证》等资质证书，上述资料文件已作为工作底稿留存。

根据上海市嘉定区环境保护局“关于【　】环境保护设施竣工验收的审批意见”：“项目生产废水、工艺废气、噪声等分别达到相关排放标准，固（危）废物已经分别委托有资质的单位处理、处理。同意项目通过环保设施竣工验收。”

2. 核查结论

本所经办律师认为，公司已取得相应的环保资质，履行相应的环保手续并通过“环境保护设施竣工验收”，按规定取得《排水许可证》（JDPX20140078），固（危）废弃物已经按规定委托有经营资质的单位处理、处置。

3. 补充披露情况

无须补充披露事项。

（3）公司所处行业根据国家规定是否属于重污染行业，并请予以特别说明。

1. 核查过程及分析

本所经办律师通过查阅环境保护部发布的【　】等文件。

综合以上环境保护部或国家环境保护总局相关文件或通知主要内容，环境保护部认定的重污染行业包括火电、钢铁、水泥、电解铝、煤炭、冶金、化工、石化、建材、造纸、酿造、制药、发酵、纺织、制革和采矿业十六个行业。

公司主要从事【　】。

2. 核查结论

本所经办律师认为，公司行业不属于国家环境保护监管部门认定的重污染行业。

3. 补充披露情况

无须补充披露事项

2 | 4.2 安全生产

请主办券商、律师核查以下事项并发表明确意见：(1)公司是否需要并取得相关部门的安全生产许可，建设项目安全设施验收情况；(2)公司日常业务环节安全生产、安全施工防护、风险防控等措施，公司安全生产事项的合法合规性。

答复：

(1)公司是否需要并取得相关部门的安全生产许可，建设项目安全设施验收情况。

1. 核查过程及分析

本所经办律师核查了公司及其子公司【　】《营业执照》，并根据【　】专审字【　】第【　】号《审计报告》核查了其主营业务情况。

根据【　】现行有效的《营业执照》，【　】的经营范围为从事【　】。

经本所经办律师核查，公司主要从事根管及正畸牙科医疗器械研发、生产和销售、代理医疗器械销售及相关技术咨询服务等业务，所处行业属于专用设备制造业(C35)、医疗仪器设备及器械制造(C358)、口腔科用设备及器具制造(C3582)。

根据【　】现行有效的《企业法人营业执照》，其经营范围为【　】。

根据《安全生产许可证条例》(国务院第 397 号令)第 2 条之规定：国家对矿山企业、建筑施工企业和危险化学品、烟花爆竹、民用爆破器材生产企业(以下统称企业)实行安全生产许可制度。

2. 核查结论

本所经办律师认为，公司及其子公司【　】均不属于矿山企业或建筑施工企业，且经营范围也不涉及危险化学品、烟花爆竹、民用爆破器材生产，不需要获得相关部门的安全生产许可。

3. 补充披露情况

无须补充披露事项。

(2)公司日常业务环节安全生产、安全施工防护、风险防控等措施,公司安全生产事项的合法合规性。

1. 核查过程及分析

本所经办律师核查了包括安全生产在内的生产管理制度、员工手册、员工社保缴纳凭证,访谈了公司管理层及制造部负责人。

经本所经办律师核查,公司员工手册对劳动保护、安全规则方面有详细的规定,通过健全生产工艺流程、操作规程、工作规范及劳动保护等制度建设以及员工安全教育、培训等方面加强安全生产管理,并制定了《公司消防管理制度》、《劳防服装管理办法》、《酸处理方安全管理规定》等安全生产、劳动保护等管理制度,要求个别危险性岗位员工工作期间必须使用公司提供的劳动防护用具(劳防服装、防护面具/防尘口罩、防护手套)。

根据【　】专审字【　】第【　】号《审计报告》,公司报告期内未有因受到安全生产的处罚而产生的营业外支出。

根据【　】安全生产监督管理局出具的证明,公司自【　】年【　】月至【　】年【　】月期间,不存在因违反国家有关安全生产及职业卫生的法律、法规及规范性文件而受到其行政处罚的情况。【　】出具说明,公司及【　】自【　】年【　】月以来,严格遵守国家医疗器械相关法律、法规及其他规范性文件的规定,在上海市食品药品监督管理局嘉定分局的历次检查中均未发现公司重大缺陷或违法行为,也未受到过行政处罚。

2. 核查结论

本所经办律师认为,公司安全生产事项合法合规。

3. 补充披露情况

无须补充披露事项。

2 | 4.3 质量标准

请主办券商、律师核查以下事项:(1)公司采取的质量标准;(2)公司的质量标准是否符合法律法规规定。

答复:

(1)公司采取的质量标准。

1. 核查过程及分析

本所经办律师通过访谈公司管理层、公司制造部及质量工程部负责人,了解公司生产工艺过程、质量控制体系、岗位责任及质量控制工作流程,查阅公司《质量手册》及程序文件、生产管理制度等内部控制制度、《质量管理体系认证证书(EN ISO 9001:2008)》、《医疗器械质量管理体系认证证书(EN ISO 13485:2012/EN ISO 13485:2012/

AC:2012》以及《医疗器械监督管理条例》、《医疗器械生产企业质量体系考核办法》、《关于印发医疗器械生产质量管理规范(试行)的通知》、《医疗器械生产监督管理办法》、《医疗器械说明书和标签管理规定》、《医疗器械召回管理办法(试行)》等监管法规、规章等资料。

根据国家食品药品监督管理总局相关要求,医疗器械生产企业申请产品注册时,需要通过国家食品药品监督管理机构对企业质量体系的考核。企业获得国务院药品监督管理部门认可的质量认证机构颁发 GB/T 19001 和 YY/T 0287(或 GB/T 19002 和 YY/T 0288)标准的质量体系认证证书,证书在有效期内的,可视同已通过企业质量体系考核。其中,国内审查医疗器械的质量管理体系标准,采用医疗器械行业标准 YY/T 0287 -2003《医疗器械质量管理体系用于法规的要求》,该标准等同采用 ISO 13485:2003《医疗器械质量管理体系用于法规的要求》。

2. 核查结论

公司采用的质量标准为 YY/T 0287 -2003/EN ISO 9001:2008/EN ISO 13485:2012/EN ISO 13485:2012/AC:2012,即质量管理体系标准及医疗器械质量管理体系标准。

3. 补充披露情况

无须补充披露事项。

(2)公司的质量标准是否符合法律法规规定。

1. 核查过程及分析

本所经办律师核查了公司《质量手册》及程序文件、生产管理制度等内部控制制度、《质量管理体系认证证书(EN ISO 9001:2008)》、《医疗器械质量管理体系认证证书(EN ISO 13485:2012/EN ISO 13485:2012/AC:2012)》以及《GB/T 19001 - 2008/ISO 9001:2008 质量管理体系要求》和《YY/T 0287 -2003 医疗器械质量管理体系用于法规的要求》等资料。

经本所经办律师核查,公司分别通过《EN ISO 9001:2008 质量管理体系》(证书有效期为 2013/08/28 -2018/08/27)以及《EN ISO 13485:2012 医疗器械质量管理体系》(证书有效期为【 】)认证,认证机构均为 TüV Rheinlan 公司。

《GB/T 19001 -2008/ISO 9001:2008 质量管理体系要求》标准等同采用《ISO 9001:2008 质量管理体系要求》(英文版),《YY/T 0287 -2003 医疗器械质量管理体系用于法规的要求》标准等同采用《ISO 13485:2003 医疗器械质量管理体系用于法规的要求》(英文版)。

2. 核查结论

本所经办律师认为,质量标准符合法律法规的规定。

3. 补充披露情况

无须补充披露事项。

第三章

《反馈意见》“第一部分 7. 关联交易”

7 | 1 关联方

请主办券商、律师根据《公司法》及《企业会计准则》的要求核查公司关联方认定和披露，并就其认定是否准确、披露是否全面发表明确意见。

答复：

1. 核查过程及分析

本所经办律师查阅了公司及子公司工商档案材料、董事/监事/高级管理人员出具的《声明承诺函》、控股股东及实际控制人控制企业的工商档案材料、【　】专审字【　】第【　】号《审计报告》等文件。

根据《公司法》及《企业会计准则》的规定，关于公司关联方认定和披露情况，详见《法律意见》正文之“九、关联交易及同业竞争”所述。

2. 核查结论

本所经办律师认为，根据《公司法》以及《企业会计准则》的规定，公司关联方的认定及披露准确、全面，符合相关法律法规和规范性文件的要求。

3. 补充披露情况

无须补充披露事项。

7 | 2 必要性与公允性

请主办券商、律师核查报告期内关联交易的内部决策程序的履行及规范情况。

答复：

1. 核查过程及分析

本所经办律师查阅了公司说明材料、【　】专审字【　】第【　】号《审计报告》、报告期内关联交易的有关协议、董事会决议等相关文件，审阅了《公司章程》、股东大会和董事会议事规则及有关关联交易的制度，并与中喜会计师就公司关联交易定价依据事宜进行了沟通。

在报告期内发生的关联交易详见《法律意见》正文之"九、关联交易及同业竞争"所述。

经核查，在有限责任公司阶段，公司尚未制定完善的关联交易内部决策制度，但公司发生的关联交易不违反当时有效的《公司法》以及公司章程的规定。在股份公司阶段，公司已在《公司章程》、《股东大会议事规则》、《董事会议事规则》、《关联交易决策制度》中规定了股东大会、董事会审议关联交易事项的审批权限划分以及关联股东、关联董事回避等制度，明确了关联交易公允决策程序。

经本所经办律师核查，公司于【　】年【　】月【　】日召开第【　】次临时股东大会，就报告期内的关联交易进行了审议，关联股东均回避表决，确认该等关联交易公允，均未损害公司、股东、债权人的利益，未对公司正常经营造成影响。

为了规范与公司之间潜在的关联交易，公司的控股股东、持股5%以上股东、董事、监事、高级管理人员出具了《规范关联交易承诺函》，作出如下承诺："(1)本人及本人关系密切的家庭成员；(2)本人直接或间接控制的其他企业；(3)本人担任董事、监事、高级管理人员的其他企业；(4)与本人关系密切的家庭成员或间接控制的，或担任董事、高级管理人员的其他企业；上述各方将尽可能减少与公司之间的关联交易。对于确实无法避免的关联交易，将依法签订协议，并按照《公司法》、《公司章程》、《关联交易决策制度》及相关法律法规的规定，履行相应的决策程序。"

2. 核查结论

本所经办律师认为，报告期内，公司在有限责任公司阶段尚未制定完善的关联交易内部决策制度，关联交易决策程序，但在股份公司成立后已按照《公司章程》及《关联交易决策制度》等规定，对公司的关联方交易进行有效履行及规范。

3. 补充披露情况

无须补充披露事项。

7 | 3 规范制定

请公司披露针对关联方交易的内部管理制度。请主办券商、律师就公司是否制定了规范关联交易的制度，是否切实履行，发表明确意见。

答复：

1. 核查过程及分析

本所经办律师查阅了公司说明材料、《公司章程》、《关联交易决策制度》、《股东大会议事规则》、《董事会议事规则》、《关于【　】关联交易情况的确认书》、《规范关联交易承诺函》、报告期内关联交易的有关协议、董事会决议等相关文件。

经本所经办律师核查,【　】已在《公司章程》、《股东大会议事规则》、《董事会议事规则》、《关联交易决策制度》中规定了股东大会、董事会审议关联交易事项的审批权限划分以及关联股东、关联董事回避等制度,明确了关联交易公允决策程序。

经本所经办律师核查,公司于【　】年【　】月【　】日召开第【　】次临时股东大会,就报告期内的关联交易进行了审议,关联股东均回避表决,确认该等关联交易公允,均未损害公司、股东、债权人的利益,未对公司正常经营造成影响。

为规范关联方与公司之间潜在的关联交易,公司的控股股东、持股5%以上股东、董事、监事、高级管理人员已分别出具了《规范关联交易的承诺函》,承诺规范并避免其与公司之间可能发生的关联交易。

2. 核查结论

本所经办律师认为,公司已经建立规范关联交易的内部管理制度,在日常经营活动中已按照有关规定切实履行。

3. 补充披露情况

无须补充披露事项。

第四章

《反馈意见》"第一部分 8. 同业竞争"

8. 同业竞争

请主办券商、律师：(1)核查公司是否存在与控股股东、实际控制人及其控制的其他企业从事相同、相似业务的情况；(2)对同业竞争规范措施的实际执行情况、规范措施的有效性及合理性发表意见。

答复：

(1)核查公司是否存在与控股股东、实际控制人及其控制的其他企业从事相同、相似业务的情况。

1. 核查过程及分析

本所经办律师查阅了公司及其控股股东、实际控制人、控制的其他企业的登记资料，并对控股股东、实际控制人就其控制的其他企业的主营业务情况进行了访谈。

经本所经办律师核查，截至本补充法律意见出具之日，公司的实际控制人【 】、【 】，除持有【 】的股份外，控制的其他企业为【 】、【 】、【 】、【 】、【 】，关于该等企业的情况参见《法律意见》"九、关联交易及同业竞争"所述。

经核查，截至法律意见出具之日，无锡【 】已完成注销手续【 】因未及时年检处于吊销状态，正在办理注销手续；【 】除在报告期内与【 】有限发生技术咨询费用往来外，未从事任何实际业务，并已由实际控制人承诺尽快办理完毕注销手续，以避免潜在的同业竞争，截至本补充法律意见出具之日，【 】的注销手续正在办理过程中；【 】未从事任何实际业务；【 】从事房屋租赁业务；【 】与【 】主营业务及所属行业均不相同，不涉及同业竞争的情形；【 】、【 】及【 】除股权投资外，未从事其他实际业务，均不存在与公司同业竞争的情形。

经本所经办律师核查，《公司章程》、《审计报告》及《营业执照》中主营业务一致；控股股东、实际控制人及其直系亲属控制的其他企业所从事的主营业务未发现与公司存在同业竞争情形。

2. 核查结论

本所经办律师认为，公司不存在与控股股东、实际控制人及其控制的其他企业从事相同、相似业务的情况。

3. 补充披露情况

无须补充披露事项。

(2)对同业竞争规范措施的实际执行情况、规范措施的有效性及合理性发表意见。

1. 核查过程及分析

本所经办律师查阅了公司及其控股股东、实际控制人控制的其他企业的登记资料、公司的控股股东、实际控制人及持股5%以上的股东出具的《避免同业竞争的承诺函》。

经核查，为避免同业竞争，公司的控股股东、实际控制人及持股5%以上的股东向公司出具了《避免同业竞争的承诺函》，承诺：

"1. 本人/公司将不在中国境内外直接或间接从事或参与任何在商业上对股份公司构成竞争的业务及活动，或拥有与股份公司存在竞争关系的任何经济实体、机构、经济组织的权益，或以其他任何形式取得该经济实体、机构、经济组织的控制权，或在该经济实体、机构、经济组织中担任高级管理人员或核心技术人员。

2. 本人/公司在作为股份公司股东期间，本承诺持续有效。

3. 本人/公司愿意承担因违反上述承诺而给股份公司造成的全部经济损失。"

2. 核查结论

本所经办律师认为，公司的控股股东、实际控制人和持股5%以上的股东已承诺避免其所控制的企业与公司发生同业竞争，该等承诺系真实、有效、合法，均已采取有效措施避免其控制的企业与【 】股份同业竞争。

3. 补充披露情况

无须补充披露事项。

第五章

《反馈意见》"第一部分 9. 资源(资金)占用"

9. 资源(资金)占用

请公司披露并请主办券商、律师核查以下事项:(1)公司防范关联方占用资源(资金)的制度及执行情况;(2)关联方占用资源(资金)问题的发生及解决情况。

答复:

1. 核查过程及分析

本所经办律师查阅了【　】专审字【　】第【　】号《审计报告》、《公司章程》、"三会"议事规则、《对外投资管理制度》、《关联交易决策制度》、《对外担保管理制度》等内部管理制度,核查了报告期内其他应收应付款的明细,并访谈了公司的财务人员,对公司防范关联方占用公司资源(资金)的制度和执行情况进行了调查。

根据【　】审字【　】第【　】号《审计报告》并经本所经办律师核查,在报告期内,公司不存在资金被控股股东、实际控制人、持股5%以上股东及其控制的其他企业占用或者其他关联企业占用的情况。

公司全体董事、监事以及高级管理人员及持股5%以上股东均做出了《关于规范关联交易的承诺函》,承诺将尽量避免与公司之间产生关联交易事项,对于不可避免发生的关联业务往来或交易,将在平等、自愿的基础上,按照公平、公允和等价有偿的原则进行,交易价格将按照市场公允的合理价格确定;将严格遵守公司章程等规范性文件中关于关联交易事项的回避规定,所涉及的关联交易均将按照规定的决策程序进行,并将履行合法程序,及时对关联交易事项进行信息披露;承诺不会利用关联交易转移、输送利润,不会通过公司的经营决策权损害公司及其他股东的合法权益。

经核查,公司已建立了防范控股股东及关联方占用公司资金专项制度,并通过《公司章程》、"三会"议事规则、《对外投资管理制度》、《关联交易决策制度》、《对外担保管理制度》等内部管理制度,对关联交易、购买出售重大资产、重大对外担保等事项均进行了相应制度性规定,对关联方的行为形成合理有效限制,以保证关联交易的公允性、重大事项决策程序的合法合规性,确保了公司资产、资金安全。

2. 核查结论

本所经办律师认为,公司在报告期内不存在关联方占用公司资源(资金)的情形,并已建立防范关联方占用资源(资金)的制度,且已得到有效执行。

3. 补充披露情况

无须补充披露事项。

第六章

《反馈意见》"第一部分 10.财务、机构、人员、业务、资产的分开情况"

10.财务、机构、人员、业务、资产的分开情况

请主办券商、律师就以下事项核查并发表明确意见:(1)公司的财务、机构、人员、业务、资产是否与控股股东和实际控制人及其控制的其他企业分开;(2)核查公司对外的依赖性,其是否影响公司的持续经营能力。

答复:

(1)公司的财务、机构、人员、业务、资产是否与控股股东和实际控制人及其控制的其他企业分开。

1.核查过程及分析

本所经办律师查验了公司实际控制人控制企业的登记资料,审核了实际控制人控制企业的董事、监事及高级管理人员的任职情况,查验了公司高级管理人员的工资发放表,查验了公司的各项财务管理制度及银行开户情况以及实际控制人控制企业的银行开户情况,查验了公司及实际控制人控制企业的税务登记证明,并实地考察了公司及实际控制人控制企业的办公场所,与公司实际控制人控制企业的财务人员进行了沟通访谈。

(1)资产独立

经本所经办律师核查,【 】合法拥有公司日常经营所需的货币资金、设备及商标的所有权,资产独立于股东资产,与股东的资产权属关系界定明确,不存在股东利用公司资产为其自身债务提供担保或占用公司资产、资金的情形。

(2)人员独立

根据【 】的说明及本所经办律师核查,截至本法律意见出具之日,公司已与全体员工签订了《劳动合同》,独立发放员工工资;【 】的董事、监事及高级管理人员的选举、任免程序符合《公司法》和公司章程的规定,为合法、有效。

(3)财务独立

经本所经办律师核查,【 】拥有独立的财务部门,建立了独立的财务核算体系,能

够独立作出财务决策，具有规范的财务会计制度和财务管理制度，其财务人员专职在公司任职并领取薪酬。【 】单独在银行开立账户、独立核算，并能够独立进行纳税申报和依法纳税。

(4)机构独立

经本所经办律师核查，【 】已设立股东大会、董事会和监事会等机构，已聘任总经理、副总经理和董事会秘书等高级管理人员，在公司内部设立了从事相应业务的办公机构、职能部门。【 】内部经营管理机构健全，能够根据内部管理规则独立行使经营管理职权，不存在与控股股东、实际控制人及其控制的其他企业间机构混同的情形。

(5)业务独立

经本所经办律师核查，【 】主要从事【 】等业务，并具有独立、完整的业务经营体系，拥有必要的经营设备、人员、资金和技术设备，独立于【 】的控股股东、实际控制人及其控制的其他企业。【 】与其控股股东、实际控制人及其控制的其他企业间不存在实质性的同业竞争或者显失公平的关联交易。

2. 核查结论

本所经办律师认为，公司的业务、资产、人员、机构和财务独立，在财务、机构、人员、业务、资产方面与控股股东和实际控制人及其控制的其他企业分开。

3. 补充披露情况

无须补充披露事项。

(2)核查公司对外的依赖性，其是否影响公司的持续经营能力。

1. 核查过程及分析

本所经办律师核查了公司主要供应商及销售客户、营业执照、主要资产权属证明及其控股股东、实际控制人、控制的其他企业的登记资料，【 】审字【 】第【 】号《审计报告》及近两年工商行政管理部门年度检验文件，并就公司业务经营情况与实际控制人进行了访谈。

经核查，公司主要从事【 】自主研发、生产销售等业务，拥有独立、完整的业务系统和必要的职能部门，拥有必要的经营设备、人员、资金和技术，能够独立自主地进行经营活动，与股东不存在业务上的依赖关系，不存在需依赖股东或其他关联方才能持续经营的情形，亦不存在主要客户及供应商过度集中情形，在业务、资产、人员、机构和财务方面均符合独立性要求。

2. 核查结论

本所经办律师认为，公司从事主营业务不存在对外依赖，具体直接面向市场的独立经营能力。

3. 补充披露情况

无须补充披露事项。

第七章

《反馈意见》"第二部分 2. 产业政策"

2. 产业政策

请主办券商、律师核查以下事项并发表明确意见:(1)公司业务是否符合国家产业政策要求,是否属于国家产业政策限制发展的行业、业务;(2)若为外商投资企业,是否符合外商投资企业产业目录或其他政策规范的要求;(3)分析产业政策变化风险。

答复:

(1)公司业务是否符合国家产业政策要求,是否属于国家产业政策限制发展的行业、业务。

1. 核查过程及分析

根据国家食品药品监督总局《医疗器械分类目录》,公司主要产品分别属于口腔科手术器械(6806)中的口腔用锉,包括根管锉、根管扩大针;口腔科材料(6863)中的正畸丝和正畸托槽,属于医疗器械中的口腔手术器械及口腔材料范畴。

根据证监会颁布的《上市公司行业分类指引》(2012 年修订),公司所处行业属于专用设备制造业(C35)。根据国家统计局《国民经济行业分类(GB/T4754－2011)》,公司所处行业属于专用设备制造业(C35)、医疗仪器设备及器械制造(C358)、口腔科用设备及器具制造(C3582)。

根据国家发展和改革委员会《产业结构调整指导目录》(2011 年 3 月 27 日国家发展改革委员会第 9 号令公布,根据 2013 年 2 月 16 日国家发展改革委第 21 号令公布的国家发展改革委员会《关于修改〈产业结构调整指导目录(2011 年本)〉有关条款的决定》修正),公司所从事的牙科(口腔)医疗器械行业不属于国家产业政策限制性发展的行业和业务。

国务院《关于加快培育和发展战略性新兴产业的决定》(国发〔2010〕32 号)及国务院《关于促进健康服务业发展的若干意见》(国发〔2013〕40 号)分别把生物产业(涵盖医疗器械)及医疗器械作为战略性新兴产业及健康服务业相关支撑行业,而加快培育及加快发展。

国务院《关于促进健康服务业发展的若干意见》(国发〔2013〕40号)明确,健康服务业以维护和促进人民群众身心健康为目标,主要包括医疗服务、健康管理与促进、健康保险以及相关服务,涉及药品、医疗器械、保健用品、保健食品、健身产品等支撑产业,覆盖面广,产业链长。加快发展健康服务业,是深化医改、改善民生、提升全民健康素质的必然要求,是进一步扩大内需、促进就业、转变经济发展方式的重要举措,对稳增长、调结构、促改革、惠民生,全面建成小康社会具有重要意义。

2. 核查结论

本所经办律师认为,包括牙科(口腔)医疗器械在内的医疗器械行业,作为国家战略性新兴产业领域范畴(生物产业)及健康服务业相关支撑行业,属于国家鼓励及支持的产业领域。

3. 补充披露情况

无须补充披露事项。

(2)若为外商投资企业,是否符合外商投资企业产业目录或其他政策规范的要求。

1. 核查过程及分析

本所经办律师核查了【 】工商登记资料及《营业执照》、实际控制人身份证明及控股股东工商登记资料等。

根据【 】现行有效的《营业执照》,其企业性质为股份有限公司(非上市),非外商投资企业。

如《法律意见》"七、股本及其演变"所述,在公司历史演变中,涉及实际控制人股东身份由中国国籍变更美国国籍,并于【 】年【 】月将其持有的【 】有限股权转让给外商独资企业【 】。

截至本补充法律意见出具之日【 】、【 】的户口登记完成注销,原中国境内居民身份证已被依法收缴。根据公司实际控制人【 】、【 】出具的书面确认文件,截至本补充法律意见出具之日,公司内部及外部均无利益方或第三方对【 】持有的【 】股份提出过任何异议或存在潜在纠纷,未有其他任何主体向工商行政管理部门提出登记异议,亦没有其他任何主体就相关股权的性质和归属向法院提起诉讼。

根据《关于外国投资者并购境内企业的规定》第55条之规定:"境内公司的自然人股东变更国籍的,不改变该公司的企业性质。"

根据《关于外商投资企业境内投资的暂行规定》(2000年9月1日起生效),外商投资企业投资于非限制类产业领域,无须商务主管部门或行业主管部门审批,可直接向被投资企业所在地登记机关提出设立登记。

根据国家发展和改革委员会《外商投资产业指导目录(2011年修订)》,公司所处的牙科医疗器械行业,不属于国家限制及禁止外商投资产业,属于允许外商投资的行业。

2. 核查结论

本所经办律师核查后认为,【 】实际控制人为境外自然人,系通过外商投资企业境内再投资方式实际控制公司股东权益,但公司主营业务产品为口腔医疗器械,不属于国家限制及禁止外商投资产业,不存在违反国家产业政策的情况。

3. 补充披露情况

无须补充披露事项。

(3)分析产业政策变化风险。

1. 核查过程及分析

根据《医疗器械科技产业"十二五"专项规划》(国科发计〔2011〕705 号)(以下简称"十二五专项规划"),其制定目的在于以加快推进医疗器械产业发展,更好地满足广大人民群众健康需求,支撑我国医疗卫生服务体系建设,促进医疗卫生体制改革的顺利实施,其中具体明确医疗器械是医疗服务体系、公共卫生体系建设中最为重要的基础装备;按照《国家中长期科学和技术发展规划纲要(2006 - 2020 年)》确定的发展重点,落实《国务院关于加快培育和发展战略性新兴产业的决定》,紧密围绕全民健康保障需求和医疗卫生体制改革需要,以需求为导向,以企业为主体,以创新为动力,以整合为手段,统筹项目、人才、基地、联盟、平台和示范的布局,加强多学科交叉,大力推进产学研医结合,积极探索市场机制下的优化组织模式,高效推进医疗器械领域的关键技术、核心部件和重大产品创新,大幅提高医疗器械产业核心竞争力,有效支撑医疗卫生服务体系建设;将口腔材料等高值医用材料列为"十二五"重点产业布局中的"高端产品突破"的主要内容之一。

根据上述的国务院《关于加快培育和发展战略性新兴产业的决定》(国发〔2010〕32 号)、国务院《关于促进健康服务业发展的若干意见》(国发〔2013〕40 号)及国务院《关于促进健康服务业发展的若干意见》(国发〔2013〕40 号)已将把医疗器械作为战略性新兴产业及健康服务业相关支撑行业。

2. 核查结论

本所经办律师认为,包括牙科(口腔)医疗器械在内的医疗器械行业,不属于国家产业政策限制或禁止发展的行业,且已被列为国内健康服务业重要支撑性行业,国内医疗器械行业的发展一直受益于国家相关产业政策支持,结合目前国内医疗器械行业发展水平、所处的发展阶段和国内健康服务业巨大的需求潜力,在可预见的未来,但政策导向发生根本性转变的概率较低,但若行业监管部门出台提升行业监管标准、提高行业经营资质或业务标准等政策,公司如不能及时提高自身综合经营能力并适应政策变化趋势,将对公司的发展产生重大影响。

3. 补充披露情况

无须补充披露事项。

第二部分

重点法律问题反馈解决案例

1　非专利技术出资的合法合规性案例(830910)

(北京德恒律师事务所)

2003年11月,股东以非专利技术"ESA2000电子签章软件技术"出资设立有限公司,2004年9月1日该专利技术转移至公司。请主办券商和律师补充核查并发表明确意见:……(3)有限公司设立程序的合规性;(4)公司增资时是否存在股东虚假出资或出资不实情形。

答复:

(3)关于有限公司设立程序的合规性问题。

经核查,2003年11月3日,公司取得《企业名称预先核准通知书》;2003年11月10日,经全体股东签署了"高新技术成果说明书及确认书",以"ESA2000电子签章软件技术"作为出资设立安证通。北京数码会计师事务所于2003年11月11日出具了编号为"数开验字〔2003〕第1513号"的《报告书》;2004年9月1日,全体股东分别与安证通签订了《北京安证通信息技术有限公司财产转移协议书》,将非专利技术转移至公司。2003年11月21日,公司取得营业执照。

本所律师注意到,公司设立时股东用于出资的非专利技术并未依法进行评估,且出资比例超过当时有效的《公司法》规定的"以工业产权、非专利技术作价出资金额不得超过有限责任公司注册资本的百分之二十",公司的设立程序存在瑕疵。公司设立时各股东以非专利技术出资占公司注册资本的100%。虽然不符合当时有效的《公司法》规定的非专利技术出资比例,但是符合《中关村科技园区条例》第11条"以高新技术成果作价出资占企业注册资本的比例,可以由出资各方协商约定"的规定,而且《公司法》(2013年修订)对货币出资方式及出资比例未做强制性要求,故公司设立时的上述瑕疵不会对公司目前的存续构成法律障碍,也不会对公司本次申请挂牌构成实质性的法律障碍。

(4)关于增资时的虚假出资问题。

2009年1月,公司股东会通过会议决议,同意股东以"网络交易可视化互交式购物平台技术"非专利技术无形资产作价90万元对公司增资,公司于2009年1月12日依法变更了工商,公司注册资本由150万元增肌至240万元。

2011年7月25日,公司股东会通过会议决议,同意股东以"手机支付安全认证云计算平台"非专利技术作价205.05万元对公司增资(其中200万元计入注册资本,5.05

万元计入资本公积），公司于2011年9月9日依法变更了工商登记，将公司注册资本由300万元增加至500万元。

经本所律师核查，上述两次增资中，股东向公司增资的非专利技术即网络交易可视化互交式购物平台技术和手机支付安全认证云计算平台，均为股东利用公司的技术研究开发平台研发的技术，按照我国有关法律的规定属于职务作品，因此本律师认为，股东以上述技术向公司增资不符合我国有关法律法规的规定，属于股东虚假出资和出资不实的情形。为了规定公司上述增资行为，确保股东出资真实、到位，公司于2012年9月至2013年1月期间依法通过减资程序将其虚假增资的注册资本减掉。鉴于公司虚假出资和出资不实的情形已经通过减资程序予以规范，因此本所律师认为，公司上述不规范的增资行为不会对冻死本次申请新三板挂牌产生实质性的法律障碍。

2 | 无形资产出资尚未取得专利权属的合法合规性案例(831211)

（上海市海华永泰律师事务所）

"一、反馈问题之4"

张家港市华尊宝特种材料科技有限公司（以下简称华尊宝）注册资本2000万元，公司持股30%。审计报告披露，公司已投入货币出资100万元，剩余500万元无形资产出资因尚未取得专利权证书而尚未完成。请公司补充披露以下事项：请主办券商、律师补充核查以下情况并发表意见：(1)公司的投资行为是否合法有效、所持有的参股公司的股份是否权属明晰、是否存在潜在的法律纠纷及对公司财务状况、生产经营是否产生影响；(2)公司未取得专利证书的无形资产的权属是否清晰、是否存在潜在的法律纠纷及是否对公司主要业务、产品及生产经营产生影响。

答复：

(1)公司用于出资的无形资产为非专利技术"安全气囊系统用钢管及其制造方法"，同时该项技术正在申请发明专利，申请号：2011102796534，申请日：2011年9月20日，申请人：上海尊马汽车管件股份有限公司，目前状态：等待实审提案。该项技术作为非专利技术出资，于2013年10月15日经上海集联资产评估有限公司评估并出具沪集联评报字〔2013〕第J2130号评估报告，以2013年9月30日为基准日，该项技术的评估价值为人民币5,950,000元。该项技术可以用货币估价和并依法转让。

张家港市华尊宝特种材料科技有限公司注册资本2000万元，无形资产出资500万元，符合2007年《公司法》关于无形资产出资不得超过注册资本70%的规定，且现行有效的《公司法》已取消无形资产出资占注册资本的比例。

目前,《公司法》已取消实缴出资的缴纳期限,公司将在该项发明专利申请审批结果公布后以发明专利或非专利技术(若发明专利申请失败)的形式实缴出资,必要时,公司将在实缴出资时对该技术进行再次评估。

"安全气囊系统用钢管及其制造方法"目标市场为安全气囊集成厂商,与公司目前的主要业务、客户群不同,对公司的财务状况、生产经营没有影响。本所律师认为,公司以非专利技术出资合法有效、所持有的参股公司的股权权属明晰、不存在潜在的法律纠纷及对公司财务状况、生产经营不产生影响。

(2)公司用于出资的非专利技术出资为公司所有,且经评估确认价值。作为发明专利,其正在申请过程中,虽尚未取得专利证书,但申请人为公司,不存在与第三方之间的权属争议。

本所律师认为,公司该项非专利技术的权属清晰、不存在潜在的法律纠纷及对公司主要业务、产品及生产经营不产生影响。

3　公司向股东借款是否构成抽逃出资案例(830806)

(云南千和律师事务所)

问题一:2009 年 8 月,有限公司注册资本由 50 万元增加至 500 万元,同月股东赵子祥借款 450 万元,截至 2013 年 10 月 31 日,股东赵子祥已归还该借款。(1)请公司说明并披露借款的形成原因;(2)说明长达 4 –5 年的巨额资金在股改前才收回是否收取资金占用费?(3)核查说明该款项是否为该次增资的抽逃?请律师针对上述事项的合法合规性发表明确法律意见。

答复:

1. 公司股东向公司借款的背景及形成原因

公司自成立以来主要从事医疗软件信息系统的开发、研究与销售,主要客户为医院、卫生院等医疗卫生机构,客户及签约情况须经过招投标流程确定。2009 年 7 月,为提高公司的市场竞争力,在招投标项目中达到入围门槛,公司经股东会会议决议,同意增加注册资本至 500 万元,云南高路会计师事务所有限公司以云高审增〔2009〕第 646 号《验资报告》确认全体股东已出资到位。

股东赵子祥因资金周转需要向公司提出借款。鉴于公司属于轻资产类企业、小规模纳税人,实际经营运转对资金需求量不高,各股东考虑股东赵子祥为公司经营发展所做的贡献,同意借款给赵子祥用于解决资金困难,且未收取资金占用费。

2. 借款行为并非该次增资的抽逃

根据《公司法》和《公司登记管理条例》的相关规定,所谓"抽逃出资"是指公司股东或者发起人在履行出资义务后，通过一定方式从公司抽回自己出资的财产。

国家工商行政管理总局在回复江苏省工商行政管理局的《关于股东借款是否属于抽逃出资行为问题的答复》（工商企字〔2002〕第180号）中明确："依照《公司法》的有关规定，公司享有由股东投资形成的全部法人财产权。股东以出资方式将有关财产投入到公司后，该财产的所有权发生转移，成为公司的财产，公司依法对其财产享有占有、使用、收益和处分的权利。公司借款给股东，是公司依法享有其财产所有权的体现，股东与公司之间的这种关系属于借贷关系，合法的借贷关系受法律保护，公司对合法借出的资金依法享有相应的债权，借款的股东依法承担相应的债务。因此，在没有充分证据的情况下，仅凭股东向公司借款就认定为股东抽逃出资缺乏法律依据。如果在借款活动中违反了有关金融管理，财务制度等规定，应由有关部门予以查处。此前有关答复意见与本意见不一致的，按本意见执行。"

此外，法律、法规以及其他规范性文件均未禁止公司向自然人股东提供借款。公司与公司股东为各自独立、平等的民事主体，具有相应的民事行为能力，公司全体股东缴纳的出资已经审验出资到位，公司借款给股东是其享有财产所有权的体现。因此，股东向公司借款并不必然构成抽逃出资的行为，在没有充分证据的情况下，仅凭股东向公司借款就认定为股东抽逃出资是缺乏法律依据的。虽然当时因公司内部管理不健全、治理不规范，未按内部决策程序作出借款的股东会决议，也未与股东签订书面《借款协议》，但出借款项时，公司全体股东均知晓并同意，且公司将股东借款作为应收款处理，确认了公司对股东享有债权的事实。因此，虽然公司与股东没有签订书面借款协议，但是在事实上构成借贷关系，借款行为意思表示真实且不违反法律或者社会公共利益，该借款行为合法、有效。截至2013年10月31日，股东赵子祥已归还该笔借款，该借款行为未对亚锦科技、股东及债权人造成实质损害。

综上，本所律师认为，股东赵子祥向公司借款的行为不构成抽逃出资的情形。

4　股东经评估出资资产短时间内增值较大的合法合规性案例（830966）

（北京市君致律师事务所）

二、反馈意见"重点问题之2"

盆景公司改制时李生以17.15万元购买取得盆景公司资产，同月该资产作价1500万元用于有限公司出资。以上17.15万元、1500万元的资产价值均由宿迁天恒会计师事务所评估所得，时间间隔4个月。请公司补充披露2004年资产评估详细结果、评估增值幅度较大的原因、后续使用情况。请主办券商、律师核查以下事项并发表明确意见:(1)评估值差异较大的原因,是否存在评估价值过低或过高的问题;(2)结合资产价值、有权机关确认的具体内容等具体核查李生以17.15万元购买取得盆景公司资产是否存在国有资产流失的情形,是否存在纠纷和潜在纠纷;(3)有限公司设立时出资的真实性、资本的充足性,是否存在虚假出资的问题;(4)有限公司设立时股权比例的确定依据,是否存在股权代持,是否存在争议,对公司股权是否明晰发表意见。

答复:

评估值差异较大的原因,是否存在评估价值过低或过高的问题;李生以17.15万元购买取得盆景公司资产是否存在国有资产流失的情形,是否存在纠纷和潜在纠纷。

该问题系苏北花卉历史沿革中最为关键的合法性问题,对此本所律师从以下几个层面进行分析说明。

(1)关于盆景公司承包租赁经营情况的相关问题

经本所律师核查,1995年1月8日,沭阳县多种经营管理局与李生签订《租赁合同》。沭阳县多种经营管理局作为盆景公司的上级主管部门,与盆景公司是法律上的隶属关系,所以沭阳县多种经营管理局有权就盆景公司的企业经营权进行对外承包租赁,该《租赁合同》符合相关法律政策,合法有效。《租赁合同》中明确约定"由李生自主经营、独立核算、自负盈亏"、"由李生承担一切经济责任包括租赁承包经营期间的一切债权债务"。全面分析《租赁合同》的全部文本内容及核心条款,可以清晰准确地认定沭阳县多种经营管理局通过《租赁合同》将盆景公司的企业经营权作为标的承包租赁给李生经营。

(2)关于租赁经营期间盆景公司的经营收益及派生资产所有权归属问题

经本所律师核查,盆景公司设立时全部资产中仅有固定资产,且固定资产账面价值为60万元,全部为房屋、钢架大棚等固定资产,性质为全民所有,无其他流动资产投入。盆景公司自设立以后至2003年改制前一直由李生租赁经营,沭阳县多种经营管理局及其他政府部门未参与经营活动,也未向盆景公司进行后续投入。在此期间盆景公司由李生独立承包租赁经营的形式从未改变,因此盆景公司在此期间未形成应归属于国有性质的其他派生资产。

按照《租赁合同》的约定以及相关法律规定,承租人李生在对盆景公司租赁经营期间所创造的经营收益在依法缴纳完租赁承包金及国家相关税费后形成的承租人收益应全部归承租人李生享有。在后续经营过程中,承租人所积累的全部经营收益并未从盆景公司单独提取,且一直留存于盆景公司用于持续经营,其产生的派生收益应继续归李生个人所有。

据此,沭阳县多种经营管理局及李生均认定盆景公司在改制前,企业内的资产分为两部分,一部分是盆景公司设立时国家投入的全部固定资产,权属性质为全民所有;

另一部分是由李生租赁经营后积累并留存在公司的个人收益，权属性质为承租人李生个人所有。

(3)关于盆景公司改制过程的资产评估问题

经本所律师核查，2003 年 8 月 2 日，沭阳县农林局（沭阳县多种经营管理局于 2001 年 12 月 25 日撤销并入沭阳县农林局）根据《沭阳县属国有集体企业产权制度改革实施意见》（沭政办〔2001〕50 号）向沭阳县人民政府提交《沭阳县农林局关于苏北花卉盆景公司的改制方案的请示》（沭农字〔2003〕013 号），申请对盆景公司实施改制，并委托宿迁天恒会计师事务所对盆景公司原有全部固定资产进行评估，评估后价值为 17.15 万元。沭阳县农林局将该评估结果报请沭阳县财政局进行审核确认，沭阳县财政局对该评估报告审核后，于 2003 年 3 月 29 日出具《资产评估结果确认通知书》。

而为什么在本次改制过程中仅对盆景公司的全部固定资产进行资产评估，其原因是：基于盆景公司的租赁经营，导致了 2003 年改制时公司资产权属性质被分为出租方投入的固定资产部分，即国有资产；承租方租赁经营后积累并留存在公司的个人收益，即私有财产。由此，沭阳县多种经营管理局在委托评估时，明确评估范围为“固定资产”，此后改制批复中也明确“同意对苏北花卉盆景公司原有的 17.15 万元固定资产以 20 万元人民币整体出售给苏北花卉盆景公司现承包人李生同志”。而 2004 年 6 月 18 日，宿迁天恒会计师事务所有限公司对李生、殷其龙、胡玉树、刘华中、刘可学、胡方洋申报的相关资产进行了资产评估，评估结果：人民币 1500 万元。该次资产评估的评估范围是李生在取得盆景公司产权后盆景公司的全部资产，其中包含有李生作为承租方租赁经营后积累并留存在公司的个人收益，即私有财产部分。所以才导致两次评估结果由 17.15 万元变为 1500 万元。

(4)各级政府的确认批复

由于上述盆景公司改制过程中的资产评估未对盆景公司整体资产进行全部评估，仅是对盆景公司内政府投入部分的国有资产即固定资产进行了评估。根据《国有资产评估管理办法》、《国有资产评估管理办法事实细则》的相关规定，盆景公司作为全民所有制企业，企业进行改制并进行产权转让是应当履行资产评估程序的，并且国有资产评估范围包括：固定资产、流动资产、无形资产和其他资产。根据盆景公司租赁经营导致资产权属需要区分国有和私有两部分的特殊情况，最为严谨的评估方式应当先将盆景公司全部资产进行整体评估，得出评估结果后再交由国有资产主管部门审核、验证，届时应由国有资产主管部门对评估后的全部资产进行所有权区分，最终由国有资产主管部门确认国有资产部分的评估结果。而盆景公司在改制过程中的评估范围未包含除固定资产以外的其他资产，实质上造成了改制评估资产范围不充分的问题，对此本所律师多次走访沭阳县政府及相关国有资产主管部门，落实当时改制评估的流程以及只评估固定资产的初衷原因。沭阳县相关政府部门答复称“认为盆景公司最初设立虽然性质是全民所有制企业，但实质上从公司设立到运作经营全部是李生个人负责的，政府除了投入最初的固定资产以外再无其他投入,也未参与公司经营及决策。2003 年盆景公司的改制就是针对国有资产部分的,也就是政府最初投入的固定资产。至于盆景公司多年的经营收益应属李生个人,不在改制范围内,所以改制评估就仅针对固定资产”。

本所律师了解到上述情况后,认为虽然盆景公司改制评估方式符合盆景公司投入、设立、经营的真实情况,较为合理,但是否符合法律程序仍存有较大疑问。有鉴于此,后本所律师与公司于 2011 - 2012 年间又多次前往宿迁市国资委、江苏省国资委汇报此事。公司通过书面报告的方式将盆景公司改制程序的事实情况充分、全面、客观、完整的向宿迁市国资委、江苏省国资委、江苏省人民政府作了报告。2012 年 5 月 5 日,沭阳县人民政府出具沭政复〔2012〕3 号《沭阳县人民政府关于对江苏苏北花卉股份有限公司历史沿革及改制等有关问题的批复》确认:2003 年盆景公司改制时全部资产分为两部分,一部分是盆景公司设立时国家投入的全部固定资产,权属性质为全民所有,另一部分是由李生租赁经营后积累并留存在公司的个人收益,权属性质为承租人李生的个人财产;2003 年改制仅涉及对盆景公司全部国有资产的处置,不涉及对李生个人资产的安排;沭阳县农林局在盆景公司改制过程中对国有资产处置准确完整,不存在国有资产流失;盆景公司设立后租赁经营、企业改制及产权变更等情况,符合有关法律法规及政策精神的要求,企业权属性质及改制过程合法有效。

2012 年 6 月 14 日,宿迁市人民政府出具宿政发〔2012〕97 号《宿迁市人民政府关于对江苏苏北花卉股份有限公司有关历史沿革事宜予以确认的请示》,确认苏北花卉前身盆景公司设立后的租赁经营、企业改制及产权变更等情况,程序合法、操作合规、产权清晰,符合国有企业改制的法律法规及政策要求。

2012 年 8 月 9 日,江苏省人民政府办公厅于出具苏政办函〔2012〕93 号《省政府办公厅关于江苏苏北花卉股份有限公司历史沿革及改制等事项合规性的函》(以下简称“《江苏省政府关于苏北花卉历史沿革合规性的函》”),确认:江苏苏北花卉股份有限公司的前身为成立于 1994 年的沭阳县苏北花卉盆景公司,经济性质为全民所有制,隶属于沭阳县多种经营管理局。1995 年,该局将沭阳县苏北花卉盆景公司租赁给自然人李生经营,2003 年,沭阳县苏北花卉盆景公司根据有关文件精神实施改制,将评估后的净资产转让给自然人李生,公司改制为沭阳县苏北花卉有限公司。2011 年,沭阳县苏北花卉有限公司整体变更为苏北花卉股份有限公司。江苏苏北花卉股份有限公司的历史沿革及改制等事项履行了相关程序,并经主管部门批准,符合国家相关法律法规和政策规定。

沭阳县人民政府、宿迁市人民政府、江苏省人民政府出具的上述确认文件对盆景公司改制程序中资产评估结果进行了确认。虽然盆景公司在改制程序中的资产评估范围仅为固定资产,但该次评估结果以及整体改制程序已经得到沭阳县人民政府、宿迁市人民政府、江苏省人民政府确认,因此对公司本次申报不构成实质性影响。

综合上述,本所律师认为盆景公司改制程序合法有效,不存在国有或集体资产流失的情形，亦不存在基于改制、两次资产评估差异而产生的纠纷和潜在纠纷。

5　公司债权转资本公积金是否合法合规的案例（831048）

（北京市京都律师事务所）

二、关于“2. 公司2005年5月31日的增资实质系债转股增资。请主办券商及律师就以下事项发表意见：(1)公司上述债权是否真实、合法；(2)公司债权转资本公积是否合法合规；(3)公司出资是否真实、充足”问题。

答复：

(2)关于公司债权转资本公积是否合法合规问题。

经核查，我国《公司法》等法律、法规并没有有关股东债权转为公司资本公积金的禁止性规定，不存在违背国家相关法律、法规的情形。公司股东诚信地产用以转为资本公积金再转为公司股权的相关债权，已经债权人诚信地产和债务人天成有限于2005年3月1日签订的《工程结算协议》的确认，具有真实性。2005年5月31日，天成有限股东会同意将债权人诚信地产的债权转为公司资本公积金后再转增为公司注册资本，系公司全体股东与债权人、债务人的真实意思表示，未损害公司及其他股东、债权人的权益，不违背法律、法规禁止性规定，符合《企业会计准则——基本准则》关于会计信息质量要求的实质重于形式的原则。

6　债转股出资的合法合规性案例（430758）

（北京观韬律师事务所）

“二、重点问题之2”

根据《公开转让说明书》，公司设立时股东张琪、裘扬、刘珍安、段维宁、郇蜀豫将其对四联亨利拥有的1024.76万元债权转为对股份公司的出资。请主办券商和律师说明上述事项并就债转股事项是否合法合规及是否对公司实收资本存在影响发表意见。

答复：

(一)债权形成过程

2000年7月18日，四联亨利与张琪、裘扬、刘珍安、段维宁、郇蜀豫签订了《借款合同》,决定向张琪借款4,099,034.80元,向裘扬借款2,049,517.40元,向刘珍安借款1,844,565.66元,向段维宁借款1,434,662.18元,向邬蜀豫借款819,806.96元,合计10,247,587.00元用于购买西安高科(集团)电子园实业发展公司位于电子一路西段18号A座工业写字楼,借款利率为银行同期贷款利率6.45%。2000年7月20日,西安高科(集团)电子园实业发展公司(甲方)与四联亨利(乙方)签订了《西安市商品房购销合同》,双方约定乙方向甲方购买建筑面积共588.97平方米的甲方开发的A幢6层650号商品房一套,总金额为2,049,615元。2000年7月20日,西安高科(集团)电子园实业发展公司(甲方)与四联亨利(乙方)签订了《西安市商品房购销合同》,双方约定乙方向甲方购买建筑面积共2505.39平方米的甲方开发的A幢5层526－532号、535－539号、550、551号商品房14套,房款合计8,969,296元。根据两份购房合同条款,15套房房款共计人民币1101.8911万元。根据同日双方签订的付款清单,15套房产享受7%的购房优惠后,四联亨利合计支付人民币10,247,587.00元。

2001年2月12日,四联亨利出具了《代出资证明》,证明2000年7月20日支付给西安高科电子园实业发展公司出售电子园A座工业写字楼5、6层,房款合计10,247,587.00元,系由张琪出资4,099,034.80元,裘扬出资2,049,517.40元,刘珍安出资1,844,565.66元,段维宁出资1,434,662.18元,邬蜀豫出资819,806.96元,代四联亨利垫付资金。

(二)涉及债权转为股权的股东会决议

2001年3月5日,四联亨利通过了股东会决议,全体9名股东经表决,一致同意张琪、裘扬、刘珍安、段维宁、邬蜀豫以其在2000年7月18日与四联亨利签订的《借款合同》中约定的借款作为投资全部投入设立的西安四联智能技术股份有限公司(以下简称西安四联股份)中。2001年5月9日,西安四联股份全体发起人签署了《股东(发起人)对债权转股权认可证明》,西安四联股份全体股东(发起人)对张琪、裘扬、刘珍安、段维宁、邬蜀豫代四联亨利垫资10,247,587.00元用于购买电子一路西段18号A座写字楼5、6层,对此债权按1∶1比例转为对股份公司的投资予以认可。2013年12月,原四联亨利和原四联华智全体股东承诺,2001年四联亨利、四联华智全体股东联合其他发起人共同发起设立西安四联智能技术股份有限公司,如有任何西安四联智能技术股份有限公司成立之前未清偿债务或者潜在的、或有的债务纠纷,将由原四联亨利和原四联华智全体股东全部承担。

(三)工商主管部门证明

2013年9月11日,陕西省工商行政管理局高新技术产业开发区分局出具了《证明》,截至2013年9月11日,在工商综合业务管理信息系统未发现四联股份有违反工商行政管理法律、法规的经营行为的记录。

根据最高人民法院《关于审理与企业改制有关的民事纠纷若干问题的规定》(法释〔2003〕1号)第14条规定,债权人与债务人自愿达成债权转股权协议,且不违反法律和行政法规强制性规定的，人民法院在审理相关的民事纠纷案件中，应当确认债权转股权协议有效。根据债权出资时适用的《中华人民共和国公司法(1999 年修正)》，虽未明确列示债权作为股东的出资方式，但亦无禁止债权作为出资形式的强制性规定。本所律师认为，张琪等 5 人的债权出资行为履行了必要的法律程序，得到了四联亨利其他股东以及西安四联股份其他发起人的认可，是当事人真实的意思表示，并不违反当时法律、法规的强制性规定，亦未损害国家、集体或者第三人利益，该债权转股权的行为合法有效，对公司实收资本不存在不利影响。

7 | 公司控股股东、实际控制人与他人签署股份抵押协议及债转股协议的合法合规性案例(830984)

(国浩律师南京事务所)

"二、重点问题之 2"

公司控股股东南京智辰、实际控制人邓家爱与华泰基金就借款事项签署了股份抵押以及一定条件下进行债转股的协议。请公司补充提供上述协议文本。请主办券商及律师核查并补充说明上述协议的履行情况，并就协议本身的性质、是否合法合规发表意见。

答复：

(一)协议的履行情况

2014 年 3 月 3 日，德邦装备(甲方)、华泰基金(乙方)、南京智辰(丙方)、邓家爱(丙方)签署了《可转股债权投资协议》，约定"乙方以借款的形式向甲方提供 2000 万元人民币的资金"，"乙方有权在向甲方指定账户支付 2000 万元资金之日起满 3 个月之日，要求甲方归还借款或选择将借款由债权转换为对甲方的股权"，资金利息汇报按"乙方提供资金额的 10%/年的力量支付利息"，"丙方同意对甲方在本协议项下的还款义务承担连带保证责任，并同意将其合计持有的 65.93% 的甲方股权质押给乙方"。

2014 年 3 月 31 日，华泰基金、南京智辰、邓家爱签订了《关于南京德邦金属装备工程股份有限公司股份质押协议》，南京智辰、邓家爱以其合计持有的公司 65.93% 股份质押给华泰基金，为德邦装备在华泰基金取得期限为三个月的 2000 万元借款提供担保。

2014 年 4 月 4 日，上述股份质押已在江苏省工商行政权利局办理了质押登记。根据公司提供的支付凭证，华泰基金已于 2014 年 4 月 9 日向德邦装备指定的银行账户付款 2000 万元。

根据公司说明及相关承诺，公司拟根据协议约定于 2014 年 7 月 8 日将以上 2000

万元欠款及相应利息全额支付给华泰基金。

（二）协议的性质

本所律师经核查认为：上述《可转股债权投资协议》是不需要其他合同的存在即可独立存在的合同，为主合同，上述《股份质押协议》为《可转股债权投资协议》的附属合同；上述《可转股债权投资协议》不是《合同法》分则和有关法律规定的典型合同，而是兼具借款、债转股、保证性质的混合合同。

（三）协议的合法、合规性

2014 年 4 月 10 日，公司依法召开了 2013 年度股东大会，并审议通过了《关于追加确认最近两年关联交易及 2014 年度日常关联交易预计的议案》，会议同对最近两年关联交易予以确认，同意公司授权公司董事长在 3000 万元人民币含本数）额度内签署对公司股东借款事项，借款利率由董事长与股东参照市场利率协商确定。因此该《可转股债权投资协议》中有关借款的条款已得到股东大会授权董事长批准。

中国证券业协会颁布的《证券公司直接投资业务规范》第 6 条明确了证券公司的“直投子公司”可以“使用自有资金或设立直投基金”开展“对企业进行股权投资或债权投资”的业务，华泰基金作为华泰证券直投子公司华泰紫金的直投基金可以对公司进行债权投资，因此，公司向华泰基金借款符合该规范的要求。担保合同是在债权人和担保人之间协商形成的，当债务人不履行或无法履行债务时，以一定方式保证债权人债权得以实现的协议。可见，担保合同是债务人与担保人之间就担保事宜达成的约定，就《可转股债权投资协议》而言，其中有关股份质押的约定系华泰基金与南京智辰、邓家爱以其真实意思表示作出的，符合《公司法》、《担保法》相关规定。

根据《公司法》关于股东大会职权的规定，股份公司增资的权利属于股东大会所有，因此《可转股债权投资协议》中有关债转股的约定应属于股东大会特别决议（增加注册资本必须经出席会议的股东所持表决权的 2/3 以上通过）表决事项，但该等约定尚未取得股东大会特别决议的表决通过。不过，该协议的签署各方南京智辰、邓家爱、华泰基金合计所持公司股份已达到 72.088%，公司其他自然人股东亦已出具承诺称“如华泰基金在股东大会上主张将债权转为股权，本人将投赞成票”，据此，事实上同意该协议债转股的相关条款的有效表决权已占公司全部股份的 76.484%，超过《公司法》关于增资事宜需经代表 2/3 以上表决权的股东通过的规定。因此，即使召开股东大会，该协议中有关债转股的条款亦能够审议通过，不存在纠纷。

综上，本所律师经核查认为：《可转股债权投资协议》系签署各方的真实意思表示，真实、有效。公司现已采取积极和有效措施拟在协议约定的期限内还款付息，公司控股股东、实际控制人均承诺在公司不能如期偿还借款时由其筹款先行替公司偿还，因此，该协议对本次股票挂牌不构成实质性法律障碍。

8 | 公司债转股程序的合法合规性以及用以转作股权的债权性质的认定的案例(831047)

(上海市海华永泰律师事务所)

三、反馈问题之5

2011年2月18日,有限公司召开股东会,一致同意以股东张亮、易琅琳、陈万钧对有限公司的债权增加有限公司注册资本1000万元。(1)请补充披露上述债务债权形成的原因、债权债务的明细;(2)请主办券商和律师补充核查上述债权转股权是否为公司经营中产生的合同之债、是否订立《债权转股权协议》、是否合法合规发表明确意见。

答复:

1. 合同之债的认定及对《债权转股权协议》签署情况的核查

《四川省公司债权转股权登记管理试行办法》明确规定,用以转作股权的债权应当为公司经营中产生的合同之债。上述债权债务系张亮、易琅琳、陈万钧为补充深远有限营运资金向深远有限借款而形成。虽然深远有限未与张亮、易琅琳、陈万钧签订借款合同,但根据相关凭证,三人已履行了借款合同的主要义务,向深远有限支付相应借款,深远有限亦未对此表示异议。《合同法》(1999年10月1日起施行)第36条规定:"法律、行政法规规定或者当事人约定采用书面形式订立合同,当事人未采用书面形式但一方已经履行主要义务,对方接受的,该合同成立。"因此,张亮、易琅琳、陈万钧与深远有限的借款合同成立,上述债权债务为合同之债。

经本所律师核查,张亮、易琅琳、陈万钧均未与深远有限签订《债权转股权协议》。但是,张亮、易琅琳、陈万钧作为深远有限当时的股东,就债权转股权事项作出了股东会决议。在该股东会决议中,三人对深远有限的借款金额以及债权转股权的事实均作出了同意的意思表示。因此,虽然张亮、易琅琳、陈万钧未与深远有限签订《债权转股权协议》,但股东会决议表明三人与深远有限就债权转股权的相关事项达成了一致合意,且三人与深远有限实际实施了该等债权转让股权之行为。

2. 对本次债转股合法合规性的核查

除债权是公司经营中产生的合同之债以及应当签订《债权转股权协议》外,根据《四川省公司债权转股权登记管理试行办法》,公司债权转股权尚须符合以下程序性规定:(1)用于出资的债权应当经过专项审计和评估机构评估。债权转股权的作价金额不得高于该债权经审计确认的账面值,或不得高于该债权的评估值;(2)应当经依法设立的验资机构验资,并出具验资报告;(3)向登记机关进行变更登记。

本次债转股经过四川瑞麒会计师事务所有限责任公司专项审计(川瑞审〔2011〕字034号《专项审计报告》),经过四川瑞麒会计师事务所有限责任公司验资(川瑞麒验字〔2011〕第024号《验资报告》),并经成都市高新工商行政管理局核准登记。但是,本次债转股没有经过评估机构评估。

本次债转股没有经过评估机构评估,在程序上具有一定的瑕疵。但相关债权的作价金额并未高于该债权经审计确认的账面值,且北京永拓出具的京永审字〔2014〕第31015号《关于四川深远石油钻井工具股份有限公司债转股专项审计报告的复核报告》已对债权的真实性进行了确认,用于转股的债权真实、合法、有效,本次债转股未损害公司及其他股东的利益,亦未损害国家、集体或者第三人利益,对公司实收资本未构成不利影响。深远有限亦已就本次债转股作出了股东会决议。因此,本所律师认为,本次债转股没有经过评估不会对本次挂牌构成实质性障碍。

9 | 股东以债权出资存在出资瑕疵的案例(831102)

(湖南启元律师事务所)

"一、重点问题之2"

2003年12月,喻自文、邢卫民以土地使用权、房屋出资,其中资产评估增值412.97万元被认定为是股东对公司的债权并用于出资,而实际因资产已交付公司、股东不应享有上述债权,存在出资瑕疵。2012年6月,有限公司变更为股份公司。2014年4月,喻自文、邢卫民以现金补足原未及时出资到位的注册资本412.97万元。请主办券商、律师结合《挂牌条件适用基本标准指引》的有关规定补充核查,并对公司整体变更的合法合规性、公司是否符合"公司股东的出资合法合规"的挂牌条件发表明确意见。

答复:

(一)债权形成的相关核查

1.2005年6月股东用于增资的债权形成过程。

2005年6月股东用于增资的债权是股东自2003年12月25至2005年2月25日陆续投入到公司的货币、低值易耗品、土地房产、机器设备形成的。

(1)2003年12月25日,双佳农牧收到股东缴纳的现金及实物资产合计803.47万元,其中800.00万元为双佳农牧首次设立时股东出资,剩余3.47万元形成股东喻自文、邢卫民对公司的债权。

(2)2003年12月25日,收到喻自文、邢卫民交来的建筑物、运输工具、机器设备及办公设备等合计238.70万元(2005年3月,邢卫民将上述明细中的办公楼、围墙、食堂用现金回购,作价为原投入金额,合计 59.50 万元)。

(3)2003 年 12 月 25 日,公司收到喻自文、邢卫民交来的土地 3 块和房屋 15 栋,原值为 399.03 万元。2005 年 3 月 8 日,股东将原值为 399.03 万元的房产、土地使用权委托常德万佳房地产评估有限公司评估,评估值为 812.00 万元,评估增加值 412.97 万元,形成了股东对公司的 812.00 万元的债权。

(4)2004 年 1 月 25 日至 2004 年 12 月 25 日,双佳农牧合计收到喻自文、邢卫民交来的低值易耗品等存货 2.71 万元,其中收到喻自文交来的低值易耗品等存货 1.37 万元,收到邢卫民交来的低值易耗品等存货 1.34 万元。

(5)2004 年 3 月 12 日至 2005 年 2 月 25 日,双佳农牧合计收到喻自文、邢卫民现金 96.17 万元,其中到收喻自文现金 45.39 万元,收到邢卫民现金 50.78 万元。

上述债权合计为 1153.04 万元(包括土地、房产评估增值 412.97 万元形成的债权),与喻自文、邢卫民认购本次增资需缴纳的 1200.00 万元出资相比,尚差 46.96 万元未缴足。2011 年 5 月 31 日,股东已补交出资不足部分 46.96 万元。

2. 关于股东用土地、房产评估增值 412.97 万元形成的债权出资的情况说明。

(1)2003 年 12 月 25 日,公司收到喻自文、邢卫民交来的土地 3 块和房屋 15 栋,原值为 399.03 万元。

(2)2003 年,股东喻自文、邢卫民因上述土地、房产尚未全部取得相关的权属证书,所以约定上述土地、房屋在办妥产权证后再根据评估结果确定投入资产的实际价值。上述土地、房屋虽未过户至公司名下,但已交付公司前身双佳农牧使用。

(3)2005 年 1 月 28 日,股东喻自文、邢卫民直接将上述土地、房屋办理到公司名下,产权证载权利人为湖南双佳农牧科技有限公司(公司前身)。

(4)2005 年 3 月 8 日,德万佳房地产评估有限公司出具的常佳九澧房估字 2005－153 号、2005－155 号、2005－157 号土地、房产《评估报告》,上述原值 399.03 万元的土地、房产的评估价值 812.00 万元,评估增值 412.97 万元,并相应调增了喻自文、邢卫民对公司享有债权的金额 412.97 万元。

(5)2005 年 4 月 26 日,经双佳农牧股东会决议通过,同意将双佳农牧注册资本增加 1200.00 万元,用债权转为股权。1200 万元债权中包括上述土地、房产评估增值的 412.97 万元。

3. 关于股东用土地、房产评估增值 412.97 万元形成的债权出资瑕疵的规范情况。

在公司改制、挂牌工作过程中,本所律师、主办券商、申报会计师对公司的历史出资进行了全面、谨慎的核查,公司 2005 年第一次增资过程中,股东用土地、房产评估增值 412.97 万元形成的债权出资存在瑕疵,股东喻自文、邢卫民虽然约定在办理完毕上述土地、房产权属证书后再按评估价值确认投资额,但当时上述土地、房产在 2005 年 4 月 26 日股东增资决议前已实际交付公司使用,上述土地、房产的评估增值形成的对公司的 412.97 万元债权不应为股东喻自文、邢卫民享有。所以股东喻自文、邢卫民合计缴存现金 412.97 万元,弥补了评估增值 412.97 万元,纠正上述出资瑕疵。

(二)关于公司是否符合"公司股东的出资合法合规"的挂牌条件

1. 出资方式及比例符合《公司法》相关规定如《法律意见书》之"七、公司的股本及其演变"所述,公司存在如下四个出资阶段:

(1)2003 年公司前身双佳农牧设立阶段:由股东喻自文、邢卫民以货币及实物资产进行出资,合计作价 800 万元人民币。由于当时有效的《公司法》并没有对实物资产与货币出资的比例作出明确规定,因此,双佳农牧设立时,股东出资方式及出资比例符合当时有效的《公司法》的规定,合法有效。

(2)2005 年第一次增资:由喻自文、邢卫民以其对公司享有的 1200 万元债权对公司进行增资。由于当时有效的《公司法》没有对债转股进行任何规定,即没有禁止债权转股权,同时也没有对实物资产与货币出资的比例作出明确规定,因此,公司本次以债权作为出资的方式及出资比例符合当时有效的《公司法》的规定,合法有效。

(3)2011 年第二次增资:由股东喻自文、邢卫民以货币对公司进行增资,出资方式及比例符合当时有效的《公司法》的规定。

(4)2012 年第三次增资:由湖南大靖双佳投资企业(有限合伙)、新疆唯通股权投资管理合伙企业(有限合伙)以及自然人舒军、黄琼、蔡拥军、朱征其以货币对公司进行增资,出资方式及比例符合当时有效的《公司法》的规定。本所认为,公司设立及历次增资的出资方式及出资比例符合当时有效的《公司法》的规定。

2. 以实物、知识产权、土地使用权等非货币财产出资的,应当评估作价,核实财产,明确权属,财产权转移手续办理完毕。

经核查,公司自前身双佳农牧设立以来,共有两次出资涉及非货币财产出资,具体如下:

(1)公司前身双佳农牧设立时,股东喻自文、邢卫民虽然已将权属明晰的实物资产交付给公司,但在验资基准日后续投入的实物资产存在未经评估的情形,不符合当时有效的《公司法》及相关法律法规的规定。由于该瑕疵已于双佳农牧整体变更为湘佳牧业时得以纠正,并经天健所出具专项复核报告及开元评估复核验证,所以该情形不构成本次挂牌的实质性障碍。

(2)2005 年喻自文、邢卫民以债权对双佳农牧进行增资时,用于增资的债权未经评估,不符合当时有效的《公司法》及相关法律法规的规定,但该瑕疵已经天健所、开元评估出具的专项复核报告纠正,所以该情形不构成本次挂牌的实质性障碍。

本所认为,湘佳牧业前身双佳农牧设立及 2005 年增资时,用于出资的非货币财产权属清晰,均以交付公司使用,已办妥必备权证,虽然存在未经评估的情形,但已由天健所、开元评估出具的专项复核报告所纠正,不构成本次挂牌的实质性障碍。

(3)公司注册资本缴足,不存在出资不实情形。

如《法律意见书》之"七、公司的股本及其演变"所述,2005 年喻自文、邢卫民以债权对双佳农牧进行增资时，用于增资的债权金额不足1200万元，存在出资不足的情形，不符合当时有效的《公司法》及相关法律法规的规定。但鉴于本次出资不足的瑕疵已由喻自文、邢卫民通过补缴出资的形式予以纠正，并经天健所出具专项复核报告验证，证实公司出资已足额到位。

本所认为，截至《本补充法律意见书》出具之日，公司注册资本缴足，不存在出资不实情形。

综上所述，本所认为，公司符合"公司股东的出资合法合规"的挂牌条件。

10　公司设立时股东以实物出资未评估案例（430716）

（国浩律师杭州事务所）

一、1997年8月，有限公司设立时注册资本58万元，股东均以实物出资但未评估。请公司进一步完善并补充披露该次正出资的相关程序。主办券商与律师核查发表意请公司进一步完善并补充披露该次正出资的相关程序。主办券商与律师核查发表意见。

答复：

经本所律师核查，三门爱力浦设立于1997年8月13日，设立时的注册资本为58万元，由自然人叶从元、罗献尧、姜云刚和叶慧芹共同出资设立。根据三门会计师事务所于1997年8月12日出具三会验〔1997〕字124号的《验资报告》确认，截至1997年8月10日，三门爱力浦已收到其股东投入的资本58万元，出资方式为实物出资。

本所律师注意到，三门爱力浦设立时，其股东以实物资产出资未根据三门爱力浦设立时有效的《中华人民共和国公司法》履行资产评估程序。

为解决上述出资瑕疵问题，爱力浦科技的实际控制人罗献尧先生及叶慧珍女士已作出以下补正措施：

1. 罗献尧先生及叶慧珍女士已出具《承诺函》，承诺若因该次实物出资未予评估的事项而导致爱力浦科技须承担任何赔偿/补偿及/或遭致任何损失的，均由其承担。

2. 罗献尧先生已于2014年3月24日向公司交付现金46.40万元，叶慧珍女士已于2014年3月22日向公司交付现金11.60万元，二人合计交付与未评估实物出资等值的货币资金58万元，公司收款后将上述款项计入资本公积科目。该次补正出资业经立信会计师事务所（特殊普通合伙）审验，并于2014年3月28日出具了信会师报字〔2014〕第210381号《设立验资复核报告》。

本所律师认为，鉴于爱力浦科技实际控制人罗献尧先生及叶慧珍女士已出具上述承诺，且爱力浦科技实际控制人罗献尧先生及叶慧珍女士已向公司交付58万元货币资金,因此三门爱力浦1997年设立时实物出资未经评估的事项不会对爱力浦科技本次挂牌构成重大的法律障碍。

11 债转股方式对关联方出资的合法合规性案例(831215)

(北京德恒律师事务所)

问题6.2007年,公司以债转股的方式对关联方臣功地产出资,并于2009年调低转股价格。请公司说明转股价格的合理性、公允性,是否存在侵犯公司或公司股东利益的情况。请主办券商及律师补充核查并发表明确意见。

答复:

2008年6月5日,臣功地产和公司根据双方签署的《债转股协议书》,将公司对臣功地产的17,603.44万元的债权按每股17.60344元的价格转为公司持有臣功地产1000万股的股份,占臣功地产总股份的32.63%。同时,公司不再拥有对臣功地产的17,603.44万元的拆迁安置补偿款债权。2008年6月25日公司召开临时股东大会,审议通过了公司与臣功地产签署的债转股协议。2008年6月26日,臣功地产召开临时股东大会,会议讨论决定接受新天药业将其对臣功地产的债权转为股权,转股价格为每股17.60344元,并于2008年7月25日,由贵州林成会计师事务所出具了(黔林成验字〔2008〕第171号)验资报告。

本次债权转股权的定价与2007年3月及2008年11月臣功地产对其他自然人增资扩股的价格2.5元/股,相比定价过高,有失公允。因此,公司与臣功地产于2009年11月27日签订《入股价格调整协议书》,将入股的定价由原来的每股17.60344元调整为2.5元,即参考2007年3月及2008年11月臣功地产对其他自然人增资扩股的价格,该价格相对公允。调整后,公司在臣功地产持有的股份数仍然为1000万股,因股价调整产生的差额15,103.44万元,由臣功地产在三年内分期支付给新天药业,目前该款项已经支付完毕。

经核查公司关于拆迁补偿款的账务处理、访谈公司董事长及公司与臣功地产出具的相关承诺,公司与臣功地产之间不存在因拆迁补偿款支付及入股价格调整产生的任何纠纷或者潜在纠纷;亦不存在通过拆迁补偿款及入股价格调整进行利益输送及损害发行人利益的情形。

本所律师认为,2007年,公司以债转股的方式对关联方臣功地产出资的转股价格偏高,2009年调低之后的转股价格与公司引入其他股东的价格一致,相对合理、公允,不存在侵犯公司或公司股东利益的情况。

12 | 民办学校对外投资的合法合规性案例(430357)

(德恒上海律师事务所)

《反馈意见》"一、重点问题之12"

公司披露2011年11月,复旦视觉以700万元的价格向有限公司股东徐恩麒、杨凯瑜、蔡福果、张理购买了他们持有的有限公司350万元出资。复旦视觉当时为复旦大学下属二级独立学院。请律师补充核查复旦视觉对有限公司的投资是否需要经过备案或审批、投资程序的合法合规性。

答复:

如《法律意见》"六、股份公司发起人、股东和实际控制人"所述,复旦视觉企业性质为民办非企业单位(法人)(沪民民政字第0259号),业务主管单位为:上海市教育委员会,业务范围为大学本科学历教育。

如《法律意见》所述,2011年11月18日,慧浦神望股东会作出决议,同意杨凯瑜、张理、蔡福果分别将其持有慧浦神望2.99%、0.37%、0.37%的股权均以2元/股的价格转让给复旦视觉,其他股东均放弃优先购买权,并同意相应修订公司章程。同日,杨凯瑜、张理和蔡福果与复旦视觉就上述股权转让事宜分别签署了《股权转让协议》。

2012年1月6日,复旦视觉董事会作出决议,同意出资700万元受让徐恩麒、杨凯瑜、蔡福果、张理合计持有的慧浦神望350万元出资。

根据《独立学院设置与管理办法》第2条规定:"本办法所称独立学院,是指实施本科以上学历教育的普通高等学校与国家机构以外的社会组织或者个人合作,利用非国家财政性经费举办的实施本科学历教育的高等学校。"

第25条规定:"独立学院设立理事会或者董事会,作为独立学院的决策机构。"

第39条规定:"独立学院应当按照国家有关规定建立财务、会计制度和资产管理制度。独立学院资产中的国有资产的监督、管理,按照国家有关规定执行。独立学院接受的捐赠财产的使用和管理,按照公益事业捐赠法的有关规定执行。"

根据《民办非企业单位登记管理暂行条例》第2条的规定:"本条例所称民办非企业单位,是指企业事业单位、社会团体和其他社会力量以及公民个人利用非国有资产举办的,从事非营利性社会服务活动的社会组织。"

根据复旦视觉当时有效的章程第13条规定:"建校资金来源及性质:举办者投入42,000万元,性质为社会力量投资。"第16条规定:"学院对举办者投入的资产(或国有资产、接受捐赠的财产)以及办学积累的资产享有法人财产权。学院存续期间,所有资产由学院依法管理和使用,任何组织和个人不得侵占、挪用。"第18条:"学院资产使用和财务管理接受审批机关及政府财税部门的监督,接受法定审计机构的年度财务审计。”第20条规定:“学院的决策机构为董事会。”

根据上述规定,本所经办律师认为,复旦视觉为民办非企业单位(法人),在本次出资时系复旦大学下属二级独立学院,有权依法管理和使用学院的资产,董事会为其决策机构,有权审核决定复旦视觉对外投资事项,上海市教育委员会及教育部对复旦视觉资产使用、管理具有监督权。

根据复旦视觉书面确认,复旦视觉上述700万元转让款全部是其举办者投入的非国有资产,亦非接受捐赠的资产,且本次对外投资业已经其年度审计通过。截至本法律意见出具之日,复旦视觉业务主管部门上海市教育委员会及其审批机关教育部均未对本次出资提出异议。

通过上述核查,本所经办律师认为,复旦视觉本次出资已经获得其决策机构董事会同意,在程序上不存在违反法律、行政法规、规范性文件及章程关于民办非企业单位资产使用、管理的相关程序性规定。

13　公司出资发起设立小额贷款的公司的合法合规性案例(831151)

(北京市中伦律师事务所)

二、《反馈意见》“重点问题之6”

2012年8月28日召开股东大会,全体股东通过表决,一致同意公司出资人民币1000万元设立上海长宁赣信小额贷款有限公司,占注册资本的10%。公司于2013年度支付了该笔投资款项。报告期内尚未获得投资收益。请主办券商及律师补充核查公司投资小贷公司是否符合相关监管部门的要求,并发表意见。

答复:

2.1　公司投资上海长宁赣信小额贷款有限公司(赣信小贷公司)符合相关法律法规的要求

根据《关于小额贷款公司试点的指导意见》(银监发〔2008〕23号)规定,单一自然人、企业法人、其他社会组织及其关联方持有的股份,不得超过小额贷款公司注册资本总额的10%。出资设立小额贷款公司的自然人、企业法人和其他社会组织,拟任小额贷款公司董事、监事和高级管理人员的自然人,应无犯罪记录和不良信用记录。小额贷款公司应建立发起人承诺制度,公司股东应与小额贷款公司签订承诺书,承诺自觉遵守公司章程,参与管理并承担风险。

根据《关于本市开展小额贷款公司试点工作实施办法的通知》(沪府办发〔2008〕

39号）规定，小额贷款公司应具有合理的股权结构。主要发起人一般不超过两个，单个主要发起人及其关联方合计持股不得超过20%，两个主要发起人及其关联方合计持股各不得超过15%，其他单个股东及其关联方合计持股不得超过10%，单个股东持股不得低于1%。

根据公司签署的一份《责任承诺书》，公司承诺在赣信小贷公司运行过程中，严格遵守法律法规和有关规定，严格遵守公司章程并承担股东应负的法律责任和经济责任。

经本所律师适当核查，公司无犯罪记录和不良信用记录，公司作为赣信小贷公司的其他发起人（即非主要发起人）持有赣信小贷公司的股权比例符合相关法律法规的限制性规定并已签订承诺书。本所律师认为，公司投资赣信小贷公司符合相关法律法规的要求。

2.2 公司投资赣信小贷公司业已通过相关监管部门预审并经审批同意

根据上海市长宁区人民政府于2012年12月31日下发的《关于上海长宁赣信小额贷款有限公司的预申报告》（长府〔2012〕61号），就公司作为其他法人发起人（即非主要发起人）发起设立上海长宁赣信小额贷款有限公司之事宜，上海市长宁区政府认为上海长宁赣信小额贷款有限公司的各项条件均符合《关于本市开展小额贷款公司试点工作实施办法的通知》及《关于促进本市小额贷款公司发展的若干意见》的要求，拟同意发起设立上海长宁赣信小额贷款有限公司的申请。

根据上海市金融服务办公室于2013年1月11日下发的《关于同意设立上海长宁赣信小额贷款有限公司的批复》（沪金融办〔2013〕18号），上海市金融服务办公室批复同意设立长宁赣信小贷公司。

本所律师认为，公司投资赣信小贷公司已通过相关监管部门预审并经审批同意。

综上所述，本所律师认为，公司投资赣信小贷公司符合相关法律法规的规定，并经相关监管部门的预审和审批，符合相关监管部门的要求。

14 公司在香港设立子公司时未取得《企业境外投资证书》的案例（831253）

（国浩律师广州事务所）

四、重点问题第15项

公司在香港设立子公司香港家乡时未取得《企业境外投资证书》。请公司说明公司是否符合“依法规范经营”的挂牌条件。请主办券商及律师补充核查并发表明确意见。

答复：

经核查，东进农牧于2011年初计划在香港设立子公司。2011年4月，东进农牧向惠东县外经贸局申请设立香港家乡。2011年4月26日，惠东县外经贸局向惠州市对外贸易经济合作局报送《关于上报外资经营东进农牧(惠东)有限公司境外投资的请示》(惠东外经贸资字〔2011〕32号)，拟同意东进农牧投资设立香港家乡事宜，上报惠州市对外贸易经济合作局批准。2011年5月4日，香港家乡在香港注册成立，当时东进农牧尚未取得《企业境外投资证书》。2011年5月9日，商务部向东进农牧核发《企业境外投资证书》(商境外投资证第4400201100135号)，批准东进农牧在中国香港设立香港家乡。本所律师认为，香港家乡成立时，东进农牧尚未取得《企业境外投资证书》，不符合《境外投资管理办法》的相关规定，但东进农牧在香港家乡设立之前，已向惠东县外经贸局申请办理境外投资证书，且事后取得商务部核准，上述法律瑕疵不会对本次挂牌构成实质障碍。

15 | 公司海外业务的合法合规性案例(831296)

(北京大成律师事务所)

(四)《反馈意见》第6条

关于海外采购和销售。公司通过爱迪威从国外采购核心部件，同时通过爱迪威向美国销售产品。(1)请主办券商、律师：①说明对公司海外业务实施的具体尽职调查和核查程序，对公司海外业务的真实性、合法合规性发表意见；②补充核查公司对于境外子公司资金管理采取的具体措施，是否存在违反外汇管理法律法规的情形。(2)请主办券商将上述核查情况及意见在《推荐报告》、《尽职调查报告》中补充说明。

答复：

1. 对《反馈意见》6(1)①的回复

(1)海外业务的尽职调查及核查程序

本所律师调取了公司2012年度、2013年度、2014年1-9月份的销售及采购合同台账，并抽调了若干大额涉外的销售、采购合同以及与其相对应的发票、出(入)库单、海关出口加工区出(进)境货物备案清单、记账凭证、收(付)款凭证及收款通知书(境外汇款申请书)，以核查公司海外业务的真实性及合法合规性。

(2)海外业务的真实性调查

本所律师抽查了2014年合同号为131127的销售合同，以及与其对应资料：00131761号发票、131127号出库单、000000000928602705海关出口加工区出境货物备案清单、141号记账凭证、31号入账凭证、P201401060002918号汇入汇款通知书。

相应资料记录与销售合同内容一致：销售货物的名称为高压水射流泵，规格型号为A&V－A12号，数量为10台，销售单价为15,000美元/台，总价为150,000.00美元。通过核查与该业务相关的整个销售循环，形成一条完整的证据链，可以确认该业务的真实性。

本所律师抽查了2012年合同号为110813号采购合同，以及与其对应的资料：110813号发票、0811201211120010号海关出口加工区进境货物备案清单、000180号记账凭证、PV－2012－05－00122号入库单、000048号付款凭证、000107号付款凭证、招商银行沈阳分行分别于2011年8月19日、2011年11月7日出具的境外汇款申请书。相应资料记录与采购合同内容一致：采购货物为增压器，规格型号为A12，数量为50套，单价为5000美元，总价为250,000美元。通过核查与该业务相关的整个采购循环，形成一条完整的证据链，可以确认该业务的真实性。

（3）海外业务的合法性

2007年1月10日，公司向沈阳市国家税务局提交《对外贸易经营者备案登记表》、《中华人民共和国海关进出口货物收发人报关注册登记证书》等资料，取得了沈阳市出口货物退（免）税资质。

2012年5月21日，公司向沈阳高新技术产业开发区对外贸易经济合作局进行备案，取得了编号为01033840的《对外贸易经营者备案登记表》。

2013年5月9日，沈阳综合保税区海关向公司核发了编号为2101632003的《进出口货物收发货人报关注册登记证书》。

综上，本所律师认为，公司依法具有进出口经营资质，其所从事的境外采购、销售业务真实、合法。

2. 对《反馈意见》6（1）②的回复

（1）公司对境外子公司的采取的资金管理措施具体如下：

1）爱迪威需要定期将财务报表提交公司，公司会不定期抽查爱迪威公司的现金、票据等的盘点记录，并与爱迪威的报表进行核对。

2）公司将爱迪威的资金管理纳入公司的财务制度，统一管理。《沈阳奥拓福科技股份有限公司财务管理制度》第5条规定："本制度适用于公司及控股分、子公司和纳入合并会计报表范围内的其他主体（以下简称子公司）。"

3）公司将爱迪威的对外投资纳入公司对外投资制度，统一管理。《沈阳奥拓福科技股份有限公司对外投资管理制度》第5条规定："本制度适用于公司及其所属全资子公司、控股子公司（以下合称子公司）的一切对外投资行为。"第9条规定："公司在一个会计年度内对外投资总额超过公司最近一期经审计总资产30%的事项，应经公司董事会审议通过后交由股东大会以特别决议通过。"第10条规定："公司发生的对外投资达到下列标准之一的，应经公司董事会审议通过后交由股东大会审议：（一）对外投资（如股权）在最近一个会计年度相关的营业收入占公司最近一个会计年度经审计营业收入的50%以上，且绝对金额超过3000万元；（二）对外投资（如股权）在最近一个会计年度相关的净利润占公司最近一个会计年度经审计净利润的50%以上，且绝对金额超过300万元；（三）对外投资的成交金额（含承担债务和费用）占公司最近一期经审计净资产的50%以上，且绝对金额超过3000万元；（四）对外投资产生的利润占公司最近一个会计年度经审计净利润的50%以上，且绝对金额超过300万元。以上指标计算中涉及的数据如为负值，取其绝对值计算。"

（2）不存在违反外汇管理法律法规的情形

《境内机构境外直接投资外汇管理规定》第17条规定："境内机构将其所得的境外直接投资利润汇回境内的，可以保存在其经常项目外汇账户或办理结汇。外汇指定银行在审核境内机构的境外直接投资外汇登记证、境外企业的相关财务报表及其利润处置决定、上年度年检报告书等相关材料无误后，为境内机构办理境外直接投资利润入账或结汇手续。"

根据公司出具的说明，境外直接投资利润尚未汇回境内，因此，不存在违反外汇管理法律法规的情形。

16 股改程序不符合《公司法》规定的案例（831107）

（北京君嘉律师事务所）

公司股改时未履行资产评估、验资程序，折股数量不符合当时有效的《公司法》规定。请主办券商、律师补充核查，就公司是否符合"依法设立"的挂牌条件发表意见并提供相应依据。

答复：

经核查，依据整体变更时生效的《公司法》第99条的规定，有限责任公司依法经批准变更为股份有限公司时，折合的股份总额应当相等于公司净资产额。另经核查，在设立股份公司时，公司也未按照当时生效的《公司法》的规定履行资产评估手续，也无验资报告。

1998年1月9日，福建省审计师事务所出具《关于"所有者权益"的审计报告》（闽审所〔1998〕社字第01号），福建省审计师事务所对公司截至1997年11月30日的所有者权益及相关资产和负债的真实性和合法性进行了审验，确认1997年11月30日公司的所有者权益为51,694,795.15元，其中本年利润14,795.15元，实收资本51,680,000.00元。同时该报告验证，截至1997年11月30日，公司已收到股东按公司章程规定投入的资本51,680,000.00元，与上述投入资本相关的资产总额为55,659,512.25元。本所律师认为，该审计报告内容包含了对公司截至1997年11月30

日的所有者权益及相关资产和负债的真实性和合法性进行了审验，同时也验证了截至1997年11月30日，公司已收到股东按公司章程规定投入的资本51,680,000.00元，因此报告起到了“验资证明”另经核查，1997年12月15日，福建省人民政府出具闽政体股〔1997〕47号《关于同意设立福建金科信息技术股份有限公司的批复》中，主要内容如下：

1. 同意福建金科计算机网络系统有限公司变更设立为股份有限公司，公司名称为“福建金科信息技术股份有限公司”。

2. 福建金科技术股份有限公司总股本为5168万元，每股面值1元，由23个发起人以在福建金科计算机网络系统有限公司1997年3月25日的出资额认购全部股本，其中金科集团公司出资4290万元，认购4290万股，占总股本的83.01%。何志坚、罗劲等22个自然人出资878万元，认购878万股，占总股本的16.99%。

3. 原则同意公司章程。该章程在公司创立大会获通过后，报省体改委加盖“福建省股份有限公司章程批准专用章”，并经省工商行政管理局核准登记后生效。根据福建省经济体制改革委员会向福建省人民政府出具的《关于设立福建金科信息技术股份有限公司的请示》（闽体改〔1997〕216号）中，附件中列示有：（1）闽金网〔1997〕02号文《关于申请设立福建金科信息技术股份有限公司的报告》；（2）《关于设立福建金科信息技术股份有限公司可行性研究报告》；（3）《福建金科信息技术股份有限公司章程》（草案）；（4）《验资报告》。上述闽体改〔1997〕216号文件中所指“验资报告”实际为《关于“所有者权益”的审计报告》（闽审所〔1998〕社字第01号）。

综上，福建省人民政府当时是在了解公司具体情况的条件下出具的闽政体股的作用。〔1997〕47号《关于同意设立福建金科信息技术股份有限公司的批复》，同时公司在办理本次工商变更登记手续时，福州市工商局也未提出异议。因此公司本次改制为股份有限公司符合“依法设立”的挂牌条件。

本所律师认为，虽然有限公司整体变更为股份公司时未严格依据当时生效的《公司法》规定折合股份和履行评估程序，但福建省人民政府当时是在了解公司股改的具体情况的条件下针对本次改制出具了“闽政体股〔1997〕47号”《关于同意设立福建金科信息技术股份有限公司的批复》，公司也履行了财务审计程序，且公司在办理本次工商变更登记手续时，福州市工商局也未提出异议。因此公司本次改制为股份有限公司符合“依法设立”的挂牌条件。

17　公司改制时以未经审计的净资产折股的案例(831201)

(上海市锦天城律师事务所)

《反馈意见》"补充问题"第 3 条

(一)有限公司整体变更为股份有限公司时以未经审计的净资产折股。请主办券商及律师就公司股改是否符合《公司法》等法律规定、是否符合《全国中小企业股份转让系统股票挂牌条件适用基本标准指引(试行)》第一条第(三)款之规定发表明确意见。

答复:

2007 年 11 月 28 日,江苏富华会计师事务所有限公司出具苏富会邮发〔2007〕第 016 号《审计报告》,审计确认截至评估基准日 2007 年 11 月 25 日,润华有限净资产账面价值为 6063.64 万元。

2007 年 11 月 29 日,江苏富华会计师事务所有限公司出具了苏富会评一〔2007〕28 号《资产评估报告书》,评估确认截至评估基准日 2007 年 11 月 25 日,润华有限净资产的评估价值为 6062.51 万元,具体评估结果如下:

项目	账面净值(万元)	调整后账面净值(万元)	评估价值(万元)	增减值(万元)	增值率%
流动资产	7501.53	7501.55	7501.58	0.04	0.00
固定资产	1043.81	1043.81	1049.27	5.46	0.52
无形资产	484.35	484.35	483.89	-0.46	-0.09
资产总计	9029.69	9029.70	9034.74	5.04	0.06
流动负债	2972.23	2972.23	2972.23	—	—
负债总计	2972.23	2972.23	2972.23	—	—
净资产	6057.46	6057.47	6062.51	5.04	0.08

2007 年 11 月 30 日,茆玉斌、胡玉平和茆成彦作为公司发起人签署了《江苏润华电缆股份有限公司发起人协议书》,约定共同发起设立股份有限公司,股份总数为 6060 万股,每股面值 1 元,全部以净资产出资。

茆玉斌、茆成彦、胡玉平作为发起人以润华有限经评估的净资产折股设立股份有限公司。根据《公司法》第 9 条的规定:"有限责任公司变更为股份有限公司,应当符合本法规定的股份有限公司的条件。"以及第 96 条的规定:"有限责任公司变更为股份有限公司时，折合的实收股份总额不得高于公司净资产额。”《公司法》对有限公司变更为股份有限公司规定了相关要求，但并未明确“净资产额”是经审计的净资产额还是经评估的净资产额。

《全国中小企业股份转让系统业务规则（试行）》（以下简称《业务规则》）第2.1条第1项规定“依法设立且存续满两年。有限责任公司按原账面净资产值折股整体变更为股份有限公司的，存续时间可以从有限责任公司成立之日起计算”。该规定限定的应是有限责任公司按原账面净资产值折股整体变更为股份有限公司的情况下方可从有限责任公司成立之日计算存续时间的起点，而并未限定有限责任公司变更为股份有限公司必须“按原账面净资产值折股整体变更”。

另外，参照《股票发行审核标准备忘录（2001）第二号——首次公开发行股票公司资产评估资料审核指引》的第5条第2款第2项的规定，“如果有限责任公司变更为股份有限公司时，根据资产评估结果进行了账务调整的，则应将其视同为新设股份有限公司，按照《公司法》规定应在股份有限公司开业三年以上方可申请发行新股上市”，说明按照证监会当时的审核标准，以评估的净资产折股设立股份有限公司属于有限责任公司变更为股份有限公司的一种方式。虽然该备忘录已于2006年被废止，但其后我国也并无禁止有限责任公司以评估的净资产值折股设立股份有限公司的相关法律、法规发布。

据上，因为公司从有限责任公司改制设立股份有限公司时根据资产评估结果进行了账务调整，所以应视同为新设股份公司，即其存续时间起算日应为2007年12月24日。鉴于自2007年12月24日至本次挂牌并公开转让申请日已满两年，因此本所律师认为：润华有限该次以经评估的净资产值折股设立股份有限公司并未违反《公司法》、《业务规则》等相关法律、法规及规范性文件的有关要求，且存续时间至今已满二年，合法、合规，符合《全国中小企业股份转让系统股票挂牌条件适用基本标准指引（试行）》第1条第3款之规定。

18 | 公司历史沿革国有股投资及增资的合法合规性案例（430357）

（德恒上海律师事务所）

《反馈意见》“一、重点问题之11”

公司披露2008年、2010年公司分别增资2169万元、261万元，国有股东交大科技园、上海慧谷在增资中均放弃同比例增资的权利，其持有公司的股权比例相应减少。请律师核查交大科技园、上海慧谷作为有限公司股东期间，有限公司进行增资需要履行的备案程序、备案机构，并对有限公司增资的合法合规性发表明确意见并说明具体依据。

答复:

(一)交大科技园与上海慧谷的性质

根据交大科技园及上海慧谷当时有效的公司章程,上海交大产业投资管理(集团)有限公司持有交大科技园55.42%股权,上海交大企业管理中心持有上海慧谷50%股权。根据上海新南洋股份有限公司(600661)公告,上海交大产业投资管理(集团)有限公司为上海交通大学全资子公司;上海交大企业管理中心系全民所有制企业,由上海交通大学履行出资人职责。经本所经办律师核查,上海交通大学为教育部直属高校①。因此,交大科技园与上海慧谷均为上海交通大学下属的国有独资企业的控股子公司。

(二)交大科技园、上海慧谷投资慧浦神望需要履行的程序及相关依据

2007年6月27日,交大科技园召开董事会,决议与徐恩麒、祝建民共同投资慧浦神望,投资额度不超过500万元。

2007年10月12日,上海慧谷召开董事会,决议向慧浦神望投资200万元。

根据《企业国有资产监督管理暂行条例》第28条规定:"国有资产监督管理机构可以对所出资企业中具备条件的国有独资企业、国有独资公司进行国有资产授权经营。被授权的国有独资企业、国有独资公司对其全资、控股、参股企业中国家投资形成的国有资产依法进行经营、管理和监督。"

根据《事业单位国有资产管理暂行办法》第5条规定:"事业单位国有资产实行国家统一所有,政府分级监管,单位占有、使用的管理体制。"

参照《教育部直属高等学校、直属单位国有资产管理工作规程(暂行)》(教财函〔2013〕55号,教育部于2013年6月7日下发)规定:"单位出资的各级国有资本控股公司、国有资本参股公司有重大投资,为他人提供大额担保,转让重大财产,进行大额捐赠、上市等重大事项的,依照法律、行政法规以及公司章程的规定,由公司股东会、股东大会或者董事会决定。"

参照《中华人民共和国企业国有资产法》(全国人民代表大会常务委员会于2008年10月28日发布,并于2009年5月1日生效)第30条规定:"国家出资企业合并、分立、改制、上市,增加或者减少注册资本,发行债券,进行重大投资,为他人提供大额担保,转让重大财产,进行大额捐赠,分配利润,以及解散、申请破产等重大事项,应当遵守法律、行政法规以及企业章程的规定,不得损害出资人和债权人的权益。"第33条规定:"国有资本控股公司、国有资本参股公司有本法第三十条所列事项的,依照法律、行政法规以及公司章程的规定,由公司股东会、股东大会或者董事会决定。"

经本所经办律师核查,《企业国有资产监督管理暂行条例》、《事业单位国有资产管理暂行办法》未对事业单位所办企业控股或参股的公司对外投资规定明确的审批权限。

---

① http://www.moe.edu.cn/publicfiles/business/htmlfiles/moe/moe_347/201307/153731.html.

本所经办律师经核查后认为，根据交大科技园、上海慧谷当时有效的公司章程，并参照《教育部直属高等学校、直属单位国有资产管理工作规程（暂行）》及《中华人民共和国企业国有资产法》规定，交大科技园、上海慧谷投资慧浦神望已分别经其董事会决议通过，程序合法、有效。

（三）行悦科技2008年、2010年增资需要履行的备案程序、备案机构及合法性

根据《企业国有资产评估管理暂行办法》第4条第3款规定："经国务院国有资产监督管理机构批准经济行为的事项涉及的资产评估项目，由国务院国有资产监督管理机构负责备案；经国务院国有资产监督管理机构所出资企业（以下简称中央企业）及其各级子企业批准经济行为的事项涉及的资产评估项目，由中央企业负责备案。"第6条规定："企业有下列行为之一的，应当对相关资产进行评估：……（四）非上市公司国有股东股权比例变动。"

根据《事业单位国有资产管理暂行办法》第41条规定："事业单位国有资产评估项目实行核准制和备案制。核准和备案工作按照国家有关国有资产评估项目核准和备案管理的规定执行。"

参照《教育部直属高等学校、直属单位国有资产管理工作规程（暂行）》（教财函〔2013〕55号，教育部于2013年6月7日下发）规定："单位出资的各级国有资本控股公司、国有资本参股公司有增加或者减少注册资本的，依照法律、行政法规以及公司章程的规定，由公司股东会、股东大会或者董事会决定。"

根据上述规定，慧浦神望2008年、2010年增资需要履行资产评估及备案手续，公司未履行该等手续，在程序上存在法律瑕疵。但是，如《法律意见》所述，在交大科技园及上海慧谷通过股权转让退出行悦科技时，均履行了国有产权转让的相关手续：

1.2010年6月25日，上海宏大信宇资产评估有限公司出具沪宏大信宇资评报字（2010）第ZP0045号《关于上海慧浦神望电子科技有限公司拟股权转让全部股权价值评估报告》，经其评估，截至评估基准日2009年12月31日，慧浦神望的净资产价值为23,265,514.03元。

2.2010年12月30日，慧浦神望股东交大科技园、慧谷创投分别与元昊投资签署了《上海市产权交易合同》，约定交大科技园、慧谷创投分别将其持有的慧浦神望16.67%、6.67%的股权转让给元昊投资，转让价格均为1元/股。

3.2010年11月4日，交大科技园将上述评估报告向上海交通大学申报备案，上海交通大学审核同意转报教育部备案。2010年11月15日，教育部科技发展中心下发教技发中心函〔2010〕197号的批复，同意交大科技园及慧谷创投拟转让持有的慧浦神望16.67%、6.67%的股权事宜。同日，教育部对上述评估结果予以备案。

综上，本所经办律师认为，慧浦神望上述增资导致交大科技园及上海慧谷国有股权比例发生变动，未履行资产评估及备案手续，在程序上存在法律瑕疵，但是交大科技园、上海慧谷转让其持有的慧浦神望全部股权均履行了资产评估及备案手续，上海交

通大学及教育部在审核该等股权转让事宜时未就上述增资导致国有股权比例稀释未履行资产评估及备案手续提出异议,慧浦神望上述增资事项已经其董事会、股东会决议通过,符合《公司法》及现行有效的《教育部直属高等学校、直属单位国有资产管理工作规程(暂行)》规定,上述增资未履行资产评估及备案手续的程序瑕疵不会对行悦科技本次挂牌造成实质性的法律障碍。

19　股东未按持股比例增资案例(430708)

[北京市君合(广州)律师事务所]

一、反馈意见重点问题第1项

公司存有未按持股比例增资、股权转让及机构投资者投资的情形,请公司:(1)补充说明并披露公司历史沿革中增资未按持股比例增资的原因及其程序履行情况;(2)补充说明并披露公司历次股权转让,股权价款的支付情况;(3)提供机构投资者增资公司的协议,并说明有无对赌约定。请主办券商和律师就以下事项作进一步核查并发表明确意见:(1)公司历史沿革中股东未按持股比例增资是否合法、有效,是否履行了必要的程序;(2)公司历次股权转让是否合法、有效,有无潜在纠纷;(3)公司与机构投资者是否存有对赌约定。

答复:

(一)公司历史沿革中股东未按持股比例增资的情况

1.有限责任公司阶段未按持股比例增资的情况根据公司提供的材料并经本所律师核查,铂亚有限共有五次未按持股比例增资的情况,分别在2004年10月、2006年8月、2011年3月、2011年6月以及2011年10月,详见原《法律意见书》第七部分"公司的股本及其演变"之(一)"公司前身的股本及演变"。

根据中华人民共和国第十届全国人民代表大会常务委员会于2004年8月28日通过并同日公布施行的《中华人民共和国公司法》,股东会对公司增加或者减少注册资本、分立、合并、解散或者变更公司形式作出决议,必须经代表2/3以上表决权的股东通过;公司新增资本时,股东可以优先认缴出资。根据中华人民共和国第十届全国人民代表大会常务委员会于2005年10月27日修订通过,并自2006年1月1日起施行的《中华人民共和国公司法》的规定,公司新增资本时,股东有权优先按照实缴的出资比例认缴出资。但是,全体股东约定不按照出资比例分取红利或者不按照出资比例优先认缴出资的除外;股东会会议作出修改公司章程、增加或者减少注册资本的决议,以及公司合并、分立、解散或者变更公司形式的决议,必须经代表2/3以上表决权的股东通过。

根据铂亚有限2002年7月17日的公司章程的规定，公司新增注册资本时，股东可以优先认缴出资；股东会对公司增加或者减少注册资本、分立、合并、解散或变更公司形式作出决议，须经代表2/3以上表决权的股东通过。铂亚有限2004年9月20日的公司章程规定，股东有优先购买公司新增的注册资本的权利；公司增加或减少注册资本，必须召开股东会并由全体股东通过并作出决议。

根据铂亚有限2010年11月4日、2011年1月24日以及2011年6月19日的公司章程的规定，公司新增资本时，原股东可以优先认缴出资，按照增资前各自实缴出资比例认缴新增出资；增加或者减少注册资本的决议，必须经代表2/3以上表决权的股东通过。

如原《法律意见书》第七部分“公司的股本及其演变”之(一)“公司前身的股本及演变”所述，铂亚有限上述五次增资均已由当时的全体股东表决通过，新增资投资者/股东已缴足出资，该等增资已经验资机构验资并出具验资报告，铂亚有限已就该等增资事宜向公司登记机关办理了变更登记，履行了必要的程序。

本所律师认为，上述增资行为发生当时的《中华人民共和国公司法》、公司章程规定股东可以优先认缴新增出资或有权优先按照实缴的出资比例认缴新增出资，此为股东的一项权利，股东既可选择行使，亦可以选择不行使。鉴于在上述五次增资的过程中，当时的股东已在股东会决议中同意相关增资行为，未选择行使优先认购权，其行为未违反法律、行政法规的强制性规定，该等股东未按持股比例的增资的情况合法、有效。

2. 股份有限公司阶段的增资情况根据公司提供的材料并经本所律师核查，铂亚股份成立以来已完成一次增资，即2012年12月的增资，该次增资亦未按股东持股比例进行增资。

根据当时有效的《中华人民共和国公司法》的规定，(股份有限公司)股东大会作出修改公司章程、增加或者减少注册资本的决议，以及公司合并、分立、解散或者变更公司形式的决议，必须经出席会议的股东所持表决权的2/3以上通过。根据铂亚股份2012年6月25日的公司章程，公司增加或者减少注册资本应由出席股东大会的股东(包括股东代理人)所持表决权的2/3以上通过。

如原《法律意见书》第七部分“公司的股本及其演变”之(二)“铂亚股份的股本及演变”部分所述，铂亚股份的全体股东已就该次增资作出股东大会决议，原有股东自愿放弃认购本次新增注册资本的权利，相关投资者已缴足出资，该等增资已经验资机构验资并出具验资报告，公司已就该次增资向公司登记机关办理变更登记，铂亚股份的该次增资已履行了必要的程序，且未违反法律、行政法规的强制性规定，合法、有效。

基于上述，本所律师认为：公司历史沿革中股东未按持股比例增资的情况未违反法律、行政法规的强制性规定，均合法、有效，并已履行了必要的程序。

20 | 国有企业增资时未经评估的案例(430328)

（北京市中伦律师事务所）

一、重点问题之1

2006年12月14日，公司将注册资本增加到3000万元，但未经评估。请公司说明并披露：(1)增资时未进行评估的原因；(2)增资价格的确定依据。请主办券商就以下事项发表意见：(1)本次增资价格确定是否公允、合理；(2)本次增资是否涉嫌造成国有资产流失。请律师分析本次增资未进行评估的法律风险。

答复：

根据北京希电工商登记的资料，北京希电的前身首科希电2006年12月14日将注册资本增资至3000万元的过程如下：

2006年12月14日，首科希电作出股东会决议，同意将注册资本增加到3000万元，首科软件新增出资1389万元，电子工程总公司新增出资511万元；同意相应修改公司章程。2007年3月9日，北京京审会计师事务所有限公司出具京审验字〔2007〕第1005号《变更验资报告》，验证截至2007年3月9日止，股东首科软件投入货币资金13,890,000.00元，股东电子工程总公司投入货币资金5,110,000.00元。首科希电变更后的累积注册资本实收金额为人民币30,000,000.00元，新增注册资本金1900万元已全部到位。

2007年3月28日，首科希电换领了《企业法人营业执照》。本所律师注意到，根据《企业国有资产评估管理暂行办法》的规定，非上市公司国有股东股权比例变动的，应当由其产权持有单位委托具有相应资质的资产评估机构进行评估。首科希电该次增资时国有股东电子工程总公司未委托资产评估机构对首科希电进行评估。《企业国有资产评估管理暂行办法》第27条的规定，若企业应当进行资产评估而未进行评估的，相应的国有资产监督管理机构有权通报批评并责令改正，必要时可依法向人民法院提起诉讼，确认其相应的经济行为无效。

经本所律师核查，电子工程总公司的上级主管单位CEC已于2007年1月26日出具《关于北京首科中系希电信息技术有限公司增资方案的批复》（中电资〔2007〕30号），同意首科希电该次增资及电子工程总公司在增资后持有首科希电35%股权的增资方案。电子工程总公司对首科希电的该次增资取得了上级单位CEC的批复。同时，2009年电子工程总公司将其所持首科希电的股权全部转让时已履行了资产评估程序，进行了公开挂牌转让。此外，根据北京希电的说明，电子工程总公司的国有资产监督管理机构未对该次增资未予评估事宜作出通报批评及责令改正，亦未向人民法院提起诉讼确认该次增资无效。根据《民法通则》的规定，向人民法院请求保护民事权利的诉讼时效期间为2年。自该次增资至今已超过2年的诉讼时效期间。

综上，本所律师认为，首科希电该次增资国有股东未履行资产评估程序不影响首科希电股权的稳定性，对首科希电本次股票公开转让不构成重大实质性障碍。

21　公司减资未履行相应程序的案例(830828)

（北京国枫凯文律师事务所）

《反馈意见》重点问题5

三、关于公司历次增资及股权转让合法合规性的有关问题

……(一)公司历次增资及股权转让存在的不规范情形……

答复：

经查验，除本补充法律意见书"二、"所述元江万绿实物及无形资产出资有关问题外，公司历次增资及股权转让存在的不规范情形如下：

一、2000年4月减资未履行相应法律程序对本次挂牌的影响

经查验，2000年4月，万绿有限注册资本由1000万元增至3000万元，其中中成集团以货币增资1680万元，元江万绿以实物、无形资产增资840万元，元江县糖厂放弃缴纳其在万绿有限设立时认缴的全部190万元出资额，祁家柱少缴纳其在万绿有限设立时认缴出资中的260万元出资额，本次实缴其在万绿有限设立时认缴出资中的30万元货币出资，因股东协商，供销社农资公司减少70万元出资额；万绿有限在本次增资过程中没有就元江县糖厂、祁家柱、供销社农资公司减资事宜履行相关减资程序。

根据公司陈述，公司具体经办人员由于对《公司法》理解不透彻，在本次增资过程中未依法履行减资程序而直接减少了供销社农资公司以及祁家柱、元江县糖厂的出资。本次减资行为伴随公司增加注册资本的过程进行，且结果是万绿有限注册资本有所增加，故资本充实及增加对公司债权人利益给予了保障，增资完成至今已超过10年，并未有任何债权人主张本次增资过程中的减资行为有侵害其利益的情形发生。

经查验，2000年2月28日，元江县糖厂向万绿有限提交《关于放弃我公司认缴的云南万绿生物(集团)有限公司全部股份的申请》，申请放弃缴纳其在万绿有限设立时认缴的全部190万元出资额，并保证不对万绿有限增资扩股、资产重组及重组后的公司及公司股东主张任何权利；2000年2月29日，万绿有限股东会作出决议，同意元江县糖厂放弃其所认缴的190万元出资额。2000年3月4日，中成集团、元江万绿、供销社农资公司、祁家柱签订《关于重组云南元江万绿生物(集团)有限公司的合同》，各方在合同中均对供销社农资公司和祁家柱减资后的出资额予以确认。

2012 年 4 月 24 日,云南省玉溪市工商局以“玉工商〔2012〕38 号”《玉溪市工商行政管理局关于云南万绿生物股份有限公司历史沿革中有关问题的确认意见》,确认不会因前述瑕疵对公司进行处罚。

本所律师认为,虽然公司 2000 年 4 月减资未履行法律程序存在瑕疵,但鉴于:(1)该等瑕疵已得到纠正且未损害债权人合法权益;(2)元江县糖厂已在其向万绿有限提交的书面申请中确认不对公司及公司股东主张任何权利;(3)中成集团、元江万绿、供销社农资公司和祁家柱已签订《关于重组云南元江万绿生物(集团)有限公司的合同》,合同签订各方均已知悉供销社农资公司和祁家柱减资事宜且未提出异议;以及(4)云南省玉溪市工商局已出具“玉工商〔2012〕38 号”《玉溪市工商行政管理局关于云南万绿生物股份有限公司历史沿革中有关问题的确认意见》,确认不会因前述减资瑕疵对公司进行处罚,故前述减资瑕疵不致构成本次挂牌的实质性障碍。

22　公司历史沿革国有股权变动合法合规性案例(430475)

(德恒上海律师事务所)

《反馈意见》“一、重点问题之 1”

公司披露,上海陆道工程设计管理有限公司的股权变更过程中上海市陆家嘴金融贸易区开发公司、上海陆家嘴投资发展有限公司、上海建通工程建设有限公司曾为上海陆道工程设计管理有限公司的股东。请律师补充核查以上企业是否均为国有企业,以及上海陆道工程设计管理有限公司设立到减资过程中每一次国有股权变更程序的合法合规性,请律师就以上问题发表明确意见。

答复:

(一)上海市陆家嘴金融贸易区开发公司、上海陆家嘴投资发展有限公司与上海建通工程建设有限公司的性质

经本所经办律师核查,2005 年 10 月 26 日,上海建通工程建设有限公司通过股权转让退出陆道设计后,陆道设计股东不再有国有股成分。

本所经办律师就陆道设计成立至 2005 年 10 月 26 日期间曾为陆道设计股东的上海市陆家嘴金融贸易区开发公司、上海陆家嘴投资发展有限公司与上海建通工程建设有限公司的性质进行了核查,核查结果如下:

1. 根据上海市陆家嘴金融贸易区开发股份有限公司(股票代码:600663)于 1992 年 5 月 29 日公告的《上海市陆家嘴金融贸易区开发股份有限公司招股说明书》,上海市陆家嘴金融贸易区开发公司为其控股股东,所持有的股权为国家股。上海市陆家嘴

金融贸易区开发公司后名称变更为上海陆家嘴(集团)有限公司,本所经办律师经核查上海陆家嘴(集团)有限公司工商档案资料,并查询上海工商局企业注册登记信息公开系统,显示上海陆家嘴(集团)有限公司成立至今一直为国有独资。据此,本所经办律师认为,上海市陆家嘴金融贸易区开发公司在成为陆道设计股东至退出时一直为国有企业。

2. 经本所经办律师核查上海陆家嘴投资发展有限公司工商档案资料,上海陆家嘴投资发展有限公司成立于1996年12月31日,根据其成立时的公司章程,股东为上海陆家嘴(集团)有限公司和上海陆家嘴金融贸易区开发股份有限公司,截至2000年上海陆家嘴投资发展有限公司退出陆道设计时,上海陆家嘴投资发展有限公司股东未发生变化。据此,本所经办律师认为,上海陆家嘴投资发展有限公司为陆道设计股东时系国有企业。

3. 经本所经办律师核查上海建通工程建设有限公司工商档案资料,上海建通工程建设有限公司成立于1998年5月28日,根据其当时有效的公司章程,其股东为上海交通大学和中国对外建设总公司。经本所经办律师核查上海建通工程建设有限公司2005年退出陆道设计时其公司性质,截至2005年7月,上海建通工程建设有限公司股东为上海交大企业发展中心(持股20%)、中国对外建设总公司(持股20%)、上海建通工程建设有限公司职工持股会(持股60%)。经本所经办律师核查,上海交大企业发展中心为上海交通大学直属的事业单位,上海交通大学为教育部直属高校[②];中国对外建设总公司设立于1992年,原为中华人民共和国住房和城乡建设部直属企业,后成为中国建筑工程总公司的子公司,根据中国建筑股份有限公司(股票代码601668)于2009年7月28日公告的《中国建筑股份有限公司首次公开发行股票招股说明书》披露,中国建筑工程总公司系国家授权投资的机构,属于中央直接管理的国有重要骨干企业。据此,本所经办律师认为,上海建通工程建设有限公司为陆道设计股东时系国有参股企业。

(二)上海陆道工程设计管理有限公司设立到减资过程中每一次国有股权变更程序的合法、合规性

1. 1993年9月,上海陆道工程设计管理有限公司前身上海陆家嘴规划建筑设计事务所成立

经本所经办律师核查,上海陆道工程设计管理有限公司前身上海陆家嘴规划建筑设计事务所(以下简称陆家嘴设计所)成立履行了如下程序:

1993年4月22日,上海市浦东新区综合规划土地局出具浦综规〔93〕118号《关于上海陆家嘴金融贸易区开发公司成立规划设计事务所请示的批复》,同意上海陆家嘴金融贸易区开发公司成立“规划设计事务所”。

---

② http://www.moe.edu.cn/publicfiles/business/htmlfiles/moe/moe_347/201307/153731.html.

1993年9月11日,上海公正审计师事务所浦东分所出具浦验-64号《验资证明书》,验证陆家嘴设计所所收到其上级单位上海陆家嘴金融贸易区开发公司拨款70万元。

1993年9月20日,上海市浦东新区工商行政管理局核发《企业法人营业执照》。

本所经办律师认为,陆家嘴设计所的设立已经主管单位的审核批准,并履行了验资、工商核准登记程序,符合《中华人民共和国全民所有制工业企业法》的相关规定,设立程序合法、合规。

2. 1996年12月,改制为有限责任公司及30%股权置换给职工持股会

经本所经办律师核查,陆道设计改制及30%股权置换给职工持股会履行了如下程序:

1996年4月9日,上海陆家嘴金融贸易区开发公司下发《关于同意设计所改制的批复》(沪陆开发〔1996〕108号),同意陆家嘴设计所改制为有限责任公司,并同意设立职工持股会。

1996年5月26日,大华会计师事务所出具了"华业字〔96〕第795号"《资产评估报告》,确认截至1996年5月26日,陆家嘴设计所净资产为675,941.26元。经本所经办律师核查,大华会计师事务所具有国有资产管理局核发的《资产评估资格证书》(证书编号:00551)。

1996年7月22日,上海陆家嘴金融贸易区开发公司下发了《关于设计所改制资产评估报告确认请示的批复》(沪陆开发〔1996〕220号),同意上述评估结果。

1996年8月6日,陆家嘴设计所工会委员会作出了《关于发行陆家嘴规划建筑设计有限公司内部职工股的决议》(沪陆设工〔1996〕第002号),决定以每股1元的价格发行总额为20.4万元的职工股,占拟设立公司注册资本30%。

1996年8月12日,陆家嘴设计所作出了沪陆设计〔1996〕第030号《上海陆家嘴规划建筑设计事务所改制为有限责任公司、设立内部职工持股会的试点方案》,决定改制为有限责任公司,上海陆家嘴金融贸易区开发公司与新设职工持股会分别持有70%、30%股权。

1996年8月22日,陆家嘴设计所职工大会作出了《关于改制为上海陆家嘴规划建筑设计有限公司的决议》,决定将陆家嘴设计所改制为上海陆家嘴规划建筑设计有限公司(以下简称陆家嘴设计)。

1996年9月10日,上海市浦东新区经济贸易局下发了《关于上海陆家嘴规划设计所改制为上海陆家嘴规划建筑设计有限责任公司并成立职工持股会的批复》(浦经贸工字〔1996〕第93号),同意陆家嘴设计所改制为有限责任公司并设立职工持股会。

1996年10月14日,上海市资产评审中心出具了《关于确认上海陆家嘴规划建筑设计所组建有限公司整体资产评估价值的通知》(沪评审〔1996〕339号),对华业字〔96〕第795号《资产评估报告》评估结果予以确认。

1996年12月13日，上海市浦东新区国有资产管理办公室下发了《关于同意上海陆家嘴规划建筑设计所职工持股会置换部分国有资产的批复》（浦国资办发〔1996〕45号），同意陆家嘴设计所改制为有限责任公司并设立职工持股会，同时将国有资产总额68万元中的30%（20.4万元）置换给该职工持股会。

1996年12月25日，大华会计师事务所出具了"华业字〔96〕第1298号"《验资报告》，确认截至1996年12月17日，上海陆家嘴规划建筑设计有限公司已收到股东出资合计68万元，其中上海陆家嘴金融贸易区开发公司以净资产出资47.6万元，职工持股会以货币出资20.4万元。

1996年12月21日，上海市浦东新区工商行政管理局核发了改制后的《企业法人营业执照》。

经本所经办律师核查，陆家嘴设计所本次改制及30%股权置换给职工持股会已依法履行了清产核资、产权界定、资产评估及结果确认及验资程序，并取得了上海市浦东新区经济贸易局和出资单位的关于改制的审核批准、职工大会的同意、上海市浦东新区国有资产管理办公室关于国有资产转让的批复，符合当时全民所有制企业改制及国有资产转让的法律、行政法规的相关规定，程序合法、合规。

3.1998年4月，股权转让及减资

经本所经办律师核查，陆家嘴设计本次股权转让及减资履行了如下程序：

1998年4月30日，陆家嘴设计召开股东会，同意上海陆家嘴（集团）有限公司（前身为上海陆家嘴金融贸易区开发公司）将其持有的公司5%、16.18%、10.29%、10.29%、10.29%、7.35%、5.3%、5.3%股权分别转让给上海陆家嘴投资发展有限公司、吕通森、姚鸣芳、蒋孔浩、周荣、徐剑尘、齐嘉生以及姜达贤，转让价格均为1元/股，其他股东放弃优先购买权，并同意相应修订公司章程。

经本所经办律师核查，1997年11月26日，上海市浦东新区国有资产管理委员会出具了浦国资委〔1997〕3号《关于授权上海陆家嘴（集团）有限公司统一经营上海陆家嘴集团范围内国有资产的批复》，授权上海陆家嘴（集团）有限公司统一经营陆家嘴集团范围内的国有资产，授权经营国有资产总额为32.6322亿元。据此，本所律师认为，上海陆家嘴（集团）有限公司本次转让持有陆家嘴设计股权已经获得上级主管部门的授权。

1998年4月25日，上海新华会计师事务所出具了上新评〔98〕042号《关于上海陆家嘴规划建筑设计有限公司资产评估报告》，截至评估基准日1997年12月31日，陆家嘴设计总资产1,018,182.12元，负债为530,150.71元，资产净值为488,031.41元。经本所经办律师核查，上海新华会计师事务所持有上海市国有资产管理办公室颁发的《资产评估资格证书》（证书编号:07992）。

1998年5月8日，上海陆家嘴（集团）有限公司与上海陆家嘴投资发展有限公司、吕通森、姚鸣芳、蒋孔浩、周荣、徐剑尘、齐嘉生、姜达贤就上述股权转让事宜签署了《股权转让协议书》,并在《股权转让协议书》中约定一致同意根据上述资产评估结果将陆家嘴设计注册资本减少至47.6万元。

1998年5月15日,上海陆家嘴(集团)有限公司出具了《关于同意设计公司内部股权转让的批复》(沪陆发〔1998〕136号),同意上述股权转让事宜。

1998年7月10日,上海市浦东新区资产评审中心出具了浦评审中心〔1998〕122号《关于上海陆家嘴规划建筑设计有限公司资产评估价值的鉴证通知》,对上述评估结果予以确认。

1998年9月25日,陆家嘴设计召开股东会,决议公司注册资本减少至47.6万元,各股东按股权结构同比例减资。

1998年10月17日、10月24日、10月30日,陆家嘴设计在《新民晚报》发布减资公告。

1998年11月2日,华申会计师事务所出具了华会发〔98〕第520号《验资报告》,验证截至1998年7月31日,陆家嘴设计实收资本为47.6万元。

1998年12月25日,上海工商局浦东新区分局核发了《企业法人营业执照》,核准公司本次股本变动。

经本所经办律师核查,陆家嘴设计就本次国有股权转让已履行了内部决议、资产评估、上级主管单位确认等程序,符合当时法律、法规关于国有产权转让的相关规定,为合法有效。

经本所经办律师核查,陆家嘴设计就本次减资事项已履行了公司内部决议、减资公告及验资程序,但股东吕通森、姚鸣芳、蒋孔浩、周荣、徐剑尘、齐嘉生、姜达贤未对本次股东会决议事项进行表决,本次减资决议参会股东代表的表决权未达到公司全部股权的2/3以上,不符合当时有效的《中华人民共和国公司法(1993年)》及公司章程关于公司减少注册资本的相关规定,在程序上存在法律瑕疵。但是,该等未参会的股东在签订《股权转让协议》时已同意陆家嘴设计注册资本减少至47.6万元。本所经办律师认为,陆家嘴设计上述程序瑕疵不会对陆道设计本次挂牌构成实质性的法律障碍。

4.2000年9月,股权转让及增资

经本所经办律师核查,陆家嘴设计本次股权转让及增资履行了如下程序:

2000年9月15日,上海陆家嘴投资发展有限公司作出股东会决议,同意将其持有陆家嘴设计5%股权转让给上海建通工程建设有限公司。

根据陆家嘴设计股东会作出的决议,全体股东一致同意上海陆家嘴投资发展有限公司、职工持股会、吕通森、姚鸣芳、蒋孔浩、周荣、徐剑尘、齐嘉生、姜达贤分别将所持有公司5%、19.37%、10.45%、6.64%、10.29%、6.64%、4.75%、3.43%、3.42%的股权转让给上海建通工程建设有限公司,转让价款合计为471,334.07元,转让价格均为1元/股;同意股权转让后公司注册资本增至673,334.39元,并相应修订公司章程。

2000年9月22日,上海陆家嘴投资发展有限公司、职工持股会、吕通森、姚鸣芳、蒋孔浩、周荣、徐剑尘、齐嘉生、姜达贤与上海建通工程建设有限公司就上述股权转让事宜签订了《股权转让协议》。

根据大华会计师事务所于2000年10月26日出具的华业评报字〔2000〕第049号《上海陆家嘴规划建筑设计有限公司整体资产评估报告》，截至评估基准日2000年9月30日，陆家嘴设计总资产为2,095,275.30元，负债为789,518.61元，净资产为1,305,756.69元。

2000年12月29日，上海陆家嘴投资发展有限公司、职工持股会、吕通森、姚鸣芳、蒋孔浩、周荣、徐剑尘、齐嘉生、姜达贤与上海建通工程建设有限公司就上述股权转让签订了《产权交易合同》，上海技术产权交易所对上述国有产权转让合同予以鉴证，于2001年2月13日出具了0001013号《产权转让交割单》，审核确认本次产权交易符合交易的程序性规定。

2000年12月14日，上海沪西会计师事务所出具了沪西会验资〔2000〕第866号《验资报告》，验证公司实收资本为67.333439万元。

2013年6月8日，天职国际会计师事务所就本次增资出具了天职业字〔2013〕289号《专项复核报告》，明确本次增资的具体明细为：资本公积金103,097.34元，盈余公积金94,237.05元，转增注册资本197,334.39元。

2001年4月28日，上海市浦东新区发展计划局出具了浦计体〔2001〕0420号《关于同意职工持股会调整股本结构的批复》，同意职工持股会将其持有的出资额减至7.16万元。

2001年4月30日，上海工商局浦东新区分局核发了《企业法人营业执照》，核准公司本次股本变动。

经本所经办律师核查，上海陆家嘴投资发展有限公司为国有企业控股子公司，上海建通工程建设有限公司系国有企业、事业单位参股的公司，本次国有股权转让及增资事项发生时，《企业国有资产监督管理暂行条例》、《事业单位国有资产管理暂行办法》、《企业国有产权转让管理暂行办法》均尚未尚未颁布实施，参照《企业国有资产监督管理暂行条例》第22条规定："国有资产监督管理机构依照公司法的规定，派出股东代表、董事，参加国有控股的公司、国有参股的公司的股东会、董事会。国有控股的公司、国有参股的公司的股东会、董事会决定公司的分立、合并、破产、解散、增减资本、发行公司债券、任免企业负责人等重大事项时，国有资产监督管理机构派出的股东代表、董事，应当按照国有资产监督管理机构的指示发表意见、行使表决权。"

参照《企业国有产权转让管理暂行办法》第26条规定："所出资企业决定其子企业的国有产权转让。"

经核查，上海陆家嘴投资发展有限公司就其持有陆家嘴设计股权转让事宜履行了股东会决策程序，其股东上海陆家嘴（集团）有限公司为上海市浦东新区国有资产管理委员会授权经营国有资产单位，上海建通工程建设有限公司当时有效的公司章程未就其对外投资事项作出具体规定。

综上,本所经办律师认为,公司就本次国有股权转让已履行了内部决策程序,公司国有出资单位上海陆家嘴投资发展有限公司亦履行了内部决策程序、国有股权转让资产评估程序及进产权交易所交易程序,虽然上海建通工程建设有限公司未履行对外投资的内部决策程序,但并未违反其章程的规定,且已签署《股权转让协议》和《产权交易合同》,本次国有股权转让依法已经发生股权转让的法律效力。

根据天职国际会计师事务所就本次增资出具的天职业字〔2013〕289号《专项复核报告》并经本所经办律师核查,陆家嘴设计系以资本公积金103,097.34元,盈余公积金94,237.05元,合计197,334.39元转增股本,转增时已调整财务报表并进行相应的会计处理,转增股本后,留存的法定盈余公积金为377,571,77元,占转增前注册资本的79.32%,符合当时有效的《中华人民共和国公司法(1999年修订)》关于留存的法定公积金不得少于转增前公司注册资本的25%的规定,且本次增资已履行公司内部决策、验资及工商变更登记程序,符合当时公司法关于增加注册资本的相关规定,为合法有效。

5.2003年12月,陆家嘴设计增资

经本所经办律师核查,陆家嘴设计本次增资履行了如下程序:

2003年11月28日,陆家嘴设计股东会作出决议,同意公司增加注册资本32.67万元,全部由职工持股会认缴。

2003年12月5日,上海上咨会计师事务所出具上咨会验〔2003〕第105号《验资报告》,验证截至2003年12月4日,公司实收资本为100万元,其中新增注册资本32.67万元全部由职工持股会以货币方式缴纳。

2003年12月12日,上海市浦东新区人民政府经济体制改革办公室就上述职工持股会增加出资额出具了浦体改备〔2003〕25号《浦东新区企业职工持股会调整股本结构备案单》,对本次增资进行了确认。

2003年12月15日,上海工商局浦东新区分局核发了《企业法人营业执照》,核准公司本次股本变动。

本所经办律师认为,陆家嘴设计本次增资的国有股东已经依据《企业国有资产监督管理暂行条例》规定委派代表在公司的股东会上就本次增资行使了表决权。陆家嘴设计本次增资已经履行了内部决策程序,并取得上级主管部门的批准,程序合法、合规。

6.2005年10月,股权转让

经本所经办律师核查,陆家嘴设计本次股权转让履行了如下程序:

2005年3月25日,陆家嘴设计股东会作出决议,同意股东上海建通工程建设有限公司将其所持有26.14%、3%、1.07%、0.92%的股权转让给蒋镇华、刘朝锋、黄金枝、史卫泉,转让价格均为1元/股,其他股东放弃优先购买权,并同意相应修订公司章程。

同日，上海建通工程建设有限公司与黄金枝、蒋镇华、刘朝锋、史卫泉，职工持股会与黄金枝、史卫泉、黄玉芳就上述股权转让事宜分别签署了《股权转让协议》。

根据上咨评〔2005〕第049号《评估报告》，截至评估基准日2005年3月31日，上海陆家嘴规划建筑设计有限公司资产合计为157.62万元，负债合计为57.02万元，净资产为100.6万元。

2005年8月4日，上海建通工程建设有限公司与黄金枝、蒋镇华、刘朝锋、史卫泉就上述股权转让事宜签署了《上海市产权交易合同》。上海联合产权交易所对上述国有产权转让合同予以鉴证，于2005年8月4日出具了0008691号《产权转让交割单》，审核确认本次产权交易符合交易的程序性规定。

2005年8月8日，陆家嘴设计股东会作出决议，同意股东上海建通工程建设有限公司将其所持有公司6.40%、3.2%、3.2%、3.2%的股权转让给黄金枝、刘永新、陈迅、张凌云，转让价格均为1元/股，其他股东均放弃优先购买权，并同意相应修订公司章程。同日，上海建通工程建设有限公司与黄金枝、陈迅、刘永新、张凌云就上述股权转让事宜分别签署了《股权转让协议》。

2005年10月12日，上海建通工程建设有限公司与黄金枝、刘永新、陈迅、张凌云就上述股权转让事宜签署了《上海市产权交易合同》。上海联合产权交易所对上述国有产权转让合同予以鉴证，于2005年10月12日出具了0009379号《产权转让交割单》，审核确认本次产权交易符合交易的程序性规定。

2005年10月26日，上海工商局就本次股权转让事宜核发了《准予变更登记通知书》。

经本所经办律师核查，上海建通工程建设有限公司转让持有陆家嘴设计股权时未经国有资产监督管理机构的决定，存在程序上瑕疵。

综上，本所经办律师认为，上海建通工程建设有限公司本次转让持有陆家嘴设计的股权未经国有资产监督管理机构决定，不符合《企业国有产权转让管理暂行办法》有关国有产权转让的规定，存在程序上瑕疵，但是，上海建通工程建设有限公司本次转让持有陆家嘴设计的股权时上海交大企业发展中心持有上海建通工程建设有限公司20%股权，中国对外建设总公司持有上海建通工程建设有限公司20%股权，上海建通工程建设有限公司职工持股会持有上海建通工程建设有限公司60%股权，上海建通工程建设有限公司为国有参股企业，上海建通工程建设有限公司已按照陆家嘴设计章程规定参加本次国有股权转让的股东会会议，且陆道设计实际控制人刘笑盈出具《承诺函》，承诺如因陆家嘴设计本次国有股权转让未取得国有资产监督管理机构决定的程序瑕疵致使国有资产遭受损失的，其本人自愿承担相关责任及损失。陆家嘴设计就本次国有股权转让已履行了内部决策、资产评估、产权交易所公开转让程序，上海建通工程建设有限公司已经按照陆家嘴设计的公司章程规定参加股东会，行使了表决权，且已签署《股权转让协议》和《产权交易合同》，本次国有股权转让依法已经发生股权转让的法律效力。因此,上海建通工程建设有限公司转让陆家嘴设计股权的程序瑕疵不会对陆道设计本次挂牌转让造成实质性法律障碍。

23 | 公司历史沿革有关职工持股会清理的合法合规性案例(400475)

(德恒上海律师事务所)

《反馈意见》"一、重点问题之2"

关于职工持股会,(1)请公司补充提供职工持股会章程或协议,补充说明员工通过持股会持有上海陆道工程设计管理有限公司股权的形式以及对公司股权行使方式;(2)请公司补充说明职工持股会出资形成、演变以及最终清算过程,请律师核查职工持股会从设立到解散过程中每一次变更程序的合法合规性,职工持股会2005年解散时以2003年《浦东新区企业职工持股会调整股本结构备案单》为依据的合法合规性,职工持股会清理是否彻底、有无争议或潜在纠纷;(3)请主办券商及律师针对上述事项发表专业意见,明确公司是否符合"股权明晰、股份发行转让合法合规"的挂牌条件,上述意见应分别在推荐报告、补充法律意见书中作专项披露。

答复:

(一)职工持股会的持股形式及行权方式

根据陆家嘴设计所职工持股会成员于1996年11月25日签署的《上海陆家嘴规划建筑设计有限公司职工持股会章程》的规定,公司内部职工以自己出资的方式或以其他方式拥有的股份是公司的特定股份,由持股会统一管理,并行使股东权利,持股会成员以其出资额(或所持股份)为限对持股会承担责任并行使会员权利,持股会以其投入公司的出资额为限对公司承担责任并行使股东权利;会员大会由全体会员组成,是职工持股会的最高权力机构,依照章程行使职权;理事会由持股会选举产生,为职工持股会的办事机构,对会员大会负责。

(二)职工持股会的设立及出资形成

经本所经办律师核查,陆道设计职工持股会设立的程序及出资形式如下:

1996年4月9日,上海陆家嘴金融贸易区开发公司下发《关于同意设计所改制的批复》(沪陆开发〔1996〕108号),同意陆家嘴设计所改制为有限责任公司,并同意设立职工持股会。

1996年8月6日,陆家嘴设计所工会委员会形成了《关于发行陆家嘴规划建筑设计有限公司内部职工股的决议》(沪陆设工〔1996〕第002号),决定以每股1元的价格发行总额为20.4万元的职工股,占拟设立公司注册资本30%。

1996年8月12日，陆家嘴设计所形成了沪陆设计〔1996〕第030号《上海陆家嘴规划建筑设计事务所改制为有限责任公司、设立内部职工持股会的试点方案》，决定改制为有限责任公司，上海陆家嘴金融贸易区开发公司与新设职工持股会分别持有70%、30%股权。

1996年9月10日，上海市浦东新区经济贸易局下发了《关于上海陆家嘴规划设计所改制为上海陆家嘴规划建筑设计有限责任公司并成立职工持股会的批复》（浦经贸工字〔1996〕第93号），同意陆家嘴设计所改制为有限责任公司并设立职工持股会。

1996年11月25日，陆家嘴设计所职工持股会成员签署了《上海陆家嘴规划建筑设计有限公司职工持股会章程》，约定公司内部职工以自己出资的方式或以其他方式拥有的股份是公司的特定股份，由持股会统一管理，并行使股东权利，持股会成员以其出资额（或所持股份）为限对持股会承担责任，持股会以其投入公司的出资额为限对公司承担责任；会员大会由全体会员组成，是职工持股会的最高权力机构，依照章程行使职权；理事会由持股会选举产生，为职工持股会的办事机构，对会员大会负责。

1996年12月13日，上海市浦东新区国有资产管理办公室下发了《关于同意上海陆家嘴规划建筑设计所职工持股会置换部分国有资产的批复》（浦国资办发〔1996〕45号），同意陆家嘴设计所改制为有限责任公司并设立职工持股会，同时将国有资产总额68万元中的30%（20.4万元）置换给该职工持股会。

经本所经办律师核查，陆家嘴设计所共有25名正式职工出资20.4万元认购职工持股会股份。

经本所经办律师核查，职工持股会设立已履行资产评估，签署《上海陆家嘴规划建筑设计有限公司职工持股会章程》，并在章程中约定了持股形式以及股权行使方式，且获得工会委员会的同意、相关管理部门的批复，符合当时相关法律、法规、规定，程序合法、合规。

（三）职工持股会持股及演变

1.1998年4月，减资

1998年9月25日，陆家嘴设计召开股东会，决议因建筑市场不景气，公司一直处于亏损状态，公司注册资本减少至47.6万元，各股东按股权结构同比例减资。

1998年12月25日，上海工商局浦东新区分局核发了《企业法人营业执照》，核准公司本次股本变动。

经本所经办律师核查，2001年11月28日，陆家嘴设计职工持股会形成了《上海陆家嘴规划建筑设计有限公司职工持股会职工持股情况汇总表》，确认本次减资完成后职工持股会的出资金额由20.4万元减少至14.28万元，持股会内部会员均按股权结构同比例进行了减资。

经本所经办律师核查，职工持股会未就本次减资履行内部决策，不符合《上海陆家嘴规划建筑设计有限公司职工持股会章程》的规定，在程序上存在法律瑕疵，但《上海陆家嘴规划建筑设计有限公司职工持股会职工持股情况汇总表》确认职工持股会的出资金额由20.4万元减少至14.28万元,对本次减资进行了确认。因此,本所经办律师认为,上述职工持股会内部程序瑕疵不会对陆道设计本次挂牌构成实质性的法律障碍。

2.2000年9月,股权转让

陆家嘴设计召开股东会,决议上海陆家嘴投资发展有限公司、职工持股会、吕通森、姚鸣芳、蒋孔浩、周荣、徐剑尘、齐嘉生、姜达贤分别将所持有公司5%、19.37%、10.45%、6.64%、10.29%、6.64%、4.75%、3.43%、3.42%的股权转让给上海建通工程建设有限公司,并相应修订公司章程。

2001年4月30日,上海工商局浦东新区分局核发了《企业法人营业执照》,核准公司本次股本变动。

经本所经办律师核查,2001年2月23日,陆家嘴设计职工持股会会员大会对本次股权转让作出决议,同意职工持股会将所持有公司19.37%的股权转让给上海建通工程建设有限公司,转让后职工持股会出资金额为7.157545万元,占公司股份10.63%。

2001年4月28日,上海市浦东新区发展计划局下发了浦计体〔2001〕0420号《关于同意职工持股会调整股本结构的批复》,对陆家嘴设计职工持股会于1998年及2000年进行的两次减资做出批复,同意职工持股会将其持有的出资额由20.4万元减至7.16万元,占公司总股本的10.63%。

2001年6月25日,陆家嘴设计职工持股会作出决议,同意部分成员因离职退出职工持股会,其原持有的股份由职工持会收购,并形成《关于部分已调离陆家嘴规划建筑设计有限公司的职工退股意见》。

经本所经办律师核查,职工持股会相关成员已签署《关于部分已调离陆家嘴规划建筑设计有限公司的职工退股意见》及《有关股权转让现金签收明细》,确认同意退股并已收到相应退款。

经本所经办律师核查,职工持股会在本次股权转让完成后召开会员大会不符合《上海陆家嘴规划建筑设计有限公司职工持股会章程》第18条第4款规定:"会员大会审议批准理事会关于股东代表参与公司决策的议案"的规定,在程序上存在瑕疵,但会员大会全体成员均在决议文件上签字确认,承认本次股权转让,并未对本次股权转让提出异议。本所经办律师认为,职工持股会上述股权转让内部程序瑕疵不会对陆道设计本次挂牌构成实质性的法律障碍。

3.2003年12月,增资及股权转让

2003年11月28日,陆家嘴设计召开股东会,决议公司增加注册资本32.67万元,全部由职工持股会认缴;同意徐剑尘、齐嘉生、吕通森分别将其直接持有公司2.60%、1.87%、5.73%的股权转让给职工持股会,其他股东均放弃优先购买权,并同意相应修订公司章程。

2003年12月15日，上海工商局浦东新区分局核发了《企业法人营业执照》，核准公司本次股本变动。

经本所经办律师核查，2003年11月28日，陆家嘴设计职工持股会会员大会对本次增资及股权转让作出决议，同意增加职工持股会出资额，由原来的7.157545万元增加至46.69万元，增资扩股后职工持股会出资金额占公司股份的46.46%。

2003年12月12日，上海市浦东新区人民政府经济体制改革办公室下发浦体改备〔2003〕25号《浦东新区企业职工持股会调整股本结构备案单》，对本次增资及股权转让进行了确认。

根据《上海陆家嘴规划建筑设计有限公司职工持股会章程》第27条第2款规定："会员中凡是辞职已离开公司者，其股份由公司持股会接受。"陆家嘴设计出具《退款说明》，说明吕通森、齐嘉生因离职退出职工持股会，持股会其他人员未有变动。

2003年11月27日，陆家嘴设计职工持股会理事会作出决议，同意吕通森、齐嘉生退出职工持股会，原所持有的股份由职工持股会其他成员接受。

经本所经办律师核查，吕通森、齐嘉生已签收有关股权转让现金签收明细。

经本所经办律师核查，职工持股会就本次股权转让及增资已履行了内部决策、相关管理部门的批复，符合《上海陆家嘴规划建筑设计有限公司职工持股会章程》的规定，符合当时相关法律、法规规定，程序合法、合规。

（四）职工持股会持有公司股权清理情况

经本所经办律师核查，职工持股会持有公司股权清理时履行了如下程序：

2005年3月25日，陆家嘴设计召开股东会，决议职工持股会将其所持有公司8.08%、30.29%、8.32%的股权分别转让给史卫泉、黄金枝、黄玉芳，其他股东放弃优先购买权，并相应修订公司章程。职工持股会与黄金枝、史卫泉、黄玉芳就上述股权转让事宜签署了《股权转让协议》。

2005年10月26日，上海工商局就本次股权转让事宜核发了《准予变更登记通知书》。

本所经办律师认为，上海市浦东新区人民政府经济体制改革办公室下发的浦体改备〔2003〕25号《浦东新区企业职工持股会调整股本结构备案单》中批复"由于该公司职工持股会会员目前仅为4人，不宜设立持股会，基于该公司申请新行业资质的时间需要，持股会申办调整股本结构的资料我办已受理备案，待公司申领新的工商执照和行业资质后，即办理持股会撤销及股权转让"，该文件明确职工持股会持有公司股权清理的原因及时间安排，鉴于陆家嘴设计在申请办理行业资质时间较长，职工持股会持有公司股权清理直至2005年10月26日完成。

经本所经办律师核查，职工持股会未就本次股权转让履行内部决策，不符合《上海陆家嘴规划建筑设计有限公司职工持股会章程》的规定，在程序上存在法律瑕疵，但是职工持股会与黄金枝、史卫泉、黄玉芳就上述股权转让事宜已经签署了《股权转让协议》,该等程序瑕疵不会对职工持股会转让上述股权造成法律上的障碍。

综上,本所经办律师认为,除了本补充法律意见披露的程序瑕疵外,陆道设计职工持股会从设立到持有公司股权清理的过程合法、合规,职工持股会2005年清理其所持有公司股权时以2003年《浦东新区企业职工持股会调整股本结构备案单》中批复意见为依据,合法、合规。

截至本补充法律意见出具日,本所经办律师就陆道设计职工持股会持有公司股权清理时的4名人员发函询证,但是由于历史久远以及职工持股会4名人员年龄较大,分散居住在各地,联系方式缺失,仅联系到刘光胜1人并回函称其2005年退出职工持股会时已经收到投资款,不存在任何异议及纠纷,本所经办律师无法就职工持股会清理过程及结果是否存在纠纷对其他3人进行函证。本所经办律师在全国法院被执行人信息查询网站 http://zhixing. court. gov. cn/search/查询,截至本法律意见出具之日,陆道设计、陆道设计实际控制人不存在尚未了结的与职工持股会持股及其后期清理有关的诉讼案件。经本所律师核查,陆道设计的控股股东上海衡盈资产管理有限公司已作出承诺,承诺陆道设计若因职工持股会股权转让、清算等事宜存在任何潜在问题或风险隐患,上海衡盈资产管理有限公司愿承担相关责任。

本所经办律师认为,于本补充法律意见出具之日,陆道设计股权清晰,权属分明,真实确定,不存在纠纷或潜在纠纷,符合《业务规则》及《基本标准指引》第4条第1项的规定。陆道设计历史上存在职工持股会及其持有公司股权清理过程的瑕疵,不会对本次挂牌转让造成实质性法律障碍。

24　股权转让同股不同价案例(430758)

(北京观韬律师事务所)

四、重点问题之4

2010年11月股东张琪向公司骨干员工和少量其他自然人转让股份时,同次股权转让存在三种不同的定价(3.5元/股、2元/股、1.8元/股),请公司说明上述不同的转让价格的确定依据。请主办券商和律师核查相关情况并发表意见。

答复:

(一)股权转让情况

1. 股东大会决议

2010年11月8日,四联股份召开2010年第一次临时股东大会,审议通过了如下议案:①将公司的注册资本由5300万元增至6400万元的议案。新增注册资本由以下股东认购:江苏双良以货币方式出资,以每股3.5元人民币认购900万股,占增加注册资本后公司总股本的14.06%；阎胜利以货币方式出资，以每股3.5元人民币认购200万股，占增加注册资本后公司总股本的3.13%；江苏双良、阎胜利认购本次增资的出资金额高出注册资本的合计人民币2750万元进入公司资本公积金，由新老股东按持股比例共同享有；②同意增加注册资本后，张琪、郭云山、贺勇、刘珍安等转让公司股份的议案；③原股东裘扬持有公司股份397万股，因该股东于2009年1月22日病逝，根据陕西省西安市汉唐公证处2010年2月4日出具的〔2010〕陕证民字第000803号《继承权公证书》，以及由该股东的继承人吴艳霞、裘伟健、裘伯堂、杨桂云2009年6月10日共同签署的《关于裘扬个人遗产继承分配协议》，由吴艳霞继承248万股、裘伟健继承50万股、裘伯堂继承49万股、杨桂云继承50万股。

2. 增资协议

2010年10月23日，江苏双良、阎胜利与四联股份签订了《增资协议》，约定四联股份的注册资本由5300万元增至6400万元，江苏双良以货币3150万元，按3.5元/股的价格认购新增注册资本中的900万股股份，本次增资完成后，江苏双良持有占总股本14.06%的股份；阎胜利以货币700万元，按3.5元/股的价格认购新增注册资本中的200万股股份，本次增资完成后，阎胜利持有占总股本3.13%的股份；江苏双良、阎胜利投入四联股份出资中的1100万元计入股本，其余2750万元计入资本公积金。此外，该协议还对滚存利润分配、工商登记事项变更等进行了约定。

3. 验资

2010年11月10日，希格玛会计师事务所出具了编号为希会验字〔2010〕115号《验资报告》。根据该验资报告，截至2010年11月10日，四联股份已收到江苏双良和阎胜利缴纳的新增注册资本合计人民币1100万元，其中，江苏双良以货币出资900万元，阎胜利以货币出资200万元，变更后的累计注册资本为人民币6400万元，实收资本为6400万元。

4. 签订股份转让协议

2010年11月11日，张琪分别与杜永军、崔军、孙连弟、朱宗信、张扬、郝炜、郑宏、焦喜梅、曹泰山、丁丽萍、李新爱、杨丽、史毅、和利强、高竹青、候宝国、高西京、贺碧春、韩文琴、陈嘉伟、张秦、王钝签订了《股份转让协议》；郭云山与孙连弟签订了《股份转让协议》；刘珍安与李西明签订了《股份转让协议》；贺勇与高潮签订了《股份转让协议》。根据以上股份转让协议，股份转让情况如下：

股东	转让前		转让	转让后	
	持股数量（万股）	持股比例（%）	转让数量（万股）	持股数量（万股）	持股比例（%）
张　琪	3049	57.52	1701	1348	21.06

续表

股东	受让前		受让		受让后	
	持股数量（万股）	持股比例（%）	受让股份（万股）	受让价格（元）	持股数量（万股）	持股比例（%）
杜永军	0	0	500	1.80	500	7.81
张　秦	300	5.66	120	2.00	520	8.13
			100	1.80		
崔　军	0	0	160	1.80	160	2.5
孙连弟	41	0.77	143	1.80	184	2.88
朱宗信	0	0	100	1.80	100	1.56
张　扬	0	0	75	1.80	75	1.17
郝　炜	0	0	60	1.80	60	0.94
王　钝	0	0	60	3.50	60	0.94
郑　宏	223	4.21	54	1.80	277	4.33
焦喜梅	0	0	40	1.80	40	0.63
丁丽萍	0	0	33	1.80	33	0.52
曹泰山	0	0	33	1.80	33	0.52
李新爱	0	0	30	1.80	30	0.47
杨　丽	0	0	27	1.80	27	0.42
史　毅	0	0	26	1.80	26	0.41
和利强	0	0	24	1.80	24	0.38
高竹青	0	0	24	1.80	24	0.38
侯宝国	0	0	22	1.80	22	0.34
贺碧春	0	0	20	1.80	20	0.31
高西京	0	0	20	1.80	20	0.31
韩文琴	0	0	20	1.80	20	0.31
陈嘉伟	65	1.23	10	1.80	75	1.17

本次增资并股份转让及股份继承后，四联股份的股本结构如下：

序号	股东名称/姓名	持股数(万股)	持股比例(%)
1	张　琪	1348	21.06
2	江苏双良	900	14.06
3	张　秦	520	8.12
4	杜永军	500	7.81
5	刘珍安	327	5.11
6	段维宁	294	4.59
7	孙连弟	294	4.59
8	郑　宏	277	4.33
9	吴艳霞	248	3.87
10	邬蜀豫	200	3.13
11	阎胜利	200	3.13
12	崔　军	160	2.50
13	贾光华	120	1.88
14	高　潮	110	1.72
15	朱宗信	100	1.56
16	陈嘉伟	75	1.17
17	张　扬	75	1.17
18	郝　炜	60	0.94
19	王　钝	60	0.94
20	裘伟健	50	0.78
21	杨桂云	50	0.78
22	裘伯堂	49	0.77
23	焦喜梅	40	0.62
24	闫剑英	34	0.53
25	丁丽萍	33	0.52
26	曹泰山	33	0.52
27	李西明	30	0.47
28	李新爱	30	0.47
29	杨　丽	27	0.42

续表

序号	股东名称/姓名	持股数(万股)	持股比例(%)
30	史　毅	26	0.41
31	和利强	24	0.38
32	高竹青	24	0.38
33	侯宝国	22	0.34
34	贺碧春	20	0.31
35	高西京	20	0.31
36	韩文秦	20	0.31
合计		6400	100.00

5. 章程修正案

2010 年 11 月 8 日,四联股份全体股东签署了《四联智能技术股份有限公司章程修正案》,对本次增资及股份转让涉及的章程相关条款进行了修改。

6. 工商变更登记

2010 年 11 月 29 日,西安市工商局向四联股份核发了新的《企业法人营业执照》,注册资本和实收资本均由 5300 万元变更为 6400 万元。经本所律师核查,公司的本次增资及股份转让履行了适当的法律程序,符合《公司法》等相关法律、法规及其他规范性文件的规定。

(二)股权转让价格

根据本所律师核查,张琪在本次股权转让过程中合计向 22 名自然人转让了其持有四联股份的 1701 万股,其中 20 名股东的转让价格为 1.8 元/股,向张秦转让的股份中其中 100 万股为 1.8 元/股,另 120 万股为 2.0 元/股,向王钝转让价格为 3.5 元/股。股权转让的价格存在差异,原因如下:

1. 以 1.8 元/股的价格向 22 名股东转让股份根据本所律师的核查和对当事股东的逐一访谈,本次以 1.8 元/股受让股份的股东均是公司员工、张琪的同学或朋友,转让双方协商确定的股份转让价格均为各自的真实意思表示,各方对此均无异议。具体股份转让情况如下:

序号	受让方	受让数量(万股)	受让价格(元)	与张琪关系
1	孙连弟	143	1.8	公司员工
2	郑　宏	54	1.8	公司员工
3	焦喜梅	40	1.8	公司员工

续表

序号	受让方	受让数量（万股）	受让价格（元）	与张琪关系
4	丁丽萍	33	1.8	公司员工
5	曹泰山	33	1.8	公司员工
6	李新爱	30	1.8	公司员工
7	杨　丽	27	1.8	公司员工
8	史　毅	26	1.8	公司员工
9	和利强	24	1.8	公司员工
10	侯宝国	22	1.8	公司员工
11	陈嘉伟	10	1.8	公司员工
12	高西京	20	1.8	公司员工
13	张　扬	75	1.8	张琪亲属且为公司员工
14	张　秦	120	2	张琪朋友及员工家属

2. 张秦

根据本所律师的核查和对当事股东的逐一访谈，2007－2009 年间，张琪分别向张秦、杨丽、郝炜、崔军、莅晓霞、朱宗信六人合计转让公司股份 720 万股，上述股份转让当时未办理工商变更登记手续，720 万股均由张琪一人代持。其中，张琪分两次合计向张秦转让了 300 万股，其中以 1.8 元/股的价格转让 100 万股，以 2 元/股的价格转让 200 万股，股份转让价款已于转让当年支付完毕。2010 年 8－9 月，张秦以 2.07167 元/股的价格，向张琪回售 80 万股，张琪向张秦支付了 1,657,336.00 元股份转让价款。至此，张琪尚为张秦代持 220 万股。

2010 年 11 月，张琪向张秦转让 220 万股，实为对张琪代张秦持有的 220 万股的还原，鉴于代持股的转让价款已于当年支付完毕，因此双方本次并未约定股权转让对价也未实际支付股权转让价款。根据本所律师对张琪与张秦的访谈，双方对上述股份代持及转让的情形均无异议。

3. 王钝

根据本所律师的核查和对当事股东的访谈，王钝与公司员工相识，通过对公司的了解，其看好四联股份的发展并希望对公司进行投资。因此，于 2010 年 11 月通过受让张琪股份的方式成为公司股东。根据本所律师对张琪与王钝的访谈，3.5 元/股的定价依据为双方协商确定，且与本次增资的其他投资者增资入股的每股价格一致，双方转让股份的价格的约定为真实意思表示，股份转让对价已于当年支付完毕，双方对此均无异议，王钝所持股份不存替他人代持或委托他人代持的情形。

25 | 公司0元受让他人股份案例(430741)

（重庆衡泰律师事务所）

9.公司2012年以合计0元受让刘永敏、卢有鹏、田华、葛勤、杨平持有的重庆彩苑农业开发有限公司100%股权。请公司说明转让作价的依据，彩苑农业原股东是否与公司及其他股东存在关联关系，上述0元转让股权转让是否双方真实意愿的体现，是否存在潜在争议或利益安排；请主办券商及律师就上述事项发表意见。

答复：

重庆彩苑农业开发有限公司成立于2011年5月，注册资金100万元，是一家从事中药材种植、加工及销售；名优经济林木、果树种植及销售；景观植物栽培、销售；农业观光旅游开发的新型农业企业。

彩苑农业成立后取得了重庆市潼南县柏梓镇梨咀村四社、五社、六社共计253.151亩农村土地30年的承包经营权，但由于自身管理团队的限制，经营两年多后未取得预期目标，至2012年12月基本停止实际经营。

由于该公司自成立初期即签订了30年的农村集体土地承包经营合同，如继续经营将面临亏损扩大的不利局面，如不再继续经营，将所有苗木处置，已租的土地复耕退给农民，复耕费用大约还需要20多万元。

此时，格林绿化为实现规模化扩张、加快产业布局，降低采购成本，提高竞争力，拟加大力度投入原材料等苗木基地建设。鉴于彩苑农业当时未实际经营，但存有相当价值的农村土地承包经营权等因素，经充分协商，公司对彩苑农业的股权收购采取按零成本收购，即每股收购价为0元。

经核查，彩苑农业原股东与格林绿化及其股东无关联关系，双方签订《股权转让协议》动因合理，均为当事人意思真实表示，其内容不违反国家法律、法规的禁止性规定，因此股权转让行为真实、合法、有效。2012年12月27日，上述变更事项经重庆市潼南县工商行政管理局变更登记。至此，彩苑农业成为公司持股100%的控股子公司。

综上，本所律师认为公司受让重庆彩苑农业开发有限公司股权的投资行为符合法律、法规和规范性文件的规定，已履行了必要的法律手续，该次收购合法有效，不存在潜在纠纷或争议。

26 | 股东之间无偿转让股份合理性案例(430727)

（北京君嘉律师事务所）

一、《反馈意见》重点问题之七

公司披露公司2010年8月在接触风投机构过程中，为了将大股东持股调整至50%以上，3名股东无偿转让其持有的公司17%股权给无关联关系的另一股东，3名转让方声明将不会对对转让的有效性提出异议。(1)请律师核查转让双方有无其他利益安排，双方对转让事实的确认、有无任何争议，并就该声明的法律效力和法律后果，以及该转让事项是否存在潜在的争议纠纷发表意见。

答复：

经核查，

(1)2010年8月，为了将大股东刘勇军先生的持股调整至50%以上，3名股东（陈珈先生、王红东先生和刘鹏先生）将其持有的公司的部分股权（共计占公司注册资本17%）无偿转让给大股东刘勇军先生，并办理股权变更登记（具体转让过程详见《法律意见书》第六部分）。

2013年11月20日，三名股东陈珈先生、王红东先生和刘鹏先生共同出具《声明》，声明确认无偿转让的原因及事实，并承诺将来不会就本次股权转让的有效性提出任何异议。

(2)2014年3月8日，上述股权转让各方分别出具《确认函》，再次确认发生于2010年8月的股权无偿转让行为，系各方真实意思表示，股权转让各方不存在其他利益安排，亦不存在委托持股、受托持股的情形。

另外，前述《确认函》确认了受让方刘勇军先生对无偿转让的股权享有完全的股东权利，并就该股权承担完全的股东义务；股权转让方（陈珈先生、王红东先生和刘鹏先生）在确认函中承诺，今后将不以任何理由以及任何方式向股权受让方刘勇军就本次无偿转让事宜主张任何权利。

(3)三位股东（陈珈先生、王红东先生和刘鹏先生）无偿转让所持公司股权的行为已经各自具有法律上权利义务关系的利害关系人同意。

根据《中华人民共和国婚姻法》以及《中华人民共和国民法通则》的规定，三位股东所持公司的股权分别为各股东的夫妻共有财产。三位股东无偿转让所持公司股权分别征得了各自共有人的同意。

在上述事实的基础上，本所律师认为：

(1)三位股东（陈珈先生、王红东先生和刘鹏先生）均具有完全的民事行为能力，三位股东以无偿转让的方式向刘勇军转让股权事宜以及出具《声明》和《确认函》的行为，系当事人自由意思的表示，不存在欺诈、胁迫、显失公平的情形，亦未对国家、集体及其他人利益造成损害，因此无偿转让的行为以及出具的《声明》和《确认函》均合法有效。

(2)三位股东(陈珈先生、王红东先生和刘鹏先生)向刘勇军先生无偿转让股权，股权转让各方不存在委托持股、受托持股的情形及其他利益安排。

(3)三位股东(陈珈先生、王红东先生和刘鹏先生)和刘勇军先生分别出具《声明》和《确认函》对转让事实予以确认，并承诺有无任何争议。三位股东(陈珈先生、王红东先生和刘鹏先生)向刘勇军先生无偿转让股权的行为，分别征得了各自共有人的同意。据此，2010 年 8 月公司股权无偿转让的情形合法有效，不存在潜在的争议和纠纷。

27 | 公司与投资机构对赌案例(830840)

(北京大成律师事务所)

7. 公司与控股股东中国宝安及公司其他股东签订《股权转(受)让暨增资协议书》，根据该协议中的业绩对赌条款约定，公司(增资受让前)出现未向中国宝安披露的主营业务收入形成的账外现金或账外现金支出的情形，或增资受让前原股东违反诚实信用原则，向中国宝安隐瞒与公司(增资受让前)经营相关的重要信息，侵害中国宝安或公司(受让增资后的公司)合法权益的，中国宝安可以要求原股东或公司(受让增资后的公司)回购中国宝安持有公司的全部或部分股权，若公司(受让增资后的公司)不能收购的，原股东仍需对中国宝安承担连带回购责任。(1)请公司提供《股权转(受)让暨增资协议书》。(2)请主办券商就上述对赌条款对公司未来的持续经营产生的影响发表意见。(3)请律师核查公司作为协议主体之一，与股东签署上述对赌协议是否合法合规并发表意见。(4)请主办券商和律师核查上述协议的签署及执行情况是否会影响公司“股权清晰，股票发行和转让行为合法合规”的挂牌条件并发表意见。

答复：

经本所律师核查：根据 2011 年 6 月 3 日签订的《股权转(受)让暨增资协议书》的规定，协议涉及公司承担相依义务的条款如下：

5.1 乙方(增资受让前的公司股东)和丙方(公司)同意，以下任意情况出现的，甲方(中国宝安)有权要求乙方或新公司(指丙方)回购甲方所持有的全部或部分新公司股权；若新公司不能回购的，乙方仍对甲方承担连带回购责任：

5.1.1 丙方出现未向甲方披露的主营业务收入形成的账外现金或账外现金支出的情形。

5.1.2 乙方或丙方违反诚实信用原则，向甲方隐瞒丙方经营相关的重要信息，侵害甲方或新公司合法权益的。

本所律师认为:根据《股权转(受)让暨增资协议书》签署后近两年的协议履行情况及中国宝安的确认函,可以确认公司增资受让前的股东和公司并未出现5.1.1和5.1.2条违约情形,因此中国宝安不会为此要求增资受让前股东或公司为《股权转(受)让暨增资协议书》第5条的规定履行股权回购义务。除此条款之外,公司作为协议方并未参与到股东之间的对赌之中,公司虽然作为协议一方,但实际上并未履行实际义务,因此上述对赌其实为股东与股东之间对赌,符合合同法的规定,合法有效。另,股东之间约定对赌协议虽然可能造成公司的股权转让,但系股东协议双方真实意思之表达,股权转让虽然可能造成股份在不同股东之间的流转,但是不会造成股东之间的股权纠纷,公司股权是清晰的,且公司已在《公开转让说明书》中充分披露了此事项,因此不会对后续的投资者造成不利影响。因此,公司股权清晰,股票发行和转让行为合法合规,上述协议的签署和执行不会触及公司的挂牌条件。

28 国有企业股改未取得国有股权设置批复的案例(430626)

(山东德衡律师事务所)

一、反馈意见重点问题第3条

请主办券商、律师对山东高新投未取得国有股权设置批复文件是否符合挂牌条件发表明确意见。

答复:

由于山东高新投项目经办人员对国有股权管理等法律法规的认识不全面及工作疏忽,该司2010年年末投资胜达科技后,主要关注公司的持续成长能力,一直没能按国有股权管理的要求取得国有股权设置批复文件,2013年7月胜达科技启动新三板挂牌申请工作后,山东高新投按国有股权管理的要求办理了国有股权设置批复,并于2013年12月24日取得了《山东省国资委关于潍坊胜达科技股份有限公司国有股权管理有关事宜的批复》(鲁国资产权字〔2013〕94号)。

本所律师认为,山东高新投取得了《山东省国资委关于潍坊胜达科技股份有限公司国有股权管理有关事宜的批复》,符合《全国中小企业股份转让系统挂牌申请文件内容与格式指引(试行)》中关于存在国有股权的拟挂牌企业需要国有资产管理部门出具国有股权设置批复文件的要求。

29 | 公司股东与他人换股的合法合规性案例(830971)

(江苏益友天元律师事务所)

一、《反馈意见》重点问题之1

请公司详细披露科特有限与苏特环境的股东之间换股的具体情况，是否涉及资产重组，换股时苏特环境的主营业务、股东、总资产、净资产、最近一年一期的收入、利润等情况。请主办券商和律师详细核查，并对此次股权变更的合法合规性发表意见。

答复：

为核查该问题，本所律师核查了科特有限和苏特环境的股东换股时的工商档案、苏特环境2010年年度《审计报告》及截至2011年3月31日财务报表的相关数据，经核查，公司本次换股情况如下：

(一)换股情况介绍

1.2011年5月11日苏特环境全体股东将持有苏特环境股权转让给科特环境根据法律意见书"七、公司及其子公司的股权结构及其演变(三)公司控股子公司及纳入合并报表的其他公司的股权结构及演变1.苏特环境(3)5月11日第一次股权转让"阐述：苏特环境股东会于2011年4月26日决议苏特环境股东将苏特环境全部股权转让给科特有限。同日科特有限与苏特环境股东张宏伟、马津津、刘锋、蔡惠英分别签订了股权转让协议，协议约定张宏伟、马津津、刘锋、蔡惠英将持有的苏特环境的股权转让给科特有限。具体为：

张宏伟转让给科特有限7.5%股权，转让价格为27万元；

马津津转让给科特有限70%股权，转让价格为252万元；

刘锋转让给科特有限15%股权，转让价格为54万元；

蔡惠英转让给科特有限7.5%股权，转让价格为27万元。

本次转让后，科特有限为苏特环境的唯一法人股东，上述事项于2011年5月11日进行了工商变更登记。

2.2011年5月20日科特有限股东马三剑将其持有科特有限部分股权转让给苏特环境原股东根据法律意见书"七、公司及其子公司的股权结构及其演变(一)有限公司阶段股权结构及演变8.2011年5月20日科特有限第五次股权转让"阐述：马三剑于2011年5月20日与苏特环境原股东张宏伟、马津津、刘锋、蔡惠英分别签订了股权转让协议书，约定马三剑将其个人持有的科特有限股权转让给该四人。具体为：

马三剑转让张宏伟21.6万元股权，转让金额为21.6万元；

马三剑转让马津津207.9万元股权，转让金额为207.9万元；

马三剑转让刘锋44.55万元股权，转让金额为44.55万元；

马三剑转让蔡惠英44.55万元股权，转让金额为44.55万元。

上述事宜于2011年5月27日进行了工商变更登记，股权转让完成后，苏特环境原股东张宏伟、马津津、刘锋、蔡惠英全部成为科特有限股东。

（二）换股时苏特环境的主营业务、股东、财务数据

两次股权转让（换股）行为发生于2011年5月，经本所律师核查，苏特环境换股时最近一年一期的相关财务数据如下：

1. 主营业务

根据苏特环境工商查档资料显示，苏特环境换股当时的主营业务为工程施工。

2. 股东

根据苏特环境工商查档资料显示，第一次股权转让协议签订即2011年4月26日之前苏特环境的股东为张宏伟、马津津、刘锋、蔡惠英。

3. 财务数据（总资产、净资产、最近一年一期的收入、利润）

公司提供的苏特环境2010年12月13日的资产负债表、利润表，2011年3月31日的资产负债表、利润表显示，截至2011年3月31日苏特环境的总资产为6,384,146.62元，截至2011年3月31日苏特环境的净资产为4,159,570.10元；换股时最近一年即2010年度的主营业务收入为4,816,700元、利润为303852.53元，最近一期即2011年第一季度的主营业务收入为298,440元、利润为－155,971.84元。鉴于《公司法》并未对有限责任公司的“资产重组”作出明确定义，中国证监会和全国股份转让系统公司也还未就非上市公众公司的资产重组发布生效的规章、规定等规范性文件，本所律师没有判定科特有限和苏特环境换股行为是否构成“资产重组”的具体标准，无法明确界定本次换股构成资产重组。但根据现行有效的《公司法》等相关法律法规的规定，本所律师认为科特有限与苏特环境的股东之间换股行为系两次股权转让行为，构成科特有限对苏特环境的股权收购。

（三）本次换股的合法合规性

本所律师认为该两次股权转让行为系各股东的真实意思表述，且并不违反现行有效法律法规规定，应属于合法行为，理由如下：

1. 上述两次股权转让行为（换股行为）均通过了公司股东会决议，且签订了相应的股权转让协议，均已获得工商局的工商变更登记审批；

2. 事后科特有限和苏特环境涉及换股行为的各股东于2011年5月26日签订了一份协议，该协议确认与上述股权交易有关的所有税款依照法律规定各自承担。各方承诺关于上述股权交易行为（包括但不限于股权交易款的支付、税负承担等）再无任何纠葛；

3. 苏州市吴中地方税务局第三分局对上述换股行为也进行了调查和论证，认可科

特有限与苏特环境股东之间的换股行为且于2011年6月29日出具了自然人股权转让纳税证明。

综上,我们认为上述两次股权转让行为虽未按照股权转让协议支付相应对价,但是该股权转让行为经过工商局变更登记备案,且相应税赋也由主管税务部门进行了征缴,各方股东也确认关于再无任何纠葛,因此我们认为该两次股权转让行为(换股行为)合法合规。

30 公司吸收合并的合法合规性案例(831120)

(国浩律师上海事务所)

问题一、反馈意见"第二节补充法律意见正文问题一、反馈意见之7(2)"

请主办券商和律师对吸收合并的合法合规性发表明确意见:请主办券商和律师对吸收合并的合法合规性发表明确意见。

答复:

本所律师依据《公司法》、《证券法》、《业务规则》、《执业办法》、《执业规则》等有关法律、法规,按照律师行业公认的业务标准、道德规范和勤勉尽责精神,以事实为依据,以法律为准绳,对公司提供的下列材料进行查验:

1. 四建智能于2006年5月15日召开的股东会决议;

2. 四建楼宇于2006年5月15日召开的股东会决议;

3. 四建智能与四建楼宇于2006年5月15日签署的《公司合并协议》;

4. 四建智能与四建楼宇于2006年5月17日在南通日报上就吸收合并事项进行公告的文件;

5. 四建智能于2006年10月30日出具的《南通四建智能设备安装工程有限公司债务清偿与债务担保情况的说明》;

6. 南通恒信联合会计师事务所于2006年11月17日出具的《资产评估报告》(通恒信评〔2006〕108号)、《资产评估报告》(通恒信评〔2006〕109号)、《审计报告》(通恒信所审〔2006〕1222号)、《验资报告》(通恒信验〔2006〕1390号);

7. 四建楼宇工商注销登记文件、南通市通州地方税务局出具的《证明》。经本所律师查验上述文件,兹就相关问题回复如下:

一、吸收合并事宜获得两家公司的决策机构审议通过

(一)获得四建智能股东会审议通过

四建智能于2006年5月15日召开股东会审议决议,同意四建智能吸收合并四建楼宇,合并后公司名称为南通四建智能设备安装工程有限公司,四建楼宇予以注销,合

并后注册资本为1652万元。

（二）获得四建楼宇股东会审议通过

四建楼宇于2006年5月15日召开股东会审议决议，同意四建楼宇与四建智能合并，合并后公司名称为南通四建智能设备安装工程有限公司，四建楼宇予以注销，合并后注册资本为1652万元。

本所律师认为，吸收合并事宜通过了两家公司的内部权力机构的审议，两家公司就吸收合并事宜作出的决议符合当时法律、法规的规定与要求，真实、合法、有效。

二、《公司合并协议》内容具体、明确、有效

四建智能与四建楼宇于2006年5月15日签署《公司合并协议》，约定：四建楼宇以原注册资本607万元并入四建智能，合并后注册资本变为1652万元；四建智能与四建楼宇合并后的一切债权债务均由四建智能承担；合并后股东根据持股比例承担权利义务。

本所律师认为，《公司合并协议》对双方权利义务作出了具体、明确的约定，符合当时法律、法规的规定与要求，真实、合法、有效。

三、吸收合并事宜履行了登报公告等保护债权人的程序

（一）履行了登报公告程序

四建智能与四建楼宇于2006年5月17日在南通日报上就吸收合并事项进行了公告。公告内容主要为：经双方股东会讨论决定，四建智能吸收合并四建楼宇，原四建楼宇的债权债务、工程业绩、结算收入、施工产值、资产、人员由四建智能承继。

（二）四建智能出具承继债权债务说明

四建智能于2006年10月30日出具了《南通四建智能设备安装工程有限公司债务清偿与债务担保情况的说明》，承诺吸收合并后四建楼宇的一切债权债务由四建智能承担。

本所律师认为，合并双方履行的登报公告程序以及四建智能出具的说明，符合当时法律、法规对吸收合并中债权人权利保护的要求与规定，真实、合法、有效。且自2006年吸收合并至今，未有任何人或公司就吸收合并事宜向四建楼宇、四建智能（现达海智能）提出任何异议或主张任何权益。因此本所律师认为，吸收合并事宜未损害四建楼宇相关债权人的权益。

四、吸收合并事宜履行了资产评估、审计以及验资程序

就吸收合并事宜，南通恒信联合会计师事务所于2006年11月17日出具了以下文件：

（一）资产评估

1. 以2006年10月31日为评估基准日，对四建智能的整体资产出具《资产评估报告》（通恒信评〔2006〕108号）。

2. 以2006年10月31日为评估基准日，对四建楼宇的整体资产出具的《资产评估报告》（通恒信评〔2006〕109号）。

（二）审计

以2006年10月31日为审计基准日，对四建智能与四建楼宇合并资产、负债及所有者权益情况进行审计后出具《审计报告》（通恒信所审〔2006〕1222号）。

（三）验资

对四建智能吸收合并四建楼宇后的注册资本实收情况出具《验资报告》（通恒信验〔2006〕1390号），截至2006年10月31日，两个公司合并后注册资本为1652万元。

本所律师认为，上述资产评估、审计与验资均系依照当时法律、法规的规定出具，内容与结论真实、合法、有效。

五、吸收合并事宜完成了税务注销、工商注销与工商变更登记程序

经本所律师核查，四建楼宇已于2006年10月30日，完成税务注销登记手续；于2006年12月6日完成工商注销登记手续；四建智能已于2006年12月6日就本次吸收合并事宜完成工商变更登记手续。本所律师认为，四建楼宇按照当时法律、法规的规定办理了税务与工商注销登记手续，四建智能完成了工商变更登记手续。四建楼宇的注销登记与四建智能的变更登记程序，真实、合法、有效。

六、吸收合并事宜的流程图

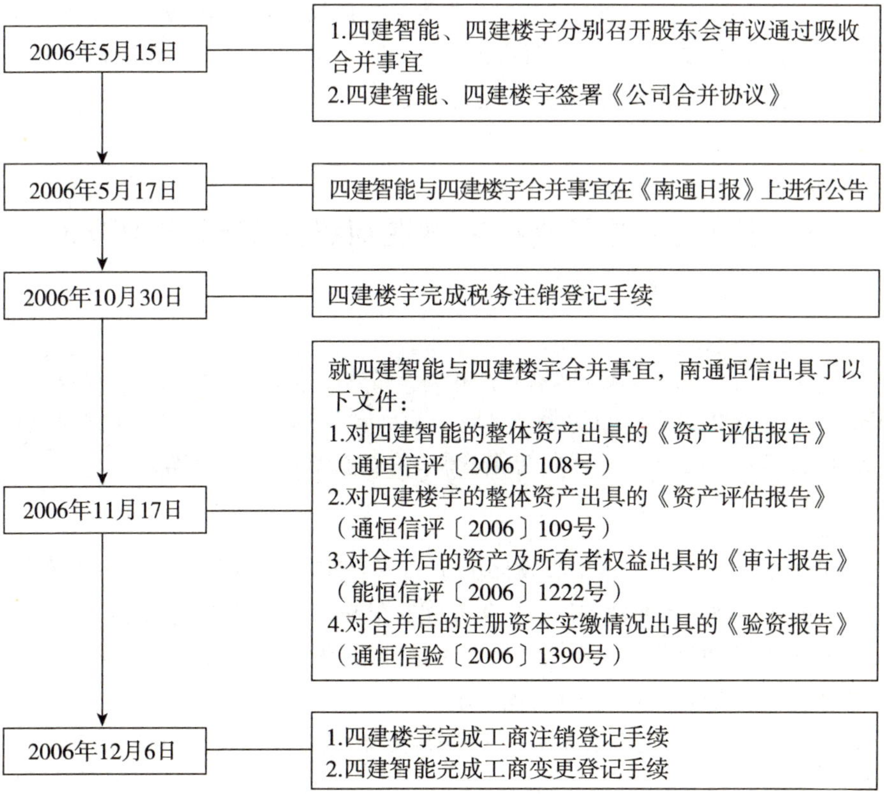

七、吸收合并完成后，四建智能的股权结构

序号	股东名称	出资额（万元）	股权比例（%）	出资方式
1	四建集团	800.00	48.43	实物
2	陈卫新	70.00	4.24	货币
3	陈宝书	60.00	3.63	货币
4	季云优	60.00	3.63	货币
5	季　勇	60.00	3.63	货币
6	耿裕华	50.00	3.03	货币
7	瞿建国	50.00	3.03	货币
8	翟德祥	45.00	2.72	货币
9	陶允明	40.00	2.42	货币
10	马秀平	40.00	2.42	货币

综上，本所律师认为，四建智能吸收合并四建楼宇事宜履行了公司内部决策程序，获得了股东会的审议通过；履行了登报公告等保护债权人的程序；履行了资产评估、审计以及验资程序；完成了税务、工商注销登记以及工商变更登记程序，符合当时的法律、法规和规范性文件的规定，真实、合法、有效。

31　公司吸收合并是否存在潜在纠纷的案例（830973）

（北京德恒律师事务所）

二、2011年10月，双强有限吸收合并台安建材。请主办券商及律师就以下情况补充核查并发表意见：（1）有限公司吸收合并台安建材过程中相关程序的履行是否合法合规；（2）有限公司上市吸收合并是否存在潜在股权、债权纠纷。

答复：

经本所经办律师核查，本次吸收合并前，台安双强建材有限公司（以下简称台安建材）由王勇、李文波两人共同控制。由于双强有限和台安建材的所有股东及实际控制人完全相同，所有重大决策均由两人共同决定，因此该次合并为同一控制下的吸收合并。双强有限吸收合并台安建材的程序如下：

1. 2011年7月6日，台安建材召开股东会，审议通过了双强有限吸收合并其公司的事宜。

2. 2011年7月6日，双强有限找了股东会，审议通过了社戏合并台安建材的事宜，并同意吸收合并后，台安建材的所有资产、负债和人员全部并入双强有限，台安建材的所有债权、债务由双强有限承担。

3. 2011年7月18日，双强有限及台安建材分别在《鞍山日报》发布了《吸收合并公告》。

4. 2011年8月19日，华普天健会计事务所(北京)有限公司对台安建材2011年7月31日的资产负债表、2011年1-7月的利润表及财务报表进行了审计。

5. 2011年9月，双强有限与台安建材签订了《吸收合并协议》，就双强有限吸收合并台安建材的相关事宜进行了约定。

6. 2012年6月28日，台安县工商行政管理局下发了《核准注销登记通知书》(辽鞍台工商核准通内字〔2012〕第1200152636号)，核准台安建材予以注销。

本所律师认为，双强有限吸收合并台安建材已履行了必要的法定程序，吸收合并合法、合规。双强有限吸收合并台安建材的行为，已经双方股东审议同意并以报纸公告的形式履行了通知债权人、债务人的义务，且台安建材的债权、债务均由双强有限承担，该等吸收合并行为不会存在潜在股权、债权纠纷。

32 公司在报告期内分立的案例(831168)

(宝盈律师事务所)

一、反馈问题之1

报告期内公司发生两次分立……(4)请律师对分立相关事项的合法合规性发表明确意见。(5)请主办券商补充核查上述事项，并组织申报会计师、律师分析论证公司的分立事项是否影响公司符合《全国中小企业股份转让系统挂牌条件适用基本标准指引(试行)》"存续满两年"的挂牌条件。

答复：

(一)公司的两次分立合法合规，具体意见如下

通过审查公司工商底档，公司第一次分立履行了下列程序：

2012年5月25日，有限公司召开董事会作出如下决议：同意有限公司以存续分立方式进行分立，分立后新设公司南通迪沃科通讯器材有限公司，续存公司为有限公司。

同日，有限公司通知了全体债权人，并于2012年5月27日、5月28日、5月29日，在《扬子晚报》上发布了分立公告。

2012年7月25日，海门市商务局出具了编号为海商务资〔2012〕109号的《关于南通华尔康医疗用品有限公司分立的批复》，同意有限公司以存续分立的方式进行分立。

有限公司为存续公司,南通迪沃科通讯器材有限公司为新设公司。

2012 年 9 月 28 日,江苏省人民政府向有限公司颁发了发证序号为 3200168965 的《中华人民共和国台港澳侨投资企业批准证书》。

2012 年 9 月 18 日,南通金利信会计师事务所出具了编号为金利信验〔2012〕第 096 号的《验资报告》,截至 2012 年 8 月 31 日,有限公司减少实收资本 369 万元。变更后的注册资本为人民币 191 万元,实收资本为人民币 191 万元。

2012 年 10 月 11 日,有限公司在南通市海门工商行政管理局办理完成本次变更登记手续。

公司第二次分立情况如下:

2013 年 2 月 1 日,有限公司召开董事会会议,通过决议将有限公司进行存续分立,分立后新设公司南通华尔利亚医用材料有限公司,有限公司续存。

有限公司于 10 日内通知了全体债权人,并与 2012 年 2 月 22 日、2 月 24 日、2 月 27 日,在《扬子晚报》上发布了分立公告。

2013 年 5 月 7 日,海门市商务局出具了《关于同意南通华尔康医疗用品有限公司分立的批复》(海商务资〔2013〕067 号),同意有限公司以存续分立的方式进行分立。有限公司为存续公司,南通华尔利亚医用材料有限公司为新设公司。

2013 年 5 月 8 日,江苏省人民政府向有限公司颁发了发证序号为 3200175858 的《中华人民共和国外商投资企业批准证书》。

2013 年 6 月 21 日,南通金利信会计师事务所出具《验资报告》(金利信验〔2013〕第 112 号),验证截至 2013 年 5 月 31 日,有限公司减少实收资本 306 万元。

2013 年 6 月 26 日,有限公司在南通市海门工商行政管理局依法完成上述事项的变更登记。

根据《中华人民共和国公司法》第 179 条的规定:"公司分立,其财产作相应的分割。

公司分立,应当编制资产负债表及财产清单。公司应当自作出分立决议之日起十日内通知债权人,并于三十日内在报纸上公告。"

《中外合资经营企业法实施细则》第 2 条规定:"依照《中外合资经营企业法》批准在中国境内设立的中外合资经营企业是中国的法人,受中国法律的管辖和保护。"

综上,公司已按照《公司法》、《中外合资经营企业法》、《中外合资经营企业法实施细则》等的规定履行了公司分立的必要手续,符合相关法律法规的规定。

(二)分立事项不影响公司符合《全国中小企业股份转让系统挂牌条件适用基本标准指引(试行)》"存续满两年"的挂牌条件

公司两次分立方式均为存续分立,即有限公司主体继续存续,另一分立主体为新设公司。因此,有限公司作为独立的法人,虽资产、债权债务等被部分划归与新设公司,但有限公司主体资格未发生变更。

综上,本所律师认为:分立事项不影响公司符合《全国中小企业股份转让系统挂牌条件适用基本标准指引(试行)》"存续满两年"的挂牌条件。

33 | 公司股东在高校任教的合法合规性案例(430687)

(北京大成律师事务所)

五、《反馈意见》重点问题之20

公司董事沈克宇现在武汉理工大学任教,请主办券商核查公司与武汉理工大学有无业务、技术等方面的关系,请律师补充核查兼职是否符合国家法律法规和武汉理工大学的相关规定。

答复:

根据中华人民共和国教育部、中国教科文卫体工会全国委员会颁布的《高等学校教师职业道德规范》第3条,教书育人。坚持育人为本,立德树人。遵循教育规律,实施素质教育。注重学思结合,知行合一,因材施教,不断提高教育质量。严慈相济,教学相长,诲人不倦。尊重学生个性,促进学生全面发展。不拒绝学生的合理要求。不得从事影响教育教学工作的兼职。

经沈克宇本人询问武汉理工大学相关人士,并于2014年3月3日出具《说明》,武汉理工大学对在校任教的教师从事兼职并未作出禁止性规定。

本所律师认为,沈克宇任公司董事的兼职仅需要参加每年召开的2-3次董事会会议,不属于影响教育教学工作的兼职,其兼职行为也未影响其在校的教育教学工作。该兼职符合国家法律法规和武汉理工大学的相关规定。

34 | 未成年人能否作为公司股东的案例(430337)

(北京国枫凯文律师事务所)

三、其他问题

李婧怡在中国证券登记结算公司深圳分公司的股份登记和结算是否存在障碍。

答复:

李婧怡,女,1998年2月出生,中国国籍,无境外永久居留权,持有朗威视讯285万股股份。

根据《国家工商行政管理总局关于未成年人能否成为公司股东问题的答复》(工商

企字〔2007〕131号),《公司法》对未成年人能否成为公司股东没有作出限制性规定,因此,未成年人可以成为公司股东,其股东权利可以由法定代理人代为行使。

根据《全国中小企业股份转让系统过渡期登记结算暂行办法》第2条的规定,投资者应持有中国证券结算登记有限责任公司(以下简称中国结算)深圳市场人民币普通股票账户(以下简称证券账户)参与挂牌公司股票的转让。证券账户的开立、挂失补办、资料查询、资料并更和账户注销等业务,按照中国结算证券账户管理相关业务规则办理。根据《证券登记结算管理办法》第19条的规定,投资者开立证券账户应当向证券登记结算机构提出申请。前款所称投资者包括中国公民、中国法人、中国合伙企业及法律、行政法规、中国证监会规章规定的其他投资者。

李婧怡系中国公民,已于2013年9月2日在中信证券股份有限公司北京安外大街营业部开立了深圳市场人民币普通股票账户,账号为0155883615,并于同日开立了资金账户。

综上,本所律师认为,李婧怡在中国证券登记结算有限责任公司深圳分公司的股份登记和结算符合相关法律法规规定,不存在法律障碍。

35 小额贷款公司股东持股比例的合法合规性案例(830958)

(江苏益友天元律师事务所)

请主办券商和律师就公司的持股比例是否符合银监发〔2008〕23号指导意见的规定,做进一步核查并发表明确意见。

答复:

一、鑫庄农贷持股比例的合法性

根据《关于小额贷款公司试点的指导意见》(以下简称银监发〔2008〕23号文)中"二、小额贷款公司的设立"的规定:单一自然人、企业法人、其他社会组织及其关联方持有的股份,不得超过小额贷款公司注册资本总额的10%。根据银监发〔2008〕23号文中"五、小额贷款公司的监督管理"的规定:凡是省级政府能明确一个主管部门(金融办或相关机构)负责对小额贷款公司的监督管理,并愿意承担小额贷款公司风险处置责任的,方可在本省(区、市)的县域范围内开展组建小额贷款公司试点。根据《中国银监会办公厅关于做好小额贷款公司试点工作有关事项的通知》(银监办发〔2009〕282号)的内容:小额贷款公司的监管部门为省级人民政府明确的有权部门。

根据2010年1月1日起施行的《江苏省农村小额贷款公司监督管理办法》(苏金融办发〔2010〕4号)第8条的规定:省政府授权省金融办全面履行全省农村小额贷款公

司监督管理职责,各市、县(市、区)政府应授权各地金融办负责属地农村小额贷款公司监督管理工作。暂没有设立金融办的地区,要明确具体部门代行金融办监管农村小额贷款公司的责任,以构成省、市、县三级监管体系。

根据2010年11月1日起施行的《苏州市人民政府办公室关于转发苏州市农村小额贷款公司监督管理实施细则的通知》(苏府办〔2010〕288号)的第11条、第15条的规定:法人股东出资额原则上不低于注册资本的70%,且法人股东数占全部股东数的半数以上;单一最大股东(包括其关联方)持有的股份不得超过农贷公司注册资本总额的30%。

根据2011年9月23日颁布的江苏省《关于进一步加强农村小额贷款公司监管工作的通知》(苏金融办发〔2011〕50号)的规定,公司最大股东及关联方的持股比例不得超过40%,全部股东应不少于3个非关联的法人或自然人。

二、核查意见

本所律师认为,银监发〔2008〕23号文明确将小额贷款公司的监管职责授予省级人民政府指定的有权部门,并且只有在省级人民政府能明确一个主管部门(金融办或相关机构)负责对小额贷款公司的监督管理,并愿意承担小额贷款公司风险处置责任的,方可在本省(区、市)的县域范围内开展组建小额贷款公司试点。江苏省人民政府据此发布苏金融办发〔2010〕4号文,将农村小额贷款公司的监管职责授予省、市、县三级金融工作办公室,形成三级监管体系。因此,按照上述规定,鑫庄农贷应当接受江苏省、苏州市、苏州国家高新技术开发区三级金融工作办公室的监管,并遵守相关机构发布的金融监管规定。鑫庄农贷在开业时得到了江苏省人民政府金融工作办公室的批准,其股权比例符合相关规定,因此,现有股权比例具有合法合规性。

36 股东人数超过200人的未上市股份有限公司确权案例(430659)

(德恒上海律师事务所)

2013年8月,公司先后在《中国证券报》(2013年8月1日)、《扬子晚报》(2013年8月1日)、《新民晚报》(2013年8月10日)、《淮海晚报》(2013年8月21日)刊登并在公司网站公布《江苏省铁路发展股份有限公司股东信息核查公告》,说明核查目的、时间、地点以及材料要求,敦促股东参与确权。

为方便股东,公司在南京、上海、淮安三地设置场所,现场受理股东的股份确权材料。其中2013年8月5－9日、12－13日以及2013年9月9－30日为南京现场受理确权材料期间,2013年8月15－16日以及8月19－23日为上海现场受理确权材料期间,2013年8月26－30日以及9月2－3日为淮安现场受理确权材料期间。2013年9月

30日之后,公司继续在南京受理股东的确权材料。

针对可能出现的各类情形,公司要求股东分别提供并审查以下材料、信息:

自然人股东未发生变更:(1)股东填写妥当的《股东信息核查表(自然人股东)》;(2)公司股票实物或《托管证券确认书》或《股票登记申请表》;(3)股东身份证明;(4)股东深圳证券交易所A股或代办股份转让系统账户名称、账户号码;(5)拟用于托管所持公司股份的券商营业部席位名称、席位号;(6)授权委托书及代理人身份证明(如持股人委托他人代办)等信息、材料。

自然人股东死亡:(1)股份继承人填写妥当的《股东信息核查表(自然人股东)》;(2)公司股票实物或《托管证券确认书》或《股票登记申请表》;(3)股份继承人身份证明;(4)股东死亡证明;(5)继承人与死亡股东的亲属关系证明;(6)与股份有关的法院判决书、调解书等生效司法文书、股份继承公证书等;(7)股份继承人深圳证券交易所A股或代办股份转让系统账户名称、账户号码;(8)拟用于托管所持公司股份的券商营业部席位名称、席位号等信息、材料。

自然人股东转让所持股份:(1)股份受让方填写妥当的《股东信息核查表(自然人股东)》;(2)公司股票实物或《托管证券确认书》或《股票登记申请表》;(3)受让方身份证明;(4)经公证机关公证的、由买卖双方亲自签署的股份转让协议及公证书原件,或由买卖双方持本人身份证亲自前往办理;(5)受让人深圳证券交易所A股或代办股份转让系统账户名称、账户号码;(6)拟用于托管所持公司股份的券商营业部席位名称、席位号等信息、材料。

自然人股东离婚分割财产:(1)分得股份的一方填写妥当的《股东信息核查表》;(2)公司股票实物或《托管证券确认书》或《股票登记申请表》;(3)分得股份的一方身份证明及其前配偶身份证明;(4)分得股份的一方与前配偶夫妻(离婚)关系证明;(5)与股份有关的法院判决书、调解书等生效司法文书,或者经公证的财产分割协议等;(6)分得股份的一方的深圳A股证券账户持有人名称、账户号码;(7)拟用于托管股票持有人所持股份的券商营业部席位名称、席位号等信息、材料。

自然人股东被劳教、监禁:(1)填写妥当的《股东信息核查表》;(2)公司股票实物或《托管证券确认书》或《股票登记申请表》;(3)股东本人身份证明,或劳教部门、监狱、公安部门出具的证明股东身份的文件;(4)股东被劳教、监禁证明(如劳动教养决定书、劳动教养通知书、人民法院判决书、执行通知书、收监通知书等);(5)代办人身份证明及授权委托书;(6)股东本人深圳A股证券账户持有人名称、账户号码;(7)拟用于托管所持本公司股份的券商营业部席位名称、席位号等信息、材料。

自然人股东在海外定居、移民(包括港、澳、台地区):(1)填写妥当的《股东信息核查表》;(2)公司股票实物或《托管证券确认书》或《股票登记申请表》;(3)股东身份证明;(4)股东居住地公证机关公证书;(5)如由他人代办,还需提供代办人身份证明,并提供经我国驻该地使领馆或受托律师、公证处认证/见证的授权委托书等信息、材料。

法人股东:(1)填写妥当的《股东信息核查表(非自然人股东)》;(2)公司股票实物或《托管证券确认书》或《股票登记申请表》;(3)通过最近一期年检的营业执照或事业单位法人证书或社团法人登记证书等非自然人股东登记证件;(4)组织机构代码证;(5)深圳证券交易所A股或代办股份转让系统账户名称、账户号码;(6)拟用于托管所持公司股份的券商营业部席位名称、席位号;(7)委托经办人的授权委托书等信息、材料。

法人股东通过转让取得股份的,还要求提供经公证机关公证的、由买卖双方签署的股份转让协议原件及公证书原件,或由买卖双方共同前往办理。法人股东如果存在名称变更,处于改制、破产、清算过程中,或已注销被吊销登记等情形,股东须提交其他相应的证明文件。

就未确权股份,公司拟设立托管账户,进行专户打包管理。账户由董事会秘书室负责管理。公司股份在全国中小企业股份转让系统挂牌之前或之后,股东仍可凭相关材料申请确权。股份经核查确认的,登记、托管机构将把该等股份确认关于江苏省铁路发展股份有限公司至该股东名下,并从打包专户中扣减出相应数量的股份。

根据公司与华泰证券签订的《股份登记存管协议书》及补充协议、华泰证券《关于江苏省铁路发展股份有限公司股份托管情况的证明》、公司说明并经本所律师核查,公司已经设置股东名册,并委托专业机构对股东名册进行有序管理。本次股份确权确认的股东、公司及相关方对股份归属、股份数量及持股比例无异议。公司股权结构中不存在工会或职工持股会代持、委托持股、信托持股以及通过"持股平台"间接持股的情形。

根据江苏省人民政府《关于确认江苏省铁路发展股份有限公司历史沿革及产权界定等事项合规性的函》(苏政函〔2014〕2号)、华泰证券《关于江苏省铁路发展股份有限公司股份托管情况的证明》、公司说明并经本所律师核查,公司股东与公司之间、股东之间、股东与第三方之间不存在重大股份权属争议、纠纷或潜在纠纷。

根据公司历次股东出资的验资报告、相关产权界定证明、江苏省人民政府《关于确认江苏省铁路发展股份有限公司历史沿革及产权界定等事项合规性的函》(苏政函〔2014〕2号)、公司说明并经本所律师核查,公司股东出资行为真实,不存在重大法律瑕疵。

根据华泰证券《关于江苏省铁路发展股份有限公司股份托管情况的证明》并经本所律师核查,截至2013年9月30日,公司已在华泰证券登记、托管的股份为145,428,110股,登记、托管率为99.10%,其中,参与公司于2013年8月启动的股份确权程序且股权得以确认的股东的持股比例为86.74%,股份确权比例达到80%以上。

公司拟就尚未确权的股份设立股份托管账户,由董事会秘书室负责进行专户管理。2014年1月3日,公司出具书面承诺,承诺股份在全国中小企业股份转让系统挂牌前后,公司将继续进行股份确权,如因公司原因造成股东不能进行确权,或因公司原因造成股东就股份权属产生纠纷，公司将依法承担相应责任。2013 年 12 月 18 日，交通控股出具《声明及承诺函》，承诺“就股份公司的其他股东所持股份，日后如果产生权属争议，本公司作为控股股东，将协助公司依法解决避免股份公司因此承受损失；如股份公司因此承受任何损失，本公司将全额补偿股份公司”。2014 年 1 月 7 日，江苏省人民政府出具《关于确认江苏省铁路发展股份有限公司历史沿革及产权界定等事项合规性的函》（苏政函〔2014〕2 号），确认公司股东超过 200 人的情形为依法形成，合法合规；公司的设立、公开发行股票、股权托管登记、股份制试点、股权转让、历次增资、重大资产重组等事项均按照当时的法律法规要求，取得相应的批准和授权，合法有效。如有争议，江苏省将依法承担相应责任，并指定相关部门妥善处理。根据相关法律法规及上述承诺，本所律师认为，与未确权股份的日常管理、权属确定、争议解决相关的责任承担主体明确。

37 | 公司实际控制人变更国籍案例（830815）

（北京市天元律师事务所）

（二）重点问题第 2 项

公司实际控制人 ZHAO RUI MEI 原为中国籍，于 2011 年 11 月取得圣基茨和尼维斯国籍。2011 年 5 月公司股东变更为赛博香港，后者唯一股东为注册在英属维尔京群岛的公司（ZHAO RUI MEI 是唯一股东）。请主办券商和律师补充核查公司 ZHAO RUI MEI 的上述投资行为是否受《国家外汇管理局关于境内居民通过境外特殊目的公司融资及返程投资外汇管理有关问题的通知》的约束。

答复：

根据《国家外汇管理局关于境内居民通过境外特殊目的公司融资及返程投资 外汇管理有关问题的通知》（汇发〔2005〕75 号）的规定，境内居民设立或控制境外特殊目的公司之前，应向所在地外汇分局、外汇管理部申请办理境外投资外汇登记手续。

经核查实际控制人 ZHAO RUI MEI 境外身份证明文件及境外公司相关注册资料，ZHAO RUI MEI 于 2011 年 11 月 16 日取得圣基茨和尼维斯国籍，并于 2011 年 11 月 28 日自无关联的新加坡籍人士 WONG Tat Hei 处受让 Robbyn Holding Limited 的全部股权，Robbyn Holding Limited 为赛博香港的唯一股东。

基于以上情况，本所认为，ZHAO RUI MEI 于 2011 年以外籍人士身份实施的上述境外投资行为不受《国家外汇管理局关于境内居民通过境外特殊目的公司融资及返程投资外汇管理有关问题的通知》的约束。

38 | 公司认定无实际控制人的案例(830965)

(北京德恒律师事务所)

反馈重点问题12,公司无实际控制人。

答复:

(一)经核查,公司股权比较分散,持股5%以上的主要股东分别持股22.5%、9.7%、5.628%、5%的股份,单一股东持有公司股份不超过30%,公司无实际控制人。为保证公司治理的有效性,对公司人员管理和内部控制的有效性,公司经营决策的稳定性,公司采取了如下措施:

1.公司建立健全的内部管理制度保证公司治理的有效性

公司依法制定了健全的《股东大会议事规则》、《董事会议事规则》、《监事会议事规则》、《对外担保管理规定》、《关联交易公允决策制度》等公司内部管理制度,公司设置了独立董事,强化对董事会及经理层的约束和监督;在公司董事监事选任中,所有股东均按照各自的表决权参与董事监事任选的投票表决,不存在表决权受到限制或影响的情形,且任何股东单独均不能通过实际支配公司股份表决权决定公司董事会版署以上成员任选;公司历次股东大会、董事会、监事会均按照公司法和公司章程规定的职权履行职责。

2.公司建立了健全的内部控制制度保证公司人员管理和内部控制的有效性、公司经营发展的稳定性

(1)公司制定了《担保管理办法》、《关联交易决策制度》、《对外投资管理制度》,从而避免因可能的内部人控制而损害公司及股东利益;同时考虑到公司股票挂牌后公众公司股东的利益保障,公司还制度了《信息披露管理制度》,确保公司股票挂牌后公众股东能及时、准确地获取工地对外披露的信息,从而有利于公众股东有效地参与公司的治理,保障公众股东的利益。

(2)公司根据《公司法》、《证券法》、《非上市公众公司监督管理办法》、《全国中小企业股份转让系统业务规则(试行)》等法律法规并结合自身特点,制定了一套包括组织机构、治理结构、管理制度、财务制度等在内的较为健全有效的内部控制体系,以确保公司的各项生产、经营活动都能有章可循。

(3)在组织架构方面,公司各部分分工明确、权责明晰、高效协作。对于公司的日常管理,公司制定了议事规则并规定了各项业务的工作程序,同时设立内部审计制度,监督、控制各项工作的执行。

3.持有公司5%以上股份的主要自然人股东均已出具与公司避免同业竞争的承

诺函

(1)截至本承诺作出之日,本人及本人直接或间接控制的其他企业所从事的业务与大力电工的业务部存在直接或间接的同业竞争。

(2)未来在本人作为大力电工主要股东之一,或直接或间接持有大力电工股份期间,本人及本人直接或间接控制的其他企业不会以任何方式参与或进行任何与大力电工所从事的业务有竞争的业务活动。

(3)对于本人及本人直接或间接控制的其他业务奖励可能出现的所从事的业务与大力电工有竞争的情况,本人承诺在大力电工提出要求时将有竞争的业务优先转让给大力电工或作为出资投入大力电工,并促使有关交易的价格是经公平合理的及与独立第三者进行正常商业交易的基础上确定的。

(4)如出现因本人直接或间接控制的其他企业违反上述承诺而导致大力电工的权益受到损害的情况,本人将承担相应的赔偿责任。

(二)公司董事会、股东大会表决权的行使、公司经营方针及重大事项的决策形成等情况

根据公司章程的规定,股东大会决议分为普通决议和特别决议,股东大会作出普通决议,应当由出席股东大会的股东所持表决权的1/2以上通过,股东大会作出特别决议,应当由出席股大会的股东所持表决权的2/3以上通过。董事会作出决议,必须经全体董事的过半数通过,董事会决议的表决,实行一人一票。

经核查,公司任何单一股东所持有的公司股份均未超过公司总股本的30%且公司股东之间不存在签订与公司控制权相关的任何协议(包括但不限于一致行动协议、安排等)的情形没人会单一股东均无法控制股大会或对股东大会决议产生决定性影响。

经核查,单一持股5%以上的主要股东在董事会席位上分配比较均衡,公司任何担任董事的自然人股东均无法控制董事会或对董事决议产生决定性影响,不存在任何单一股东控制董事会的情形。

根据本所律师对公司历次股东大会、董事会决议及相关文件的查核,公司股东、董事在历次股东大会、董事会进行表决前均没有一致行动的协议或者意向,或者其表决权受到其他控制或者影响的情形,公司全体股东、董事均依据自己的意愿对公司的经营方针及重大事项进行表决。

39　报告期内公司主营业务变更的案例(831092)

(北京市中伦文德律师事务所)

反馈意见“重点问题之1(1)”

一、报告期内公司主营业务发生变更。目前公司主营业务为节能保温墙板的研发、生产和销售。报告期内墙板及其生产线仅在2013年存在收入286万元,占当期营业收入比重为11.1%,其余均为计算机软件、硬件和钢材贸易收入。公司目前已终止了计算机硬件、软件技术开发和产品销售业务。请主办券商、律师补充核查关于计算机硬件、软件类业务的资产、人员、合同履行等事项的处理情况,是否存在纠纷或潜在纠纷。

答复:

乾元泽孚的新型钢材、节能保温材料及设备的研发、生产和销售处于起步阶段,主营业务以计算机硬件、软件销售为主。随着新型钢材、节能保温材料及设备相关业务的逐步增长,同时出于公司发展的长远考虑,2013年年底,乾元泽孚将计算机相关业务从经营范围中完全剥离出去,并于2013年12月27日对上述经营范围的变更进行了工商登记。乾元泽孚有限在经营计算机相关业务时的主要业务是计算机软硬件的销售,主要资产是办公桌椅、电脑等办公家具,在乾元泽孚有限剥离计算机业务后,该等办公家具仍可以继续使用。故不存在资产剥离的问题。在乾元泽孚将计算机业务剥离并办理工商变更登记之前,已将涉及计算机相关业务的合同履行完毕;相关工作人员根据其意愿,有的员工留在乾元泽孚,有的员工到公司关联方含弘嘉会工作,有3名员工向乾元泽孚提出了离职申请自谋职业。根据公司提供的资料和说明,涉及计算机类的业务在乾元泽孚将计算机相关业务变更经营范围之前就已全部履行完毕。

本所律师认为,乾元泽孚在剥离计算机相关业务时,涉及的相关资产已妥善处理,人员也得到妥善安置,涉及计算机相关业务的合同也已履行完毕,不存在纠纷或潜在纠纷。

40 | 公司报告期内开具无真实交易背景的银行承兑汇票融资案例(830957)

(德恒上海律师事务所)

《反馈意见》"一、重点问题之8"

报告期内,公司存在通过非关联方张家港市利奇塑料有限公司开具无真实交易背景的银行承兑汇票。

(4)请公司补充披露无真实交易背景的票据占同期票据总额的比例,是否存在受到有关部门行政处罚、刑事处罚或发生诉讼赔偿的风险,补充披露后续的规范措施及规范措施的有效性,包括若发生处罚时的相关责任认定与承担等,请主办券商及律师核查并发表明确意见。

答复:

经本所经办律师核查,并经公司出具的情况说明,截至本补充法律意见出具之日,佳成科技不存在逾期支付票据及欠息情况,均已按照《中华人民共和国票据法》及相关票据制度及时履行了票据付款义务且未造成任何经济纠纷和损失。佳成科技不规范使用票据行为并未给相关银行造成任何实际损失,不会因不规范使用票据的行为对相关银行承担赔偿责任;同时,佳成科技的董事及高级管理人员未从中取得任何个人利益,不存在票据欺诈行为,亦未因过往期间该等不规范使用票据的行为受到过任何行政处罚。

经本所经办律师核查,佳成科技在2014年3月6日的创立大会及第一届董事会第一次会议通过了《江苏佳成科技股份有限公司对外担保管理制度》,《江苏佳成科技股份有限公司财务管理制度》、《江苏佳成科技股份有限公司信息披露管理制度》,前述制度的通过,从对外担保、公司财务制度、信息披露等多方面有效的制约了公司违规使用票据的行为。

同时,佳成科技及控股股东钱国平于2014年4月16日作出承诺:"本公司\本人保证佳成科技不再开具无真实商业交易背景的承兑汇票行为。若佳成科技因与张家港市利奇塑料有限公司之间无真实交易内容票据行为未来被有关部门处罚的,由控股股东承担有关责任。若佳成科技股票在全国中小企业股份转让系统挂牌后再发生上述情况,将由控股股东向除控股股东及其关联股东外的其他股东按违规票据的发生额进行赔偿。"

本所经办律师认为,佳成科技改制为股份有限公司后,陆续通过了一系列制度,有效地控制了公司过去存在的不规范使用票据的行为,且公司及实际控制人承诺,如公司再次发生不规范使用票据行为,将由公司控股股东承担相关责任。

(6)请公司补充披露浦发银行张家港支行出具的《担保解除说明》的主要内容,说明公司对担保解除之前通过利奇塑料开具的银行承兑票是否依然承担保证责任,并请主办券商和律师发表明确意见。

答复:

根据佳成科技提供的相关材料并经本所经办律师核查,佳成科技在报告期内通过向张家港市利奇塑料有限公司提供担保,张家港市利奇塑料有限公司为佳成科技开具无实际交易的银行承兑汇票。2013 年 4 月 16 日,上海浦东发展银行股份有限公司张家港支行出具《担保解除说明》:张家港市利奇塑料有限公司获得的 1000 万元综合授信额度,因已收到张家港市利奇塑料有限公司 570 万元保证金,补足了未到期票据敞口,解除佳成科技的担保。

本所经办律师认为,张家港市利奇塑料有限公司已为未到期票据足额缴纳了保证金,上海浦东发展银行股份有限公司张家港支行为佳成科技出具《担保解除说明》,上海浦东发展银行股份有限公司张家港支行同意解除佳成科技的担保,因此佳成科技不再为张家港市利奇塑料有限公司承担保证责任。

(8)请主办券商及律师就上述票据行为是否符合《票据法》等相关规定,是否构成重大违法违规,公司是否符合"合法规范经营"的挂牌条件并发表明确意见。

答复:

《中华人民共和国票据法》第 10 条规定:"票据的签发、取得和转让,应当遵循诚实信用的原则,具有真实的交易关系和债权债务关系。票据的取得,必须给付对价,即应当给付票据双方当事人认可的相对应的代价。"

本所经办律师认为,张家港市利奇塑料有限公司为佳成科技开具无实际交易的票据行为不符合《中华人民共和国票据法》上述第 10 条规定。

但是,在报告期内,佳成科技不存在逾期支付票据及欠息情况,均已经按照《中华人民共和国票据法》及相关票据制度及时履行了票据付款义务且未造成任何经济纠纷和损失。佳成科技不规范使用票据行为并未给相关银行造成任何实际损失,不会因不规范使用票据的行为对相关银行承担赔偿责任;同时,佳成科技的董事及高级管理人员未从中取得任何个人利益,不存在票据欺诈行为,亦未因过往期间该等不规范使用票据的行为受到过任何行政处罚。根据佳成科技书面说明,其实施该等行为的目的系为了节约融资费用,相关银行承兑汇票均用于支付正常生产经营往来,并未用于其他用途,且佳成科技已经协调张家港市利奇塑料有限公司解付了上述银行承兑汇票并解除了担保合同。佳成科技及控股股东钱国平于 2014 年 4 月 16 日作出承诺:"本公司\

本人保证佳成科技不再开具无真实商业交易背景的承兑汇票行为。若佳成科技因与张家港市利奇塑料有限公司之间无真实交易内容票据行为未来被有关部门处罚的,由控股股东承担有关责任。若佳成科技股票在全国中小企业股份转让系统挂牌后再发生上述情况,将由控股股东向除控股股东及其关联股东外的其他股东按违规票据的发生额进行赔偿”。

因此,本所经办律师认为,佳成科技上述不规范使用票据行为未构成重大违法违规,对本次挂牌不构成实质性法律障碍。

41　公司未分配利润为负股改案例(430690)

(北京市长安律师事务所)

一、《反馈意见》之一、重点问题1.(2)

请主办券商和律师就公司在未分配利润为负情况下变更股份公司是否合法合规发表意见。

答复:

依据大华会计所出具的标准无保留意见《审计报告》(大华审字〔2013〕005695号),2013年8月31日,公司的资产合计为5,959,910.24元;公司负债合计为946,492.98元(其中2013年8月31日,控股股东吴辉与公司达成协议,将公司应付控股股东吴辉债务豁免了100万元);所有者权益合计为5,013,417.26元,也就是经审计净资产5,013,417.26元。

依据大华会计所大华验字〔2012〕000332号《验资报告》,公司以不高于审计机构审计且不高于评估机构评估的净资产值折股5,000,000.00元为注册资本,余额13,417.26元进入资本公积金,整体变更为股份有限公司。

经本所律师核查:本次酷买网有限整体变更为酷买网股份符合《公司法》第95条规定“有限责任公司变更为股份有限公司时,折合的实收股本总额不得高于公司净资产额。”《业务规则》第2.1条第1款明确:“有限责任公司按原账面净资产值折股整体变更为股份有限公司的,存续时间可以从有限责任公司成立之日起计算”。法律法规方面没有未分配利润为负的情况下,不能进行股改的禁止性规定;同时,本次折股经过了合法程序,不存在损害公司、股东、债权人利益的情形。

综上,本所律师认为,整体变更时有限公司未分配利润为负的情况不影响公司通过经审计净资产账面价值转股本整体变更为股份公司的合法合规性。

42 公司对外提供担保对公司持续经营能力的影响的案例(830821)

(上海市上正律师事务所)

六、《反馈意见》重点问题第19项

公司为蚌埠雪龙热力有限公司提供最高500万元的担保。请公司说明提供该等担保的原因、担保主债权的具体情况及其履约情况、偿还能力等信息,是否对公司持续经营造成重大不利影响,请公司就该事项做重大事项提示。请主办券商及律师补充核查并发表明确意见。

答复:

(一)担保原因

根据公司介绍,雪龙热力系从事蒸汽供应的能源经营单位,公司顺酐项目投产后产生的余热蒸汽除满足公司生产自用外,其余全部由雪龙热力购买,利用其建设的蒸汽管网输送给园区其他使用蒸汽的企业,雪龙热力按照当地政府物价部门核准的价格进行销售结算。因蒸汽建设管网需要大量投资,雪龙热力申请银行贷款时希望公司提供担保,公司董事会经审议,同意为其贷款提供担保。

经核查,公司已就上述对外担保履行相应的决策程序。

(二)公司担保的主债务的具体情况

1.2013年3月26日,公司与徽商银行蚌埠分行签订《最高额保证合同》(合同编号:1308611303003),约定由公司为雪龙热力自2013年3月26日至2015年3月26日期间向徽商银行蚌埠分行的借款等债务提供最高额不超过500万元的担保。

2.根据雪龙热力出具的书面说明:自2013年3月26日至今,雪龙热力分别于2013年3月26日、4月19日以及2014年1月21日与徽商银行蚌埠分行签订三份《流动资金借款合同》(合同编号分别为流借字第12861130326100002、流借字第128611304191000041以及流借字第128611401211000001),借款金额分别为240万元、260万元以及500万元;截至目前,前述本金为240万元以及260万元的两笔借款已于2014年1月20日偿还完毕;前述本金为500万元的借款尚在履行过程之中(借款到期日为2014年7月20日);除前述借款外,雪龙热力对徽商银行蚌埠分行未负有其他债务;雪龙热力依约履行还款及利息支付义务,不存在迟延支付等违约行为。

基于上述,本所律师认为,上述最高额为500万元的对外担保,对公司持续经营不构成重大不利影响。

43 | 挂牌前实施股权激励的案例(830931)

(国浩律师上海事务所)

一、仁会生物实施本次股权激励计划的主体资格

(一)仁会生物系依法设立并有效存续的股份公司

仁会生物系2014年1月27日以发起方式整体变更设立的股份有限公司。仁会生物已经全国股份转让系统同意于2014年8月11日起在全国股份转让系统挂牌并公开转让,证券代码为830931。

仁会生物目前持有上海市工商行政管理局颁发的《营业执照》(注册号:310225000563532),注册资本为9126.6万元人民币,实收资本为9126.6万元人民币,住所为上海市浦东新区周浦镇紫萍路916号,法定代表人为桑会庆,经营范围为药品生产(凭许可证经营),生物技术、精细化工、新材料专业领域内八技服务及其开发产品研制、试销,制药工艺辅料(除危险品)、普通机械的销售(依法须经批准的项目,经相关部门批准后方可开展经营活动),经营期限自1999年1月12日至不约定期限。经核查,仁会生物为依法设立并有效存续的股份有限公司,不存在未通过工商行政管理局年检的情况,不存在根据法律、法规、规范性文件需要终止的情形,也不存在《公司章程》中规定的需要解散的情形。

(二)仁会生物不存在不适合实行股权激励计划的情形

根据天健会计师事务所有限公司于2014年1月9日出具的《审计报告》(天健审字〔2014〕12号)及仁会生物出具的承诺文件,并经核查,仁会生物不存在下列不适合实行股权激励计划的下列情形:

1.最近一个会计年度会计报告被注册会计师出具否定意见或者无法表示意见的审计报告;

2.最近一年内因重大违法违规行为被中国证监会予以行政处罚;

3.中国证监会认定的其他情形。

综上所述,主办券商认为,仁会生物具备制定并实施本次股权激励计划的主体资格。

二、仁会生物制定本次股权激励计划的合法、合规性

(一)激励对象

1.激励对象的范围经核查仁会生物的《上海仁会生物制药股份有限公司第一期股票期权激励计划(草案)》(以下简称《激励计划草案》),仁会生物本次股权激励计划中,首次股票期权的激励对象合计7人,包括公司董事、监事、中高级管理人员及核心技术人员等。预留股票期权的激励对象及分配比例等由公司董事会根据当年业绩考

核情况确定。

2.激励对象的主体资格仁会生物第一届监事会第二次会议审核《激励计划草案》确定的激励对象后,认为激励对象不存在《公司法》、《管理办法》、《业务规则》等规定的禁止获授股权激励的情形。激励对象不存在下列不适合成为激励对象的情形:

(1)最近三年内被证券交易所公开谴责或宣布为不适当人选的;

(2)最近三年因重大违法违规行为被中国证监会予以行政处罚的;

(3)具有《公司法》规定的不得担任公司董事、监事、高级管理人员情形的。

经核查,截至本专项意见出具日,仁会生物的《激励计划草案》确定的激励对象不存在上述不得成为激励对象的情形。

3.激励对象是否存在主要股东、实际控制人及直系近亲属

截至本专项意见出具之日,持仁会生物的股份5%以上的股东为上海仁会生物技术有限公司和桑会庆先生;仁会生物的实际控制人为董事长桑会庆先生。

经核查,仁会生物《激励计划草案》所确定的首次股票期权激励对象中,不存在主要股东、实际控制人成为激励对象的情形。

经核查,仁会生物《激励计划草案》所确定的首次股票期权激励对象中不存在实际控制人直系近亲属成为激励对象的情况。

4.激励对象是否同时参加两个或以上上市公司的股权激励计划

经核查,并经仁会生物确认,仁会生物《激励计划草案》所确定的激励对象,不存在同时参加两个或以上上市公司的股权激励计划的情况。

综上所述,主办券商认为,仁会生物《激励计划草案》所确定的激励对象范围及主体资格,符合法律、法规及规范性文件规定。

(二)与本次股权激励计划配套的考核方法

仁会生物在《激励计划草案》中,已就首次授予股票期权的行权条件进行了规定。对于预留股票期权的行权条件,公司在《激励计划草案》中规定作为行权条件的业绩考核目标由公司董事会根据当年公司经营状况及工作计划确定,并提交股东大会审议通过。该部分行权条件条款规定作为整个激励计划草案的部分,已经公司董事会、监事会、股东大会审议通过。

主办券商认为,仁会生物已经建立了首次授予股票期权的考核办法,并已确认将建立考核办法作为实施预留股票期权的前提,符合法律、法规及规范性文件规定。

(三)激励对象的资金来源

《激励计划草案》规定:"本次激励对象行权资金以自筹方式解决,仁会生物承诺不为激励对象依据本激励计划获得的有关权益提供贷款以及其他任何形式的财务资助,包括为其贷款提供担保。"

仁会生物第一届监事会第二次会议审议通过了本次股权激励计划,即确认了仁会

生物不存在向激励对象提供贷款、贷款担保或任何其他财务资助的计划或安排。

根据仁会生物《激励计划草案》的规定及仁会生物作出的承诺，仁会生物不向激励对象提供贷款、贷款担保或任何其他形式的财务资助。

主办券商认为，仁会生物已承诺不向激励对象提供贷款、贷款担保或任何其他财务资助，不损害仁会生物及其股东的利益，符合法律、法规及规范性文件规定。

（四）标的股票的来源

仁会生物本次股权激励计划的股票来源为向激励对象定向发行公司普通股，拟向激励对象授予权益总计 317 万股，其中首次授予股票期权 76 万份，预留股票期权 241 万份。根据《公司法》及《公司章程》的有关规定受相应限制。

经核查，不存在仁会生物的股东直接向激励对象赠予或转让股份的情形。主办券商认为，仁会生物股权激励事宜所涉之标的股票来源合法、合规，符合法律、法规及规范性文件规定。

（五）标的股份总数及任何一名激励对象拟获授的股票总数

1. 标的股份总数根据《激励计划草案》，本次仁会生物拟实施的股权激励计划具体情况如下（百分比值四舍五入，取小数点后四位）；

仁会生物拟向激励对象授予股票期权 317 万份，涉及的标的股票种类为人民币普通股，约占本专项意见出具时公司股本总额 9126.6 万股的 3.4734%。其中首次授予 76 万股，占本专项意见出具时公司股本总额的 0.8327%；预留 241 万股，占本专项意见出具时公司股本总额的 2.6406%。

主办券商认为，仁会生物本次股权激励事宜所涉之标的股份总数未超过截至本专项意见出具日公司股本总额的 10%，符合法律、法规及规范性文件规定。

2. 任何一名激励对象拟获授的股份仁会生物本次股权激励计划首次授予激励对象的股票分配情况如下：（百分比值四舍五入，取小数点后四位）

序号	姓　名	职　务	拟获授的股票数量（万）	占公司股份总额的比例（%）
1	左亚军	董事、总经理	33.616	0.3683
2	张玫萍	副总经理	10	0.1096
3	夏　晶	研发经理、监事	7.8	0.0855
4	蔡永青	质量经理	6	0.0657
5	朱志勇	安环经理	6.8	0.0745
6	严　珽	行政人事经理	6.8	0.0745
7	熊春林	纯化主管	4.984	0.0546

经核查，每一名激励对象拟获授的仁会生物的股份总数及比例，主办券商认为，仁会生物本次股权激励中任何一名激励对象拟获授的股份的比例，均未超过截至本专项

意见出具日仁会生物股份总额的1%。

综上所述，主办券商认为，仁会生物的《激励计划草案》标的股份总数及任何一名激励对象拟获授的股份总数，符合法律、法规及规范性文件规定。

（六）《激励计划草案》的主要内容

经核查，《激励计划草案》共十四章，该《激励计划草案》对激励计划的目的，激励计划的管理机构，激励对象的确定依据和范围，激励计划的股票来源和数量，股票期权的分配，激励计划的有效期、授予日、可行权日、标的股票禁售期，股票期权行权价格和行权价格的确定方法，股票期权的授权条件和行权条件，激励计划的调整方案和程序，股票期权授予程序及激励对象的行权程序，公司与激励对象的权利与义务，激励计划的变更、终止及其他事项，做出了明确的规定或说明。

主办券商认为，仁会生物的《激励计划草案》中规定的股权激励计划的主要内容，符合法律、法规及规范性文件规定。

综上所述，主办券商认为，仁会生物本次股权激励计划符合《证券法》、《公司法》、《管理办法》等相关法律、法规及规范性文件规定。

三、仁会生物实施本次股权激励履行的法定程序

经查验，截至本专项意见出具日，为制定实施本次股权激励计划，仁会生物已经履行如下程序：

1. 董事会拟定并审议《激励计划草案》

2014年2月9日，仁会生物第一届董事会第二次会议审议通过了《关于上海仁会生物制药股份有限公司第一期股票期权激励计划的议案》。

经核查，仁会生物第一届董事会第二次会议在对《关于上海仁会生物制药股份有限公司第一期股票期权激励计划的议案》进行投票时，关联董事回避了表决。

2. 监事会审核激励对象名单并发表意见

2014年2月9日，仁会生物第一届监事会第二次会议审议通过了《关于上海仁会生物制药股份有限公司第一期股票期权激励计划的议案》，审核了激励对象名单，就激励对象名单核实情况发表了明确意见，认为激励对象符合有关规定，其作为公司限制性股票激励对象的主体资格合法、有效。

经核查，仁会生物第一届监事会第一次会议在对《关于上海仁会生物制药股份有限公司第一期股票期权激励计划的议案》进行投票时，关联监事进行了回避。

3. 股东大会审议《激励计划草案》

2014年2月24日，仁会生物2014年第一次临时股东大会审议通过了《关于上海仁会生物制药股份有限公司第一期股票期权激励计划的议案》。

经核查，仁会生物2014年第一次临时股东大会在对《关于上海仁会生物制药股份有限公司第一期股票期权激励计划的议案》进行投票时，未按照相关规定进行回避表决。出席会议股东代表公司股份总数为9000万股，应回避未回避的股份数为72,000

股,占出席会议有表决权股份总数的比例极小,对议案的审议通过不会产生决定性影响。因此,主办券商认为,部分股东未进行表决回避构成审议表决程序的瑕疵,但该等瑕疵对议案的审议通过影响极小,对所审议议案的通过不会产生实质性影响。

4. 首次股票期权授予登记

根据仁会生物的说明,公司在股东大会审议通过《激励计划草案》后,于2014年2月25日由公司董事会就首次股票期权的权益授予、登记等相关事项进行了办理。

5. 披露《激励计划草案》

根据《业务规则》的规定,“2.6 申请挂牌公司在其股票挂牌前实施限制性股票或股票期权等股权激励计划且尚未行权完毕的,应当在公开转让说明书中披露股权激励计划等情况”,《披露细则》第41条的规定“实行股权激励计划的挂牌公司,应当严格遵守全国股份转让系统公司的相关规定,并履行披露义务”,经核查,仁会生物已经在其2014年6月12日出具的《公开转让说明书》中就本次股权激励计划的具体内容进行了披露。

综上所述,主办券商认为,仁会生物实施本次股权激励计划已履行了现阶段必要的程序;仁会生物尚需按照《业务规则》的要求,履行本次股权激励计划在全国股份转让系统的备案程序。

四、仁会生物实施本次股权激励计划履行信息披露的事宜

仁会生物已按照《业务规则》、《披露细则》的要求,在向全国股份转让系统申请挂牌公开转让时,在公司转让说明书中就本次股权激励计划的具体内容进行了披露。

主办券商认为,仁会生物实施本次股权激励计划,除上述披露程序外,尚需按照相关法律、法规、规范性文件的相应规定,继续严格履行至少包括下述的后续信息披露义务:

1. 仁会生物应在定期报告中披露报告期内本次股权激励计划的实施情况;

2. 仁会生物应按照有关规定在财务报告中披露股权激励的会计处理。经核查,仁会生物不存在未按现行有效的法律、法规及规范性文件有关规定披露与本次股票激励事宜相关信息的情形。

五、仁会生物本次股权激励计划对公司及全体股东利益的影响

(一)本次股权激励计划的目的

为了进一步完善公司的法人治理结构,建立和完善对公司高级管理人员、中层管理人员和其他骨干员工的激励和约束机制,稳定和吸引优秀的管理、研发、经营、市场、技术、生产等各类人才,提高公司的市场竞争力和可持续发展能力,保证公司发展战略和经营目标的实现。

主办券商认为,仁会生物实施本次股权激励计划的目的,不损害仁会生物及全体股东的利益。

(二)本次股权激励计划的主要内容

经查验,仁会生物本次股权激励计划的主要内容,符合《公司法》、《证券法》、《管

理办法》、《业务规则》等有关法律、法规和规范性文件的规定,不存在明显损害公司和全体股东利益的情形。

(三)激励对象需支付对价

仁会生物本次股权激励计划所涉之标的股票来源于仁会生物向激励对象定向发行的股票,激励对象需为每股支付相同价额,且仁会生物承诺不为激励对象依据激励计划获得的有关权益提供贷款以及其他任何形式的财务资助,包括为其贷款提供担保,激励对象购买获授标的股票所需资金将由其自筹解决。

主办券商认为,仁会生物本次股权激励事宜中激励对象需支付对价,且仁会生物不为其提供财务资助,该情形不损害仁会生物及全体股东的利益。

(四)以达到考核指标作为行权条件

仁会生物的《激励计划草案》规定首次授予股票期权及预留股票期权的行权根据公司发展目标及经营业绩等情况进行确定。《激励计划草案》规定在2015年至2016年期间,以公司获得"谊生泰注射液"新药证书;"谊生泰注射液"生产批件;"谊生泰注射液"通过GMP认证并获得相关证书作为对首次授予股票期权的行权条件;预留股票期权的行权条件以年度业绩考核为准,业绩考核目标由公司董事会根据当年公司经营状况及工作计划确定并提交公司股东大会审议通过。

主办券商认为,仁会生物本次股权激励事宜以达到公司发展目标或业绩考核指标作为股票期权行权条件,使激励对象与仁会生物及全体股东利益直接关联,该情形不损害仁会生物及全体股东的利益。

综上所述,主办券商认为,仁会生物的本次股权激励计划不存在明显损害仁会生物及全体股东利益的情形,亦不存在违反有关法律、行政法规的情形。

六、结论意见

综上所述,主办券商认为:仁会生物具备实施本次股权激励计划的主体资格;仁会生物本次实施股权激励计划符合《证券法》、《公司法》、《管理办法》、《业务规则》、《披露细则》等相关法律、法规、规范性文件及《公司章程》的规定;仁会生物实施本次股权激励计划已履行了现阶段必要的程序,还需履行后续有关程序及信息披露义务;仁会生物本次股权激励计划不存在明显损害仁会生物及全体股东利益的情形。

44 | 公司优先股的形成及演变过程的合法合规性案例(430295)

(北京市君都律师事务所上海分所)

答复:

公司及其前身存在两类优先股,为法人优先股和自然人优先股。

1. 法人优先股

法人优先股权利人为国营中捷友谊农场，权利存续期间为1998年4月至2004年2月，权利依据来源为“1998年4月1日国营中捷友谊农场《关于捷虹染料化工总公司改制方案的批复》（中捷场通字〔1998〕第23号）”及“1998年8月1日《公司章程》第十四条”。优先股权利内容：根据1998年4月1日国营中捷友谊农场出具的《关于捷虹染料化工总公司改制方案的批复》（中捷场通字〔1998〕第23号）显示：国营中捷友谊农场同意河北省捷虹染料化工总公司改制为股份合作制企业公司，同意改制后企业总股本设定为1200万元，其中农场法人股金额540万元，占45%，农场法人股为累积且剩余财产分配优先股，年股利20%。1998年8月1日，河北捷虹修改公司章程，第14条新增加内容为：“农场法人股为优先股，累积且剩余分配，优先股和普通股在权利和义务方面的区别明确如下：（1）优先股按约定股利的年率20%支付股利，不随年终企业经营业绩的优劣而浮动；（2）在股利分配时，优先支付；（3）在股东会上无表决权；（4）不享受公司公积金、公益金的权益。

优先股权利具体行使状态为公司按照章程的约定定期向权利人支付股利。并于2004年2月，国营中捷友谊农场向张合义转让其持有的公司股份5,400,000元，至此，国营中捷友谊农场不再是公司优先股股东。根据《国营中捷友谊农场关于上海捷虹颜料化工集团股份有限公司支付国有股股利和资金占用费等相关事项的确认函》（中捷场字〔2011〕5号），公司共计向中捷友谊农场累计支付优先股股利及各项费用5774万元，已经清偿借款和股权转让款。

2. 自然人优先股

自然人优先股权利依据来源为2000年5月1日公司章程第14条，权利内容为：“1. 农场法人股按约定股利的年利率20%支付股利，不随年终企业经营业绩的优劣而浮动。2. 自然人优先股享有优先获得公司当年盈余，并支付固定股利的权益；具体为：公司税后盈利低于1000万元时，支付股利比例为股本金的10%，公司税后盈利高于1000万元低于2000万元时，支付股利比例为股本金的15%，公司税后盈利高于2000万元时，支付股利比例为股本金的20%，如公司当年盈余不足于分配当年优先股股利时，有多少分多少，下年不补，公司亏损时，不支付股利。3. 公司清算时，优先股取得的股本金不参与剩余财产的分配。4. 本公司中层管理人员的股份在其调离本公司或者不能任职时自调离职务之日起股份自动转为优先股。5. 转为优先股的股东，自转移之日起在一个结算年度内，必须等额转让其超过等级的股份，其他股东不购买者除外。6. 不享受本章程第十五条规定的权利。7. 不享受公司公积金、公益金的权益，在股东会上无表决权。8. 自然人的优先股根据不同情况其出资额可分为A、B、C三个等级，A级为五万元、B级为二万元、C级为一万元，届时由董事会决定。”自然人优先股权利具体行使状态为公司按照章程的约定定期向权利人支付股利。2004年3月，经股权转让后，自然人优先股全部退出。

综上,本所律师认为:公司优先股的形成及演变过程没有违反《公司法》及相关法律法规的强制性规定,公司章程对优先股进行了明确的界定与规范。优先股的设定,对于国有股来说,保证了国有股的保值增值,对于职工股东来说,稳定了职工队伍,提高了职工的工作积极性。公司历史上的优先股设立,不存在法律风险,对本次持牌不构成法律上的障碍。

45 | 公司分红权激励方案的合法合规性案例(430028)

(北京市国联律师事务所)

重点问题 5

三、核查股份公司分红激励方案内容、激励对象、审批程序的合法合规性,以及是否存在变相侵占国有资产导致国有资产流失。

答复:

京鹏畜牧自2009年起的利润分配系《中关村国家自主创新示范区企业股权和分红激励实施办法》规定的"分红权激励"行为。

根据《科学技术进步法》、《中华人民共和国促进科技成果转化法》、《国务院办公厅转发科技部等部门关于促进科技成果转化的若干规定》等法律、法规的规定,科技成果可转化,并对完成该项科技成果及其转化做出重要贡献的人员给予奖励。

2009年年初,中关村国家自主创新示范区根据《关于国有高新技术企业开展股权激励试点工作的指导意见》、《关于企业实行自主创新激励分配制度的若干意见》发出了《股权激励改革试点单位试点工作指导意见》、《关于中关村国家自主创新示范区股权激励改革试点工作若干问题的解释》,依据上述规定,激励的对象为对中关村国家自主创新示范区内的高新技术企业做出突出贡献的科技人员和经营管理人员;激励方式为股权奖励、股权出售、分红权等方式,其中分红权激励的额度参照《关于企业实行自主创新激励分配制度的若干意见》之规定,即年度用于技术奖励或分成的金额同时不得超过当年可供分配利润的30%。2010年2月1日,财政部、科技部颁行的《关于印发〈中关村国家自主创新示范区企业股权和分红激励实施办法〉的通知》(财企〔2010〕8号)第2条(一)明确了适用的企业范围为国有及国有控股的院所转制企业、高新技术企业。

2009年9月1日,京鹏畜牧有限股东会作出决议,通过了《中关村国家自主创新示范区企业股权与分红激励改革试点单位股权与分红激励方案》,激励方案如下:公司自2009年起,连续5年,每年年终净利润比上一年度增长15%以上,且不存在未弥补亏损时,从税后利润中提取6%作为奖励额度,激励做出突出贡献的技术及管理人员。激励人员名单由绩效考核小组根据员工年度考核结果确定，激励范围不超过员工总数的25%，激励总金额由绩效小组会同财务部确定。每个激励对象的具体奖励金额根据每个激励对象的贡献率确定。每年的激励方案报董事会批准后实施。

2009年9月10日，兴东方作出《关于同意农机研究所在所属企业“实施分红权激励”的批复》（京兴东方行发〔2009〕40号），同意京鹏畜牧有限实施股权激励改革试点，并按照《股权与分红权激励方案》具体实施。

根据股份公司提供的资料，1995年11月16日，北京市财政局、北京市国资局做出《关于授权北京兴东方实业有限责任公司经营管理所属单位国有资产的批复》（京国资农〔1995〕508号），授权兴东方经营管理所属单位的国有资产。2008年12月29日，北京市国资委下发《关于北京汽车工业控股有限责任公司与北京兴东方实业有限责任公司重组的通知》（京国资〔2008〕490号），将兴东方划转给北汽集团，由北汽集团对兴东方行使出资人职责。

本所律师认为，《关于北京汽车工业控股有限责任公司与北京兴东方实业有限责任公司重组的通知》（京国资〔2008〕490号）仅就兴东方的上级主管机关予以了明确，但是并未改变兴东方对其下属单位国有资产的经营管理权限，因此，兴东方有权对下属企业的“分红权激励”实施审批。

2009年11月24日，京鹏畜牧取得中关村国家自主创新示范区股权激励改革试点工作组下发的《关于同意北京京鹏环宇畜牧科技有限公司股权激励改革试点方案的批复》，同意京鹏畜牧以分红权对做出突出贡献的科技人员和经营管理人员进行激励。

2013年7月2日，北汽集团出具《关于北京京鹏环宇畜牧科技股份有限公司“分红权激励”有关问题的确认》，确认京鹏畜牧实施的“分红权激励”符合内部决策程序，不存在程序瑕疵。

2009年起至本核查意见出具日的分红权激励情况如下：

2009年		2010年		2011年		2012年	
姓名	金额（元）	姓名	金额（元）	姓名	金额（元）	姓名	金额（元）
冯　英	16,400	高继伟	30,000	高继伟	15,000	高继伟	40,000
曹凯军	14,000	冯　英	30,000	冯　英	16,000	冯　英	5000
彭英霞	8000	薛志友	20,000	薛志友	8600	薛志友	27,555
杨晶晶	6000	曹凯军	20,000	孟洪卫	16,000	顾本家	30000
丁林鹏	2100	孟洪卫	9000	彭英霞	7000	王　雷	32,000
姚康明	2400	彭英霞	5000	姚康明	3200	孟洪卫	25,000
张　伟	1500	姚康明	4000	张　伟	1400	彭英霞	20,000
顾本家	7200	张雷雷	3000	刘　昆	2800	姚康明	12,000

续表

2009 年		2010 年		2011 年		2012 年	
姓名	金额(元)	姓名	金额(元)	姓名	金额(元)	姓名	金额(元)
曹　瑜	12,000	刘　昆	4000	郑虎斌	2800	张　伟	5000
韩　华	4500	郑虎斌	2000	吕廷伟	18,000	刘　昆	13,000
魏传祺	2400	吕廷伟	9000	韩　华	6900	郑虎斌	16,000
袁四军	4200	韩　华	4000	魏传祺	7200	韩　华	18,000
张宏伟	1500	魏传祺	4000	张宏伟	2900	魏传祺	24,000
何志清	16,000	袁四军	4000	袁四军	2300	张宏伟	12,000
李学智	1200	张宏伟	4000	庞建建	2000	曹　翔	9000
邱艳蕊	1200	何志清	14,000	何志清	13,500	刘园园	3000
		罗永亮	2000	邱艳蕊	2400	庞建建	5400
		高雪爽	2000	朱　晖	4000	谭　宁	3000
		邱艳蕊	3000	平高飞	3000	李术霞	2000
		朱　晖	5000	顾本家	7800	陈　冲	1000
		顾本家	10,000	王海涛	2300	王　波	2000
		王　雷	9000	彭　博	3600	黄利军	1000
				杨　梅	2000	许立新	1000
				王　雷	9700	于　键	2000
						巩红博	2000
						何志清	35,000
						罗永亮	7000
						邱艳蕊	6000
						高雪爽	8000
						孙　贺	2000
						朱　晖	15,000
						平高飞	10,000
						王　军	18,000
						王海涛	15,000
合计	100,600		197,000		160,400		426,955

上述“分红权激励”均已经董事会审议通过。

综上，本所律师认为，股份公司自2009年起的利润分配系《中关村国家自主创新示范区企业股权和分红激励实施办法》规定的“分红权激励”行为，符合相关法律法规规范性文件的要求，并且经过了相应的审批程序，不存在变相侵占国有资产导致国有资产流失情形。

46 ｜ 公司存在投资理财产品的情况的问题(831182)

（广东信达律师事务所）

十一、《反馈意见》重点问题24

报告期内，公司存在理财产品投资情况。(1)请公司补充说明投资情况，包括但不限于投资方式和内容及其合规性，投资风险是否充分揭示，决策程序和内控制度是否建立健全并有效执行，理财产品的会计处理和列报是否合规。(2)请主办券商、律师及申报会计师对前述问题进行核查并发表明确意见。

答复：

1. 投资方式和内容及其合规性

报告期内，公司对外投资活动主要为购买低风险的银行理财产品。有限公司阶段，根据《深圳市堃琦鑫华科技有限公司章程》约定，执行董事有决定公司经营计划和投资方案的职权。报告期内，公司对外投资均已通过公司执行董事的审批，公司购买理财产品的决策程序及内部控制符合公司要求；股份公司成立后，公司完善了相关内部制度，在股份公司《公司章程》及《对外投资管制度》中均对对外投资做了详细规定，公司建立了相关内部控制及决策程序。

2. 投资风险

报告期内，公司购买的银行理财产品分别为《中国银行－人民币“按期开放”产品》及《兴业银行－金雪球－优先1号》，具体如下：

（单位：万元）

项目	2014年2月28日	2013年12月31日	2012年12月31日
兴业银行理财产品	50.00	100.00	200.00
金雪球－优先1号	50.00	100.00	200.00
中国银行理财产品	400.00	—	—
人民币“按期开放”产品	400.00	—	—
合计	450.00	100.00	200.00

根据《中国银行之人民币“按期开放”产品说明书》及《兴业银行人民币理财计划说明书之“兴业金雪球-优先1号”》列示信息,公司购买的产品均为低风险产品。

3. 决策程序和内控制度是否建立健全并有效执行

公司在报告期内购买的银行理财产品属于流动性强、风险低的产品。有限公司阶段,公司对外投资均经过执行董事审批;股份公司成立后,公司完善了内部制度,在《公司章程》及《对外投资管理制度》中对对外投资均明确控制制度。信达律师认为,公司关于对外投资事项的决策程序和内控制度已建立健全并有效执行。

47 | 公司控股股东实际控制下的另一公司与公司之间的债务互抵协议是否构成控股股东对公司债务的豁免(831363)

(北京市鑫兴律师事务所)

一、请主办券商、律师补充说明:①关于债务互抵协议所涉及的各方债权债务真实性的核查方式和认定依据;②邓以超及其实际控制的另一企业湖北立宇化工有限责任公司与公司之间是否存在其他债权债务关系(不仅仅在该债务互抵协议关系中),上述债权债务关系相互抵消的描述是否准确,是否构成控股股东对公司的债务豁免,请逐项说明上述事项的核查方式和认定依据,并进一步逐项发表明确意见。

答复:

(一)债务互抵协议所涉及的各方债权债务真实性的核查方式和认定依据

就债务互抵协议所涉及的各方债权债务的真实性,本所律师核查、认定过程如下:1. 关于邓以超分别为庄文翠、徐家义代垫出资款100万元和50万元本所律师核查了2010年11月有限公司成立时保康中信会计师事务所出具的保注会〔2010〕143的《验资报告》、银行缴款凭证,获取了邓以超、庄广翠和徐家义分别出具的书面说明。根据《验资报告》和银行缴款凭证,证明上述代垫的出资已实际缴纳;根据邓以超、庄广翠和徐家义分别出具的书面说明,三人确认,庄广翠和徐家义各自名下的出资款系由邓以超垫付,所形成的该两人对邓以超的借款,直至2012年5月3日由有限公司、湖北保康官山蓝莓、庄广翠、徐家义及邓以超签订《债务互抵协议》(以下简称相关多方签订的《债务互抵协议》)之前尚未归还。2. 关于湖北保康官山蓝莓应付庄广翠、徐家义股权转让价款本所律师核查了2012年5月3日庄广翠、徐家义分别与湖北保康官山蓝莓签署的《股权转让协议书》、从保康县工商行政管理局获取的该次股权转让的工商变更登记存档资料。根据前述《股权转让协议书》及工商登记资料,证明股权转让已完成,湖北保康官山蓝莓应付庄广翠、徐家义股权转让价款100万元和50万元。3. 关于有限公司应付湖北保康官山蓝莓资产转让价款300万元。本所律师核查了2012年5月

3日有限公司与湖北保康官山蓝莓签署的《资产转让协议》、《前梁子蓝莓基地资产移交清单》、有限公司的资产入账凭证。根据前述核查资料，证明协议转让的资产已由有限公司接收并入账核算，且根据会计记录，有限公司增加应付湖北保康官山蓝莓150万元、应付立宇华工150万元。其中，应付立宇化工150万元，系根据相关多方签订的《债务互抵协议》的约定，首先由湖北保康官山蓝莓将应收有限公司资产转让价款中的相应150万元债权转移给庄广翠、徐家义，抵偿其应付的相应股权转让价款；再由庄广翠、徐家义将该等抵偿款抵顶给邓以超，用于归还邓以超对该两人的出资垫款；而邓以超则在《债务互抵协议》约定，由有限公司将其应收的150万元转记在其实际控制立宇化工名下。综上，本所律师认为，债务互抵协议所涉及的各方债权债务关系真实。

（二）邓以超及其实际控制的另一企业立宇化工与公司之间是否存在其他债权债务关系

根据《审计报告》、公司说明并经本所律师核查，报告期各期末，公司与邓以超及其实际控制的立宇化工存在的债权债务关系如下：

债权债务关系	债权人	债务人	期末余额（元）		
			2014/4/30	2013/12/31	2012/12/31
其他应收款	公司	邓以超	—	8,990,000.00	—
其他应付款	邓以超	公司	969,832.69	313,229.60	300,000.00
	立宇化工	公司	2,895,000.23	932,194.25	4,074,005.42

如上表所示，根据公司说明并经本所律师核查，2013年年末，公司存在对邓以超其他应收款899万元，其即邓以超自湖北佰蒂的借款（详见后一问题的说明），因当时公司未收购湖北佰蒂股权，其在当时尚不构成邓以超欠公司的债务。除前述特殊情况外，报告期内不存在公司应收邓以超款项的其他情形。报告期各期末，公司均存在对邓以超及其控制的立宇化工的其他应付款，主要系其为公司日常经营垫付资金形成。2013年年末，公司对立宇化工其他应付款余额较上年末大幅减少，同时该余额也小于前述根据《债务互抵协议》由有限公司将最终抵顶给邓以超的150万元债权转记在其实际控制立宇化工名下的金额，原因是公司当年以增资款归还了大部分对立宇化工的其他应付款所致。

（三）上述债权债务关系相互抵消的描述是否准确，是否构成控股股东对公司的债务豁免

综上核查，债务互抵协议所涉及的各方债权债务关系真实，通过债务互抵协议，并如《法律意见书》"七、公司的股本及演变"之"（一）"之"2"所述，使湖北保康官山蓝莓应付庄广翠、徐家义股权转让价款连同有限公司成立时邓以超为庄广翠、徐家义提供

的出资垫款一并获得清偿。但债务互抵协议并不是将相关多方的债权债务全部抵偿，根据债务互抵协议，邓以超作为系列债权债务转移抵顶后的最终收款方，其应收取的150万元，根据约定由最终的付款方有限公司转记应付邓以超实际控制的立宇化工名下。从而，该等相应债权债务还在，不存在控股股东对公司的债务豁免。另外，在相关多方签订《债务互抵协议》时，公司尚未收购湖北佰蒂，也不存在用以对邓以超抵消的债权。

48　公司持有小额贷款公司股权合规性案例(831151)

(北京市中伦律师事务所)

二、《反馈意见》重点问题2

2013年公司以1000万元的价格获得长宁赣信小额贷款公司(以下简称赣信小贷)10%股权。请公司补充披露该投资是否履行相关程序，并披露对于重大投资行为的内部决策程序；请公司详细披露赣信小贷的风险控制情况；请公司补充披露对赣信小贷的风险隔离情况；请律师发表明确意见。

答复：

2.1　经本所律师进一步核查，全胜有限于2012年8月1日通过董事会表决，将投资赣信小贷的议案提交公司股东会审议。全胜有限于2012年8月28日召开股东会，全体股东通过表决，一致同意公司出资人民币1000万元设立赣信小贷，持有赣信小贷10%的注册资本。

2.2　根据全胜有限于2012年投资赣信小贷届时有效的公司章程，董事会对股东会负责，行使决定公司的经营计划和投资方案的职权。公司股东会由全体股东组成，是公司的最高权力机构，有权决定公司的经营方针和投资计划。本所律师认为，全胜有限已根据届时有效的公司章程的规定，履行完毕投资赣信小贷的相关内部决策程序。

2.3　根据本所律师的核查，本所律师认为赣信小贷已经根据《上海市人民政府办公厅转发市金融办等四部门关于本市开展小额贷款公司试点工作实施办法的通知》(沪府办发〔2008〕39号)的规定，建立健全了较为完备的贷款管理制度，包括但不限于公司风险分类制度、业务管理基本制度、财务管理办法、风险管理制度、信息披露制度、逾期贷款处置办法、贷后管理制度和业务操作细则，切实做到了贷前调查、贷中审查和贷后检查，控制信贷风险。

2.4　根据本所律师的核查，本所律师认为赣信小贷已经根据《上海市人民政府办公厅转发市金融办等四部门关于本市开展小额贷款公司试点工作实施办法的通知》

(沪府办发〔2008〕39号)的规定建立了较为完备的贷款管理制度,同时对公司风险进行了分门别类,针对不同风险有不同的风险管理措施,从而有效进行风险隔离,避免因某一类风险导致系统性风险。此外,公司作为赣信小贷的股东不直接参与赣信小贷的日常经营活动,与赣信小贷不存在业务往来,未与赣信小贷开展过任何资金拆解、担保等业务,因赣信小贷经营活动而产生的法律风险不会对公司的正常生产及持续经营产生重大影响。

49 | 分公司企业所得税征收方式与总公司不一致案例(430764)

(上海和华利盛律师事务所)

一、请说明美诺福冶金太仓分公司企业所得税征收方式未能与美诺福冶金保持一致的原因,请公司在挂牌前将核定征收情形予以规范,请主办券商持续督导;请主办券商、申报会计师报告期会计核算基础是否健全、规范核查并发表意见;请主办券商、律师就该行为是否符合"经营合法例规"挂牌条件发表核查意见。

答复:

根据公司陈述并经适当核查,美诺福冶金太仓分公司企业所得税征收方式未能与美诺福冶金保持一致的原因主要是美诺福冶金太仓分公司企业所得税征收方式未能与美诺福冶金保持一致,主要是因为太仓分公司成立时,由于财务人员工作失误,对政策了解不足,而未及时向美诺福冶金的税务主管部门进行申报备案。

1. 美诺福冶金与其分公司企业所得税缴纳

《中华人民共和国企业所得税法》(以下简称《企业所得税法》)第50条规定,居民企业在中国境内设立不具有法人资格的营业机构的,应当汇总计算并缴纳企业所得税。《中华人民共和国企业所得税法实施条例》(以下简称《实施条例》)第125条也规定,企业汇总计算并缴纳企业所得税时,应当统一核算应纳税所得额,具体办法由国务院财政、税务主管部门另行制定。

《跨地区经营汇总纳税企业所得税征收管理办法》(以下简称管理办法)第2条规定,居民企业在中国境内跨地区(指跨省、自治区、直辖市和计划单列市,下同)设立不具有法人资格分支机构的,该居民企业为跨地区经营汇总纳税企业(以下简称汇总纳税企业),除另有规定外,其企业所得税征收管理适用本办法。同时第3条规定,汇总纳税企业实行"统一计算、分级管理、就地预缴、汇总清算、财政调库"的企业所得税征收管理办法。

综上,美诺冶金与其分公司应当按照《企业所得税法》、《实施条例》、《管理办法》

的规定,按照汇总清算的方式,计算和缴纳相应的企业所得税。然而经核查,在报告期内,美诺福冶金公司及其分公司采用不同的所得税征收方式,未按照上述规定进行企业所得税的汇总缴纳工作。

2. 美诺福冶金与分公司企业所得税征收方式不一致

《企业所得税核定征收办法(试行)》(国税发〔2008〕30 号,以下简称《征收办法》)第 2 条规定,纳税人具有下列情形之一的,核定征收企业所得税:

(1)依照法律、行政法规的规定可以不设置账簿的;

(2)依照法律、行政法规的规定应当设置但未设置账簿的;

(3)擅自销毁账簿或者拒不提供纳税资料的;

(4)虽设置账簿,但账目混乱或者成本资料、收入凭证、费用凭证残缺不全,难以查账的;

(5)发生纳税义务,未按照规定的期限办理纳税申报,经税务机关责令限期申报,逾期仍不申报的;

(6)申报的计税依据明显偏低,又无正当理由的。

特殊行业、特殊类型的纳税人和一定规模以上的纳税人不适用本办法。上述特定纳税人由国家税务总局另行明确。

同时《关于企业所得税核定征收若干问题的通知》(国税函〔2009〕377 号,以下简称《通知》)第 1 条第 2 款规定,国税发〔2008〕30 号文件第 3 条第 2 款所称“特定纳税人”包括以下类型的企业:“……(二)汇总纳税企业。”

综上,对于美诺福冶金及其分公司而言,由于其属于汇总纳税企业,不适用“核定征收”的企业所得税征收方式。因此,美诺福冶金太仓分公司实行核定征收的方式不符合上述《征收办法》、《通知》的规定。

3. 关诺福冶金及太仓分公司所得税征收方式不一致的法律风险

《中华人民共和国税收征收管理法》第 68 条规定,纳税人、扣缴义务人在规定期限内不缴或者少缴应纳或者应解缴的税款,经税务机关牡令限期缴纳,逾期仍未缴纳的,税务机关除依照该法第 40 条的规定采取强制执行措施追缴其不缴或者少缴的税款外,可以处不缴或者少缴的税款 50% 以上 5 倍以下的罚款。

因此,本所律师认为,美诺福冶金太仓分公司企业所得税征收方式未能与美诺福冶金保持一致,违反了企业所得税法等相夫规定,存在被主管税务要求补缴税款、罚款和滞纳金的法律风险。

4. 该行为是否符合“经营合法例规”挂牌条件发表核查意见

《全国中小企业股份转让系统业务规则(试行)》第二章第 2.1 之(三)规定,股份有限公司申请股票在全国股份转让系统挂牌,不受股东所有制性质的限制,不限于高新技术企业,应当符合下列条件……(三)公司治理机制健全,合法规范经营……

同时,《全国中小企业股份转让系统挂牌条件适用基本标准指引(试行)》第 3 条

“公司治理机制健全，合法规范经营”第2款规定，合法含规经营，是指公司及其控股股东、实际控制人、董事、监事、高级管理人员须依法开展经营活动，经营行为合法、合规，不存在重大违法违规行为。

1. 公司的重大违法违规行为是指公司最近24个月内因违犯国家法律、行政法规、规章的行为，受到刑事处罚或适用重大违法违规情形的行政处罚。

(1)行政处罚是指经济管理部门对涉及公司经营活动的违法违规行为给予的行政处罚。

(2)重大违法违规情形是指，凡被行政处罚的实施机关给予没收违法所得、没收非法财物以上行政处罚的行为，属于重大违法违规情形，但处罚机关依法认定不属于的除外。

被行政处罚的实施机关给予罚款的行为，除主办券商和律师能依法合理说明或处罚机关认定该行为不属于重大违法违规行为的外，都视为重大违法违规情形。

(3)公司最近24个月内不存在涉嫌犯罪被司法机关立案侦查，尚未有明确结论意见的情形。

同时经核查，美诺福冶金主管税务机关上海市宝山区国家税务局、上海市地方税务局宝山区分局出具的《涉税事项调查证明材料》：“经税务综合征管系统核查，上海美诺福冶金设备材料有限公司2010年1月至2014年2月期间，申报的税款已足额入库，尚未发现欠税和税务处罚记录。”

苏州市太仓地方税务局、太仓市国税局第五分局也分别出具《证明》：“上海美诺福冶金设备材料有限公司太仓分公司（纳税人识别号320586686552634）系我局管辖企业，其目前所执行的税种、税率符合现行法律、法规和规范性文件的要求，自2010年1月至2014年2月以来能够遵守国家和地方各项税收法律、法规的规定，没有因税务问题而受到行政处罚的情形和争议。”“经CTAIS征管系统查询，上海美诺福冶金设备材料有限公司太仓分公司自2010年1月1日期至2014年2月28日不存在因违反税收方面的法律、法规受到行政处罚的情形。”

本所律师认为，报告期内美诺福冶金在纳税方面存在上述瑕疵，假设有关税务征管机关撤销以前年度对公司实行核定征收企业所得税的意见，则该公司存在补缴企业所得税、罚款和滞纳金的风险。然而，税务主管机关出具了前述证明，且未对其纳税征收方式变更提出异议或追查。同时控股股东暨实际控制人亦出具承诺：“若上海美诺福冶金设备材料有限公司因其与上海美诺福冶金设备材料有限公司太仓分公司所得税征收方式不一致而被相关税务主管部门要求补缴相应税款、处罚款或滞纳金，则本人将全额弥补美诺福冶金受到的该等损失。”

综上，本所律师认为，上述瑕疵不构成重大违法违规行为，对公司本次挂牌不构成违反“经营合法合规”的实质性影响。

50 | 公司报告期核定征税案例(430319)

(上海市广发律师事务所)

《反馈意见》"一、重点问题"第1条

一、关于公司2011年度企业所得税核定征收方式下应缴税额与假设按照查账征收方式应缴税额的差异,该情形是否构成逃避税收行为。

答复:

本所律师查阅了公司报告期内的财务报表、纳税申报表、年度企业所得税汇算清缴报告、公司出具的书面说明等资料,并查阅了公司主管税务部门出具的有关公司最近两年纳税申报情况以及2011年度所得税核定征收证明等资料。根据本所律师的核查,公司2011年度所得税相关情况如下:

根据公司提供的企业所得税月(季)度纳税申报表(B类)、2011年度企业所得税年度纳税申报表(B类),公司经上海市杨浦区国家税务局批准,公司2011年度按照核定方式征收企业所得税,经核定的应税所得率为10%,公司适用的企业所得税税率为25%。经公司申请并经上海市杨浦区国家税务局、上海市地方税务局杨浦分局同意,公司自2012年开始以查账征收方式缴纳企业所得税。根据公司经上海上会审计的财务数据(2011年度经审计营业收入为24,302,920.81元)进行测算,如果按照查账征收方式计算,公司应缴纳企业所得税763,860.18元;如果按照核定征收方式计算,公司应缴纳企业所得税607,573.02元,与按照查账征收方式测算的应缴纳企业所得税金额相差156,287.16元。而公司2011年度实际系按照开票收入25,430,955.81元并按照核定征收方式缴纳企业所得税635,773.90元,与前述按照查账征收方式测算的应缴纳企业所得税金额相差128,086.28元。针对上述情形,王小兵、张朝一出具《承诺函》承诺,如果发生国家有关税务主管部门追缴公司2011年及以前年度企业所得税差额或滞纳金的情况,承诺人同意对公司所需补交的所得税税款及相关费用予以全额补偿。

对于公司2011年度按照核定方式征收企业所得税情形,公司主管税务机关上海市杨浦区国家税务局于2013年8月再次进行了确认。根据上海市杨浦区国家税务局、上海市地方税务局杨浦分局于2013年4月和2013年7月出具的《企业纳税情况证明》,公司近两年及一期申报的税款足额入库,尚未发现欠税和税务处罚记录。

本所认为,公司2011年度按照核定方式征收企业所得税情形已经取得主管税务部门的同意和确认,该情形不构成逃避税收行为;相关税务主管部门确认公司最近两年内在税务方面不存在重大违法行为,且公司实际控制人就公司可能存在的补缴所得税风险出具了相关书面承诺,该等情形不会对公司持续经营造成重大不利影响,不构成本次公开转让的实质性障碍或法律障碍。

51 | 公司由中外合资变为内资税收优惠补缴案例(831020)

(北京市京都律师事务所大连分所)

(三)关于公司在中外合资企业期间所所享受的税收优惠以及转为内资企业涉及优惠税收的补缴情况的问题

答复:

1. 企业所得税

原《外商投资企业和外国企业所得税法》第8条规定:"对生产性外商投资企业,经营期在十年以上的,从开始获利的年度起,第一年和第二年免征所得税,第三至第五年减半征收所得税。"公司于2004年设立并于当年获利,享受了2004-2005年免征企业所得税及2006-2008年减半征收企业所得税的优惠政策。公司2010年因股权转让事宜转变为内资企业后,外资企业经营期已不满十年,因而补缴了2004-2008年所减免的企业所得税,具体情况如下表所示:

序号	补缴年度	补缴企业所得税税额(万元)
1	2004年	38.82
2	2005年	52.20
3	2006年	57.56
4	2007年	14.84
5	2008年	44.40
合计		207.82

2. 关税和增值税

原《国务院关于调整进口设备税收政策的通知》(国发〔1997〕37号)规定:对符合条件的外商投资项目进口的自用设备,免征关税和进口环节增值税。公司于2006年购进了焊接机床等进口自用设备,享受了免征进口关税及进口环节增值税的优惠政策。

公司2010年因股权转让事宜转变为内资企业后,公司不再属于外资企业,因而补缴了进口设备所减免的关税及增值税,具体情况如下表所示:

序号	补缴年度	补缴关税税额(万元)	补缴增值税税额(万元)
1	2011 年	0.60	1.13

综上,本所律师认为:公司由外资企业转为内资企业履行了公司内部决策程序,取得了主管部门的批准文件,办理了工商变更登记手续,已履行了必备的法律程序,变更过程合法合规,注册资本缴纳充足,转变为内资企业后已按规定补缴了在外资企业期间所享受的有关税收优惠。

52　报告期内缴纳税收滞纳金的案例(831137)

(北京华沛德权律师事务所)

八、《反馈意见》其他问题 7

请公司补充披露报告期内缴纳税收滞纳金的具体情况,请主办券商和律师核查并发表意见:请公司补充披露报告期内缴纳税收滞纳金的具体情况,请主办券商和律师核查并发表意见。

答复:

2010 年 6 月,因公司报税人员对税务政策的掌握不充分,将采购一辆用于自用客车的增值税进项税 5521.37 元,误做进项税抵扣,公司已于 2013 年 7 月缴纳了上述税款 5521.37 元,并缴纳滞纳金 3009.15 元。芜湖市地方税务局弋江区分局和安徽省芜湖市国家税务局分别出具证明,公司在报告期内没有涉税违法违章记录,未受税务行政处罚,也无欠税记录。根据 2010 年 4 月 1 日施行的《税务行政复议规则》第 14 条的规定,税务机关将征收滞纳金认定为征税行为的一种;同时,国家税务总局对《关于偷税处以罚款的同时能否加收滞纳金问题的请示》的批复中明确:“根据《中华人民共和国税收征收管理法》及其实施细则的规定,滞纳金不是处罚,而是纳税人或者扣缴义务人因占用国家税金而应缴纳的一种补偿”。因此,税收滞纳金不属于行政处罚的范畴。而且股份公司成立后,建立健全了治理机制和内控体系,通过公司规章制度强化了经办人员缴纳税款的意识,以杜绝此后发生类似事件。

本所律师认为,公司上述逾期缴纳增值税的行为违反了税收征收管理规定,但公司已经缴纳了相应税款并依法支付了滞纳金,并且公司的该项违规行为未受到税务行政主管部门的行政处罚,不属于重大违法违规行为,不构成公司申请挂牌的法律障碍。

53 公司持有农合社股份的案例(831043)

(北京市盈科广州律师事务所)

一、重点问题3

公司持有银川市潘杨锦旺蔬菜专业合作社99.18%股权、银川市金凤区锦旺供销农民专业合作社99.6%的投资;公司对前述两家合作社的表决权分别为16.67%、20%。(1)请公司补充披露合作社性质、资本来源、运行机制(包括但不限于组织结构、决策机制、经营管理等)及依据、从事业务及依据。(2)前述两家合作社其他社员名称、公司与其他社员的职能分工情况、以合作社形势进行投资的原因、报告期内合作社的盈利情况、合作社与公司在业务上的分工与安排、与公司直接的交易情况等。(3)请公司补充披露对上期股权投资的会计核算方法及依据。(4)公司在2013年12月之前,持有银川市潘杨锦旺蔬菜合作社45.5万元出资。请公司补充说明2012年12月31日长期股权投资金额为零的原因,并说明2013年现金流量表中支付405.1万元是否准确。(5)请主办券商及律师对合作社设立、运行的合法合规性核查并发表意见,对合作社与公司是否存在同业竞争发表意见。

答复:

(一)农民专业合作社设立与运行的合法合规性

1. 农民专业合作社设立的法律依据。我国调整农民专业合作社相关法律关系的法律依据主要为:(1)《中华人民共和国农民专业合作社法》;(2)《农民专业合作社登记管理条例》。

2. 农民专业合作社的设立条件

根据上述法律法规相关规定,农民专业合作社的设立条件分别如下:

(1)有五名以上符合《中华人民共和国农民专业合作社法》第14条、第15条规定的成员,即"具有民事行为能力的农民,以及从事与农民专业合作社业务直接有关的生产经营活动的企业、事业单位或者社会团体,能够利用农民专业合作社提供的服务,承认并遵守农民专业合作社章程、履行章程规定的入社手续的,可以成为农民专业合作社的成员。但是,具有管理公共事务职能的单位不得加入农民专业合作社。农民专业合作社的成员中,农民只是应当占成员总数的百分之八十。成员总数二十人以下的,可以有一个企业、事业单位或者社会团体成员;成员总数超过二十人,企业、事业单位和社会团场成员不得超过成员总数的百分之五"。

(2)有符合本法规定的章程。

(3)有符合本法规定的组织机构。

(4)有符合法律、行政法规规定的名称和章程确定的住所。

(5)有符合章程规定的成员资格。

3. 农民专业合作社治理表决的法律依据

根据《中华人民共和国农民专业合作社法》第17条“农民专业合作社成员大会选举和表决,实行一人一票制,成员各享有一票的基本表决权。出资额或者本与本社交易(额)较大的成员按照章程规定,可以享有附加表决权。本社的附加表决权总票数,不得超过本社成员基本表决权总票数的百分之二十。享有表决权的成员及其享有的附加表决权数,应当在每次成员大会召开时告知出席会议的成员。章程可以限制附加表决权行使的范围”的规定,以及《银川市潘杨锦旺蔬菜抓野合作社章程》和《银川市金凤区锦旺供销农民专业合作社章程》,对于农民专业合作社成员大会的表决是实现一人一票,且两个合作社的章程并没有对附加表决权进行约定。因此,锦旺股份在两个合作社成员大会的表决中只有一个表决权,而不是按照出资额比例进行表决的。

综上,盈科认为:(1)锦旺合作社和供销合作社是合法设立的。锦旺合作社和供销合作社的设立符合《中华人民共和国农民专业合作社法》的规定,有符合法律规定成员及人数、章程、名称、住所及成员出资,并办理了工商登记。(2)锦旺合作社和供销合作社依法设立成员大会、理事会、执行监事,并依法再章程范围内行使各自职权。

54 | 公司租赁控股股东房产的合法合规性案例(831319)

(湖南万和联合律师事务所)

反馈意见重点问题7

三、报告期内,公司租赁控股股东张宝堂及其家人的房产用于生产经营。(1)请公司补充披露报告期所有租赁房产的使用面积、权属情况,到期后续租安排,是否存在因搬迁影响持续经营的风险。(2)请公司补充披露上述关联租赁的发生原因与必要性、关联交易的定价依据及其公允性(包括但不限于与非关联第三方相关交易价格的比较情况)、决策程序完备性。请主办券商及律师核查并发表意见。

答复:

(一)公司办公场地、三为公司厂房租赁情况

公司位于长沙市万家丽路长远·华章名府2501号、2503号办公场所分别登记在张芳丽(公司实际控制人张宝堂之配偶)、张安林(张宝堂之父、股东鞠姣兰之配偶)名下;三为公司位于雨花区环保中路188号厂房登记在公司实际控制人张宝堂名下。

具体关联租赁情况如下:

出租方（所有权人）	承租方	房产位置	使用面积（m^2）	租期	租金
张芳丽	绿蔓公司	长沙万家丽路长远·华章名府 2501	141.15	2014.4.1－2016.3.31	1000 元/月
张安林	绿蔓公司	长沙万家丽路长远·华章名府 2503	140.94	2013.8.1－2015.7.31	1000 元/月
张宝堂	三为公司	长沙雨花区环保中路 188 号	429.25	2014.1.1－2015.12.31	15 元/平方米/月

根据房屋租赁合同、租赁房屋房产证、公司办公用房、三为公司厂房系公司股东自有房产。公司股东及其配偶均已承诺：(1)上述房产权属清晰，除均设有抵押外，不存在冻结或者其他第三者权利的情形。若上述房产因抵押而被处分，导致公司以及子公司搬迁，影响公司正常持续运营的，本人愿意对公司承担赔偿责任；(2)上述房产在租赁期满后优先租赁给公司继续使用，保证不会因上述房产租赁期满续租问题影响公司及其子公司正常持续运营。如因房产租赁期满续租问题导致公司以及子公司搬迁，影响公司正常持续运营的，本人愿意对公司承担赔偿责任。

综上，本所律师认为，上述租赁房产权属清晰，租赁合同合法有效。到期后享有优先租赁权，不存在因搬迁影响持续经营的风险。

（二）上述关联租赁合法合规性

1. 本所律师于 2014 年 5 月 12 日前往长沙市雨花区长沙国际企业中心对湖南鸿运物业管理有限公司员工唐谆就三为公司厂房租金问题进行访谈，长沙国际企业中心租金每月每平方米大概在 16－26 元之间。同日，本所律师对长沙市雨花区长沙国际企业中心两家非关联第三方房产租赁情况进行核查，其租金分别为 18 元/平方米/月、21 元/平方米/月。

长沙市金钻物业管理有限公司于 2014 年 9 月 19 日就长沙万家丽路长远·华章名府房屋租金出具情况说明，长沙万家丽路长远·华章名府面积为 142 平方米的房屋租赁价格在 2000 元至 3000 元之间。

本所律师于 2014 年 9 月 22 日在 58 同城网站搜索上述房产所在小区租赁信息，长沙市雨花区长沙国际企业中心厂房租金为 16－16.5 元/平方米/月不等，长远·华章名府 85 平方米房屋租金大约为 2500 元/月。

2. 公司于 2014 年 5 月 15 日召开的第一届董事会第五次会议审议《关于确认公司租赁控股股东张宝堂之父张安林之房产、张宝堂及其妻张芳丽之共有房产作为公司办公场地、确认湖南三为生物科技有限公司租赁张宝堂之厂房的关联交易事宜的议案》，因董事张宝堂、张玉学、张健与此事存在关联关系，需回避表决，无关联关系董事不足三人，故提请股东大会审议。2014 年 5 月 30 日，公司召开 2014 年第三次临时股东大会决议审议通过《关于确认公司租赁控股股东张宝堂之父张安林之房产、张宝堂及其妻张芳丽之共有房产作为公司办公场地、确认湖南三为生物科技有限公司租赁张宝堂之厂房的关联交易事宜的议案》。

根据房屋租赁合同、租赁房屋房产证、关联交易决策等文件，以及相关访谈，经本所律师核查后认为，上述关联租赁均通过了公司的交联交易审议程序，双方签订了租赁协议，关联交易价格公允。

55 上市公司控股子公司挂牌新三板的合规性案例(830820)

(广东华商律师事务所)

一、重点问题

(一)上市公司大族激光持有公司70.81%的股权，系公司控股股东。请公司说明并补充披露:(1)上市公司有关本次公司申请挂牌所履行的决策程序(如履行董事会、股东大会决议等)、结果以及是否符合法律法规、公司章程等规定的议事规则。(2)上市公司公开募集资金是否投向申请挂牌公司业务，投入的金额、比例及对申请挂牌公司财务状况和经营成果的影响。(3)申请挂牌公司业务、资产、机构、人员、财务、技术等资源要素与所属上市公司的关系及分开情况，是否具有独立面向市场能力和持续经营能力。(4)上市公司经营业绩来源于该子公司的比例，本次挂牌对上市公司维持独立上市地位、持续盈利能力的影响；报告期申请挂牌公司对所属上市公司资产总额、营业收入、利润总额、净利润等财务数据的比例及重要财务指标的实际影响。(5)上市公司及所属企业股东、董事、监事、高级管理人员及其关联人员持有申请挂牌公司股份情况。(6)请主办券商和律师详细核查并发表明确意见。

答复:

1. 关于上市公司有关本次公司申请挂牌所履行的决策程序(如履行董事会、股东大会决议等)、结果以及是否符合法律法规、公司章程等规定的议事规则

上市公司大族激光持有公司70.81%的股权，系公司控股股东。根据大族激光的说明，并经查验大族激光的《公司章程》、《股东大会议事规则》、《董事会议事规则》、《总经理工作细则》等内部决策文件的规定，公司本次申请挂牌的事项不涉及大族激光对子公司的投资、收购等交易行为，不需要履行上市公司股东大会、董事会决议程序。公司本次申请挂牌的事项由大族激光总经理审批同意，符合相关法律法规、公司章程等规定。

根据大族激光的说明，在大族冠华获得全国股份转让系统公司同意挂牌的审查意

见后，大族激光将会就大族冠华股票在全国中小企业股份转让系统挂牌事宜进行公告，就目前阶段，大族激光无需就公司本次申请挂牌事宜进行公告，亦不需要就公司本次申请挂牌事宜征求证监会或深圳证券交易所等主管部门的意见。

此外，大族激光已与深圳证券交易所监管员沟通，对方建议大族激光按照现有治理制度履行相关程序即可。且公司已出具承诺：本次挂牌前上市公司大族激光符合深交所及证监会要求，并充分履行了信息披露义务；大族冠华挂牌前后履行相关信息披露义务并保持与大族激光信息披露的一致和同步。

因此，本所律师认为，上市公司大族激光之子公司大族冠华申请在全国股份系统转让系统挂牌事宜所履行的程序合法合规，符合证监会和深圳证券交易所的政策要求。

2. 关于上市公司公开募集资金是否投向申请挂牌公司业务，投入的金额、比例及对申请挂牌公司财务状况和经营成果的影响

经本所律师核查，根据大族激光于2006年10月27日发布的第二届董事会第二十一次会议决议及对外投资公告，其拟以自有流动资金5100万元参与投资发起设立大族冠华。大族冠华系由大族激光、大族制版、冠华胶印机、冠华实业于2006年11月16日以发起方式共同设立，设立时的注册资本为10,000万元，其中，大族激光出资5100万元，持股51%，大族制版出资100万元，持股1%。

根据大族激光董事会2006－2012年度募集资金使用情况的专项报告，大族激光2006年至2012年募集资金使用的情况如下：

年度	当年度投入项目	当年度投入金额（万元）
2006年	YAG及CO2系列激光信息标记系统规模化生产基地项目	177.79
	系列半导体泵浦固体倍频激光器及其微加工系统项目	1766.74
2007年	大功率激光切割机产业化建设项目	16,745.31
2008年	大功率激光切割机产业化建设项目	3247.34
	激光信息标记设备扩产建设项目	13,384.92
	激光焊接设备扩产建设项目	7763.12
	机械加工配套生产基地一期建设项目	7445.41
2009年	大功率激光切割机产业化建设项目	5985.12
	激光信息标记设备扩产建设项目	8071.32
	激光焊接设备扩产建设项目	7013.44
	机械加工配套生产基地一期建设项目	7985.29

续表

年度	当年度投入项目	当年度投入金额(万元)
2010 年	大功率激光切割机产业化建设项目	915.71
	激光信息标记设备扩产建设项目	1993.22
	激光焊接设备扩产建设项目	1639.07
	机械加工配套生产基地一期建设项目	1649.86
2011 年	大功率激光切割机产业化建设项目	3573.71
	激光信息标记设备扩产建设项目	852.83
	激光焊接设备扩产建设项目	698.13
	机械加工配套生产基地一期建设项目	705.47
2012 年	大功率激光切割机产业化建设项目	1590.42
	激光信息标记设备扩产建设项目	774.57
	激光焊接设备扩产建设项目	534.15
	机械加工配套生产基地一期建设项目	615.93

根据上述募集资金专项报告,本所律师认为,大族激光未曾将募集资金直接投入大族冠华,也不涉及将募集资金间接投入大族冠华的情形。

56 公司及其子公司为实际控制人的银行贷款提供担保案例(830846)

(山东中强潍坊律师事务所)

5. 报告期内,公司及其子公司为实际控制人的银行贷款提供担保,并为其他方潍坊市泰发商贸有限公司(以下简称泰发商贸)、山东新海软件股份有限公司(以下简称新海软件)。请公司补充说明:(1)实际控制人贷款的用途、归还情况,并提供借款人归还银行凭证;(2)为泰发商贸、新海软件提供担保的原因,并结合被担保方的现金流情况说明他们偿还能力;(3)公司为规范实际控制人占用公司资源所制定的措施及其执行情况。请主办券商和律师对前述贷款担保情况做进一步核查并就以下事项发表明确意见:(1)公司是否存有承担前述担保涉及或有负债风险;(2)公司是否依法制定了防范实际控制人占用公司资源的措施并得到切实执行。

答复:

（1）根据股份公司提供的资料，及会计师事务所出具的股份公司《审计报告》，报告期内，股份公司或有债务情况如下：

被担保单位	担保人	担保金额（元）	担保期限	备注
潍坊市泰发商贸有限公司	潍坊康博机动车检测有限公司	1,500,000.00	2013年10月8日至2014年10月7日	
山东新海软件股份有限公司	潍坊康博机动车检测有限公司	2,000,000.00	2013年5月9日至2014年5月8日	

根据本所律师核查，截至本补充法律意见书出具之日，康博检测为新海软件公司200万元担保合同，主合同债务人新海软件公司已于2014年4月29日归还上述借款，主借款合同履行完毕，康博检测担保责任随之解除。

康博检测为泰发商贸公司150万元担保合同担保责任仍处于履行期限内。根据泰发商贸公司提供的现金流量表、资产负债表：截至2013年12月31日，泰发商贸公司流动资产合计12,000,034.69元，流动负债合计2,422,098.10元，存货3,494,565.04元，资产总计12,443,325.90元；截至2014年4月30日，泰发商贸公司流动资产合计12,840,720.38元，流动负债合计1,957,813.83元，存货5,084,239.96元，资产总计13,274,625.11元。

综上，本所律师认为，根据泰发商贸公司提供的现金流量表，泰发商贸公司财务状况良好，偿债能力强，股份公司不存在重大偿债风险，不存在影响持续经营的重大或有负债事项。

（2）根据股份公司提供的相关资料，股份公司自成立时重新修订《公司章程》，对股份公司关联交易审议程序、回避执行、决策制度等相关事项做出详尽规定，并根据《公司章程》制定了《关联交易管理办法》《对外担保管理制度》等一系列规范股份公司关联交易的规章制度；股份公司及控股股东承诺将按照《公司法》、《公司章程》、《关联交易管理办法》的要求，严格执行关联交易的各项制度，避免控股股东、实际控制人及其控制的其他企业占用公司资金情形的发生。另外，控股股东王斌已出具承诺：将严格按照《关联交易管理办法》及《对外担保管理制度》的要求，规范与股份公司的资金往来及担保事宜。

根据股份公司提供说明，本所律师认为，截至本补充法律意见书出具之日，股份公司各机构运行良好，且均能按公司章程及股份公司规则确定的防范实际控制人占用公司资源的相关制度规范运行。

57 | 公司正在使用的土地未取得使用权证案例(830771)

(国浩律师上海事务所)

四、反馈意见第一部分重点问题第 14 条

江苏华兴一宗 8.86 亩的土地因规划审批原因未取得国有土地使用权证。请公司说明该项土地规划、产权办理的具体障碍,并说明公司是否存在任何违反土地管理法规规定的情况,公司是否符合"合法规范经营"的挂牌条件。请主办券商及律师发表明确意见。

答复:

《法律意见书》披露:江苏华兴正在使用的一宗土地未取得国有土地使用权证。

经本所律师核查,2006 年 9 月 15 日,江苏华兴与镇江润州民营经济发展管理委员会签署了《土地出让代办协议》,协议约定镇江润州民营经济发展管理委员会将位于其园区内的一宗土地(面积约为 5905 平方米)转让给江苏华兴,总价款为 113.37543 万元。

2006 年 8 月,镇江市润州区发展改革和经济贸易委员会出具《关于江苏华兴通讯科技有限公司和镇江金昌机械有限公司扩征地立项的批复》(镇润发改经贸〔2006〕73 号),批准江苏华兴扩征地项目,扩征地 8.86 亩。

2006 年 9 月,镇江市规划局对该宗土地的《建设项目选址建议书》(镇规址 06 字第 114 号)进行了批复,核准该宗土地的规划选址意见,并后附红线图明确了具体的用地范围。

2007 年 11 月,江苏省国土资源厅发布了《关于批准镇江市 2007 年度第 6 批次城镇建设用地的通知》(苏国土资地函〔2007〕0477 号),该通知批复同意镇江市蒋乔镇三个村的集体农用地转为城镇建设用地并征收国有。江苏华兴的该宗土地即位于该土地区块。

综上所述,江苏华兴的该宗土地已取得镇江市润州区发展改革和经济贸易委员会、镇江市规划局、江苏省国土资源厅等有关部门关于土地规划的批复,该宗土地的使用符合土地利用总体规划。

2013 年 10 月 22 日,镇江市润州区蒋乔街道办事处出具《关于华兴通讯公司西侧 8 余亩土地的情况说明》,证明江苏华兴因生产需要而准备扩建厂房,2006 年办理了规划选址的手续,并于 2007 年办理了土地报批手续。鉴于当时市规划局要求将该宗土地西北侧的民居一并征用、统一规划之后再办理控制性规划审批手续,但由于拆迁量较大且无项目入驻,无力对该片区实行拆迁,规划局至今未能批准,导致该宗土地无法挂牌交易。目前,街道正积极帮助与规划部门沟通,争取规划部门支持,以办理下一步程序。

在江苏华兴实际使用该宗土地过程中,由于未履行招拍挂程序及未取得国有土地

使用权证书等原因，未能够在国土资源部备案；在2009年国土资源检查中被系统记录为违规。2009年12月，镇江市国土资源局以江苏华兴未取得供地手续即动工建设厂房为由对江苏华兴出具《行政处罚决定书》（镇国土资监处润〔2009〕53号），罚款金额8270元。此后，该宗土地实际仍由江苏华兴使用，未再发生处罚事宜。

根据《中华人民共和国行政处罚法》第24条规定，对当事人的同一个违法行为，不得给予两次以上罚款的行政处罚。因此，该宗土地不存在继续被处以罚款的风险。

目前，公司已经委派副董事长兼常务副总经理周存志先生及专门的办事人员积极办理该宗土地的国有土地使用权证书，预计2014年能够取得积极进展。镇江市润州区蒋乔街道办事处出具的《情况说明》亦明确：目前，该街道办事处正积极帮助与规划部门沟通，争取规划部门支持，以办理下一步手续。

根据全国股份转让系统公司于2013年6月发布的《全国中小企业股份转让系统股票挂牌条件适用基本标准指引（试行）》的相关规定，合法合规经营是指公司及其控股股东、实际控制人、董事、监事、高级管理人员须依法开展经营活动，经营行为合法、合规，不存在重大违法违规行为。其中：公司的重大违法违规行为是指公司最近24个月内因违反国家法律、行政法规、规章的行为，受到刑事处罚或适用重大违法违规情形的行政处罚。

2013年10月12日，镇江市国土资源局出具证明：江苏华兴在2011年1月1日至2013年8月30日期间的生产经营活动中，能遵守国家土地管理方面的法律、法规和规章等规范性法律文件规定，未发生因违反国家土地管理法律、法规而受到本局处罚的情形。

2014年4月3日，镇江市国土资源局出具证明：江苏华兴在2013年9月1日至12月30日期间的生产经营活动中，能遵守国家土地管理方面的法律、法规和规章等规范性法律文件规定，未发生因违反国家土地管理法律、法规而受到本局处罚的情形。

综上，本所律师认为，华灿电讯公司在最近24个月内不存在违反土地管理法等法律法规的行为，符合“合法规范经营”的挂牌条件。

58 | 公司主营业务租赁房屋存有权利瑕疵案例（830824）

（天衡联合律师事务所）

三、《反馈意见》重点问题13

公司租赁的房屋存有瑕疵。请公司补充说明并披露：（1）前述租赁的房屋产权证取得情况、租赁期限及使用情况，并提供房屋租赁合同；（2）针对租赁房屋的瑕疵，所采取的应对措施。请主办券商和律师对公司使用前述厂房做进一步核查，就有无潜在法律风险、对公司持续经营能力是否存在有重大的不利影响发表意见。

答复：

(一)租赁的房屋产权证取得情况、租赁期限及使用情况

截至本补充法律意见书出具之日,公司实际租赁使用以下房产：

序号	出租方	房屋坐落	面积(平方米)	租金(万元/年)	租赁期限	使用情况
1	福建省艾密克通讯科技有限公司	福州市鼓楼区软件园大道89号福州软件园产业基地二期9#楼二至三层	1700.00	61.20	2013年2月1日至2020年1月31日	办公场所
2	福建国宏	三明市将乐县水南镇滨河南路49号华虹科技大厦17层	1181.27	22.68	2013年10月1日至2023年9月30日	厂房
3	天源国际大酒店	三明市将乐县水南滨河南路518号天源大酒店402、403、404、406、502、506	150.00	2.88	2013年12月1日至2014年12月31日	员工宿舍
4	潘建山	福州市仓山区金山碧水西区碧藕苑1#202	119.83	3.60	2013年1月1日至2015年12月31日	员工宿舍
5	詹文泰	福州市鼓楼区丞相路132号月亮湾东区6#201	153.08	3.24	2013年1月1日至2014年12月31日	员工宿舍

第1项租赁房屋福州市鼓楼区软件园大道89号福州软件园产业基地二期9#楼二至三层,系华虹股份的办公场所,出租方福建省艾密克通讯科技有限公司就“福州市鼓楼区软件园大道89号福州软件园产业基地二期9#楼”所在地块持有榕国用〔2009〕第00071700848号土地使用权证书,就“福州市鼓楼区软件园大道89号福州软件园产业基地二期9#楼”整座持有榕房产证R字第0901309号房产证。

第2项租赁房屋三明市将乐县水南镇滨河南路49号华虹科技大厦17层,系华虹地质探测仪生产线租赁厂房,出租人福建国宏就“福建省三明市将乐县水南镇滨河南路49号的华虹科技大厦”所在地块持有将国用〔2013〕第1527号土地使用权证书,就“福建省三明市将乐县水南镇滨河南路49号的华虹科技大厦”整座持有将房产证2013字第0366号房产证。且该租赁厂房已经于2014年5月7日向将乐县房地产管理所申请办理房屋租赁备案登记。

第3项租赁房屋三明市将乐县水南滨河南路518号天源大酒店402、403、404、406、502、506(系福建将乐天源国际大酒店有限公司客房),福建将乐天源国际大酒店有限

公司就其出租的房屋持有将房产证2012字第0472号房产证。福建将乐天源国际大酒店有限公司持有将乐县工商行政管理局颁发的注册号为350428100001595的《企业法人营业执照》,经营范围为“许可经营项目:中餐类制售、西餐类制售、含凉菜(有效期至2016年12月15日);桑拿、KTV、游泳馆、美容美发、健身馆(有效期至2017年12月15日);一般经营项目:洗车服务;经营旅店业(该项仅限分公司经营);酒店投资管理(以上经营范围涉及许可经营项目的,应在取得有关部门的许可后方可经营)。”

第4项租赁房屋福州市仓山区金山碧水西区碧藕苑1#202及第5项租赁房屋福州市鼓楼区丞相路132号月亮湾东区6#201,均由华虹股份承租后作为员工宿舍,系华虹股份向员工提供的福利之一。

(二)针对租赁房屋的瑕疵所采取的应对措施

公司实际控制人陈春江、陈炳添、林契声和李培根已出具承诺,上述租赁房屋若在租赁期间因租赁瑕疵无法继续使用租赁房屋的,由其负责落实新的租赁房源,并全额承担公司因此可能承担的装修、搬迁等费用及可能产生的其他全部损失。

(三)租赁房屋的瑕疵对公司持续经营能力是否存在有重大的不利影响

经查核,本所律师认为:

1.除了第2项租赁房屋已经申请房屋租赁备案以及第3项房屋租赁无须办理租赁备案以外,公司租赁的其他几处房屋尚未办理房屋租赁登记备案手续,不符合住房和城乡建设部《商品房屋租赁管理办法》的规定,根据《中华人民共和国合同法》第44条、最高人民法院《关于适用〈中华人民共和国合同法〉若干问题的司法解释(一)》(法释〔1999〕19号)第9条和《关于审理城镇房屋租赁合同纠纷案件具体应用法律若干问题的解释》(法释〔2009〕11号)第4条的规定,上述房屋租赁未办理登记备案手续不影响租赁合同在法律上的有效性,不构成本次挂牌的实质性法律障碍。

2.由于未取得第4项、第5项房屋所有权证以及房屋租赁登记备案等材料,本所律师无法排除该等房屋租赁在法律上存在权利瑕疵或品质瑕疵的可能(包括未经出租方同意进行转租、租赁房屋未经消防验收等),如存在该等瑕疵将导致房屋租赁在合同效力或实际履行方面存在风险,以及由此产生的搬迁风险。该等租赁房产用途均为员工宿舍,如果无法继续使用该等租赁房屋,公司寻找替代场所不存在法律障碍,该等瑕疵对公司的持续经营不会造成重大不利影响。

59 | 公司通过持股平台激励员工约定服务期限等特别条款合法合规性案例（430318）

（上海市瑛明律师事务所）

《反馈意见》"二、其他问题"之第1条

公司的部分持股高管和员工对其直接（7名股东）和间接（34名股东）持有的公司股份做了股份出售限制性约定。自公司股票挂牌之日起5年内，如发生离职、严重违反劳动合同或违反竞业禁止协议约定情形的，应按"原取得股份成本（所支付的转让价款）+原取得股份成本（所支付的转让价款）×10%×受让方持有标的股份的天数÷365"和"相应股份对应的四维传媒净资产权益"孰低者将直接或间接持有的公司股份转让给公司实际控制人罗险峰或罗险峰指定的其他第三方。请公司进一步说明如何保证上述约定的有效性和可行性，如何应对公司股份公开转让以后可能发生的股权争议，据此说明公司股权是否明晰。请主办券商和律师发表意见。

答复：

1　关于限售股东的股权情况

1.1.1　关于直接股东和间接股东的持股情况

（1）截至本补充法律意见书出具日，四维传媒实际控制人罗险峰与郑玉敏、盛卢庆、李丽、马振海、方惠平、吴文宝、陈惠萍等7名四维传媒自然人股东签署了《关于股份出售安排的协议》、《关于股份出售安排协议的补充协议》，就该等股东所直接持有的四维传媒股份在公司股票挂牌后的出售进行了限制性约定，该等股东的持股情况如下：

（2）怡天投资现持有公司3,841,380股股份，占公司总股本的8.5364%。怡天投资为公司员工持股平台。截至本补充法律意见书出具之日，怡天投资层面除罗险峰以外的其他全体股东与罗险峰签署了《关于股份出售安排的协议》、《关于股份出售安排协议的补充协议》，就该等股东所间接持有的四维传媒股份在公司股票挂牌后的出售进行了限制性约定，该等股东持有怡天投资股权及其股权所对应的四维传媒股份情况如下：

1.1.2　根据本所律师对公司自然人股东的访谈以及公司股东出具的书面文件确认，并经本所律师核查，公司股东所持有的公司股份所对应的出资或转让价款已全部足额到位或已依约付清；其所持有的公司股份不存在质押或其他权利限制情形；除以自身名义持有公司股份外，不存在接受他人委托或委托他人持有公司股份的情形，包括但不限于通过委托持股、信托持股等方式代他人或委托他人持有股份；其持有公司股份不存在任何法律权属纠纷，公司股权明晰且不存在股权争议。

1.2　关于如何保证限售协议的有效性和可行性

1.2.1　2013年5月23日，罗险峰（以下简称甲方）与郑玉敏、盛卢庆、李丽、马振海、方惠平、吴文宝、陈惠萍7名四维传媒自然人股东以及怡天投资层面除罗险峰以外的其他全体股东（以下简称乙方）签署了《关于股份出售安排的协议》，并于2013年7月22日签署了《关于股份出售安排协议的补充协议》，就乙方所持有的四维传媒股份（包括以直接及间接方式持有的四维传媒股份，下同）在公司股票挂牌后的出售安排达成一致约定如下：

（1）乙方承诺，其应为四维传媒（或根据需要，由四维传媒指定的其他公司，下同）提供劳动服务期限不少于5年（自四维传媒在全国股份转让系统挂牌之日起算，以下简称服务期限），且如发生乙方自四维传媒或其关联企业处离职，自离职之日起3年内，乙方不得在与四维传媒从事相同或相近业务的其他单位工作，或为前述单位提供其他任何形式的服务，违者应根据其违约情节轻重及对四维传媒造成的影响向四维传媒支付人民币20万元至500万元的经济赔偿。

（2）乙方在服务期限内，若发生违反上述第（1）项约定情形的，或乙方在任职期间发生严重违反劳动合同或发生违反竞业禁止协议约定情形或故意泄露四维传媒商业秘密的或在聘用期限内因故死亡的，甲方有权书面要求乙方或其继承人在20个工作日内按《关于股份出售安排的协议》第3条所约定价格向回售对象（回售对象包括甲方或其指定的其他第三方）出售乙方所直接和间接持有的四维传媒股份及股份权益（以下简称标的股份）。

（3）《关于股份出售安排的协议》约定回售股份的价格，按下列公式计算及确定：原取得股份成本（所支付的转让价款）+原取得股份成本（所支付的转让价款）×10%×受让方持有标的股份的天数÷365。上述回售价格超过乙方回售时相应股份所对应四维传媒净资产权益的，以低者计算。

（4）在甲方要求回售时，如乙方或其继承人已处置、变现全部或部分标的股份的，致使无法向甲方交付标的股份的，甲方有权要求乙方或其继承人将处置标的股份所得价款扣除按《关于股份出售安排的协议》第3条约定计算确定的回售价格后的余额支付给甲方。

（5）若乙方或其继承人处置该标的股份所得价款低于市场公允价格［以截至乙方或其继承人处置该标的股份之日，四维传媒股票在新三板平均交易价格（累积历史成交金额除以累积历史成交股份数）的80%为准，以下简称市场公允价格］，则甲方有权要求乙方或其继承人将按照市场公允价格计算得出的处置标的股份的价款扣除按照《关于股份出售安排的协议》第3条约定计算确定的回售价格后的余额补偿甲方。

（6）在甲方要求回售时，如乙方通过向第三方赠予、低价出售等方式恶意规避《关于股份出售安排的协议》第2条的约定，则甲方有权要求乙方将按照市场公允价格计算得出的处置标的股份的价款扣除按照《关于股份出售安排的协议》第3条约定计算确定的回售价格后的余额补偿甲方。

(7)双方确认,《关于股份出售安排的协议》第3条所述“股权转让价款”是指乙方于2010年通过股权转让方式直接或间接持有四维有限股权所支付的股权转让价款;“四维传媒合并报表下净资产”是指截止乙方或其继承人处置四维传媒股份时,四维传媒最近一期公开披露的合并财务报表所载股东权益。

(8)怡天投资除罗险峰以外的其他全体股东依法转让四维传媒股份时,在同等价格下,甲方具有优先购买权。

(9)如乙方在持有四维传媒股份期间获分配现金红利,则甲方依据本协议行使权利时,亦有权要求乙方将所获现金红利按同等金额以现金方式于20个工作日内向甲方支付。

(10)四维传媒股票在全国股份转让系统挂牌后,乙方应当定期向四维传媒申报所持有的股份数量及随时申报其变动情况,所持有的四维传媒股份应遵守以下出售安排:乙方在任职期间每年转让的股份不得超过其所持有四维传媒股份总数的25%。乙方离职后半年内,不得转让其所持有的四维传媒股份。

1.2.2 根据上述协议内容并经本所律师适当核查,本所律师认为,公司实际控制人罗险峰与公司直接股东和间接股东签署的《关于股份出售安排的协议》及《关于股份出售安排协议的补充协议》,是双方协商一致的结果,协议条款是双方的真实意思表示,上述协议就该等股东所拥有四维传媒股份达成了回售安排并对出售限制进行了约定,协议约定的内容详细完备且公平合理,充分保证了在发生协议所约定的特殊情形时,罗险峰或其指定的第三方能够要求乙方回售标的股份或者按约定补偿甲方所应得的权益,上述协议不存在违反《公司法》、《合同法》等相关法律法规的情形,协议的约定具有有效性和可行性。

1.3 关于公司股份公开转让以后可能发生的股权争议根据《关于股份出售安排协议的补充协议》,凡因履行《关于股份出售安排的协议》及其补充协议所发生的或与该等协议相关的一切争议,双方应通过友好协商解决。协商不能解决时,应向四维传媒住所地有管辖权的法院提起诉讼。《关于股份出售安排协议的补充协议》为《关于股份出售安排的协议》不可分割的组成部分;《关于股份出售安排的协议》中任何与《关于股份出售安排协议的补充协议》不一致的地方,应以《关于股份出售安排协议的补充协议》的约定为准。本所律师认为,上述协议对双方争议的解决方式进行了详细的约定,充分保障了双方诉讼的权利。

60 | 公司向股东借款且利率较高的合法合规性案例（430357）

（德恒上海律师事务所）

一、《反馈意见》“一、重点问题之6”

公司披露张振超是公司股东和职工监事，持有公司股份比例为0.68%。公司于2012年9月28日至2012年10月27日期间向张振超借款25万元，借款利率为21.60%；于2012年11月19日至2013年2月18日期间向张振超借款100万元，借款利率为30%；公司在2013年5月3日至2013年11月2日期间向张振超借款35万元，借款利率为30%，借款利率较高。请律师核查该借款利率的合法合规性。

答复：

根据行悦科技、张振超签署的《借款协议》以及《确认函》，公司于2012年9月28日至2012年10月27日期间向张振超借款25万元，年利率为21.60%；于2012年11月19日至2013年2月18日期间向张振超借款100万元，年利率为30%；截至本补充法律意见出具之日，上述两笔借款本金及利息均已还清。公司于2013年5月3日至2013年11月2日期间向张振超借款35万元，年利率为30%，截至本法律意见出具之日，该笔35万元借款尚未到期，行悦科技尚未向张振超偿还该笔借款本金及利息。

根据行悦科技及张振超书面确认并经本所经办律师核查，该等借款及利率的约定为双方真实意思表示，相关借款协议系平等且充分协商的情况下订立的，相关借款均用于公司经营，不存在纠纷或潜在纠纷。

根据中国人民银行公布的金融机构人民币贷款基准利率调整表③，自2012年7月6日起金融机构人民币6个月以内（含6个月）短期贷款基准年利率为5.6%。行悦科技与张振超上述三笔借款期限均为6个月以内（含6个月），其中“25万元”借款年利率未超过中国人民银行公布的金融机构同类人民币贷款基准利率四倍，“100万元”、“35万元”借款年利率均已超过中国人民银行公布的金融机构同类人民币贷款基准利率四倍。

最高人民法院《关于人民法院审理借贷案件的若干意见》的通知（法[民]发〔1991〕21号）第6条规定：“民间借贷的利率可以适当高于银行的利率，各地人民法院可根据本地区的实际情况具体掌握，但最高不得超过银行同类贷款利率的四倍（包含

---

③ http://www.pbc.gov.cn/publish/zhengcehuobisi/629/2012/20120706182054758117206/20120706182054758117206_.html.

利率本数)。超出此限度的,超出部分的利息不予保护。"

最高人民法院《关于如何确认公民与企业之间借贷行为效力问题的批复》规定:"公民与非金融企业(以下简称企业)之间的借贷属于民间借贷。只要双方当事人意思表示真实即可认定有效。"

综上,本所律师认为,行悦科技与张振超之间的借款协议系双方基于真实意愿在平等且充分协商的基础上订立的,相关借款均用于公司经营,对于借款利率未超过银行同类贷款利率四倍的利息约定合法有效,该等约定对双方均具有法律约束力;对于借款利率超过银行同类贷款四倍的部分利息不符合最高人民法院《关于人民法院审理借贷案件的若干意见》规定,不受法律强制性保护。

61 | 通过招商引资租赁集体土地的合法合规性案例(831105)

(上海德美律师事务所)

《反馈意见》重点问题5(3)

一、2011年11月,数字传媒与淮安市淮阴区棉花庄镇鑫园社区居民委员会签订了《招商引资征用土地协议》约定:数字传媒支付土地转让金受让集体土地使用权。而该土地并未取得土地使用权,房屋无法办理房屋产权证。请主办券商和律师核查该土地协议的合法性、是否符合集体土地流转政策、是否将面临收回、搬迁、处罚风险,并对是否影响公司持续经营能力发表明确意见。

答复:

1. 2011年11月,恒伟数字公司与淮安市淮阴区棉花庄镇鑫园社区居民委员会签订了《招商引资征用土地协议》,该协议的主要内容为:恒伟数字公司以土地出让方式取得约10.33亩的集体土地使用权,土地转让金3900元/亩,该宗土地转让金合计40.2908万元。恒伟数字公司一次性支付土地转让金。

本所律师对上述协议进行核查后认为,该份协议形式上表述为征用土地和出让土地使用权,因村级集体经济组织不能作为土地的征用主体和无资格出让土地,这一协议无效。但实际上,这份协议并非土地出让协议,而是土地租赁协议,对这份协议的效力进行分析,应以其实质内容为基础,即恒伟数字公司以3900元/亩价格向淮安市淮阴区棉花庄镇鑫园社区居民委员会租用了10.33亩集体土地,期限为10年,属于集体土地的常见流转方式之一。

按照《中华人民共和国土地管理法》第4条等的规定,我国农民集体所有的土地主要分为两大类:一类是农用地,是指直接用于农业生产的土地,包括耕地、林地、草地、农田水利用地、养殖水面等直接用于农业生产的土地。对于这一类农用地，是严格禁止其“出让、转让或者出租用于非农业建设”的。另一类是集体建设用地，是指建造建筑物、构筑物的土地，包括城乡住宅和公共设施用地、工矿用地、交通水利设施用地、旅游用地、军事设施用地等。对于这类土地，国务院《关于深化改革严格土地管理的决定》第10条规定：“在符合规划的前提下，村庄、集镇、建制镇中的农民集体所有建设用地使用权可以依法流转。”国务院《关于加强土地调控有关问题的通知》第6项还规定：“农民集体所有建设用地使用权流转，必须符合规划并严格限定在依法取得的建设用地范围内。”

由于上述协议所涉及的土地位于淮安市淮阴区城北工业园（棉花庄镇）幸福路18号，但该地块规划在未来并不用于农业用途，淮安市人民政府在《淮安市淮阴区棉花庄镇总体规划（2009－2020）》中将其确认为城乡建设用地。因此，该地块的土地利用现状并未违反《土地管理法》第63条的规定（农民集体所有的土地的使用权不得出让、转让或者出租用于非农业建设）。

但上述规划中的城乡建设用地，包括商服用地、住宅用地、工矿用地在内等多类。在恒伟数字公司尚取得国有土地使用权证以前，该宗地块的具体用地性质尚未具体明确，能否完全规范补办相关手续，仍具有一定的风险。并且，现有的手续虽能够排除集体土地（耕地）以租代征的违法嫌疑，但因合同形式的不当，可能令第三方对该合同效力存在理解争议。

因此，上述协议所涉农村建设用地，可理解为基本符合现行的土地流转政策，合同双方的条款均系真实意思表示，土地租金价格较为合理，未因违反法律法规的强制性规定，应可认定具有法律效力。

2. 恒伟数字公司租用的上述土地，得到淮安市当地招商部门、工商、税务等部门的认可、配合，且房屋建造手续齐全、符合使用条件。该行为实际表明上述土地之利用现状得到政府部门的认可，并不存在被提前强制收回或强制拆迁的风险，也不会存在被处罚的风险。

由于上述土地的建设利用，是在当地政府招商部门按照《淮安市淮阴区棉花庄镇总体规划（2009－2020）》中的规划推动的，符合土地利用规划，除非当地规划部门修改规划，否则，该宗地块上已建厂房并无搬迁的风险。

3. 恒伟数字公司租赁的上述土地，办理土地使用权证和房产所有权证的前提是，恒伟数字公司、恒伟电子或其子公司（实际承租人）恒天伟业支付土地使用权出让金，而非租赁价款，取得该宗地块的工业用地使用权。

如果办理土地使用权证和房屋产权证，将涉及集体土地的使用权转让事宜。在现有状况下，需要以下条件共同成熟：（1）政府部门提供工业用地的用地指标，配合完成集体土地转为国有土地；（2）政府部门向村集体支付征地补偿款，完成征用集体土地的手续，使之符合土地出让条件；（3）政府部门将该宗地块进行挂牌拍卖，最终由恒伟电子或子公司恒天伟业实际竞得；（4）恒伟电子需要具备相应资金，按照土地出让价格向政府支付土地受让价款。

鉴于当地政府在招商引资快速发展中,工业用地指标较为稀缺,且政府征用集体土地的各项成本等,均最终由土地买受人承担,而恒伟电子在现阶段并无充裕的预算资金用于大宗地块的竞买。在无碍现有使用的情况下,恒伟电子和当地政府在短期内或将无法补正相关手续。

4. 公司控股股东和实际控制人严亚军通过协议,间接和实际持有以恒伟数字公司名义承租的淮安市淮阴区城北工业园(棉花庄镇)幸福路18号厂房和土地。恒伟电子通过其子公司恒天伟业向公司控股股东和实际控制人承租上述厂房和土地。这一交易方式较为复杂。

但恒伟电子开展生产经营所需的厂房,并不需要具备苛刻的技术条件,生产设备易于搬迁、方便安装。现有的承租厂房如需搬迁,则恒伟电子并无难以搬迁的情形,另行寻址租赁厂房并无困难。同时,恒伟电子生产触摸终端产品所需的显示器面板、智能化模块等零部件,均系外部采购,货源供应充足,供应商存在可更替性。公司的生产经营对实际控制人或外部供应商不存在重大依赖,厂房搬迁风险对于公司持续经营能力不存在重大影响。

62　公司租赁集体建设用地的合法合规性案例(830939)

[国浩律师集团(上海)事务所]

重点问题2

关于公司的房产和土地使用权。(1)请公司补充披露北京君山租赁当地集体建设用地的具体情况,包括但不限于具体租赁期限、土地实际用途和规划用途、租金支付情况、到期续租安排以及上述租赁获得的当地集体组织及政府相关部门的审批情况。(2)请主办券商和律师根据《合同法》、《土地管理法》以及北京市关于集体建设用地流转的相关规定对上述租赁情况的合法合规性进行分析并对上述瑕疵租赁对公司业务的影响发表意见。(3)请公司补充披露除北京君山以外其他的子公司、分公司的房产和土地使用权情况,请主办券商和律师核查并发表意见。

答复:

(一)北京君山土地租赁

北京君山以租赁方式取得土地使用权,具体情况如下:

2005年4月14日,北京君山与北京西集创益投资发展有限公司签署《土地有偿使用协议》,约定北京君山租赁北京西集创益投资发展有限公司持有的19,996.20平方米集体土地使用权(东至空地、南至科海大道、北至空地、西至北京东方华睿工贸有限公司)，使用期限30年，每年使用费为4000.00元/亩，每隔五年使用费增加200元。根据君山技术提供的北京西集创益投资发展有限公司与通州区西集镇杜柳棵村村委会签署的合同，该地块系北京西集创益投资发展有限公司与通州区西集镇杜柳棵村村委会租赁而来，租赁协议约定该地块用于北京君山建厂使用。2007年7月，北京市国土资源局通州分局出具说明，确认北京君山租赁的该土地为通州区西集镇杜柳棵村的集体建设用地。2014年3月14日，北京市通州区西集镇杜柳棵村村委会出具证明，该土地属于集体建设用地，符合通州区西集镇镇域总体规划和土地利用规划。根据君山技术的说明，北京君山按照合同约定支付租金。

(二)相关法律法规情况

经查阅北京市国土资源局及通州分局官方网站，北京市国土资源局以京国土房管集字〔2003〕645号文件正式下发《北京市农民集体建设用地使用权流转试点办法》，自2003年8月1日起开始实施。试点在怀柔、延庆两个区县各选择一个乡镇进行，试点范围内的除村民建设住宅用地、乡(镇)村公共设施和公益事业用地以外的集体建设用地使用权，在土地所有者和使用者自愿且权属合法、界址清楚的前提下，可依办法规定，以转让、租赁、作价出资(入股)等方式进行流转，用于工业等用途。除此之外，北京市或通州区未就集体建设用地流转出台相关规定。

根据《中华人民共和国土地管理法》第63条"农民集体所有的土地的使用权不得出让、转让或者出租用于非农业建设;但是，符合土地利用总体规划并依法取得建设用地的企业，因破产、兼并等情形致使土地使用权依法发生转移的除外"的规定，北京君山租赁集体建设用地存在一定的瑕疵，未来生产经营场所涉及的办公楼和厂房可能会被主管部门认定为违法建筑而予以拆除或强制搬迁。北京君山租赁集体建设用地不符合《土地管理法》等法律法规的要求，存在瑕疵。针对该瑕疵，君山技术实际控制人出具承诺，"本人保证君山技术能按照现状使用该土地;若在使用过程中，政府主管部门要求北京君山搬迁或对北京君山采取其他措施，北京君山因此造成损失的，该损失由本人承担"。虽然北京君山租赁集体建设用地存在瑕疵，但是实际控制人承诺承担因该瑕疵给北京君山造成的损失，本所律师认为，该瑕疵并未严重影响北京君山的正常生产经营，不构成君山技术本次挂牌及转让的实质性法律障碍。

(三)其他子公司土地使用权情况

根据君山技术的说明，除北京君山外的其他子公司，湖北君山、辽宁君山不存在用于工业生产的房产，上海存毅精密的房产租赁合同如下:

2012年7月1日，上海存毅精密与上海云翔服饰有限公司签署《厂房租赁合同》，约定上海存毅精密租赁上海云翔服饰有限公司位于奉贤区航南公路2111号的厂房，面积约400平方米，租赁期限自2012年6月至2022年5月，租赁费为每年93,600元。

本所律师注意到，该房产尚未取得房产证。针对该瑕疵，实际控制人王建成出具承诺，"若因该房产拆迁等对上海存毅精密造成损失的，该损失由其本人承担"。据此，本所律师认为,虽然该房产存在瑕疵,但实际控制人王建成已做出补偿承诺,该瑕疵不影响上海存毅精密的正常经营,不构成君山技术本次挂牌及转让的实质性法律障碍。

63　公司在建工程尚未取得许可的合法合规性案例(830939)

(国浩律师上海事务所)

五、重点问题5

公司本部存在厂房建设的在建工程,请公司说明上述厂房建设获得的工程规划许可证、建设工程施工许可证等批复文件的情况,并请公司补充披露本部的无证房产情况(如有),请主办券商和律师对上述事项进行核查并发表意见。

答复:

根据君山技术的说明,北京君山曾存在厂房建设的在建工程,但由于北京君山的土地系租赁集体建设用地,无法办理相关规划许可证、施工许可证等而停止建设。根据君山技术的书面说明,北京君山目前拥有无证房产约6500平方米。君山技术实际控制人出具承诺,“本人保证君山技术能按照现状使用该土地;若在使用过程中,政府主管部门要求北京君山搬迁或对北京君山采取其他措施,北京君山因此造成损失的,该损失由本人承担”。

虽然北京君山租赁集体建设用地存在瑕疵,但是实际控制人承诺承担因该瑕疵给北京君山造成的损失,本所律师认为,该瑕疵并未严重影响北京君山的正常生产经营,不构成君山技术本次挂牌及转让的实质性法律障碍。

64　公司在建工程存在未批先建的案例(831363)

(北京市鑫兴律师事务所)

九、《反馈意见》重点问题23

公司的在建工程存在未批先建的不合规问题。请主办券商、律师根据相关的法律法规补充核查上述不合规情况是否属于重大违法行为、是否存在导致公司受到行政处罚的风险及是否对公司生产经营产生影响并发表明确意见。

答复:

(一)公司的在建工程补办相关手续的进展情况

经核查,公司在建工程之一"蓝莓冷链及深加工工程",新取得了《建设工程规划许可证》。截至目前,该在建工程已取得了《湖北省企业投资项目备案证》、《国有土地使用权证书》、《建设用地规划许可证》和《建设工程规划许可证》,尚需办理环评审批和施工许可证。公司另一建设工程"蓝莓研发中心工程",已由县国土部门开始安排启动土地"招牌挂"的程序,现进入到地价评估阶段,公司预交了地价评估费。公司通过"招牌挂"取得相应土地使用权后,将需要相继向发改、城乡规划、环境保护等部门申请办理项目备案、用地和建设规划许可、环评审批、施工许可手续。根据公司说明,以上两项在建工程相关手续补办正按计划进行,未发生不能办理或预期不能办理的情况。

(二)公司在建工程未批先建的不合规问题是否属于重大违法行为、是否存在导致公司受到行政处罚的风险及是否对公司生产经营产生影响

根据《城乡规划法》第 64 条:"未取得建设工程规划许可证或者未按照建设工程规划许可证的规定进行建设的,由县级以上地方人民政府城乡规划主管部门责令停止建设;尚可采取改正措施消除对规划实施的影响的,限期改正,处建设工程造价百分之五以上百分之十以下的罚款……"

《土地管理法》(2004 年修订)第 76 条规定:"未经批准或者采取欺骗手段骗取批准,非法占用土地的,由县级以上人民政府土地行政主管部门责令退还非法占用的土地……对非法占用土地单位的直接负责的主管人员和其他直接责任人员,依法给予行政处分;构成犯罪的,依法追究刑事责任。"《建设项目环境保护管理条例》第 25 条规定:"建设项目环境影响报告书、环境影响报告表或者环境影响登记表未经批准或者未经原审批机关重新审核同意,擅自开工建设的,由负责审批该建设项目环境影响报告书、环境影响报告表或者环境影响登记表的环境保护行政主管部门责令停止建设,限期恢复原状,可以处 10 万元以下的罚款。"《建筑法》第 64 条规定:"违反本法规定,未取得施工许可证或者开工报告未经批准擅自施工的,责令改正,对不符合开工条件的责令停止施工,可以处以罚款。"

因此,公司在建工程未批先建因违反了相关法律法规规定,存在被责令停止建设、处以罚款等行政处罚的风险。但根据核查情况,公司未批先建的具体情节不构成重大违法行为,预期被责令停止建设、不能补办相应审批手续的可能性较小。原因如下:

1. 公司从事的蓝莓业务为当地经济发展开辟了一条特殊资源型农业产业,符合国家产业政策,得到当地政府的大力支持。蓝莓作为"第三代黄金水果"和人类五大健康食品之一,营养价值极高,但鲜果贮藏期较短。建设蓝莓冷链并开展蓝莓深加工产品研发、生产,既是延长产品链,满足市场对蓝莓营养、保健等多方面消费需求的必然要求,也是使蓝莓大面积种植有后续产业链支撑,真正将蓝莓产业做大做强的必要步骤。因而,公司两项在建工程得到当地政府的积极支持。2013 年 4 月 3 日,保康县人民政府(甲方)即与公司前身有限公司(乙方)签订了《蓝莓深加工项目投资协议书》,约定甲方根据乙方用地申请和提供的厂区平面布置图,以招、拍、挂方式为乙方提供工业用

地，并要求乙方自合同签订之日起15日内完成企业工商变更登记，注册资本金不低于1500万元；在协议签订后30日内制定建设项目规划、产品方案和投资进度表，报甲方备案。同时，公司蓝莓研发中心建设，也经县委《交通和城区工业重点项目推进会会议纪要》(〔2013〕第34号)等县委、政府办公会的多次协调，通过相关部门帮助落实了选址及规划条件。

2. 公司在建工程补办手续不存在实质障碍。公司蓝莓冷链及深加工工程如前所述已完成了立项、土地出让、用地规划和工程规划审批，仅需补办环评审批和开工许可手续。由于蓝莓深加工对环境影响较小、对施工条件没有特殊要求，获得前述审批并不存在技术、措施或条件方面的障碍。公司蓝莓研发中心工程，虽然相关审批手续刚要启动，但由于在前期选址和核定地块规划条件过程中，实际已经过了多个相关部门对方案的研究和会签，后续手续补办也不存在实质性障碍。

3. 如《法律意见书》第十章"公司的主要财产"之"(三)在建工程"中描述，保康县城乡规划局、国土资源局、环境保护局及住房和城乡建设局分别于2014年5月27日出具证明，证明公司自2012年1月至证明出具日，没有因违反法律、法规规定受到行政处罚。本所律师最新检索前述出具证明的相关部门的公开信息并对其网站查询，也没有检索查询到公司因违反规划、土地、环保和建筑方面的法律法规受到行政处罚的情形。

4. 公司实际控制人邓以超、熊传英已分别出具承诺，若公司因在建项目的未批先建被责令停止建设或处以罚款，由此给公司造成的损失，则由其本人承担。

综上核查情况，并根据《行政处罚法》(2009年修正)第27条："当事人有下列情形之一的，应当依法从轻或者减轻行政处罚：(一)主动消除或者减轻违法行为危害后果的……(四)其他依法从轻或者减轻行政处罚的。违法行为轻微并及时纠正，没有造成危害后果的，不予行政处罚"的规定，本所律师认为，公司在建工程未批先建虽违反了相关法律、法规的规定，但主观过错较轻，并正在积极补办审批手续，根据其在建工程的性质，对当地经济发展作用，实施的技术、措施或条件以及当地政府积极支持等方面分析，其补办审批手续不存在实质性障碍，不会造成危害后果，因而违法行为轻微，不构成重大违法行为；公司目前未受到相关政府主管部门的行政处罚，根据其审批手续能够补办且正在积极补办的情节，即使存在受到行政处罚的可能性，预期也会适用从轻或者减轻处罚的规定，给予较轻的罚款处理，而实际控制人出具了由其本人补偿公司由此造成的损失的承诺，从而不会对公司生产经营产生实质性影响。因此，公司在建工程未批先建的不合规问题对公司本次挂牌不构成重大实质性障碍。

65 报告期内公司与关联方存在资金拆借的案例(831010)

(北京市君泽君律师事务所)

(八)结合《公司法》第十六条、《担保法》及其司法解释、《贷款通则》等相关规定,就公司关联借款、资金往来、关联担保是否合法合规、对公司偿债能力的影响、是否存在潜在的纠纷和风险发表法律意见。

答复:

经本所律师核查,报告期内公司与关联方之间存在资金拆借等资金往来,以及关联担保的情形。公司与关联方之间资金拆借未签署相关合同,亦未就利息及资金占用费进行任何约定。根据最高人民法院《关于如何确定公民与企业之间借贷行为效力问题的批复》(法释〔1999〕3号),公司与龚晓科之间的资金拆借属于民间借贷,因此,该资金拆借行为合法有效。公司与凯添安装之间的资金拆借不符合《贷款通则》的规定,最高人民法院《关于对企业借贷合同借款方逾期不归还借款应如何处理问题的批复》规定:"企业借贷合同违反有关金融法规,属无效合同。但是根据最高人民法院副院长奚晓明在2013年全国商事审判会议上的讲话精神,为生产经营需要所进行的临时性资金拆借行为,如提供资金的一方并非以资金融通为常业,不属于违反国家金融管制的强制性规定的情形"。因此,本所律师认为,虽然公司与凯添安装之间的资金拆借不符合《贷款通则》的规定,但是该资金拆借行为系双方真实意思表示,执行情况正常,是公司正常经营所需,同时亦未侵害公司及股东利益,不会对公司本次挂牌造成重大不利影响。

公司为关联方提供担保的行为截至《法律意见书》出具之日已解除,目前公司不存在为关联方提供担保的情况,具体担保情况详见《法律意见书》"十二、公司重大债权债务"之"(一)重大合同"部分所述。

综上所述,本所律师认为,公司同关联方之间的借款、关联担保行为虽然未按《公司法》第16条的规定召开相关股东会,除了公司与凯添安装之间的资金拆借外,其余资金拆借、关联担保符合《关于如何确定公民与企业之间借贷行为效力问题的批复》、《担保法》等相关法律法规的规定,同时亦未损害公司利益,为关联方提供的担保已解除,不存在潜在的纠纷和风险,对公司的偿债能力无不利影响。

66 ｜ 公司将房产抵押给他人作反担保的案例(831262)

(北京康达律师事务所)

十、重点问题10

公司将重庆市江北港城工业园D区总部时代8－10层抵押给蓝洋担保作为反担保措施。(1)请公司结合上述房产对公司经营的重要性、抵押权被执行的可能性，说明房产被执行抵押权对公司生产经营的影响;(2)请公司补充披露公司对外担保的相关制度及实际执行情况;(3)请主办券商及律师发表意见。

答复:

(一)对重庆市江北港城工业园D区总部时代8－10层房地产抵押情况的核查

2013年1月8日，深圳证券交易所《关于接受重庆广建装饰股份有限公司中小企业私募债券发行备案的通知书》(深证上〔2013〕2号)，对广建股份非公开发行不超过3000万元私募债券予以备案。

2013年5月21日，长安财富资产管理有限公司与广建股份签署《重庆广建装饰股份有限公司与安信证券股份有限公司及长安财富资产管理有限公司关于重庆广建装饰股份有限公司中小企业私募债券之认购协议》，约定广建股份向该公司发行中小企业私募债券，该期债券发行规模不超过3000万元(含3000万元)，期限为18个月，自2013年5月21日至2014年11月20日。

2012年12月14日，蓝洋担保蓝洋担保为广建股份出具《担保函》，发行的为广建股份出具《担保函》，发行的为广建股份出具《担保函》，发行的为广建股份出具《担保函》，发行的为广建股份出具《担保函》，发行的为广建股份出具《担保函》，发行的为广建股份出具《担保函》，发行的为广建股份出具《担保函》，发行的为广建股份出具《担保函》，发行的不高于3000万元中小企业私募债券提供保证担。

2012年12月14日，广建股份与蓝洋担保签署《反担保合同》(渝蓝2012抵押字266－1号)，广建股份以位于重庆市江北港城工业园D区总部时代8层1号房地产作为抵押物，为蓝洋担保与长安财富资产管理有限公司签署的《担保函》提供抵押反担保。根据广建股份与蓝洋担保共同出具的《情况说明》，确认抵押资产为“重庆市江北港城工业园D区总部时代8－10层房地产”。经核查，截至本《补充法律意见书》出具之日，上述房产用途系广建股份办公用房，且未办理抵押登记。

根据2012年12月24日广建股份与蓝洋担保签署的《委托担保协议》之约定，相关方为蓝洋担保提供的反担保措施除上述房产的抵押担保外，还包括:

1. 泰清投资以其持有的广建股份1198万元出资额作为质押担保；

2. 叶东、叶红洁、程耕、李新来及泰清投资提供连带责任保证担保。

经核查，泰清投资已于2012年12月14日与蓝洋担保签署了《反担保协议》（渝蓝2012股质字266－1号），并于2012年12月17日就其持有的广建股份1198万元出资额设置了股权质押登记，取得了重庆股份转让中心出具的《重庆股份转让中心股权出质设立登记确认书》（渝股登质设：2012133）。泰清投资已于2012年12月14日与蓝洋担保签署《反担保协议（企业连带责任保证）》（渝蓝2012企保字266－1号）；叶东、叶红洁、程耕及李新来已于2012年12月14日与蓝洋担保签署《反担保协议（自然人连带责任保证）》（渝蓝2012自保字266－1号）。

本所律师认为，截至本《补充法律意见书》出具之日，广建股份虽然尚未就上述房产抵押办理抵押权登记手续，但鉴于上述其他反担保措施已得到落实；蓝洋担保已于2014年10月10日出具了书面说明文件，对上述房屋未办理抵押权登记的事实予以确认；且广建股份已就中小企业私募债券的偿付（详见下述内容）进行相关财务安排；本所律师认为，上述房屋未办理抵押权登记的情况不会造成纠纷，且不会对广建股份已发行的中小企业私募债券的偿付造成不利影响；对广建股份本次股票挂牌不构成实质性的法律障碍。

（二）中小企业私募债券偿付情况的核查

广建股份发行的中小企业私募债券期限至2014年11月21日届满，根据广建股份于2013年6月26日签署的《重庆广建装饰股份有限公司2012年中小企业私募债券募集说明书》，其主要偿债保障措施包括：

1. 设立偿债保障金专户，用于兑息、兑付资金的归集和管理；

2. 加强对募集资金的管理；

3. 设立专门的偿付工作小组；

4. 严格的信息披露；

5. 公司在预计不能按期偿付债券本息或者到期未能偿付债券本息时，将作出董事会决议至少采取如下措施，并进行披露：

（1）不向股东分配利润；

（2）暂缓重大对外投资、收购兼并等资本性支出项目的实施；

（3）调减或停发董事和高级管理人员的工资和奖金；

（4）主要责任人不得调离。

根据广建股份出具的说明，公司已进行相关财务安排，用于上述债券的还本付息，具体资金来源包括：

1. 公司日常经营产生的现金流。公司在满足基本营运资金的需求后对结余资金进行管理，审慎安排资本性支出，保障足额及时偿付利息及本金；

2. 其他融资渠道。公司与商业银行和其他金融机构建立了良好的合作关系，具备

一定的外部融资能力;

3. 应急财务安排。公司可以通过加大应收账款回款力度、应收账款质押借款、应收账款保理业务等紧急措施来获得必要的偿债资金支持。

综上,本所律师认为,广建股份对上述债券已制定相关偿还计划,抵押权的实现可能性较小,且上述抵押物系广建股份办公用房,具有可替代性,抵押权人实现抵押权不会对广建股份的生产经营产生重大影响。

(三)广建股份对外担保的相关制度及实际执行情况

2011 年 12 月 13 日,广建股份召开创立大会审议通过了《重庆广建装饰股份有限公司对外担保制度》,主要内容如下:

"第三条　未经股份公司董事会或股东大会批准,不得对外提供担保。

第四条　下述担保事项须经股东大会审议批准:

(一)本公司及本公司控股子公司的对外担保总额,达到或超过最近一期经审计净资产的 50% 以后提供的任何担保;

(二)连续十二个月内,公司担保金额超过公司最近一期经审计总资产的 30%;

(三)为资产负债率超过 70% 的担保对象提供的担保;

(四)单笔担保额超过最近一期经审计净资产 10% 的担保;

(五)对股东、实际控制人及其关联方提供的担保;

(六)法律、行政法规、部门规章或公司《章程》规定应当由股东大会审议批准的其他担保事项。

第五条　本制度第四条所述以外的其他担保,由董事会审议批准。"

"第九条　由股东大会审议批准的担保事项,必须经董事会审议通过后,方可提交股东大会审议。

第十条　董事会审议担保事项时,应经出席董事会会议的三分之二以上董事审议同意。

第十一条　董事会、股东大会在审议为股东、实际控制人及其关联方提供的担保事项时,关联董事、关联股东应遵守公司《关联交易管理办法》的规定回避表决。"

2014 年 6 月 26 日,广建股份召开 2014 年第四次临时股东大会审议通过了《重庆广建装饰股份有限公司对外担保制度(草案)》,主要内容如下:

"第五条　公司下列对外担保行为,须经股东大会审议通过。

(一)单笔担保额超过公司最近一期经审计净资产 10% 的担保;

(二)公司及控股子公司的对外担保总额,超过公司最近一期经审计净资产 50% 以后提供的任何担保;

(三)为资产负债率超过 70% 的担保对象提供的担保;

(四)连续十二个月内担保金额超过公司最近一期经审计总资产的 30%;

(五)连续十二个月内担保金额超过公司最近一期经审计净资产的 50% 且绝对金

额超过五千万元；

（六）对股东、实际控制人及其关联人，及公司其他关联人提供的担保；

（七）公司章程规定的其他担保情形。

第六条　本制度第五条所述以外的其他担保，由董事会审议批准。

第八条　公司对外提供担保，必须经过董事会或者股东大会依照法定程序审议批准。未经公司股东大会或者董事会决议通过，董事、总经理及其他高级管理人员以及公司的分支机构不得擅自代表公司签订担保合同。

……

第十条　公司应当按规定向为公司审计的审计机构如实提供公司全部对外担保事项。

第十一条　公司全体董事、高级管理人员应当审慎对待和严格控制对外担保产生的债务风险，并对违规或失当的对外担保产生的损失依法承担连带赔偿责任。

第十六条　除公司控股子公司外，对于有下列情形之一的申请担保单位，不得为其提供担保：

（一）产权不明，改制尚未完成或成立不符合国家法律或国家产业政策的；

（二）提供虚假财务报表和其他资料，骗取公司担保的；

（三）公司前次为其担保，发生债务逾期、拖欠利息等情况的；

（四）连续二年亏损的；

（五）经营状况已经恶化，信誉不良的；

（六）公司认为该担保可能存在其他损害公司或股东利益的。

第十七条　由股东大会审议批准的担保事项，必须经董事会审议通过后，方可提交股东大会审议。

第十八条　董事会审议担保事项时，应经出席董事会会议的三分之二以上董事审议同意。

如果董事与该审议事项存在关联关系，则该董事应当回避表决，该董事会会议由无关联关系的董事的过半数出席即可举行，董事会会议所做决议应由全体无关联关系董事的三分之二以上同意通过。

出席董事会的无关联关系董事人数不足 3 人的，应将该担保事项提交股东大会审议。

第十九条　应由股东大会审议的对外担保事项，必须经出席会议股东所持有的有效表决权的过半数通过。

股东大会审议对股东、实际控制人及其关联方提供的担保事项，该股东或者受该实际控制人支配的股东，不得参加对该担保事项的表决，该项表决由出席股东大会的其他股东所持有的有效表决权的过半数通过。

公司连续十二个月内担保金额超过公司最近一期经审计总资产的 30%，应由出席股东大会的股东所持有的有效表决权三分之二以上通过。”

综上,本所律师认为,广建股份已建立对外担保制度,已明确对外担保的审批权限和审议程序,相关内容符合现行法律、行政法规和其他规范性文件的规定;报告期内公司所有的对外担保均履行了相关决策程序。

67 公司为员工提供购房借款的案例(831187)

(国信信扬律师事务所)

十三、其他问题 5

请主办券商及律师补充核查公司向员工提供购房借款相关制度及实践情况,并就公司上述行为是否合法合规发表意见。

答复:

(一)本所律师调取了如下资料并进行了相关核查:

1.《公司员工购房借款管理办法》及相关批准文件;

2.员工向公司借购房首期款的合同、董事会决议;

3.员工偿还购房借款的凭证;

4.《关联交易决策制度》。

(二)核查结果及法律意见

经核查,

1.《公司法》规定“公司不得直接或者通过子公司向董事、监事、高级管理人员提供借款”。

2.2013 年 9 月,公司股改并制定了《关联交易决策制度》,该制度第 13 条规定:“公司应采取有效措施防止股东及其关联方以各种形式占用或转移公司的资金、资产及其他资源。”第 14 条规定:“公司不得直接或者通过子公司向董事、监事、高级管理人员提供借款。”《关联交易决策制度》实施后,不仅公司向任董事、监事、高级管理人员的员工提供购房借款不符合《公司法》、《关联交易决策制度》的规定,还会使公司向成为股东的员工提供购房借款也不符合《关联交易决策制度》的规定。

3.2012 年,黄冬晶、陈玉莲、胡专、陈秀风、黄树荣向公司借款购房。2013 年 1 月,王民菲向公司借款 20 万元;2013 年 4 月,佟志威向公司借款 30 万元;2013 年 6 月,腾长清向公司借款 30 万元;2014 年 1 月,李颖向公司借款 30 万元;2014 年 3 月,张俊向公司借款 30 万元。

陈玉莲、胡专、陈秀风、黄树荣是公司股东,并分别担任董事、监事或高级管理人员等职务;黄冬晶、王民菲、佟志威是公司股东,非董事、监事或高级管理人员;腾长清、李颖、张俊不是股东,非董事、监事或高级管理人员。

胡专向公司借款发生于其任监事职务前;陈玉莲、黄树荣与陈秀风向公司借款发生于其任董事、监事职务后;李颖、张俊向公司借款发生于股改后,其他人借款均发生在股改前。

4. 员工购房借款均履行了相关批准程序,签订合同。

因此,陈玉莲、黄树荣与陈秀风作为董事、监事向公司借款不符合《公司法》规定;胡专、黄冬晶、王民菲、佟志威向公司借款符合《公司法》规定;滕长清、李颖、张俊向公司借款符合《公司法》与《关联交易制度》规定。

68 | 公司自有房产未取得权属证书的案例(831269)

(国浩律师杭州事务所)

五、《反馈意见》重点问题 13

公司有两处房产未取得权属证书。请主办券商和律师补充核查该两处房产是否存在取得权属证书的障碍因素,公司采取的消除障碍的措施。请公司补充披露相关信息。

答复:

经本所律师核查,博凡动力的权证号为海盐国用〔2014〕第 14 - 19 号土地上存在无产权证的建筑两处,面积总计约 402 平方米,账面价值合计 273,404.10 元。

根据博凡动力的说明,该两处建筑系作为公司车间的附属工程建设而成,目前一处用作存放配件的仓库,一处用作公司员工的临时居住用房。该两处建筑未能按规定办理建设工程规划许可证及施工许可证,故无法取得房产权证。

针对以上情况,博凡动力已出具承诺:上述建筑系作为公司车间的附属工程建设而成,非公司生产经营用主要用房。如果政府部门要求或被第三方主张权利,公司将及时予以处理,包括但不限于拆除、赔偿损失等。博凡动力的实际控制人张磊、戴平已出具承诺:如因上述建筑物被有关部门拆除或罚款而给博凡动力造成经济损失,由承诺人全额赔偿。

本所律师认为,博凡动力上述未取得产权证的建筑物存在被责令拆除的风险,但鉴于博凡动力已确认该等建筑物并非公司生产经营用主要用房,对公司的生产经营不构成实质性影响,且博凡动力的实际控制人已承诺承担上述建筑物被有关部门拆除或罚款而给博凡动力造成的经济损失,故博凡动力使用该等建筑物不会对本次挂牌造成实质性障碍。

69 | 公司主要资产抵押的案例(831127)

(北京市汉坤律师事务所)

一、《反馈意见(财务部分)》重点问题1

公司主要资产均已全抵押,报告期毛利率持续下降。收入下降显著,最近一期严重亏损末应收账款较大。(1)请公司补充披露盈利能力、偿债与营运分析,并逐项说明上述情形对公司持续经营能力的影响。请主办券商、律师、申报会计师针对《挂牌条件使用基本标准指引》中持续经营能力的要求逐项发表意见。

答复:

(一)公司业务在报告期内有持续的包括现金流量、营业收入、交易客户、研发费用支出等的营运记录

公司在报告期内一直从事矿山绿色充填开采、尾矿处理、沿空留巷、湿式喷浆、矿山水仓清理等方案设计及成套设备以及稀油润滑站和专用电机定转子等电器产品的研发、设计、制造、销售和服务。

根据公司提供的财务资料并经天健所的审计,公司2012年销售商品提供劳务收到的现金113,758,525.72元,2013年销售商品提供劳务收到的现金120,392,231.96元,2014年1~3月销售商品提供劳务收到的现金40,505,046.90元。2012年销售收入257,020,905.76元,2013年销售收入199,167,601.22元,2014年1~3月销售收入37,070,570.62元,2012年销售客户超过70家,2013年销售客户超过60家,2014年1~3月销售客户超过20家。2012年研发费用支出10,472,021.92元,2013年研发费用支出14,907,226.50元,2014年1~3月研发费用支出4,346,264.66元。

报告期内,公司业务突出,现金流量、营业收入、交易客户和研发费用支出等营业记录连续、完整,反映出公司具备持续经营的能力。

(二)根据具备证券期货相关业务资格的天健会计师事务所(特殊普通合伙)出具的天健审〔2014〕2-207号、天健审〔2014〕2-229标准无保留意见的《审计报告》,公司已按照《企业会计准则》的规定编制并披露报告期内的财务报表,公司不存在《中国注册会计师审计准则第1324号——持续经营》中列举的影响其持续经营能力的相关事项

1.财务方面

根据中国人民银行征信中心2014年5月15日出具的《企业征信报告》,公司目前不存在贷款逾期,不存在无法偿还到期债务的情形。

依据《申报财务报告》,截至2014年3月31日,公司流动资产为305,278,388.65

元,其中货币资金21,059,900.35元,流动负债为253,823,389.30元,其中短期借款109,000,000.00元,无一年内到期的长期借款,公司净资产为160,692,772.25元;公司银行授信总额为190,000,000元,不存在无法偿还即将到期且难以展期的借款和过度依赖短期借款筹资的情形,不存在难以获得开发必要新产品或进行必要投资所需资金,不存在无法获得供应商的正常商业信用的情形,不存在资不抵债的情形,不存在营运资金为负数的情形。

依据律师核查公司与银行签订的借款合同,公司不存在无法继续履行重大借款合同中的有关条款的情形。

根据宁乡县国家税务局于2014年8月出具的《证明》、湖南省宁乡县地方税务局第一分局于2014年8月出具的《证明》,公司不存在大额的逾期未缴税金。

依据《申报财务报告》,公司2012年的经营活动产生的现金流量净额为1,852,754.26元、2013年度为-36,431,820.76元、2014年1~3月为10,310,101.80元,2014年1~3月、2012年度的经营活动产生的现金流量净额均为正数,2013年度为负数的主要原因是应收账款和存货的增加,不影响公司的持续经营能力。

公司目前有一个子公司飞翼电子有限公司,飞翼电子2012年度的营业收入为0元、2013年度为0元、2014年1~3月为0元,2012年度净利润为-1,912,546.14元、2013年度为-528,759.81元,2014年1~3月为0元,期末的资产为133,126.48元,期末资产占公司资产比例为0.03%,不属于重要子公司,因此,公司不存在重要子公司无法持续经营且未进行处理的情形。

依据《申报财务报告》,公司不存在大股东长期占用巨额资金的情形,不存在大量长期未作处理的不良资产,不存在因对外巨额担保等或有事项引发的或有负债。

2.经营方面

依据公司说明并经本所律师核查,报告期内,公司未出现关键管理人员离职的情形。

公司主营业务为矿山绿色充填开采、尾矿处理、沿空留巷、湿式喷浆、矿山水仓清理等方案设计及成套设备的研发、设计、制造、销售和服务以及稀油润滑站和专用电机定转子的制造与销售服务。依据《中华人民共和国国民经济和社会发展第十二个五年规划纲要》、《产业结构调整指导目录(2011年本)》、《战略性新兴产业分类(2012)》,公司的主导产品属于国家鼓励发展的行业,符合国家产业政策。

依据《申报财务报告》,公司的主营业务收入公司2012年度、2013年度、2014年1-3月主营业务收入分别为244,756,097.77元、180,728,433.01元、35,918,211.77元,公司的第一大客户和第一大供应商在报告期内未发生变化,公司没有特许权,因此,公司不存在失去主要市场、特许权或主要供应商的情形。

依据公司说明并经本所律师核查,公司2014年3月31日员工人数为528,公司不存在人力资源短缺的情形;公司的主要原材料为钢铁铸锻件、液压件、硅钢卷、钢板、胶管、节流阀、电机、单向阀、轴承、油泵、小电机、元器件、通用机电产品以及电子元器件等配套部件件等,大部分原材料的供应企业数量众多,竞争激烈,不存在重要原材料短缺的情形。

3. 其他方面

依据宁乡县国家税务局、宁乡县地方税务局、宁乡县工商行政管理局、宁乡县质量监督管理局、宁乡县人力资源和社会保障局、宁乡县公积金管理中心、宁乡县安全生产监督管理局、宁乡县国土资源局、宁乡县房地产管理局分别出具的《证明》,公司不存在严重违反有关法律法规或政策的情况。

依据《发起人协议》、《飞翼股份有限公司章程》、开元信德湘验字〔2009〕第036号《验资报告》、天健湘验〔2010〕3号《验资报告》及律师核查,公司的投资者已履行协议和章程规定的义务。

至本补充法律意见书出具日,公司不存在异常原因导致停工、停产的情况;不存在有关法律法规或政策的变化可能造成重大不利影响的情况;未发生因自然灾害、战争等不可抗力因素遭受严重损失的情形。

(三)公司不存在依据现行《公司法》第180条规定需解散的情形,或法院依法受理重整、和解或者破产的申请

根据《公司章程》第6条,公司的经营期限为自公司成立之日起50年。报告期内,公司正常经营,未出现公司股东大会决定解散或股东申请解散、因违反国家法律、行政法规等被依法撤销或公司宣告破产等导致公司无法持续经营的情形。截止到本补充法律意见书出具日,公司实际控制人未发生变更。报告期内,公司的经营模式未发生重大变化,也不存在发生重大转型的风险;公司的业务发展目标与公司现主营业务一致;公司不存在影响公司持续经营的或有重大诉讼;而且也未出现因公司合并或者分立需要解散的情形。

根据公司说明及律师核查,公司未被人民法院受理重整、和解或者破产的申请。

因此,本所认为,公司持续经营不存在重大不确定情况,公司基于报告期内的生产经营状况,有能力按照既定目标持续经营下去,具有持续经营能力。

70 | 公司租赁农业用地未履行完毕土地流转及备案手续案例(831363)

(北京市鑫兴律师事务所)

反馈意见：关于流转土地租赁的问题，请主办券商、律师补充核查以下事项并逐项发表意见：(1)土地出租人的适格性；(2)公司租赁上述土地程序的合法合规性、超期租赁合同的合法有效性；(3)公司租赁白竹村农户的农业用地未履行完毕土地流转及备案手续，是否存在因不能取得相应土地承包权人的确认而导致租赁合同失效的情况，是否会对公司生产经营和持续经营能力产生重大影响。

答复：

《农村土地承包法》第32条规定："通过家庭承包取得的土地承包经营权可以依法采取转包、出租、互换、转让或者其他方式流转。"第33条规定："土地承包经营权流转应当遵循以下原则：(一)平等协商、自愿、有偿，任何组织和个人不得强迫或者阻碍承包方进行土地承包经营权流转；(二)不得改变土地所有权的性质和土地的农业用途；(三)流转的期限不得超过承包期的剩余期限；(四)受让方须有农业经营能力；(五)在同等条件下，本集体经济组织成员享有优先权。"第34条规定："土地承包经营权流转的主体是承包方。承包方有权依法自主决定土地承包经营权是否流转和流转的方式。"第37条规定："土地承包经营权采取转包、出租、互换、转让或者其他方式流转，当事人双方应当签订书面合同。采取转让方式流转的，应当经发包方同意；采取转包、出租、互换或者其他方式流转的，应当报发包方备案。"第39条规定："承包方可以在一定期限内将部分或者全部土地承包经营权转包或者出租给第三方，承包方与发包方的承包关系不变"。《农村土地承包经营权流转管理办法》(农业部令第47号)第6条规定："承包方有权依法自主决定承包土地是否流转、流转的对象和方式。任何单位和个人不得强迫或者阻碍承包方依法流转其承包土地。"第21条规定："承包方流转农村土地承包经营权，应当与受让方在协商一致的基础上签订书面流转合同。农村土地承包经营权流转合同一式四份，流转双方各执一份，发包方和乡(镇)人民政府农村土地承包管理部门各备案一份。"最高人民法院《关于审理涉及农村土地承包纠纷案件适用法律问题的解释》(法释〔2005〕6号)第11条规定："土地承包经营权流转中，本集体经济组织成员在流转价款、流转期限等主要内容相同的条件下主张优先权的，应予支持。但下列情形除外：(一)在书面公示的合理期限内未提出优先权主张的；(二)未经书面公示，在本集体经济组织以外的人开始使用承包地两个月内未提出优先权主张的。"第12条第1款规定："发包方强迫承包方将土地承包经营权流转给第三人，承包方请求确认其与第三人签订的流转合同无效的,应予支持。”第14条规定:“承包方依法采取转包、出租、互换或者其他方式流转土地承包经营权,发包方仅以该土地承包经营权流转合同未报其备案为由,请求确认合同无效的,不予支持。”

根据上述相关法律、法规和司法解释的规定,土地承包经营权出租的适格主体是承包方。以出租方式流转土地承包经营权的程序是,应在协商一致的基础上签订书面流转合同,并向发包方和乡(镇)人民政府农村土地承包管理部门备案,但是否备案并不影响土地承包经营权出租合同的效力;同时,在同等条件下,本集体经济组织成员享有优先权。另外,土地承包经营权流转应当遵循不得改变土地所有权的性质和土地的农业用途,流转的期限不得超过承包期的剩余期限的强制性规范约束。

基于上述相关规定,本所律师核查情况如下:根据对公司与各承包经营户签订的《租地协议》以及该等承包经营户所持的《林权证》、《农村土地承包经营权证》的核查,报告期内公司已在过渡湾镇茶庵村承租了24个承包经营户820.59亩林地承包经营权和21个承包经营户145亩的土地承包经营权。此外,于2014年3月末,在歇马镇白竹村落实使用承包地200亩并完成了种植,但公司仅在当时与白竹村民委员会签订了《租地协议》。鉴于该土地已承包到户,村委会非为有权出租人,而相应的承包方也未向村委会作出为其代为出租的明示授权,为完善承租关系,公司在上述土地的蓝莓种植完成后,开始逐户落实签订出租协议。如《补充法律意见书(一)》在第二部分最新进展补充中所述,公司已分别与37个土地承包经营户签订了协议,签约土地的面积合计为196.75亩,占全部200亩的98.38%。仅剩一户因为外出务工原因还没有签订,涉及土地面积3.25亩。

根据2014年5月26日过渡湾镇茶庵村民委员会出具的《证明》和2014年5月27日保康县过渡湾镇人民政府出具的《证明》,前述公司与过渡湾镇茶庵村的24户林地承包经营户、21户土地承包经营户签订的土地流转出租协议已办理了备案。另根据公司说明和2014年7月18日保康县歇马镇人民政府、白竹村村民委员会分别出具的《证明》,公司后续与白竹村37个农户签订的《租地协议》,也分别向白竹村委会和歇马镇政府备案。根据前述过渡湾镇茶庵村21个土地承包经营户、白竹村37个土地承包经营户所持的《农村土地承包经营权证》,其记载承包土地用途为“农业用途”。根据保康县国土资源局于2004年5月30日出具的《证明》,“襄阳佰蒂生物科技股份有限公司为种植蓝莓向过渡湾镇茶庵村、歇马镇白竹村承包经营户租赁的农用地,非基本农田,其在租赁的农用地上种植蓝莓,未改变土地的农业用途。”另根据公司与各林地或土地承包经营户所签协议并与出租方所持的《林权证》、《土地承包经营权证》对照,其协议约定的承租期限,林地均为50年,农用地一部分为50年、另一部分为30年。但只有两户林地承包权人剩余的承包经营期限长于其向公司出租的期限,其他大部分承包经营户的剩余承包期从15年至22年不等,还有总计不足10亩的个别小地块承包期即将结束。因此,存在流转协议约定的租赁期限超出承包经营权人承包期的剩余期限的情况。综上核查,本所律师认为:

（一）公司报告期与过渡湾镇茶庵村、歇马镇白竹村相应的土地承包户签订的《租地协议》，性质属于土地承包经营权出租，其相应的出租方均属于该等土地的承包方，是适格的出租人。

（二）公司报告期承租的土地承包经营权，均按相关规定与承包方在平等协商、自愿、有偿原则下签订了协议，并向相应发包方的村民委员会和负有管理职能的镇人民政府履行了备案程序，且该等土地承包经营权承租在开始使用承包地两个月内未有人提出行使优先权，因而程序合法有效。根据保康县土地主管部门出具的证明，公司使用的承包地不属于基本农田，从事蓝莓种植符合农业用途，因而遵循了不得改变土地所有权的性质和土地的农业用途的强制性规范约束。但存在协议约定的承租期限超出了出租方承包期剩余期限的问题，其违反了土地流转期限不得超过承包期的剩余期限的强制性规范约束，因而该等约定条款无效。根据《合同法》第 56 条"合同部分无效，不影响其他部分效力的，其他部分仍然有效"的规定，上述条款无效不影响公司与农户签订的《租地协议》的整体效力，但公司的承租经营权依法应到相应农户《林权证》、《农村土地承包经营权证》终止日期截止。

（三）《法律意见书》出具时，公司仅与白竹村民委员会签订了《租地协议》且村委会未得到具体承包户明示授权等未履行完毕土地流转及备案手续问题，根据前述补充核查情况，除仅剩 1 户因为其外出务工原因尚没有与其直接签订协议外，其他涉及的农户均已补签了协议并履行了报备程序，因而有效补正。所剩余的 1 户涉及土地面积 3.25 亩，据向公司了解不存在签约困难，且涉及面积较小，因此对公司经营不构成重大影响。综上，公司报告期内从事蓝莓种植所使用的承包地，除剩余 1 户涉及土地面积 3.25 亩有待补正外，其余使用的承包地其出租人的主体适格，公司承租其经营权的程序合法合规，公司在相应协议项下享有该等承包地合法、有效的使用权。尽管公司与部分出租人约定的承租期限超过了出租人承包期的剩余期限，超出该剩余期限的租赁条款无效，但其剩余有效的承租期绝大部分都在十几年以上，对公司生产经营和持续经营能力不构成重大影响。

71 | 公司的土地的使用权出让手续未办理完毕且已被政府部门征收的案例（831150）

（北京君嘉律师事务所）

三、重点问题 4

请主办券商和律师就公司兰家大街 3950 号土地的使用权出让手续仍未办理完毕且已被政府部门征收，是否影响公司持续经营能力发表意见。

答复:

经核查,兰家大街3950号土地的使用权出让手续仍未办理完毕且该宗土地已经被征收,但截至本《补充法律意见书》出具日,公司尚未与政府部门签订土地征收补偿安置协议。

根据吉林省国土资源厅吉国土资耕函〔2011〕347号《关于长春市人民政府2008年第110批次农用地转用和土地征收的批复》第2条,“依法落实征地批后实施程序,按照征收土地方案及时支付补偿费用,落实安置措施,切实安排好被征地农民的生产和生活,保证原有生活水平不降低,长远生计有保障,维护社会稳定。征地补偿安置不落实的,不得强行使用土地。”根据该批复,公司在获得相应的补偿安置前,兰家大街3950号土地不应被其他机构强行使用。

经核查,2014年7月17日,长春市宽城区兰家镇人民政府出具《证明》,公司在用的兰家大街3950号土地隶属于长春市宽城区兰家镇人民政府管辖,目前已被长春市规划局规划为未来商业住宅用地。兰家镇政府正在确定采用土地置换或以征收补偿款等形式进行土地征收,具体方案尚未确定。根据该证明,兰家大街3950号土地征收后,公司可获得土地置换或征收补偿款形式的补偿。

另经核查,公司已取得长春高新开发区超越大街42,202平方米国有土地的使用权(长国用〔2010〕第091000885号),并取得了该土地上9735.78平方米建筑物的房屋所有权(房权证长房权字第1120001493号)。如公司兰家大街3950号土地被征收后面临拆迁且新厂区尚未落实的,公司仍可选择以该处土地作为生产经营场所。

经核查,本所律师认为,公司兰家大街3950号土地的使用权出让手续虽仍未办理完毕且已被政府部门征收,但公司有权因兰家大街3950号土地被征收获得土地置换或征收补偿款的补偿。且公司已取得其他土地使用权及房屋所有权,可作为公司生产经营使用。因此,上述土地的使用权出让手续虽仍未办理完毕且已被政府部门征收不会对公司持续经营能力造成实质影响。

72 | 公司改变土地用途性质的案例(831158)

(北京市海润律师事务所)

八、公司目前持有桑国用〔2011〕第373号国有出让土地使用权证,该土地使用权证证载用途为科教用地,请公司说明获取该等土地时签署的出让协议所述具体土地用途,请主办券商和律师根据《土地管理法》、《土地管理法实施条例》等相关规定对公司是否用地情况的合法合规性发表意见。

答复:

（一）股份公司国有土地使用权取得。

1. 2010年4月12日，桑植县人民政府出具桑政通〔2010〕18号《桑植县人民政府关于桑植县大鲵养殖场建设用地项目征收土地的公告》："桑植县大鲵养殖场建设用地征地项目征收土地议案已经湖南省人民政府批准，公告如下：桑植县大鲵养殖场建设用地项目征收土地批准用途为科教用地，土地征收范围在桑植县芙蓉桥白族乡合群村村委会，共征收土地34,067平方米，具体征地范围以县国土资源局勘测定界为准。此项目批准文件：湖南省人民政府农用地转用、土地征收审批单（〔2010〕政国土字第463号）。"

2. 2010年10月29日，金鲵有限与桑植县国土资源局签订《国有建设用地使用权出让合同》："本合同项下出让宗地编号为2010－0418171，宗地总面积为34,066.50平方米，其中出让宗地面积为34,066.50平方米。本合同项下出让宗地的用途为科教用地。"

3. 股份公司目前持有桑国用〔2011〕第373号《土地使用权证》，该宗土地坐落于桑植县芙蓉桥乡合群村；地类为科教用地；使用权类型为国有出让；使用权面积为34,066.5平方米，其中地表面积为17,529.5平方米，地下（隧洞）面积为16,537平方米；终止日期为2060年10月29日。

（二）本所律师走访桑植县国土资源局并对该局政策法规股相关人员进行了访谈，确认公司拥有一宗土地类型为科教用地的土地使用权已核发《土地使用权证》，已履行了相关法律程序。股份公司对该宗土地的使用符合法律法规规定。

（三）桑植县国土资源局于2014年5月出具《关于张家界金鲵生物工程股份有限公司土地使用权的说明》，确认：股份公司目前持有本局核发的桑国用〔2011〕第373号《土地使用权证》，该宗土地坐落于桑植县芙蓉桥乡合群村；地类为科教用地。股份公司拥有两条隧洞，均位于土地使用权项下土地地下，分别长为602米、3196米。股份公司上述土地使用权取得合法；其上述土地使用权类型为科教用地不影响股份公司对该宗土地的合法使用，股份公司对上述土地的使用合法；其土地下的隧洞用于娃娃鱼养殖合法；其对土地使用权范围内的两条隧洞拥有合法所有权。

本所律师核查后认为，公司上述土地使用权的取得合法；其上述土地使用权地类为科教用地不影响股份公司对该宗土地使用的合法使用，股份公司对上述土地的使用合法；其土地下的隧洞用于娃娃鱼养殖合法；其对土地使用权范围内的两条隧洞拥有合法所有权。

73 | 公司股东未在两年之内缴足出资是否属于重大违法违规的案例(430278)

(上海市捷华律师事务所)

公司披露,子公司连能机电科技于2008年1月9日成立,股东于2007年12月25日缴付首期出资,于2010年11月26日缴付第二期出资。请主办券商和律师就未能在两年内及时缴足出资是否属重大违法违规情形发表意见,并对是否构成挂牌障碍发表意见。

答复:

《中华人民共和国公司法》第26条第1款规定:"有限责任公司的注册资本为在公司登记机关登记的全体股东认缴的出资额。公司全体股东的首次出资额不得低于注册资本的百分之二十,也不得低于法定的注册资本最低限额,其余部分由股东自公司成立之日起两年内缴足;其中,投资公司可以在五年内缴足。"第200条规定:"公司的发起人、股东虚假出资,未交付或者未按期交付作为出资的货币或者非货币财产的,由公司登记机关责令改正,处以虚假出资金额百分之五以上百分之十五以下的罚款。"

《中华人民共和国行政处罚法》第29条规定:"违法行为在二年内未被发现的,不再给予行政处罚。法律另有规定的除外。前款规定的期限,从违法行为发生之日起计算;违法行为有连续或者继续状态的,从行为终了之日起计算。"

经本所律师核查,连能机电科技股东在2010年11月26日缴付了第二期出资,2010年12月2日,上海市工商行政管理局闵行分局核准了本次变更登记。有关行政机关也未在法定期间内给予任何行政处罚。连能机电科技股东双方对延期缴付第二期出资不存在争议。

根据上述规定及本所律师核查,本所律师认为,子公司连能机电科技未能在两年内及时缴足出资违反了《中华人民共和国公司法》第26条第1款的规定,属于违法违规情形,存在瑕疵。但连能机电科技股东在2010年11月26日缴付了第二期出资,弥补了上述违法违规行为,2010年12月2日,上海市工商行政管理局闵行分局核准了本次变更登记。行政机关也未在法定期间内给予任何行政处罚,丧失对该行为的行政处罚权。同时,连能机电科技股东双方对延期缴付第二期出资不存在争议。故该情形不属于重大违法违规,不会对挂牌构成障碍。

74 | 公司一年之内两次因开具空头支票被处罚是否构成重大违法违规的案例(830959)

(北京炜衡宁波律师事务所)

《反馈意见》重点问题第5项

请律师结合公司一年之内先后两次因开具空头支票而遭受处罚,就公司上述行为是否构成重大违法违规进行充分论证。

答复:

2012年8~9月,公司向宁波市江北文教隆兴建材商行、宁波市北仑区大波佳家具厂分别签发15,975元、16,000原支票用以支付货款。当时公司因资金周转问题导致账上余额不足,但上述两家单位催款很紧,公司应其要求签发上述两张支票,但与之协商望其提示付款之前通知公司以保证银行账户上有足够的资金。后上述两家单位未通知公司而直接向银行提示付款,因此导致公司签发空头支票被中国人民银行行政处罚。

公司为规范上述违法行为,现采取具体措施为实施严格的财务内部控制制度,公司通过了《资金管理制度》,采用银行转账作为常规支付方式,尽量避免使用支票进行结算。在不得不使用支票得情况下,公司必须保证在法律规定的提示付款期内银行账户余额足以支付票面金额。

本所律师认为:

(1)公司一年之内先后两次因开具空头支票而遭处罚,时间上间隔较短系因2012年8~9月正是公司装修阶段,开具支票主要用于购买建材和家具,此时公司成立时间不长,业务开展和经营得自己周转较为紧张,公司管理尚未到位所致,两次处罚出于同阶段、同事由,并非知错不改或累犯。

(2)公司开具支票具有真实的交易内容,不存在虚空或诈骗的情况。从《行政处罚告知书》适用的法律法规的内容看,主管机关认定违法行为不以骗取财物为目的。因此,公司的违法行为性质不严重、情节显著轻微、没有造成经济损失或不良社会影响,主观方面说出于过失而非故意。

(3)公司因上述两处违法行为被分别处以罚款1000元,法律法规规定得处罚标准是票面金额5%但不低于1000元的罚款。从罚款金额来看,公司是按照法定罚款幅度得最低限额处罚得,上述违法行为所涉及的票面金额较低,罚款金额较小,没有对公司股东利益造成较大损失。

综上,本所律师认为,公司上述行为性质较轻,不构成重大违法违规。

75 | 网络游戏经营单位用户在网络中购买虚拟货币和虚拟物品是否涉及金融类产品的非法融资案例(831302)

(北京君嘉律师事务所)

(六)重点问题 11

游戏玩家通过向专属账号充值(充入真实货币)以换取游戏虚拟货币(元宝)。请公司补充披露虚拟货币的具体收费方式、兑换比率,用户在公司网络中购买虚拟货币和虚拟物品是否涉及金融类产品的非法融资问题。请主办券商、律师、申报会计师核查并发表意见。

答复:

根据最高人民法院《关于审理非法集资刑事案件具体应用法律若干问题的解释》(法释〔2010〕18 号)的规定,违反国家金融管理法律规定,向社会公众(包括单位和个人)吸收资金的行为,同时具备下列四个条件的,除刑法另有规定的以外,应当认定为刑法第一百七十六条规定的"非法吸收公众存款或者变相吸收公众存款":"(一)未经有关部门依法批准或者借用合法经营的形式吸收资金;(二)通过媒体、推介会、传单、手机短信等途径向社会公开宣传;(三)承诺在一定期限内以货币、实物、股权等方式还本付息或者给付回报;(四)向社会公众即社会不特定对象吸收资金。未向社会公开宣传,在亲友或者单位内部针对特定对象吸收资金的,不属于非法吸收或者变相吸收公众存款。"

根据 1998 年 7 月 13 日国务院发布实施的《非法金融机构和非法金融业务活动取缔办法》(以下简称《办法》)第 4 条规定:"本办法所称非法金融业务活动,是指未经中国人民银行批准,擅自从事的下列活动:(一)非法吸收公众存款或者变相吸收公众存款;(二)未经依法批准,以任何名义向社会不特定对象进行的非法集资;(三)非法发放贷款、票据贴现、资金拆借、信托投资、金融租赁、融资担保、外汇买卖;(四)中国人民银行认定的其他非法金融业务活动。前款所称非法吸收公众存款,是指未经中国人民银行批准,向社会不特定对象吸收资金,出具凭证,承诺在一定期限内还本付息的活动;所称变相吸收公众存款,是指未经中国人民银行批准,不以吸收公众存款的名义,向社会不特定对象吸收资金,但承诺履行的义务与吸收公众存款性质相同的活动。"

根据商务部、文化部并经中国人民银行等部门同意 2009 年 6 月 4 日发布实施的《关于加强网络游戏虚拟货币管理工作的通知》,网络游戏虚拟货币,是指由网络游戏运营企业发行,游戏用户使用法定货币按一定比例直接或间接购买,存在于游戏程序之外,以电磁记录方式存储于网络游戏运营企业提供的服务器内,并以特定数字单位表现的一种虚拟兑换工具。网络游戏虚拟货币用于兑换发行企业所提供的指定范围、指定时间内的网络游戏服务，表现为网络游戏的预付充值卡、预付金额或点数等形式，但不包括游戏活动中获得的游戏道具。

根据文化部2010年8月1日颁布实施的《网络游戏管理暂行办法》第2条第1款之规定："从事网络游戏研发生产、网络游戏上网运营、网络游戏虚拟货币发行、网络游戏虚拟货币交易服务等形式的经营活动，适用本办法。"根据该办法第2条第4款之规定："网络游戏虚拟货币是指由网络游戏经营单位发行，网络游戏用户使用法定货币按一定比例直接或者间接购买，存在于游戏程序之外，以电磁记录方式存储于服务器内，并以特定数字单位表现的虚拟兑换工具。"

经核查，公司于2013年7月26日取得北京市文化局颁发的《网络文化经营许可证》，编号为京网文〔2011〕0819－296号，有效期至2014年12月31日，经营范围为：利用信息网络经营游戏产品（含网络游戏虚拟货币发行）。根据《网络文化经营许可证》，公司具备网络游戏虚拟货币发行的经营范围。

综上，本所律师认为，公司具备发行网络游戏虚拟货币发行的经营范围，用户在公司网络中购买虚拟货币和虚拟物品不涉及金融类产品非法融资问题。

76　公司股东将其股东权利授予实际控制人行使的案例（830766）

（北京市浩天信和律师事务所）

一、重点问题1

请重新回复第130594《审查反馈意见通知书》中第一项问题。2013年11月，股东孟芦等7人与实际控制人江江签订《关于投票权授权行使协议书》，将其表决权等股东权利在不损害公司利益的前提下不可撤销、无偿地授予江江行使。2013年12月召开的公司2013年第一次临时股东大会，孟芦等股东出席并对决议事项进行表决。（1）请公司说明该等授权的原因；（2）请公司说明该等授权的合法性及依据；（3）请公司结合公司治理及决策行为具体说明该等授权的具体执行情况以及其可行性，是否存在任何纠纷或潜在纠纷；（4）请公司结合公司目前股权结构、表决权分布情况等因素说明公司治理情况，公司是否符合"公司治理机制健全，合法规范经营"的挂牌条件；（5）请公司结合上述内容做风险因素评估及重大事项提示；（6）请主办券商及律师发表明确意见。

答复：

（一）关于该等授权的原因

根据《关于投票权授权行使协议书》以及江江、孟芦、张静、王鑫、王巍、冯复汉、常海、戈弋出具的《股东投票权授权行使说明》约定,基于江江持有公司30.0586%股份,并担任公司董事长兼总经理,是公司控股股东、实际控制人。为进一步加强、稳定江江对公司控制权的原因,孟芦、张静、王鑫、王巍、冯复汉、常海、戈弋自愿将其持有公司股份所对应的相关股东权利,包括股东大会表决权、董事(含独立董事)及监事提名权、提案权、召集临时股东大会等权利授予江江行使,并于2013年11月26日签订了《关于投票权授权行使协议书》。

(二)关于该等授权的合法性及依据

经本所律师核查认为,《关于投票权授权行使协议书》是各方真实意思表示,《关于投票权授权行使协议书》没有与现行的法律、行政法规、规章以及《公司章程》、《股东大会议事规则》等内部规章制度的规定相冲突。

《关于投票权授权行使协议书》的相关内容也已载入《公司章程》(草案),本所律师认为,《公司章程》(草案)也是公司全体股东在自愿协商基础上达成的一种契约,公司在全国中小企业股份转让系统挂牌之后适用《公司章程》(草案),将有利于公司在挂牌之后保持主要股东的稳定性及经营管理的持续性,不构成对公司及公司中小股东合法权益的侵害,也没有违反公司内部治理的相关要求。

综上,本所律师认为,《关于投票权授权行使协议书》是真实、合法、有效的,对签约各方具有法律约束力,江江依据《关于投票权授权行使协议书》行使的授权投票权也是合法、有效、可行的。

(三)关于结合公司治理及决策行为具体说明该等授权的具体执行情况以及其可行性,是否存在任何纠纷或潜在纠纷

1.关于结合公司治理及决策行为说明该等授权的执行可行性

如《法律意见书》第十六部分“公司股东大会、董事会、监事会规则及规范运作”所述,公司已建立了股东大会、董事会、监事会、董事会秘书、经理层等组织机构,具有健全的法人治理机构,制定了《公司章程》、《股东大会议事规则》、《董事会议事规则》等公司治理制度。

根据公司治理机构及治理制度的规定,股东享有表决权、提案权、董事及监事候选人提名权等股东权利,股东可以亲自出席股东大会,也可以委托代理人代为出席并在授权范围内行使表决权,股东(包括股东代理人)以其所代表的有表决权的股份数额行使表决权,每一股份享有一票表决权。

本所律师认为,公司建立的法人治理机构及治理制度为《关于投票权授权行使协议书》执行提供了制度上保障,《关于投票权授权行使协议书》与《公司章程》、《股东大会议事规则》等内部规章制度不存在冲突。经全体股东一致同意,《关于投票权授权行使协议书》的相关内容已经载入《公司章程》(草案),公司在挂牌之后将适用《公司章程》(草案)。《关于投票权授权行使协议书》也没有对公司及其他股东尤其是中小股东合法权益侵害之规定。因此,《关于投票权授权行使协议书》执行是可行的,不存在

法律上障碍。

2. 关于该等授权的具体执行情况

由于《关于投票权授权行使协议书》将在公司挂牌之后生效，因此，孟芦、张静、王鑫、王巍、冯复汉、常海、戈弋等股东出席2013年12月12日召开的公司2013年第一次临时股东大会，并对决议事项进行表决，且该等表决合法、有效。

由于《关于投票权授权行使协议书》尚未生效，截至本补充法律意见书出具之日，孟芦、张静、王鑫、王巍、冯复汉、常海、戈弋尚未就《关于投票权授权行使协议书》授予江江行使股东投票权事宜。

经本所律师核查，截至本补充法律意见书出具之日，不存在因《关于投票权授权行使协议书》引起的任何纠纷或潜在纠纷。

（四）请公司结合公司目前股权结构、表决权分布情况等因素说明公司治理情况，公司是否符合"公司治理机制健全，合法规范经营"的挂牌条件

如《法律意见书》第七部分"公司的股本及演变"所述，截至本补充法律意见书出具之日，各股东所持股份系股东实际所有，不存在信托、委托持股或其他类似安排，不存在质押、冻结或设定其他第三人权益的情形。公司股权设置和股本结构合法有效，股权清晰，不存在股权纠纷。

根据《公司章程》、《股东大会议事规则》等制度规定，股东（包括股东代理人）以其所代表的有表决权的股份数额行使表决权，每一股份享有一票表决权，股东可以亲自出席股东大会，也可以委托代理人代为出席并在授权范围内行使表决权，公司不存在限制或侵害其他股东包括表决权在内的权益的情形。

截至本补充法律意见书出具之日，江江持有公司30.0586%股份，孟芦、张静、王鑫、王巍、冯复汉、常海、戈弋等7人合计持有公司16.5614%股份，因此，在《关于投票权授权行使协议书》生效之后，按照每一股份享有一票表决权规定，江江将直接或间接持有公司46.62%股份的表决权。

综上，本所律师认为，公司股权结构合法有效，股权清晰，不存在股权纠纷。股东（包括股东代理人）以其所代表的有表决权的股份数额行使表决权，每一股份享有一票表决权，不存在限制或侵害其他股东尤其是中小股东权益的情形。公司已建立了股东大会、董事会、监事会等公司法人治理结构，制定了《公司章程》、《股东大会议事规则》等治理制度，公司历次股东大会、董事会、监事会的召集、召开、表决程序以及决议内容合法、有效。因此，公司符合"公司治理机制健全，合法规范经营"的挂牌条件。

（五）请公司结合上述内容做风险因素评估及重大事项提示

江江对公司绝对持股比例较低（30.0586%），且公司挂牌后其持股比例存在进一步稀释的可能。为维持公司控制权的稳定，2013年11月26日，孟芦、张静、王鑫、王巍、冯复汉、常海、戈弋将其持有的公司股份的股东大会股东表决权、董事（含独立董事）及监事提名权、提案权、召集临时股东大会等股东权利委托给江江行使，委托期限

为公司维持挂牌期间;同时,孟芦、张静、王鑫、王巍、冯复汉、常海、戈弋还自愿承诺所持公司股份的转让除遵守《公司法》第142条及《业务规则》第2.8条等相关法律及监管规则的规定外,分三批进入全国中小企业股份转让系统转让,每批可转让股票的数量均为其挂牌前所持股票的三分之一,可转让时间分别为挂牌之日、挂牌期满一年和两年。上述安排虽有利于保持公司治理机构和管理团队的稳定,但公司仍面临控股股东控制力下降的风险。

经本所律师核查确认,除本补充法律意见书披露外,上述风险因素已在本次申请挂牌《公开转让说明书》"重大事项提示"中作出披露或提示。

(六)本所律师核查意见

本所律师经核查后认为,基于江江已为公司控股股东、实际控制人,为进一步加强江江对公司的控制权,孟芦、张静、王鑫、王巍、冯复汉、常海、戈弋将其持有公司股份所对应的相关股东权利,包括股东大会表决权、董事(含独立董事)及监事提名权、提案权、召集临时股东大会等权利授予江江行使,并签订了《关于投票权授权行使协议书》。

《关于投票权授权行使协议书》是各方真实意思表示,没有与现行的法律、法规、规章及《公司章程》、《股东大会议事规则》等内部规章制度相冲突。经全体股东一致同意,《关于投票权授权行使协议书》相关内容也已载入《公司章程》(草案),因此,《关于投票权授权行使协议书》是真实、合法、有效的,依据《关于投票权授权行使协议书》行使的授权投票权是可行的,不存在法律上障碍。

由于《关于投票权授权行使协议书》将在公司挂牌之后生效,因此,孟芦、张静、王鑫、王巍、冯复汉、常海、戈弋等股东出席2013年12月12日召开的公司2013年第一次临时股东大会,并对决议事项进行表决,该等表决合法、有效。由于《关于投票权授权行使协议书》尚未生效,截至本补充法律意见书出具之日,孟芦、张静、王鑫、王巍、冯复汉、常海、戈弋尚未就《关于投票权授权行使协议书》委托江江行使股东投票权等事宜。截至本补充法律意见书出具之日,不存在因《关于投票权授权行使协议书》引起的任何纠纷或潜在纠纷。

公司股权设置和股本结构合法有效,股权清晰,不存在股权纠纷。公司股东(包括股东代理人)以其所代表的有表决权的股份数额行使表决权,每一股份享有一票表决权,不存在限制或侵害其他股东尤其是中小股东权益的情形。公司已建立了股东大会、董事会、监事会等公司法人治理结构,制定了《公司章程》、《股东大会议事规则》等治理制度,公司历次股东大会、董事会、监事会的召集、召开、表决程序以及决议内容合法、有效。公司符合"公司治理机制健全,合法规范经营"的挂牌条件。

江江对公司绝对持股比例较低(30.0586%),且公司挂牌后其持股比例存在进一步稀释的可能。为维持公司控制权的稳定,2013年11月26日,孟芦、张静、王鑫、王巍、冯复汉、常海、戈弋将其持有的公司股份的股东大会股东表决权、董事(含独立董事)及监事提名权、提案权、召集临时股东大会等股东权利委托给江江行使,委托期限为公司维持挂牌期间;同时,孟芦、张静、王鑫、王巍、冯复汉、常海、戈弋还自愿承诺所持公司股份的转让除遵守《公司法》第142条及《业务规则》第2.8条等相关法律及监管规则的规定外,分三批进入全国中小企业股份转让系统转让,每批可转让股票的数量均为其挂牌前所持股票的三分之一,可转让时间分别为挂牌之日、挂牌期满一年和两年。上述安排虽有利于保持公司治理机构和管理团队的稳定,但公司仍面临控股股东控制力下降的风险。除本补充法律意见书披露外,前述风险因素已在本次申请挂牌《公开转让说明书》"重大事项提示"中作出披露或提示。

77 | 挂牌前在地方股交中心挂牌案例(430741)

(重庆衡泰律师事务所)

7. 公司在重庆股份转让中心挂牌。请公司补充说明并披露:(1)公司是否已从重庆股份转让中心摘牌;(2)在重庆股份转让中心的历资增资、股份转让、转让价格情况;(3)公司投资者买入后卖出或卖出后买入股份的时间间隔不少于5个交易日的遵守情况;(4)公司的权益持有人累计是否超过200人。请主办券商和律师就以下事项做进一步核查并发表明确意见:(1)公司股份在重庆股份转让中心的历次增资是否合法、合规,股权是否明晰,有无潜在纠纷;(2)公司在重庆股份转让中心的历次股份转让和权益持有人是否符合国发〔2011〕38号文的规定;(3)公司向全国股份转让系统公司提出挂牌申请,是否符合国发〔2013〕49号文第2条的规定。

答复:

格林绿化于2012年12月与重庆股份转让中心签订《重庆股份转让中心非上市股份有限公司股份挂牌协议》、《重庆股份转让中心股份登记托管服务协议书》,将公司股份在重庆股份转让中心挂牌。截至本补充法律意见出具之日,公司暂未从重庆股份转让中心摘牌。根据《重庆股份转让中心股份挂牌业务规则》、《重庆股份转让中心非上市股份有限公司股份报价转让办法》,公司已于2014年1月27日向重庆股份转让中心申请暂停股份报价转让。因此,如果公司股票成功在全国中小企业股份转让系统挂牌,届时重庆股份转让中心将根据规则终止公司股份挂牌。

格林绿化除于2013年9月注册资本增资至2110万元事宜[见《法律意见书》之"七、格林绿化的股本及其演变(二)股份公司的股本及股份变动情况"],发起人及新增股东所持股份未发生过转让,股东持股情况均未发生变化。截至本补充法律意见出具之日,格林绿化股东仍为法人股东重庆市光华融控投资有限公司和自然人股东邓思德、何利群、刘建国、陈素蓉、马彬、陈琳、陈莉。

经核查,公司在重庆股份转让中心挂牌后,未向不特定对象发行或转让股票,其增资所增发股票均为向公司员工等特定对象发行,且未采用广告、公告、广播、电话、传真、信函、推介会、说明会、网络、短信、公开劝诱等公开方式或变相公开方式向社会公众发行,或以公开方式向社会公众转让股票,公司股东累计未超过200人,故不属于公开发行股票及向社会公众转让股票范畴,无须依法报请相关政府管理机构核准,相关股票发行行为合法、真实、有效。

重庆股份转让中心于2013年11月12日出具证明,"重庆格林绿化设计建设股份有限公司系我中心挂牌的企业。经本中心审核,重庆格林绿化设计建设股份有限公司自2012年12月21日至本证明出具日,遵守我中心关于挂牌企业管理及股权转让相关规定。截至本证明出具之日,公司有效存续,股权清晰,其股份的历次挂牌及转让均符合我中心相关规定,不存在公开发行股份情形,不存在因违反我中心相关管理规定而被我中心予以处罚的情形"。

综上,本所律师认为,公司在重庆股份转让中心挂牌期间,符合国发〔2011〕38号文的规定;公司向全国股份转让系统公司提出挂牌申请,符合国发〔2013〕49号文第2条的规定。格林绿化股份不存在公开发行情形,增资合法、合规,股权清晰,不存在潜在纠纷。

78 | 公司在报告期内终止申请IPO原因的案例(831178)

(北京康达杭州律师事务所)

六、《反馈意见》重点问题6

公司报告期内终止申请IPO。请公司补充说明并披露:(1)公司报告期内申请IPO的进展情况;(2)公司终止申请IPO的原因;(3)公司终止申请IPO相关问题规范解决的有关情况。请主办券商及律师补充核查公司报告期内终止申请IPO的具体原因,并就以下事项发表意见:(1)公司报告期内终止申请IPO是否存在重大违法违规情形或其他重大风险障碍;(2)公司涉及相关问题是否已经规范、整改或解决;(3)公司终止申请IPO是否存在公司挂牌重大障碍。

答复:

(一)公司报告期内终止申请IPO不存在重大违法违规情形或其他重大风险障碍

1.公司报告期内申请IPO的进展情况

根据公司出具的说明及经本所律师核查,公司于2011年3月改制为股份有限公司,于2011年9月与浙商证券签订了《首次公开发行股票之辅导协议》,并于同月在浙江证监局进行了辅导备案。2014年3月,公司由于拟申请在全国中小企业股份转让系统挂牌,故向浙江证监局申请终止辅导,并进行了终止辅导的备案。报告期内,公司由于业绩不符合当时创业板的发行条件，故从未向中国证监会提交过 IPO 申请材料。

2. 公司终止申请 IPO 的原因

根据公司出具的说明，公司原计划于 2013 年向中国证监会报送在创业板挂牌的 IPO 申请材料，但公司 2012 年度实现的净利润 17,556,109.26 元，较 2011 年的 29,477,139.13元有所下滑，不符合当时创业板的申报条件，故公司未向中国证监会提交过 IPO 申请材料。

（二）公司不涉及需要规范、整改或解决的相关问题

经本所律师核查，公司由于 2012 年度业绩下滑，不符合当时创业板 IPO 的发行条件，决定终止创业板 IPO 筹备工作。2014 年，由于全国中小企业股份转让市场的全面开放，并考虑到创业板 IPO 申请的排队情况，公司决定在全国中小企业股份转让系统申请挂牌，并终止创业板 IPO 筹备工作。本所律师认为，公司不存在不符合 IPO 发行条件而需要规范、整改或解决的相关问题。

（三）公司终止申请 IPO 不存在公司挂牌重大障碍

经本所律师核查，由于 2012 年度业绩下滑，不符合当时创业板 IPO 的发行条件，决定终止 2013 年度创业板 IPO 筹备工作。2014 年，由于全国中小企业股份转让市场的开放，并考虑到创业板 IPO 的排队情况，公司决定在全国中小企业股份转让系统挂牌，并终止创业板 IPO 筹备工作。

公司终止创业板 IPO 筹备工作，是结合市场情况及公司的实际情况做出的决定，并不是因为公司存在不符合 IPO 申请的实质性障碍问题而终止创业板 IPO 申报工作，不存在重大违法违规情形或其他重大风险障碍。

据此，本所律师认为，公司终止创业板 IPO 的相关工作对公司在全国中小企业股份转让系统挂牌不构成重大障碍。

第三部分

法律法规汇编

第一章

法律法规

1 | 1　中华人民共和国公司法(2013 修正)

(1993 年 12 月 29 日第八届全国人民代表大会常务委员会第五次会议通过　根据 1999 年 12 月 25 日第九届全国人民代表大会常务委员会第十三次会议《关于修改〈中华人民共和国公司法〉的决定》第一次修正　根据 2004 年 8 月 28 日第十届全国人民代表大会常务委员会第十一次会议《关于修改〈中华人民共和国公司法〉的决定》第二次修正　2005 年 10 月 27 日第十届全国人民代表大会常务委员会第十八次会议修订　根据 2013 年 12 月 28 日第十二届全国人民代表大会常务委员会第六次会议《关于修改〈中华人民共和国海洋环境保护法〉等七部法律的决定》第三次修正)

目　　录

第一章 总 则

第一条 为了规范公司的组织和行为,保护公司、股东和债权人的合法权益,维护社会经济秩序,促进社会主义市场经济的发展,制定本法。

第二条 本法所称公司是指依照本法在中国境内设立的有限责任公司和股份有限公司。

第三条 公司是企业法人,有独立的法人财产,享有法人财产权。公司以其全部财产对公司的债务承担责任。

有限责任公司的股东以其认缴的出资额为限对公司承担责任;股份有限公司的股东以其认购的股份为限对公司承担责任。

第四条 公司股东依法享有资产收益、参与重大决策和选择管理者等权利。

第五条 公司从事经营活动,必须遵守法律、行政法规,遵守社会公德、商业道德,诚实守信,接受政府和社会公众的监督,承担社会责任。

公司的合法权益受法律保护,不受侵犯。

第六条 设立公司,应当依法向公司登记机关申请设立登记。符合本法规定的设立条件的,由公司登记机关分别登记为有限责任公司或者股份有限公司;不符合本法规定的设立条件的,不得登记为有限责任公司或者股份有限公司。

法律、行政法规规定设立公司必须报经批准的,应当在公司登记前依法办理批准手续。

公众可以向公司登记机关申请查询公司登记事项,公司登记机关应当提供查询服务。

第七条 依法设立的公司,由公司登记机关发给公司营业执照。公司营业执照签发日期为公司成立日期。

公司营业执照应当载明公司的名称、住所、注册资本、经营范围、法定代表人姓名等事项。

公司营业执照记载的事项发生变更的,公司应当依法办理变更登记,由公司登记机关换发营业执照。

第八条 依照本法设立的有限责任公司,必须在公司名称中标明有限责任公司或者有限公司字样。

依照本法设立的股份有限公司,必须在公司名称中标明股份有限公司或者股份公司字样。

第九条 有限责任公司变更为股份有限公司,应当符合本法规定的股份有限公司的条件。股份有限公司变更为有限责任公司,应当符合本法规定的有限责任公司的条件。

有限责任公司变更为股份有限公司的,或者股份有限公司变更为有限责任公司的,公司变更前的债权、债务由变更后的公司承继。

第十条 公司以其主要办事机构所在地为住所。

第十一条 设立公司必须依法制定公司章程。公司章程对公司、股东、董事、监事、高级管理人员具有约束力。

第十二条 公司的经营范围由公司章程规定，并依法登记。公司可以修改公司章程，改变经营范围，但是应当办理变更登记。

公司的经营范围中属于法律、行政法规规定须经批准的项目，应当依法经过批准。

第十三条 公司法定代表人依照公司章程的规定，由董事长、执行董事或者经理担任，并依法登记。公司法定代表人变更，应当办理变更登记。

第十四条 公司可以设立分公司。设立分公司，应当向公司登记机关申请登记，领取营业执照。分公司不具有法人资格，其民事责任由公司承担。

公司可以设立子公司，子公司具有法人资格，依法独立承担民事责任。

第十五条 公司可以向其他企业投资；但是，除法律另有规定外，不得成为对所投资企业的债务承担连带责任的出资人。

第十六条 公司向其他企业投资或者为他人提供担保，依照公司章程的规定，由董事会或者股东会、股东大会决议；公司章程对投资或者担保的总额及单项投资或者担保的数额有限额规定的，不得超过规定的限额。

公司为公司股东或者实际控制人提供担保的，必须经股东会或者股东大会决议。

前款规定的股东或者受前款规定的实际控制人支配的股东，不得参加前款规定事项的表决。该项表决由出席会议的其他股东所持表决权的过半数通过。

第十七条 公司必须保护职工的合法权益，依法与职工签订劳动合同，参加社会保险，加强劳动保护，实现安全生产。

公司应当采用多种形式，加强公司职工的职业教育和岗位培训，提高职工素质。

第十八条 公司职工依照《中华人民共和国工会法》组织工会，开展工会活动，维护职工合法权益。公司应当为本公司工会提供必要的活动条件。公司工会代表职工就职工的劳动报酬、工作时间、福利、保险和劳动安全卫生等事项依法与公司签订集体合同。

公司依照宪法和有关法律的规定，通过职工代表大会或者其他形式，实行民主管理。

公司研究决定改制以及经营方面的重大问题、制定重要的规章制度时，应当听取公司工会的意见，并通过职工代表大会或者其他形式听取职工的意见和建议。

第十九条 在公司中，根据中国共产党章程的规定，设立中国共产党的组织，开展党的活动。公司应当为党组织的活动提供必要条件。

第二十条 公司股东应当遵守法律、行政法规和公司章程，依法行使股东权利，不得滥用股东权利损害公司或者其他股东的利益；不得滥用公司法人独立地位和股东有限责任损害公司债权人的利益。

公司股东滥用股东权利给公司或者其他股东造成损失的，应当依法承担赔偿责任。

公司股东滥用公司法人独立地位和股东有限责任，逃避债务，严重损害公司债权人利益的，应当对公司债务承担连带责任。

第二十一条　公司的控股股东、实际控制人、董事、监事、高级管理人员不得利用其关联关系损害公司利益。

违反前款规定，给公司造成损失的，应当承担赔偿责任。

第二十二条　公司股东会或者股东大会、董事会的决议内容违反法律、行政法规的无效。

股东会或者股东大会、董事会的会议召集程序、表决方式违反法律、行政法规或者公司章程，或者决议内容违反公司章程的，股东可以自决议作出之日起六十日内，请求人民法院撤销。

股东依照前款规定提起诉讼的，人民法院可以应公司的请求，要求股东提供相应担保。

公司根据股东会或者股东大会、董事会决议已办理变更登记的，人民法院宣告该决议无效或者撤销该决议后，公司应当向公司登记机关申请撤销变更登记。

第二章　有限责任公司的设立和组织机构

第一节　设　立

第二十三条　设立有限责任公司，应当具备下列条件：

（一）股东符合法定人数；

（二）有符合公司章程规定的全体股东认缴的出资额；

（三）股东共同制定公司章程；

（四）有公司名称，建立符合有限责任公司要求的组织机构；

（五）有公司住所。

第二十四条　有限责任公司由五十个以下股东出资设立。

第二十五条　有限责任公司章程应当载明下列事项：

（一）公司名称和住所；

（二）公司经营范围；

（三）公司注册资本；

（四）股东的姓名或者名称；

（五）股东的出资方式、出资额和出资时间；

（六）公司的机构及其产生办法、职权、议事规则；

（七）公司法定代表人；

（八）股东会会议认为需要规定的其他事项。

股东应当在公司章程上签名、盖章。

第二十六条　有限责任公司的注册资本为在公司登记机关登记的全体股东认缴的出资额。

法律、行政法规以及国务院决定对有限责任公司注册资本实缴、注册资本最低限额另有规定的，从其规定。

第二十七条　股东可以用货币出资，也可以用实物、知识产权、土地使用权等可以用货币估价并可以依法转让的非货币财产作价出资；但是，法律、行政法规规定不得作为出资的财产除外。

对作为出资的非货币财产应当评估作价，核实财产，不得高估或者低估作价。法律、行政法规对评估作价有规定的，从其规定。

第二十八条 股东应当按期足额缴纳公司章程中规定的各自所认缴的出资额。股东以货币出资的,应当将货币出资足额存入有限责任公司在银行开设的账户;以非货币财产出资的,应当依法办理其财产权的转移手续。

股东不按照前款规定缴纳出资的,除应当向公司足额缴纳外,还应当向已按期足额缴纳出资的股东承担违约责任。

第二十九条 股东认足公司章程规定的出资后,由全体股东指定的代表或者共同委托的代理人向公司登记机关报送公司登记申请书、公司章程等文件,申请设立登记。

第三十条 有限责任公司成立后,发现作为设立公司出资的非货币财产的实际价额显著低于公司章程所定价额的,应当由交付该出资的股东补足其差额;公司设立时的其他股东承担连带责任。

第三十一条 有限责任公司成立后,应当向股东签发出资证明书。

出资证明书应当载明下列事项:

(一)公司名称;

(二)公司成立日期;

(三)公司注册资本;

(四)股东的姓名或者名称、缴纳的出资额和出资日期;

(五)出资证明书的编号和核发日期。

出资证明书由公司盖章。

第三十二条 有限责任公司应当置备股东名册,记载下列事项:

(一)股东的姓名或者名称及住所;

(二)股东的出资额;

(三)出资证明书编号。

记载于股东名册的股东,可以依股东名册主张行使股东权利。

公司应当将股东的姓名或者名称向公司登记机关登记;登记事项发生变更的,应当办理变更登记。未经登记或者变更登记的,不得对抗第三人。

第三十三条 股东有权查阅、复制公司章程、股东会会议记录、董事会会议决议、监事会会议决议和财务会计报告。

股东可以要求查阅公司会计账簿。股东要求查阅公司会计账簿的,应当向公司提出书面请求,说明目的。公司有合理根据认为股东查阅会计账簿有不正当目的,可能损害公司合法利益的,可以拒绝提供查阅,并应当自股东提出书面请求之日起十五日内书面答复股东并说明理由。公司拒绝提供查阅的,股东可以请求人民法院要求公司提供查阅。

第三十四条 股东按照实缴的出资比例分取红利;公司新增资本时,股东有权优先按照实缴的出资比例认缴出资。但是,全体股东约定不按照出资比例分取红利或者不按照出资比例优先认缴出资的除外。

第三十五条 公司成立后,股东不得抽逃出资。

第二节 组织机构

第三十六条 有限责任公司股东会由全体股东组成。股东会是公司的权力机构,依照本法行使职权。

第三十七条　股东会行使下列职权：

（一）决定公司的经营方针和投资计划；

（二）选举和更换非由职工代表担任的董事、监事，决定有关董事、监事的报酬事项；

（三）审议批准董事会的报告；

（四）审议批准监事会或者监事的报告；

（五）审议批准公司的年度财务预算方案、决算方案；

（六）审议批准公司的利润分配方案和弥补亏损方案；

（七）对公司增加或者减少注册资本作出决议；

（八）对发行公司债券作出决议；

（九）对公司合并、分立、解散、清算或者变更公司形式作出决议；

（十）修改公司章程；

（十一）公司章程规定的其他职权。

对前款所列事项股东以书面形式一致表示同意的，可以不召开股东会会议，直接作出决定，并由全体股东在决定文件上签名、盖章。

第三十八条　首次股东会会议由出资最多的股东召集和主持，依照本法规定行使职权。

第三十九条　股东会会议分为定期会议和临时会议。

定期会议应当依照公司章程的规定按时召开。代表十分之一以上表决权的股东，三分之一以上的董事，监事会或者不设监事会的公司的监事提议召开临时会议的，应当召开临时会议。

第四十条　有限责任公司设立董事会的，股东会会议由董事会召集，董事长主持；董事长不能履行职务或者不履行职务的，由副董事长主持；副董事长不能履行职务或者不履行职务的，由半数以上董事共同推举一名董事主持。

有限责任公司不设董事会的，股东会会议由执行董事召集和主持。

董事会或者执行董事不能履行或者不履行召集股东会会议职责的，由监事会或者不设监事会的公司的监事召集和主持；监事会或者监事不召集和主持的，代表十分之一以上表决权的股东可以自行召集和主持。

第四十一条　召开股东会会议，应当于会议召开十五日前通知全体股东；但是，公司章程另有规定或者全体股东另有约定的除外。

股东会应当对所议事项的决定作成会议记录，出席会议的股东应当在会议记录上签名。

第四十二条　股东会会议由股东按照出资比例行使表决权；但是，公司章程另有规定的除外。

第四十三条　股东会的议事方式和表决程序，除本法有规定的外，由公司章程规定。

股东会会议作出修改公司章程、增加或者减少注册资本的决议，以及公司合并、分立、解散或者变更公司形式的决议，必须经代表三分之二以上表决权的股东通过。

第四十四条　有限责任公司设董事会，其成员为三人至十三人；但是，本法第五十条另有规定的除外。

两个以上的国有企业或者两个以上的其他国有投资主体投资设立的有限责任公司，其董事会成员中应当有公司职工代表;其他有限责任公司董事会成员中可以有公司职工代表。董事会中的职工代表由公司职工通过职工代表大会、职工大会或者其他形式民主选举产生。

董事会设董事长一人,可以设副董事长。董事长、副董事长的产生办法由公司章程规定。

第四十五条　董事任期由公司章程规定,但每届任期不得超过三年。董事任期届满,连选可以连任。

董事任期届满未及时改选,或者董事在任期内辞职导致董事会成员低于法定人数的,在改选出的董事就任前,原董事仍应当依照法律、行政法规和公司章程的规定,履行董事职务。

第四十六条　董事会对股东会负责,行使下列职权:

(一)召集股东会会议,并向股东会报告工作;

(二)执行股东会的决议;

(三)决定公司的经营计划和投资方案;

(四)制订公司的年度财务预算方案、决算方案;

(五)制订公司的利润分配方案和弥补亏损方案;

(六)制订公司增加或者减少注册资本以及发行公司债券的方案;

(七)制订公司合并、分立、解散或者变更公司形式的方案;

(八)决定公司内部管理机构的设置;

(九)决定聘任或者解聘公司经理及其报酬事项,并根据经理的提名决定聘任或者解聘公司副经理、财务负责人及其报酬事项;

(十)制定公司的基本管理制度;

(十一)公司章程规定的其他职权。

第四十七条　董事会会议由董事长召集和主持;董事长不能履行职务或者不履行职务的,由副董事长召集和主持;副董事长不能履行职务或者不履行职务的,由半数以上董事共同推举一名董事召集和主持。

第四十八条　董事会的议事方式和表决程序,除本法有规定的外,由公司章程规定。

董事会应当对所议事项的决定作成会议记录,出席会议的董事应当在会议记录上签名。

董事会决议的表决,实行一人一票。

第四十九条　有限责任公司可以设经理,由董事会决定聘任或者解聘。经理对董事会负责,行使下列职权:

(一)主持公司的生产经营管理工作,组织实施董事会决议;

(二)组织实施公司年度经营计划和投资方案;

(三)拟订公司内部管理机构设置方案;

(四)拟订公司的基本管理制度;

(五)制定公司的具体规章;

(六)提请聘任或者解聘公司副经理、财务负责人;

(七)决定聘任或者解聘除应由董事会决定聘任或者解聘以外的负责管理人员;

(八)董事会授予的其他职权。

公司章程对经理职权另有规定的,从其规定。

经理列席董事会会议。

第五十条　股东人数较少或者规模较小的有限责任公司，可以设一名执行董事，不设董事会。执行董事可以兼任公司经理。

执行董事的职权由公司章程规定。

第五十一条　有限责任公司设监事会，其成员不得少于三人。股东人数较少或者规模较小的有限责任公司，可以设一至二名监事，不设监事会。

监事会应当包括股东代表和适当比例的公司职工代表，其中职工代表的比例不得低于三分之一，具体比例由公司章程规定。监事会中的职工代表由公司职工通过职工代表大会、职工大会或者其他形式民主选举产生。

监事会设主席一人，由全体监事过半数选举产生。监事会主席召集和主持监事会会议；监事会主席不能履行职务或者不履行职务的，由半数以上监事共同推举一名监事召集和主持监事会会议。

董事、高级管理人员不得兼任监事。

第五十二条　监事的任期每届为三年。监事任期届满，连选可以连任。

监事任期届满未及时改选，或者监事在任期内辞职导致监事会成员低于法定人数的，在改选出的监事就任前，原监事仍应当依照法律、行政法规和公司章程的规定，履行监事职务。

第五十三条　监事会、不设监事会的公司的监事行使下列职权：

（一）检查公司财务；

（二）对董事、高级管理人员执行公司职务的行为进行监督，对违反法律、行政法规、公司章程或者股东会决议的董事、高级管理人员提出罢免的建议；

（三）当董事、高级管理人员的行为损害公司的利益时，要求董事、高级管理人员予以纠正；

（四）提议召开临时股东会会议，在董事会不履行本法规定的召集和主持股东会会议职责时召集和主持股东会会议；

（五）向股东会会议提出提案；

（六）依照本法第一百五十一条的规定，对董事、高级管理人员提起诉讼；

（七）公司章程规定的其他职权。

第五十四条　监事可以列席董事会会议，并对董事会决议事项提出质询或者建议。

监事会、不设监事会的公司的监事发现公司经营情况异常，可以进行调查；必要时，可以聘请会计师事务所等协助其工作，费用由公司承担。

第五十五条　监事会每年度至少召开一次会议，监事可以提议召开临时监事会会议。

监事会的议事方式和表决程序，除本法有规定的外，由公司章程规定。

监事会决议应当经半数以上监事通过。

监事会应当对所议事项的决定作成会议记录，出席会议的监事应当在会议记录上签名。

第五十六条　监事会、不设监事会的公司的监事行使职权所必需的费用，由公司承担。

第三节　一人有限责任公司的特别规定

第五十七条　一人有限责任公司的设立和组织机构，适用本节规定；本节没有规定的，适用本章第一节、第二节的规定。

本法所称一人有限责任公司，是指只有一个自然人股东或者一个法人股东的有限责任公司。

第五十八条 一个自然人只能投资设立一个一人有限责任公司。该一人有限责任公司不能投资设立新的一人有限责任公司。

第五十九条 一人有限责任公司应当在公司登记中注明自然人独资或者法人独资，并在公司营业执照中载明。

第六十条 一人有限责任公司章程由股东制定。

第六十一条 一人有限责任公司不设股东会。股东作出本法第三十七条第一款所列决定时，应当采用书面形式，并由股东签名后置备于公司。

第六十二条 一人有限责任公司应当在每一会计年度终了时编制财务会计报告，并经会计师事务所审计。

第六十三条 一人有限责任公司的股东不能证明公司财产独立于股东自己的财产的，应当对公司债务承担连带责任。

第四节 国有独资公司的特别规定

第六十四条 国有独资公司的设立和组织机构，适用本节规定；本节没有规定的，适用本章第一节、第二节的规定。

本法所称国有独资公司，是指国家单独出资、由国务院或者地方人民政府授权本级人民政府国有资产监督管理机构履行出资人职责的有限责任公司。

第六十五条 国有独资公司章程由国有资产监督管理机构制定，或者由董事会制订报国有资产监督管理机构批准。

第六十六条 国有独资公司不设股东会，由国有资产监督管理机构行使股东会职权。国有资产监督管理机构可以授权公司董事会行使股东会的部分职权，决定公司的重大事项，但公司的合并、分立、解散、增加或者减少注册资本和发行公司债券，必须由国有资产监督管理机构决定；其中，重要的国有独资公司合并、分立、解散、申请破产的，应当由国有资产监督管理机构审核后，报本级人民政府批准。

前款所称重要的国有独资公司，按照国务院的规定确定。

第六十七条 国有独资公司设董事会，依照本法第四十六条、第六十六条的规定行使职权。董事每届任期不得超过三年。董事会成员中应当有公司职工代表。

董事会成员由国有资产监督管理机构委派；但是，董事会成员中的职工代表由公司职工代表大会选举产生。

董事会设董事长一人，可以设副董事长。董事长、副董事长由国有资产监督管理机构从董事会成员中指定。

第六十八条 国有独资公司设经理，由董事会聘任或者解聘。经理依照本法第四十九条规定行使职权。

经国有资产监督管理机构同意，董事会成员可以兼任经理。

第六十九条　国有独资公司的董事长、副董事长、董事、高级管理人员，未经国有资产监督管理机构同意，不得在其他有限责任公司、股份有限公司或者其他经济组织兼职。

第七十条　国有独资公司监事会成员不得少于五人，其中职工代表的比例不得低于三分之一，具体比例由公司章程规定。

监事会成员由国有资产监督管理机构委派；但是，监事会成员中的职工代表由公司职工代表大会选举产生。监事会主席由国有资产监督管理机构从监事会成员中指定。

监事会行使本法第五十三条第(一)项至第(三)项规定的职权和国务院规定的其他职权。

第三章　有限责任公司的股权转让

第七十一条　有限责任公司的股东之间可以相互转让其全部或者部分股权。

股东向股东以外的人转让股权，应当经其他股东过半数同意。股东应就其股权转让事项书面通知其他股东征求同意，其他股东自接到书面通知之日起满三十日未答复的，视为同意转让。其他股东半数以上不同意转让的，不同意的股东应当购买该转让的股权；不购买的，视为同意转让。

经股东同意转让的股权，在同等条件下，其他股东有优先购买权。两个以上股东主张行使优先购买权的，协商确定各自的购买比例；协商不成的，按照转让时各自的出资比例行使优先购买权。

公司章程对股权转让另有规定的，从其规定。

第七十二条　人民法院依照法律规定的强制执行程序转让股东的股权时，应当通知公司及全体股东，其他股东在同等条件下有优先购买权。其他股东自人民法院通知之日起满二十日不行使优先购买权的，视为放弃优先购买权。

第七十三条　依照本法第七十一条、第七十二条转让股权后，公司应当注销原股东的出资证明书，向新股东签发出资证明书，并相应修改公司章程和股东名册中有关股东及其出资额的记载。对公司章程的该项修改不需再由股东会表决。

第七十四条　有下列情形之一的，对股东会该项决议投反对票的股东可以请求公司按照合理的价格收购其股权：

(一)公司连续五年不向股东分配利润，而公司该五年连续盈利，并且符合本法规定的分配利润条件的；

(二)公司合并、分立、转让主要财产的；

(三)公司章程规定的营业期限届满或者章程规定的其他解散事由出现，股东会会议通过决议修改章程使公司存续的。

自股东会会议决议通过之日起六十日内，股东与公司不能达成股权收购协议的，股东可以自股东会会议决议通过之日起九十日内向人民法院提起诉讼。

第七十五条　自然人股东死亡后，其合法继承人可以继承股东资格；但是，公司章程另有规定的除外。

第四章　股份有限公司的设立和组织机构

第一节　设　　立

第七十六条　设立股份有限公司，应当具备下列条件：

（一）发起人符合法定人数；

（二）有符合公司章程规定的全体发起人认购的股本总额或者募集的实收股本总额；

（三）股份发行、筹办事项符合法律规定；

（四）发起人制订公司章程，采用募集方式设立的经创立大会通过；

（五）有公司名称，建立符合股份有限公司要求的组织机构；

（六）有公司住所。

第七十七条　股份有限公司的设立，可以采取发起设立或者募集设立的方式。

发起设立，是指由发起人认购公司应发行的全部股份而设立公司。

募集设立，是指由发起人认购公司应发行股份的一部分，其余股份向社会公开募集或者向特定对象募集而设立公司。

第七十八条　设立股份有限公司，应当有二人以上二百人以下为发起人，其中须有半数以上的发起人在中国境内有住所。

第七十九条　股份有限公司发起人承担公司筹办事务。

发起人应当签订发起人协议，明确各自在公司设立过程中的权利和义务。

第八十条　股份有限公司采取发起设立方式设立的，注册资本为在公司登记机关登记的全体发起人认购的股本总额。在发起人认购的股份缴足前，不得向他人募集股份。

股份有限公司采取募集方式设立的，注册资本为在公司登记机关登记的实收股本总额。

法律、行政法规以及国务院决定对股份有限公司注册资本实缴、注册资本最低限额另有规定的，从其规定。

第八十一条　股份有限公司章程应当载明下列事项：

（一）公司名称和住所；

（二）公司经营范围；

（三）公司设立方式；

（四）公司股份总数、每股金额和注册资本；

（五）发起人的姓名或者名称、认购的股份数、出资方式和出资时间；

（六）董事会的组成、职权和议事规则；

（七）公司法定代表人；

（八）监事会的组成、职权和议事规则；

（九）公司利润分配办法；

（十）公司的解散事由与清算办法；

（十一）公司的通知和公告办法；

（十二）股东大会会议认为需要规定的其他事项。

第八十二条　发起人的出资方式，适用本法第二十七条的规定。

第八十三条　以发起设立方式设立股份有限公司的，发起人应当书面认足公司章程规定其认购的股份，并按照公司章程规定缴纳出资。以非货币财产出资的，应当依法办理其财产权的转移手续。

发起人不依照前款规定缴纳出资的，应当按照发起人协议承担违约责任。

发起人认足公司章程规定的出资后，应当选举董事会和监事会，由董事会向公司登记机关报送公司章程以及法律、行政法规规定的其他文件，申请设立登记。

第八十四条　以募集设立方式设立股份有限公司的，发起人认购的股份不得少于公司股份总数的百分之三十五；但是，法律、行政法规另有规定的，从其规定。

第八十五条　发起人向社会公开募集股份，必须公告招股说明书，并制作认股书。认股书应当载明本法第八十六条所列事项，由认股人填写认购股数、金额、住所，并签名、盖章。认股人按照所认购股数缴纳股款。

第八十六条　招股说明书应当附有发起人制订的公司章程，并载明下列事项：

（一）发起人认购的股份数；

（二）每股的票面金额和发行价格；

（三）无记名股票的发行总数；

（四）募集资金的用途；

（五）认股人的权利、义务；

（六）本次募股的起止期限及逾期未募足时认股人可以撤回所认股份的说明。

第八十七条　发起人向社会公开募集股份，应当由依法设立的证券公司承销，签订承销协议。

第八十八条　发起人向社会公开募集股份，应当同银行签订代收股款协议。

代收股款的银行应当按照协议代收和保存股款，向缴纳股款的认股人出具收款单据，并负有向有关部门出具收款证明的义务。

第八十九条　发行股份的股款缴足后，必须经依法设立的验资机构验资并出具证明。发起人应当自股款缴足之日起三十日内主持召开公司创立大会。创立大会由发起人、认股人组成。

发行的股份超过招股说明书规定的截止期限尚未募足的，或者发行股份的股款缴足后，发起人在三十日内未召开创立大会的，认股人可以按照所缴股款并加算银行同期存款利息，要求发起人返还。

第九十条　发起人应当在创立大会召开十五日前将会议日期通知各认股人或者予以公告。创立大会应有代表股份总数过半数的发起人、认股人出席，方可举行。

创立大会行使下列职权：

（一）审议发起人关于公司筹办情况的报告；

（二）通过公司章程；

（三）选举董事会成员；

（四）选举监事会成员；

（五）对公司的设立费用进行审核；

（六）对发起人用于抵作股款的财产的作价进行审核；

（七）发生不可抗力或者经营条件发生重大变化直接影响公司设立的，可以作出不设立公司的决议。

创立大会对前款所列事项作出决议，必须经出席会议的认股人所持表决权过半数通过。

第九十一条　发起人、认股人缴纳股款或者交付抵作股款的出资后，除未按期募足股份、发起人未按期召开创立大会或者创立大会决议不设立公司的情形外，不得抽回其股本。

第九十二条　董事会应于创立大会结束后三十日内，向公司登记机关报送下列文件，申请设立登记：

（一）公司登记申请书；

（二）创立大会的会议记录；

（三）公司章程；

（四）验资证明；

（五）法定代表人、董事、监事的任职文件及其身份证明；

（六）发起人的法人资格证明或者自然人身份证明；

（七）公司住所证明。

以募集方式设立股份有限公司公开发行股票的，还应当向公司登记机关报送国务院证券监督管理机构的核准文件。

第九十三条　股份有限公司成立后，发起人未按照公司章程的规定缴足出资的，应当补缴；其他发起人承担连带责任。

股份有限公司成立后，发现作为设立公司出资的非货币财产的实际价额显著低于公司章程所定价额的，应当由交付该出资的发起人补足其差额；其他发起人承担连带责任。

第九十四条　股份有限公司的发起人应当承担下列责任：

（一）公司不能成立时，对设立行为所产生的债务和费用负连带责任；

（二）公司不能成立时，对认股人已缴纳的股款，负返还股款并加算银行同期存款利息的连带责任；

（三）在公司设立过程中，由于发起人的过失致使公司利益受到损害的，应当对公司承担赔偿责任。

第九十五条　有限责任公司变更为股份有限公司时，折合的实收股本总额不得高于公司净资产额。有限责任公司变更为股份有限公司，为增加资本公开发行股份时，应当依法办理。

第九十六条　股份有限公司应当将公司章程、股东名册、公司债券存根、股东大会会议记录、董事会会议记录、监事会会议记录、财务会计报告置备于本公司。

第九十七条　股东有权查阅公司章程、股东名册、公司债券存根、股东大会会议记录、董事会会议决议、监事会会议决议、财务会计报告，对公司的经营提出建议或者质询。

第二节　股 东 大 会

第九十八条　股份有限公司股东大会由全体股东组成。股东大会是公司的权力机构，依照本法行使职权。

第九十九条　本法第三十七条第一款关于有限责任公司股东会职权的规定，适用于股份有限公司股东大会。

第一百条　股东大会应当每年召开一次年会。有下列情形之一的，应当在两个月内召开临时股东大会：

（一）董事人数不足本法规定人数或者公司章程所定人数的三分之二时；

（二）公司未弥补的亏损达实收股本总额三分之一时；

（三）单独或者合计持有公司百分之十以上股份的股东请求时；

（四）董事会认为必要时；

（五）监事会提议召开时；

（六）公司章程规定的其他情形。

第一百零一条 股东大会会议由董事会召集，董事长主持；董事长不能履行职务或者不履行职务的，由副董事长主持；副董事长不能履行职务或者不履行职务的，由半数以上董事共同推举一名董事主持。

董事会不能履行或者不履行召集股东大会会议职责的，监事会应当及时召集和主持；监事会不召集和主持的，连续九十日以上单独或者合计持有公司百分之十以上股份的股东可以自行召集和主持。

第一百零二条 召开股东大会会议，应当将会议召开的时间、地点和审议的事项于会议召开二十日前通知各股东；临时股东大会应当于会议召开十五日前通知各股东；发行无记名股票的，应当于会议召开三十日前公告会议召开的时间、地点和审议事项。

单独或者合计持有公司百分之三以上股份的股东，可以在股东大会召开十日前提出临时提案并书面提交董事会；董事会应当在收到提案后二日内通知其他股东，并将该临时提案提交股东大会审议。临时提案的内容应当属于股东大会职权范围，并有明确议题和具体决议事项。

股东大会不得对前两款通知中未列明的事项作出决议。

无记名股票持有人出席股东大会会议的，应当于会议召开五日前至股东大会闭会时将股票交存于公司。

第一百零三条 股东出席股东大会会议，所持每一股份有一表决权。但是，公司持有的本公司股份没有表决权。

股东大会作出决议，必须经出席会议的股东所持表决权过半数通过。但是，股东大会作出修改公司章程、增加或者减少注册资本的决议，以及公司合并、分立、解散或者变更公司形式的决议，必须经出席会议的股东所持表决权的三分之二以上通过。

第一百零四条 本法和公司章程规定公司转让、受让重大资产或者对外提供担保等事项必须经股东大会作出决议的，董事会应当及时召集股东大会会议，由股东大会就上述事项进行表决。

第一百零五条 股东大会选举董事、监事，可以依照公司章程的规定或者股东大会的决议，实行累积投票制。

本法所称累积投票制，是指股东大会选举董事或者监事时，每一股份拥有与应选董事或者监事人数相同的表决权，股东拥有的表决权可以集中使用。

第一百零六条 股东可以委托代理人出席股东大会会议，代理人应当向公司提交股东授权委托书，并在授权范围内行使表决权。

第一百零七条 股东大会应当对所议事项的决定作成会议记录，主持人、出席会议的董事应当在会议记录上签名。会议记录应当与出席股东的签名册及代理出席的委托书一并保存。

第三节 董事会、经理

第一百零八条 股份有限公司设董事会,其成员为五人至十九人。

董事会成员中可以有公司职工代表。董事会中的职工代表由公司职工通过职工代表大会、职工大会或者其他形式民主选举产生。

本法第四十五条关于有限责任公司董事任期的规定,适用于股份有限公司董事。

本法第四十六条关于有限责任公司董事会职权的规定,适用于股份有限公司董事会。

第一百零九条 董事会设董事长一人,可以设副董事长。董事长和副董事长由董事会以全体董事的过半数选举产生。

董事长召集和主持董事会会议,检查董事会决议的实施情况。副董事长协助董事长工作,董事长不能履行职务或者不履行职务的,由副董事长履行职务;副董事长不能履行职务或者不履行职务的,由半数以上董事共同推举一名董事履行职务。

第一百一十条 董事会每年度至少召开两次会议,每次会议应当于会议召开十日前通知全体董事和监事。

代表十分之一以上表决权的股东、三分之一以上董事或者监事会,可以提议召开董事会临时会议。董事长应当自接到提议后十日内,召集和主持董事会会议。

董事会召开临时会议,可以另定召集董事会的通知方式和通知时限。

第一百一十一条 董事会会议应有过半数的董事出席方可举行。董事会作出决议,必须经全体董事的过半数通过。

董事会决议的表决,实行一人一票。

第一百一十二条 董事会会议,应由董事本人出席;董事因故不能出席,可以书面委托其他董事代为出席,委托书中应载明授权范围。

董事会应当对会议所议事项的决定作成会议记录,出席会议的董事应当在会议记录上签名。

董事应当对董事会的决议承担责任。董事会的决议违反法律、行政法规或者公司章程、股东大会决议,致使公司遭受严重损失的,参与决议的董事对公司负赔偿责任。但经证明在表决时曾表明异议并记载于会议记录的,该董事可以免除责任。

第一百一十三条 股份有限公司设经理,由董事会决定聘任或者解聘。

本法第四十九条关于有限责任公司经理职权的规定,适用于股份有限公司经理。

第一百一十四条 公司董事会可以决定由董事会成员兼任经理。

第一百一十五条 公司不得直接或者通过子公司向董事、监事、高级管理人员提供借款。

第一百一十六条 公司应当定期向股东披露董事、监事、高级管理人员从公司获得报酬的情况。

第四节 监 事 会

第一百一十七条 股份有限公司设监事会,其成员不得少于三人。

监事会应当包括股东代表和适当比例的公司职工代表,其中职工代表的比例不得低于三分之一，具体比例由公司章程规定。监事会中的职工代表由公司职工通过职工代表大会、职工大会或者其他形式民主选举产生。

监事会设主席一人，可以设副主席。监事会主席和副主席由全体监事过半数选举产生。监事会主席召集和主持监事会会议；监事会主席不能履行职务或者不履行职务的，由监事会副主席召集和主持监事会会议；监事会副主席不能履行职务或者不履行职务的，由半数以上监事共同推举一名监事召集和主持监事会会议。

董事、高级管理人员不得兼任监事。

本法第五十二条关于有限责任公司监事任期的规定，适用于股份有限公司监事。

第一百一十八条　本法第五十三条、第五十四条关于有限责任公司监事会职权的规定，适用于股份有限公司监事会。

监事会行使职权所必需的费用，由公司承担。

第一百一十九条　监事会每六个月至少召开一次会议。监事可以提议召开临时监事会会议。

监事会的议事方式和表决程序，除本法有规定的外，由公司章程规定。

监事会决议应当经半数以上监事通过。

监事会应当对所议事项的决定作成会议记录，出席会议的监事应当在会议记录上签名。

第五节　上市公司组织机构的特别规定

第一百二十条　本法所称上市公司，是指其股票在证券交易所上市交易的股份有限公司。

第一百二十一条　上市公司在一年内购买、出售重大资产或者担保金额超过公司资产总额百分之三十的，应当由股东大会作出决议，并经出席会议的股东所持表决权的三分之二以上通过。

第一百二十二条　上市公司设独立董事，具体办法由国务院规定。

第一百二十三条　上市公司设董事会秘书，负责公司股东大会和董事会会议的筹备、文件保管以及公司股东资料的管理，办理信息披露事务等事宜。

第一百二十四条　上市公司董事与董事会会议决议事项所涉及的企业有关联关系的，不得对该项决议行使表决权，也不得代理其他董事行使表决权。该董事会会议由过半数的无关联关系董事出席即可举行，董事会会议所作决议须经无关联关系董事过半数通过。出席董事会的无关联关系董事人数不足三人的，应将该事项提交上市公司股东大会审议。

第五章　股份有限公司的股份发行和转让

第一节　股份发行

第一百二十五条　股份有限公司的资本划分为股份，每一股的金额相等。

公司的股份采取股票的形式。股票是公司签发的证明股东所持股份的凭证。

第一百二十六条　股份的发行，实行公平、公正的原则，同种类的每一股份应当具有同等权利。

同次发行的同种类股票，每股的发行条件和价格应当相同；任何单位或者个人所认购的股份，每股应当支付相同价额。

第一百二十七条　股票发行价格可以按票面金额，也可以超过票面金额，但不得低于票面金额。

第一百二十八条　股票采用纸面形式或者国务院证券监督管理机构规定的其他形式。

股票应当载明下列主要事项：

（一）公司名称；

（二）公司成立日期；

（三）股票种类、票面金额及代表的股份数；

（四）股票的编号。

股票由法定代表人签名，公司盖章。

发起人的股票，应当标明发起人股票字样。

第一百二十九条　公司发行的股票，可以为记名股票，也可以为无记名股票。

公司向发起人、法人发行的股票，应当为记名股票，并应当记载该发起人、法人的名称或者姓名，不得另立户名或者以代表人姓名记名。

第一百三十条　公司发行记名股票的，应当置备股东名册，记载下列事项：

（一）股东的姓名或者名称及住所；

（二）各股东所持股份数；

（三）各股东所持股票的编号；

（四）各股东取得股份的日期。

发行无记名股票的，公司应当记载其股票数量、编号及发行日期。

第一百三十一条　国务院可以对公司发行本法规定以外的其他种类的股份，另行作出规定。

第一百三十二条　股份有限公司成立后，即向股东正式交付股票。公司成立前不得向股东交付股票。

第一百三十三条　公司发行新股，股东大会应当对下列事项作出决议：

（一）新股种类及数额；

（二）新股发行价格；

（三）新股发行的起止日期；

（四）向原有股东发行新股的种类及数额。

第一百三十四条　公司经国务院证券监督管理机构核准公开发行新股时，必须公告新股招股说明书和财务会计报告，并制作认股书。

本法第八十七条、第八十八条的规定适用于公司公开发行新股。

第一百三十五条　公司发行新股，可以根据公司经营情况和财务状况，确定其作价方案。

第一百三十六条　公司发行新股募足股款后，必须向公司登记机关办理变更登记，并公告。

第二节　股份转让

第一百三十七条　股东持有的股份可以依法转让。

第一百三十八条　股东转让其股份，应当在依法设立的证券交易场所进行或者按照国务院规定的其他方式进行。

第一百三十九条　记名股票，由股东以背书方式或者法律、行政法规规定的其他方式转让；转让后由公司将受让人的姓名或者名称及住所记载于股东名册。

股东大会召开前二十日内或者公司决定分配股利的基准日前五日内，不得进行前款规定的股东名册的变更登记。但是，法律对上市公司股东名册变更登记另有规定的，从其规定。

第一百四十条　无记名股票的转让，由股东将该股票交付给受让人后即发生转让的效力。

第一百四十一条　发起人持有的本公司股份，自公司成立之日起一年内不得转让。公司公开发行股份前已发行的股份，自公司股票在证券交易所上市交易之日起一年内不得转让。

公司董事、监事、高级管理人员应当向公司申报所持有的本公司的股份及其变动情况，在任职期间每年转让的股份不得超过其所持有本公司股份总数的百分之二十五；所持本公司股份自公司股票上市交易之日起一年内不得转让。上述人员离职后半年内，不得转让其所持有的本公司股份。公司章程可以对公司董事、监事、高级管理人员转让其所持有的本公司股份作出其他限制性规定。

第一百四十二条　公司不得收购本公司股份。但是，有下列情形之一的除外：

（一）减少公司注册资本；

（二）与持有本公司股份的其他公司合并；

（三）将股份奖励给本公司职工；

（四）股东因对股东大会作出的公司合并、分立决议持异议，要求公司收购其股份的。

公司因前款第（一）项至第（三）项的原因收购本公司股份的，应当经股东大会决议。公司依照前款规定收购本公司股份后，属于第（一）项情形的，应当自收购之日起十日内注销；属于第（二）项、第（四）项情形的，应当在六个月内转让或者注销。

公司依照第一款第（三）项规定收购的本公司股份，不得超过本公司已发行股份总额的百分之五；用于收购的资金应当从公司的税后利润中支出；所收购的股份应当在一年内转让给职工。

公司不得接受本公司的股票作为质押权的标的。

第一百四十三条　记名股票被盗、遗失或者灭失，股东可以依照《中华人民共和国民事诉讼法》规定的公示催告程序，请求人民法院宣告该股票失效。人民法院宣告该股票失效后，股东可以向公司申请补发股票。

第一百四十四条　上市公司的股票，依照有关法律、行政法规及证券交易所交易规则上市交易。

第一百四十五条　上市公司必须依照法律、行政法规的规定，公开其财务状况、经营情况及重大诉讼，在每会计年度内半年公布一次财务会计报告。

第六章　公司董事、监事、高级管理人员的资格和义务

第一百四十六条　有下列情形之一的，不得担任公司的董事、监事、高级管理人员：

（一）无民事行为能力或者限制民事行为能力；

（二）因贪污、贿赂、侵占财产、挪用财产或者破坏社会主义市场经济秩序，被判处刑罚，执行

期满未逾五年，或者因犯罪被剥夺政治权利，执行期满未逾五年；

（三）担任破产清算的公司、企业的董事或者厂长、经理，对该公司、企业的破产负有个人责任的，自该公司、企业破产清算完结之日起未逾三年；

（四）担任因违法被吊销营业执照、责令关闭的公司、企业的法定代表人，并负有个人责任的，自该公司、企业被吊销营业执照之日起未逾三年；

（五）个人所负数额较大的债务到期未清偿。

公司违反前款规定选举、委派董事、监事或者聘任高级管理人员的，该选举、委派或者聘任无效。

董事、监事、高级管理人员在任职期间出现本条第一款所列情形的，公司应当解除其职务。

第一百四十七条　董事、监事、高级管理人员应当遵守法律、行政法规和公司章程，对公司负有忠实义务和勤勉义务。

董事、监事、高级管理人员不得利用职权收受贿赂或者其他非法收入，不得侵占公司的财产。

第一百四十八条　董事、高级管理人员不得有下列行为：

（一）挪用公司资金；

（二）将公司资金以其个人名义或者以其他个人名义开立账户存储；

（三）违反公司章程的规定，未经股东会、股东大会或者董事会同意，将公司资金借贷给他人或者以公司财产为他人提供担保；

（四）违反公司章程的规定或者未经股东会、股东大会同意，与本公司订立合同或者进行交易；

（五）未经股东会或者股东大会同意，利用职务便利为自己或者他人谋取属于公司的商业机会，自营或者为他人经营与所任职公司同类的业务；

（六）接受他人与公司交易的佣金归为己有；

（七）擅自披露公司秘密；

（八）违反对公司忠实义务的其他行为。

董事、高级管理人员违反前款规定所得的收入应当归公司所有。

第一百四十九条　董事、监事、高级管理人员执行公司职务时违反法律、行政法规或者公司章程的规定，给公司造成损失的，应当承担赔偿责任。

第一百五十条　股东会或者股东大会要求董事、监事、高级管理人员列席会议的，董事、监事、高级管理人员应当列席并接受股东的质询。

董事、高级管理人员应当如实向监事会或者不设监事会的有限责任公司的监事提供有关情况和资料，不得妨碍监事会或者监事行使职权。

第一百五十一条　董事、高级管理人员有本法第一百四十九条规定的情形的，有限责任公司的股东、股份有限公司连续一百八十日以上单独或者合计持有公司百分之一以上股份的股东，可以书面请求监事会或者不设监事会的有限责任公司的监事向人民法院提起诉讼；监事有本法第一百四十九条规定的情形的，前述股东可以书面请求董事会或者不设董事会的有限责任公司的执行董事向人民法院提起诉讼。

监事会、不设监事会的有限责任公司的监事，或者董事会、执行董事收到前款规定的股东书面请求后拒绝提起诉讼，或者自收到请求之日起三十日内未提起诉讼，或者情况紧急、不立即提起诉讼将会使公司利益受到难以弥补的损害的，前款规定的股东有权为了公司的利益以自己的名义直接向人民法院提起诉讼。

他人侵犯公司合法权益，给公司造成损失的，本条第一款规定的股东可以依照前两款的规定向人民法院提起诉讼。

第一百五十二条　董事、高级管理人员违反法律、行政法规或者公司章程的规定，损害股东利益的，股东可以向人民法院提起诉讼。

第七章　公司债券

第一百五十三条　本法所称公司债券，是指公司依照法定程序发行、约定在一定期限还本付息的有价证券。

公司发行公司债券应当符合《中华人民共和国证券法》规定的发行条件。

第一百五十四条　发行公司债券的申请经国务院授权的部门核准后，应当公告公司债券募集办法。

公司债券募集办法中应当载明下列主要事项：

（一）公司名称；

（二）债券募集资金的用途；

（三）债券总额和债券的票面金额；

（四）债券利率的确定方式；

（五）还本付息的期限和方式；

（六）债券担保情况；

（七）债券的发行价格、发行的起止日期；

（八）公司净资产额；

（九）已发行的尚未到期的公司债券总额；

（十）公司债券的承销机构。

第一百五十五条　公司以实物券方式发行公司债券的，必须在债券上载明公司名称、债券票面金额、利率、偿还期限等事项，并由法定代表人签名，公司盖章。

第一百五十六条　公司债券，可以为记名债券，也可以为无记名债券。

第一百五十七条　公司发行公司债券应当置备公司债券存根簿。

发行记名公司债券的，应当在公司债券存根簿上载明下列事项：

（一）债券持有人的姓名或者名称及住所；

（二）债券持有人取得债券的日期及债券的编号；

（三）债券总额，债券的票面金额、利率、还本付息的期限和方式；

（四）债券的发行日期。

发行无记名公司债券的，应当在公司债券存根簿上载明债券总额、利率、偿还期限和方式、发行日期及债券的编号。

第一百五十八条 记名公司债券的登记结算机构应当建立债券登记、存管、付息、兑付等相关制度。

第一百五十九条 公司债券可以转让,转让价格由转让人与受让人约定。

公司债券在证券交易所上市交易的,按照证券交易所的交易规则转让。

第一百六十条 记名公司债券,由债券持有人以背书方式或者法律、行政法规规定的其他方式转让;转让后由公司将受让人的姓名或者名称及住所记载于公司债券存根簿。

无记名公司债券的转让,由债券持有人将该债券交付给受让人后即发生转让的效力。

第一百六十一条 上市公司经股东大会决议可以发行可转换为股票的公司债券,并在公司债券募集办法中规定具体的转换办法。上市公司发行可转换为股票的公司债券,应当报国务院证券监督管理机构核准。

发行可转换为股票的公司债券,应当在债券上标明可转换公司债券字样,并在公司债券存根簿上载明可转换公司债券的数额。

第一百六十二条 发行可转换为股票的公司债券的,公司应当按照其转换办法向债券持有人换发股票,但债券持有人对转换股票或者不转换股票有选择权。

第八章 公司财务、会计

第一百六十三条 公司应当依照法律、行政法规和国务院财政部门的规定建立本公司的财务、会计制度。

第一百六十四条 公司应当在每一会计年度终了时编制财务会计报告,并依法经会计师事务所审计。

财务会计报告应当依照法律、行政法规和国务院财政部门的规定制作。

第一百六十五条 有限责任公司应当依照公司章程规定的期限将财务会计报告送交各股东。

股份有限公司的财务会计报告应当在召开股东大会年会的二十日前置备于本公司,供股东查阅;公开发行股票的股份有限公司必须公告其财务会计报告。

第一百六十六条 公司分配当年税后利润时,应当提取利润的百分之十列入公司法定公积金。公司法定公积金累计额为公司注册资本的百分之五十以上的,可以不再提取。

公司的法定公积金不足以弥补以前年度亏损的,在依照前款规定提取法定公积金之前,应当先用当年利润弥补亏损。

公司从税后利润中提取法定公积金后,经股东会或者股东大会决议,还可以从税后利润中提取任意公积金。

公司弥补亏损和提取公积金后所余税后利润,有限责任公司依照本法第三十四条的规定分配;股份有限公司按照股东持有的股份比例分配,但股份有限公司章程规定不按持股比例分配的除外。

股东会、股东大会或者董事会违反前款规定,在公司弥补亏损和提取法定公积金之前向股东分配利润的,股东必须将违反规定分配的利润退还公司。

公司持有的本公司股份不得分配利润。

第一百六十七条　股份有限公司以超过股票票面金额的发行价格发行股份所得的溢价款以及国务院财政部门规定列入资本公积金的其他收入，应当列为公司资本公积金。

第一百六十八条　公司的公积金用于弥补公司的亏损、扩大公司生产经营或者转为增加公司资本。但是，资本公积金不得用于弥补公司的亏损。

法定公积金转为资本时，所留存的该项公积金不得少于转增前公司注册资本的百分之二十五。

第一百六十九条　公司聘用、解聘承办公司审计业务的会计师事务所，依照公司章程的规定，由股东会、股东大会或者董事会决定。

公司股东会、股东大会或者董事会就解聘会计师事务所进行表决时，应当允许会计师事务所陈述意见。

第一百七十条　公司应当向聘用的会计师事务所提供真实、完整的会计凭证、会计账簿、财务会计报告及其他会计资料，不得拒绝、隐匿、谎报。

第一百七十一条　公司除法定的会计账簿外，不得另立会计账簿。

对公司资产，不得以任何个人名义开立账户存储。

第九章　公司合并、分立、增资、减资

第一百七十二条　公司合并可以采取吸收合并或者新设合并。

一个公司吸收其他公司为吸收合并，被吸收的公司解散。两个以上公司合并设立一个新的公司为新设合并，合并各方解散。

第一百七十三条　公司合并，应当由合并各方签订合并协议，并编制资产负债表及财产清单。公司应当自作出合并决议之日起十日内通知债权人，并于三十日内在报纸上公告。债权人自接到通知书之日起三十日内，未接到通知书的自公告之日起四十五日内，可以要求公司清偿债务或者提供相应的担保。

第一百七十四条　公司合并时，合并各方的债权、债务，应当由合并后存续的公司或者新设的公司承继。

第一百七十五条　公司分立，其财产作相应的分割。

公司分立，应当编制资产负债表及财产清单。公司应当自作出分立决议之日起十日内通知债权人，并于三十日内在报纸上公告。

第一百七十六条　公司分立前的债务由分立后的公司承担连带责任。但是，公司在分立前与债权人就债务清偿达成的书面协议另有约定的除外。

第一百七十七条　公司需要减少注册资本时，必须编制资产负债表及财产清单。

公司应当自作出减少注册资本决议之日起十日内通知债权人，并于三十日内在报纸上公告。债权人自接到通知书之日起三十日内，未接到通知书的自公告之日起四十五日内，有权要求公司清偿债务或者提供相应的担保。

第一百七十八条　有限责任公司增加注册资本时，股东认缴新增资本的出资，依照本法设立有限责任公司缴纳出资的有关规定执行。

股份有限公司为增加注册资本发行新股时，股东认购新股，依照本法设立股份有限公司缴

纳股款的有关规定执行。

第一百七十九条 公司合并或者分立,登记事项发生变更的,应当依法向公司登记机关办理变更登记;公司解散的,应当依法办理公司注销登记;设立新公司的,应当依法办理公司设立登记。

公司增加或者减少注册资本,应当依法向公司登记机关办理变更登记。

第十章 公司解散和清算

第一百八十条 公司因下列原因解散:

(一)公司章程规定的营业期限届满或者公司章程规定的其他解散事由出现;

(二)股东会或者股东大会决议解散;

(三)因公司合并或者分立需要解散;

(四)依法被吊销营业执照、责令关闭或者被撤销;

(五)人民法院依照本法第一百八十二条的规定予以解散。

第一百八十一条 公司有本法第一百八十条第(一)项情形的,可以通过修改公司章程而存续。

依照前款规定修改公司章程,有限责任公司须经持有三分之二以上表决权的股东通过,股份有限公司须经出席股东大会会议的股东所持表决权的三分之二以上通过。

第一百八十二条 公司经营管理发生严重困难,继续存续会使股东利益受到重大损失,通过其他途径不能解决的,持有公司全部股东表决权百分之十以上的股东,可以请求人民法院解散公司。

第一百八十三条 公司因本法第一百八十条第(一)项、第(二)项、第(四)项、第(五)项规定而解散的,应当在解散事由出现之日起十五日内成立清算组,开始清算。有限责任公司的清算组由股东组成,股份有限公司的清算组由董事或者股东大会确定的人员组成。逾期不成立清算组进行清算的,债权人可以申请人民法院指定有关人员组成清算组进行清算。人民法院应当受理该申请,并及时组织清算组进行清算。

第一百八十四条 清算组在清算期间行使下列职权:

(一)清理公司财产,分别编制资产负债表和财产清单;

(二)通知、公告债权人;

(三)处理与清算有关的公司未了结的业务;

(四)清缴所欠税款以及清算过程中产生的税款;

(五)清理债权、债务;

(六)处理公司清偿债务后的剩余财产;

(七)代表公司参与民事诉讼活动。

第一百八十五条 清算组应当自成立之日起十日内通知债权人,并于六十日内在报纸上公告。债权人应当自接到通知书之日起三十日内,未接到通知书的自公告之日起四十五日内,向清算组申报其债权。

债权人申报债权,应当说明债权的有关事项,并提供证明材料。清算组应当对债权进行登记。

在申报债权期间，清算组不得对债权人进行清偿。

第一百八十六条　清算组在清理公司财产、编制资产负债表和财产清单后，应当制定清算方案，并报股东会、股东大会或者人民法院确认。

公司财产在分别支付清算费用、职工的工资、社会保险费用和法定补偿金，缴纳所欠税款，清偿公司债务后的剩余财产，有限责任公司按照股东的出资比例分配，股份有限公司按照股东持有的股份比例分配。

清算期间，公司存续，但不得开展与清算无关的经营活动。公司财产在未依照前款规定清偿前，不得分配给股东。

第一百八十七条　清算组在清理公司财产、编制资产负债表和财产清单后，发现公司财产不足清偿债务的，应当依法向人民法院申请宣告破产。

公司经人民法院裁定宣告破产后，清算组应当将清算事务移交给人民法院。

第一百八十八条　公司清算结束后，清算组应当制作清算报告，报股东会、股东大会或者人民法院确认，并报送公司登记机关，申请注销公司登记，公告公司终止。

第一百八十九条　清算组成员应当忠于职守，依法履行清算义务。

清算组成员不得利用职权收受贿赂或者其他非法收入，不得侵占公司财产。

清算组成员因故意或者重大过失给公司或者债权人造成损失的，应当承担赔偿责任。

第一百九十条　公司被依法宣告破产的，依照有关企业破产的法律实施破产清算。

第十一章　外国公司的分支机构

第一百九十一条　本法所称外国公司是指依照外国法律在中国境外设立的公司。

第一百九十二条　外国公司在中国境内设立分支机构，必须向中国主管机关提出申请，并提交其公司章程、所属国的公司登记证书等有关文件，经批准后，向公司登记机关依法办理登记，领取营业执照。

外国公司分支机构的审批办法由国务院另行规定。

第一百九十三条　外国公司在中国境内设立分支机构，必须在中国境内指定负责该分支机构的代表人或者代理人，并向该分支机构拨付与其所从事的经营活动相适应的资金。

对外国公司分支机构的经营资金需要规定最低限额的，由国务院另行规定。

第一百九十四条　外国公司的分支机构应当在其名称中标明该外国公司的国籍及责任形式。

外国公司的分支机构应当在本机构中置备该外国公司章程。

第一百九十五条　外国公司在中国境内设立的分支机构不具有中国法人资格。

外国公司对其分支机构在中国境内进行经营活动承担民事责任。

第一百九十六条　经批准设立的外国公司分支机构，在中国境内从事业务活动，必须遵守中国的法律，不得损害中国的社会公共利益，其合法权益受中国法律保护。

第一百九十七条　外国公司撤销其在中国境内的分支机构时，必须依法清偿债务，依照本法有关公司清算程序的规定进行清算。未清偿债务之前，不得将其分支机构的财产移至中国境外。

第十二章 法律责任

第一百九十八条 违反本法规定，虚报注册资本、提交虚假材料或者采取其他欺诈手段隐瞒重要事实取得公司登记的，由公司登记机关责令改正，对虚报注册资本的公司，处以虚报注册资本金额百分之五以上百分之十五以下的罚款；对提交虚假材料或者采取其他欺诈手段隐瞒重要事实的公司，处以五万元以上五十万元以下的罚款；情节严重的，撤销公司登记或者吊销营业执照。

第一百九十九条 公司的发起人、股东虚假出资，未交付或者未按期交付作为出资的货币或者非货币财产的，由公司登记机关责令改正，处以虚假出资金额百分之五以上百分之十五以下的罚款。

第二百条 公司的发起人、股东在公司成立后，抽逃其出资的，由公司登记机关责令改正，处以所抽逃出资金额百分之五以上百分之十五以下的罚款。

第二百零一条 公司违反本法规定，在法定的会计账簿以外另立会计账簿的，由县级以上人民政府财政部门责令改正，处以五万元以上五十万元以下的罚款。

第二百零二条 公司在依法向有关主管部门提供的财务会计报告等材料上作虚假记载或者隐瞒重要事实的，由有关主管部门对直接负责的主管人员和其他直接责任人员处以三万元以上三十万元以下的罚款。

第二百零三条 公司不依照本法规定提取法定公积金的，由县级以上人民政府财政部门责令如数补足应当提取的金额，可以对公司处以二十万元以下的罚款。

第二百零四条 公司在合并、分立、减少注册资本或者进行清算时，不依照本法规定通知或者公告债权人的，由公司登记机关责令改正，对公司处以一万元以上十万元以下的罚款。

公司在进行清算时，隐匿财产，对资产负债表或者财产清单作虚假记载或者在未清偿债务前分配公司财产的，由公司登记机关责令改正，对公司处以隐匿财产或者未清偿债务前分配公司财产金额百分之五以上百分之十以下的罚款；对直接负责的主管人员和其他直接责任人员处以一万元以上十万元以下的罚款。

第二百零五条 公司在清算期间开展与清算无关的经营活动的，由公司登记机关予以警告，没收违法所得。

第二百零六条 清算组不依照本法规定向公司登记机关报送清算报告，或者报送清算报告隐瞒重要事实或者有重大遗漏的，由公司登记机关责令改正。

清算组成员利用职权徇私舞弊、谋取非法收入或者侵占公司财产的，由公司登记机关责令退还公司财产，没收违法所得，并可以处以违法所得一倍以上五倍以下的罚款。

第二百零七条 承担资产评估、验资或者验证的机构提供虚假材料的，由公司登记机关没收违法所得，处以违法所得一倍以上五倍以下的罚款，并可以由有关主管部门依法责令该机构停业、吊销直接责任人员的资格证书，吊销营业执照。

承担资产评估、验资或者验证的机构因过失提供有重大遗漏的报告的，由公司登记机关责令改正，情节较重的，处以所得收入一倍以上五倍以下的罚款，并可以由有关主管部门依法责令该机构停业、吊销直接责任人员的资格证书，吊销营业执照。

承担资产评估、验资或者验证的机构因其出具的评估结果、验资或者验证证明不实，给公司债权人造成损失的，除能够证明自己没有过错的外，在其评估或者证明不实的金额范围内承担赔偿责任。

第二百零八条　公司登记机关对不符合本法规定条件的登记申请予以登记，或者对符合本法规定条件的登记申请不予登记的，对直接负责的主管人员和其他直接责任人员，依法给予行政处分。

第二百零九条　公司登记机关的上级部门强令公司登记机关对不符合本法规定条件的登记申请予以登记，或者对符合本法规定条件的登记申请不予登记的，或者对违法登记进行包庇的，对直接负责的主管人员和其他直接责任人员依法给予行政处分。

第二百一十条　未依法登记为有限责任公司或者股份有限公司，而冒用有限责任公司或者股份有限公司名义的，或者未依法登记为有限责任公司或者股份有限公司的分公司，而冒用有限责任公司或者股份有限公司的分公司名义的，由公司登记机关责令改正或者予以取缔，可以并处十万元以下的罚款。

第二百一十一条　公司成立后无正当理由超过六个月未开业的，或者开业后自行停业连续六个月以上的，可以由公司登记机关吊销营业执照。

公司登记事项发生变更时，未依照本法规定办理有关变更登记的，由公司登记机关责令限期登记；逾期不登记的，处以一万元以上十万元以下的罚款。

第二百一十二条　外国公司违反本法规定，擅自在中国境内设立分支机构的，由公司登记机关责令改正或者关闭，可以并处五万元以上二十万元以下的罚款。

第二百一十三条　利用公司名义从事危害国家安全、社会公共利益的严重违法行为的，吊销营业执照。

第二百一十四条　公司违反本法规定，应当承担民事赔偿责任和缴纳罚款、罚金的，其财产不足以支付时，先承担民事赔偿责任。

第二百一十五条　违反本法规定，构成犯罪的，依法追究刑事责任。

第十三章　附　　则

第二百一十六条　本法下列用语的含义：

（一）高级管理人员，是指公司的经理、副经理、财务负责人，上市公司董事会秘书和公司章程规定的其他人员。

（二）控股股东，是指其出资额占有限责任公司资本总额百分之五十以上或者其持有的股份占股份有限公司股本总额百分之五十以上的股东；出资额或者持有股份的比例虽然不足百分之五十，但依其出资额或者持有的股份所享有的表决权已足以对股东会、股东大会的决议产生重大影响的股东。

（三）实际控制人，是指虽不是公司的股东，但通过投资关系、协议或者其他安排，能够实际支配公司行为的人。

（四）关联关系，是指公司控股股东、实际控制人、董事、监事、高级管理人员与其直接或者间接控制的企业之间的关系，以及可能导致公司利益转移的其他关系。但是，国家控股的企业之间不仅因为同受国家控股而具有关联关系。

第二百一十七条 外商投资的有限责任公司和股份有限公司适用本法；有关外商投资的法律另有规定的，适用其规定。

第二百一十八条 本法自2006年1月1日起施行。

1 | 2 国务院《关于全国中小企业股份转让系统有关问题的决定》

各省、自治区、直辖市人民政府，国务院各部委、各直属机构：

为更好地发挥金融对经济结构调整和转型升级的支持作用，进一步拓展民间投资渠道，充分发挥全国中小企业股份转让系统（以下简称全国股份转让系统）的功能，缓解中小微企业融资难，按照党的十八大、十八届三中全会关于多层次资本市场发展的精神和国务院第13次常务会议的有关要求，现就全国股份转让系统有关问题作出如下决定。

一、充分发挥全国股份转让系统服务中小微企业发展的功能

全国股份转让系统是经国务院批准，依据证券法设立的全国性证券交易场所，主要为创新型、创业型、成长型中小微企业发展服务。境内符合条件的股份公司均可通过主办券商申请在全国股份转让系统挂牌，公开转让股份，进行股权融资、债权融资、资产重组等。申请挂牌的公司应当业务明确、产权清晰、依法规范经营、公司治理健全，可以尚未盈利，但须履行信息披露义务，所披露的信息应当真实、准确、完整。

二、建立不同层次市场间的有机联系

在全国股份转让系统挂牌的公司，达到股票上市条件的，可以直接向证券交易所申请上市交易。在符合《国务院关于清理整顿各类交易场所切实防范金融风险的决定》（国发〔2011〕38号）要求的区域性股权转让市场进行股权非公开转让的公司，符合挂牌条件的，可以申请在全国股份转让系统挂牌公开转让股份。

三、简化行政许可程序

挂牌公司依法纳入非上市公众公司监管，股东人数可以超过200人。股东人数未超过200人的股份公司申请在全国股份转让系统挂牌，证监会豁免核准。挂牌公司向特定对象发行证券，且发行后证券持有人累计不超过200人的，证监会豁免核准。依法需要核准的行政许可事项，证监会应当建立简便、快捷、高效的行政许可方式，简化审核流程，提高审核效率，无需再提交证监会发行审核委员会审核。

四、建立和完善投资者适当性管理制度

建立与投资者风险识别和承受能力相适应的投资者适当性管理制度。中小微企业具有业绩波动大、风险较高的特点，应当严格自然人投资者的准入条件。积极培育和发展机构投资者队伍，鼓励证券公司、保险公司、证券投资基金、私募股权投资基金、风险投资基金、合格境外机构投资者、企业年金等机构投资者参与市场，逐步将全国股份转让系统建成以机构投资者为主体的证券交易场所。

五、加强事中、事后监管，保障投资者合法权益

证监会应当比照证券法关于市场主体法律责任的相关规定，严格执法，对虚假披露、内幕交易、操纵市场等违法违规行为采取监管措施，实施行政处罚。全国股份转让系统要制定并完善业务规则体系，建立市场监控系统，完善风险管理制度和设施，保障技术系统和信息安全，切实履行自律监管职责。

六、加强协调配合，为挂牌公司健康发展创造良好环境

国务院有关部门应当加强统筹协调，为中小微企业利用全国股份转让系统发展创造良好的制度环境。市场建设中涉及税收政策的，原则上比照上市公司投资者的税收政策处理；涉及外资政策的，原则上比照交易所市场及上市公司相关规定办理；涉及国有股权监管事项的，应当同时遵守国有资产管理的相关规定。各省（区、市）人民政府要加强组织领导和协调，建立健全挂牌公司风险处置机制，切实维护社会稳定。

国务院

2013 年 12 月 13 日

1 | 3 国务院关于开展优先股试点的指导意见

各省、自治区、直辖市人民政府，国务院各部委、各直属机构：

为贯彻落实党的十八大、十八届三中全会精神，深化金融体制改革，支持实体经济发展，依照公司法、证券法相关规定，国务院决定开展优先股试点。开展优先股试点，有利于进一步深化企业股份制改革，为发行人提供灵活的直接融资工具，优化企业财务结构，推动企业兼并重组；有利于丰富证券品种，为投资者提供多元化的投资渠道，提高直接融资比重，促进资本市场稳定发展。为稳妥有序开展优先股试点，现提出如下指导意见。

一、优先股股东的权利与义务

（一）优先股的含义。优先股是指依照公司法，在一般规定的普通种类股份之外，另行规定的其他种类股份，其股份持有人优先于普通股股东分配公司利润和剩余财产，但参与公司决策管理等权利受到限制。

除本指导意见另有规定以外，优先股股东的权利、义务以及优先股股份的管理应当符合公司法的规定。试点期间不允许发行在股息分配和剩余财产分配上具有不同优先顺序的优先股，但允许发行在其他条款上具有不同设置的优先股。

（二）优先分配利润。优先股股东按照约定的票面股息率，优先于普通股股东分配公司利润。公司应当以现金的形式向优先股股东支付股息，在完全支付约定的股息之前，不得向普通股股东分配利润。

公司应当在公司章程中明确以下事项：(1)优先股股息率是采用固定股息率还是浮动股息率，并相应明确固定股息率水平或浮动股息率计算方法。(2)公司在有可分配税后利润的情况下是否必须分配利润。(3)如果公司因本会计年度可分配利润不足而未向优先股股东足额派发股息，差额部分是否累积到下一会计年度。(4)优先股股东按照约定的股息率分配股息后，是否

有权同普通股股东一起参加剩余利润分配。(5)优先股利润分配涉及的其他事项。

(三)优先分配剩余财产。公司因解散、破产等原因进行清算时,公司财产在按照公司法和破产法有关规定进行清偿后的剩余财产,应当优先向优先股股东支付未派发的股息和公司章程约定的清算金额,不足以支付的按照优先股股东持股比例分配。

(四)优先股转换和回购。公司可以在公司章程中规定优先股转换为普通股、发行人回购优先股的条件、价格和比例。转换选择权或回购选择权可规定由发行人或优先股股东行使。发行人要求回购优先股的,必须完全支付所欠股息,但商业银行发行优先股补充资本的除外。优先股回购后相应减记发行在外的优先股股份总数。

(五)表决权限制。除以下情况外,优先股股东不出席股东大会会议,所持股份没有表决权:(1)修改公司章程中与优先股相关的内容;(2)一次或累计减少公司注册资本超过百分之十;(3)公司合并、分立、解散或变更公司形式;(4)发行优先股;(5)公司章程规定的其他情形。上述事项的决议,除须经出席会议的普通股股东(含表决权恢复的优先股股东)所持表决权的三分之二以上通过之外,还须经出席会议的优先股股东(不含表决权恢复的优先股股东)所持表决权的三分之二以上通过。

(六)表决权恢复。公司累计3个会计年度或连续2个会计年度未按约定支付优先股股息的,优先股股东有权出席股东大会,每股优先股股份享有公司章程规定的表决权。对于股息可累积到下一会计年度的优先股,表决权恢复直至公司全额支付所欠股息。对于股息不可累积的优先股,表决权恢复直至公司全额支付当年股息。公司章程可规定优先股表决权恢复的其他情形。

(七)与股份种类相关的计算。以下事项计算持股比例时,仅计算普通股和表决权恢复的优先股:(1)根据公司法第一百零一条,请求召开临时股东大会;(2)根据公司法第一百零二条,召集和主持股东大会;(3)根据公司法第一百零三条,提交股东大会临时提案;(4)根据公司法第二百一十七条,认定控股股东。

二、优先股发行与交易

(八)发行人范围。公开发行优先股的发行人限于证监会规定的上市公司,非公开发行优先股的发行人限于上市公司(含注册地在境内的境外上市公司)和非上市公众公司。

(九)发行条件。公司已发行的优先股不得超过公司普通股股份总数的百分之五十,且筹资金额不得超过发行前净资产的百分之五十,已回购、转换的优先股不纳入计算。公司公开发行优先股以及上市公司非公开发行优先股的其他条件适用证券法的规定。非上市公众公司非公开发行优先股的条件由证监会另行规定。

(十)公开发行。公司公开发行优先股的,应当在公司章程中规定以下事项:(1)采取固定股息率;(2)在有可分配税后利润的情况下必须向优先股股东分配股息;(3)未向优先股股东足额派发股息的差额部分应当累积到下一会计年度;(4)优先股股东按照约定的股息率分配股息后,不再同普通股股东一起参加剩余利润分配。商业银行发行优先股补充资本的,可就第(2)项和第(3)项事项另行规定。

(十一)交易转让及登记存管。优先股应当在证券交易所、全国中小企业股份转让系统或者在国务院批准的其他证券交易场所交易或转让。优先股应当在中国证券登记结算公司集中登记存管。优先股交易或转让环节的投资者适当性标准应当与发行环节一致。

（十二）信息披露。公司应当在发行文件中详尽说明优先股股东的权利义务，充分揭示风险。同时，应按规定真实、准确、完整、及时、公平地披露或者提供信息，不得有虚假记载、误导性陈述或重大遗漏。

（十三）公司收购。优先股可以作为并购重组支付手段。上市公司收购要约适用于被收购公司的所有股东，但可以针对优先股股东和普通股股东提出不同的收购条件。根据证券法第八十六条计算收购人持有上市公司已发行股份比例，以及根据证券法第八十八条和第九十六条计算触发要约收购义务时，表决权未恢复的优先股不计入持股数额和股本总额。

（十四）与持股数额相关的计算。以下事项计算持股数额时，仅计算普通股和表决权恢复的优先股：(1)根据证券法第五十四条和第六十六条，认定持有公司股份最多的前十名股东的名单和持股数额；(2)根据证券法第四十七条、第六十七条和第七十四条，认定持有公司百分之五以上股份的股东。

三、组织管理和配套政策

（十五）加强组织管理。证监会应加强与有关部门的协调配合，积极稳妥地组织开展优先股试点工作。证监会应当根据公司法、证券法和本指导意见，制定并发布优先股试点的具体规定，指导证券自律组织完善相关业务规则。

证监会应当加强市场监管，督促公司认真履行信息披露义务，督促中介机构诚实守信、勤勉尽责，依法查处违法违规行为，切实保护投资者合法权益。

（十六）完善配套政策。优先股相关会计处理和财务报告，应当遵循财政部发布的企业会计准则及其他相关会计标准。企业投资优先股获得的股息、红利等投资收益，符合税法规定条件的，可以作为企业所得税免税收入。全国社会保障基金、企业年金投资优先股的比例不受现行证券品种投资比例的限制，具体政策由国务院主管部门制定。外资行业准入管理中外资持股比例优先股与普通股合并计算。试点中需要配套制定的其他政策事项，由证监会根据试点进展情况提出，商有关部门办理，重大事项报告国务院。

国务院

2013 年 11 月 30 日

第二章

部门规章

2 | 1　优先股试点管理办法

中国证券监督管理委员会令(第97号)　2014年3月21日公布实施

第一章　总　　则

第一条　为规范优先股发行和交易行为,保护投资者合法权益,根据《公司法》、《证券法》、《国务院关于开展优先股试点的指导意见》及相关法律法规,制定本办法。

第二条　本办法所称优先股是指依照《公司法》,在一般规定的普通种类股份之外,另行规定的其他种类股份,其股份持有人优先于普通股股东分配公司利润和剩余财产,但参与公司决策管理等权利受到限制。

第三条　上市公司可以发行优先股,非上市公众公司可以非公开发行优先股。

第四条　优先股试点应当符合《公司法》、《证券法》、《国务院关于开展优先股试点的指导意见》和本办法的相关规定,并遵循公开、公平、公正的原则,禁止欺诈、内幕交易和操纵市场的行为。

第五条　证券公司及其他证券服务机构参与优先股试点,应当遵守法律法规及中国证券监督管理委员会(以下简称中国证监会)相关规定,遵循行业公认的业务标准和行为规范,诚实守信、勤勉尽责。

第六条　试点期间不允许发行在股息分配和剩余财产分配上具有不同优先顺序的优先股,但允许发行在其他条款上具有不同设置的优先股。

同一公司既发行强制分红优先股,又发行不含强制分红条款优先股的,不属于发行在股息分配上具有不同优先顺序的优先股。

第七条　相同条款的优先股应当具有同等权利。同次发行的相同条款优先股,每股发行的条件、价格和票面股息率应当相同;任何单位或者个人认购的股份,每股应当支付相同价额。

第二章　优先股股东权利的行使

第八条　发行优先股的公司除按《国务院关于开展优先股试点的指导意见》制定章程有关条款外,还应当按本办法在章程中明确优先股股东的有关权利和义务。

第九条　优先股股东按照约定的股息率分配股息后,有权同普通股股东一起参加剩余利润分配的,公司章程应明确优先股股东参与剩余利润分配的比例、条件等事项。

第十条　出现以下情况之一的，公司召开股东大会会议应通知优先股股东，并遵循《公司法》及公司章程通知普通股股东的规定程序。优先股股东有权出席股东大会会议，就以下事项与普通股股东分类表决，其所持每一优先股有一表决权，但公司持有的本公司优先股没有表决权：

（一）修改公司章程中与优先股相关的内容；

（二）一次或累计减少公司注册资本超过百分之十；

（三）公司合并、分立、解散或变更公司形式；

（四）发行优先股；

（五）公司章程规定的其他情形。

上述事项的决议，除须经出席会议的普通股股东（含表决权恢复的优先股股东）所持表决权的三分之二以上通过之外，还须经出席会议的优先股股东（不含表决权恢复的优先股股东）所持表决权的三分之二以上通过。

第十一条　公司股东大会可授权公司董事会按公司章程的约定向优先股支付股息。公司累计三个会计年度或连续两个会计年度未按约定支付优先股股息的，股东大会批准当年不按约定分配利润的方案次日起，优先股股东有权出席股东大会与普通股股东共同表决，每股优先股股份享有公司章程规定的一定比例表决权。

对于股息可累积到下一会计年度的优先股，表决权恢复直至公司全额支付所欠股息。对于股息不可累积的优先股，表决权恢复直至公司全额支付当年股息。公司章程可规定优先股表决权恢复的其他情形。

第十二条　优先股股东有权查阅公司章程、股东名册、公司债券存根、股东大会会议记录、董事会会议决议、监事会会议决议、财务会计报告。

第十三条　发行人回购优先股包括发行人要求赎回优先股和投资者要求回售优先股两种情况，并应在公司章程和招股文件中规定其具体条件。发行人要求赎回优先股的，必须完全支付所欠股息，但商业银行发行优先股补充资本的除外。优先股回购后相应减记发行在外的优先股股份总数。

第十四条　公司董事、监事、高级管理人员应当向公司申报所持有的本公司优先股及其变动情况，在任职期间每年转让的股份不得超过其所持本公司优先股股份总数的百分之二十五。公司章程可以对公司董事、监事、高级管理人员转让其所持有的本公司优先股股份作出其他限制性规定。

第十五条　除《国务院关于开展优先股试点的指导意见》规定的事项外，计算股东人数和持股比例时应分别计算普通股和优先股。

第十六条　公司章程中规定优先股采用固定股息率的，可以在优先股存续期内采取相同的固定股息率，或明确每年的固定股息率，各年度的股息率可以不同；公司章程中规定优先股采用浮动股息率的，应当明确优先股存续期内票面股息率的计算方法。

第三章　上市公司发行优先股

第一节　一般规定

第十七条　上市公司应当与控股股东或实际控制人的人员、资产、财务分开，机构、业务独立。

第十八条 上市公司内部控制制度健全,能够有效保证公司运行效率、合法合规和财务报告的可靠性,内部控制的有效性应当不存在重大缺陷。

第十九条 上市公司发行优先股,最近三个会计年度实现的年均可分配利润应当不少于优先股一年的股息。

第二十条 上市公司最近三年现金分红情况应当符合公司章程及中国证监会的有关监管规定。

第二十一条 上市公司报告期不存在重大会计违规事项。公开发行优先股,最近三年财务报表被注册会计师出具的审计报告应当为标准审计报告或带强调事项段的无保留意见的审计报告;非公开发行优先股,最近一年财务报表被注册会计师出具的审计报告为非标准审计报告的,所涉及事项对公司无重大不利影响或者在发行前重大不利影响已经消除。

第二十二条 上市公司发行优先股募集资金应有明确用途,与公司业务范围、经营规模相匹配,募集资金用途符合国家产业政策和有关环境保护、土地管理等法律和行政法规的规定。

除金融类企业外,本次募集资金使用项目不得为持有交易性金融资产和可供出售的金融资产、借予他人等财务性投资,不得直接或间接投资于以买卖有价证券为主要业务的公司。

第二十三条 上市公司已发行的优先股不得超过公司普通股股份总数的百分之五十,且筹资金额不得超过发行前净资产的百分之五十,已回购、转换的优先股不纳入计算。

第二十四条 上市公司同一次发行的优先股,条款应当相同。每次优先股发行完毕前,不得再次发行优先股。

第二十五条 上市公司存在下列情形之一的,不得发行优先股:

(一)本次发行申请文件有虚假记载、误导性陈述或重大遗漏;

(二)最近十二个月内受到过中国证监会的行政处罚;

(三)因涉嫌犯罪正被司法机关立案侦查或涉嫌违法违规正被中国证监会立案调查;

(四)上市公司的权益被控股股东或实际控制人严重损害且尚未消除;

(五)上市公司及其附属公司违规对外提供担保且尚未解除;

(六)存在可能严重影响公司持续经营的担保、诉讼、仲裁、市场重大质疑或其他重大事项;

(七)其董事和高级管理人员不符合法律、行政法规和规章规定的任职资格;

(八)严重损害投资者合法权益和社会公共利益的其他情形。

第二节 公开发行的特别规定

第二十六条 上市公司公开发行优先股,应当符合以下情形之一:

(一)其普通股为上证 50 指数成份股;

(二)以公开发行优先股作为支付手段收购或吸收合并其他上市公司;

(三)以减少注册资本为目的回购普通股的,可以公开发行优先股作为支付手段,或者在回购方案实施完毕后,可公开发行不超过回购减资总额的优先股。

中国证监会核准公开发行优先股后不再符合本条第(一)项情形的,上市公司仍可实施本次发行。

第二十七条 上市公司最近三个会计年度应当连续盈利。扣除非经常性损益后的净利润与扣除前的净利润相比,以孰低者作为计算依据。

第二十八条 上市公司公开发行优先股应当在公司章程中规定以下事项:

(一)采取固定股息率;

(二)在有可分配税后利润的情况下必须向优先股股东分配股息;

(三)未向优先股股东足额派发股息的差额部分应当累积到下一会计年度;

(四)优先股股东按照约定的股息率分配股息后,不再同普通股股东一起参加剩余利润分配。

商业银行发行优先股补充资本的,可就第(二)项和第(三)项事项另行约定。

第二十九条 上市公司公开发行优先股的,可以向原股东优先配售。

第三十条 除本办法第二十五条的规定外,上市公司最近三十六个月内因违反工商、税收、土地、环保、海关法律、行政法规或规章,受到行政处罚且情节严重的,不得公开发行优先股。

第三十一条 上市公司公开发行优先股,公司及其控股股东或实际控制人最近十二个月内应当不存在违反向投资者作出的公开承诺的行为。

第三节 其他规定

第三十二条 优先股每股票面金额为一百元。

优先股发行价格和票面股息率应当公允、合理,不得损害股东或其他利益相关方的合法利益,发行价格不得低于优先股票面金额。

公开发行优先股的价格或票面股息率以市场询价或证监会认可的其他公开方式确定。非公开发行优先股的票面股息率不得高于最近两个会计年度的年均加权平均净资产收益率。

第三十三条 上市公司不得发行可转换为普通股的优先股。但商业银行可根据商业银行资本监管规定,非公开发行触发事件发生时强制转换为普通股的优先股,并遵守有关规定。

第三十四条 上市公司非公开发行优先股仅向本办法规定的合格投资者发行,每次发行对象不得超过二百人,且相同条款优先股的发行对象累计不得超过二百人。

发行对象为境外战略投资者的,还应当符合国务院相关部门的规定。

第四节 发行程序

第三十五条 上市公司申请发行优先股,董事会应当按照中国证监会有关信息披露规定,公开披露本次优先股发行预案,并依法就以下事项作出决议,提请股东大会批准。

(一)本次优先股的发行方案;

(二)非公开发行优先股且发行对象确定的,上市公司与相应发行对象签订的附条件生效的优先股认购合同。认购合同应当载明发行对象拟认购优先股的数量、认购价格或定价原则、票面股息率或其确定原则,以及其他必要条款。认购合同应当约定发行对象不得以竞价方式参与认购,且本次发行一经上市公司董事会、股东大会批准并经中国证监会核准,该合同即应生效;

(三)非公开发行优先股且发行对象尚未确定的,决议应包括发行对象的范围和资格、定价原则、发行数量或数量区间。

上市公司的控股股东、实际控制人或其控制的关联人参与认购本次非公开发行优先股的，按照前款第(二)项执行。

第三十六条 上市公司独立董事应当就上市公司本次发行对公司各类股东权益的影响发表专项意见，并与董事会决议一同披露。

第三十七条 上市公司股东大会就发行优先股进行审议，应当就下列事项逐项进行表决：

(一)本次发行优先股的种类和数量；

(二)发行方式、发行对象及向原股东配售的安排；

(三)票面金额、发行价格或其确定原则；

(四)优先股股东参与分配利润的方式，包括：票面股息率或其确定原则、股息发放的条件、股息支付方式、股息是否累积、是否可以参与剩余利润分配等；

(五)回购条款，包括回购的条件、期间、价格及其确定原则、回购选择权的行使主体等(如有)；

(六)募集资金用途；

(七)公司与发行对象签订的附条件生效的优先股认购合同(如有)；

(八)决议的有效期；

(九)公司章程关于优先股股东和普通股股东利润分配、剩余财产分配、优先股表决权恢复等相关政策条款的修订方案；

(十)对董事会办理本次发行具体事宜的授权；

(十一)其他事项。

上述决议，须经出席会议的普通股股东(含表决权恢复的优先股股东)所持表决权的三分之二以上通过。已发行优先股的，还须经出席会议的优先股股东(不含表决权恢复的优先股股东)所持表决权的三分之二以上通过。上市公司向公司特定股东及其关联人发行优先股的，股东大会就发行方案进行表决时，关联股东应当回避。

第三十八条 上市公司就发行优先股事项召开股东大会，应当提供网络投票，还可以通过中国证监会认可的其他方式为股东参加股东大会提供便利。

第三十九条 上市公司申请发行优先股应当由保荐人保荐并向中国证监会申报，其申请、审核、核准、发行等相关程序参照《上市公司证券发行管理办法》和《证券发行与承销管理办法》的规定。发审委会议按照《中国证券监督管理委员会发行审核委员会办法》规定的特别程序，审核发行申请。

第四十条 上市公司发行优先股，可以申请一次核准，分次发行，不同次发行的优先股除票面股息率外，其他条款应当相同。自中国证监会核准发行之日起，公司应在六个月内实施首次发行，剩余数量应当在二十四个月内发行完毕。超过核准文件时限的，须申请中国证监会重新核准。首次发行数量应当不少于总发行数量的百分之五十，剩余各次发行的数量由公司自行确定，每次发行完毕后五个工作日内报中国证监会备案。

第四章 非上市公众公司非公开发行优先股

第四十一条 非上市公众公司非公开发行优先股应符合下列条件：

（一）合法规范经营；

（二）公司治理机制健全；

（三）依法履行信息披露义务。

第四十二条　非上市公众公司非公开发行优先股应当遵守本办法第二十三条、第二十四条、第二十五条、第三十二条、第三十三条的规定。

第四十三条　非上市公众公司非公开发行优先股仅向本办法规定的合格投资者发行，每次发行对象不得超过二百人，且相同条款优先股的发行对象累计不得超过二百人。

第四十四条　非上市公众公司拟发行优先股的，董事会应依法就具体方案、本次发行对公司各类股东权益的影响、发行优先股的目的、募集资金的用途及其他必须明确的事项作出决议，并提请股东大会批准。

董事会决议确定具体发行对象的，董事会决议应当确定具体的发行对象名称及其认购价格或定价原则、认购数量或数量区间等；同时应在召开董事会前与相应发行对象签订附条件生效的股份认购合同。董事会决议未确定具体发行对象的，董事会决议应当明确发行对象的范围和资格、定价原则等。

第四十五条　非上市公众公司股东大会就发行优先股进行审议，表决事项参照本办法第三十七条执行。发行优先股决议，须经出席会议的普通股股东（含表决权恢复的优先股股东）所持表决权的三分之二以上通过。已发行优先股的，还须经出席会议的优先股股东（不含表决权恢复的优先股股东）所持表决权的三分之二以上通过。非上市公众公司向公司特定股东及其关联人发行优先股的，股东大会就发行方案进行表决时，关联股东应当回避，公司普通股股东（不含表决权恢复的优先股股东）人数少于二百人的除外。

第四十六条　非上市公众公司发行优先股的申请、审核（豁免）、发行等相关程序应按照《非上市公众公司监督管理办法》等相关规定办理。

第五章　交易转让及登记结算

第四十七条　优先股发行后可以申请上市交易或转让，不设限售期。

公开发行的优先股可以在证券交易所上市交易。上市公司非公开发行的优先股可以在证券交易所转让，非上市公众公司非公开发行的优先股可以在全国中小企业股份转让系统转让，转让范围仅限合格投资者。交易或转让的具体办法由证券交易所或全国中小企业股份转让系统另行制定。

第四十八条　优先股交易或转让环节的投资者适当性标准应当与发行环节保持一致；非公开发行的相同条款优先股经交易或转让后，投资者不得超过二百人。

第四十九条　中国证券登记结算公司为优先股提供登记、存管、清算、交收等服务。

第六章　信 息 披 露

第五十条　公司应当按照中国证监会有关信息披露规则编制募集优先股说明书或其他信息披露文件，依法履行信息披露义务。上市公司相关信息披露程序和要求参照《上市公司证券发行管理办法》和《上市公司非公开发行股票实施细则》及有关监管指引的规定。非上市公众公司非公开发行优先股的信息披露程序和要求参照《非上市公众公司监督管理办法》及有关监管指引的规定。

第五十一条 发行优先股的公司披露定期报告时，应当以专门章节披露已发行优先股情况、持有公司优先股股份最多的前十名股东的名单和持股数额、优先股股东的利润分配情况、优先股的回购情况、优先股股东表决权恢复及行使情况、优先股会计处理情况及其他与优先股有关的情况，具体内容与格式由中国证监会规定。

第五十二条 发行优先股的上市公司，发生表决权恢复、回购普通股等事项，以及其他可能对其普通股或优先股交易或转让价格产生较大影响事项的，上市公司应当按照《证券法》第六十七条以及中国证监会的相关规定，履行临时报告、公告等信息披露义务。

第五十三条 发行优先股的非上市公众公司按照《非上市公众公司监督管理办法》及有关监管指引的规定履行日常信息披露义务。

第七章 回购与并购重组

第五十四条 上市公司可以非公开发行优先股作为支付手段，向公司特定股东回购普通股。上市公司回购普通股的价格应当公允、合理，不得损害股东或其他利益相关方的合法利益。

第五十五条 上市公司以减少注册资本为目的回购普通股公开发行优先股的，以及以非公开发行优先股为支付手段向公司特定股东回购普通股的，除应当符合优先股发行条件和程序，还应符合以下规定：

（一）上市公司回购普通股应当由董事会依法作出决议并提交股东大会批准；

（二）上市公司股东大会就回购普通股作出的决议，应当包括下列事项：回购普通股的价格区间，回购普通股的数量和比例，回购普通股的期限，决议的有效期，对董事会办理本次回购股份事宜的具体授权，其他相关事项。以发行优先股作为支付手段的，应当包括拟用于支付的优先股总金额以及支付比例；回购方案实施完毕之日起一年内公开发行优先股的，应当包括回购的资金总额以及资金来源；

（三）上市公司股东大会就回购普通股作出决议，必须经出席会议的普通股股东（含表决权恢复的优先股股东）所持表决权的三分之二以上通过；

（四）上市公司应当在股东大会作出回购普通股决议后的次日公告该决议；

（五）依法通知债权人。

本办法未做规定的应当符合中国证监会有关上市公司回购的其他规定。

第五十六条 上市公司收购要约适用于被收购公司的所有股东，但可以针对优先股股东和普通股股东提出不同的收购条件。

第五十七条 上市公司可以按照《上市公司重大资产重组管理办法》规定的条件发行优先股购买资产，同时应当遵守本办法第三十三条，以及第三十五条至第三十八条的规定，依法披露有关信息、履行相应程序。

第五十八条 上市公司发行优先股作为支付手段购买资产的，可以同时募集配套资金。

第五十九条 非上市公众公司发行优先股的方案涉及重大资产重组的，应当符合中国证监会有关重大资产重组的规定。

第八章　监管措施和法律责任

第六十条　公司及其控股股东或实际控制人，公司董事、监事、高级管理人员以及其他直接责任人员，相关市场中介机构及责任人员，以及优先股试点的其他市场参与者违反本办法规定的，依照《公司法》、《证券法》和中国证监会的有关规定处理；涉嫌犯罪的，依法移送司法机关，追究其刑事责任。

第六十一条　上市公司、非上市公众公司违反本办法规定，存在未按规定制定有关章程条款、不按照约定召集股东大会恢复优先股股东表决权等损害优先股股东和中小股东权益等行为的，中国证监会应当责令改正，对上市公司、非上市公众公司和其直接负责的主管人员和其他直接责任人员，可以采取相应的行政监管措施以及警告、三万元以下罚款等行政处罚。

第六十二条　上市公司违反本办法第二十二条第二款规定的，中国证监会可以责令改正，并在三十六个月内不受理该公司的公开发行证券申请。

第六十三条　上市公司、非上市公众公司向本办法规定的合格投资者以外的投资者非公开发行优先股，中国证监会应当责令改正，并可以自确认之日起在三十六个月内不受理该公司的发行优先股申请。

第六十四条　承销机构在承销非公开发行的优先股时，将优先股配售给不符合本办法合格投资者规定的对象的，中国证监会可以责令改正，并在三十六个月内不接受其参与证券承销。

第九章　附　　则

第六十五条　本办法所称合格投资者包括：

（一）经有关金融监管部门批准设立的金融机构，包括商业银行、证券公司、基金管理公司、信托公司和保险公司等；

（二）上述金融机构面向投资者发行的理财产品，包括但不限于银行理财产品、信托产品、投连险产品、基金产品、证券公司资产管理产品等；

（三）实收资本或实收股本总额不低于人民币五百万元的企业法人；

（四）实缴出资总额不低于人民币五百万元的合伙企业；

（五）合格境外机构投资者（QFII）、人民币合格境外机构投资者（RQFII）、符合国务院相关部门规定的境外战略投资者；

（六）除发行人董事、高级管理人员及其配偶以外的，名下各类证券账户、资金账户、资产管理账户的资产总额不低于人民币五百万元的个人投资者；

（七）经中国证监会认可的其他合格投资者。

第六十六条　非上市公众公司首次公开发行普通股并同时非公开发行优先股的，其优先股的发行与信息披露应符合本办法中关于上市公司非公开发行优先股的有关规定。

第六十七条　注册在境内的境外上市公司在境外发行优先股，应当符合境外募集股份及上市的有关规定。

注册在境内的境外上市公司在境内发行优先股，参照执行本办法关于非上市公众公司发行优先股的规定，以及《非上市公众公司监督管理办法》等相关规定，其优先股可以在全国中小企业股份转让系统进行转让。

第六十八条 本办法下列用语含义如下：

（一）强制分红：公司在有可分配税后利润的情况下必须向优先股股东分配股息；

（二）可分配税后利润：发行人股东依法享有的未分配利润；

（三）加权平均净资产收益率：按照《公开发行证券的公司信息披露编报规则第9号——净资产收益率和每股收益的计算及披露》计算的加权平均净资产收益率；

（四）上证50指数：中证指数有限公司发布的上证50指数。

第六十九条 本办法中计算合格投资者人数时，同一资产管理机构以其管理的两只以上产品认购或受让优先股的，视为一人。

第七十条 本办法自公布之日起施行。

2 | 2 非上市公众公司收购管理办法

中国证券监督管理委员会令（第102号） 2014年6月23日 2014年7月23日实施

第一章 总 则

第一条 为了规范非上市公众公司（以下简称公众公司）的收购及相关股份权益变动活动，保护公众公司和投资者的合法权益，维护证券市场秩序和社会公共利益，促进证券市场资源的优化配置，根据《证券法》、《公司法》、《国务院关于全国中小企业股份转让系统有关问题的决定》、《国务院关于进一步优化企业兼并重组市场环境的意见》及其他相关法律、行政法规，制定本办法。

第二条 股票在全国中小企业股份转让系统（以下简称全国股份转让系统）公开转让的公众公司，其收购及相关股份权益变动活动应当遵守本办法的规定。

第三条 公众公司的收购及相关股份权益变动活动，必须遵守法律、行政法规及中国证券监督管理委员会（以下简称中国证监会）的规定，遵循公开、公平、公正的原则。当事人应当诚实守信，遵守社会公德、商业道德，自觉维护证券市场秩序，接受政府、社会公众的监督。

第四条 公众公司的收购及相关股份权益变动活动涉及国家产业政策、行业准入、国有股份转让、外商投资等事项，需要取得国家相关部门批准的，应当在取得批准后进行。

第五条 收购人可以通过取得股份的方式成为公众公司的控股股东，可以通过投资关系、协议、其他安排的途径成为公众公司的实际控制人，也可以同时采取上述方式和途径取得公众公司控制权。

收购人包括投资者及其一致行动人。

第六条 进行公众公司收购，收购人及其实际控制人应当具有良好的诚信记录，收购人及其实际控制人为法人的，应当具有健全的公司治理机制。任何人不得利用公众公司收购损害被收购公司及其股东的合法权益。

有下列情形之一的，不得收购公众公司：

（一）收购人负有数额较大债务，到期未清偿，且处于持续状态；

（二）收购人最近2年有重大违法行为或者涉嫌有重大违法行为；

（三）收购人最近2年有严重的证券市场失信行为；

（四）收购人为自然人的，存在《公司法》第一百四十六条规定的情形；

（五）法律、行政法规规定以及中国证监会认定的不得收购公众公司的其他情形。

第七条 被收购公司的控股股东或者实际控制人不得滥用股东权利损害被收购公司或者其他股东的合法权益。

被收购公司的控股股东、实际控制人及其关联方有损害被收购公司及其他股东合法权益的，上述控股股东、实际控制人在转让被收购公司控制权之前，应当主动消除损害；未能消除损害的，应当就其出让相关股份所得收入用于消除全部损害做出安排，对不足以消除损害的部分应当提供充分有效的履约担保或安排，并提交被收购公司股东大会审议通过，被收购公司的控股股东、实际控制人及其关联方应当回避表决。

第八条 被收购公司的董事、监事、高级管理人员对公司负有忠实义务和勤勉义务，应当公平对待收购本公司的所有收购人。

被收购公司董事会针对收购所做出的决策及采取的措施，应当有利于维护公司及其股东的利益，不得滥用职权对收购设置不适当的障碍，不得利用公司资源向收购人提供任何形式的财务资助。

第九条 收购人按照本办法第三章、第四章的规定进行公众公司收购的，应当聘请具有财务顾问业务资格的专业机构担任财务顾问，但通过国有股行政划转或者变更、因继承取得股份、股份在同一实际控制人控制的不同主体之间进行转让、取得公众公司向其发行的新股、司法判决导致收购人成为或拟成为公众公司第一大股东或者实际控制人的情形除外。

收购人聘请的财务顾问应当勤勉尽责，遵守行业规范和职业道德，保持独立性，对收购人进行辅导，帮助收购人全面评估被收购公司的财务和经营状况；对收购人的相关情况进行尽职调查，对收购人披露的文件进行充分核查和验证；对收购事项客观、公正地发表专业意见，并保证其所制作、出具文件的真实性、准确性和完整性。在收购人公告被收购公司收购报告书至收购完成后12个月内，财务顾问应当持续督导收购人遵守法律、行政法规、中国证监会的规定、全国股份转让系统相关规则以及公司章程，依法行使股东权利，切实履行承诺或者相关约定。

财务顾问认为收购人利用收购损害被收购公司及其股东合法权益的，应当拒绝为收购人提供财务顾问服务。

第十条 公众公司的收购及相关股份权益变动活动中的信息披露义务人，应当依法严格履行信息披露和其他法定义务，并保证所披露的信息及时、真实、准确、完整，不得有虚假记载、误导性陈述或者重大遗漏。

信息披露义务人应当在全国股份转让系统指定的信息披露平台（以下简称指定网站）依法披露信息；在其他媒体上进行披露的，披露内容应当一致，披露时间不得早于指定网站的披露时间。在相关信息披露前，信息披露义务人及知悉相关信息的人员负有保密义务，禁止利用该信息进行内幕交易和从事证券市场操纵行为。

信息披露义务人依法披露前，相关信息已在媒体上传播或者公司股票转让出现异常的，公众公司应当立即向当事人进行查询，当事人应当及时予以书面答复，公众公司应当及时披露。

第十一条 中国证监会依法对公众公司的收购及相关股份权益变动活动进行监督管理。

全国股份转让系统应当制定业务规则，为公众公司的收购及相关股份权益变动活动提供服务，对相关证券转让活动进行实时监控，监督公众公司的收购及相关股份权益变动活动的信息披露义务人切实履行信息披露义务。

中国证券登记结算有限责任公司应当制定业务规则，为公众公司的收购及相关股份权益变动活动所涉及的证券登记、存管、结算等事宜提供服务。

第二章 权益披露

第十二条 投资者在公众公司中拥有的权益，包括登记在其名下的股份和虽未登记在其名下但该投资者可以实际支配表决权的股份。投资者及其一致行动人在公众公司中拥有的权益应当合并计算。

第十三条 有下列情形之一的，投资者及其一致行动人应当在该事实发生之日起 2 日内编制并披露权益变动报告书，报送全国股份转让系统，同时通知该公众公司；自该事实发生之日起至披露后 2 日内，不得再行买卖该公众公司的股票。

（一）通过全国股份转让系统的做市方式、竞价方式进行证券转让，投资者及其一致行动人拥有权益的股份达到公众公司已发行股份的 10%；

（二）通过协议方式，投资者及其一致行动人在公众公司中拥有权益的股份拟达到或者超过公众公司已发行股份的 10%。

投资者及其一致行动人拥有权益的股份达到公众公司已发行股份的 10% 后，其拥有权益的股份占该公众公司已发行股份的比例每增加或者减少 5%（即其拥有权益的股份每达到 5% 的整数倍时），应当依照前款规定进行披露。自该事实发生之日起至披露后 2 日内，不得再行买卖该公众公司的股票。

第十四条 投资者及其一致行动人通过行政划转或者变更、执行法院裁定、继承、赠与等方式导致其直接拥有权益的股份变动达到前条规定比例的，应当按照前条规定履行披露义务。

投资者虽不是公众公司的股东，但通过投资关系、协议、其他安排等方式进行收购导致其间接拥有权益的股份变动达到前条规定比例的，应当按照前条规定履行披露义务。

第十五条 因公众公司向其他投资者发行股份、减少股本导致投资者及其一致行动人拥有权益的股份变动出现本章规定情形的，投资者及其一致行动人免于履行披露义务。公众公司应当自完成增加股本、减少股本的变更登记之日起 2 日内，就因此导致的公司股东拥有权益的股份变动情况进行披露。

第三章 控制权变动披露

第十六条 通过全国股份转让系统的证券转让，投资者及其一致行动人拥有权益的股份变动导致其成为公众公司第一大股东或者实际控制人，或者通过投资关系、协议转让、行政划转或者变更、执行法院裁定、继承、赠与、其他安排等方式拥有权益的股份变动导致其成为或拟成为公众公司第一大股东或者实际控制人且拥有权益的股份超过公众公司已发行股份 10% 的，应当在该事实发生之日起2日内编制收购报告书,连同财务顾问专业意见和律师出具的法律意见书一并披露,报送全国股份转让系统,同时通知该公众公司。

收购公众公司股份需要取得国家相关部门批准的,收购人应当在收购报告书中进行明确说明,并持续披露批准程序进展情况。

第十七条　以协议方式进行公众公司收购的,自签订收购协议起至相关股份完成过户的期间为公众公司收购过渡期(以下简称过渡期)。在过渡期内,收购人不得通过控股股东提议改选公众公司董事会,确有充分理由改选董事会的,来自收购人的董事不得超过董事会成员总数的1/3;被收购公司不得为收购人及其关联方提供担保;被收购公司不得发行股份募集资金。

在过渡期内,被收购公司除继续从事正常的经营活动或者执行股东大会已经作出的决议外,被收购公司董事会提出拟处置公司资产、调整公司主要业务、担保、贷款等议案,可能对公司的资产、负债、权益或者经营成果造成重大影响的,应当提交股东大会审议通过。

第十八条　按照本办法进行公众公司收购后,收购人成为公司第一大股东或者实际控制人的,收购人持有的被收购公司股份,在收购完成后12个月内不得转让。

收购人在被收购公司中拥有权益的股份在同一实际控制人控制的不同主体之间进行转让不受前述12个月的限制。

第十九条　在公众公司收购中,收购人做出公开承诺事项的,应同时提出所承诺事项未能履行时的约束措施,并公开披露。

全国股份转让系统应当对收购人履行公开承诺行为进行监督和约束,对未能履行承诺的收购人及时采取自律监管措施。

第二十条　公众公司控股股东、实际控制人向收购人协议转让其所持有的公众公司股份的,应当对收购人的主体资格、诚信情况及收购意图进行调查,并在其权益变动报告书中披露有关调查情况。

被收购公司控股股东、实际控制人及其关联方未清偿其对公司的负债,未解除公司为其负债提供的担保,或者存在损害公司利益的其他情形的,被收购公司董事会应当对前述情形及时披露,并采取有效措施维护公司利益。

第四章　要 约 收 购

第二十一条　投资者自愿选择以要约方式收购公众公司股份的,可以向被收购公司所有股东发出收购其所持有的全部股份的要约(以下简称全面要约),也可以向被收购公司所有股东发出收购其所持有的部分股份的要约(以下简称部分要约)。

第二十二条　收购人自愿以要约方式收购公众公司股份的,其预定收购的股份比例不得低于该公众公司已发行股份的5%。

第二十三条　公众公司应当在公司章程中约定在公司被收购时收购人是否需要向公司全体股东发出全面要约收购,并明确全面要约收购的触发条件以及相应制度安排。

收购人根据被收购公司章程规定需要向公司全体股东发出全面要约收购的,对同一种类股票的要约价格,不得低于要约收购报告书披露日前6个月内取得该种股票所支付的最高价格。

第二十四条　以要约方式进行公众公司收购的,收购人应当公平对待被收购公司的所有股东。

第二十五条 以要约方式收购公众公司股份的，收购人应当聘请财务顾问，并编制要约收购报告书，连同财务顾问专业意见和律师出具的法律意见书一并披露，报送全国股份转让系统，同时通知该公众公司。

要约收购需要取得国家相关部门批准的，收购人应当在要约收购报告书中进行明确说明，并持续披露批准程序进展情况。

第二十六条 收购人可以采用现金、证券、现金与证券相结合等合法方式支付收购公众公司的价款。收购人聘请的财务顾问应当说明收购人具备要约收购的能力。收购人应当在披露要约收购报告书的同时，提供以下至少一项安排保证其具备履约能力：

（一）将不少于收购价款总额的20%作为履约保证金存入中国证券登记结算有限责任公司指定的银行等金融机构；收购人以在中国证券登记结算有限责任公司登记的证券支付收购价款的，在披露要约收购报告书的同时，将用于支付的全部证券向中国证券登记结算有限责任公司申请办理权属变更或锁定；

（二）银行等金融机构对于要约收购所需价款出具的保函；

（三）财务顾问出具承担连带担保责任的书面承诺。如要约期满，收购人不支付收购价款，财务顾问应当承担连带责任，并进行支付。

收购人以证券支付收购价款的，应当披露该证券的发行人最近2年经审计的财务会计报表、证券估值报告，并配合被收购公司或其聘请的独立财务顾问的尽职调查工作。收购人以未在中国证券登记结算有限责任公司登记的证券支付收购价款的，必须同时提供现金方式供被收购公司的股东选择，并详细披露相关证券的保管、送达被收购公司股东的方式和程序安排。

第二十七条 被收购公司董事会应当对收购人的主体资格、资信情况及收购意图进行调查，对要约条件进行分析，对股东是否接受要约提出建议，并可以根据自身情况选择是否聘请独立财务顾问提供专业意见。

被收购公司决定聘请独立财务顾问的，可以聘请为其提供督导服务的主办券商为独立财务顾问，但存在影响独立性、财务顾问业务受到限制等不宜担任独立财务顾问情形的除外。被收购公司也可以同时聘请其他机构为其提供顾问服务。

第二十八条 收购要约约定的收购期限不得少于30日，并不得超过60日；但是出现竞争要约的除外。

收购期限自要约收购报告书披露之日起开始计算。要约收购需要取得国家相关部门批准的，收购人应将取得的本次收购的批准情况连同律师出具的专项核查意见一并在取得全部批准后2日内披露，收购期限自披露之日起开始计算。

在收购要约约定的承诺期限内，收购人不得撤销其收购要约。

第二十九条 采取要约收购方式的，收购人披露后至收购期限届满前，不得卖出被收购公司的股票，也不得采取要约规定以外的形式和超出要约的条件买入被收购公司的股票。

第三十条 收购人需要变更收购要约的，应当重新编制并披露要约收购报告书，报送全国股份转让系统，同时通知被收购公司。变更后的要约收购价格不得低于变更前的要约收购价格。

收购要约期限届满前15日内，收购人不得变更收购要约；但是出现竞争要约的除外。

出现竞争要约时，发出初始要约的收购人变更收购要约距初始要约收购期限届满不足15日的，应当延长收购期限，延长后的要约期应当不少于15日，不得超过最后一个竞争要约的期满日，并按规定比例追加履约保证能力。

发出竞争要约的收购人最迟不得晚于初始要约收购期限届满前15日披露要约收购报告书，并应当根据本办法的规定履行披露义务。

第三十一条　在要约收购期间，被收购公司董事不得辞职。

第三十二条　同意接受收购要约的股东（以下简称预受股东），应当委托证券公司办理预受要约的相关手续。

在要约收购期限届满前2日内，预受股东不得撤回其对要约的接受。在要约收购期限内，收购人应当每日披露已预受收购要约的股份数量。

在要约收购期限届满后2日内，收购人应当披露本次要约收购的结果。

第三十三条　收购期限届满，发出部分要约的收购人应当按照收购要约约定的条件购买被收购公司股东预受的股份，预受要约股份的数量超过预定收购数量时，收购人应当按照同等比例收购预受要约的股份；发出全面要约的收购人应当购买被收购公司股东预受的全部股份。

第五章　监管措施与法律责任

第三十四条　公众公司董事未履行忠实勤勉义务，利用收购谋取不当利益的，中国证监会采取监管谈话、出具警示函等监管措施，情节严重的，有权认定其为不适当人选。涉嫌犯罪的，依法移交司法机关追究其刑事责任。

第三十五条　收购人在收购要约期限届满时，不按照约定支付收购价款或者购买预受股份的，自该事实发生之日起2年内不得收购公众公司；涉嫌操纵证券市场的，中国证监会对收购人进行调查，依法追究其法律责任。

前款规定的收购人聘请的财务顾问没有充分证据表明其勤勉尽责的，中国证监会视情节轻重，自确认之日起采取3个月至12个月内不接受该机构出具的相关专项文件、12个月至36个月内不接受相关签字人员出具的专项文件的监管措施，并依法追究其法律责任。

第三十六条　公众公司控股股东和实际控制人在转让其对公司的控制权时，未清偿其对公司的负债，未解除公司为其提供的担保，或者未对其损害公司利益的其他情形作出纠正的，且被收购公司董事会未对前述情形及时披露并采取有效措施维护公司利益的，中国证监会责令改正，在改正前收购人应当暂停收购活动。

被收购公司董事会未能依法采取有效措施促使公司控股股东、实际控制人予以纠正，或者在收购完成后未能促使收购人履行承诺、安排或者保证的，中国证监会有权认定相关董事为不适当人选。

第三十七条　公众公司的收购及相关股份权益变动活动中的信息披露义务人，未按照本办法的规定履行信息披露以及其他相关义务，或者信息披露文件中有虚假记载、误导性陈述或者重大遗漏的，中国证监会采取责令改正、监管谈话、出具警示函、责令暂停或者终止收购等监管措施；情节严重的，比照《证券法》第一百九十三条、第二百一十三条进行行政处罚，并可以采取市场禁入的措施；涉嫌犯罪的，依法移送司法机关追究刑事责任。

第三十八条 投资者及其一致行动人规避法定程序和义务，变相进行公众公司收购，或者外国投资者规避管辖的，中国证监会采取责令改正、出具警示函、责令暂停或者停止收购等监管措施；情节严重的，进行行政处罚，并可以采取市场禁入的措施；涉嫌犯罪的，依法移交司法机关追究其刑事责任。

第三十九条 为公众公司收购出具审计报告、法律意见书和财务顾问报告的证券服务机构或者证券公司及其专业人员，未依法履行职责的，中国证监会采取责令改正、监管谈话、出具警示函等监管措施；情节严重的，比照《证券法》第二百二十三条进行行政处罚，并可以采取市场禁入的措施；涉嫌犯罪的，依法移送司法机关追究刑事责任。

第四十条 任何知悉收购信息的人员在相关信息依法披露前，泄露该信息、买卖或者建议他人买卖相关公司股票的，比照《证券法》第二百零二条予以处罚；涉嫌犯罪的，依法移送司法机关追究刑事责任。

第四十一条 编造、传播虚假收购信息，操纵证券市场或者进行欺诈活动的，比照《证券法》第二百零三条、二百零七条予以处罚；涉嫌犯罪的，依法移送司法机关追究刑事责任。

第四十二条 中国证监会将公众公司的收购及相关股份权益变动活动中的当事人的违法行为和整改情况记入诚信档案。

第六章 附 则

第四十三条 本办法所称一致行动人、公众公司控制权及持股比例计算等参照《上市公司收购管理办法》的相关规定。

第四十四条 为公众公司收购提供服务的财务顾问的业务许可、业务规则和法律责任等，按照《上市公司并购重组财务顾问业务管理办法》的相关规定执行。

第四十五条 做市商持有公众公司股份相关权益变动信息的披露，由中国证监会另行规定。

第四十六条 股票不在全国股份转让系统公开转让的公众公司收购及相关股份权益变动的信息披露内容比照本办法的相关规定执行。

第四十七条 本办法自2014年7月23日起施行。

2 | 3 非上市公众公司重大资产重组管理办法

中国证券监督管理委员会公告〔2013〕54号 2013年12月26日公布实施

《证券法》第十条明确规定“向特定对象发行证券累计超过二百人的”属于公开发行，需依法报经中国证监会核准。对于股东人数已经超过200人的未上市股份有限公司（以下简称200人公司），符合本指引规定的，可申请公开发行并在证券交易所上市、在全国中小企业股份转让系统（以下简称全国股份转让系统）挂牌公开转让等行政许可。对200人公司合规性的审核纳入行政许可过程中一并审核，不再单独审核。现将200人公司的审核标准、申请文件、股份代持及间接持股处理等事项的监管要求明确如下：

一、审核标准

200人公司申请行政许可的合规性应当符合本指引规定的下列要求：

（一）公司依法设立且合法存续

200人公司的设立、增资等行为不违反当时法律明确的禁止性规定，目前处于合法存续状态。城市商业银行、农村商业银行等银行业股份公司应当符合《关于规范金融企业内部职工持股的通知》（财金〔2010〕97号）。

200人公司的设立、历次增资依法需要批准的，应当经过有权部门的批准。存在不规范情形的，应当经过规范整改，并经当地省级人民政府确认。

200人公司在股份形成及转让过程中不存在虚假陈述、出资不实、股权管理混乱等情形，不存在重大诉讼、纠纷以及重大风险隐患。

（二）股权清晰

200人公司的股权清晰，是指股权形成真实、有效，权属清晰及股权结构清晰。具体要求包括：

1. 股权权属明确。200人公司应当设置股东名册并进行有序管理，股东、公司及相关方对股份归属、股份数量及持股比例无异议。股权结构中存在工会或职工持股会代持、委托持股、信托持股、以及通过“持股平台”间接持股等情形的，应当按照本指引的相关规定进行规范。

本指引所称“持股平台”是指单纯以持股为目的的合伙企业、公司等持股主体。

2. 股东与公司之间、股东之间、股东与第三方之间不存在重大股份权属争议、纠纷或潜在纠纷。

3. 股东出资行为真实，不存在重大法律瑕疵，或者相关行为已经得到有效规范，不存在风险隐患。

申请行政许可的200人公司应当对股份进行确权，通过公证、律师见证等方式明确股份的权属。申请公开发行并在证券交易所上市的，经过确权的股份数量应当达到股份总数的90%以上（含90%）；申请在全国股份转让系统挂牌公开转让的，经过确权的股份数量应当达到股份总数的80%以上（含80%）。未确权的部分应当设立股份托管账户，专户管理，并明确披露有关责任的承担主体。

（三）经营规范

200人公司持续规范经营，不存在资不抵债或者明显缺乏清偿能力等破产风险的情形。

（四）公司治理与信息披露制度健全

200人公司按照中国证监会的相关规定，已经建立健全了公司治理机制和履行信息披露义务的各项制度。

二、申请文件

（一）200人公司申请行政许可，应当提交下列文件：

1. 企业法人营业执照

2. 公司关于股权形成过程的专项说明；

3. 设立、历次增资的批准文件；

4. 证券公司出具的专项核查报告；

5. 律师事务所出具的专项法律意见书，或者在提交行政许可的法律意见书中出具专项法律意见。

以上各项文件如已在申请公开发行并在证券交易所上市或者在全国股份转让系统挂牌公开转让的申请文件中提交，可不重复提交。

（二）存在下列情形之一的，应当报送省级人民政府出具的确认函：

1. 1994 年 7 月 1 日《公司法》实施前，经过体改部门批准设立，但存在内部职工股超范围或超比例发行、法人股向社会个人发行等不规范情形的定向募集公司。

2. 1994 年 7 月 1 日《公司法》实施前，依法批准向社会公开发行股票的公司。

3. 按照《国务院办公厅转发证监会关于清理整顿场外非法股票交易方案的通知》（国办发〔1998〕10 号），清理整顿证券交易场所后"下柜"形成的股东超过 200 人的公司。

4. 中国证监会认为需要省级人民政府出具确认函的其他情形。

省级人民政府出具的确认函应当说明公司股份形成、规范的过程以及存在的问题，并明确承担相应责任。

（三）股份已经委托股份托管机构进行集中托管的，应当由股份托管机构出具股份托管情况的证明。股份未进行集中托管的，应当按照前款规定提供省级人民政府的确认函。

（四）属于 200 人公司的城市商业银行、农村商业银行等银行业股份公司应当提供中国银行业监督管理机构出具的监管意见。

三、关于股份代持及间接持股的处理

（一）一般规定

股份公司股权结构中存在工会代持、职工持股会代持、委托持股或信托持股等股份代持关系，或者存在通过"持股平台"间接持股的安排以致实际股东超过 200 人的，在依据本指引申请行政许可时，应当已经将代持股份还原至实际股东、将间接持股转为直接持股，并依法履行了相应的法律程序。

（二）特别规定

以私募股权基金、资产管理计划以及其他金融计划进行持股的，如果该金融计划是依据相关法律法规设立并规范运作，且已经接受证券监督管理机构监管的，可不进行股份还原或转为直接持股。

四、相关各方的责任

（一）公司及其相关人员的责任

在申请文件制作及申报过程中，公司及其控股股东、实际控制人、董事、监事及高级管理人员应当在申请文件中签名保证内容真实、准确、完整。

公司控股股东、实际控制人、董事、监事及高级管理人员应当积极配合相关证券公司、律师事务所、会计师事务所开展尽职调查。

（二）中介机构的职责

证券公司、律师事务所应当勤勉尽责，对公司股份形成、经营情况、公司治理及信息披露等方面进行充分核查验证，确保所出具的文件无虚假记载、误导性陈述或者重大遗漏。

五、附则

（一）申请行政许可的 200 人公司的控股股东、实际控制人或者重要控股子公司也属于 200 人公司的，应当依照本指引的要求进行规范。

（二）2006 年 1 月 1 日《证券法》修订实施后，未上市股份有限公司股东人数超过 200 人的，应当符合《证券法》和《非上市公众公司监督管理办法》的有关规定。国家另有规定的，从其规定。

（三）本指引自公布之日起施行。

2 | 4　全国中小企业股份转让系统有限责任公司管理暂行办法

中国证券监督管理委员会令（第 89 号）　2013 年 1 月 31 日公布实施

第一章　总　　则

第一条　为加强对全国中小企业股份转让系统有限责任公司（以下简称全国股份转让系统公司）的管理，明确其职权与责任，维护股票挂牌转让及相关活动的正常秩序，根据《公司法》、《证券法》等法律、行政法规，制定本办法。

第二条　全国中小企业股份转让系统（以下简称全国股份转让系统）是经国务院批准设立的全国性证券交易场所。

第三条　股票在全国股份转让系统挂牌的公司（以下简称挂牌公司）为非上市公众公司，股东人数可以超过 200 人，接受中国证券监督管理委员会（以下简称中国证监会）的统一监督管理。

第四条　全国股份转让系统公司负责组织和监督挂牌公司的股票转让及相关活动，实行自律管理。

第五条　全国股份转让系统公司应当坚持公益优先的原则，维护公开、公平、公正的市场环境，保证全国股份转让系统的正常运行，为全国股份转让系统各参与人提供优质、高效、低成本的金融服务。

第六条　全国股份转让系统的股票挂牌转让及相关活动，必须遵守法律、行政法规和各项规章规定，禁止欺诈、内幕交易、操纵市场等违法违规行为。

第七条　中国证监会依法对全国股份转让系统公司、全国股份转让系统的各项业务活动及各参与人实行统一监督管理，维护全国股份转让系统运行秩序，依法查处违法违规行为。

第二章　全国股份转让系统公司的职能

第八条　全国股份转让系统公司的职能包括：

（一）建立、维护和完善股票转让相关技术系统和设施；

（二）制定和修改全国股份转让系统业务规则；

（三）接受并审查股票挂牌及其他相关业务申请，安排符合条件的公司股票挂牌；

（四）组织、监督股票转让及相关活动；

（五）对主办券商等全国股份转让系统参与人进行监管；

（六）对挂牌公司及其他信息披露义务人进行监管；

（七）管理和公布全国股份转让系统相关信息；

（八）中国证监会批准的其他职能。

第九条　全国股份转让系统公司应当就股票挂牌、股票转让、主办券商管理、挂牌公司管理、投资者适当性管理等依法制定基本业务规则。

全国股份转让系统公司制定与修改基本业务规则，应当经中国证监会批准。制定与修改其他业务规则，应当报中国证监会备案。

第十条　全国股份转让系统挂牌新的证券品种或采用新的转让方式，应当报中国证监会批准。

第十一条　全国股份转让系统公司应当为组织公平的股票转让提供保障，公布股票转让即时行情。未经全国股份转让系统公司许可，任何单位和个人不得发布、使用或传播股票转让即时行情。

第十二条　全国股份转让系统公司收取的资金和费用应当符合有关主管部门的规定，并优先用于维护和完善相关技术系统和设施。

全国股份转让系统公司应当制定专项财务管理规则，并报中国证监会备案。

第十三条　全国股份转让系统公司应当从其收取的费用中提取一定比例的金额设立风险基金。风险基金提取和使用的具体办法，由中国证监会另行制定。

第十四条　全国股份转让系统的登记结算业务由中国证券登记结算有限责任公司负责。全国股份转让系统公司应当与其签订业务协议，并报中国证监会备案。

第三章　全国股份转让系统公司的组织结构

第十五条　全国股份转让系统公司应当按照《公司法》等法律、行政法规和中国证监会的规定，制定公司章程，明确股东会、董事会、监事会和经理层之间的职责划分，建立健全内部组织机构，完善公司治理。

全国股份转让系统公司章程的制定和修改，应当经中国证监会批准。

第十六条　全国股份转让系统公司的股东应当具备法律、行政法规和中国证监会规定的资格条件，股东持股比例应当符合中国证监会的有关规定。

全国股份转让系统公司新增股东或原股东转让所持股份的，应当报中国证监会批准。

第十七条　全国股份转让系统公司董事会、监事会的组成及议事规则应当符合有关法律、行政法规和中国证监会的规定，并报中国证监会备案。

第十八条　全国股份转让系统公司董事长、副董事长、监事会主席及高级管理人员由中国证监会提名，任免程序和任期遵守《公司法》和全国股份转让系统公司章程的有关规定。

前款所述高级管理人员的范围，由全国股份转让系统公司章程规定。

第十九条　全国股份转让系统公司应当根据需要设立专门委员会。各专门委员会的组成及议事规则报中国证监会备案。

第四章　全国股份转让系统公司的自律监管

第二十条　全国股份转让系统实行主办券商制度。在全国股份转让系统从事主办券商业务的证券公司称为主办券商。

主办券商业务包括推荐股份公司股票挂牌,对挂牌公司进行持续督导,代理投资者买卖挂牌公司股票,为股票转让提供做市服务及其他全国股份转让系统公司规定的业务。

第二十一条　全国股份转让系统公司依法对股份公司股票挂牌、定向发行等申请及主办券商推荐文件进行审查,出具审查意见。

全国股份转让系统公司应当与符合条件的股份公司签署挂牌协议,确定双方的权利义务关系。

第二十二条　全国股份转让系统公司应当督促申请股票挂牌的股份公司、挂牌公司及其他信息披露义务人,依法履行信息披露义务,真实、准确、完整、及时地披露信息,不得有虚假记载、误导性陈述或者重大遗漏。

第二十三条　挂牌公司应当符合全国股份转让系统持续挂牌条件,不符合持续挂牌条件的,全国股份转让系统公司应当及时作出股票暂停或终止挂牌的决定,及时公告,并报中国证监会备案。

第二十四条　挂牌股票转让可以采取做市方式、协议方式、竞价方式或证监会批准的其他转让方式。

第二十五条　全国股份转让系统实行投资者适当性管理制度。参与股票转让的投资者应当具备一定的证券投资经验和相应的风险识别和承担能力,了解熟悉相关业务规则。

第二十六条　因突发性事件而影响股票转让的正常进行时,全国股份转让系统公司可以采取技术性停牌措施;因不可抗力的突发性事件或者为维护股票转让的正常秩序,可以决定临时停市。

全国股份转让系统公司采取技术性停牌或者决定临时停市,应当及时报告中国证监会。

第二十七条　全国股份转让系统公司应当建立市场监控制度及相应技术系统,配备专门市场监察人员,依法对股票转让实行监控,及时发现、及时制止内幕交易、市场操纵等异常转让行为。

对违反法律法规及业务规则的,全国股份转让系统公司应当及时采取自律监管措施,并视情节轻重或根据监管要求,及时向中国证监会报告。

第二十八条　全国股份转让系统公司应当督促主办券商、律师事务所、会计师事务所等为挂牌转让等相关业务提供服务的证券服务机构和人员,诚实守信、勤勉尽责,严格履行法定职责,遵守法律法规和行业规范,并对出具文件的真实性、准确性、完整性负责。

第二十九条　全国股份转让系统公司发现相关当事人违反法律法规及业务规则的,可以依法采取自律监管措施,并报中国证监会备案。依法应当由中国证监会进行查处的,全国股份转让系统公司应当向中国证监会提出查处建议。

第五章　监督管理

第三十条　全国股份转让系统公司应当向中国证监会报告股东会、董事会、监事会、总经理办公会议和其他重要会议的会议纪要，全国股份转让系统运行情况，全国股份转让系统公司自律监管职责履行情况、日常工作动态以及中国证监会要求报告的其他信息。

全国股份转让系统公司的其他报告义务，比照执行证券交易所管理有关规定。

第三十一条　中国证监会有权要求全国股份转让系统公司对其章程和业务规则进行修改。

第三十二条　中国证监会依法对全国股份转让系统公司进行监管，开展定期、不定期的现场检查，并对其履职和运营情况进行评估和考核。

全国股份转让系统公司及相关人员违反本办法规定，在监管工作中不履行职责，或者不履行本办法规定的有关义务，中国证监会比照证券交易所管理有关规定进行查处。

第六章　附　　则

第三十三条　全国股份转让系统公司为其他证券品种提供挂牌转让服务的，比照本办法执行。

第三十四条　在证券公司代办股份转让系统的原 STAQ、NET 系统挂牌公司和退市公司及其股份转让相关活动，由全国股份转让系统公司负责监督管理。

第三十五条　本办法公布之日起施行。

2 | 5　非上市公众公司监督管理办法

中国证券监督管理委员会令第 96 号　2012 年 9 月 28 日审议通过　2013 年 12 月 26 日修改并公布实施

第一章　总　　则

第一条　为了规范非上市公众公司股票转让和发行行为，保护投资者合法权益，维护社会公共利益，根据《证券法》、《公司法》及相关法律法规的规定，制定本办法。

第二条　本办法所称非上市公众公司（以下简称公众公司）是指有下列情形之一且其股票未在证券交易所上市交易的股份有限公司：

（一）股票向特定对象发行或者转让导致股东累计超过 200 人；

（二）股票公开转让。

第三条　公众公司应当按照法律、行政法规、本办法和公司章程的规定，做到股权明晰，合法规范经营，公司治理机制健全，履行信息披露义务。

第四条　公众公司公开转让股票应当在全国中小企业股份转让系统进行，公开转让的公众公司股票应当在中国证券登记结算公司集中登记存管。

第五条　公众公司可以依法进行股权融资、债权融资、资产重组等。

公众公司发行优先股等证券品种，应当遵守法律、行政法规和中国证券监督管理委员会（以下简称中国证监会）的相关规定。

第六条 为公司出具专项文件的证券公司、律师事务所、会计师事务所及其他证券服务机构，应当勤勉尽责、诚实守信，认真履行审慎核查义务，按照依法制定的业务规则、行业执业规范和职业道德准则发表专业意见，保证所出具文件的真实性、准确性和完整性，并接受中国证监会的监管。

第二章 公司治理

第七条 公众公司应当依法制定公司章程。

中国证监会依法对公众公司章程必备条款作出具体规定，规范公司章程的制定和修改。

第八条 公众公司应当建立兼顾公司特点和公司治理机制基本要求的股东大会、董事会、监事会制度，明晰职责和议事规则。

第九条 公众公司的治理结构应当确保所有股东，特别是中小股东充分行使法律、行政法规和公司章程规定的合法权利。

股东对法律、行政法规和公司章程规定的公司重大事项，享有知情权和参与权。

公众公司应当建立健全投资者关系管理，保护投资者的合法权益。

第十条 公众公司股东大会、董事会、监事会的召集、提案审议、通知时间、召开程序、授权委托、表决和决议等应当符合法律、行政法规和公司章程的规定；会议记录应当完整并安全保存。

股东大会的提案审议应当符合程序，保障股东的知情权、参与权、质询权和表决权；董事会应当在职权范围和股东大会授权范围内对审议事项作出决议，不得代替股东大会对超出董事会职权范围和授权范围的事项进行决议。

第十一条 公众公司董事会应当对公司的治理机制是否给所有的股东提供合适的保护和平等权利等情况进行充分讨论、评估。

第十二条 公众公司应当强化内部管理，按照相关规定建立会计核算体系、财务管理和风险控制等制度，确保公司财务报告真实可靠及行为合法合规。

第十三条 公众公司进行关联交易应当遵循平等、自愿、等价、有偿的原则，保证交易公平、公允，维护公司的合法权益，根据法律、行政法规、中国证监会的规定和公司章程，履行相应的审议程序。

第十四条 公众公司应当采取有效措施防止股东及其关联方以各种形式占用或者转移公司的资金、资产及其他资源。

第十五条 公众公司实施并购重组行为，应当按照法律、行政法规、中国证监会的规定和公司章程，履行相应的决策程序并聘请证券公司和相关证券服务机构出具专业意见。

任何单位和个人不得利用并购重组损害公众公司及其股东的合法权益。

第十六条 进行公众公司收购，收购人或者其实际控制人应当具有健全的公司治理机制和良好的诚信记录。收购人不得以任何形式从被收购公司获得财务资助，不得利用收购活动损害被收购公司及其股东的合法权益。

在公众公司收购中，收购人持有的被收购公司的股份，在收购完成后12个月内不得转让。

第十七条　公众公司实施重大资产重组，重组的相关资产应当权属清晰、定价公允，重组后的公众公司治理机制健全，不得损害公众公司和股东的合法权益。

第十八条　公众公司应当按照法律的规定，同时结合公司的实际情况在章程中约定建立表决权回避制度。

第十九条　公众公司应当在章程中约定纠纷解决机制。股东有权按照法律、行政法规和公司章程的规定，通过仲裁、民事诉讼或者其他法律手段保护其合法权益。

第三章　信息披露

第二十条　公司及其他信息披露义务人应当按照法律、行政法规和中国证监会的规定，真实、准确、完整、及时地披露信息，不得有虚假记载、误导性陈述或者重大遗漏。公司及其他信息披露义务人应当向所有投资者同时公开披露信息。

公司的董事、监事、高级管理人员应当忠实、勤勉地履行职责，保证公司披露信息的真实、准确、完整、及时。

第二十一条　信息披露文件主要包括公开转让说明书、定向转让说明书、定向发行说明书、发行情况报告书、定期报告和临时报告等。具体的内容与格式、编制规则及披露要求，由中国证监会另行制定。

第二十二条　股票公开转让与定向发行的公众公司应当披露半年度报告、年度报告。年度报告中的财务会计报告应当经具有证券期货相关业务资格的会计师事务所审计。

股票向特定对象转让导致股东累计超过200人的公众公司，应当披露年度报告。年度报告中的财务会计报告应当经会计师事务所审计。

第二十三条　公众公司董事、高级管理人员应当对定期报告签署书面确认意见；对报告内容有异议的，应当单独陈述理由，并与定期报告同时披露。公众公司不得以董事、高级管理人员对定期报告内容有异议为由不按时披露定期报告。

公众公司监事会应当对董事会编制的定期报告进行审核并提出书面审核意见，说明董事会对定期报告的编制和审核程序是否符合法律、行政法规、中国证监会的规定和公司章程，报告的内容是否能够真实、准确、完整地反映公司实际情况。

第二十四条　证券公司、律师事务所、会计师事务所及其他证券服务机构出具的文件和其他有关的重要文件应当作为备查文件，予以披露。

第二十五条　发生可能对股票价格产生较大影响的重大事件，投资者尚未得知时，公众公司应当立即将有关该重大事件的情况报送临时报告，并予以公告，说明事件的起因、目前的状态和可能产生的后果。

第二十六条　公众公司实施并购重组的，相关信息披露义务人应当依法严格履行公告义务，并及时准确地向公众公司通报有关信息，配合公众公司及时、准确、完整地进行披露。

参与并购重组的相关单位和人员，在并购重组的信息依法披露前负有保密义务，禁止利用该信息进行内幕交易。

第二十七条　公众公司应当制定信息披露事务管理制度并指定具有相关专业知识的人员

负责信息披露事务。

第二十八条　除监事会公告外，公众公司披露的信息应当以董事会公告的形式发布。董事、监事、高级管理人员非经董事会书面授权，不得对外发布未披露的信息。

第二十九条　公司及其他信息披露义务人依法披露的信息，应当在中国证监会指定的信息披露平台公布。公司及其他信息披露义务人可在公司网站或者其他公众媒体上刊登依本办法必须披露的信息，但披露的内容应当完全一致，且不得早于在中国证监会指定的信息披露平台披露的时间。

股票向特定对象转让导致股东累计超过200人的公众公司可以在公司章程中约定其他信息披露方式；在中国证监会指定的信息披露平台披露相关信息的，应当符合本条第一款的要求。

第三十条　公司及其他信息披露义务人应当将信息披露公告文稿和相关备查文件置备于公司住所供社会公众查阅。

第三十一条　公司应当配合为其提供服务的证券公司及律师事务所、会计师事务所等证券服务机构的工作，按要求提供所需资料，不得要求证券公司、证券服务机构出具与客观事实不符的文件或者阻碍其工作。

第四章　股 票 转 让

第三十二条　股票向特定对象转让导致股东累计超过200人的股份有限公司，应当自上述行为发生之日起3个月内，按照中国证监会有关规定制作申请文件，申请文件应当包括但不限于：定向转让说明书、律师事务所出具的法律意见书、会计师事务所出具的审计报告。股份有限公司持申请文件向中国证监会申请核准。在提交申请文件前，股份有限公司应当将相关情况通知所有股东。

在3个月内股东人数降至200人以内的，可以不提出申请。

股票向特定对象转让应当以非公开方式协议转让。申请股票公开转让的，按照本办法第三十三条、第三十四条的规定办理。

第三十三条　公司申请其股票公开转让的，董事会应当依法就股票公开转让的具体方案作出决议，并提请股东大会批准，股东大会决议必须经出席会议的股东所持表决权的2/3以上通过。

董事会和股东大会决议中还应当包括以下内容：

（一）按照中国证监会的相关规定修改公司章程；

（二）按照法律、行政法规和公司章程的规定建立健全公司治理机制；

（三）履行信息披露义务，按照相关规定披露公开转让说明书、年度报告、半年度报告及其他信息披露内容。

第三十四条　股东人数超过200人的公司申请其股票公开转让，应当按照中国证监会有关规定制作公开转让的申请文件，申请文件应当包括但不限于：公开转让说明书、律师事务所出具的法律意见书、具有证券期货相关业务资格的会计师事务所出具的审计报告、证券公司出具的推荐文件。公司持申请文件向中国证监会申请核准。

公开转让说明书应当在公开转让前披露。

第三十五条 中国证监会受理申请文件后，依法对公司治理和信息披露进行审核，在20个工作日内作出核准、中止审核、终止审核、不予核准的决定。

第三十六条 股东人数未超过200人的公司申请其股票公开转让，中国证监会豁免核准，由全国中小企业股份转让系统进行审查。

第三十七条 公司及其董事、监事、高级管理人员，应当对公开转让说明书、定向转让说明书签署书面确认意见，保证所披露的信息真实、准确、完整。

第三十八条 本办法施行前股东人数超过200人的股份有限公司，符合条件的，可以申请在全国中小企业股份转让系统挂牌公开转让股票、首次公开发行并在证券交易所上市。

第五章 定向发行

第三十九条 本办法所称定向发行包括向特定对象发行股票导致股东累计超过200人，以及股东人数超过200人的公众公司向特定对象发行股票两种情形。

前款所称特定对象的范围包括下列机构或者自然人：

（一）公司股东；

（二）公司的董事、监事、高级管理人员、核心员工；

（三）符合投资者适当性管理规定的自然人投资者、法人投资者及其他经济组织。

公司确定发行对象时，符合本条第二款第（二）项、第（三）项规定的投资者合计不得超过35名。

核心员工的认定，应当由公司董事会提名，并向全体员工公示和征求意见，由监事会发表明确意见后，经股东大会审议批准。

投资者适当性管理规定由中国证监会另行制定。

第四十条 公司应当对发行对象的身份进行确认，有充分理由确信发行对象符合本办法和公司的相关规定。

公司应当与发行对象签订包含风险揭示条款的认购协议。

第四十一条 公司董事会应当依法就本次股票发行的具体方案作出决议，并提请股东大会批准，股东大会决议必须经出席会议的股东所持表决权的2/3以上通过。

申请向特定对象发行股票导致股东累计超过200人的股份有限公司，董事会和股东大会决议中还应当包括以下内容：

（一）按照中国证监会的相关规定修改公司章程；

（二）按照法律、行政法规和公司章程的规定建立健全公司治理机制；

（三）履行信息披露义务，按照相关规定披露定向发行说明书、发行情况报告书、年度报告、半年度报告及其他信息披露内容。

第四十二条 公司应当按照中国证监会有关规定制作定向发行的申请文件，申请文件应当包括但不限于：定向发行说明书、律师事务所出具的法律意见书、具有证券期货相关业务资格的会计师事务所出具的审计报告、证券公司出具的推荐文件。公司持申请文件向中国证监会申请核准。

第四十三条 中国证监会受理申请文件后，依法对公司治理和信息披露以及发行对象情况进行审核,在20个工作日内作出核准、中止审核、终止审核、不予核准的决定。

第四十四条 公司申请定向发行股票,可申请一次核准,分期发行。自中国证监会予以核准之日起,公司应当在3个月内首期发行,剩余数量应当在12个月内发行完毕。超过核准文件限定的有效期未发行的,须重新经中国证监会核准后方可发行。首期发行数量应当不少于总发行数量的50%,剩余各期发行的数量由公司自行确定,每期发行后5个工作日内将发行情况报中国证监会备案。

第四十五条 在全国中小企业股份转让系统挂牌公开转让股票的公众公司向特定对象发行股票后股东累计不超过200人的,中国证监会豁免核准,由全国中小企业股份转让系统自律管理,但发行对象应当符合本办法第三十九条的规定。

第四十六条 股票发行结束后,公众公司应当按照中国证监会的有关要求编制并披露发行情况报告书。申请分期发行的公众公司应在每期发行后按照中国证监会的有关要求进行披露,并在全部发行结束或者超过核准文件有效期后按照中国证监会的有关要求编制并披露发行情况报告书。

豁免向中国证监会申请核准定向发行的公众公司,应当在发行结束后按照中国证监会的有关要求编制并披露发行情况报告书。

第四十七条 公司及其董事、监事、高级管理人员,应当对定向发行说明书、发行情况报告书签署书面确认意见,保证所披露的信息真实、准确、完整。

第四十八条 公众公司定向发行股份购买资产的,按照本章有关规定办理。

第六章 监督管理

第四十九条 中国证监会会同国务院有关部门、地方人民政府,依照法律法规和国务院有关规定,各司其职,分工协作,对公众公司进行持续监管,防范风险,维护证券市场秩序。

第五十条 中国证监会依法履行对公司股票转让、定向发行、信息披露的监管职责,有权对公司、证券公司、证券服务机构采取《证券法》第一百八十条规定的措施。

第五十一条 全国中小企业股份转让系统应当发挥自律管理作用,对在全国中小企业股份转让系统公开转让股票的公众公司及相关信息披露义务人披露信息进行监督,督促其依法及时、准确地披露信息。发现公开转让股票的公众公司及相关信息披露义务人有违反法律、行政法规和中国证监会相关规定的行为,应当向中国证监会报告,并采取自律管理措施。

第五十二条 中国证券业协会应当发挥自律管理作用,对从事公司股票转让和定向发行业务的证券公司进行监督,督促其勤勉尽责地履行尽职调查和督导职责。发现证券公司有违反法律、行政法规和中国证监会相关规定的行为,应当向中国证监会报告,并采取自律管理措施。

第五十三条 中国证监会可以要求公司及其他信息披露义务人或者其董事、监事、高级管理人员对有关信息披露问题作出解释、说明或者提供相关资料,并要求公司提供证券公司或者证券服务机构的专业意见。

中国证监会对证券公司和证券服务机构出具文件的真实性、准确性、完整性有疑义的,可以要求相关机构作出解释、补充,并调阅其工作底稿。

第五十四条 证券公司在从事股票转让、定向发行等业务活动中,应当按照中国证监会的有关规定勤勉尽责地进行尽职调查，规范履行内核程序，认真编制相关文件，并持续督导所推荐公司及时履行信息披露义务、完善公司治理。

第五十五条 证券服务机构为公司的股票转让、定向发行等活动出具审计报告、资产评估报告或者法律意见书等文件的，应当严格履行法定职责，遵循勤勉尽责和诚实信用原则，对公司的主体资格、股本情况、规范运作、财务状况、公司治理、信息披露等内容的真实性、准确性、完整性进行充分的核查和验证，并保证其出具的文件不存在虚假记载、误导性陈述或者重大遗漏。

第五十六条 中国证监会依法对公司进行监督检查或者调查，公司有义务提供相关文件资料。对于发现问题的公司，中国证监会可以采取责令改正、监管谈话、责令公开说明、出具警示函等监管措施，并记入诚信档案；涉嫌违法、犯罪的，应当立案调查或者移送司法机关。

第七章 法律责任

第五十七条 公司以欺骗手段骗取核准的，公司报送的报告有虚假记载、误导性陈述或者重大遗漏的，除依照《证券法》有关规定进行处罚外，中国证监会可以采取终止审核并自确认之日起在36个月内不受理公司的股票转让和定向发行申请的监管措施。

第五十八条 公司未按照本办法第三十二条、第三十四条、第四十二条规定，擅自转让或者发行股票的，按照《证券法》第一百八十八条的规定进行处罚。

第五十九条 证券公司、证券服务机构出具的文件有虚假记载、误导性陈述或者重大遗漏的，除依照《证券法》及相关法律法规的规定处罚外，中国证监会可视情节轻重，自确认之日起采取3个月至12个月内不接受该机构出具的相关专项文件，36个月内不接受相关签字人员出具的专项文件的监管措施。

第六十条 公司及其他信息披露义务人未按照规定披露信息，或者所披露的信息有虚假记载、误导性陈述或者重大遗漏的，依照《证券法》第一百九十三条的规定进行处罚。

第六十一条 公司向不符合本办法规定条件的投资者发行股票的，中国证监会可以责令改正，并可以自确认之日起在36个月内不受理其申请。

第六十二条 信息披露义务人及其董事、监事、高级管理人员，公司控股股东、实际控制人，为信息披露义务人出具专项文件的证券公司、证券服务机构及其工作人员，违反《证券法》、行政法规和中国证监会相关规定的，中国证监会可以采取责令改正、监管谈话、出具警示函、认定为不适当人选等监管措施，并记入诚信档案；情节严重的，中国证监会可以对有关责任人员采取证券市场禁入的措施。

第六十三条 公众公司内幕信息知情人或非法获取内幕信息的人，在对公众公司股票价格有重大影响的信息公开前，泄露该信息、买卖或者建议他人买卖该股票的，依照《证券法》第二百零二条的规定进行处罚。

第八章 附 则

第六十四条 公众公司向不特定对象公开发行股票的，应当遵守《证券法》和中国证监会的相关规定。

公众公司申请在证券交易所上市的，应当遵守中国证监会和证券交易所的相关规定。

第六十五条　本办法施行前股东人数超过200人的股份有限公司，不在全国中小企业股份转让系统挂牌公开转让股票或证券交易所上市的，应当按相关要求规范后申请纳入非上市公众公司监管。

第六十六条　本办法所称股份有限公司是指首次申请股票转让或定向发行的股份有限公司；所称公司包括非上市公众公司和首次申请股票转让或定向发行的股份有限公司。

第六十七条　本办法自2013年1月1日起施行。

2 | 6　非上市公众公司监管指引第1号——信息披露

中国证券监督管理委员会公告〔2013〕1号　2013年1月4日公布实施

为了规范非上市公众公司信息披露行为，根据《公司法》、《证券法》和《非上市公众公司监督管理办法》的有关规定，现明确监管要求如下：

一、信息披露的内容。股票公开转让、股票向特定对象发行或者转让导致股东累计超过200人的公司，应当在公开转让说明书、定向发行说明书或者定向转让说明书中披露以下内容：

（一）公司基本信息、股本和股东情况、公司治理情况；

（二）公司主要业务、产品或者服务及公司所属行业；

（三）报告期内的财务报表、审计报告。

定向发行说明书还应当披露发行对象或者范围、发行价格或者区间、发行数量。

非上市公众公司也可以根据自身实际情况以及投资者的需求，更加详细地披露公司的其他情况。

二、信息披露的基本要求。非上市公众公司及其董事、监事、高级管理人员应当保证披露的信息真实、准确、完整，不存在虚假记载、误导性陈述或者重大遗漏，并对其真实性、准确性、完整性承担相应的法律责任。

非上市公众公司应当建立与股东沟通的有效渠道，对股东或者市场质疑的事项应当及时、客观地进行澄清或者说明。

三、信息披露平台。非上市公众公司应当本着股东能及时、便捷获得公司信息的原则，并结合自身实际情况，自主选择一种或者多种信息披露平台，如非上市公众公司信息披露网站（nlpc.csrc.gov.cn）、公共媒体或者公司网站，也可以选择公司章程约定的方式或者股东认可的其他方式。无论采取何种信息披露方式，均应当经股东大会审议通过。

股票在依法设立的证券交易场所公开转让的非上市公众公司，应当通过证券交易场所要求的平台披露信息。

四、依法设立的证券交易场所可以在本指引的基础上，对股票公开转让的非上市公众公司制定更详尽、更严格的信息披露标准；公司应当按照从高从严的标准遵守证券交易场所的相关规定。

五、非上市公众公司年度报告、半年度报告按照本指引进行披露。

2 | 7 非上市公众公司监管指引第2号——申请文件

中国证券监督管理委员会公告〔2013〕2号 2013年1月4日公布实施

为了规范非上市公众公司股票公开转让、定向转让及定向发行申请文件的内容与格式,根据《证券法》和《非上市公众公司监督管理办法》的有关规定,现明确监管要求如下:

一、股票公开转让、股票向特定对象发行或者转让导致股东累计超过200人的公司,在向中国证监会申请核准时,应当按本指引的要求制作和报送下列申请文件:

(一)申请报告;

(二)公开转让说明书/定向转让说明书/定向发行说明书;

(三)公司章程(草案);

(四)企业法人营业执照;

(五)股东大会及董事会相关决议;

(六)财务报表及审计报告;

(七)法律意见书;

(八)证券公司关于公开转让/定向发行的推荐工作报告;

(九)中国证监会规定的其他文件。

二、公司应当保证申请文件内容真实、准确、完整,不存在虚假记载、误导性陈述或者重大遗漏。证券公司、证券服务机构及人员应当做到勤勉尽责、诚实守信,并对其出具的相关文件及申请文件中引用内容的真实性、准确性、完整性承担相应的法律责任。

三、公司编制申请文件时,应当尽量使用事实描述性语言;申请文件所有需要签名处,均应为签名人亲笔签名,不得以名章、签名章等代替;公司初次报送申请文件,应当提交原件1份、复印件2份;每次报送书面申请文件的同时,还应当报送1份相应的标准电子文件(标准.doc或者.rtf格式文件)。申请文件一经受理,未经中国证监会同意,不得增加、撤回或者更换。

四、依法设立的证券交易场所可以要求股票公开转让的非上市公众公司报送除上述文件之外的其他文件;公司应当遵守证券交易场所的相关规定。

2 | 8 非上市公众公司监管指引第3号——章程必备条款

中国证券监督管理委员会公告〔2013〕3号 2013年1月4日公布实施

第一条 公司章程应当符合本指引的相关规定。

第二条 章程总则应当载明章程的法律效力,规定章程自生效之日起,即成为规范公司的组织和行为、公司与股东、股东与股东之间权利义务关系的具有约束力的法律文件,对公司、股东、董事、监事、高级管理人员具有法律约束力。

第三条　章程应当载明公司股票采用记名方式，并明确公司股票的登记存管机构以及股东名册的管理规定。

第四条　章程应当载明保障股东享有知情权、参与权、质询权和表决权的具体安排。

第五条　章程应当载明公司为防止股东及其关联方占用或者转移公司资金、资产及其他资源的具体安排。

第六条　章程应当载明公司控股股东和实际控制人的诚信义务。明确规定控股股东及实际控制人不得利用各种方式损害公司和其他股东的合法权益；控股股东及实际控制人违反相关法律、法规及章程规定，给公司及其他股东造成损失的，应承担赔偿责任。

第七条　章程应当载明须提交股东大会审议的重大事项的范围。

章程应当载明须经股东大会特别决议通过的重大事项的范围。

公司还应当在章程中载明重大担保事项的范围。

第八条　章程应当载明董事会须对公司治理机制是否给所有的股东提供合适的保护和平等权利，以及公司治理结构是否合理、有效等情况，进行讨论、评估。

第九条　章程应当载明公司依法披露定期报告和临时报告。

第十条　章程应当载明公司信息披露负责机构及负责人。如公司设置董事会秘书的，则应当由董事会秘书负责信息披露事务。

第十一条　章程应当载明公司的利润分配制度。章程可以就现金分红的具体条件和比例、未分配利润的使用原则等政策作出具体规定。

第十二条　章程应当载明公司关于投资者关系管理工作的内容和方式。

第十三条　股票不在依法设立的证券交易场所公开转让的公司应当在章程中规定，公司股东应当以非公开方式协议转让股份，不得采取公开方式向社会公众转让股份，并明确股东协议转让股份后，应当及时告知公司，同时在登记存管机构办理登记过户。

第十四条　公司章程应当载明公司、股东、董事、监事、高级管理人员之间涉及章程规定的纠纷，应当先行通过协商解决。协商不成的，通过仲裁或诉讼等方式解决。如选择仲裁方式的，应当指定明确具体的仲裁机构进行仲裁。

第十五条　公司股东大会选举董事、监事，如实行累积投票制的，应当在章程中对相关具体安排作出明确规定。

公司如建立独立董事制度的，应当在章程中明确独立董事的权利义务、职责及履职程序。

公司如实施关联股东、董事回避制度，应当在章程中列明需要回避的事项。

2 | 9　非上市公众公司监管指引第4号——股东人数超过200人的未上市股份有限公司申请行政许可有关问题的审核指引

中国证券监督管理委员会公告〔2013〕54号　2013年12月26日公布实施

《证券法》第十条明确规定“向特定对象发行证券累计超过二百人的”属于公开发行，需依法报经中国证监会核准。对于股东人数已经超过200人的未上市股份有限公司（以下简称200人公司），符合本指引规定的，可申请公开发行并在证券交易所上市、在全国中小企业股份转让系统（以下简称全国股份转让系统）挂牌公开转让等行政许可。对200人公司合规性的审核纳入行政许可过程中一并审核，不再单独审核。现将200人公司的审核标准、申请文件、股份代持及间接持股处理等事项的监管要求明确如下：

一、审核标准

200人公司申请行政许可的合规性应当符合本指引规定的下列要求：

（一）公司依法设立且合法存续

200人公司的设立、增资等行为不违反当时法律明确的禁止性规定，目前处于合法存续状态。城市商业银行、农村商业银行等银行业股份公司应当符合《关于规范金融企业内部职工持股的通知》（财金〔2010〕97号）。

200人公司的设立、历次增资依法需要批准的，应当经过有权部门的批准。存在不规范情形的，应当经过规范整改，并经当地省级人民政府确认。

200人公司在股份形成及转让过程中不存在虚假陈述、出资不实、股权管理混乱等情形，不存在重大诉讼、纠纷以及重大风险隐患。

（二）股权清晰

200人公司的股权清晰，是指股权形成真实、有效，权属清晰及股权结构清晰。具体要求包括：

1. 股权权属明确。200人公司应当设置股东名册并进行有序管理，股东、公司及相关方对股份归属、股份数量及持股比例无异议。股权结构中存在工会或职工持股会代持、委托持股、信托持股、以及通过“持股平台”间接持股等情形的，应当按照本指引的相关规定进行规范。

本指引所称“持股平台”是指单纯以持股为目的的合伙企业、公司等持股主体。

2. 股东与公司之间、股东之间、股东与第三方之间不存在重大股份权属争议、纠纷或潜在纠纷。

3. 股东出资行为真实，不存在重大法律瑕疵，或者相关行为已经得到有效规范，不存在风险隐患。

申请行政许可的200人公司应当对股份进行确权，通过公证、律师见证等方式明确股份的权属。申请公开发行并在证券交易所上市的，经过确权的股份数量应当达到股份总数的90%以上（含90%）；申请在全国股份转让系统挂牌公开转让的，经过确权的股份数量应当达到股份总数的80%以上（含80%）。未确权的部分应当设立股份托管账户，专户管理，并明确披露有关责任的承担主体。

（三）经营规范

200人公司持续规范经营，不存在资不抵债或者明显缺乏清偿能力等破产风险的情形。

（四）公司治理与信息披露制度健全

200人公司按照中国证监会的相关规定，已经建立健全了公司治理机制和履行信息披露义务的各项制度。

二、申请文件

（一）200人公司申请行政许可，应当提交下列文件：

1. 企业法人营业执照；

2. 公司关于股权形成过程的专项说明；

3. 设立、历次增资的批准文件；

4. 证券公司出具的专项核查报告；

5. 律师事务所出具的专项法律意见书，或者在提交行政许可的法律意见书中出具专项法律意见。

以上各项文件如已在申请公开发行并在证券交易所上市或者在全国股份转让系统挂牌公开转让的申请文件中提交，可不重复提交。

（二）存在下列情形之一的，应当报送省级人民政府出具的确认函：

1. 1994年7月1日《公司法》实施前，经过体改部门批准设立，但存在内部职工股超范围或超比例发行、法人股向社会个人发行等不规范情形的定向募集公司。

2. 1994年7月1日《公司法》实施前，依法批准向社会公开发行股票的公司。

3. 按照《国务院办公厅转发证监会关于清理整顿场外非法股票交易方案的通知》（国办发〔1998〕10号），清理整顿证券交易场所后"下柜"形成的股东超过200人的公司。

4. 中国证监会认为需要省级人民政府出具确认函的其他情形。

省级人民政府出具的确认函应当说明公司股份形成、规范的过程以及存在的问题，并明确承担相应责任。

（三）股份已经委托股份托管机构进行集中托管的，应当由股份托管机构出具股份托管情况的证明。股份未进行集中托管的，应当按照前款规定提供省级人民政府的确认函。

（四）属于200人公司的城市商业银行、农村商业银行等银行业股份公司应当提供中国银行业监督管理机构出具的监管意见。

三、关于股份代持及间接持股的处理

（一）一般规定

股份公司股权结构中存在工会代持、职工持股会代持、委托持股或信托持股等股份代持关系，或者存在通过"持股平台"间接持股的安排以致实际股东超过200人的，在依据本指引申请行政许可时，应当已经将代持股份还原至实际股东、将间接持股转为直接持股，并依法履行了相应的法律程序。

(二)特别规定

以私募股权基金、资产管理计划以及其他金融计划进行持股的,如果该金融计划是依据相关法律法规设立并规范运作,且已经接受证券监督管理机构监管的,可不进行股份还原或转为直接持股。

四、相关各方的责任

(一)公司及其相关人员的责任

在申请文件制作及申报过程中,公司及其控股股东、实际控制人、董事、监事及高级管理人员应当在申请文件中签名保证内容真实、准确、完整。

公司控股股东、实际控制人、董事、监事及高级管理人员应当积极配合相关证券公司、律师事务所、会计师事务所开展尽职调查。

(二)中介机构的职责

证券公司、律师事务所应当勤勉尽责,对公司股份形成、经营情况、公司治理及信息披露等方面进行充分核查验证,确保所出具的文件无虚假记载、误导性陈述或者重大遗漏。

五、附则

(一)申请行政许可的200人公司的控股股东、实际控制人或者重要控股子公司也属于200人公司的,应当依照本指引的要求进行规范。

(二)2006年1月1日《证券法》修订实施后,未上市股份有限公司股东人数超过200人的,应当符合《证券法》和《非上市公众公司监督管理办法》的有关规定。国家另有规定的,从其规定。

(三)本指引自公布之日起施行。

2 | 10 非上市公众公司信息披露内容与格式准则第1号——公开转让说明书

中国证券监督管理委员会公告〔2013〕50号 2013年12月26日公布实施

第一章 总 则

第一条 为规范公开转让股票的非上市股份有限公司的信息披露行为,保护投资者合法权益,根据《公司法》、《证券法》和《非上市公众公司监督管理办法》(证监会令第85号)的规定,制定本准则。

第二条 股东人数超过200人的股份有限公司(以下简称申请人)申请股票在全国中小企业股份转让系统(以下简称全国股份转让系统)公开转让,应按本准则编制公开转让说明书,作为向中国证券监督管理委员会(以下简称中国证监会)申请公开转让股票的必备法律文件,并按本准则的规定进行披露。

第三条 本准则的规定是对公开转让说明书信息披露的最低要求。不论本准则是否有明确规定,凡对投资者投资决策有重大影响的信息,均应披露。

申请人根据自身及所属行业或业态特征,可在本准则基础上增加有利于投资者判断和信息披露完整性的相关内容。本准则某些具体要求对申请人不适用的,申请人可根据实际情况,在不影响内容完整性的前提下作适当调整,但应在申报时作书面说明。

第四条　申请人在公开转让说明书中披露的所有信息应真实、准确、完整,不得有虚假记载、误导性陈述或重大遗漏。

第五条　申请人应在中国证监会指定网站披露公开转让说明书及其附件,并作公开转让股票提示性公告:“本公司公开转让股票申请已经中国证监会核准,本公司的股票将在全国中小企业股份转让系统公开转让,公开转让说明书及附件披露于中国证监会指定网站(nlpc. csrc. gov. cn)和全国股份转让系统公司指定信息披露平台(www. neeq. com. cn 或 www. neeq. cc),供投资者查阅”。

第六条　公开转让说明书扉页应载有如下声明:

“本公司及全体董事、监事、高级管理人员承诺公开转让说明书不存在虚假记载、误导性陈述或重大遗漏,并对其真实性、准确性、完整性承担个别和连带的法律责任。”

“本公司负责人和主管会计工作的负责人、会计机构负责人保证公开转让说明书中财务会计资料真实、完整。”

“中国证监会对本公司股票公开转让所作的任何决定或意见,均不表明其对本公司股票的价值或投资者的收益作出实质性判断或者保证。任何与之相反的声明均属虚假不实陈述。”

“根据《证券法》的规定,本公司经营与收益的变化,由本公司自行负责,由此变化引致的投资风险,由投资者自行承担。”

第二章　公开转让说明书

第一节　基本情况

第七条　申请人应简要披露下列情况:公司名称、法定代表人、设立日期、注册资本、住所、邮编、信息披露事务负责人、所属行业、经营范围、组织机构代码等。

第八条　申请人应披露公司股票种类,股票总量,每股面值,股东所持股份的限售安排及股东对所持股份自愿锁定的承诺。

第九条　申请人应披露公司股权结构图,并详细披露控股股东、实际控制人、前十名股东及其他持有5%以上股份的股东的名称、持股数量及比例、股东性质、股东之间的关联关系。

控股股东和实际控制人直接或间接持股存在质押或其他争议的,应披露具体情况。

第十条　申请人应简述公司历史沿革,主要包括:设立方式、发起人及其关联关系、设立以来股本形成及其变化情况、设立以来重大资产重组情况以及最近2年内实际控制人变化情况。

第十一条　申请人应披露董事、监事、高级管理人员的简要情况,主要包括:姓名、国籍及境外居留权、性别、年龄、学历、职称、现任职务及任期、职业经历。

第十二条　申请人应简要披露其控股子公司的情况,主要包括注册资本、主营业务、股东构成及持股比例、最近1年及1期末的总资产、净资产、最近1年及1期的净利润,并标明有关财务数据是否经过审计及审计机构名称。

第十三条　申请人应披露下列机构的名称、法定代表人、住所、联系电话、传真,同时应披露有关经办人员的姓名：

（一）主办券商；

（二）律师事务所；

（三）会计师事务所；

（四）资产评估机构；

（五）股票登记机构；

（六）其他与公开转让有关的机构。

第二节 公 司 业 务

第十四条 申请人应披露主要业务、主要产品或服务及其用途。

第十五条 申请人应简要披露其业务模式，说明如何使用产品或服务及关键资源要素获取收入、利润及现金流。

第十六条 申请人应披露其所处行业。申请人能够获取所处行业相关信息的，可以结合自身实际介绍行业的基本情况。

第十七条 申请人应披露与主要业务相关的情况，主要包括：

（一）报告期内各期主要产品或服务的规模、销售收入，报告期内各期向前五名客户的销售额合计占当期销售总额的百分比；

（二）报告期内主要产品或服务的原材料、能源，报告期内各期向前五名供应商的采购额合计占当期采购总额的百分比；

（三）报告期内对持续经营有重大影响的业务合同及履行情况。

第十八条 申请人应遵循重要性原则披露与其业务相关的资源要素，主要包括：

（一）产品或服务所使用的主要技术；

（二）主要生产设备、房屋建筑物的取得和使用情况、成新率或尚可使用年限等；

（三）主要无形资产的取得方式和时间、使用情况、使用期限或保护期、最近1期期末账面价值；

（四）申请人所从事的业务需要取得许可资格或资质的，应当披露当前许可资格或资质的情况；

（五）特许经营权的取得、期限、费用标准；

（六）申请人员工的简要情况，其中核心业务和技术人员应披露姓名、年龄、主要业务经历及职务、现任职务及任期以及持有申请人股份情况；

（七）其他体现所属行业或业态特征的资源要素。

第十九条 申请人可以遵循重要性原则，有针对性和差异化、个性化地披露特殊风险以及生产经营中的不确定因素。

第三节 公 司 治 理

第二十条 申请人应披露最近2年内股东大会、董事会、监事会的建立健全及运行情况，说明上述机构和人员履行职责的情况。

第二十一条　申请人应披露最近2年内是否存在违法违规及受处罚的情况。

第二十二条　申请人应披露是否存在与控股股东、实际控制人及其控制的其他企业从事相同、相似业务的情况。对存在相同、相似业务的，申请人应对是否存在同业竞争作出合理解释。

申请人应披露控股股东、实际控制人为避免同业竞争采取的措施及作出的承诺。

第二十三条　申请人应披露最近2年内是否存在资金被控股股东、实际控制人及其控制的其他企业占用，或者为控股股东、实际控制人及其控制的其他企业提供担保。

申请人应说明为防止发生资金占用行为所采取的措施和相应的制度安排。

第二十四条　申请人应披露会计核算、财务管理、风险控制、重大事项决策等内部管理制度的建立健全情况。

第二十五条　申请人应披露公司董事、监事及高级管理人员的薪酬和激励政策，包括但不限于基本年薪、绩效奖金、福利待遇、长期激励（包括股权激励）、是否从申请人关联企业领取报酬及其他情况。

申请人董事、监事、高级管理人员存在下列情形的，应披露具体情况：

（一）本人及其近亲属以任何方式直接或间接持有申请人股份的；

（二）相互之间存在亲属关系的；

（三）与申请人签定重要协议或作出重要承诺的；

（四）在其他单位兼职的；

（五）对外投资与申请人存在利益冲突的；

（六）在最近2年内发生变动的。

第二十六条　申请人应披露投资者关系管理的相关制度安排，说明公司是否具有完善的投资者信息沟通渠道，及时解决投资者投诉问题，以及为保证公司及其股东、董事、监事、高级管理人员通过仲裁、诉讼等方式解决相互之间的矛盾纠纷所采取的措施。

第二十七条　除上述事项外，申请人可以披露便利股东尤其是中小股东参与公司治理的其他内部制度。

第四节　公司财务

第二十八条　申请人应按照《企业会计准则》的规定编制并披露最近2年及1期的财务报表。申请人编制合并财务报表的，应同时披露合并财务报表和母公司财务报表。

申请人应披露财务报表的编制基础、合并财务报表范围及变化情况。

财务报表在其最近1期截止日后6个月内有效。

第二十九条　申请人应披露会计师事务所的审计意见类型。财务报表被出具非标准无保留审计意见的，应全文披露审计报告正文以及董事会、监事会和注册会计师对相关事项的详细说明。

第三十条　申请人应列表披露最近2年及1期的主要财务数据指标，并对其进行逐年比较。主要包括毛利率、净资产收益率、基本每股收益、稀释每股收益、归属于申请人股东的每股净资产、每股经营活动产生的现金流量净额、资产负债率、应收账款周转率和存货周转率。除特别指出外，上述财务指标应以合并财务报表的数据为基础进行计算。相关指标的计算应执行中国证监会的有关规定。

第三十一条　申请人应根据《公司法》和《企业会计准则》的相关规定披露关联方、关联关系、关联交易，并说明相应的决策权限、决策程序、定价机制等。

申请人应根据交易的性质和频率，按照经常性和偶发性分类披露关联交易及关联交易对其财务状况和经营成果的影响。

第三十二条　申请人应简要披露财务报表附注中的资产负债表日后事项、或有事项及其他重要事项。

申请人应简要披露对财务状况、经营成果、声誉、业务活动、未来前景等可能产生较大影响的诉讼或仲裁事项。

申请人存在对外担保的，应披露对外担保的情况；不存在对外担保的，应予说明。

第三十三条　申请人在报告期内进行对财务报表有影响的资产评估的，应扼要披露资产评估的主要情况。

第三十四条　申请人应披露最近 2 年股利分配政策、实际股利分配情况以及公开转让后的股利分配政策。

第五节　有关声明

第三十五条　申请人全体董事、监事、高级管理人员应在公开转让说明书正文的尾页声明：

"本公司全体董事、监事、高级管理人员承诺本公开转让说明书不存在虚假记载、误导性陈述或重大遗漏，并对其真实性、准确性、完整性承担个别和连带的法律责任。"

声明应由全体董事、监事、高级管理人员签名，并由申请人加盖公章。

第三十六条　主办券商应对公开转让说明书的真实性、准确性、完整性进行核查，并在公开转让说明书正文后声明：

"本公司已对公开转让说明书进行了核查，确认不存在虚假记载、误导性陈述或重大遗漏，并对其真实性、准确性和完整性承担相应的法律责任。"

声明应由主办券商法定代表人、项目负责人签名，并加盖主办券商公章。

第三十七条　为申请人股票公开转让提供服务的证券服务机构应在公开转让说明书正文后声明：

"本机构及经办人员（经办律师、签字注册会计师、签字注册资产评估师）已阅读公开转让说明书，确认公开转让说明书与本机构出具的专业报告（法律意见书、审计报告、资产评估报告）无矛盾之处。本机构及经办人员对申请人在公开转让说明书中引用的专业报告的内容无异议，确认公开转让说明书不致因上述内容而出现虚假记载、误导性陈述或重大遗漏，并对其真实性、准确性和完整性承担相应的法律责任。"

声明应由经办人员及所在机构负责人签名，并加盖机构公章。

第六节　附　　件

第三十八条　公开转让说明书结尾应列明附件，并在中国证监会指定网站披露。附件应包括下列文件：

（一）主办券商推荐报告；

（二）财务报表及审计报告；

（三）法律意见书；

（四）评估报告；

（五）公司章程；

（六）中国证监会核准公开转让的文件；

（七）其他与公开转让有关的重要文件。

第三章　附　　则

第三十九条　本准则自公布之日起施行。

2｜11　非上市公众公司信息披露内容与格式准则第2号——公开转让股票申请文件

中国证券监督管理委员会公告〔2013〕51号　2013年12月26日公布实施

第一条　为规范股份有限公司公开转让股票申请文件的内容和格式，根据《证券法》和《非上市公众公司监督管理办法》（证监会令第85号）的规定，制定本准则。

第二条　股东人数超过200人的股份有限公司（以下简称申请人）申请股票在全国中小企业股份转让系统公开转让，应按本准则的要求制作和报送申请文件。

第三条　本准则附录规定的申请文件目录是对公开转让申请文件的最低要求。根据审核需要，中国证券监督管理委员会（以下简称中国证监会）可以要求申请人和相关证券服务机构补充文件。如果某些文件对申请人不适用，可不提供，但应向中国证监会作出书面说明。

第四条　申请文件一经受理，未经中国证监会同意，不得增加、撤回或更换。

第五条　申请人报送申请文件，初次报送应提交原件一份、复印件二份。

申请人不能提供有关文件的原件的，应由申请人律师提供鉴证意见，或由出文单位盖章，以保证与原件一致。如原出文单位不再存续，由承继其职权的单位或作出撤销决定的单位出文证明文件的真实性。

第六条　申请文件所有需要签名处，均应由签名人亲笔签名，不得以名章、签名章等代替。

申请文件中需要由申请人律师鉴证的文件，申请人律师应在该文件首页注明“以下第××页至第××页与原件一致”，并签名和签署鉴证日期，律师事务所应在该文件首页加盖公章，并在第××页至第××页侧面以公章加盖骑缝章。

第七条　申请人应根据中国证监会对申请文件的反馈意见提供补充材料。相关证券服务机构应对反馈意见相关问题进行核查或补充出具专业意见。

第八条　申请文件的封面和侧面应标明“××公司公开转让股票申请文件”字样。

第九条　申请文件的扉页应标明申请人信息披露事务负责人和相关证券服务机构项目负

责人的姓名、电话、传真及其他方便的联系方式。

第十条　申请文件章与章之间、节与节之间应有明显的分隔标识。

第十一条　申请人在每次报送书面申请文件的同时，应报送一份相应的标准电子文件（标准.doc或.rtf格式文件）。

第十二条　未按本准则的要求制作和报送申请文件的，中国证监会按照有关规定不予受理。

第十三条　本准则自公布之日起施行。

附录：《公开转让股票申请文件目录》

公开转让股票申请文件目录

第一章　公开转让说明书及授权文件

1－1　申请人关于公开转让的申请报告

1－2　公开转让说明书（申报稿）

1－3　申请人董事会有关公开转让的决议

1－4　申请人股东大会有关公开转让的决议

第二章　主办券商推荐文件

2－1　主办券商关于公开转让的推荐报告

第三章　证券服务机构关于公开转让的文件

3－1　财务报表及审计报告（申请人最近两年原始财务报表与申报财务报表存在差异时，需要提供差异比较表及注册会计师对差异情况出具的意见）

3－2　申请人律师关于公开转让的法律意见书

3－3　申请人设立时和最近2年及1期的资产评估报告

第四章　其 他 文 件

4－1　申请人的企业法人营业执照

4－2　申请人公司章程（草案）

4－3　国有资产管理部门出具的国有股权设置批复文件及商务主管部门出具的外资股确认文件

2 | 12 非上市公众公司信息披露内容与格式准则第3号——定向发行说明书和发行情况报告书

中国证券监督管理委员会公告〔2013〕52号　2013年12月26日公布实施

第一章　总　　则

第一条　为了规范非上市公众公司向特定对象发行股票(以下简称定向发行)的信息披露行为,根据《公司法》、《证券法》和《非上市公众公司监督管理办法》(证监会令第85号,以下简称《管理办法》)的规定,制定本准则。

第二条　非上市公众公司进行定向发行导致股东人数累计超过200人以及股东人数超过200人的非上市公众公司(以下简称申请人)进行定向发行,应按照本准则编制定向发行说明书,作为向中国证券监督管理委员会(以下简称中国证监会)申请定向发行的必备法律文件,并按本准则的规定进行披露。

第三条　申请人定向发行结束后,应按照本准则的要求编制并披露发行情况报告书。

第四条　在不影响信息披露的完整并保证阅读方便的前提下,对于曾在定期报告、临时公告或者其他信息披露文件中披露过的信息,如事实未发生变化,申请人可以采用索引的方法进行披露。

第五条　本准则某些具体要求对本次定向发行确实不适用或者需要豁免适用的,申请人可以根据实际情况调整,但应在提交申请文件时作出专项说明。

第六条　申请人应在中国证监会指定网站(nlpc. csrc. gov. cn)和全国中小企业股份转让系统公司指定的信息披露平台(www. neeq. com. cn或www. neeq. cc)披露定向发行说明书及其备查文件、发行情况报告书和中国证监会要求披露的其他文件,供投资者查阅。

第二章　定向发行说明书

第七条　定向发行说明书扉页应载有如下声明:

“本公司及全体董事、监事、高级管理人员承诺定向发行说明书不存在虚假记载、误导性陈述或重大遗漏,并对其真实性、准确性、完整性承担个别和连带的法律责任。

“本公司负责人和主管会计工作的负责人、会计机构负责人保证公开转让说明书中财务会计资料真实、完整。

“中国证监会对本公司股票定向发行所作的任何决定或意见,均不表明其对本公司股票的价值或投资者的收益作出实质性判断或者保证。任何与之相反的声明均属虚假不实陈述。

“根据《证券法》的规定,本公司经营与收益的变化,由本公司自行负责,由此变化引致的投资风险,由投资者自行负责。”

第八条　申请人应披露以下内容:

(一)本次定向发行的目的;

（二）发行对象及公司现有股东优先认购安排。如董事会未确定具体发行对象的，应披露股票发行对象的范围和确定方法；

（三）发行价格和定价原则。如董事会未确定具体发行价格的，应披露价格区间；

（四）股票发行数量或数量上限；

（五）发行对象关于持有本次定向发行股票的限售安排及自愿锁定的承诺。如无限售安排，应说明；

（六）募集资金投向；

（七）本次定向发行涉及的主管部门审批、核准或备案事项情况。

除上述内容外，申请人还应披露本准则第十二条规定的附生效条件的股票认购合同的内容摘要。

第九条 有以资产认购本次定向发行股份的，申请人还应按照本准则第十条、第十一条的规定披露相关内容，同时披露本准则第十二条规定的附生效条件的资产转让合同的内容摘要。

第十条 以资产认购本次定向发行股份、其资产为非股权资产的，申请人应披露相关资产的下列基本情况：

（一）资产名称、类别以及所有者和经营管理者的基本情况；

（二）资产权属是否清晰、是否存在权利受限、权属争议或者妨碍权属转移的其他情况；

（三）资产独立运营和核算的，披露最近1年及1期经具有证券期货相关业务资格会计师事务所审计的财务信息摘要；

（四）资产的交易价格及定价依据。披露相关资产经审计的账面值；交易价格以资产评估结果作为依据的，应披露资产评估方法和资产评估结果。

第十一条 以资产认购本次定向发行股份、其资产为股权的，申请人应披露相关股权的下列基本情况：

（一）股权所投资的公司的名称、企业性质、注册地、主要办公地点、法定代表人、注册资本；股权及控制关系，包括公司的主要股东及其持股比例、最近2年控股股东或实际控制人的变化情况、股东出资协议及公司章程中可能对本次交易产生影响的主要内容、原高管人员的安排；

（二）股权所投资的公司主要资产的权属状况及对外担保和主要负债情况；

（三）股权所投资的公司最近1年及1期的业务发展情况和经具有证券期货相关业务资格会计师事务所审计的财务信息摘要；

（四）股权的资产评估价值（如有）、交易价格及定价依据。

第十二条 附生效条件的股票认购合同的内容摘要应包括：

（一）合同主体、签订时间；

（二）认购方式、支付方式；

（三）合同的生效条件和生效时间；

（四）合同附带的任何保留条款、前置条件；

（五）相关股票限售安排；

（六）违约责任条款。

附生效条件的资产转让合同的内容摘要除前款内容外，至少还应包括：

（一）目标资产及其价格或定价依据；

（二）资产交付或过户时间安排；

（三）资产自评估截止日至资产交付日所产生收益的归属；

（四）与资产相关的人员安排。

第十三条 本次定向发行对申请人的影响。申请人应披露以下内容：

（一）本次定向发行对申请人经营管理的影响；

（二）本次定向发行后申请人财务状况、盈利能力及现金流量的变动情况；

（三）申请人与控股股东及其关联人之间的业务关系、管理关系、关联交易及同业竞争等变化情况；

（四）申请人以资产认购股票的行为是否导致增加本公司的债务或者或有负债；

（五）本次定向发行对其他股东的权益的影响；

（六）本次定向发行相关特有风险的说明。申请人应有针对性、差异化的披露属于本公司或者本行业的特有风险以及经营过程中的不确定性因素。

第十四条 申请人应披露下列机构的名称、法定代表人、住所、联系电话、传真，同时应披露有关经办人员的姓名：

（一）主办券商；

（二）律师事务所；

（三）会计师事务所；

（四）资产评估机构（如有）；

（五）股票登记机构；

（六）其他与定向发行有关的机构。

第十五条 申请人全体董事、监事、高级管理人员应在定向发行说明书正文的尾页声明：

“本公司全体董事、监事、高级管理人员承诺本定向发行说明书不存在虚假记载、误导性陈述或重大遗漏，并对其真实性、准确性、完整性承担个别和连带的法律责任。”

声明应由全体董事、监事、高级管理人员签名，并由申请人加盖公章。

第十六条 主办券商应对申请人定向发行说明书的真实性、准确性、完整性进行核查，并在定向发行说明书正文后声明：

“本公司已对定向发行说明书进行了核查，确认不存在虚假记载、误导性陈述或重大遗漏，并对其真实性、准确性和完整性承担相应的法律责任。”

声明应由法定代表人、项目负责人签名，并由主办券商加盖公章。

第十七条 为申请人定向发行提供服务的证券服务机构应在定向发行说明书正文后声明：

“本机构及经办人员（经办律师、签字注册会计师、签字注册资产评估师）已阅读定向发行说明书，确认定向发行说明书与本机构出具的专业报告（法律意见书、审计报告、资产评估报告等）无矛盾之处。本机构及经办人员对申请人在定向发行说明书中引用的专业报告的内容无异议，确认定向发行说明书不致因上述内容而出现虚假记载、误导性陈述或重大遗漏，并对其真实性、准确性和完整性承担相应的法律责任。”

声明应由经办人员及所在机构负责人签名，并由机构加盖公章。

第十八条　定向发行说明书结尾应列明备查文件，备查文件应包括：

（一）定向发行推荐工作报告；

（二）法律意见书；

（三）中国证监会核准本次定向发行的文件（核准后提供）；

（四）其他与本次定向发行有关的重要文件。

如有下列文件，也应作为备查文件披露：

（一）资信评级报告；

（二）担保合同和担保函；

（三）申请人董事会关于非标准无保留意见审计报告涉及事项处理情况的说明；

（四）会计师事务所及注册会计师关于非标准无保留意见审计报告的补充意见；

（五）通过本次定向发行拟进入资产的资产评估报告及有关审核文件。

第三章　发行情况报告书

第十九条　申请人应在发行情况报告书中披露本次定向发行股票的数量、发行价格、认购人、认购股票数量及相关股票限售安排。

第二十条　本次定向发行前后相关情况对比。申请人应披露以下内容：

（一）本次定向发行前后前十名股东持股数量、持股比例及股票限售等比较情况；

（二）本次定向发行前后股本结构、股东人数、资产结构、业务结构、公司控制权、董事、监事和高级管理人员持股的变动情况。

第二十一条　申请人应在发行情况报告书中披露主办券商关于本次定向发行过程、结果和发行对象合规性的结论意见。内容至少包括：

（一）关于本次定向发行过程、定价方法及结果的合法、合规性的说明；

（二）关于本次发行对象是否符合《管理办法》的规定，是否符合公司及其全体股东的利益的说明；

（三）主办券商认为需要说明的其他事项。

第二十二条　申请人应在发行情况报告书中披露律师关于本次定向发行过程、结果和发行对象合规性的结论意见。内容至少包括：

（一）关于发行对象资格的合规性的说明；

（二）关于本次定向发行过程及结果合法、合规性的说明；

（三）关于本次定向发行相关合同等法律文件的合规性的说明；

（四）本次定向发行涉及资产转让或者其他后续事项的，应陈述办理资产过户或者其他后续事项的程序、期限，并进行因资产瑕疵导致不能过户的法律风险评估；

（五）律师认为需要说明的其他事项。

第二十三条　由于情况发生变化，导致董事会决议中关于本次定向发行的有关事项需要修正或者补充说明的，申请人应在发行情况报告书中作出专门说明。

第二十四条　申请人全体董事、监事、高级管理人员应在发行情况报告书的首页声明：

“公司全体董事、监事、高级管理人员承诺本发行情况报告书不存在虚假记载、误导性陈述或重大遗漏，并对其真实性、准确性、完整性承担个别和连带的法律责任。”

声明应由全体董事、监事、高级管理人员签名，并由申请人加盖公章。

第四章　附　　则

第二十五条　本准则由中国证监会负责解释。

第二十六条　本准则自公布之日起施行。

2 | 13　非上市公众公司信息披露内容与格式准则第4号——定向发行申请文件

中国证券监督管理委员会公告〔2013〕53号　2013年12月26日公布实施

第一条　为了规范非上市公众公司向特定对象发行股票（以下简称定向发行）申请文件的内容和格式，根据《证券法》和《非上市公众公司监督管理办法》（证监会令第85号）的规定，制定本准则。

第二条　非上市公众公司进行定向发行导致股东人数累计超过200人以及股东人数超过200人的非上市公众公司（以下简称申请人）进行定向发行，应按本准则要求制作和报送申请文件。

第三条　本准则规定的申请文件目录（见附件）是定向发行申请文件的最低要求。根据审核需要，中国证券监督管理委员会（以下简称中国证监会）可以要求申请人和相关证券服务机构补充文件。如果某些文件对申请人不适用，可不提供，但应向中国证监会作出书面说明。

第四条　申请文件一经受理，未经中国证监会同意，不得增加、撤回或者更换。

第五条　申请人报送申请文件，初次报送应提交原件一份，复印件二份。

申请人不能提供有关文件原件的，应由申请人律师提供鉴证意见，或由出文单位盖章，以保证与原件一致。如原出文单位不再存续，由承继其职权的单位或作出撤销决定的单位出文证明文件的真实性。

第六条　申请文件所有需要签名处，均应为签名人亲笔签名，不得以名章、签名章等代替。

申请文件中需要由申请人律师鉴证的文件，申请人律师应在该文件首页注明“以下第××页至第××页与原件一致”，并签名和签署鉴证日期，律师事务所应在该文件首页加盖公章，并在第××页至第××页侧面以公章加盖骑缝章。

第七条　申请人应根据中国证监会对申请文件的反馈意见提供补充材料。相关证券服务机构应对反馈意见相关问题进行核查或补充出具专业意见。

第八条　申请文件的封面和侧面应标明“××公司向特定对象发行股票申请文件”字样。

第九条　申请文件的扉页应标明申请人信息披露事务负责人及相关证券服务机构项目负责人的姓名、电话、传真及其他方便的联系方式。

第十条　申请文件的各章、各节之间应有明显的分隔标识。

第十一条　申请人在报送书面申请文件、材料的同时，应报送一份相应的电子文件（doc或rtf格式文件）。

第十二条　未按本准则的要求制作和报送申请文件的，中国证监会按照有关规定不予受理。

第十三条　本准则自公布之日起施行。

附件：非上市公众公司定向发行申请文件目录

附件

非上市公众公司定向发行申请文件目录

第一章　定向发行说明书及授权文件

1－1　申请人关于定向发行的申请报告

1－2　定向发行说明书

1－3　申请人关于定向发行的董事会决议

1－4　申请人关于定向发行的股东大会决议

第二章　定向发行推荐文件

2－1　主办券商定向发行推荐工作报告

第三章　证券服务机构关于定向发行的文件

3－1　申请人最近2年及1期的财务报告及其审计报告

3－2　法律意见书

3－3　本次定向发行收购资产相关的最近1年及1期的财务报告及其审计报告、资产评估报告（如有）

2 | 14　非上市公众公司信息披露内容与格式准则第5号——权益变动报告书、收购报告书和要约收购报告书

中国证券监督管理委员会公告〔2014〕34号　2014年6月23日公布　2014年7月23日实施

第一章　总　　则

第一条　为了规范非上市公众公司（以下简称公众公司）的收购及相关股份权益变动活动，

根据《公司法》、《证券法》、《非上市公众公司收购管理办法》(证监会令第102号,以下简称《收购办法》)及其他相关法律、行政法规及部门规章的规定,制定本准则。

第二条 公众公司的收购及相关股份权益变动活动中的信息披露义务人,应当按照本准则的要求编制和披露权益变动报告书、收购报告书或者要约收购报告书。

第三条 信息披露义务人是多人的,可以书面形式约定由其中一人作为指定代表以共同名义负责统一编制和报送权益变动报告书、收购报告书或者要约收购报告书,依照《收购办法》及本准则的规定披露相关信息,并同意授权指定代表在信息披露文件上签字、盖章。

各信息披露义务人应当对信息披露文件中涉及其自身的信息承担责任;对信息披露文件中涉及的与多个信息披露义务人相关的信息,各信息披露义务人对相关部分承担连带责任。

第四条 本准则的规定是对公众公司收购及相关股份权益变动信息披露的最低要求。不论本准则中是否有明确规定,凡对投资者做出投资决策有重大影响的信息,信息披露义务人均应当予以披露。

第五条 本准则某些具体要求对信息披露义务人确实不适用的,信息披露义务人可以针对实际情况,在不影响披露内容完整性的前提下作适当修改,但应在报送时作书面说明。信息披露义务人认为无本准则要求披露的情况,必须明确注明"无此类情形"的字样。

第六条 信息披露义务人如在权益变动报告书、收购报告书、要约收购报告书中援引财务顾问、律师等专业机构出具的专业报告或意见的内容,应当说明相关专业机构已书面同意上述援引。

第七条 信息披露义务人董事会及其董事或者主要负责人,应当保证权益变动报告书、收购报告书、要约收购报告书内容的真实性、准确性、完整性,承诺其中不存在虚假记载、误导性陈述或者重大遗漏,并就其保证承担个别和连带的法律责任。

第八条 信息披露义务人应在全国中小企业股份转让系统(以下简称全国股份转让系统)指定的信息披露平台(www.neeq.com.cn或www.neeq.cc)披露权益变动报告书、收购报告书或者要约收购报告书及中国证监会要求披露的其他文件,并列示备查文件目录,供投资者查阅。

信息披露义务人应告知投资者备查文件的备置地点。备查文件上网的,应披露网址。

第二章　基本情况

第九条 信息披露义务人应当按照如下要求披露其基本情况:

(一)信息披露义务人为法人或者其他经济组织的,应当披露公司名称、法定代表人、设立日期、注册资本、住所、邮编、所属行业、主要业务、组织机构代码等;

(二)信息披露义务人为自然人的,应当披露姓名、国籍、身份证号码、住所(公民身份号码、住所可以不公开披露)、是否拥有永久境外居留权、最近五年内的工作单位、职务、所任职单位主要业务及注册地、以及是否与所任职单位存在产权关系。

第十条 信息披露义务人为多人的,除应当分别按照本准则第九条披露各信息披露义务人的情况外,还应当披露:

(一)各信息披露义务人之间在股权、资产、业务、高级管理人员等方面的关系,并以方框图的形式加以说明;

（二）信息披露义务人为一致行动人的，应当说明一致行动的目的、达成一致行动协议或者意向的时间、一致行动协议或者意向的内容。

第十一条　信息披露义务人在披露之日前6个月内，因拥有权益的股份变动已经披露过权益变动报告书的，可以仅就与前次报告书不同的部分作出披露。自前次披露之日起超过6个月的，信息披露义务人应当按照《收购办法》和本准则的规定编制并披露权益变动报告书。

第十二条　公众公司收购及相关股份权益变动活动需要取得国家相关部门批准的，收购人应当披露须履行的批准程序及相关批准程序进展情况。

第三章　权益变动报告书

第十三条　信息披露义务人应当按照《收购办法》及本准则的规定计算并披露其持有、控制公众公司股份的详细名称、种类、数量、占公众公司已发行股份的比例、所持股份性质及性质变动情况，股东持股变动达到规定比例的日期及权益变动方式。

信息披露义务人应披露权益变动涉及的相关协议、行政划转或变更、法院裁定等文件的主要内容。

信息披露义务人为多人的，还应当分别披露各信息披露义务人在公众公司中拥有权益的股份详细名称、种类、数量、占公众公司已发行股份的比例。

信息披露义务人持有表决权未恢复的优先股的，还应当披露持有数量和比例。

第十四条　收购人为法人或者其他组织的，还应当披露其做出本次收购决定所履行的相关程序及具体时间。

第十五条　信息披露义务人为公众公司第一大股东或者实际控制人，存在《收购办法》第十三条、第十四条所规定的情形的，应当按照《收购办法》及本准则的规定编制并披露权益变动报告书。

第十六条　公众公司控股股东向收购人协议转让其所持有的公司股份，导致其丧失控股股东地位的，应当在其权益变动报告书中披露对收购人的主体资格、诚信情况及收购意图的调查情况。

公众公司的控股股东、实际控制人及其关联方未清偿其对公司的负债，未解除公司为其负债提供的担保，或者存在损害公司利益的其他情形的，公众公司的控股股东、实际控制人应当披露前述情形及消除损害的情况；未能消除损害的，应当披露其出让相关股份所得收入用于消除全部损害的安排。

第四章　收购报告书

第十七条　收购人为法人或者其他组织的，应当披露其控股股东、实际控制人的有关情况，并以方框图或者其他有效方式，全面披露与控股股东、实际控制人之间的股权控制关系，实际控制人原则上应披露到自然人、国有资产管理部门或者股东之间达成某种协议或安排的其他机构；控股股东、实际控制人所控制的核心企业和核心业务情况；收购人最近2年受到行政处罚（与证券市场明显无关的除外）、刑事处罚、或者涉及与经济纠纷有关的重大民事诉讼或者仲裁；收购人董事、监事、高级管理人员（或者主要负责人）的姓名、最近2年受到行政处罚（与证券市场明显无关的除外)、刑事处罚、或者涉及与经济纠纷有关的重大民事诉讼或者仲裁。

收购人是自然人的,应当披露其所控制的核心企业和核心业务、关联企业及主要业务的情况说明;最近 2 年受到行政处罚(与证券市场明显无关的除外)、刑事处罚、或者涉及与经济纠纷有关的重大民事诉讼或者仲裁。

第十八条　收购人应披露是否具备收购人资格且不存在《收购办法》第六条规定的情形,并作出相应的承诺。

第十九条　收购报告书应当披露本准则第十三条、第十四条规定的内容。

第二十条　收购人应当披露其为持有、控制公众公司股份所支付的资金总额、资金来源及支付方式等情况。

第二十一条　收购人应当披露各成员以及各自的董事、监事、高级管理人员(或者主要负责人)在收购事实发生之日起前 6 个月内买卖该公众公司股票的情况。

第二十二条　收购人应当披露各成员及其关联方以及各自的董事、监事、高级管理人员(或者主要负责人)在报告日前 24 个月内,与该公众公司发生的交易。

第二十三条　收购人为法人或者其他组织的,收购人应当披露其最近 2 年的财务会计报表,注明是否经审计及审计意见的主要内容;其中,最近 1 个会计年度财务会计报表应经具有证券、期货相关业务资格的会计师事务所审计,并注明审计意见的主要内容;会计师应当说明公司前 2 年所采用的会计制度及主要会计政策与最近 1 年是否一致,如不一致,应做出相应的调整。

如果该法人或其他组织成立不足 1 年或者是专为本次公众公司收购而设立的,则应当比照前述规定披露其实际控制人或者控股公司的财务资料。

收购人是上市公司或者公众公司的,可以免于披露最近 2 年的财务会计报表,但应当说明刊登其年度报告的网站地址及时间。

第二十四条　收购人应当披露本次收购的目的、后续计划,包括未来 12 个月内有无对公众公司主要业务、管理层、组织结构等方面的调整、公司章程修改、资产处置或员工聘用等方面的计划。

收购人应充分披露收购完成后对公众公司的影响和风险,并披露收购人及其关联方是否与公众公司从事相同、相似业务的情况。对存在相同、相似业务的,收购人应对是否存在同业竞争作出合理解释。

第二十五条　收购人应当披露所作公开承诺事项及未能履行承诺事项时的约束措施。

第二十六条　收购人应当列明参与本次收购的各专业机构名称,说明各专业机构与收购人、被收购公司以及本次收购行为之间是否存在关联关系及其具体情况。

第二十七条　收购人聘请的财务顾问就本次收购出具的财务顾问报告,应当对以下事项进行说明和分析,并逐项发表明确意见:

(一)收购人编制的收购报告书所披露的内容是否真实、准确、完整;

(二)本次收购的目的;

(三)收购人是否提供所有必备证明文件,根据核查情况,说明收购人是否具备主体资格,是否具备收购的经济实力,是否具备规范运作公众公司的管理能力,是否需要承担其他附加义务及是否具备履行相关义务的能力,是否存在不良诚信记录;

(四)对收购人进行证券市场规范化运作辅导的情况,其董事、监事和高级管理人员是否已

经熟悉有关法律、行政法规和中国证监会的规定,充分了解应承担的义务和责任,督促其依法履行信息披露和其他法定义务的情况;

（五）收购人的股权控制结构及其控股股东、实际控制人支配收购人的方式;

（六）收购人的收购资金来源及其合法性,是否存在利用本次收购的股份向银行等金融机构质押取得融资的情形;

（七）涉及收购人以证券支付收购价款的,应当说明有关该证券发行人的信息披露是否真实、准确、完整以及该证券交易的便捷性等情况;

（八）收购人是否已经履行了必要的授权和批准程序;

（九）是否已对收购过渡期内保持公众公司稳定经营作出安排,该安排是否符合有关规定;

（十）对收购人提出的后续计划进行分析,说明本次收购对公众公司经营和持续发展可能产生的影响;

（十一）在收购标的上是否设定其他权利,是否在收购价款之外还作出其他补偿安排;

（十二）收购人及其关联方与被收购公司之间是否存在业务往来,收购人与被收购公司的董事、监事、高级管理人员是否就其未来任职安排达成某种协议或者默契;

（十三）公众公司原控股股东、实际控制人及其关联方是否存在未清偿对公司的负债、未解除公司为其负债提供的担保或者损害公司利益的其他情形;存在上述情形的,是否已提出切实可行的解决方案。

财务顾问及其法定代表人或授权代表人、财务顾问主办人应当在收购报告书上签字、盖章、签注日期,并载明以下声明:

"本人及本人所代表的机构已履行勤勉尽责义务,对收购报告书的内容进行了核查和验证,未发现虚假记载、误导性陈述或者重大遗漏,并对此承担相应的责任。"

第二十八条 公众公司聘请的律师应当按照本准则及有关业务准则的规定出具法律意见书,并对照中国证监会的各项规定,在充分核查验证的基础上,就公众公司收购的法律问题和事项发表明确的结论性意见。

收购人聘请的律师及其所就职的律师事务所应当在收购报告书上签字、盖章、签注日期,并载明以下声明:

"本人及本人所代表的机构已按照执业规则规定的工作程序履行勤勉尽责义务,对收购报告书的内容进行核查和验证,未发现虚假记载、误导性陈述或者重大遗漏,并对此承担相应的责任。"

第五章 要约收购报告书

第二十九条 采取要约收购方式的,收购人应当详细披露要约收购的方案,包括:

（一）被收购公司名称、收购股份的种类、预定收购的股份数量及其占被收购公司已发行股份的比例;涉及多人收购的,还应当注明每个成员预定收购股份的种类、数量及其占被收购公司已发行股份的比例;

（二）要约价格及其计算基础;

（三）要约收购报告书披露日前6个月内收购人取得该种股票所支付的最高价格;

（四）收购资金总额、资金来源及资金保证、其他支付安排及支付方式；

（五）要约收购的约定条件；

（六）要约收购期限；

（七）受要约人预受要约的方式和程序；

（八）受要约人撤回预受要约的方式和程序；

（九）受要约人委托办理要约收购中相关股份预受、撤回、结算、过户登记等事宜的证券公司名称及其通讯方式。

第三十条　要约收购报告书应当披露本准则第十七条、第二十一条、第二十二条、第二十三条、第二十四条、第二十五条、第二十六条规定的内容。

第三十一条　要约收购人聘请的财务顾问就本次要约收购按照本准则第二十七条第一款的规定发表专业意见。

财务顾问及其法定代表人、财务顾问主办人应当在本报告上签字、盖章、签注日期，并载明以下声明：

"本人及本人所代表的机构已按照执业规则规定的工作程序履行尽职调查义务，经过审慎调查，本人及本人所代表的机构确认收购人有能力按照收购要约所列条件实际履行收购要约，并对此承担相应的法律责任。"

第三十二条　要约收购人聘请的律师就本次要约收购按照本准则第二十八条的规定发表专业意见，并作出声明。

第六章　其他重大事项

第三十三条　各信息披露义务人（如为法人或者其他组织）的董事会及其董事（或者主要负责人）或者自然人（如信息披露义务人为自然人）应当在权益变动报告书、收购报告书或者要约收购报告书上签字、盖章、签注日期，并载明以下声明：

"本人（以及本人所代表的机构）承诺本报告不存在虚假记载、误导性陈述或重大遗漏，并对其真实性、准确性、完整性承担个别和连带的法律责任。"

第三十四条　信息披露义务人在报送权益变动报告书、收购报告书、要约收购报告书的同时，应当提交有关备查文件。该备查文件应当为原件或有法律效力的复印件。信息披露义务人应当将备查文件报送全国股份转让系统及公众公司，并告知投资者披露方式。备查文件包括：

（一）信息披露义务人为法人或其他组织的，提供营业执照和税务登记证；信息披露义务人为自然人的，提供身份证明文件；

（二）信息披露义务人就收购或者要约收购作出的相关决定；

（三）涉及收购资金来源的协议（如适用）；

（四）收购人将履约保证金存入并冻结于指定银行等金融机构的存单、收购人将用以支付的全部证券委托中国证券登记结算有限责任公司保管的证明文件、银行对于要约收购所需价款出具的保函或者财务顾问出具承担连带担保责任的书面承诺（要约收购适用）；

（五）任何与本次收购及相关股份权益活动有关的合同、协议和其他安排的文件；

（六）收购人不存在《收购办法》第六条规定情形的说明及承诺；

(七)按照本准则第二十三条要求提供的收购人的财务资料;

(八)财务顾问报告(如适用);

(九)法律意见书(如适用);

(十)中国证监会或者全国股份转让系统依法要求的其他备查文件。

第七章 附 则

第三十五条 本准则由中国证监会负责解释。

第三十六条 本准则所称拥有权益的股份,包括表决权恢复的优先股,不包括表决权未恢复的优先股。

信息披露义务人涉及计算其持股比例的,应当将其所持有的公众公司已发行的可转换为公司股票的证券中有权转换部分与其所持有的同一公众公司的股份合并计算,并将其持股比例与合并计算非股权类证券转为股份后的比例相比,以二者中的较高者为准;行权期限届满未行权的,或者行权条件不再具备的,无需合并计算。

前款所述二者中的较高者,应当按下列公式计算:

(一)投资者持有的股份数量/公众公司已发行股份总数

(二)(投资者持有的股份数量+投资者持有的可转换为公司股票的非股权类证券所对应的股份数量)/(公众公司已发行股份总数+公众公司发行的可转换为公司股票的非股权类证券所对应的股份总数)

第三十七条 本准则自2014年7月23日起施行。

2 | 15 非上市公众公司信息披露内容与格式准则第6号——重大资产重组报告书

中国证券监督管理委员会公告〔2014〕35号 2014年6月23日公布 2014年7月23日实施

第一章 总 则

第一条 为规范非上市公众公司(以下简称公众公司)重大资产重组的信息披露行为,根据《公司法》、《证券法》、《非上市公众公司重大资产重组管理办法》(证监会令第103号,以下简称《重组办法》)及其他相关法律、行政法规及部门规章的规定,制定本准则。

第二条 公众公司实施重大资产重组应当按照本准则的要求编制并披露重大资产重组报告书(以下简称重组报告书)及其他相关信息披露文件。公众公司披露的所有信息应真实、准确、完整,不得有虚假记载、误导性陈述或重大遗漏。

第三条 本准则的规定是对重组报告书及其他相关信息披露文件的最低要求。不论本准则是否有明确规定,凡对投资者投资决策有重大影响的信息,均应披露。

公众公司根据自身及所属行业或业态特征,可在本准则基础上增加有利于投资者判断和信息披露完整性的相关内容。本准则某些具体要求对公众公司不适用的，公众公司可根据实际情况，在不影响内容完整性的前提下作适当调整，但应在披露时作出相应说明。

第四条　公众公司披露的重组报告书中引用的经审计的最近1期财务资料在财务会计报表截止日后6个月内有效；特别情况下可申请适当延长，但延长时间至多不超过1个月。

截至重组报告书披露之日，交易标的资产的财务状况和经营成果发生重大变动的，应当补充披露最近1期相关财务资料。

第五条　重组报告书扉页应当载有如下声明："本公司及全体董事、监事、高级管理人员承诺重大资产重组报告书不存在虚假记载、误导性陈述或重大遗漏，并对其真实性、准确性、完整性承担个别和连带的法律责任。"

第六条　公众公司应在全国中小企业股份转让系统（以下简称全国股份转让系统）指定的信息披露平台（www. neeq. com. cn 或 www. neeq. cc）披露重组报告书及其备查文件、中国证监会要求披露的其他文件，供投资者查阅。

第二章　重组预案和重组报告书

第七条　公众公司披露重大资产重组预案的（以下简称重组预案），应当至少包括以下内容：

（一）公众公司基本情况、交易对方基本情况、本次交易的背景和目的、本次交易的具体方案、交易标的基本情况；

（二）本次交易对公众公司的影响以及交易过程中对保护投资者合法权益的相关安排；

（三）本次交易行为涉及有关报批事项的，应当详细说明已向有关主管部门报批的进展情况和尚需呈报批准的程序，并对可能无法获得批准的风险作出特别提示；

（四）独立财务顾问、律师事务所、会计师事务所等证券服务机构的结论性意见；证券服务机构尚未出具意见的，应当作出关于"证券服务机构意见将在重大资产重组报告书中予以披露"的特别提示；

（五）退市公司应当对本次交易完成后是否申请重新上市以及其中的不确定性风险作出特别提示。

第八条　公众公司披露重组报告书的，应当至少包括以下内容：

（一）交易概述

简要介绍本次重组的基本情况，包括交易对方名称、交易双方实施本次交易的背景和目的、决策过程、交易标的名称、交易价格、是否构成关联交易、按照《重组办法》规定计算的相关指标、董事会和股东大会表决情况、中小股东单独计票结果等。

退市公司还应当对本次交易完成后是否申请重新上市、对申请重新上市相关事宜的后续计划及其中的不确定性风险进行说明并披露。

（二）公众公司基本情况，包括公司设立情况及曾用名称，最近2年的控股权变动情况、主要业务发展情况和主要财务指标，以及控股股东、实际控制人概况。

（三）交易对方基本情况及与公众公司之间是否存在关联关系及其情况说明、交易对方及其主要管理人员最近2年内是否存在违法违规情形及其情况说明（与证券市场明显无关的除外）。

（四）交易标的

1. 交易标的的基本情况

（1）交易标的为完整经营性资产的（包括股权或其他构成可独立核算会计主体的经营性资产），应当披露：

a. 该经营性资产的名称、企业性质、注册地、主要办公地点、法定代表人、注册资本、成立日期、税务登记证号码、组织机构代码、历史沿革；

b. 该经营性资产的产权或控制关系，包括其主要股东或权益持有人及持有股权或权益的比例、公司章程中可能对本次交易产生影响的主要内容或相关投资协议、原高管人员的安排、是否存在影响该资产独立性的协议或其他安排（如让渡经营管理权、收益权等）；

c. 主要资产的权属状况、对外担保情况及主要负债情况；

d. 交易标的为有限责任公司股权的，应当披露是否已取得该公司其他股东的同意或者符合公司章程规定的股权转让前置条件；

e. 该经营性资产的权益最近2年曾进行资产评估、交易、增资或改制的，应当披露相关的评估价值、交易价格、交易对方和增资改制的情况。

（2）交易标的不构成完整经营性资产的，应当披露：

a. 相关资产的名称、类别及最近2年的运营情况；

b. 相关资产的权属状况，包括产权是否清晰，是否存在抵押、质押等权利限制，是否涉及诉讼、仲裁、司法强制执行等重大争议；

c. 相关资产在最近2年曾进行资产评估或者交易的，应当披露评估价值、交易价格、交易对方等情况。

2. 资产交易根据资产评估结果定价的，应当披露资产评估方法和资产评估结果（包括各类资产的评估值、增减值额及增减值率，以及主要的增减值原因等）。

3. 资产交易涉及重大资产购买的，公众公司应当根据重要性原则披露拟购买资产主要业务的具体情况，包括：

（1）主要业务、主要产品或服务及其用途；

（2）业务模式或商业模式；

（3）与主要业务相关的情况，主要包括：

a. 报告期内各期主要产品或服务的规模、销售收入，产品或服务的主要消费群体，报告期内各期向前五名客户合计的销售额占当期销售总额的百分比；

b. 报告期内主要产品或服务的原材料、能源及其供应情况，占成本的比重，报告期内各期向前五名供应商合计的采购额占当期采购总额的百分比；

c. 所从事的业务需要取得许可资格或资质的，还应当披露当前许可资格或资质的情况。

（4）与其业务相关的资源要素，主要包括：

a. 产品或服务所使用的主要技术；

b. 主要生产设备、房屋建筑物的取得和使用情况、成新率或尚可使用年限等；

c. 主要无形资产的取得方式和时间、使用情况、使用期限或保护期、最近1期末账面价值；

d. 拟购买所从事的业务需要取得许可资格或资质的，还应当披露当前许可资格或资质的情况；

e. 特许经营权的取得、期限、费用标准；

f. 员工的简要情况，其中核心业务和技术人员应披露姓名、年龄、主要业务经历及职务、现任职务及任期以及持有公众公司股份情况；

g. 其他体现所属行业或业态特征的资源要素。

4. 资产交易涉及重大资产出售的，公众公司应当按照前述第 3 项中（1）、（2）的要求进行披露，简要介绍拟出售资产主要业务及与其相关的资源要素的基本情况。

5. 资产交易涉及债权债务转移的，应当披露该等债权债务的基本情况、债权人同意转移的情况及与此相关的解决方案。

6. 资产交易中存在的可能妨碍权属转移的其他情形。

（五）本次交易合同的主要内容

1. 合同主体、签订时间；

2. 交易价格、定价依据以及支付方式（一次或分次支付的安排及特别条款、股份发行条款等）；

3. 资产交付或过户的时间安排；

4. 交易标的自定价基准日至交割日期间损益的归属和实现方式；

5. 合同的生效条件和生效时间；合同附带的任何形式的保留条款、补充协议和前置条件；

6. 与资产相关的人员安排。

（六）本次资产交易中相关当事人的公开承诺事项及提出的未能履行承诺时的约束措施（如有）。

（七）财务会计信息

1. 交易标的为完整经营性资产的，应当披露最近 2 年的简要财务报表；交易标的不构成完整经营性资产的，应当披露相关资产最近 2 年经审计的财务数据，包括但不限于资产总额、资产净额、可准确核算的收入或费用额。

2. 拟购买资产盈利预测的主要数据（如有）。

（八）独立财务顾问和律师对本次交易出具的结论性意见。

独立财务顾问不是为其提供持续督导业务的主办券商的，还应当详细披露主办券商不适宜担任独立财务顾问的具体原因。

（九）本次交易聘请的独立财务顾问、律师事务所、会计师事务所、资产评估机构（如有）等专业机构名称、法定代表人、住所、联系电话、传真，以及有关经办人员的姓名。

第九条　公众公司重大资产重组以发行普通股作为对价向特定对象购买资产（以下简称发行股份购买资产）的，重组报告书中除包括前条规定的内容外，还应当包括以下内容：

在本准则第八条规定的“交易标的”部分后，加入第（五）部分“发行股份情况”，其以下各部分依次顺延。在“发行股份情况”部分应当披露以下内容：

1. 公众公司发行股份的价格及定价原则，并充分说明定价的合理性；

2. 公众公司拟发行股份的种类、每股面值；

3. 公众公司拟发行股份的数量、占发行后总股本的比例；

4. 特定对象所持股份的转让或交易限制，股东关于自愿锁定所持股份的相关承诺；

5. 公众公司发行股份前后主要财务数据（如每股收益、每股净资产等）和其他重要财务指标的对照表；

6. 本次发行股份前后公众公司的股权结构，说明本次发行股份是否导致公众公司控制权发生变化。

公众公司重大资产重组以优先股、可转换债券等支付手段作为支付对价的，还应当按照中国证监会关于优先股、可转换债券的相关规定进行披露。

第三章　中介机构的意见

第十条　独立财务顾问应当按照本准则及有关业务准则的规定出具独立财务顾问报告，报告应当至少包括以下内容：

（一）说明本次重组是否符合《重组办法》的规定；

（二）说明本次交易所涉及的资产定价和支付手段定价的合理性；

（三）说明本次交易完成后公众公司的财务状况及是否存在损害股东合法权益的问题；

（四）对交易合同约定的资产交付安排是否可能导致公众公司交付现金或其他资产后不能及时获得对价的风险、相关的违约责任是否切实有效发表明确意见；

（五）对本次重组是否构成关联交易进行核查，并依据核查确认的相关事实发表明确意见。涉及关联交易的，还应当充分分析本次交易的必要性及本次交易是否损害公众公司及非关联股东的利益。

第十一条　公众公司应当提供由律师按照本准则及有关业务准则的规定出具的法律意见书。律师应当对照中国证监会的各项规定，在充分核查验证的基础上，至少就公众公司本次重组涉及的以下法律问题和事项发表明确的结论性意见：

（一）公众公司和交易对方是否具备相应的主体资格、是否依法有效存续；

（二）本次交易是否已履行必要的批准或授权程序，相关的批准和授权是否合法有效；本次交易是否构成关联交易，构成关联交易的，是否已依法履行必要的审议批准程序和信息披露义务；本次交易涉及的须呈报有关主管部门批准的事项是否已获得有效批准；本次交易的相关合同和协议是否合法有效；

（三）标的资产（包括标的股权所涉及企业的主要资产）的权属状况是否清晰，权属证书是否完备有效，尚未取得完备权属证书的，应说明取得权属证书是否存在法律障碍；标的资产是否存在产权纠纷或潜在纠纷，如有，应说明对本次交易的影响；标的资产是否存在抵押、担保或其他权利受到限制的情况，如有，应说明对本次交易的影响；

（四）本次交易所涉及的债权债务的处理及其他相关权利、义务的处理是否合法有效，其实施或履行是否存在法律障碍和风险；

（五）公众公司、交易对方和其他相关各方是否已履行法定的披露和报告义务，是否存在应当披露而未披露的合同、协议、安排或其他事项；

（六）本次交易是否符合《重组办法》和相关规范性文件规定的原则和条件；

（七）参与公众公司本次交易活动的证券服务机构是否具备必要的资格；

（八）本次交易是否符合相关法律、行政法规、部门规章和规范性文件的规定，是否存在法律障碍，是否存在其他可能对本次交易构成影响的法律问题和风险。

第十二条　公众公司应当提供本次交易所涉及的相关资产最近2年的财务会计报表（财务数据）和审计报告；存在本准则第四条规定情况的，还应当提供最近1期的财务会计报表和审计报告。

第十三条　公众公司重大资产重组以评估值或资产估值报告中的估值金额作为交易标的定价依据的，应当提供相关资产的资产评估报告或资产估值报告。

第十四条　公众公司可视自身情况决定是否披露拟购买资产经审核的盈利预测报告。

第四章　声明及附件

第十五条　公众公司全体董事、监事、高级管理人员应当在重组报告书正文的尾页声明：

"本公司全体董事、监事、高级管理人员承诺本重大资产重组报告书不存在虚假记载、误导性陈述或重大遗漏，并对其真实性、准确性、完整性承担个别和连带的法律责任。"

声明应由全体董事、监事、高级管理人员签名，并加盖公众公司公章。

第十六条　独立财务顾问应当对重组报告书的真实性、准确性、完整性进行核查，并在重组报告书正文后声明：

"本公司已对重大资产重组报告书进行了核查，确认不存在虚假记载、误导性陈述或重大遗漏，并对其真实性、准确性和完整性承担相应的法律责任。"

声明应由法定代表人或授权代表人、项目负责人、独立财务顾问主办人签名，并由独立财务顾问加盖公章。

第十七条　为公众公司重大资产重组提供服务的其他证券服务机构应在重组报告书正文后声明：

"本机构及经办人员（经办律师、签字注册会计师、签字注册资产评估师）已阅读重大资产重组报告书，确认重大资产重组报告书与本机构出具的专业报告（法律意见书、审计报告、资产评估报告）无矛盾之处。本机构及经办人员对公众公司在重大资产重组报告书中引用的专业报告的内容无异议，确认重大资产重组报告书不致因上述内容而出现虚假记载、误导性陈述或重大遗漏，并对其真实性、准确性和完整性承担相应的法律责任。"

声明应由经办人员及所在机构负责人签名，并由机构加盖公章。

第十八条　重组报告书结尾应列明附件并披露。附件应包括下列文件：

（一）独立财务顾问报告；

（二）财务会计报表及审计报告；

（三）法律意见书；

（四）资产评估报告、资产估值报告（如有）；

（五）拟购买资产盈利预测报告（如有）；

（六）公众公司及其董事、监事、高级管理人员，交易对方及其董事、监事、高级管理人员（或主要负责人），相关专业机构及其他知悉本次重大资产交易内幕信息的法人和自然人，以及上述相关人员的直系亲属买卖该公众公司股票及其他相关证券情况的自查报告及说明；

（七）其他与公开转让有关的重要文件。

第五章 持续披露

第十九条 公众公司发行股份购买资产申请获得中国证监会核准的，公众公司及相关证券服务机构应当根据中国证监会的审核情况重新修订重组报告书及相关证券服务机构的报告或意见，并作出补充披露。

第二十条 公众公司重大资产重组实施完毕后应当编制并披露至少包含以下内容的重大资产重组实施情况报告书：

（一）本次重组的实施过程，相关资产过户或交付、相关债权债务处理以及证券发行登记等事宜的办理状况；

（二）相关实际情况与此前披露的信息是否存在差异；

（三）相关协议、承诺的履行情况及未能履行承诺时相关约束措施的执行情况；

（四）其他需要披露的事项。

独立财务顾问应当对前款所述内容逐项进行核查，并发表明确意见。律师应当对前款所述内容涉及的法律问题逐项进行核查，并发表明确意见。

第六章 附 则

第二十一条 本准则由中国证监会负责解释。

第二十二条 本准则自2014年7月23日起施行。

附件：非上市公众公司发行股份购买资产的重大资产重组申请文件目录

附件

非上市公众公司发行股份购买资产的重大资产重组申请文件目录

一、报送要求

公众公司因发行股份购买资产的重大资产重组向中国证监会报送申请文件，应提交原件一份，复印件二份及相应的标准电子文件一份（标准. doc 或. rtf 格式文件）。

公众公司不能提供有关文件原件的，应由其聘请的律师提供鉴证意见，或由出文单位盖章，以保证与原件一致。如原出文单位不再存续，由承继其职权的单位或作出撤销决定的单位出文证明文件的真实性。

申请文件所有需要签名处，均应为签名人亲笔签名，不得以名章、签名章等代替。

申请文件一经受理，未经中国证监会同意，不得增加、撤回或更换。

二、报送的具体文件

（一）公众公司重大资产重组报告书

1－1 发行股份购买资产申请报告

1－2 重大资产重组报告书

1－3　重大资产重组的董事会决议和股东大会决议

（二）独立财务顾问和律师出具的文件

2－1　独立财务顾问报告

2－2　法律意见书

（三）本次重大资产重组涉及的财务信息相关文件

3－1　本次重大资产重组涉及的拟购买、出售资产的财务报告和审计报告（确实无法提供的，应当说明原因及相关资产的财务状况和经营成果）

3－2　本次重大资产重组涉及的拟购买、出售资产的评估报告及评估说明，资产估值报告（如有）

3－3　交易对方最近1年的财务报告和审计报告（如有）

3－4　拟购买资产盈利预测报告（如有）

（四）本次重大资产重组涉及的有关协议、合同和决议

4－1　重大资产重组的协议或合同

4－2　涉及本次重大资产重组的其他重要协议或合同

4－3　交易对方内部权力机关批准本次交易事项的相关决议

（五）本次重大资产重组的其他文件

5－1　有关部门对重大资产重组的审批、核准或备案文件

5－2　关于股份锁定期的承诺

5－3　交易对方的营业执照复印件

5－4　拟购买资产的权属证明文件

5－5　与拟购买资产生产经营有关的资质证明或批准文件

5－6　公众公司全体董事和独立财务顾问、律师事务所、会计师事务所、资产评估机构等证券服务机构及其签字人员对重大资产重组申请文件真实性、准确性和完整性的承诺书

5－7　公众公司与交易对方就重大资产重组事宜采取的保密措施及保密制度的说明，并提供与所聘请的证券服务机构签署的保密协议及交易进程备忘录

5－8　本次重大资产重组前12个月内公众公司购买、出售资产的说明及专业机构意见（如有）

5－9　中国证监会要求提供的其他文件

2 | 16　非上市公众公司信息披露内容与格式准则第7号——定向发行优先股说明书和发行情况报告书

中国证券监督管理委员会公告〔2014〕44号　2014年9月19日公布实施

第一章　总　　则

第一条　为了规范非上市公众公司（以下简称申请人）定向发行优先股的信息披露行为，根据《公司法》、《证券法》、《非上市公众公司监督管理办法》（证监会令第96号）、《优先股试点管

理办法》(证监会令第97号)的规定,制定本准则。

第二条 申请人定向发行优先股,应按照本准则编制定向发行优先股说明书并披露。发行后普通股与优先股股东人数合并累计超过200人的非上市公众公司定向发行优先股,应当向中国证券监督管理委员会(以下简称中国证监会)申请核准;发行后普通股与优先股股东人数合并累计不超过200人的非上市公众公司定向发行优先股,中国证监会豁免核准,由全国中小企业股份转让系统(以下简称全国股份转让系统)自律管理。

注册在境内的境外上市公司在境内发行优先股,参照本准则的规定披露,应当向中国证监会申请核准。

第三条 申请人定向发行结束后,应按照本准则的要求编制并披露发行情况报告书。

第四条 在不影响信息披露的完整并保证阅读方便的前提下,对于曾在定期报告、临时公告或者其他信息披露文件中披露过的信息,如事实未发生变化,申请人可以采用索引的方法进行披露。

第五条 本准则某些具体要求对本次定向发行确实不适用或者需要豁免适用的,申请人可以根据实际情况调整,但应在提交申请文件时作出专项说明。

第六条 申请人发行的优先股在全国股份转让系统转让的,应在全国中小企业股份转让系统有限责任公司(以下简称全国股份转让系统公司)指定的信息披露平台(www. neeq. com. cn 或 www. neeq. cc)披露定向发行优先股说明书及其备查文件、发行情况报告书和中国证监会要求披露的其他文件,供投资者查阅。

第二章 定向发行优先股说明书

第七条 定向发行优先股说明书扉页应载有如下声明:

“本公司及全体董事、监事、高级管理人员承诺定向发行优先股说明书不存在虚假记载、误导性陈述或重大遗漏,并对其真实性、准确性、完整性承担个别和连带的法律责任。

“本公司负责人和主管会计工作的负责人、会计机构负责人保证定向发行优先股说明书中财务会计资料真实、完整。

“中国证监会、全国股份转让系统公司对本公司定向发行优先股所作的任何决定或意见,均不表明其对本公司优先股的价值或投资者的收益作出实质性判断或者保证。任何与之相反的声明均属虚假不实陈述。

“根据《证券法》的规定,本公司经营与收益的变化,由本公司自行负责,由此变化引致的投资风险,由投资者自行负责。”

第八条 申请人应披露本次定向发行的基本情况:

(一)发行目的和发行总额。拟分次发行的,披露分次发行安排;

(二)发行方式、发行对象及公司现有股东认购安排(如有)。如董事会未确定具体发行对象的,应披露发行对象的范围和确定方法;

(三)票面金额、发行价格或定价原则;

(四)本次发行优先股的种类、数量或数量上限;

(五)募集资金投向;

（六）本次发行涉及的主管部门审批、核准或备案事项情况。

除上述内容外，申请人还应披露本准则第十四条规定的附生效条件的优先股认购合同的内容摘要。

第九条　申请人应在基本情况中披露本次定向发行的优先股的具体条款设置：

（一）优先股股东参与利润分配的方式，包括：票面股息率或其确定原则、股息发放的条件、股息支付方式、股息是否累积、是否可以参与剩余利润分配等；涉及财务数据或财务指标的，应注明相关报表口径；

（二）优先股的回购条款，包括：回购选择权的行使主体、回购条件、回购期间、回购价格或确定原则及其调整方法等；

（三）优先股转换为普通股的条款（仅商业银行适用），包括：转换权的行使主体、转换条件（含触发事项）、转换时间、转换价格或确定原则及其调整方法等；

（四）表决权的限制和恢复，包括表决权恢复的情形及恢复的具体计算方法；

（五）清偿顺序及每股清算金额的确定方法；

（六）有评级安排的，需披露信用评级情况；

（七）有担保安排的，需披露担保及授权情况；

（八）其他中国证监会认为有必要披露的重大事项。

第十条　以资产认购本次定向发行优先股的，申请人还应按照本准则第十一条、第十二条、第十三条的规定披露相关内容，同时披露本准则第十四条规定的附生效条件的资产转让合同的内容摘要。

第十一条　以资产认购本次定向发行优先股、其资产为非股权资产的，申请人应披露相关资产的下列基本情况：

（一）资产名称、类别以及所有者和经营管理者的基本情况；

（二）资产权属是否清晰、是否存在权利受限、权属争议或者妨碍资产转移的其他情况；

（三）资产独立运营和核算的，披露最近1年及1期经会计师事务所审计的主要财务数据；

（四）资产的交易价格及定价依据。披露相关资产经审计的账面值；交易价格以资产评估结果作为依据的，应披露资产评估方法和资产评估结果。

第十二条　以资产认购本次定向发行优先股、其资产为股权的，申请人应披露相关股权的下列基本情况：

（一）股权所投资的公司的名称、企业性质、注册地、主要办公地点、法定代表人、注册资本；股权及控制关系，包括公司的主要股东及其持股比例、最近2年控股股东或实际控制人的变化情况、股东出资协议及公司章程中可能对本次交易产生影响的主要内容、原高管人员的安排；

（二）股权所投资的公司主要资产的权属状况及对外担保和主要负债情况；

（三）股权所投资的公司最近1年及1期的业务发展情况和经会计师事务所审计的主要财务数据和财务指标；

（四）股权的资产评估价值（如有）、交易价格及定价依据。

第十三条　资产交易价格以经审计的账面值为依据的，公司董事会应对定价的合理性予以说明。

资产交易根据资产评估结果定价的，公司董事会应对定价的合理性予以说明，并对资产定价是否存在损害公司和股东合法权益等情形发表意见。

第十四条　董事会决议确定具体发行对象的，应披露附生效条件的优先股认购合同，应包括以下内容：

（一）合同主体、签订时间；

（二）认购价格、认购方式、支付方式；

（三）合同的生效条件和生效时间；

（四）合同附带的任何保留条款、前置条件；

（五）违约责任条款；

（六）优先股股东参与利润分配和剩余财产分配的相关约定；

（七）优先股回购的相关约定；

（八）优先股股东表决权限制与恢复的约定；

（九）其他与定向发行相关的条款。

附生效条件的资产转让合同的内容摘要除前款第（一）项至第（五）项内容外，至少还应包括：

（一）目标资产及其价格或定价依据；

（二）资产交付或过户时间安排；

（三）资产自评估截止日至资产交付日所产生收益的归属（如有）；

（四）与资产相关的人员安排。

第十五条　申请人应披露已发行在外优先股的简要情况，包括发行时间、发行总量及融资总额、现有发行在外数量、已回购优先股的数量、各期股息实际发放情况等。

申请人应列表披露本次优先股与已发行在外优先股主要条款的差异比较。

第十六条　本次定向发行对申请人的影响。申请人应披露以下内容：

（一）本次发行对申请人经营管理的影响；

（二）本次发行后申请人财务状况、盈利能力、偿债能力及现金流量的变动情况，申请人应重点披露本次发行优先股后公司资产负债结构的变化；

（三）本次发行对公司股本、净资产（净资本）、资产负债率、净资产收益率、归属于普通股股东的每股收益等主要财务数据和财务指标的影响；

（四）申请人与控股股东及其关联人之间的业务关系、管理关系、关联交易及同业竞争等变化情况；

（五）以资产认购优先股的行为是否导致增加本公司的债务或者或有负债；

（六）本次发行对申请人的税务影响；

（七）申请人应有针对性、差异化的披露属于本公司或者本行业的特有风险以及经营过程中的不确定性因素；

（八）银行、证券、保险等金融行业公司还需披露本次发行对其资本监管指标的影响及相关行业资本监管要求。

第十七条　申请人应披露本次定向发行对申请人普通股股东权益的影响；已发行优先股的，还应说明对其他优先股股东权益的影响。

第十八条 申请人应结合自身的实际情况及优先股的条款设置，披露可能直接或间接对申请人以及优先股投资者产生重大不利影响的相关风险因素，如不能足额派息的风险、表决权受限的风险、回购风险、交易风险、分红减少和权益摊薄风险、税务风险等。

第十九条 申请人应披露本次定向发行相关的会计处理方法以及本次发行的优先股发放的股息是否在所得税前列支及政策依据。

第二十条 申请人应披露投资者与本次发行的优先股转让、股息发放、回购等相关的税费、征收依据及缴纳方式。

第二十一条 申请人应披露公司最近一期末的对外担保情况，并披露对公司财务状况、经营成果、声誉、业务活动、未来前景等可能产生较大影响的未决诉讼或仲裁事项，可能出现的处理结果或已生效法律文书的执行情况。

第二十二条 注册在境内的境外上市公司在境内发行优先股的，应披露公司的基本情况、控股股东和实际控制人的基本情况、公司组织架构和管理模式以及董事、监事、高级管理人员名单。实际控制人应披露到最终的国有控制主体、集体企业或自然人为止。

注册在境内的境外上市公司应结合所处的行业特点、财务信息、分部报告、主要对外投资等情况披露公司从事的主要业务、主要产品及各业务板块的经营状况。

第二十三条 注册在境内的境外上市公司在境内发行优先股的，应当按照《企业会计准则》的规定编制财务报表，并经具有证券期货相关业务资格的会计师事务所审计。最近 2 年财务报表被具有证券期货相关业务资格的会计师事务所出具非标准无保留意见审计报告的，公司应披露董事会关于非标准无保留意见审计报告所涉及事项的说明和具有证券期货相关业务资格的会计师事务所及注册会计师关于非标准无保留意见审计报告的补充意见。

注册在境内的境外上市公司应简要披露财务会计信息，主要包括：最近 2 年及 1 期资产负债表、利润表及现金流量表简表。编制合并财务报表的，应披露合并财务报表。最近 2 年及 1 期合并财务报表范围发生重大变化的，应披露具体变化情况。最近 2 年内发生重大资产重组的，应披露重组完成后各年的财务报表以及重组时编制的重组前模拟财务报表和编制基础；最近 2 年及 1 期的主要财务指标。

第二十四条 注册在境内的境外上市公司还应提示投资者，如需完整了解公司财务会计信息、股份变动情况等详细内容，可在境外上市地指定披露平台查阅公司日常信息披露文件。

第二十五条 申请人应披露下列机构的名称、法定代表人、住所、联系电话、传真，同时应披露有关经办人员的姓名：

（一）证券公司；

（二）律师事务所；

（三）会计师事务所；

（四）资产评估机构（如有）；

（五）资信评级机构（如有）；

（六）优先股登记机构；

（七）担保人（如有）；

（八）其他与本次发行有关的机构。

第二十六条　申请人全体董事、监事、高级管理人员应在定向发行优先股说明书正文的尾页声明：

"本公司全体董事、监事、高级管理人员承诺本定向发行优先股说明书不存在虚假记载、误导性陈述或重大遗漏，并对其真实性、准确性、完整性承担个别和连带的法律责任。"

声明应由全体董事、监事、高级管理人员签名，并由申请人加盖公章。

第二十七条　证券公司应对申请人定向发行优先股说明书的真实性、准确性、完整性进行核查，并在定向发行优先股说明书正文后声明：

"本公司已对定向发行优先股说明书进行了核查，确认不存在虚假记载、误导性陈述或重大遗漏，并对其真实性、准确性和完整性承担相应的法律责任。"

声明应由法定代表人、项目负责人签名，并由证券公司加盖公章。

第二十八条　为申请人定向发行优先股提供服务的证券服务机构应在定向发行优先股说明书正文后声明：

"本机构及经办人员（经办律师、签字注册会计师、签字注册资产评估师、资信评级人员）已阅读定向发行优先股说明书，确认定向发行优先股说明书与本机构出具的专业报告（法律意见书、审计报告、资产评估报告或资产估值报告、资信评级报告等）无矛盾之处。本机构及经办人员对申请人在定向发行优先股说明书中引用的专业报告的内容无异议，确认定向发行优先股说明书不致因上述内容而出现虚假记载、误导性陈述或重大遗漏，并对其真实性、准确性和完整性承担相应的法律责任。"

声明应由经办人员及所在机构负责人签名，并由机构加盖公章。

第二十九条　定向发行优先股说明书结尾应列明备查文件，备查文件应包括：

（一）申请人最近2年及1期的财务报告及审计报告；

（二）定向发行优先股推荐工作报告；

（三）法律意见书；

（四）中国证监会核准本次定向发行的文件（如有）；

（五）公司章程及其修订情况的说明；

（六）其他与本次定向发行有关的重要文件。

如有下列文件，也应作为备查文件披露：

（一）资产评估报告或资产估值报告；

（二）资信评级报告；

（三）担保合同和担保函；

（四）申请人董事会关于非标准无保留意见审计报告涉及事项处理情况的说明；

（五）会计师事务所及注册会计师关于非标准无保留意见审计报告的补充意见；

（六）通过本次定向发行拟进入资产的资产评估报告或资产估值报告及有关审核文件。

第三章　发行情况报告书

第三十条　申请人应在发行情况报告书中披露本次定向发行履行的相关程序、优先股的类型及主要条款、发行对象及认购数量、相关机构及经办人员。

第三十一条　申请人应披露本次发行前后股本结构、股东人数、资产结构、业务结构、主要财务指标的变化情况。

第三十二条　申请人应在发行情况报告书中披露证券公司关于本次定向发行过程、结果和发行对象合规性的结论意见。内容至少包括：

（一）关于本次定向发行过程、定价方法及结果的合法、合规性的说明；

（二）关于本次定向发行对象是否符合《优先股试点管理办法》的规定，是否符合公司及其全体股东的利益的说明；

（三）证券公司认为需要说明的其他事项。

第三十三条　申请人应在发行情况报告书中披露律师关于本次定向发行过程、结果和发行对象合规性的结论意见。内容至少包括：

（一）关于发行对象资格的合规性的说明；

（二）关于本次定向发行过程及结果合法、合规性的说明；

（三）关于本次定向发行相关合同等法律文件的合规性的说明；

（四）本次定向发行涉及资产转让或者其他后续事项的，应陈述办理资产过户或者其他后续事项的程序、期限，并对因资产瑕疵导致不能过户的法律风险进行评估；

（五）律师认为需要说明的其他事项。

第三十四条　由于情况发生变化，导致董事会决议中关于本次定向发行的有关事项需要修正或者补充说明的，申请人应在发行情况报告书中作出专门说明。

第三十五条　申请人全体董事、监事、高级管理人员应在发行情况报告书的首页声明：

“公司全体董事、监事、高级管理人员承诺本发行情况报告书不存在虚假记载、误导性陈述或重大遗漏，并对其真实性、准确性、完整性承担个别和连带的法律责任。”

声明应由全体董事、监事、高级管理人员签名，并由申请人加盖公章。

第四章　附　　则

第三十六条　本准则由中国证监会负责解释。

第三十七条　本准则自公布之日起施行。

2 | 17　非上市公众公司信息披露内容与格式准则第 8 号——定向发行优先股申请文件

中国证券监督管理委员会公告〔2014〕45 号　2014 年 9 月 19 日公布实施

第一条　为了规范非上市公众公司（以下简称申请人）定向发行优先股申请文件的内容和格式，根据《公司法》、《证券法》、《非上市公众公司监督管理办法》（证监会令第 96 号）、《优先股试点管理办法》（证监会令第 97 号）的规定，制定本准则。

第二条　申请人定向发行优先股，应按本准则要求制作和报送申请文件。

注册在境内的境外上市公司在境内发行优先股，参照本准则要求制作和报送申请文件。

第三条　本准则规定的申请文件目录（见附录）是定向发行优先股申请文件的最低要求。根据审核或审查需要，中国证券监督管理委员会（以下简称中国证监会）、全国中小企业股份转让系统有限责任公司（以下简称全国股份转让系统公司）可以要求申请人和相关证券服务机构补充文件。如果某些文件对申请人不适用，可不提供，但应向中国证监会、全国股份转让系统公司作出书面说明。

第四条　申请文件一经受理，未经中国证监会、全国股份转让系统公司同意，不得增加、撤回或者更换。

第五条　申请人报送申请文件，初次报送应提交原件一份，复印件二份。申请人不能提供有关文件原件的，应由申请人律师提供鉴证意见，或由出文单位盖章，以保证与原件一致。如原出文单位不再存续，由承继其职权的单位或作出撤销决定的单位出文证明文件的真实性。

第六条　申请文件所有需要签名处，均应为签名人亲笔签名，不得以名章、签名章等代替。

申请文件中需要由申请人律师鉴证的文件，申请人律师应在该文件首页注明"以下第××页至第××页与原件一致"，并签名和签署鉴证日期，律师事务所应在该文件首页加盖公章，并在第××页至第××页侧面以公章加盖骑缝章。

第七条　申请人应根据中国证监会、全国股份转让系统公司对申请文件的反馈意见提供补充材料。相关证券服务机构应对反馈意见相关问题进行核查或补充出具专业意见。

第八条　申请文件的封面和侧面应标明"××公司定向发行优先股申请文件"字样。

第九条　申请文件的扉页应标明申请人信息披露事务负责人及相关证券服务机构项目负责人的姓名、电话、传真及其他方便的联系方式。

第十条　申请文件的各章、各节之间应有明显的分隔标识。

第十一条　申请人在报送书面申请文件、材料的同时，应报送一份相应的电子文件（doc或rtf格式文件）。

第十二条　未按本准则的要求制作和报送申请文件的，中国证监会、全国股份转让系统公司按照有关规定不予受理。

第十三条　申请人的普通股在全国中小企业股份转让系统公开转让的，申请文件中的审计报告、资产评估报告应由具有证券期货相关业务资格的会计师事务所、资产评估机构出具。

第十四条　发行后普通股与优先股股东人数合并累计不超过200人的非上市公众公司定向发行优先股，申请文件目录由全国股份转让系统公司另行规定。

第十五条　本准则自公布之日起施行。

附录：

非上市公众公司定向发行优先股申请文件目录

第一章　定向发行优先股说明书及授权文件

1－1　申请人关于定向发行优先股的申请报告

1－2　定向发行优先股说明书

1－3　申请人关于定向发行优先股的董事会决议

1－4　申请人关于定向发行优先股的股东大会决议

1－5　特定行业主管部门出具的监管意见（如有）

第二章　定向发行优先股推荐文件

2－1　证券公司定向发行优先股推荐工作报告

第三章　证券服务机构关于定向发行优先股的文件

3－1　申请人最近2年及1期的财务报告及其审计报告

3－2　法律意见书

3－3　本次定向发行优先股收购资产相关的最近1年及1期的财务报告及其审计报告、资产评估报告或资产估值报告（如有）

3－4　资信评级机构为本次定向发行优先股出具的资信评级报告（如有）

3－5　本次定向发行优先股的担保合同、担保函、担保人就提供担保获得的授权文件（如有）

第四章　注册在境内的境外上市公司的补充文件

4－1　申请人的企业法人营业执照

4－2　公司章程（草案）

4－3　国有资产管理部门出具的国有股权设置批复文件及商务主管部门出具的外资股确认文件（如有）

2 | 18　中国证券监督管理委员会公告〔2013〕49号

2013年12月26日公布实施

根据《行政许可法》、《国务院关于全国中小企业股份转让系统有关问题的决定》、《中国证券监督管理委员会行政许可实施程序规定》和《非上市公众公司监督管理办法》等相关法律法规的规定，现将股东人数超过200人的股份公司申请股票在全国中小企业股份转让系统挂牌公开转让核准、股份公司向特定对象发行证券导致证券持有人累计超过200人或者股东人数超过200人的非上市公众公司向特定对象发行证券核准等非上市公众公司行政许可事项的有关事宜公告如下：

一、按照《国务院关于全国中小企业股份转让系统有关问题的决定》，自本公告公布之日起，境内符合条件的股份公司均可提出股票在全国中小企业股份转让系统挂牌公开转让、定向发行证券的申请。

二、股东人数超过200人的股份公司申请股票在全国中小企业股份转让系统挂牌公开转让、股份公司向特定对象发行证券导致证券持有人累计超过200人或者股东人数超过200人的非上市公众公司向特定对象发行证券,应当向我会提出行政许可申请,由中国证监会行政许可受理服务中心(北京市西城区金融大街19号富凯大厦A座一层)受理相关申请材料。

三、股东人数未超过200人的股份公司申请股票在全国中小企业股份转让系统挂牌公开转让,以及挂牌公司向特定对象发行证券后证券持有人累计不超过200人的,中国证监会豁免核准,由全国中小企业股份转让系统有限责任公司(北京市西城区金融大街丁26号金阳大厦)受理相关申请材料并进行审查,我会不再进行审核,也不出具行政许可文件。公司挂牌后,直接纳入非上市公众公司监管范围。

四、向我会报送的申请材料,应当符合《非上市公众公司监督管理办法》、非上市公众公司监管指引以及相关信息披露内容与格式准则等要求。

五、本公告自公布之日起施行,证监会公告〔2013〕20号同时废止。

中国证监会

2013年12月26日

2 | 19 关于转让优先股有关证券(股票)交易印花税政策的通知

财税〔2014〕46号 2014年5月27日公布 2014年6月1日实施

北京市、上海市、深圳市财政局、国家税务局:

为落实国务院《关于开展优先股试点的指导意见》(国发〔2013〕46号)精神,现将转让优先股有关证券(股票)交易印花税政策明确如下:

在上海证券交易所、深圳证券交易所、全国中小企业股份转让系统买卖、继承、赠与优先股所书立的股权转让书据,均依书立时实际成交金额,由出让方按1‰的税率计算缴纳证券(股票)交易印花税。

本通知自2014年6月1日起执行。

财政部 国家税务总局

2014年5月27日

2 | 20 关于在全国中小企业股份转让系统转让股票有关证券(股票)交易印花税政策的通知

财税〔2014〕47号 2014年5月27日公布 2014年6月1日实施

北京市财政局、国家税务局:

为落实国务院《关于全国中小企业股份转让系统有关问题的决定》(国发〔2013〕49号)精

神，现将在全国中小企业股份转让系统转让股票有关证券（股票）交易印花税政策明确如下：

在全国中小企业股份转让系统买卖、继承、赠与股票所书立的股权转让书据，依书立时实际成交金额，由出让方按1‰的税率计算缴纳证券（股票）交易印花税。

本通知自2014年6月1日起执行。

财政部　国家税务总局

2014年5月27日

2 | 21 关于实施全国中小企业股份转让系统挂牌公司股息红利差别化个人所得税政策有关问题的通知

财税〔2014〕48号　2014年6月27日公布，2014年7月1日起至2019年6月30日止执行

各省、自治区、直辖市、计划单列市财政厅（局）、国家税务局、地方税务局，新疆生产建设兵团财务局，全国中小企业股份转让系统有限责任公司，中国证券登记结算公司：

根据《国务院关于全国中小企业股份转让系统有关问题的决定》（国发〔2013〕49号）的有关规定，现就实施全国中小企业股份转让系统挂牌公司股息红利差别化个人所得税政策有关问题通知如下：

一、个人持有全国中小企业股份转让系统（简称全国股份转让系统）挂牌公司的股票，持股期限在1个月以内（含1个月）的，其股息红利所得全额计入应纳税所得额；持股期限在1个月以上至1年（含1年）的，暂减按50%计入应纳税所得额；持股期限超过1年的，暂减按25%计入应纳税所得额。上述所得统一适用20%的税率计征个人所得税。

前款所称挂牌公司是指股票在全国股份转让系统挂牌公开转让的非上市公众公司；持股期限是指个人取得挂牌公司股票之日至转让交割该股票之日前一日的持有时间。

二、挂牌公司派发股息红利时，对截至股权登记日个人已持股超过1年的，其股息红利所得，按25%计入应纳税所得额，直接由挂牌公司计算并代扣代缴税款。对截至股权登记日个人持股1年以内（含1年）且尚未转让的，税款分两步代扣代缴：第一步，挂牌公司派发股息红利时，统一暂按25%计入应纳税所得额，计算并代扣税款。第二步，个人转让股票时，证券登记结算公司根据其持股期限计算实际应纳税额，超过已扣缴税款的部分，由证券公司等股票托管机构从个人资金账户中扣收并划付证券登记结算公司，证券登记结算公司应于次月5个工作日内划付挂牌公司，挂牌公司在收到税款当月的法定申报期内向主管税务机关申报缴纳。

个人应在资金账户留足资金，依法履行纳税义务。证券公司等股票托管机构应依法划扣税款，对个人资金账户暂无资金或资金不足的，证券公司等股票托管机构应当及时通知个人补足资金，并划扣税款。

三、个人转让股票时，按照先进先出的原则计算持股期限，即证券账户中先取得的股票视为先转让。

应纳税所得额以个人投资者证券账户为单位计算，持股数量以每日日终结算后个人投资者证券账户的持有记录为准，证券账户取得或转让的股票数为每日日终结算后的净增(减)股票数。

四、证券投资基金从挂牌公司取得的股息红利所得，按照本通知规定计征个人所得税。

五、本通知所称个人持有全国股份转让系统挂牌公司的股票包括：

(一)在全国股份转让系统挂牌前取得的股票；

(二)通过全国股份转让系统转让取得的股票；

(三)因司法扣划取得的股票；

(四)因依法继承或家庭财产分割取得的股票；

(五)通过收购取得的股票；

(六)权证行权取得的股票；

(七)使用附认股权、可转换成股份条款的公司债券认购或者转换的股票；

(八)取得发行的股票、配股、股票股利及公积金转增股本；

(九)挂牌公司合并，个人持有的被合并公司股票转换的合并后公司股票；

(十)挂牌公司分立，个人持有的被分立公司股票转换的分立后公司股票；

(十一)其他从全国股份转让系统取得的股票。

六、本通知所称转让股票包括下列情形：

(一)通过全国股份转让系统转让股票；

(二)持有的股票被司法扣划；

(三)因依法继承、捐赠或家庭财产分割让渡股票所有权；

(四)用股票接受要约收购；

(五)行使现金选择权将股票转让给提供现金选择权的第三方；

(六)用股票认购或申购交易型开放式指数基金(ETF)份额；

(七)其他具有转让实质的情形。

七、个人和证券投资基金从全国股份转让系统挂牌的原 STAQ、NET 系统挂牌公司(简称两网公司)取得的股息红利所得，按照本通知规定计征个人所得税；从全国股份转让系统挂牌的退市公司取得的股息红利所得，按照财税〔2012〕85 号文件的有关规定计征个人所得税。

八、本通知所称年(月)是指自然年(月)，即持股一年是指从上一年某月某日至本年同月同日的前一日连续持股，持股一个月是指从上月某日至本月同日的前一日连续持股。

九、财政、税务、证监等部门要加强协调、通力合作，切实做好政策实施的各项工作。

挂牌公司、两网公司、退市公司，证券登记结算公司以及证券公司等股票托管机构应积极配合税务机关做好股息红利个人所得税征收管理工作。

十、本通知自 2014 年 7 月 1 日起至 2019 年 6 月 30 日止执行。挂牌公司、两网公司、退市公司派发股息红利，股权登记日在 2014 年 7 月 1 日至 2019 年 6 月 30 日的，股息红利所得按照本通知的规定执行。本通知实施之日个人投资者证券账户已持有的挂牌公司、两网公司、退市公司股票，其持股时间自取得之日起计算。

财政部　国家税务总局　证监会

2014 年 6 月 27 日

第三章

业务规则

综合类

3 | 1　全国中小企业股份转让系统业务规则(试行)

全国中小企业股份转让系统有限责任公司股转系统公告〔2013〕40号　2013年2月8日发布实施　2013年12月30日修改

第一章　总　　则

1.1　为规范全国中小企业股份转让系统(以下简称“全国股份转让系统”)运行,维护市场正常秩序,保护投资者合法权益,根据《中华人民共和国公司法》(以下简称《公司法》)、《中华人民共和国证券法》、《国务院关于全国中小企业股份转让系统有关问题的决定》以及《非上市公众公司监督管理办法》(以下简称《管理办法》)、《全国中小企业股份转让系统有限责任公司管理暂行办法》等法律、行政法规、部门规章,制定本业务规则。

1.2　在全国股份转让系统挂牌的股票、可转换公司债券及其他证券品种,适用本业务规则。本业务规则未作规定的,适用全国中小企业股份转让系统有限责任公司(以下简称“全国股份转让系统公司”)的其他有关规定。

1.3　全国股份转让系统的证券公开转让及相关活动,实行公开、公平、公正的原则,禁止证券欺诈、内幕交易、操纵市场等违法违规行为。

市场参与人应当遵循自愿、有偿、诚实信用的原则。

1.4　申请挂牌公司、挂牌公司及其董事、监事、高级管理人员、股东、实际控制人,主办券商、会计师事务所、律师事务所、其他证券服务机构及其相关人员,投资者应当遵守法律、行政法规、部门规章、本业务规则及全国股份转让系统公司其他业务规定。

1.5　申请挂牌公司、挂牌公司及其他信息披露义务人、主办券商应当真实、准确、完整、及时地披露信息,不得有虚假记载、误导性陈述或者重大遗漏。

申请挂牌公司、挂牌公司的董事、监事、高级管理人员应当忠实、勤勉地履行职责,保证公司披露信息的真实、准确、完整、及时、公平。

申请挂牌公司、挂牌公司及其他信息披露义务人、主办券商依法披露的信息,应当第一时间在全国股份转让系统指定信息披露平台(www. neeq. com. cn 或 www. neeq. cc)公布。

1.6　全国股份转让系统实行主办券商制度。主办券商应当对所推荐的挂牌公司履行持续督导义务。

1.7　主办券商、会计师事务所、律师事务所、其他证券服务机构及其相关人员在全国股份转让系统从事相关业务,应严格履行法定职责,遵守行业规范,勤勉尽责,诚实守信,并对出具文件的真实性、准确性、完整性负责。

1.8　全国股份转让系统实行投资者适当性管理制度。投资者应当具备一定的证券投资经验和相应的风险识别和承担能力,知悉相关业务规则,自行承担投资风险。

1.9　挂牌公司、主办券商、投资者等市场参与人,应当按照规定交纳相关税费。

1.10　挂牌公司是纳入中国证监会监管的非上市公众公司,股东人数可以超过二百人。

股东人数未超过二百人的股份有限公司,直接向全国股份转让系统公司申请挂牌。

股东人数超过二百人的股份有限公司,公开转让申请经中国证监会核准后,可以按照本业务规则的规定向全国股份转让系统公司申请挂牌。

1.11　全国股份转让系统公司依法对申请挂牌公司、挂牌公司及其他信息披露义务人、主办券商等市场参与人进行自律监管。

第二章　股 票 挂 牌

2.1　股份有限公司申请股票在全国股份转让系统挂牌,不受股东所有制性质的限制,不限于高新技术企业,应当符合下列条件:

(一)依法设立且存续满两年。有限责任公司按原账面净资产值折股整体变更为股份有限公司的,存续时间可以从有限责任公司成立之日起计算;

(二)业务明确,具有持续经营能力;

(三)公司治理机制健全,合法规范经营;

(四)股权明晰,股票发行和转让行为合法合规;

(五)主办券商推荐并持续督导;

(六)全国股份转让系统公司要求的其他条件。

2.2　申请挂牌公司应当与主办券商签订推荐挂牌并持续督导协议,按照全国股份转让系统公司的有关规定编制申请文件,并向全国股份转让系统公司申报。

2.3　全国股份转让系统公司对挂牌申请文件审查后,出具是否同意挂牌的审查意见。

2.4　申请挂牌公司取得全国股份转让系统公司同意挂牌的审查意见后,按照全国股份转让系统公司规定的有关程序办理挂牌手续。

申请挂牌公司应当在其股票挂牌前与全国股份转让系统公司签署挂牌协议,明确双方的权利、义务和有关事项。

2.5　申请挂牌公司应当在其股票挂牌前依照全国股份转让系统公司的规定披露公开转让说明书等文件。

2.6　申请挂牌公司在其股票挂牌前实施限制性股票或股票期权等股权激励计划且尚未行权完毕的,应当在公开转让说明书中披露股权激励计划等情况。

2.7　申请挂牌公司在其股票挂牌前，应当与中国证券登记结算有限责任公司（以下简称“中国结算”）签订证券登记及服务协议，办理全部股票的集中登记。

2.8　挂牌公司控股股东及实际控制人在挂牌前直接或间接持有的股票分三批解除转让限制，每批解除转让限制的数量均为其挂牌前所持股票的三分之一，解除转让限制的时间分别为挂牌之日、挂牌期满一年和两年。

挂牌前十二个月以内控股股东及实际控制人直接或间接持有的股票进行过转让的，该股票的管理按照前款规定执行，主办券商为开展做市业务取得的做市初始库存股票除外。

因司法裁决、继承等原因导致有限售期的股票持有人发生变更的，后续持有人应继续执行股票限售规定。

2.9　股票解除转让限制，应由挂牌公司向主办券商提出，由主办券商报全国股份转让系统公司备案。全国股份转让系统公司备案确认后，通知中国结算办理解除限售登记。

第三章　股票转让

第一节　一般规定

3.1.1　股票转让采用无纸化的公开转让形式，或经中国证监会批准的其他转让形式。

3.1.2　股票转让可以采取协议方式、做市方式、竞价方式或其他中国证监会批准的转让方式。经全国股份转让系统公司同意，挂牌股票可以转换转让方式。

3.1.3　挂牌股票采取协议转让方式的，全国股份转让系统公司同时提供集合竞价转让安排。

3.1.4　挂牌股票采取做市转让方式的，须有2家以上从事做市业务的主办券商（以下简称“做市商”）为其提供做市报价服务。

做市商应当在全国股份转让系统持续发布买卖双向报价，并在报价价位和数量范围内履行与投资者的成交义务。做市转让方式下，投资者之间不能成交。全国股份转让系统公司另有规定的除外。

3.1.5　全国股份转让系统为证券转让提供相关设施，包括交易主机、交易单元、报盘系统及相关通信系统等。

3.1.6　主办券商进入全国股份转让系统进行证券转让，应当先向全国股份转让系统公司申请取得转让权限，成为转让参与人。

3.1.7　股票转让时间为每周一至周五上午9:15至11:30，下午13:00至15:00。转让时间内因故停市，转让时间不作顺延。

遇法定节假日和全国股份转让系统公司公告的休市日，全国股份转让系统休市。

3.1.8　全国股份转让系统对股票转让不设涨跌幅限制。全国股份转让系统公司另有规定的除外。

3.1.9　投资者买卖挂牌公司股票，应当开立证券账户和资金账户，并与主办券商签订证券买卖委托代理协议。

投资者开立证券账户，应当按照中国结算的相关规定办理。

3.1.10　主办券商接受投资者的买卖委托后，应当确认投资者具备相应股票或资金，并按照投资者委托的时间先后顺序向全国股份转让系统申报。

3.1.11 买卖挂牌公司股票,申报数量应当为1000股或其整数倍。

卖出挂牌公司股票时,余额不足1000股部分,应当一次性申报卖出。

3.1.12 股票转让的计价单位为"每股价格"。股票转让的申报价格最小变动单位为0.01元人民币。

3.1.13 全国股份转让系统公司可以根据市场需要,调整股票单笔买卖申报数量和申报价格的最小变动单位。

3.1.14 申报当日有效。投资者可以撤销委托申报的未成交部分。

3.1.15 买卖申报经交易主机成交确认后,转让即告成立,买卖双方必须承认转让结果,履行清算交收义务,本规则另有规定的除外。

3.1.16 中国结算作为共同对手方,为股票转让提供清算和多边净额担保交收服务;或不作为共同对手方,提供其他清算、交收等服务。

3.1.17 投资者卖出股票,须委托代理其买入该股票的主办券商办理。如需委托另一家主办券商卖出该股票,须办理股票转托管手续。

3.1.18 投资者因司法裁决、继承等特殊原因需要办理股票过户的,依照中国结算的规定办理。

第二节 转让信息

3.2.1 全国股份转让系统公司每个转让日发布股票转让即时行情、股票转让公开信息等转让信息,及时编制反映市场转让情况的各类报表,并通过全国股份转让系统指定信息披露平台或其他媒体予以公布。

3.2.2 全国股份转让系统公司负责全国股份转让系统信息的统一管理和发布。未经全国股份转让系统公司许可,任何机构和个人不得发布、使用和传播转让信息。经全国股份转让系统公司许可使用转让信息的机构和个人,未经同意不得将转让信息提供给其他机构和个人使用或予以传播。

3.2.3 全国股份转让系统公司可以根据市场发展需要,编制综合指数、成份指数、分类指数等证券指数,随即时行情发布。

证券指数的设置和编制方法,由全国股份转让系统公司另行规定。

第三节 监控与异常情况处理

3.3.1 全国股份转让系统公司对股票转让中出现的异常转让行为进行重点监控,并可以视情况采取盘中临时停止股票转让等措施。

3.3.2 发生下列转让异常情况之一,导致部分或全部转让不能正常进行的,全国股份转让系统公司可以决定单独或同时采取暂缓进入清算交收程序、技术性停牌或临时停市等措施:

(一)不可抗力;

(二)意外事件;

(三)技术故障;

（四）全国股份转让系统公司认定的其他异常情况。

3.3.3 全国股份转让系统公司对暂缓进入清算交收程序、技术性停牌或临时停市决定予以公告。技术性停牌或临时停市原因消除后，全国股份转让系统公司可以决定恢复转让，并予以公告。

因转让异常情况及全国股份转让系统公司采取的相应措施造成损失的，全国股份转让系统公司不承担赔偿责任。

3.3.4 转让异常情况处理的具体规定，由全国股份转让系统公司另行制定并报中国证监会批准。

第四章 挂牌公司

第一节 公司治理

4.1.1 挂牌公司应当按照法律、行政法规、部门规章、全国股份转让系统公司相关业务规定完善公司治理，确保所有股东，特别是中小股东享有平等地位，充分行使合法权利。

4.1.2 挂牌公司应当依据《公司法》及有关非上市公众公司章程必备条款的规定制定公司章程并披露。

挂牌公司应当依照公司章程的规定，规范重大事项的内部决策程序。

4.1.3 挂牌公司与控股股东、实际控制人及其控制的其他企业应实行人员、资产、财务分开，各自独立核算、独立承担责任和风险。

4.1.4 控股股东、实际控制人及其控制的其他企业应切实保证挂牌公司的独立性，不得利用其股东权利或者实际控制能力，通过关联交易、垫付费用、提供担保及其他方式直接或者间接侵占挂牌公司资金、资产，损害挂牌公司及其他股东的利益。

4.1.5 挂牌公司董事会做出的对公司治理机制的讨论评估应当在年度报告中披露。

4.1.6 挂牌公司可以实施股权激励，具体办法另行规定。

第二节 信息披露

4.2.1 挂牌公司应当按照全国股份转让系统公司相关规定编制并披露定期报告和临时报告；上述文件披露前，挂牌公司应当依据公司章程履行内部程序。

挂牌公司应当按照《企业会计准则》的要求编制财务报告，全国股份转让系统公司另有规定的除外。

挂牌公司发生的或者与之有关的事件没有达到全国股份转让系统公司规定的披露标准，或者全国股份转让系统公司没有具体规定，但公司董事会认为该事件对公司股票转让价格可能产生较大影响的，公司应当及时披露。

4.2.2 若挂牌公司有充分依据证明其拟披露的信息属于国家机密、商业秘密，可能导致其违反国家有关保密法律、行政法规规定或者严重损害挂牌公司利益的，可以向全国股份转让系统公司申请豁免披露或履行相关义务。

4.2.3 挂牌公司应当制定并执行信息披露事务管理制度。

挂牌公司设有董事会秘书的，由董事会秘书负责信息披露管理事务，未设董事会秘书的，挂牌公司应指定一名具有相关专业知识的人员负责信息披露管理事务,并向全国股份转让系统公司报备。负责信息披露管理事务的人员应列席公司的董事会和股东大会。

4.2.4 挂牌公司及其他信息披露义务人应当对其披露信息内容的真实性、准确性、完整性承担责任。

4.2.5 挂牌公司、相关信息披露义务人和其他知情人不得泄露内幕信息。

4.2.6 主办券商应对挂牌公司拟披露的信息披露文件进行审查,履行持续督导职责。

4.2.7 全国股份转让系统公司对挂牌公司及其他信息披露义务人已披露的信息进行审查。

4.2.8 挂牌公司出现下列情形之一的,全国股份转让系统公司对股票转让实行风险警示,在公司股票简称前加注标识并公告:

(一)最近一个会计年度的财务会计报告被出具否定意见或者无法表示意见的审计报告;

(二)最近一个会计年度经审计的期末净资产为负值;

(三)全国股份转让系统公司规定的其他情形。

第三节 股 票 发 行

4.3.1 本业务规则规定的股票发行,是指申请挂牌公司、挂牌公司向符合全国股份转让系统投资者适当性管理要求的对象发行股票的行为。

股票发行可以采取路演、询价等方式选定投资者。

4.3.2 申请挂牌公司、挂牌公司股票发行应当符合全国股份转让系统公司有关投资者适当性管理、信息披露等规定。

4.3.3 按照《管理办法》应申请核准的股票发行,挂牌公司在取得中国证监会核准文件后,按照全国股份转让系统公司的规定办理股票发行新增股份的挂牌手续。

4.3.4 按照《管理办法》豁免申请核准的股票发行,主办券商应履行持续督导职责并发表意见,挂牌公司在发行验资完毕后填报备案登记表,办理新增股份的登记及挂牌手续。

4.3.5 申请挂牌公司申请股票在全国股份转让系统挂牌的同时股票发行的,应在公开转让说明书中披露。

第四节 暂停与恢复转让

4.4.1 挂牌公司发生下列事项,应当向全国股份转让系统公司申请暂停转让,直至按规定披露或相关情形消除后恢复转让:

(一)预计应披露的重大信息在披露前已难以保密或已经泄露,或公共媒体出现与公司有关传闻,可能或已经对股票转让价格产生较大影响的;

(二)涉及需要向有关部门进行政策咨询、方案论证的无先例或存在重大不确定性的重大事项,或挂牌公司有合理理由需要申请暂停股票转让的其他事项;

(三)向中国证监会申请公开发行股票并在证券交易所上市,或向证券交易所申请股票上市;

(四)向全国股份转让系统公司主动申请终止挂牌;

（五）未在规定期限内披露年度报告或者半年度报告；

（六）主办券商与挂牌公司解除持续督导协议；

（七）出现依《公司法》第一百八十一条规定解散的情形，或法院依法受理公司重整、和解或者破产清算申请。

挂牌公司未按规定向全国股份转让系统公司申请暂停股票转让的，主办券商应当及时向全国股份转让系统公司报告并提出处理建议。

4.4.2　全国股份转让系统公司可以根据中国证监会的要求或者基于维护市场秩序的需要，决定挂牌公司股票的暂停与恢复转让事宜。

第五节　终止与重新挂牌

4.5.1　挂牌公司出现下列情形之一的，全国股份转让系统公司终止其股票挂牌：

（一）中国证监会核准其公开发行股票并在证券交易所上市，或证券交易所同意其股票上市；

（二）终止挂牌申请获得全国股份转让系统公司同意；

（三）未在规定期限内披露年度报告或者半年度报告的，自期满之日起两个月内仍未披露年度报告或半年度报告；

（四）主办券商与挂牌公司解除持续督导协议，挂牌公司未能在股票暂停转让之日起三个月内与其他主办券商签署持续督导协议的；

（五）挂牌公司经清算组或管理人清算并注销公司登记的；

（六）全国股份转让系统公司规定的其他情形。

4.5.2　全国股份转让系统公司在作出股票终止挂牌决定后发布公告，并报中国证监会备案。

挂牌公司应当在收到全国股份转让系统公司的股票终止挂牌决定后及时披露股票终止挂牌公告。

4.5.3　对因本业务规则4.5.1条第（三）、（四）项情形终止挂牌的公司，全国股份转让系统公司可以为其提供股票非公开转让服务。

4.5.4　导致公司终止挂牌的情形消除后，经公司申请、主办券商推荐及全国股份转让系统公司同意，公司股票可以重新挂牌。

第五章　主办券商

5.1　主办券商是指在全国股份转让系统从事下列部分或全部业务的证券公司：

（一）推荐业务：推荐申请挂牌公司股票挂牌，持续督导挂牌公司，为挂牌公司股票发行、并购重组等提供相关服务；

（二）经纪业务：代理开立证券账户、代理买卖股票等业务；

（三）做市业务；

（四）全国股份转让系统公司规定的其他业务。

从事前款第一项业务的，应当具有证券承销与保荐业务资格；从事前款第二项业务的，应当具有证券经纪业务资格;从事前款第三项业务的,应当具有证券自营业务资格。

5.2 证券公司在全国股份转让系统开展相关业务前,应向全国股份转让系统公司申请备案。

全国股份转让系统公司同意备案的,与其签订协议,出具备案函并公告。

5.3 主办券商应在取得全国股份转让系统公司备案函后五个转让日内,在全国股份转让系统指定信息披露平台披露公司基本情况、主要业务人员情况及全国股份转让系统公司要求披露的其他信息。

主办券商在全国股份转让系统开展业务期间,应按全国股份转让系统公司要求报送并披露相关执业情况等信息。

主办券商所披露信息内容发生变更的,应按规定及时报告全国股份转让系统公司并进行更新。

5.4 主办券商在全国股份转让系统开展业务,应当建立健全各项业务管理制度和业务操作流程,建立健全风险管理制度和合规管理制度,保障业务依法合规进行,严格防范和控制业务风险。

5.5 主办券商应当实现推荐业务、经纪业务、做市业务以及其他业务之间的有效隔离,防范内幕交易,避免利益冲突。

5.6 主办券商开展推荐业务,应勤勉尽责地进行尽职调查和内核,并承担相应责任。

5.7 主办券商应持续督导所推荐挂牌公司诚实守信、规范履行信息披露义务、完善公司治理机制。

主办券商与挂牌公司解除持续督导协议前,应当报告全国股份转让系统公司并说明理由。

5.8 主办券商应当建立健全投资者适当性管理工作制度和业务流程,严格执行全国股份转让系统投资者适当性管理各项要求。

5.9 主办券商发现投资者存在异常交易行为,应提醒投资者;对可能严重影响正常交易秩序的异常交易行为,应及时报告全国股份转让系统公司。

5.10 主办券商开展做市业务不得利用信息优势和资金优势,通过单独或者合谋,以串通报价或相互买卖操纵股票转让价格,损害投资者利益。

5.11 全国股份转让系统公司对主办券商及其从业人员的执业行为进行持续管理,开展现场检查和非现场检查,记录其执业情况、违规行为等信息。

第六章 监管措施与违规处分

6.1 全国股份转让系统公司可以对本业务规则 1.4 条规定的监管对象采取下列自律监管措施:

(一)要求申请挂牌公司、挂牌公司及其他信息披露义务人或者其董事(会)、监事(会)和高级管理人员、主办券商、证券服务机构及其相关人员对有关问题作出解释、说明和披露;

(二)要求申请挂牌公司、挂牌公司聘请中介机构对公司存在的问题进行核查并发表意见;

(三)约见谈话;

(四)要求提交书面承诺;

（五）出具警示函；

（六）责令改正；

（七）暂不受理相关主办券商、证券服务机构或其相关人员出具的文件；

（八）暂停解除挂牌公司控股股东、实际控制人的股票限售；

（九）限制证券账户交易；

（十）向中国证监会报告有关违法违规行为；

（十一）其他自律监管措施。

监管对象应当积极配合全国股份转让系统公司的日常监管，在规定期限内回答问询，按照全国股份转让系统公司的要求提交说明，或者披露相应的更正或补充公告。

6.2　申请挂牌公司、挂牌公司、相关信息披露义务人违反本业务规则、全国股份转让系统公司其他相关业务规定的，全国股份转让系统公司视情节轻重给予以下处分，并记入证券期货市场诚信档案数据库（以下简称“诚信档案”）：

（一）通报批评；

（二）公开谴责。

6.3　申请挂牌公司、挂牌公司的董事、监事、高级管理人员违反本业务规则、全国股份转让系统公司其他相关业务规定的，全国股份转让系统公司视情节轻重给予以下处分，并记入诚信档案：

（一）通报批评；

（二）公开谴责；

（三）认定其不适合担任公司董事、监事、高级管理人员。

6.4　主办券商违反本业务规则、全国股份转让系统公司其他相关业务规定的，全国股份转让系统公司视情节轻重给予以下处分，并记入诚信档案：

（一）通报批评；

（二）公开谴责；

（三）限制、暂停直至终止其从事相关业务。

6.5　主办券商的相关业务人员违反本业务规则、全国股份转让系统公司其他相关业务规定的，全国股份转让系统公司视情节轻重给予以下处分，并记入诚信档案：

（一）通报批评；

（二）公开谴责。

6.6　会计师事务所、律师事务所、其他证券服务机构及其工作人员违反本业务规则、全国股份转让系统公司其他相关业务规定的，全国股份转让系统公司视情节轻重给予以下处分，记入诚信档案并向相关行业自律组织通报：

（一）通报批评；

（二）公开谴责。

6.7　全国股份转让系统公司设立纪律处分委员会对本业务规则规定的纪律处分事项进行审核，作出独立的专业判断并形成审核意见。全国股份转让系统公司根据纪律处分委员会的审核意见，作出是否给予纪律处分的决定。

监管对象不服全国股份转让系统公司作出的纪律处分决定的，可自收到处分通知之日起15个工作日内向全国股份转让系统公司申请复核，复核期间该处分决定不停止执行。

第七章　附　　则

7.1　原证券公司代办股份转让系统挂牌的STAQ、NET系统公司和退市公司的股票转让、信息披露等事项另行规定。

7.2　本业务规则所称"以上"、"以内"含本数，"超过"不含本数。

7.3　本业务规则由全国股份转让系统公司负责解释。

7.4　本业务规则经中国证监会批准后生效，自发布之日起实施。

3｜2　全国中小企业股份转让系统有限责任公司、中国证券登记结算有限责任公司关于境内企业挂牌全国中小企业股份转让系统有关事项的公告

股转系统公告〔2013〕54号　2013年12月30日公布实施

为贯彻落实《国务院关于全国中小企业股份转让系统有关问题的决定》（国发〔2013〕49号）和《非上市公众公司监督管理办法》，做好全国中小企业股份转让系统（以下简称全国股份转让系统）市场覆盖范围扩大至全国的工作，现就有关事项公告如下：

一、自本公告发布之日起，境内符合条件的各种所有制、各种行业的企业均可申请股票在全国股份转让系统挂牌。

申请时股东人数未超过200人（含200人）的股份公司，直接向全国中小企业股份转让系统有限责任公司（以下简称"全国股份转让系统公司"）申请挂牌；申请时股东人数超过200人的股份公司，取得中国证监会核准文件后，向全国股份转让系统公司申请办理挂牌手续。

二、自本公告发布之日起，市场参与人应遵循修订后的《全国中小企业股份转让系统投资者适当性管理细则（试行）》（以下简称《适当性管理细则》）。不符合投资者适当性管理要求的投资者，可通过证券公司、基金公司等金融机构设计推出的定向投资产品，间接参与全国股份转让系统挂牌证券的投资。

本公告发布前，满足300万元人民币以上（含300万元）资产要求且已参与全国股份转让系统的自然人投资者，合格投资人资格继续有效，可以买卖所有挂牌公司的股票。

本公告发布前，股票发行方案已经挂牌公司董事会决议通过的，发行对象可按原投资者适当性管理制度的要求执行；股票发行方案尚未经挂牌公司董事会决议通过的，发行对象应当满足修订后的《适当性管理细则》的要求。挂牌公司的股东、董事、监事、高级管理人员及核心员工参与本公司的股票发行，如不符合参与挂牌公司股票公开转让条件的，只能买卖本公司的股票。

三、在全国股份转让系统交易结算相关技术系统正式上线前，挂牌股票交易结算相关事项仍按《全国中小企业股份转让系统过渡期股票转让暂行办法》和《全国中小企业股份转让系统过

渡期登记结算暂行办法》等规定执行。

全国股份转让系统公司和中国证券登记结算有限责任公司将抓紧推进交易结算相关技术系统的开发和测试工作,计划明年二季度起分步上线。

四、各市场参与主体应当严格守法、归位尽责。主办券商等中介机构应按照法律、法规、部门规章,以及全国股份转让系统业务规则等要求,勤勉尽责、诚实守信,依法合规地开展各项业务,推动全国股份转让系统稳定、健康发展。

五、全国股份转让系统公司设服务窗口接收申请挂牌材料,地址为北京市西城区金融大街丁26号金阳大厦;并设热线电话,接受市场咨询和监督。

具体咨询电话如下:

接收服务:010-63889512

市场发展:010-63889551

挂牌业务:010-63889583

公司业务:010-63889549

机构业务:010-63889557

交易监察:010-63889700

信息服务:010-63889548

监督电话:010-63889775

特此公告。

全国中小企业股份转让系统有限责任公司

中国证券登记结算有限责任公司

2013年12月30日

3 | 3 全国中小企业股份转让系统有限责任公司关于全国中小企业股份转让系统有限责任公司有关收费事宜的通知

股转系统公告〔2013〕7号　2013年2月8日公布实施

各市场参与人:

经中国证监会批准,现将我公司收费项目和收费标准予以发布,请遵照执行。

特此通知。

全国中小企业股份转让系统有限责任公司

2013年2月8日

全国中小企业股份转让系统挂牌公司股票转让服务收费明细表

收费对象	收费项目	收费标准
投资者	转让经手费	按股票转让成交金额的0.5‰双边收费
挂牌公司	挂牌初费	总股本2000万股(含)以下,3万元; 总股本2000万~5000万股(含),5万元; 总股本5000万~1亿股(含),8万元; 总股本1亿股以上,10万元。
	挂牌年费	总股本2000万股(含)以下,2万元/年; 总股本2000万~5000万股(含),3万元/年; 总股本5000万~1亿股(含),4万元/年; 总股本1亿股以上,5万元/年。

全国中小企业股份转让系统两网公司及退市公司股票转让服务收费(及代收税项)明细表

收费对象	收费项目	收费标准	备注
投资者	转让经手费	A股转让按成交金额的0.6‰双边收取; B股转让按成交金额的0.8‰双边收取。	
	证券交易印花税	对A股、B股出让方均按成交金额的1‰征收,对受让方不征税	代国家税务机关扣缴
挂牌公司	挂牌初费	总股本2000万股(含)以下,3万元; 总股本2000万~5000万股(含),5万元; 总股本5000万~1亿股(含),8万元; 总股本1亿股以上,10万元	暂免征收
	挂牌年费	总股本2000万股(含)以下,2万元/年; 总股本2000万~5000万股(含),3万元/年; 总股本5000万~1亿股(含),4万元/年; 总股本1亿股以上,5万元/年	暂免征收

注:两公司在原证券公司代办股份转让系统挂牌的STAO、NET公司。

3 | 4 关于发布实施《全国中小企业股份转让系统业务规则(试行)》有关事项的通知

股转补充公告〔2013〕2号 2013年2月8日公布实施

各市场参与人:

经中国证监会批准,现将我公司制订的《全国中小企业股份转让系统业务规则(试行)》(以下简称"《业务规则》")发布实施,请各市场参与人遵照执行。

由于《业务规则》实施后,市场运作平台将由证券公司代办股份转让系统转换为全国中小企业股份转让系统(以下简称"全国股份转让系统"),市场自律管理主体将由中国证券业协会转换为全国中小企业股份转让系统有限责任公司(以下简称"全国股份转让系统公司"),市场运行适用的规则将从中国证券业协会发布的规定转换为全国股份转让系统公司发布的《业务规则》及相关细则、指引等,为做好过渡期的衔接工作,保护投资者合法权益,现就实施《业务规则》

的有关事项通知如下：

一、《业务规则》发布实施前已取得中国证券业协会备案确认函但尚未挂牌的公司，比照原代办股份转让系统信息披露要求披露转让说明书等文件，参照原业务流程办理登记、挂牌等事宜。

二、为与中国证监会非上市公众公司监管要求相衔接，已在原代办股份转让系统报价转让股票的挂牌公司及《业务规则》发布前已取得中国证券业协会备案确认函但尚未挂牌的公司（以下统称“已挂牌公司”），应当于2013年3月20日前，履行董事会、股东大会等决策程序，向中国证监会设在全国股份转让系统公司的受理窗口递交申请书，申请其公司股票在全国股份转让系统公开转让、纳入非上市公众公司监管，并于中国证监会核准后与全国股份转让系统公司签订挂牌协议。主办券商应向全国股份转让系统公司提交继续提供持续督导服务的承诺函，并与挂牌公司签署补充协议，确认原推荐挂牌协议中有关持续督导的权利义务关系等条款仍然有效。

已挂牌公司未按期提交相关申请及文件的，全国股份转让系统公司暂停其股票转让；截至2013年6月30日仍未提交相关申请及文件的，全国股份转让系统公司终止其股票挂牌。

已挂牌公司股东应继续履行原股票限售要求和承诺事项。

三、《业务规则》发布实施前已报送申请股票在代办股份转让系统报价转让材料，但尚未取得中国证券业协会备案确认函的公司，应按照《业务规则》、有关公开转让说明书、挂牌申请文件的内容与格式要求，以及中国证监会有关规定，重新制作公司股票到全国股份转让系统公开转让的申请文件，并按照新的业务流程履行内部决策和申报程序。

四、已取得中国证券业协会主办券商资格的证券公司（以下简称“原主办券商”），应于2013年3月10日前，根据有关主办券商管理规定向全国股份转让系统公司提出业务备案申请，填报“证券公司基本情况申报表”等备案申请文件。全国股份转让系统公司同意备案后，出具主办券商备案函并公告，双方同时签署“证券公司参与全国中小企业股份转让系统业务协议书”。逾期未申请业务备案的，全国股份转让系统公司暂停接收该主办券商出具的推荐挂牌文件或采取其他限制业务措施。

《业务规则》发布前，已向中国证券业协会提出申请并接受业务培训但尚未获得主办券商资格的证券公司，申请备案时比照原主办券商提交申请文件。

五、《业务规则》发布前已经开通挂牌公司股票转让业务的机构投资者和自然人投资者原交易权限不变，但应当按有关要求与主办券商重新签署证券买卖委托代理协议和特别风险揭示书。

六、《业务规则》有关交易结算制度的调整涉及系统开发、测试以及市场参与各方的技术衔接，需要在完成相关准备的基础上审慎推进。在交易结算相关技术系统开发、测试工作正式完成前，全国股份转让系统仍沿用原试点期间的交易结算制度。有关挂牌公司股票的过渡期交易结算制度安排另行发布。

七、全国股份转让系统公司对证券公司代办股份转让系统的原STAQ、NET系统挂牌公司和退市公司（包括本通知发布后新挂牌的退市公司）设置单独交易板块，暂沿用原交易结算和信息披露制度，有关交易结算和信息披露安排另行发布。

八、为确保过渡期内各项业务的正常进行，主办券商应当就本通知事项及时向客户进行解释和说明。

九、主办券商应积极配合全国股份转让系统公司、深圳证券交易所、中国证券登记结算有限责任公司做好交易结算系统调整、测试等相关工作。

十、《业务规则》及其配套文件均为试行，请各市场参与人在实践基础上研究提出改进意见，我们将在本公司网站开辟专栏征集各方意见，并在适当时候调整完善。

特此通知。

全国中小企业股份转让系统有限责任公司

2013年2月8日

挂牌业务类

3 | 5　全国中小企业股份转让系统主办券商推荐业务规定（试行）

股转系统公告〔2013〕3号　2013年2月8日公布实施

第一章　总　　则

第一条　为规范主办券商推荐业务，明确主办券商职责，根据《全国中小企业股份转让系统业务规则（试行）》（以下简称《业务规则》），制定本规定。

第二条　主办券商推荐股份公司股票进入全国中小企业股份转让系统（以下简称“全国股份转让系统”）挂牌，应与申请挂牌公司签订推荐挂牌并持续督导协议。

第三条　主办券商应对申请挂牌公司进行尽职调查和内核。同意推荐的，主办券商向全国中小企业股份转让系统有限责任公司（以下简称“全国股份转让系统公司”）提交推荐报告及其他有关文件（以下简称“推荐文件”）。

第四条　全国股份转让系统公司对主办券商推荐业务进行自律管理，审查推荐文件，履行审查程序。

第五条　主办券商及相关人员应勤勉尽责、诚实守信地开展推荐业务，履行保密义务，不得利用在推荐业务中获取的尚未公开信息谋取利益。

第二章　机构与人员

第一节　项目小组与人员

第六条　主办券商应针对每家申请挂牌公司设立专门项目小组，负责尽职调查，起草尽职调查报告，制作推荐文件等。

第七条　项目小组应由主办券商内部人员组成，其成员须取得证券执业资格，其中注册会计师、律师和行业分析师至少各一名。

行业分析师应具有申请挂牌公司所属行业的相关专业知识，并在最近一年内发表过有关该行业的研究报告。

第八条　主办券商应在项目小组中指定一名负责人，对项目负全面责任，项目小组负责人应具备下列条件之一：

（一）参与两个以上推荐挂牌项目，且负责财务会计事项、法律事项或相关行业事项的尽职调查工作；

（二）具有三年以上投资银行从业经历，且具有主持境内外首次公开发行股票或者上市公司发行新股、可转换公司债券的主承销项目经历。

第九条　存在以下情形之一的人员，不得成为项目小组成员：

（一）最近三年内受到中国证监会行政处罚或证券行业自律组织纪律处分；

（二）本人及其配偶直接或间接持有申请挂牌公司股份；

（三）在申请挂牌公司或其控股股东、实际控制人处任职；

（四）未按要求参加全国股份转让系统公司组织的业务培训；

（五）全国股份转让系统公司认定的其他情形。

第二节　内核机构与人员

第十条　主办券商应设立内核机构，负责推荐文件和挂牌申请文件的审核，并对下述事项发表审核意见：

（一）项目小组是否已按照尽职调查工作的要求对申请挂牌公司进行了尽职调查；

（二）申请挂牌公司拟披露的信息是否符合全国股份转让系统公司有关信息披露的规定；

（三）申请挂牌公司是否符合挂牌条件；

（四）是否同意推荐申请挂牌公司股票挂牌。

第十一条　主办券商应制订内核机构工作制度，对内核机构的职责、人员构成、审核程序、表决办法、自律要求和回避制度等事项作出规定。

第十二条　内核机构应独立、客观、公正履行职责，内核机构成员中由推荐业务部门人员兼任的，不得超过内核机构总人数的三分之一。

第十三条　内核机构应由十名以上成员组成，可以外聘。最近三年内受到中国证监会行政处罚或证券行业自律组织纪律处分的人员，不得聘请为内核机构成员。

内核机构成员应具备下列条件之一：

（一）具有注册会计师或律师资格并在其专业领域或投资银行领域有三年以上从业经历；

（二）具有五年以上投资银行领域从业经历；

（三）具有相关行业高级职称的专家或从事行业研究五年以上的分析人员。

第十四条　主办券商应将内核机构工作制度、成员名单及简历在全国股份转让系统指定信息披露平台上披露。内核机构工作制度或内核成员发生变动的，主办券商应及时报全国股份转让系统公司备案，并在五个工作日内更新披露。

第三章　尽职调查

第十五条　项目小组进行尽职调查前，主办券商应与申请挂牌公司签署保密协议。

第十六条　项目小组应遵循勤勉尽责、诚实守信的原则,通过实地考察、查阅、访谈等方法,对申请挂牌公司进行尽职调查,以有充分理由确信申请挂牌公司符合挂牌条件以及在挂牌申请文件中披露的信息真实、准确、完整。

第十七条　项目小组尽职调查应以形成有助于投资者做出投资决策的信息披露文件为目的,调查范围至少应包括公开转让说明书和推荐报告中所涉及的事项。

第十八条　项目小组中应指定注册会计师、律师、行业分析师各一名分别负责对申请挂牌公司的财务会计事项、法律事项、相关行业事项进行尽职调查,并承担相应责任。

第十九条　项目小组的尽职调查可以在注册会计师、律师等外部专业人士意见的基础上进行。

项目小组应判断专业人士发表意见所基于的工作是否充分,对专业人士意见有疑义、或认为专业人士发表的意见所基于的工作不够充分的,项目小组应进行独立调查。

第二十条　对推荐文件、挂牌申请文件中无证券服务机构及其签字人员专业意见支持的内容,项目小组应当获得充分的尽职调查证据,在对各种证据进行综合分析的基础上对申请挂牌公司提供的资料和披露的内容进行独立判断,并有充分理由确信所作的判断与挂牌申请文件、推荐文件的内容不存在实质性差异。

第二十一条　项目小组完成尽职调查工作后,应出具尽职调查报告,各成员应在尽职调查报告上签名,承诺已参加尽职调查工作并对其负责。

第二十二条　主办券商应当建立健全尽职调查工作底稿制度,要求项目小组真实、准确、完整地记录整个尽职调查过程。

第四章　内　　核

第二十三条　主办券商内核机构根据项目小组的申请召开内核会议。每次会议须七名以上内核机构成员出席,其中律师、注册会计师和行业专家至少各一名。

第二十四条　主办券商内核机构应针对每个项目在内核会议成员中指定一名内核专员。内核专员除承担与其他内核会议成员相同的审核工作外,还应承担以下职责:

(一)整理内核意见;

(二)跟踪审核项目小组对内核意见的落实情况;

(三)审核推荐文件和挂牌申请文件的补充或修改意见;

(四)就该项目内核工作的有关事宜接受全国股份转让系统公司质询。

第二十五条　内核机构成员存在以下情形之一的,不得参与该项目的内核:

(一)担任该项目小组成员的;

(二)本人及其配偶直接或间接持有申请挂牌公司股份;

(三)在申请挂牌公司或其控股股东、实际控制人处任职的;

(四)其他可能影响公正履行职责的情形。

第二十六条　内核会议成员应独立、客观、公正地对推荐文件和挂牌申请文件进行审核,制作审核工作底稿并签名。

审核工作底稿应包括审核工作的起止日期、发现的问题、建议补充调查核实的事项以及对推荐挂牌的意见等内容。

第二十七条　内核会议应在成员中指定注册会计师、律师及行业专家各一名分别对项目小组中的财务会计事项调查人员、法律事项调查人员及行业分析师出具的调查意见进行审核，分别在其工作底稿中发表独立的审核意见，提交内核会议。

第二十八条　项目小组成员可以列席内核会议，向内核会议汇报尽职调查情况和需提请关注的事项，回答质询。

第二十九条　内核会议可采取现场会议、电话会议或视频会议的形式召开。内核机构成员应以个人身份出席内核会议，发表独立审核意见并行使表决权。因故不能出席的内核会议成员应委托他人出席并提交授权委托书及独立制作的审核工作底稿。每次会议委托他人出席的内核会议成员，不得超过应出席成员的三分之一。

第三十条　内核会议应对是否同意推荐申请挂牌公司股票挂牌进行表决。表决应采取记名投票方式，每人一票，三分之二以上赞成且指定注册会计师、律师和行业专家均为赞成票为通过。

第三十一条　主办券商应对内核会议过程形成记录，在内核会议表决的基础上形成内核意见。内核意见应包括以下内容：审核意见、表决结果、出席会议的内核机构成员名单和投票记录。内核会议成员均应在内核意见上签名。

第三十二条　主办券商应根据内核意见，决定是否向全国股份转让系统公司推荐申请挂牌公司股票挂牌。决定推荐的，应出具推荐报告。

第五章　推荐挂牌规程

第三十三条　存在下列情形之一的，主办券商不得推荐申请挂牌公司股票挂牌：

（一）主办券商直接或间接合计持有申请挂牌公司百分之七以上的股份，或者是其前五名股东之一；

（二）申请挂牌公司直接或间接合计持有主办券商百分之七以上的股份，或者是其前五名股东之一；

（三）主办券商前十名股东中任何一名股东为申请挂牌公司前三名股东之一；

（四）主办券商与申请挂牌公司之间存在其他重大影响的关联关系。

主办券商以做市目的持有的申请挂牌公司股份，不受本条第一款限制。

第三十四条　主办券商应对申请挂牌公司进行风险评估，审慎推荐该公司股票挂牌。

第三十五条　主办券商推荐申请挂牌公司股票挂牌，应当向全国股份转让系统公司提交推荐报告及全国股份转让系统公司要求的其他文件，推荐报告应包括下列内容：

（一）尽职调查情况；

（二）逐项说明申请挂牌公司是否符合《业务规则》规定的挂牌条件；

（三）内核程序及内核意见；

（四）推荐意见；

（五）提醒投资者注意事项；

（六）全国股份转让系统公司要求的其他内容。

第三十六条 主办券商可以根据申请挂牌公司的委托,组织编制挂牌申请文件,并协调证券服务机构及其签字人员参与该公司股票挂牌的相关工作。

第三十七条 主办券商向全国股份转让系统公司报送推荐文件后,应当配合全国股份转让系统公司的审查,并承担下列工作:

(一)组织申请挂牌公司及证券服务机构对全国股份转让系统公司的意见进行答复;

(二)按照全国股份转让系统公司的要求对涉及本次挂牌的特定事项进行尽职调查或核查;

(三)指定项目小组成员与全国股份转让系统公司进行专业沟通;

(四)全国股份转让系统公司规定的其他工作。

第三十八条 主办券商应将尽职调查工作底稿、内核会议成员审核工作底稿、内核会议记录、内核意见等妥善保存,保存期限不少于十年。

第六章 持续督导

第三十九条 主办券商应与所推荐挂牌公司签订持续督导协议,持续督导挂牌公司诚实守信、规范履行信息披露义务、完善公司治理机制。

第四十条 主办券商应建立持续督导工作制度,明确持续督导工作职责、工作流程和内部控制机制。

第四十一条 主办券商应至少配备两名具有财务或法律专业知识的专职督导人员,履行督导职责。

主办券商在任免专职督导人员时,应将相关人员名单及简历及时报送全国股份转让系统公司备案。

第四十二条 主办券商与挂牌公司因特殊原因确需解除持续督导协议的,应当事前报告全国股份转让系统公司并说明合理理由。

解除持续督导协议后,挂牌公司应与承接督导事项的主办券商另行签订持续督导协议,报全国股份转让系统公司备案并公告。

第四十三条 承接督导事项的主办券商应当自持续督导协议签订之日起开展督导工作并承担相应的责任。原主办券商在履行督导职责期间未勤勉尽责的,其责任不因主办券商的更换而免除。

第七章 监管措施和违规处理

第四十四条 全国股份转让系统公司可以对主办券商及其相关人员从事推荐业务的情况进行现场和非现场检查,主办券商及其相关人员应当积极配合检查,如实提供有关资料,不得以任何理由拒绝或者拖延提供有关资料,不得提供虚假、误导性或者不完整的资料。

第四十五条 全国股份转让系统公司对主办券商及其从业人员从事推荐业务进行持续管理,记录其执业情况、违法违规行为、其他不良行为以及对其采取的监管措施等。

第四十六条 主办券商及其从业人员违反本规定,全国股份转让系统公司依据《业务规则》、《全国中小企业股份转让系统主办券商管理细则(试行)》对其采取监管措施或进行自律处分。

第八章 附 则

第四十七条 本规定所称“至少”、“以上”含本数。

第四十八条 本规定由全国股份转让系统公司负责解释。

第四十九条 本规定自发布之日起施行。

3｜6 全国中小企业股份转让系统股票挂牌条件适用基本标准指引(试行)

股转系统公告〔2013〕18号 2013年6月17日公布实施

全国中小企业股份转让系统有限责任公司按照“可把控、可举证、可识别”的原则,对《全国中小企业股份转让系统业务规则(试行)》规定的六项挂牌条件进行细化,形成基本标准如下:

一、依法设立且存续满两年

(一)依法设立,是指公司依据《公司法》等法律、法规及规章的规定向公司登记机关申请登记,并已取得《企业法人营业执照》。

1. 公司设立的主体、程序合法、合规。

(1)国有企业需提供相应的国有资产监督管理机构或国务院、地方政府授权的其他部门、机构关于国有股权设置的批复文件。

(2)外商投资企业须提供商务主管部门出具的设立批复文件。

(3)《公司法》修改(2006年1月1日)前设立的股份公司,须取得国务院授权部门或者省级人民政府的批准文件。

2. 公司股东的出资合法、合规,出资方式及比例应符合《公司法》相关规定。

(1)以实物、知识产权、土地使用权等非货币财产出资的,应当评估作价,核实财产,明确权属,财产权转移手续办理完毕。

(2)以国有资产出资的,应遵守有关国有资产评估的规定。

(3)公司注册资本缴足,不存在出资不实情形。

(二)存续两年是指存续两个完整的会计年度。

(三)有限责任公司按原账面净资产值折股整体变更为股份有限公司的,存续时间可以从有限责任公司成立之日起计算。整体变更不应改变历史成本计价原则,不应根据资产评估结果进行账务调整,应以改制基准日经审计的净资产额为依据折合为股份有限公司股本。申报财务报表最近一期截止日不得早于改制基准日。

二、业务明确,具有持续经营能力

(一)业务明确,是指公司能够明确、具体地阐述其经营的业务、产品或服务、用途及其商业模式等信息。

(二)公司可同时经营一种或多种业务,每种业务应具有相应的关键资源要素,该要素组成应具有投入、处理和产出能力,能够与商业合同、收入或成本费用等相匹配。

1. 公司业务如需主管部门审批,应取得相应的资质、许可或特许经营权等。

2. 公司业务须遵守法律、行政法规和规章的规定,符合国家产业政策以及环保、质量、安全等要求。

(三)持续经营能力,是指公司基于报告期内的生产经营状况,在可预见的将来,有能力按照既定目标持续经营下去。

1. 公司业务在报告期内应有持续的营运记录,不应仅存在偶发性交易或事项。营运记录包括现金流量、营业收入、交易客户、研发费用支出等。

2. 公司应按照《企业会计准则》的规定编制并披露报告期内的财务报表,公司不存在《中国注册会计师审计准则第 1324 号——持续经营》中列举的影响其持续经营能力的相关事项,并由具有证券期货相关业务资格的会计师事务所出具标准无保留意见的审计报告。

财务报表被出具带强调事项段的无保留审计意见的,应全文披露审计报告正文以及董事会、监事会和注册会计师对强调事项的详细说明,并披露董事会和监事会对审计报告涉及事项的处理情况,说明该事项对公司的影响是否重大、影响是否已经消除、违反公允性的事项是否已予纠正。

3. 公司不存在依据《公司法》第一百八十一条规定解散的情形,或法院依法受理重整、和解或者破产申请。

三、公司治理机制健全,合法规范经营

(一)公司治理机制健全,是指公司按规定建立股东大会、董事会、监事会和高级管理层(以下简称“三会一层”)组成的公司治理架构,制定相应的公司治理制度,并能证明有效运行,保护股东权益。

1. 公司依法建立“三会一层”,并按照《公司法》、《非上市公众公司监督管理办法》及《非上市公众公司监管指引第 3 号—章程必备条款》等规定建立公司治理制度。

2. 公司“三会一层”应按照公司治理制度进行规范运作。在报告期内的有限公司阶段应遵守《公司法》的相关规定。

3. 公司董事会应对报告期内公司治理机制执行情况进行讨论、评估。

(二)合法合规经营,是指公司及其控股股东、实际控制人、董事、监事、高级管理人员须依法开展经营活动,经营行为合法、合规,不存在重大违法违规行为。

1. 公司的重大违法违规行为是指公司最近 24 个月内因违犯国家法律、行政法规、规章的行为,受到刑事处罚或适用重大违法违规情形的行政处罚。

(1)行政处罚是指经济管理部门对涉及公司经营活动的违法违规行为给予的行政处罚。

(2)重大违法违规情形是指,凡被行政处罚的实施机关给予没收违法所得、没收非法财物以上行政处罚的行为,属于重大违法违规情形,但处罚机关依法认定不属于的除外;被行政处罚的实施机关给予罚款的行为,除主办券商和律师能依法合理说明或处罚机关认定该行为不属于重大违法违规行为的外,都视为重大违法违规情形。

(3)公司最近 24 个月内不存在涉嫌犯罪被司法机关立案侦查,尚未有明确结论意见的情形。

2. 控股股东、实际控制人合法合规，最近 24 个月内不存在涉及以下情形的重大违法违规行为：

(1) 控股股东、实际控制人受刑事处罚；

(2) 受到与公司规范经营相关的行政处罚，且情节严重；情节严重的界定参照前述规定；

(3) 涉嫌犯罪被司法机关立案侦查，尚未有明确结论意见。

3. 现任董事、监事和高级管理人员应具备和遵守《公司法》规定的任职资格和义务，不应存在最近 24 个月内受到中国证监会行政处罚或者被采取证券市场禁入措施的情形。

(三) 公司报告期内不应存在股东包括控股股东、实际控制人及其关联方占用公司资金、资产或其他资源的情形。如有，应在申请挂牌前予以归还或规范。

(四) 公司应设有独立财务部门进行独立的财务会计核算，相关会计政策能如实反映企业财务状况、经营成果和现金流量。

四、股权明晰，股票发行和转让行为合法合规

(一) 股权明晰，是指公司的股权结构清晰，权属分明，真实确定，合法合规，股东特别是控股股东、实际控制人及其关联股东或实际支配的股东持有公司的股份不存在权属争议或潜在纠纷。

1. 公司的股东不存在国家法律、法规、规章及规范性文件规定不适宜担任股东的情形。

2. 申请挂牌前存在国有股权转让的情形，应遵守国资管理规定。

3. 申请挂牌前外商投资企业的股权转让应遵守商务部门的规定。

(二) 股票发行和转让合法合规，是指公司的股票发行和转让依法履行必要内部决议、外部审批(如有)程序，股票转让须符合限售的规定。

1. 公司股票发行和转让行为合法合规，不存在下列情形：

(1) 最近 36 个月内未经法定机关核准，擅自公开或者变相公开发行过证券；

(2) 违法行为虽然发生在 36 个月前，目前仍处于持续状态，但《非上市公众公司监督管理办法》实施前形成的股东超 200 人的股份有限公司经中国证监会确认的除外。

2. 公司股票限售安排应符合《公司法》和《全国中小企业股份转让系统业务规则(试行)》的有关规定。

(三) 在区域股权市场及其他交易市场进行权益转让的公司，申请股票在全国股份转让系统挂牌前的发行和转让等行为应合法合规。

(四) 公司的控股子公司或纳入合并报表的其他企业的发行和转让行为需符合本指引的规定。

五、主办券商推荐并持续督导

(一) 公司须经主办券商推荐，双方签署了《推荐挂牌并持续督导协议》。

(二) 主办券商应完成尽职调查和内核程序，对公司是否符合挂牌条件发表独立意见，并出具推荐报告。

六、全国股份转让系统公司要求的其他条件

无

3 | 7 全国中小企业股份转让系统公开转让说明书内容与格式指引(试行)

股转系统公告〔2013〕42号 2013年2月8日公布实施 2013年12月30日修改

第一章 总 则

第一条 为规范公开转让股票的信息披露行为,保护投资者合法权益,根据《非上市公众公司监督管理办法》(证监会令第85号)、《非上市公众公司监管指引第1号》(证监会公告[2013]1号)、《全国中小企业股份转让系统业务规则(试行)》等规定,制定本指引。

第二条 股东人数未超过200人的股份公司(以下简称申请挂牌公司)申请股票在全国中小企业股份转让系统(以下简称全国股份转让系统)挂牌,应按本指引编制公开转让说明书并披露。

第三条 本指引的规定是对公开转让说明书信息披露的最低要求。不论本指引是否有明确规定,凡对投资者投资决策有重大影响的信息,均应披露。

申请挂牌公司可根据自身及所属行业或业态特征,在本指引基础上增加有利于投资者判断和决策的相关内容。

本指引部分条款具体要求不适用的,申请挂牌公司可根据实际情况,在不影响内容完整性的前提下作适当调整,但应在申报时作书面说明;由于涉及特殊原因申请豁免披露的,应有充分依据,主办券商及律师应出具意见。

第四条 申请挂牌公司在公开转让说明书中披露的所有信息应真实、准确、完整,不得有虚假记载、误导性陈述或重大遗漏。

第五条 公开转让说明书的编制和披露应便于投资者理解和判断,符合下列一般要求:

(一)通俗易懂、言简意赅。要切合公司具体情况,用词要符合社会公众的认知习惯,对有特定含义的专业术语应作出释义。为避免重复,可采用相互引证的方法,对相关部分进行合理的技术处理。

(二)表述客观、逻辑清晰。不得有夸大性、广告性、诋毁性的词句。可采用图形、表格、图片等较为直观的方式进行披露。

(三)业务、产品(服务)、行业等方面的统计口径应前后一致。

(四)引用的数字采用阿拉伯数字,货币金额除特别说明外,指人民币金额,并以元、万元、亿元为单位。

第六条 申请挂牌公司编制公开转让说明书应准确引用有关中介机构的专业意见、报告和财务会计资料,并有充分的依据。

所引用的财务报表应由具有证券期货相关业务资格的会计师事务所审计,财务报表在其最近一期截止日后6个月内有效。特殊情况下申请挂牌公司可申请延长,但延长期至多不超过1个月。

第七条　申请挂牌公司应在全国股份转让系统指定信息披露平台披露公开转让说明书及其附件，并作提示性公告："本公司股票挂牌公开转让申请已经全国中小企业股份转让系统有限责任公司（以下简称全国股份转让系统公司）同意，中国证监会豁免核准，本公司的股票将在全国股份转让系统挂牌公开转让，公开转让说明书及附件披露于全国股份转让系统指定信息披露平台 www. neeq. com. cn 或 www. neeq. cc，供投资者查阅。"

第八条　公开转让说明书封面应标有"×××公司公开转让说明书"字样，扉页应载有如下声明：

"本公司及全体董事、监事、高级管理人员承诺公开转让说明书不存在虚假记载、误导性陈述或重大遗漏，并对其真实性、准确性、完整性承担个别和连带的法律责任。"

"本公司负责人和主管会计工作的负责人、会计机构负责人保证公开转让说明书中财务会计资料真实、完整。"

"全国股份转让系统公司对本公司股票公开转让所作的任何决定或意见，均不表明其对本公司股票的价值或投资者的收益作出实质性判断或者保证。任何与之相反的声明均属虚假不实陈述。"

"根据《证券法》的规定，本公司经营与收益的变化，由本公司自行负责，由此变化引致的投资风险，由投资者自行承担。"

申请挂牌公司应针对实际情况在公开转让说明书首页作"重大事项提示"，提醒投资者给予特别关注。

第二章　公开转让说明书

第一节　基 本 情 况

第九条　申请挂牌公司应简要披露下列情况：公司名称、法定代表人、设立日期、注册资本、住所、邮编、董事会秘书或信息披露事务负责人、所属行业、主要业务、组织机构代码等。

第十条　申请挂牌公司应披露股票代码、股票简称、股票种类、每股面值、股票总量、挂牌日期，股东所持股份的限售安排及股东对所持股份自愿锁定的承诺。

第十一条　申请挂牌公司应披露公司股权结构图，并披露控股股东、实际控制人、前十名股东及持有5%以上股份股东的名称、持股数量及比例、股东性质、直接或间接持有的股份是否存在质押或其他争议事项的具体情况及股东之间关联关系。

申请挂牌公司应披露控股股东和实际控制人基本情况以及实际控制人最近两年内是否发生变化。

申请挂牌公司应简要披露设立以来股本的形成及其变化和重大资产重组情况。如果股权变化情况较复杂，可采用流程图、表格或其他形式梳理归并，并作为附件披露。

第十二条　申请挂牌公司应扼要披露董事、监事、高级管理人员的情况，主要包括：姓名、国籍及境外居留权、性别、年龄、学历、职称、现任职务及任期、职业经历。

第十三条　最近两年及一期的主要会计数据和财务指标简表，主要包括：营业收入、净利润、归属于申请挂牌公司股东的净利润、扣除非经常性损益后的净利润、归属于申请挂牌公司股东的扣除非经常性损益后的净利润、毛利率、净资产收益率、扣除非经常性损益后净资产收益率、应收账款周转率、存货周转率、基本每股收益、稀释每股收益、经营活动产生的现金流量净额、每股经营活动产生的现金流量净额、总资产、股东权益合计、归属于申请挂牌公司股东权益合计、每股净资产、归属于申请挂牌公司股东的每股净资产、资产负债率(以母公司报表为基础)、流动比率、速动比率。

除特别指出外,上述财务指标应以合并财务报表的数据为基础进行计算。相关指标的计算应执行中国证监会的有关规定。

第十四条 申请挂牌公司挂牌同时进行股票发行的,应披露拟发行股数、发行对象或范围、发行价格或区间、预计募集资金金额。同时,按照全国股份转让系统公司有关股票发行信息披露要求,在公开转让说明书"公司财务"后增加"股票发行"章节,披露相关信息。

第十五条 申请挂牌公司应披露下列机构的名称、法定代表人、住所、联系电话、传真,同时应披露有关经办人员(包括项目小组负责人、项目小组成员)的姓名:

(一)主办券商

(二)律师事务所

(三)会计师事务所

(四)资产评估机构

(五)证券登记结算机构

(六)做市商(如有)

(七)其他与公开转让有关的机构

第二节 公司业务

第十六条 申请挂牌公司应披露主要业务、主要产品或服务及其用途。

第十七条 申请挂牌公司应结合内部组织结构(包括部门、生产车间、子公司、分公司等),披露主要生产或服务流程及方式(包括服务外包、外协生产等)。

第十八条 申请挂牌公司应遵循重要性原则披露与其业务相关的关键资源要素,包括:

(一)产品或服务所使用的主要技术。

(二)主要无形资产的取得方式和时间、实际使用情况、使用期限或保护期、最近一期末账面价值。

(三)取得的业务许可资格或资质情况。

(四)特许经营权(如有)的取得、期限、费用标准。

(五)主要生产设备等重要固定资产使用情况、成新率或尚可使用年限。

(六)员工情况,包括人数、结构等。其中核心技术(业务)人员应披露姓名、年龄、主要业务经历及职务、现任职务与任期及持有申请挂牌公司的股份情况。核心技术(业务)团队在近两年内发生重大变动的,应披露变动情况和原因。

(七)其他体现所属行业或业态特征的资源要素。

第十九条 申请挂牌公司应扼要披露与业务相关的情况,包括:

(一)报告期业务收入的主要构成及各期主要产品或服务的规模、销售收入。

(二)产品或服务的主要消费群体,报告期内各期向前五名客户的销售额及占当期销售总额的百分比。

（三）报告期内主要产品或服务的原材料、能源及供应情况，占成本的比重，报告期内各期向前五名供应商的采购额及占当期采购总额的百分比。

（四）报告期内对持续经营有重大影响的业务合同及履行情况。

第二十条　申请挂牌公司应归纳总结其商业模式，说明如何使用产品或服务、关键资源要素获取收入、利润及现金流。

第二十一条　申请挂牌公司应扼要披露其所处行业概况、市场规模及基本风险特征（如行业风险、市场风险、政策风险），并可分析公司在行业中的竞争地位。

第三节　公司治理

第二十二条　申请挂牌公司应披露最近两年内股东大会、董事会、监事会的建立健全及运行情况，说明上述机构和人员履行职责的情况。

申请挂牌公司可结合股东结构、董事会及监事会构成等方面，说明投资者（如专业投资机构）参与公司治理以及职工代表监事履行责任的实际情况。

第二十三条　申请挂牌公司董事会应充分讨论现有公司治理机制能否给所有股东提供合适的保护以及能否保证股东充分行使知情权、参与权、质询权和表决权等权利，说明投资者关系管理、纠纷解决机制、累积投票制（如有）、独立董事制度（如有）、关联股东和董事回避制度（如有）以及与财务管理、风险控制相关的内部管理制度建设情况，并披露董事会对公司治理机制执行情况的评估结果。

第二十四条　申请挂牌公司应披露公司及其控股股东、实际控制人最近两年内是否存在违法违规及受处罚的情况。

第二十五条　申请挂牌公司应披露与控股股东、实际控制人及其控制的其他企业在业务、资产、人员、财务、机构方面的分开情况。

第二十六条　申请挂牌公司应披露是否存在与控股股东、实际控制人及其控制的其他企业从事相同、相似业务的情况。对存在相同、相似业务的，应对是否存在同业竞争做出合理解释。

申请挂牌公司应披露控股股东、实际控制人为避免同业竞争采取的措施及做出的承诺。

第二十七条　申请挂牌公司应披露最近两年内是否存在资金被控股股东、实际控制人及其控制的其他企业占用，或者为控股股东、实际控制人及其控制的其他企业提供担保，以及为防止股东及其关联方占用或者转移公司资金、资产及其他资源的行为发生所采取的具体安排。

第二十八条　申请挂牌公司董事、监事、高级管理人员存在下列情形的，应披露具体情况：

（一）本人及其直系亲属以任何方式直接或间接持有申请挂牌公司股份的。

（二）相互之间存在亲属关系的。

（三）与申请挂牌公司签订重要协议或做出重要承诺的。

（四）在其他单位兼职的。

（五）对外投资与申请挂牌公司存在利益冲突的。

（六）最近两年受到中国证监会行政处罚或者被采取证券市场禁入措施、受到全国股份转让系统公司公开谴责的。

(七)其它对申请挂牌公司持续经营有不利影响的情形。

第二十九条 申请挂牌公司董事、监事、高级管理人员在近两年内发生变动的,应披露变动情况和原因。

第四节 公司财务

第三十条 申请挂牌公司应按照《企业会计准则》的规定编制并披露最近两年及一期的财务报表,在所有重大方面公允反映公司财务状况、经营成果和现金流量,并由注册会计师出具无保留意见的审计报告。编制合并财务报表的,应同时披露合并财务报表和母公司财务报表。

申请挂牌公司应披露财务报表的编制基础、合并财务报表范围及变化情况。

第三十一条 申请挂牌公司应披露会计师事务所的审计意见类型。财务报表被出具带强调事项段的无保留审计意见的,应全文披露审计报告正文以及董事会、监事会和注册会计师对强调事项的详细说明。

第三十二条 申请挂牌公司应结合业务特点充分披露报告期内采用的主要会计政策、会计估计及其变更情况和对公司利润的影响。

申请挂牌公司的重大会计政策或会计估计与可比公司(如有)存在较大差异,或者按规定将要进行变更的,应分析重大会计政策或会计估计的差异或变更对公司利润产生的影响。

第三十三条 申请挂牌公司应对最近两年及一期的主要会计数据和财务指标进行比较,发生重大变化的应说明原因。

(一)根据业务特点披露各类收入的具体确认方法,以表格形式披露报告期内各期营业收入、利润、毛利率的主要构成及比例,按照产品(服务)类别及业务、地区分部列示,报告期内发生重大变化的应予以说明。

(二)披露报告期内各期主要费用(含研发)、占营业收入的比重和变化情况。

(三)披露报告期内各期重大投资收益情况、非经常性损益情况、适用的各项税收政策及缴纳的主要税种。

(四)披露报告期内各期末主要资产情况及重大变动分析,包括但不限于:

主要应收款项的账面余额、坏账准备、账面价值、账龄、各期末前五名情况;主要存货类别、账面余额、跌价准备、账面价值;主要固定资产类别、折旧年限、原价、累计折旧、净值;主要对外投资的投资期限、初始投资额、期末投资额及会计核算方法;主要无形资产的取得方式、初始金额、摊销方法、摊销年限、最近一期末的摊余价值及剩余摊销年限;主要资产减值准备的计提依据及计提情况。

(五)披露报告期内各期末主要负债情况。有逾期未偿还债项的,应说明其金额、未按期偿还的原因、预计还款期等。

(六)披露报告期内各期末股东权益情况,主要包括股本、资本公积、盈余公积、未分配利润及少数股东权益的情况。

如果在挂牌前实施限制性股票或股票期权等股权激励计划且尚未行权完毕的,应披露股权激励计划内容及实施情况、对资本公积和各期利润的影响。

第三十四条　申请挂牌公司应根据《公司法》和《企业会计准则》的相关规定披露关联方、关联关系、关联交易，并说明相应的决策权限、决策程序、定价机制、交易的合规性和公允性、减少和规范关联交易的具体安排等。

申请挂牌公司应根据交易的性质和频率，按照经常性和偶发性分类披露关联交易及其对财务状况和经营成果的影响。

如果董事、监事、高级管理人员、核心技术（业务）人员、主要关联方或持有公司5%以上股份股东在主要客户或供应商中占有权益的，应予以说明。

第三十五条　申请挂牌公司应扼要披露会计报表附注中的资产负债表日后事项、或有事项及其他重要事项，包括对持续经营可能产生较大影响的诉讼或仲裁、担保等事项。

第三十六条　申请挂牌公司在报告期内进行资产评估的，应简要披露资产评估情况。

第三十七条　申请挂牌公司应披露最近两年股利分配政策、实际股利分配情况以及公开转让后的股利分配政策。

第三十八条　申请挂牌公司应简要披露其控股子公司或纳入合并报表的其他企业的情况，主要包括注册资本、主要业务、股东构成及持股比例、最近一年及一期末的总资产、净资产、最近一年及一期的营业收入、净利润。

第三十九条　申请挂牌公司应遵循重要性原则，结合自身及所处行业实际情况，对可能影响公司持续经营的风险因素进行自我评估，重点披露特有风险，其中对持续经营有严重不利影响的风险应作“重大事项提示”。

鼓励申请挂牌公司建立以风险为导向的内部管理机制，提高识别和承受风险的能力，形成符合自身及所处行业特征的风险评估和管理体系。

第四十条　申请挂牌公司可披露公司经营目标和计划。如披露，应遵循诚信原则，并说明合理依据。

对可能导致经营目标和计划不能实现的重大不确定性因素，申请挂牌公司应做出有针对性和实质性的“重大事项提示”，提醒投资者审慎判断和决策。

第五节　有关声明

第四十一条　申请挂牌公司全体董事、监事、高级管理人员应在公开转让说明书正文的尾页签名，并由申请挂牌公司加盖公章。

第四十二条　主办券商应对公开转让说明书的真实性、准确性、完整性进行核查，并在公开转让说明书正文后声明：

“本公司已对公开转让说明书进行了核查，确认不存在虚假记载、误导性陈述或重大遗漏，并对其真实性、准确性和完整性承担相应的法律责任。”

声明应由法定代表人、项目负责人及项目小组成员签名，并由主办券商加盖公章。

第四十三条　为申请挂牌公司股票公开转让提供服务的机构应在公开转让说明书正文后声明：

“本机构及经办人员（经办律师、签字注册会计师、签字注册资产评估师）已阅读公开转让说明书，确认公开转让说明书与本机构出具的专业报告（法律意见书、审计报告、资产评估报告）无矛盾之处。本机构及经办人员对申请挂牌公司在公开转让说明书中引用的专业报告的内容无异议,确认公开转让说明书不致因上述内容而出现虚假记载、误导性陈述或重大遗漏,并对其真实性、准确性和完整性承担相应的法律责任。"

声明应由经办人员及所在机构负责人签名,并由机构加盖公章。

第六节　附　　件

第四十四条　公开转让说明书结尾应列明附件,并在全国股份转让系统指定信息披露平台披露。附件应包括下列文件:

(一)主办券商推荐报告;

(二)财务报表及审计报告;

(三)法律意见书;

(四)公司章程;

(五)全国股份转让系统公司同意挂牌的审查意见;

(六)其他与公开转让有关的重要文件。

第三章　附　　则

第四十五条　本指引由全国股份转让系统公司负责解释。

第四十六条　本指引自公布之日起施行。

3｜8　全国中小企业股份转让系统挂牌申请文件内容与格式指引(试行)

股转系统公告〔2013〕43号　2013年2月8日发布实施　2013年12月30日修改

第一条　为规范挂牌申请文件内容与格式,根据《非上市公众公司监督管理办法》(证监会令第85号)、《非上市公众公司监管指引第2号》(证监会公告[2013]2号)、《全国中小企业股份转让系统业务规则(试行)》等规定,制定本指引。

第二条　股份公司(以下简称"申请挂牌公司")申请股票在全国中小企业股份转让系统(以下简称"全国股份转让系统")挂牌,应按照本指引的要求制作和报送申请文件。

第三条　本指引规定的申请文件目录是对挂牌申请文件的最低要求。根据审查需要,全国中小企业股份转让系统有限责任公司(以下简称"全国股份转让系统公司")可以要求申请挂牌公司和相关中介机构补充文件。如部分文件对申请挂牌公司不适用,可不提供,但应书面说明。

申请挂牌同时股票发行的,应按照全国股份转让系统公司规定在挂牌申请文件中增加有关内容。

第四条　申请文件一经接收,非经全国股份转让系统公司同意,不得增加、撤回或更换。

第五条　申请时股东人数未超过200人的股份公司报送申请文件应提交原件一份,复印件两份；申请时股东人数超过200人的股份公司报送申请文件应提交原件一份（单行本）。每次报送书面文件的同时，应报送一份与书面文件一致的电子文件（WORD、EXCEL、PDF及全国股份转让系统公司要求的其他文件格式）。

申请挂牌公司不能提供有关文件原件的，应由申请挂牌公司律师提供鉴证意见，或由出文单位盖章，以保证与原件一致。

第六条　申请文件所有需要签名处，均应为签名人亲笔签名，不得以名章、签名章等代替。

申请文件中需要由申请挂牌公司律师鉴证的文件，申请挂牌公司律师应在该文件首页注明"以下第××页至第××页与原件一致"，并签名和签署鉴证日期，律师事务所应在该文件首页加盖公章，并在第××页至第××页侧面以公章加盖骑缝章。

第七条　申请挂牌公司应根据全国股份转让系统公司对申请文件的反馈意见提供补充材料。相关中介机构应对反馈意见相关问题进行尽职调查或补充出具专业意见。对公开转让说明书修改或补充的，应进行标示。

第八条　申请文件的封面和侧面应标有"××公司股票挂牌申请文件"字样，扉页应标明申请挂牌公司法定代表人、信息披露事务负责人，主办券商主管领导、项目负责人，以及相关中介机构项目负责人姓名、电话、传真等联系方式。

第九条　申请文件章与章之间、章与节之间应有明显的分隔标识，文件中的页码应与目录中的页码相符。

第十条　申请文件应采用标准A4纸张双面印刷（需提供原件的历史文件除外）。

第十一条　未按本指引要求制作和报送申请文件的，全国股份转让系统公司不予接收。

第十二条　本指引由全国股份转让系统公司负责解释。

第十三条　本指引自发布之日起施行。

附录

1. 全国中小企业股份转让系统挂牌申请文件目录（适用于申请时股东人数未超过200人）
2. 全国中小企业股份转让系统挂牌申请文件目录（适用于申请时股东人数超过200人）

附录1

全国中小企业股份转让系统挂牌申请文件目录

（适用于申请时股东人数未超过200人）

第一部分　要求披露的文件

第一章　公开转让说明书及推荐报告

1－1　公开转让说明书（申报稿）

1－2　财务报表及审计报告

1－3　法律意见书

1－4 公司章程

1－5 主办券商推荐报告

1－6 股票发行情况报告书(如有)

第二部分 不要求披露的文件

第二章 申请挂牌公司相关文件

2－1 向全国股份转让系统公司提交的申请股票在全国股份转让系统挂牌及股票发行(如有)的报告

2－2 有关股票在全国股份转让系统挂牌及股票发行(如有)的董事会决议

2－3 有关股票在全国股份转让系统挂牌及股票发行(如有)的股东大会决议

2－4 企业法人营业执照

2－5 股东名册及股东身份证明文件

2－6 董事、监事、高级管理人员名单及持股情况

2－7 申请挂牌公司设立时和最近两年及一期的资产评估报告

2－8 申请挂牌公司最近两年原始财务报表与申报财务报表存在差异时,需要提供差异比较表

2－9 申请挂牌公司全体董事、监事和高级管理人员签署的《董事(监事、高级管理人员)声明及承诺书》

第三章 主办券商相关文件

3－1 主办券商与申请挂牌公司签订的推荐挂牌并持续督导协议

3－2 尽职调查报告

3－3 尽职调查工作文件

3－3－1 尽职调查工作底稿目录、相关工作记录和经归纳整理后的尽职调查工作表

3－3－2 有关税收优惠、财政补贴的依据性文件

3－3－3 历次验资报告

3－3－4 对持续经营有重大影响的业务合同

3－4 内核意见

3－4－1 内核机构成员审核工作底稿

3－4－2 内核会议记录

3－4－3 对内核会议反馈意见的回复

3－4－4 内核专员对内核会议落实情况的补充审核意见

3－5 主办券商推荐挂牌内部核查表及主办券商对申请挂牌公司风险评估表

3－6 主办券商自律说明书

3－7 主办券商业务备案函复印件(加盖机构公章并说明用途)及项目小组成员任职资格说明文件

第四章　其他相关文件

4－1　申请挂牌公司全体董事、主办券商及相关中介机构对申请文件真实性、准确性和完整性的承诺书

4－2　相关中介机构对纳入公开转让说明书等文件中由其出具的专业报告或意见无异议的函

4－3　申请挂牌公司、主办券商对电子文件与书面文件保持一致的声明

4－4　律师、注册会计师及所在机构的相关执业证书复印件(加盖机构公章并说明用途)

4－5　国有资产管理部门出具的国有股权设置批复文件及商务主管部门出具的外资股确认文件

4－6　证券简称及证券代码申请书

附录2

全国中小企业股份转让系统挂牌申请文件目录

(适用于申请时股东人数超过200人)

第一部分　要求披露的文件

第一章　公开转让说明书及推荐报告

1－1　公开转让说明书(证监会核准的最终稿)

1－2　财务报表及审计报告

1－3　法律意见书

1－4　公司章程

1－5　主办券商推荐报告

1－6　股票发行情况报告书(如有)

1－7　中国证监会核准文件

第二部分　不要求披露的文件

第二章　申请挂牌公司相关文件

2－1　向全国股份转让系统公司提交的申请股票在全国股份转让系统挂牌及股票发行(如有)的报告

2－2　有关股票在全国股份转让系统挂牌及股票发行(如有)的董事会决议

2－3　有关股票在全国股份转让系统挂牌及股票发行(如有)的股东大会决议

2－4　企业法人营业执照

2－5　股东名册及股东身份证明文件

2－6　董事、监事、高级管理人员名单及持股情况

2－7 申请挂牌公司全体董事、监事和高级管理人员签署的《董事（监事、高级管理人员）声明及承诺书》

2－8 证券简称及证券代码申请书

2－9 国有资产管理部门出具的国有股权设置批复文件及商务主管部门出具的外资股确认文件

2－10 中国证监会核准后至申请挂牌前新增重大事项的说明文件（如有）

第三章 证券服务机构相关文件

3－1 主办券商与申请挂牌公司签订的推荐挂牌并持续督导协议

3－2 主办券商业务备案函复印件（加盖机构公章并说明用途）及项目小组成员任职资格说明文件

3－3 律师、注册会计师及所在机构的相关执业证书复印件（加盖机构公章并说明用途）

3｜9 全国中小企业股份转让系统主办券商尽职调查工作指引（试行）

股转补充公告〔2013〕6号 2013年2月8日公布实施

第一章 总 则

第一条 为指导主办券商做好对申请股票在全国中小企业股份转让系统（以下简称“全国股份转让系统”）公开转让的股份有限公司（以下简称“公司”）的尽职调查工作，制定本指引。

第二条 尽职调查是指主办券商遵循勤勉尽责、诚实守信原则，以形成有利于投资者做出投资决策的信息披露文件为目的，对公司进行调查，以有充分理由确信：

（一）公司符合《全国中小企业股份转让系统业务规则（试行）》规定的挂牌条件；

（二）公开转让说明书中所披露的信息真实、准确和完整。

第三条 本指引是对主办券商尽职调查工作的一般要求。主办券商应按照本指引要求，认真履行尽职调查义务。除对本指引已列示的一般性内容进行调查外，主办券商还应根据公司的具体情况，对其在公开转让说明书中应披露的、足以影响投资者决策的其他事项进行调查。

除本指引已列示的调查方法外，主办券商可针对具体调查事项，采用其他适当的调查方法进行调查。

第四条 项目小组的尽职调查可以在注册会计师、律师等外部专业人士意见的基础上进行，如果认为专业人士发表意见所基于的工作不够充分，或对专业人士的意见有疑义，项目小组应进行独立调查。项目小组在引用专业人士意见时，应对所引用的意见负责。

第五条 项目小组应在尽职调查工作完成后，出具尽职调查报告，各成员应在尽职调查报告上签名并声明对其负责。

第六条 主办券商应建立健全尽职调查工作底稿制度，真实、准确、完整地反映其所实施的尽职调查工作。尽职调查工作底稿应成为主办券商出具尽职调查报告、推荐报告和编制挂牌申请文件的基础。

第二章　尽职调查主要内容和方法

第一节　业务调查

第七条　业务调查主要包括分析公司所处细分行业的情况和风险，调查公司商业模式、经营目标和计划。

公司的商业模式是指公司如何使用其拥有的关键资源，通过有效的业务流程，形成一个完整的运行系统，并通过这一运行系统向客户提供产品或服务，满足客户需求并向客户提供了价值，从而获得收入、利润和现金流。

第八条　通过搜集与公司所处行业有关的行业研究或报道，与公司管理层交谈，比较市场公开数据，搜集行业主管部门制定的发展规划、行业管理方面的法律法规及规范性文件，以及主办券商内部行业分析师的分析研究等方法，审慎、客观分析公司所处细分行业的基本情况和特有风险（如行业风险、市场风险、政策风险等）。包括但不限于：

（一）行业所处的生命周期和行业规模；

（二）行业与行业上下游的关系（即行业价值链的构成）；

（三）行业的竞争程度及行业壁垒；

（四）国家对该行业的监管体制和政策扶持或限制，以及产业政策对该行业的影响；

（五）影响该行业发展的有利和不利因素。

第九条　通过与公司经营管理层交谈，实地考察公司产品或服务，访谈公司客户等方法，调查公司产品或服务及其用途，了解产品种类、功能或服务种类及其满足的客户需求。包括但不限于：

（一）产品或服务的种类；

（二）调查每种产品的功能和用途以及特定消费群体，或服务所满足的客户需求及特定消费群体；

（三）每种产品的技术含量（所应用的关键技术及所达到的技术指标）或服务的质量；

（四）每种产品或服务是否向消费者提供保障（售后服务等）；

（五）报告期内各期每种产品或服务的规模，需求状况及其对价格的影响；

（六）各类产品或服务在公司业务中的重要性，包括在销售收入及利润中的比重，在行业中所占的市场份额和变动趋势；

（七）公司对提高现有产品或服务质量、增强竞争力等方面将采取的措施以及公司新产品或服务种类的开发计划。

第十条　通过实地考察、与管理层交谈、查阅公司主要知识产权文件等方法，结合公司行业特点，调查公司业务所依赖的关键资源，包括但不限于：

（一）公司独特的、可持续的技术优势（包括分析主要产品或服务的核心技术、可替代性以及核心技术的保护措施等）；

（二）研发能力和技术储备（包括分析公司的研发机构和研发人员情况、研发费用投入占公司业务收入的比重、自主技术占核心技术的比重等）；

（三）商标、专利、非专利技术等无形资产的数量、取得情况、实际使用情况、使用期限或保护期、最近一期末账面价值、存在纠纷情况等；

（四）取得的业务许可资格或资质情况；

（五）特许经营权（如有）的取得、期限、费用标准；

（六）提供产品或服务时所使用主要设备和固定资产的情况；

（七）公司高级管理人员与核心技术（业务）人员的简要情况，主要包括：姓名、国籍等基本信息、职业经历（参加工作以来的职业及职务情况）、曾经担任的重要职务及任期、现任职务及任期，根据其业务经历、行业或专业背景，评价高级管理人员的经验和能力，整体评价整个管理团队是否有互补性；

（八）调查公司管理层及核心技术（业务）人员的薪酬，持股情况和激励政策（包括股权激励）。最近两年上述人员的主要变动情况、原因和对公司经营的影响，了解公司为稳定上述人员已采取或拟采取的措施，并评价管理层及核心技术（业务）人员的稳定性；

（九）公司的员工情况，主要包括：员工人数、年龄和工龄结构、任职分布、学历学位结构、地域分布等；

（十）其他体现所处行业或业态特征的资源要素；

（十一）在公司所处细分行业中，从公司的技术优势、产品的技术指标或服务的标准要求、研发投入能力和技术储备、专利数量等方面，分析公司与竞争对手及潜在竞争对手之间的优劣势。如果竞争对手的信息不存在，可分析公司与行业平均水平相比的优劣势。

第十一条 通过查阅公司业务制度、实地考察企业经营过程涉及的业务环节、对主要供应商和客户访谈等方法，结合公司行业特点，了解公司关键业务流程。包括但不限于：

（一）供应链及其管理，公司对供应商的依赖程度及存在的经营风险；

（二）主要产品的生产流程或服务流程、生产工艺、质量控制、安全生产等；

（三）营销体系，包括销售方式、是否有排他性销售协议等壁垒、市场推广计划、客户管理，公司对客户的依赖程度及存在的风险；

（四）核心产品或服务的研发流程、周期以及更新换代计划；

（五）根据产业链分工情况，调查公司是否将营运环节交给利益相关者，如有，阐明其合作关系或商业联盟关系以及风险利益分配机制；

（六）重要资本投资项目（如规模化生产、重要设备投资等）的投资流程，包括投资决策机制、可行性和投资回报分析等；

（七）其他体现所处行业或业态特征的业务环节。

第十二条 通过查阅商业合同，走访客户和供应商等方法，结合对公司产品或服务、关键资源和关键业务流程的调查，了解公司如何获得收益。包括但不限于：

（一）收入构成情况，包括产品或服务的规模、订价方式和依据；收入变化情况和影响其变化的原因；

（二）成本结构及其变动情况和变动原因；

（三）分析每种产品或服务的毛利率及其变动趋势和变动原因；

（四）公司的现金流情况，尤其是与经营活动有关的现金流量，即经营的现金收入是否能抵补有关支出；

（五）在公司所处的细分行业中，分析比较公司与竞争对手之间在产品或服务分布、成本结构、营销模式和产品或服务毛利率等方面的优劣势，并预估公司在细分行业的发展趋势（主要地区或市场的占有率及其变化）。如果竞争对手的信息不存在，可分析公司与行业平均水平相比的优劣势。

第十三条　通过与公司管理层交谈，查阅董事会会议记录、重大业务合同等方法，结合公司所处行业的发展趋势及公司目前所处的发展阶段，了解公司整体发展规划和各个业务板块的中长期发展目标，分析公司经营目标和计划是否与现有商业模式一致，揭示公司业务发展过程中的主要风险（区别一般风险和特殊风险）及风险管理机制。

第二节　公司治理调查

第十四条　通过查阅公司章程，了解公司组织结构，查阅股东大会、董事会、监事会（以下简称“三会”）有关文件，调查公司三会的建立健全及运行情况，说明上述机构和人员履行职责的情况，关注公司章程和三会议事规则是否合法合规，是否建立健全投资者关系管理制度，是否在公司章程中约定纠纷解决机制。

第十五条　公司董事会对公司治理机制进行讨论评估，内容包括现有公司治理机制在给股东提供合适的保护以及保证股东充分行使知情权、参与权、质询权和表决权等权利方面所发挥的作用、所存在的不足及解决方法等。

第十六条　调查公司治理机制的执行情况并出具核查意见，调查内容包括但不限于：

（一）是否依据有关法律法规和公司章程发布通知并按期召开三会；会议文件是否完整，会议记录中时间、地点、出席人数等要件是否齐备，会议文件是否归档保存；会议记录是否正常签署；

（二）董事会和监事会是否按照有关法律法规和公司章程及时进行换届选举；

（三）董事会是否参与了公司战略目标的制订，检查其执行情况；董事会对管理层业绩进行评估的机制和执行情况；

（四）涉及关联董事、关联股东或其他利益相关者应当回避的，公司是否建立了表决权回避制度，检查其执行情况；

（五）监事会是否正常发挥作用，是否具备切实的监督手段，包括职工代表监事履行职责的情况；

（六）三会决议的实际执行情况，未能执行的会议决议，相关执行者是否向决议机构汇报并说明原因。

第十七条　调查公司股东的情况，核实公司股东股权的合法性和真实性，包括但不限于：

（一）通过查阅公司股权结构图、股东名册、公司重要会议记录、决议以及公司历次股权变动的相关文件，调查公司的股权结构，股东持股比例（包括直接和间接持股比例），以及直接或间接持股是否存在质押或其他有争议的情况，判断公司控股股东及实际控制人。

（二）通过查阅具有资格的中介机构出具的验资报告，咨询公司律师或法律顾问，询问管理层和会计人员，到工商行政管理部门查询公司注册登记资料，调查公司股东的出资是否及时到位，出资方式是否符合有关法律、法规的规定。通过查阅资产评估报告，询问资产评估机构等方法，对以实物、工业产权、非专利技术、土地使用权等非现金资产出资的，调查所使用的评估方法与评估值的合理性。

（三）调查公司股东之间是否存在关联情况，股东中是否有专业投资机构以及其参与公司治理的情况。

（四）调查公司管理层及核心技术人员的持股情况和所持股份的锁定情况。

第十八条　调查公司董事、监事的简要情况，主要包括：姓名、国籍及境外居留权、性别、年龄、学历、职称；职业经历（参加工作以来的职业及职务情况）；曾经担任的重要职务及任期；现任职务及任期；本人及其近亲属持有公司股份的情况；是否存在对外投资与公司存在利益冲突的情况。

第十九条　调查公司与控股股东、实际控制人及其控制的其他企业在业务、资产、人员、财务和机构方面的分开情况，判断其独立性，包括但不限于：

（一）通过查阅公司组织结构文件，结合公司的生产、采购和销售记录考察公司的产、供、销系统，分析公司是否具有完整的业务流程、独立的生产经营场所以及供应、销售部门和渠道，通过计算公司的关联采购额和关联销售额分别占公司当期采购总额和销售总额的比例，分析是否存在影响公司独立性的重大或频繁的关联方交易，判断公司业务独立性。

（二）通过查阅相关会议记录、资产产权转移合同、资产交接手续和购货合同及发票，确定公司固定资产权属情况；通过查阅房产证、土地使用权证等权属证明文件，了解公司的房产、土地使用权、专利与非专利技术及其他无形资产的权属情况；关注金额较大、期限较长的其他应收款、其他应付款、预收及预付账款产生的原因及交易记录、资金流向等；判断公司资产独立性。

调查公司最近两年内是否存在资产被控股股东、实际控制人及其控制的其它企业占用，或者为控股股东、实际控制人及其控制的其它企业提供担保的情形；调查公司为防止股东及关联方资金占用或者转移公司资金、资产及其他资源的行为所采取的措施和相应的制度安排；对不存在以上情形的，应取得公司的说明，并根据调查结果判断公司资产独立性。

（三）通过查阅股东单位员工名册及劳务合同、公司工资明细表、公司福利费缴纳凭证、与管理层及员工交谈，取得高级管理人员的书面声明等方法，调查公司高级管理人员从公司关联企业领取报酬及其他情况，调查公司员工的劳动、人事、工资报酬以及相应的社会保障是否完全独立管理，判断其人员独立性。

（四）通过与管理层和相关业务人员交谈，查阅公司财务会计制度、银行开户资料、纳税资料等方法，调查公司会计核算体系，财务管理和风险控制等内部管理制度的建立健全情况，并判断公司财务独立性。

（五）通过实地调查、查阅股东大会和董事会决议关于设立相关机构的记录、查阅各机构内部规章制度，了解公司的机构是否与控股股东完全分开且独立运作，是否存在混合经营、合署办公的情形，是否完全拥有机构设置自主权等，判断其机构独立性。

第二十条　调查公司与控股股东、实际控制人及其控制的其他企业是否存在同业竞争。

通过询问公司控股股东、实际控制人，查阅营业执照，实地走访生产或销售部门等方式，调查公司控股股东、实际控制人及其控制的其他企业的业务范围，从业务性质、客户对象、可替代性、市场差别等方面判断是否与公司从事相同、相似业务，从而构成同业竞争。

对存在同业竞争的，要求公司就其合理性作出解释，并调查公司为避免同业竞争采取的措施以及作出的承诺。

第二十一条　调查公司对外担保、重大投资、委托理财、关联方交易等重要事项的政策及制度安排，调查决策权限及程序等规定，并核查最近两年的执行情况，包括对上述事项的决策是否符合股东大会、董事会的职责分工，对该事项的表决是否履行了公司法和公司章程中规定的程序，以及决策是否得到有效执行。

取得管理层就公司对外担保、重大投资、委托理财、关联方交易等事项的情况、是否符合法律法规和公司章程的规定，及其对公司影响的书面声明。

第二十二条　调查公司管理层的诚信情况，取得经公司管理层签字的关于诚信状况的书面声明，书面声明至少包括以下内容：

（一）最近二年内是否因违反国家法律、行政法规、部门规章、自律规则等受到刑事、民事、行政处罚或纪律处分；

（二）是否存在因涉嫌违法违规行为处于调查之中尚无定论的情形；

（三）最近二年内是否对所任职（包括现任职和曾任职）公司因重大违法违规行为而被处罚负有责任；

（四）是否存在个人负有数额较大债务到期未清偿的情形；

（五）是否有欺诈或其他不诚实行为等情况。

通过查询中国人民银行征信系统、工商行政管理部门的企业信用信息系统等公共诚信系统，咨询税务部门、公司贷款银行等部门或机构，咨询公司律师或法律顾问，查阅相关记录以及其他合理方式，核实公司管理层是否存在不诚信行为的记录，评价公司管理层的诚信状况。

第三节　公司财务调查

第二十三条　通过考察控制环境、风险识别与评估、控制活动与措施、信息沟通与反馈、监督与评价等基本要素，评价公司内部控制制度是否充分、合理、有效。

第二十四条　通过与公司管理层及员工交谈，查阅公司规章制度等方法，调查公司是否建立会计核算体系、财务管理和风险控制等制度，确保公司财务报告真实可靠及行为合法合规。

第二十五条　通过与公司管理层及员工交谈，查阅董事会、总经理办公会等会议记录，查阅公司规章制度等方法，评价公司是否有积极的控制环境：包括考察董事会是否负责批准并定期审查公司的经营战略和重大决策、确定经营风险的可接受水平；考察高级管理人员是否执行董事会批准的战略和政策，以及高级管理人员和董事会间的责任、授权和报告关系是否明确；考察管理层是否促使公司员工了解公司内部控制制度并在其中发挥作用等。

第二十六条　通过与公司管理层交谈、查阅公司相关规章制度和风险评估报告等，考察管理层为识别和评估对公司实现整体目标有负面影响的风险因素所建立的制度或采取的措施，评价公司风险识别与评估体系的有效性。

第二十七条　通过与公司管理层及主要业务流程所涉及部门的负责人交谈，查阅业务流程相关文件，了解业务流程和其中的控制措施，包括授权与审批、复核与查证、业务规程与操作程序、岗位权限与职责分工、相互独立与制衡、应急与预防等措施。

项目小组应选择一定数量的控制活动样本，采取验证、观察、询问、重新操作等测试方法，评价公司的内部控制措施是否有效实施。

第二十八条 通过与公司管理层和员工交谈，查阅公司相关规章制度等，评价信息沟通与反馈是否有效，包括公司是否建立了能够涵盖其全部重要活动，并对内部和外部信息进行搜集和整理的有效信息系统，以及公司是否建立了有效的信息沟通和反馈渠道，确保员工能充分理解和执行公司政策和程序，并保证相关信息能够传达到应被传达到的人员。

第二十九条 通过与公司管理层及内部审计部门交谈，采用询问、验证、查阅内部审计报告和监事会报告等方法，考察公司内部控制监督和评价制度的有效性。

第三十条 调查公司在报告期内的主要会计政策和会计估计是否有针对性地结合了公司的业务特点，是否起到有效防范公司特有财务风险的作用。

第三十一条 在上述调查基础上，听取注册会计师意见，评价公司现有内部控制制度在合理保证公司遵守现行法律法规、提高经营效率、保证财务报告的可靠性等方面的效果，关注内部控制制度的缺陷及其可能导致的财务和经营风险。

第三十二条 通过调查公司的财务风险，综合评价公司财务风险和经营风险，判断公司财务状况是否良好。可通过以下方法调查公司的财务风险：

根据经审计的财务报告，分析公司最近两年及一期的主要财务指标，并对其进行逐年比较。主要包括毛利率、净资产收益率（包括扣除非经常性损益后净资产收益率）、基本每股收益、稀释每股收益、每股净资产、每股经营活动产生的现金流量净额、资产负债率（以母公司报表为基础）、流动比率、速动比率、应收账款周转率和存货周转率等。除特别指出外，上述财务指标应以合并财务报表的数据为基础进行计算。相关指标的计算应执行中国证监会的有关规定。在此基础上，分析公司的盈利能力、长短期偿债能力、营运能力及获取现金能力，综合评价公司财务风险和经营风险，判断公司财务状况是否良好。各项财务指标与同行业公司平均水平相比有较大偏离的，或各项财务指标及相关会计项目有较大变动或异常的，应分析原因并进行重点调查。根据经审计的财务报告，对公司收入、成本、费用的配比性进行分析性复核。通过分析公司收入、成本、费用的变动趋势、比例关系等，比较同行业其他公司的情况，评价公司收入与成本、费用，成本、费用与相关资产摊销等财务数据之间的配比或勾稽关系是否合理。对明显缺乏合理的配比或勾稽关系的事项，应要求公司管理层作出说明。

第三十三条 调查公司应收款项的真实性、准确性、完整性和合理性。

查阅公司应收账款明细资料，结合公司行业特点和业务收入状况等因素，评价应收账款余额及其变动是否合理。抽查大额应收账款，调查其真实性、收回可能性及潜在的风险。取得公司其他应收款明细资料，了解大额其他应收款余额的形成原因，分析其合理性、真实性、收回可能性及潜在的风险。

核查大额预付账款产生的原因、时间和相关采购业务的执行情况。调查应收票据取得、背书、抵押和贴现等情况，关注由此产生的风险。

分析公司应收款项账龄，评价账龄的合理性，了解账龄较长款项的形成原因及公司采取的措施，查核公司是否按规定提取坏账准备、提取是否充分。

第三十四条 调查公司存货的真实性、准确性、完整性和合理性。

通过查阅公司存货明细资料，结合生产循环特点，分析原材料、在产品、产成品余额之间的比例及其变动是否合理。通过实地查看存货，评估其真实性和完整性。

分析比较公司存货账龄，评价账龄是否合理，了解是否有账龄较长的存货，查核公司是否按规定提取存货跌价准备、提取是否充分。

第三十五条　调查公司投资的真实性、准确性、完整性和合理性。

通过与公司管理层及相关负责人交谈，了解公司投资的决策程序、管理层对投资风险及其控制所采取的措施，重点关注风险较大的投资项目。

采用与公司管理层交谈，查阅股东大会、董事会、总经理办公会等会议记录，查阅投资合同，查阅账簿、股权或债权投资凭证等方法，调查公司长短期投资的计价及收益确认方法是否符合会计准则的相关规定。

关注公司对纳入合并财务报表范围子公司的投资核算方法是否恰当。听取注册会计师的意见，关注影响子公司财务状况的重要方面，评价其财务报表信息的真实性。

第三十六条　调查公司固定资产和折旧的真实性、准确性、完整性和合理性。

通过查阅公司经审计的财务报告，询问会计人员，了解公司固定资产的计价政策、固定资产折旧方法、固定资产使用年限和残值率的估计，评价相关会计政策和估计是否符合会计准则的相关规定。通过查阅账簿、实地查看等方法，考察公司固定资产的构成及状况。

根据公司固定资产折旧政策，对固定资产折旧进行重新计算。分析累计折旧占固定资产原值的比重，判断固定资产是否面临淘汰、更新、大修、技术升级等情况，并评价其对公司财务状况和持续经营能力的影响程度。

关注公司购建、处置固定资产等是否履行了必要的审批程序，手续是否齐全。

第三十七条　调查公司无形资产的真实性、准确性、完整性和合理性。

通过查阅公司经审计的财务报告、询问会计人员，了解公司无形资产的计价政策、摊销方法、摊销年限，评价相关会计政策和估计是否符合会计准则的相关规定，判断其合理性。

通过查阅投资合同、资产评估报告、资产权属证明、账簿等方法，对股东投入的无形资产，评价无形资产的入账价值是否有充分的依据，关注投资方取得无形资产的方式是否合法；对公司购买的无形资产，关注出售方与公司是否存在关联方关系，无形资产定价是否合理；对公司自行开发的无形资产，关注其确认时间和价值是否符合会计准则的相关规定。

关注处置无形资产是否履行了必要的审批程序，手续是否齐全。当预计某项无形资产已经不能带来未来经济效益时，关注公司是否已将该项无形资产的账面价值予以转销。

第三十八条　调查公司资产减值准备的真实性、准确性、完整性和合理性。

通过查阅公司经审计的财务报告、询问会计人员等方法，了解公司各项资产减值准备的计提方法是否符合会计准则的相关规定，依据是否充分，比例是否合理。

采用重新计算、分析等方法，考察公司资产减值准备的计提情况是否与资产质量状况相符。

关注公司资产减值准备的计提、冲销和转回等是否履行了必要的审批程序，计提方法和比例是否随意变更，金额是否异常，分析是否存在利用资产减值准备调节利润的情形。

第三十九条　调查公司历次资产评估情况。

通过查阅公司董事会决议，相关的资产评估报告，与公司相关业务人员交谈，咨询专业资产评估机构，调查公司自成立之日起的历次资产评估情况，包括资产评估的原因及相关用途；资产评估机构的名称及主要评估方法，资产评估前的账面值，评估值及增减情况，增减变化幅度较大的，应说明原因。

第四十条　调查公司应付款项的真实性、准确性、完整性和合理性。

查阅公司应付账款明细资料，结合公司行业特点和业务状况等因素，评价应付账款余额及其变动是否合理。抽查大额应付账款，调查其真实性、产生的原因、时间和相关采购业务的执行情况。核查应付票据的产生以及票据的利息核算，关注由此产生的风险。分析公司应付账款和其他应付款账龄的合理性，了解账龄较长款项的形成原因及公司采取的措施。

第四十一条　调查公司收入的真实性、准确性、完整性和合理性。

通过询问会计人员，查阅银行存款、应收账款、收入等相关账簿，查阅公司销售商品或提供劳务的合同、定单、发出商品或提供劳务的凭证、收款凭证、发票、增值税、关税等完税凭证、销售退回凭证等，了解公司的收入确认会计政策是否符合会计准则的相关规定，核查公司是否虚计收入、是否存在提前或延迟确认收入的情况；了解公司收入构成，分析公司产品的价格、销量等影响因素的变动情况，判断收入是否存在异常变动或重大变动，并调查原因。关注公司销售模式对其收入确认的影响及是否存在异常。

第四十二条　调查公司成本的真实性、准确性、完整性和合理性。

通过查阅公司的生产流程管理文件和财务文件，与公司业务人员、会计人员访谈等方法，了解公司生产经营各环节的成本核算方法和步骤，确认公司的成本核算方法是否与业务情况相符，报告期内是否发生变化；取得公司主要产品或服务的成本明细表，分析产品或服务的单位成本构成情况，并结合公司生产经营情况、市场和同行业企业情况（如原材料市场价格、燃料和动力的耗用量、员工工资水平等），判断公司成本的合理性；关注公司是否存在未及时结转成本的情况。

第四十三条　调查公司广告费、研发费用、利息费等费用项目的真实性、准确性、完整性和合理性。

通过查阅重要广告合同、付款凭证等，分析广告费的确认时间和金额是否符合会计准则的相关规定，关注公司是否存在提前或延迟确认广告费的情况。

查阅账簿、凭证，询问相关业务人员等，调查公司是否存在将研究费用资本化的不合理情况。

通过查阅资本支出凭证、利息支出凭证、开工证明等资料，现场查看固定资产购建情况，重新计算利息费用等方法，调查公司利息费用资本化的情况是否符合会计准则的相关规定。对计入当期损益的利息费用，通过查阅借款合同、资金使用合同、利息支出凭证，重新计算等方法，调查公司利息费用是否真实、完整，关注逾期借款利息、支付给关联方的资金使用费等，评价公司是否存在财务费用负担较重的风险以及有关利息费用支付合同的有效性和公允性。

第四十四条　调查公司非经常性损益的真实性、准确性、完整性和合理性。

取得公司非经常性损益明细表，计算非经常损益及其占利润总额的比例，对非经常性损益占利润总额比例较高的，应通过查阅相关事项法律文件、审批记录、账簿、凭证、合同等方法，分析相关损益同公司正常经营业务的关联程度以及可持续性，判断其对公司财务状况和经营成果的影响。

第四十五条　调查公司最近两年的股利分配政策、实际股利分配情况以及公司股票公开转让后的股利分配政策。

第四十六条　调查公司合并财务报表。

通过查阅公司及其子公司经审计的财务报告，结合对公司投资事项的调查，了解公司与其子公司的股权关系，调查公司合并范围的确定及变动是否合理、公司与其子公司会计期间和会计政策是否一致及不一致时的处理是否符合相关规定、尽职调查所涵盖期间内合并范围是否发生变动，评价公司合并财务报表合并抵销的内容和结果是否准确。

对于纳入合并范围的子公司，应对其财务状况按照本指引的要求一并进行调查。

第四十七条　调查公司的关联方、关联方关系及关联方交易，说明相应的决策权限、决策程序、定价机制等情况，并根据交易的性质和频率，分别评价经常性和偶发性关联交易对公司财务状况和经营成果的影响。

通过与公司管理层交谈、查阅公司股权结构图和组织结构图、查阅公司重要会议记录和重要合同等方法，确认公司的关联方及关联方关系。通过与公司管理层、会计机构和主要业务部门负责人交谈、查阅账簿和相关合同、听取律师及注册会计师意见等方法，调查公司关联方交易的以下内容：

（一）决策是否按照公司章程或其他规定履行了必要的审批程序；尤其是定价是否公允，与市场独立第三方价格是否有较大差异。如有，管理层应说明原因；

（二）来自关联方的收入占公司主营业务收入的比例、向关联方采购额占公司采购总额的比例；

（三）关联方的应收、应付款项余额分别占公司应收、应付款项余额的比例是否较高，关注关联方交易的真实性和关联方应收款项的可收回性；

（四）关联方交易产生的利润占公司利润总额的比例是否较高；

（五）关联方交易有无大额销售退回情况。如有，关注其对公司财务状况的影响；

（六）是否存在关联方关系非关联化的情形，例如，与非正常业务关系单位或个人发生的偶发性或重大交易，缺乏明显商业理由的交易，实质与形式明显不符的交易，交易价格、条件、形式等明显异常或显失公允的交易，应当考虑是否为虚构的交易、是否实质上是关联方交易、该交易背后是否还有其他安排；

（七）关联方交易存在的必要性和持续性，以及减少和规范关联交易的具体安排。

第四十八条　核查注册会计师对公司财务报告的审计意见。

通过查阅审计报告，核实注册会计师对公司财务报告出具的审计意见类型。如审计意见为带强调事项段的无保留意见，应要求公司董事会和监事会对审计报告涉及事项的处理情况作出说明，并关注该事项对公司的影响是否重大、影响是否已经消除、违反公允性的事项是否已予纠正。

第四十九条　公司最近二年更换会计师事务所的，项目小组应通过咨询会计人员、查阅会议记录、取得公司管理层说明等方法，调查公司更换会计师事务所的原因，履行审批程序情况，以及前后任会计师事务所的专业意见情况等。

第四节　公司合法合规调查

第五十条　调查公司设立及存续情况。

（一）通过查阅公司的设立批准文件、营业执照、公司章程、工商变更登记资料、工商年检等文件，判断公司设立、存续的合法性，核实公司设立、存续是否满二年。

（二）调查公司历次股权变动的情况，包括转让协议，转让价格、资产评估报告（如有），新股东所取得的各种特殊权利（如优先清算权、优先购买权、随售权等），此次转让后变更的公司章程以及董事会的变化情况。

（三）主办券商应对有限责任公司整体变更为股份有限公司（以下简称“改制”）进行重点调查，调查内容包括：查阅公司改制的批准文件、营业执照、公司章程、工商登记资料等文件，判断公司改制的合法合规性；查阅审计报告、验资报告等，调查公司改制时是否以变更基准日经审计的原账面净资产额为依据，折合股本总额是否不高于公司净资产；通过咨询公司律师或法律顾问，查阅董事会和股东会决议等文件，调查公司最近二年内主营业务和董事、高级管理人员是否发生重大变化，实际控制人是否发生变更，如发生变化或变更，判断对公司持续经营的影响。

第五十一条　调查公司最近二年股权变动的合法合规性以及股本总额和股权结构是否发生变化。

第五十二条　调查公司最近二年是否存在重大违法违规行为。

通过咨询公司律师或法律顾问，查阅已生效的判决书、行政处罚决定书以及其他能证明公司存在违法违规行为的证据性文件，判断公司是否存在重大违法违规行为。

通过询问公司管理层，查阅公司档案，向税务部门等查询，了解公司是否有违法违规记录。

第五十三条　通过与公司股东或股东的法定代表人交谈，查阅工商变更登记资料等，调查公司股份是否存在转让限制的情形，并取得公司股东或股东的法定代表人的股份是否存在质押等转让限制情形、是否存在股权纠纷或潜在纠纷的书面声明。

第五十四条　调查公司主要财产的合法性，是否存在法律纠纷或潜在纠纷以及其他争议。

通过查阅公司房产，土地使用权，商标、专利、版权、特许经营权等无形资产，以及主要生产经营设备等主要财产的权属凭证、相关合同等资料，咨询公司律师或法律顾问的意见，必要时进行实地查看，重点关注公司是否具备完整、合法的财产权属凭证，商标权、专利权、版权、特许经营权等的权利期限情况，判断是否存在法律纠纷或潜在纠纷。

第五十五条　调查公司的重大债务，重点关注将要履行、正在履行以及虽已履行完毕但可能存在潜在纠纷的重大合同的合法性、有效性；是否有因环境保护、知识产权、产品质量、劳动安全、人身权等原因产生的债务；以及公司金额较大的其他应付款是否因正常的生产经营活动发生，是否合法。

第五十六条　调查了解公司的纳税情况是否符合法律、法规和规范性文件的要求。

通过询问公司税务负责人，查阅公司税务登记证，了解公司及其控股子公司执行的税种、税率，查阅公司的纳税申报表、税收缴款书、税务处理决定书或税务稽查报告等资料，关注公司纳税情况是否符合法律、法规和规范性文件的要求，公司是否存在拖欠税款的情形，是否受过税务部门的处罚。通过查阅公司有关税收优惠、财政补贴的依据性文件，判断公司享受优惠政策、财政补贴是否合法、合规、真实、有效。

第五十七条　调查公司环境保护和产品质量、技术标准是否符合相关要求。

通过询问公司管理层及相关部门负责人，咨询公司律师或法律顾问，取得公司有关书面声明等，关注公司生产经营活动是否符合环境保护的要求，是否受过环境保护部门的处罚；公司产品是否符合有关产品质量及技术标准，是否受过产品质量及技术监督部门的处罚。

第五十八条　通过对公司控股股东、实际控制人、董监高、核心技术（业务）人员访谈，询问公司律师或法律顾问，核查公司是否存在违约金或诉讼、仲裁费用的支出，走访公司住所地的法院和仲裁机构等方法，调查公司是否存在重大诉讼、仲裁和其他重大或有事项，分析该等已决和未决诉讼、仲裁与其他重大或有事项对公司的重大影响，并取得管理层对公司重大诉讼、仲裁和其他重大或有事项情况及其影响的书面声明。

第三章　尽职调查报告

第五十九条　在尽职调查报告扉页，财务会计调查人员、法律事项调查人员、行业分析师应分别声明：其已按照本指引的要求，对公司的财务会计相关事项、对公司的法律相关事项、对公司的行业和业务相关事项进行了尽职调查，有充分理由确信尽职调查报告内容不致因上述内容出现虚假记载、误导性陈述及重大遗漏，并对报告的真实性、准确性和完整性承担相应责任。

此外，项目小组负责人应声明：其已按照本指引的要求，对公司进行了尽职调查，有充分理由确信尽职调查报告无虚假记载、误导性陈述及重大遗漏，并对报告真实性、准确性和完整性承担相应责任。

第六十条　项目小组应在尽职调查报告中说明尽职调查涵盖的期间、调查范围、调查事项、调查程序和方法、发现的问题及存在的风险、评价或判断的依据等。项目小组应在尽职调查报告中说明公司对不规范事项的整改情况。

第六十一条　项目小组应在尽职调查报告中对公司的下列事项发表独立意见：

（一）公司控股股东、实际控制人情况及持股数量；

（二）公司的独立性；

（三）公司治理情况；

（四）公司规范经营风险；

（五）公司的法律风险；

（六）公司的财务风险；

（七）公司的持续经营能力；

（八）公司是否符合挂牌条件。

第六十二条　项目小组各成员应在尽职调查报告上签字，并加盖主办券商公章和注明报告日期。

第六十三条　除诸如有关公司基本情况等介绍性内容外，尽职调查报告应避免与挂牌申请文件中其他材料的有关内容重复。

第四章　尽职调查工作底稿

第六十四条　尽职调查工作底稿（以下简称“工作底稿”），是指项目小组在尽职调查过程中获取和制作的、与推荐挂牌业务相关的各种工作记录和重要资料的总称。

第六十五条　工作底稿应真实、准确、完整地反映所实施的尽职调查工作，并应成为出具尽职调查报告、推荐报告的基础。工作底稿是评价项目小组是否诚实守信、勤勉尽责地开展尽职调查工作的重要依据。

第六十六条　主办券商及相关人员对工作底稿中的未公开披露的信息负有保密责任。

第六十七条　本章的规定仅是对工作底稿的一般要求。无论本章是否有明确规定，凡对项目小组履行尽职调查职责有重大影响的文件资料及信息，均应作为工作底稿予以留存。公司子公司对公司业务经营或财务状况有重大影响的，主办券商应参照本章根据重要性和合理性原则对该子公司单独编制工作底稿。

第六十八条　工作底稿包括工作记录和附件，其中工作记录用于记录调查过程、调查内容、方法和结论等；附件是项目小组取得或制作的、能够证明所实施的调查工作、支持调查结论的相关资料，是进一步说明工作记录的支撑性文件；附件应直接附于工作记录之后。

第六十九条　工作底稿应内容完整、格式规范、记录清晰、结论明确。工作记录内容至少包括：公司名称、调查事项的时间或期间、调查人员、调查日期、调查地点、调查过程、调查内容、方法和结论、其他应说明的事项等。工作底稿应有调查人员及与调查相关人员的签字。

对于从公司或第三方取得并经确认的相关资料，除注明资料来源外，调查人员还应实施必要的调查程序，形成相应的调查记录和必要的签字。

第七十条　对于取得的附件，如为公司出具的，应要求公司加盖公章；如为第三方出具的，应由第三方加盖公章；如第三方无法加盖公章，应由公司加盖公章，以确认与原件一致。对于访谈笔录，应由访谈人和被访谈人签字确认。项目小组成员自行制作的附件，项目小组成员应签字确认。

第七十一条　工作底稿可以纸质文档、电子文档或者其他介质形式的文档留存，其中重要的工作底稿应采用纸质文档的形式。以纸质以外的其它介质形式存在的工作底稿，应以可独立保存的形式留存。

第七十二条　主办券商应对工作底稿建立统一目录以便于查阅与核对。

工作底稿中的工作记录和附件均应标有索引编号。索引编号应统一规范、清晰有序。工作底稿各章节之间应有明显的分隔标识。相关工作底稿之间，应保持清晰的勾稽关系。相互引用时，相关工作底稿上应交叉注明索引编号。

第七十三条　主办券商应建立工作底稿管理制度，明确工作底稿收集整理的责任人员、归档保管流程、借阅程序与检查办法等。

工作底稿的纸制与电子文档保存期不少于十年。

第五章　附　　则

第七十四条　本指引由全国股份转让系统公司负责解释。

第七十五条　本指引自发布之日起施行。

公司业务类

3 | 10　全国中小企业股份转让系统非上市公众公司重大资产重组业务指引(试行)

股转系统公告〔2014〕70号　2014年7月25日公布实施

第一章　总　　则

第一条　为规范股票在全国中小企业股份转让系统(以下简称全国股份转让系统)公开转让的公众公司(以下简称公司)重大资产重组的信息披露和相关业务办理流程,根据《非上市公众公司监督管理办法》、《非上市公众公司重大资产重组管理办法》(以下简称《重组办法》)等部门规章以及全国中小企业股份转让系统有限责任公司(以下简称全国股份转让系统公司)相关业务规则,制定本指引。

第二条　本指引所称重大资产重组,是指公司及其控股或者控制的企业在日常经营活动之外购买、出售资产或者通过其他方式进行资产交易,导致公司业务、资产发生重大变化的资产交易行为。公司重大资产重组的判断标准,适用《重组办法》的有关规定。

公司进行重大资产重组,应当符合《重组办法》中关于公众公司重组的各项要求。

第三条　公司必须保证重大资产重组事项(以下简称重大重组事项)的真实性并及时进行信息披露,不得虚构重大重组事项向全国股份转让系统公司申请暂停转让或发布信息,损害投资者权益。

第四条　全国股份转让系统公司对公司重大资产重组信息披露文件的完备性进行审查。

为公司提供持续督导的主办券商未担任公司独立财务顾问的,应当遵守《全国中小企业股份转让系统业务规则(试行)》的规定,履行持续督导义务。

第二章　暂停转让与内幕知情人报备

第五条　公司与交易对方筹划重大重组事项时,应当做好保密工作和内幕信息知情人登记工作,密切关注媒体传闻、公司股票及其他证券品种(以下简称证券)的转让价格变动情况,并结合重大重组事项进展,及时申请公司证券暂停转让并报送材料。

在公司证券暂停转让前,全国股份转让系统公司不接受任何与该公司重大重组事项相关的业务咨询,也不接收任何与重大资产重组相关的材料。

第六条　公司出现下列情形之一时,应当立即向全国股份转让系统公司申请公司证券暂停转让:

(一)交易各方初步达成实质性意向;

(二)虽未达成实质意向,但在相关董事会决议公告前,相关信息已在媒体上传播或者预计

该信息难以保密或者公司证券转让价格出现异常波动;

(三)本次重组需要向有关部门进行政策咨询、方案论证。

除挂牌公司申请证券暂停转让的情形外,全国股份转让系统有权在必要情况下对挂牌公司证券主动实施暂停转让。

第七条　公司因本指引第六条规定情形申请暂停转让的,应当按照《全国中小企业股份转让系统挂牌公司暂停与恢复转让业务指南(试行)》(以下简称《暂停与恢复转让业务指南》)的规定办理证券暂停转让与恢复转让的相关事宜。

第八条　在公司证券转让时段,全国股份转让系统公司不接受任何关于公司重大重组事项的暂停转让申请及材料报送。全国股份转让系统公司设立专门的纸质文件传真机(传真号010-63889872),在转让日收市后15时30分至16时30分之间接收公司的暂停转让申请。公司通过其他方式、其他渠道提交的暂停转让申请不得早于通过前述专门用途传真机的提交时间。

全国股份转让系统公司对公司重大重组事项暂停转让申请实行统一登记、集中管理。公司必须在确认公司证券已暂停转让后才能开始与我司工作人员沟通重大重组事项相关业务。

第九条　公司须根据《暂停与恢复转让业务指南》发布公司证券暂停转让的公告,并在公告中明确恢复转让的最晚时点。证券暂停转让时间由公司自主确定,但原则上不应超过3个月,且恢复转让日与重大重组事项首次董事会召开的时间间隔不得少于9个转让日。

暂停转让时间确需超过3个月的,应当向全国股份转让系统公司说明理由,并在取得全国股份转让系统公司的同意后发布关于公司证券长期暂停转让的公告。

挂牌公司证券暂停转让后,应当每月披露一次重大资产重组进展情况报告,说明重大资产重组的谈判、批准、定价等事项进展情况和可能影响重组的不确定因素。

第十条　公司应当在证券暂停转让之日起5个转让日内,按照《全国中小企业股份转让系统重大资产重组业务指南第1号:非上市公众公司重大资产重组内幕信息知情人报备指南》的要求,向全国股份转让系统公司提交完整的内幕信息知情人及直系亲属名单、相关人员买卖公司证券的自查报告、公司重大资产重组交易进程备忘录及公司全体董事对内幕信息知情人报备文件真实性、准确性和完整性的承诺书。

公司预计证券暂停转让日距离重大资产重组首次董事会召开不足5个转让日的,应当在申请暂停转让的同时提交上述材料。

第十一条　全国股份转让系统公司在收到内幕信息知情人名单及自查报告后,将对内幕信息知情人在暂停转让申请日前六个月的公司证券转让情况进行核查。

发现异常转让情况,全国股份转让系统有权要求公司、独立财务顾问及其他相关主体对转让情况做出进一步核查;涉嫌利用公司重大资产重组信息从事内幕交易、操纵证券市场等违法活动的,全国股份转让系统有权采取自律管理措施,并向中国证监会报告。

第三章　信息披露与恢复转让

第十二条　公司应当在重大重组事项首次董事会召开后2个转让日内,按《重组办法》及相关规范性文件的要求制作并披露相关的信息披露文件。

第十三条　全国股份转让系统在公司信息披露后的5个转让日内对信息披露的完备性进

行审查；全国股份转让系统对信息披露未提出异议的，公司应当在审查期满后向全国股份转让系统申请证券恢复转让。

发现信息披露存在完备性问题的，全国股份转让系统有权要求公司对存在问题的信息披露内容进行解释、说明和更正；公司预计在原定最晚恢复转让日仍无法恢复转让的，应当在接到全国股份转让系统关于信息披露异议的同时，申请延后最晚恢复转让日。

发现公司重大资产重组信息披露涉嫌虚假披露、误导性陈述、重大遗漏或存在程序不规范问题的，全国股份转让系统有权采取自律监管措施并向中国证监会报告，公司应当同时申请证券持续暂停转让。

第十四条 公司预计在最晚恢复转让日前 7 个转让日仍无法进行首次信息披露的，应当至少在最晚恢复转让日前 9 个转让日将相关情况书面告知全国股份转让系统公司，并同时申请延后最晚恢复转让日。

暂停转让延后申请获得全国股份转让系统公司批准后，公司应当在 2 个转让日内发布重大资产重组进展情况报告，说明延迟披露的原因、更改后的最晚恢复转让日以及重大资产重组的最新进展情况。此后，公司应当每 5 个转让日比照上述要求进行一次信息披露。

因全国股份转让系统公司对信息披露提出异议申请延后最晚恢复转让日的，公司须按上述要求履行相关的信息披露程序。

第十五条 公司聘请的独立财务顾问应当对公司是否可以及时披露信息进行判断，发现公司可能或确定无法及时披露信息的，应当督促公司主动书面告知全国股份转让系统并申请延后最晚恢复转让日。

公司根据本指引第十四条需要披露重大资产重组进展报告的，独立财务顾问应当同时披露风险揭示公告，就延后披露信息的原因及可能造成的风险向投资者进行解释说明。

第十六条 公司未向全国股份转让系统申请延后最晚恢复转让日，且在最晚恢复转让日前 7 个转让日仍未能进行首次信息披露的，全国股份转让系统有权要求独立财务顾问对相关情况进行核查，并根据核查结果采取自律管理措施。情节严重的，可以给予纪律处分、要求其暂停重大资产重组行为并报告中国证监会。

公司聘请的独立财务顾问应当在最晚恢复转让日后 2 个转让日内发布风险提示公告，就公司未能进行信息披露的原因及可能造成的风险向投资者进行解释说明。

第十七条 公司证券暂停转让期内，证监会对其作出终止重大资产重组决定的，全国股份转让系统公司有权强制恢复公司证券转让，并要求公司及其独立财务顾问履行相应的信息披露义务。

第十八条 因公司拟对交易对象、交易标的、交易价格等作出变更，构成原重组方案重大调整的，应当在董事会表决后重新提交股东大会审议，并重新履行申请暂停转让、内幕知情人报备、信息披露及申请恢复转让等程序。

支付手段发生变更的，应当视为重组方案的重大调整，并履行前款规定的相关程序。

第四章 发行股份购买资产

第十九条 公司发行股份购买资产构成重大资产重组且发行结束后股东人数不超过两百人的，应当向全国股份转让系统公司申请备案。

涉及重大资产重组的股票发行信息披露及具体操作流程,须遵守《重组办法》及本指引的要求,不再适用《全国中小企业股份转让系统股票发行业务细则(试行)》的有关规定。

涉及以发行股份和其他支付手段混合认购资产构成重大资产重组的,按照发行股份购买资产构成重大资产重组的规定办理。

第二十条　公司发行股份购买资产构成重大资产重组的,发行对象需满足中国证监会及全国股份转让系统公司关于投资者适当性的有关规定。

第二十一条　涉及以优先股、债券等其他支付手段购买资产构成重大资产重组的,应当适用《重组办法》的有关规定,并遵守中国证监会和全国股份转让系统公司的相关规范性文件。

第二十二条　公司涉及发行股份购买资产构成重大资产重组的,应当在验资完成后10个转让日内,根据《全国中小企业股份转让系统重大资产重组业务指南第2号:非上市公众公司发行股份购买资产构成重大资产重组文件报送指南》的要求,向全国股份转让系统公司报送股票发行备案或股票登记申请文件。

公司在取得全国股份转让系统出具的股份登记函后,应当及时办理新增股份登记。

第五章　退市公司补充规定

第二十三条　退市公司进行重大资产重组的,应当遵守《重组办法》及本指引的有关规定,并执行《重组办法》关于退市公司重大资产重组的特别规定。

第二十四条　退市公司在披露重大资产重组报告书时应当同时发布特别提示,对本次重大资产重组是否符合《重组办法》的要求以及公司在信息披露、公司治理方面的规范性进行说明。

第六章　附　　则

第二十五条　本指引由全国股份转让系统公司负责解释。

第二十六条　本指引自发布之日起实施。

3 | 11　全国中小企业股份转让系统股票发行业务细则(试行)

股转系统公告〔2013〕49号　2013年12月30日公布实施

第一章　总　　则

第一条　为了规范挂牌公司的股票发行行为,保护投资者合法权益,根据《非上市公众公司监督管理办法》(以下简称《管理办法》)、《全国中小企业股份转让系统有限责任公司管理暂行办法》、《全国中小企业股份转让系统业务规则(试行)》(以下简称《业务规则》)等有关规定,制定本细则。

第二条　本细则规定的股票发行,是指挂牌公司向符合规定的投资者发行股票,发行后股东人数累计不超过200人的行为。

实施本细则规定的股票发行,应当按照规定向全国中小企业股份转让系统有限责任公司

（以下简称“全国股份转让系统公司”）履行备案程序。

第三条 挂牌公司股票发行，必须真实、准确、完整、及时、公平地披露信息，不得有虚假记载、误导性陈述或者重大遗漏。

挂牌公司的控股股东、实际控制人、股票发行对象及其他信息披露义务人，应当按照有关规定及时向公司提供信息，配合公司履行信息披露义务。

第四条 挂牌公司的董事、监事、高级管理人员、控股股东及实际控制人，主办券商、会计师事务所、律师事务所等证券服务机构及其相关人员，应当遵守有关法律法规、规章、规范性文件及业务规定，勤勉尽责，不得利用挂牌公司股票发行谋取不正当利益，禁止泄露内幕信息和利用内幕信息进行股票转让或者操纵股票转让价格。

第五条 挂牌公司、主办券商选择发行对象、确定发行价格或者发行价格区间，应当遵循公平、公正原则，维护公司及其股东的合法权益。

第六条 发行股票导致挂牌公司的控股股东或者实际控制人发生变化的，相关规定另行制定。

发行股票购买资产导致重大资产重组，且发行后股东人数累计不超过200人的，相关规定另行制定。

第二章 发行要求与认购规定

第七条 挂牌公司股票发行应当满足《管理办法》规定的公司治理、信息披露及发行对象的要求。

第八条 挂牌公司股票发行以现金认购的，公司现有股东在同等条件下对发行的股票有权优先认购。每一股东可优先认购的股份数量上限为股权登记日其在公司的持股比例与本次发行股份数量上限的乘积。

公司章程对优先认购另有规定的，从其规定。

第九条 发行对象承诺对其认购股票进行转让限制的，应当遵守其承诺，并予以披露。

第十条 发行对象可用现金或者非现金资产认购发行股票。

第三章 董事会与股东大会决议

第十一条 挂牌公司董事会应当就股票发行有关事项作出决议。

第十二条 挂牌公司董事会作出股票发行决议，应当符合下列规定：

（一）董事会决议确定具体发行对象的，董事会决议应当明确具体发行对象（是否为关联方）及其认购价格、认购数量或数量上限、现有股东优先认购办法等事项。认购办法中应当明确现有股东放弃优先认购股票份额的认购安排。

已确定的发行对象（现有股东除外）与公司签署的附生效条件的股票认购合同应当经董事会批准。

（二）董事会决议未确定具体发行对象的，董事会决议应当明确发行对象的范围、发行价格区间、发行价格确定办法、发行数量上限、现有股东优先认购办法等事项。

（三）发行对象用非现金资产认购发行股票的，董事会决议应当明确交易对手（应当说明是否为关联方)、标的资产、作价原则及审计、评估等事项。

(四)董事会应当说明本次发行募集资金的用途。

第十三条 董事会决议确定具体发行对象的,挂牌公司应当与相关发行对象签订附生效条件的股票认购合同。

前款所述认购合同应当载明该发行对象拟认购股票的数量或数量区间、认购价格、限售期,同时约定本次发行经公司董事会、股东大会批准后,该合同即生效。

第十四条 挂牌公司股东大会应当就股票发行等事项作出决议。

第十五条 挂牌公司股东大会审议通过股票发行方案后,董事会决议作出重大调整的,公司应当重新召开股东大会并按照第十四条的规定进行审议。

第四章 发行与备案

第十六条 董事会决议确定具体发行对象的,挂牌公司应当按照本细则及有关要求,依据股票认购合同的约定发行股票;有优先认购安排的,应当办理现有股东优先认购手续。

第十七条 董事会决议未确定具体发行对象的,挂牌公司及主办券商可以向包括挂牌公司股东、主办券商经纪业务客户、机构投资者、集合信托计划、证券投资基金、证券公司资产管理计划以及其他个人投资者在内的询价对象进行询价,询价对象应当符合投资者适当性的规定。

第十八条 挂牌公司及主办券商应当在确定的询价对象范围内接收询价对象的申购报价;主办券商应根据询价对象的申购报价情况,按照价格优先的原则,并考虑认购数量或其他因素,与挂牌公司协商确定发行对象、发行价格和发行股数。

现有股东优先认购的,在相同认购价格下应优先满足现有股东的认购需求。

第十九条 依据第十八条规定确定发行价格后,挂牌公司应当与发行对象签订正式认购合同,发行对象应当按照合同约定缴款。

第二十条 挂牌公司应当在股票发行认购结束后及时办理验资手续,验资报告应当由具有证券、期货相关业务资格的会计师事务所出具。

第二十一条 主办券商和律师事务所应当在尽职调查基础上,分别对本次股票发行出具书面意见。

第二十二条 挂牌公司在验资完成后十个转让日内,按照规定向全国股份转让系统公司报送材料,履行备案程序。

第二十三条 全国股份转让系统公司对材料进行审查,并根据审查结果出具股份登记函,送达挂牌公司并送交中国证券登记结算有限责任公司(以下简称“中国结算”)和主办券商。

以非现金资产认购股票的情形,尚未完成相关资产权属过户或相关资产存在重大法律瑕疵的,全国股份转让系统公司不予出具股份登记函。

第二十四条 挂牌公司按照中国结算相关规定,向中国结算申请办理股份登记,并取得股份登记证明文件。

主办券商应当协助挂牌公司持股份登记函向中国结算办理股份登记手续。

挂牌公司完成股份登记的办理后,新增股票按照挂牌转让公告中安排的时间在全国中小企业股份转让系统挂牌转让。

第五章　信 息 披 露

第二十五条　挂牌公司应当分别在董事会和股东大会通过股票发行决议之日起两个转让日内披露董事会、股东大会决议公告。

第二十六条　以非现金资产认购股票涉及资产审计、评估的，资产审计结果、评估结果应当最晚和召开股东大会的通知同时公告。

第二十七条　挂牌公司应当在披露董事会决议的同时，披露经董事会批准的股票发行方案。

第二十八条　挂牌公司应当在缴款期前披露股票发行认购公告，其中应当披露缴款的股权登记日、投资者参与询价、定价情况，股票配售的原则和方式及现有股东优先认购安排（如有），并明确现有股东及新增投资者的缴款安排。

第二十九条　挂牌公司应当按照要求披露股票发行情况报告书、股票发行法律意见书、主办券商关于股票发行合法合规性意见和股票挂牌转让公告。

第六章　监管措施和违规处分

第三十条　挂牌公司及其董事、监事、高级管理人员、股东、实际控制人及其他相关信息披露义务人，主办券商、会计师事务所、律师事务所及其他证券服务机构，违反本细则及有关规定的，全国股份转让系统公司依据《业务规则》等有关规定采取相应监管措施及纪律处分。

第七章　附　　则

第三十一条　申请挂牌同时股票发行，应当在《公开转让说明书》中披露董事会、股东大会决议等内容，并遵守全国股份转让系统公司相关业务规则。

第三十二条　经中国证监会核准的股票发行，公司应当在取得中国证监会的核准文件后，按照全国股份转让系统公司的规定办理股票挂牌手续。

第三十三条　挂牌公司发行优先股的具体业务规则由全国股份转让系统公司另行制定。

第三十四条　本细则由全国股份转让系统公司负责解释。

第三十五条　本细则自发布之日起施行。

3 | 12　全国中小企业股份转让系统股票发行业务指引第1号——备案文件的内容与格式（试行）

股转系统公告〔2013〕50号　2013年12月30日公布实施

第一条　为了规范股票发行备案文件的内容与格式，根据《全国中小企业股份转让系统业务规则（试行）》、《全国中小企业股份转让系统股票发行业务细则（试行）》等有关规定，制定本指引。

第二条 向全国股份转让系统公司履行股票发行备案程序的挂牌公司，应按照本指引要求制作和报送备案文件。

第三条 公司报送备案文件应提交原件一份，复印件二份。每次报送书面备案文件的同时，应报送一份与书面文件一致的电子文件（WORD、EXCEL、PDF及全国股份转让系统公司要求的其他文件格式）。

第四条 涉及非现金资产认购的，非现金资产若为股权资产，应当提供具有证券、期货相关业务资格的会计师事务所出具的标的资产最近一年及一期（如有）的审计报告，审计截止日距审议该交易事项的股东大会召开日不得超过6个月；非现金资产若为股权以外的其他非现金资产，应当提供资产评估事务所出具的评估报告，评估基准日距审议该交易事项的股东大会召开日不得超过1年。

第五条 本指引附录规定的备案文件目录是对股票发行备案文件的最低要求。根据备案审查需要，全国股份转让系统公司可以要求公司、主办券商、律师事务所及其他证券服务机构补充材料。

第六条 备案文件所有需要签名处，均应为签名人亲笔签名，不得以名章、签名章等代替。

第七条 备案文件的封面和侧面应标明"××公司股票发行备案文件"字样，扉页应标明挂牌公司法定代表人、董事会秘书或信息披露事务负责人，主办券商主管领导、项目负责人，以及相关中介机构项目负责人姓名、电话、传真等联系方式。

第八条 备案文件章与章之间、节与节之间应有明显的分隔标识，文件中的页码应与目录中的页码相符。

第九条 备案文件应采用标准A4纸张双面印刷（需提供原件的历史文件除外）。

第十条 本指引由全国股份转让系统公司负责解释。

第十一条 本指引自发布之日起施行。

附录：《全国中小企业股份转让系统股票发行备案文件目录》

附录

全国中小企业股份转让系统股票发行备案文件目录

第一部分 要求披露的文件

1－1 股票发行方案

1－2 股票发行情况报告书

1－3 公司关于股票发行的董事会决议

1－4 公司关于股票发行的股东大会决议

1－5 股票发行认购公告

1－6 主办券商关于股票发行合法合规性意见

1－7 股票发行法律意见书

1－8 具有证券、期货相关业务资格的会计师事务所或资产评估机构出具的资产审计或评

估报告(如有)

第二部分　不要求披露的文件

一、挂牌公司相关文件

2－1　备案登记表

2－2　股票发行备案报告

2－3　认购合同或认购缴款凭证

二、其他文件

2－4　挂牌公司全体董事对备案文件真实性、准确性和完整性的承诺书

2－5　本次股票发行的验资报告

2－6　资产权属证明文件(如有)

2－7　资产生产经营所需行业资质的资质证明或批准文件(如有)

2－8　签字注册会计师、律师或者资产评估师的执业证书复印件及其所在机构的执业证书复印件

2－9　要求报送的其他文件

3 | 13　全国中小企业股份转让系统股票发行业务指引第2号——股票发行方案及发行情况报告书的内容与格式(试行)

股转系统公告〔2013〕51号　2013年12月30日公布实施

第一章　总　　则

第一条　为了规范挂牌公司股票发行的信息披露行为,根据《全国中小企业股份转让系统业务规则(试行)》、《全国中小企业股份转让系统股票发行业务细则(试行)》等有关规定,制定本指引。

第二条　向全国股份转让系统公司履行股票发行备案程序的挂牌公司,编制并披露的股票发行方案和发行情况报告书应当符合本指引的要求。

第三条　在不影响信息披露完整性并保证阅读方便的前提下,对定期报告、临时公告或者其他信息披露文件中曾经披露过的信息,如未发生变化,公司可以采取索引的方法进行披露。

第四条　本指引有关要求对本次发行不适用或者需要豁免适用的,公司应当向全国股份转让系统公司提出申请,经同意后,公司可根据实际情况进行调整,并在提交发行申请文件时作出书面说明。

第二章　股票发行方案

第五条　股票发行方案文本封面应标有“×××公司股票发行方案”字样,并载明公司、主

办券商的名称和住所。

第六条　股票发行方案扉页应载有如下声明:

“本公司全体董事、监事、高级管理人员承诺股票发行方案不存在虚假记载、误导性陈述或重大遗漏,并对其真实性、准确性和完整性承担个别和连带的法律责任。”

“根据《证券法》的规定,本公司经营与收益的变化,由本公司自行负责,由此变化引致的投资风险,由投资者自行负责。”

第七条　公司应在股票发行方案的目录标明各章、节的标题及相应的页码,内容编排也应符合通行惯例。对可能造成投资者理解障碍及有特定含义的术语,公司应作出释义,并在目录次页排印。

第八条　股票发行方案应当至少包括以下内容:

(一)公司基本信息;

(二)发行计划;

(三)非现金资产的基本信息,包括资产名称、权属关系,及其审计或资产评估情况等;

(四)董事会关于资产定价合理性的讨论与分析(如有);

(五)董事会关于本次发行对公司影响的讨论与分析;

(六)其他需要披露的重大事项;

(七)有关声明。

第九条　公司应当披露以下基本信息:

(一)公司名称、证券简称、证券代码;

(二)公司的注册地址、联系方式;

(三)公司的法定代表人、董事会秘书或信息披露负责人。

第十条　公司应在发行计划中披露以下内容:

(一)发行目的;

(二)发行对象或发行对象的范围,以及现有股东的优先认购安排;

(三)发行价格或价格区间,以及定价方法;

(四)发行股份数量或数量上限,预计募集资金总额;

(五)在董事会决议日至股份认购股权登记日期间预计将发生除权、除息的,应说明发行数量和发行价格是否相应调整;此外,还应说明公司挂牌以来的分红派息、转增股本及其对公司价格的影响;

(六)本次发行股票的限售安排或发行对象自愿锁定的承诺,如无限售安排或自愿锁定承诺,也应予以说明;

(七)募集资金用途;

(八)本次发行前滚存未分配利润的处置方案;

(九)本次发行拟提交股东大会批准和授权的相关事项;

(十)本次发行涉及主管部门审批、核准或备案事项情况。

第十一条　发行对象以非现金资产认购发行股票的,还应按照第十二条、第十三条、第十四条的有关规定以及第十七条中关于“资产转让合同的内容摘要”的规定披露相关内容。

第十二条　以非股权资产认购发行股票的,应披露相关资产的下列基本情况:

(一)相关资产的名称、类别以及所有者和经营管理者的基本情况;

(二)资产权属是否清晰,是否存在权利受限、权属争议或者妨碍权属转移的其他情况;

相关资产涉及许可他人使用,或者作为被许可方使用他人资产的,应当简要披露许可合同的主要内容;资产交易涉及债权债务转移的,应当披露相关债权债务的基本情况、债权人同意转移的证明及与此相关的解决方案;所从事业务需要取得许可资格或资质的,还应当披露当前许可资格或资质的状况;涉及需呈报有关主管部门批准的,应说明是否已获得有效批准;

(三)相关资产独立运营和核算的,披露最近一年及一期(如有)经具有证券、期货相关业务资格的会计师事务所审计的财务报表及审计意见,被出具非标准审计意见的应当披露涉及事项及其影响;

(四)资产的交易价格、定价依据,资产评估方法及资产评估价值。

第十三条　以股权资产认购发行股票的,应披露相关股权的下列基本情况:

(一)股权所在公司的名称、企业性质、注册地、主要办公地点、法定代表人、注册资本、实收资本;股权及控制关系,包括公司的主要股东及其持股比例、最近两年控股股东或实际控制人的变化情况、股东出资协议及公司章程中可能对本次交易产生影响的主要内容、原高管人员的安排;

(二)股权权属是否清晰、是否存在权利受限、权属争议或者妨碍权属转移的其他情况;

股权资产为有限责任公司股权的,股权转让是否已取得其他股东同意,或有证据表明其他股东已放弃优先购买权;股权对应公司所从事业务需要取得许可资格或资质的,还应当披露当前许可资格或资质的状况;涉及需呈报有关主管部门批准的,应说明是否已获得有效批准;

(三)股权对应公司主要资产的权属状况及对外担保和主要负债情况;

(四)披露最近一年及一期(如有)经具有证券、期货相关业务资格的会计师事务所审计的财务报表及审计意见,被出具非标准审计意见的应当披露涉及事项及其影响;

(五)股权的交易价格、定价依据,资产评估方法及资产评估价值(如有)。

第十四条　资产交易价格以经审计的账面值为依据的,公司董事会应当对定价合理性予以说明。

资产交易根据资产评估结果定价的,在评估机构出具资产评估报告后,公司董事会应当对评估机构的独立性、评估假设前提和评估结论的合理性、评估方法的适用性、主要参数的合理性、未来收益预测的谨慎性等问题发表意见,并说明定价的合理性,资产定价是否存在损害公司和股东合法权益的情形。

第十五条　董事会应当就股票发行对公司的影响,披露以下内容:

(一)公司与控股股东及其关联人之间的业务关系、管理关系、关联交易及同业竞争等变化情况;

(二)发行对象以非现金资产认购发行股票的,说明相关资产占公司最近一年期末总资产、净资产的比重;相关资产注入是否导致公司债务或者或有负债的增加,是否导致新增关联交易或同业竞争;

(三)本次发行对其他股东权益或其他类别股东权益的影响;

(四)与本次发行相关特有风险的说明。

第十六条 为增加公司信息披露透明度,公司还应披露以下重大事项:

(一)是否存在公司的权益被股东及其关联方严重损害且尚未消除的情形;

(二)是否存在公司及其附属公司违规对外提供担保且尚未解除的情形;

(三)是否存在现任董事、监事、高级管理人员最近二十四个月内受到过中国证监会行政处罚(指被处以罚款以上行政处罚的行为;被处以罚款的行为,除主办券商和律师能依法合理说明或处罚机关认定该行为不属于重大违法违规行为的外,都应当披露)或者最近十二个月内受到过全国股份转让系统公司公开谴责的情形;

(四)是否存在其他严重损害股东合法权益或者社会公共利益的情形;

(五)附生效条件的股票认购合同的内容摘要(如有)。

第十七条 董事会决议确定具体发行对象的,应当披露股票认购合同的内容摘要,至少应包括以下内容:

(一)合同主体、签订时间;

(二)认购方式、支付方式;

(三)合同的生效条件和生效时间;

(四)合同附带的任何保留条款、前置条件;

(五)自愿限售安排;

(六)估值调整条款(例如以达到约定业绩为条件的股权质押、股权回购或现金支付等);

(七)违约责任条款。

资产转让合同的内容摘要除满足前款规定外,至少还应包括:

(一)目标资产及其价格或定价依据;

(二)资产交付或过户时间安排;

(三)资产自评估截止日至资产交付日或过户日所产生收益的归属;

(四)与资产相关的负债及人员安排。

第十八条 公司应披露下列机构的名称、法定代表人、住所、联系电话、传真,同时应披露有关经办人员的姓名:

(一)主办券商;

(二)律师事务所;

(三)会计师事务所;

(四)资产评估机构(如有);

(五)其他与股票发行有关的机构。

第十九条 公司全体董事、监事、高级管理人员应在股票发行方案的尾页签名,并加盖公司公章。

第三章 股票发行情况报告书

第二十条 股票发行情况报告书应至少包括以下内容:

(一)本次发行的基本情况;

（二）发行前后相关情况对比；

（三）新增股份限售安排（如有）；

（四）主办券商关于本次股票发行合法合规性的结论性意见；

（五）律师事务所关于本次股票发行的结论性意见；

（六）公司全体董事、监事、高级管理人员的公开声明；

（七）备查文件。

第二十一条　发行基本情况应包括本次发行股票的数量、发行价格、现有股东优先认购的情况、其他发行对象情况及认购股份数量等。

第二十二条　发行前后相关情况对比应至少包括以下内容：

（一）本次发行前后前10名股东持股数量、持股比例及股票限售等比较情况；

（二）本次发行前后股本结构、股东人数、资产结构、业务结构、公司控制权以及董事、监事、高级管理人员及核心员工持股的变动情况；

（三）发行后主要财务指标变化。最近两年主要财务指标、按股票发行完成后总股本计算的每股收益等指标的变化情况。

第二十三条　本次股票发行股份如有限售安排的，应当予以说明；如无限售安排的，也应说明。

第二十四条　发行情况报告书应披露主办券商关于本次发行合法合规性的结论性意见，至少包括以下内容：

（一）关于本次股票发行是否符合豁免申请核准条件的意见；

（二）关于公司治理规范性的意见；

（三）关于公司是否规范履行了信息披露义务的意见；

（四）关于本次股票发行对象是否符合投资者适当性要求的意见；

（五）关于发行过程及结果是否合法合规的意见；

（六）关于发行定价方式、定价过程是否公正、公平，定价结果是否合法有效的意见；

（七）关于公司本次股票发行现有股东优先认购安排规范性的意见；

（八）主办券商认为应当发表的其他意见。

第二十五条　发行情况报告书应披露律师事务所关于本次股票发行法律意见书的结论性意见，至少包括以下内容：

（一）公司是否符合豁免向中国证监会申请核准股票发行的条件；

（二）发行对象是否符合中国证监会及全国股份转让系统公司关于投资者适当性制度的有关规定；

（三）发行过程及结果合法合规性的说明，包括但不限于：董事会、股东大会议事程序是否合规，是否执行了公司章程规定的表决权回避制度，发行结果是否合法有效等；

（四）与本次股票发行相关的合同等法律文件是否合法合规；

（五）安排现有股东优先认购的，应当对优先认购的相关程序及认购结果进行说明；依据公司章程排除适用的，也应当对相关情况进行说明；

（六）以非现金资产认购发行股份的，应当说明资产评估程序是否合法合规，是否存在资产

权属不清或者其他妨碍权属转移的法律风险;标的资产尚未取得完备权属证书的,应说明取得权属证书是否存在法律障碍;

以非现金资产认购发行股份涉及需呈报有关主管部门批准的,应说明是否已获得有效批准;资产相关业务需要取得许可资格或资质的,应说明是否具备相关许可资格或资质;

(七)律师认为需要说明的其他问题。

律师已勤勉尽责仍不能发表肯定性意见的,应发表保留意见,并说明相应的理由及其对本次股票发行的影响。

第二十六条　股票发行方案首次披露后,公司就本次发行的有关事项作出调整的,董事会应在发行情况报告书中做出专门说明,说明调整的内容及履行的审议程序。

第二十七条　公司全体董事、监事、高级管理人员应在发行情况报告书正文后声明:

"公司全体董事、监事、高级管理人员承诺本发行情况报告书不存在虚假记载、误导性陈述或重大遗漏,并对其真实性、准确性和完整性承担个别和连带的法律责任"。

公司全体董事、监事、高级管理人员应在股票发行方案的尾页签名,并加盖公司公章。

第四章　附　　则

第二十八条　本指引由全国股份转让系统公司负责解释。

第二十九条　本指引自发布之日起施行。

3 | 14　全国中小企业股份转让系统股票发行业务指引第3号——主办券商关于股票发行合法合规性意见的内容与格式(试行)

股转系统公告〔2013〕52号　2013年12月30日公布实施

第一章　总　　则

第一条　为了规范挂牌公司股票发行的信息披露行为,根据《全国中小企业股份转让系统业务规则(试行)》、《全国中小企业股份转让系统股票发行业务细则(试行)》等有关规定,制定本指引。

第二条　主办券商为根据《非上市公众公司监督管理办法》(以下简称《管理办法》)向全国股份转让系统公司履行股票发行备案程序的挂牌公司出具股票发行合法合规性意见,应当按照本指引第二章的要求编制,并与股票发行情况报告书一同披露。

第三条　主办券商出具股票发行合法合规性意见,应建立在充分了解公司经营状况、风险等现存问题的基础之上,切实对公司股票发行履行尽职调查职责,保证报告相关内容的真实、准确、完整及报告结论的客观性。

第四条　主办券商应在合法合规性意见中对照本指引及有关规定逐项发表明确的结论性意见,并载明得出每项结论的查证过程及事实依据。

第二章　股票发行合法合规性意见必备内容

第五条　股票发行主办券商合法合规性意见应当包括以下内容：

（一）关于本次股票发行是否符合豁免申请核准条件的意见；

（二）关于公司治理规范性的意见；

（三）关于公司是否规范履行了信息披露义务的意见；

（四）关于本次股票发行对象是否符合投资者适当性要求的意见；

（五）关于发行过程及结果是否合法合规的意见；

（六）关于发行定价方式、定价过程是否公正、公平，定价结果是否合法有效的意见；

（七）关于公司本次股票发行现有股东优先认购安排规范性的意见；

（八）主办券商认为应当发表的其他意见。

第六条　主办券商应对公司符合《管理办法》中豁免申请核准股票发行的情形进行说明。

第七条　主办券商应当对公司治理是否存在违反《管理办法》第二章规定的情形发表明确意见；如不存在违规情形，也应当进行说明。

第八条　主办券商应对公司是否已按照相关规定，真实、准确、完整、及时、公平地披露了本次股票发行应当披露的信息发表明确意见。

主办券商还应对公司在申请挂牌及挂牌期间是否规范履行了信息披露义务，是否曾因信息披露违规或违法，被全国股份转让系统公司依法采取监管措施或纪律处分、被中国证监会采取监管措施或给予行政处罚进行说明。

对于曾被给予行政处罚、采取监管措施或纪律处分的挂牌公司，主办券商应在合法合规性意见中就被惩处事项对公司的影响、是否已督促挂牌公司及时改正、相关责任人处理情况及相关信息披露事项的整改情况进行说明。

第九条　主办券商应当对本次股票发行新增股东是否符合投资者适当性要求发表明确意见，并列明做出判断的主要依据。

第十条　主办券商应对本次股票发行过程的规范性及结果的有效性发表明确意见，包括但不限于：董事会、股东大会议事程序是否合规，是否执行了公司章程规定的表决权回避制度，发行结果是否合法有效等。

第十一条　主办券商应对本次股票发行定价程序的规范性及结果的有效性发表意见。

发行对象使用非现金资产认购发行股票的，主办券商应在合法合规性意见中对交易对手是否为关联方、标的资产权属是否清晰、审计或资产评估是否规范等事项发表明确意见。

涉及需呈报有关主管部门批准的，主办券商需对是否已获得有效批准发表明确意见；资产相关业务需要取得许可资格或资质的，主办券商需对是否具备相关许可资格或资质发表明确意见。

第十二条　安排现有股东优先认购的，应当对优先认购的相关程序及认购结果进行说明；依据公司章程排除适用的，也应当对相关情况进行说明。

第十三条　若主办券商认为公司尚有未披露或未充分披露且对本次股票发行有影响的重大信息或事项，可以进行补充披露，并提示该信息或事项对本次股票发行可能造成的影响。

第十四条　主办券商法定代表人或法定代表人授权的代表、项目负责人应在合法合规性意见上签字,并加盖主办券商公章,注明报告日期。

主办券商法定代表人授权他人代为签字的,需同时提供授权委托书原件。

第三章　附　　则

第十五条　本指引由全国股份转让系统公司负责解释。

第十六条　本指引自发布之日起实施。

3 | 15　全国中小企业股份转让系统股票发行业务指引第4号——法律意见书的内容与格式(试行)

股转系统公告〔2013〕53号　2013年12月30日公布实施

第一章　总　　则

第一条　为了规范挂牌公司股票发行的信息披露行为,根据《全国中小企业股份转让系统业务规则(试行)》、《全国中小企业股份转让系统股票发行业务细则(试行)》等有关规定,制定本指引。

第二条　律师事务所为根据《非上市公众公司监督管理办法》向全国股份转让系统公司履行股票发行备案程序的挂牌公司出具股票发行法律意见书,应当按照本指引第二章的要求编制,并与股票发行情况报告书一同披露。

第三条　公司聘请的律师事务所及其委派的律师(以下"律师"均指签名律师及其所任职的律师事务所),应在尽职调查基础上,按本指引的要求出具法律意见书,对照本指引及有关规定逐项发表明确意见或结论。

本指引仅是股票发行法律意见书内容的最低要求,本指引未明确要求,但律师认为对公司股票发行有重大影响的法律问题,律师应当发表意见。

第四条　律师应在法律意见书中详尽、完整地阐述所发表意见或结论的依据、进行有关核查验证的过程、所涉及的必要资料或文件。

第五条　对不符合有关法律、法规和中国证监会、全国股份转让系统公司有关规定的事项,或已勤勉尽责仍不能对其法律性质或其合法性作出准确判断的事项,律师应发表保留意见,并说明相应的理由。

第六条　法律意见书应由2名以上(含2名)经办律师和其所在律师事务所的负责人签名,并经该律师事务所加盖公章、签署日期。

第二章　法律意见书的必备内容

第七条　律师应在充分核查验证的基础上,对本次股票发行的下列(包括但不限于)事项明确发表结论性意见。所发表的结论性意见应包括是否合法合规、是否真实有效、是否存在纠纷或潜在风险;不存在下列事项的,也应明确说明:

(一)公司是否符合豁免向中国证监会申请核准股票发行的条件;

（二）发行对象是否符合中国证监会及全国股份转让系统公司关于投资者适当性制度的有关规定；

（三）发行过程及结果合法合规性的说明，包括但不限于董事会、股东大会议事程序是否合规，是否执行了公司章程规定的表决权回避制度，发行结果是否合法有效等；

（四）与本次股票发行相关的合同等法律文件是否合法合规；

（五）安排现有股东优先认购的，应当对优先认购的相关程序及认购结果进行说明；依据公司章程排除适用的，也应当对相关情况进行说明；

（六）以非现金资产认购发行股份的，应当说明资产评估程序是否合法合规，是否存在资产权属不清或者其他妨碍权属转移的法律风险；标的资产尚未取得完备权属证书的，应说明取得权属证书是否存在法律障碍；

以非现金资产认购发行股份涉及需呈报有关主管部门批准的，应说明是否已获得有效批准；资产相关业务需要取得许可资格或资质的，应说明是否具备相关许可资格或资质；

（七）律师认为需要说明的其他问题。

第八条　有下列情形之一的，律师应当发表保留意见并予以说明，充分揭示其对本次股票发行的影响程度及存在的风险：

（一）公司股票发行的全部或者部分事项不符合中国证监会和全国股份转让系统公司相关规定；

（二）股票发行的事实不清楚，材料不充分，不能全面反映客观情况；

（三）核查和验证范围受到客观条件的限制，律师无法取得应有证据；

（四）律师已要求公司纠正、补充，而公司未予以纠正、补充；

（五）律师已依法履行勤勉尽责义务，仍不能对全部或者部分事项作出准确判断；

（六）律师认为应当予以说明的其他情形。律师出具保留意见的，全国股份转让系统公司可以要求公司予以说明或改正。

第三章　附　　则

第九条　本规则由全国股份转让系统公司负责解释。

第十条　本规则自公布之日起施行。

3 | 16　全国中小企业股份转让系统挂牌公司信息披露细则（试行）

股转系统公告〔2013〕3号　2013年2月8日公布实施

第一章　总　　则

第一条　为规范挂牌公司及相关信息披露义务人的信息披露行为，保护投资者合法权益，根据《非上市公众公司监督管理办法》（证监会令第85号）、《非上市公众公司监管指引第1号》

(证监会公告[2013]1号)、《全国中小企业股份转让系统业务规则(试行)》(以下简称“《业务规则》”)等规定,制定本细则。

第二条 在全国股份转让系统挂牌的股票、可转换公司债券及其他证券品种适用本细则。

全国中小企业股份转让系统有限责任公司(以下简称“全国股份转让系统公司”)对上述证券品种的信息披露、暂停及恢复转让、终止及重新挂牌以及挂牌公司并购重组等事宜另有规定的,从其规定。

第三条 挂牌公司信息披露包括挂牌前的信息披露及挂牌后持续信息披露,其中挂牌后持续信息披露包括定期报告和临时报告。

第四条 挂牌公司及相关信息披露义务人应当及时、公平地披露所有对公司股票及其他证券品种转让价格可能产生较大影响的信息(以下简称“重大信息”),并保证信息披露内容的真实、准确、完整,不存在虚假记载、误导性陈述或重大遗漏。

第五条 挂牌公司应当制定信息披露事务管理制度,经董事会审议后及时向全国股份转让系统公司报备并披露。公司应当将董事会秘书或信息披露事务负责人的任职及职业经历向全国股份转让系统公司报备并披露,发生变更时亦同。上述人员离职无人接替或因故不能履行职责时,公司董事会应当及时指定一名高级管理人员负责信息披露事务并披露。

第六条 挂牌公司应当在挂牌时向全国股份转让系统公司报备董事、监事及高级管理人员的任职、职业经历及持有挂牌公司股票情况。

有新任董事、监事及高级管理人员或上述报备事项发生变化的,挂牌公司应当在两个转让日内将最新资料向全国股份转让系统公司报备。

第七条 董事、监事及高级管理人员应当在公司挂牌时签署遵守全国股份转让系统公司业务规则及监管要求的《董事(监事、高级管理人员)声明及承诺书》(以下简称“承诺书”),并向全国股份转让系统公司报备。

新任董事、监事应当在股东大会或者职工代表大会通过其任命后五个转让日内,新任高级管理人员应当在董事会通过其任命后五个转让日内签署上述承诺书并报备。

第八条 挂牌公司披露重大信息之前,应当经主办券商审查,公司不得披露未经主办券商审查的重大信息。

挂牌公司在其他媒体披露信息的时间不得早于指定披露平台的披露时间。

第九条 挂牌公司发生的或者与之有关的事件没有达到本细则规定的披露标准,或者本细则没有具体规定,但公司董事会认为该事件对股票价格可能产生较大影响的,公司应当及时披露。

第十条 主办券商应当指导和督促所推荐挂牌公司规范履行信息披露义务,对其信息披露文件进行事前审查。发现拟披露的信息或已披露信息存在任何错误、遗漏或者误导的,或者发现存在应当披露而未披露事项的,主办券商应当要求挂牌公司进行更正或补充。挂牌公司拒不更正或补充的,主办券商应当在两个转让日内发布风险揭示公告并向全国股份转让系统公司报告。

第二章 定期报告

第十一条 挂牌公司应当披露的定期报告包括年度报告、半年度报告,可以披露季度报告。

挂牌公司应当在本细则规定的期限内，按照全国股份转让系统公司有关规定编制并披露定期报告。

挂牌公司应当在每个会计年度结束之日起四个月内编制并披露年度报告，在每个会计年度的上半年结束之日起两个月内披露半年度报告；披露季度报告的，公司应当在每个会计年度前三个月、九个月结束后的一个月内披露季度报告。披露季度报告的，第一季度报告的披露时间不得早于上一年的年度报告。

第十二条　挂牌公司应当与全国股份转让系统公司约定定期报告的披露时间，全国股份转让系统公司根据均衡原则统筹安排各挂牌公司定期报告披露顺序。

公司应当按照全国股份转让系统公司安排的时间披露定期报告，因故需要变更披露时间的，应当告知主办券商并向全国股份转让系统公司申请，全国股份转让系统公司视情况决定是否调整。

第十三条　挂牌公司年度报告中的财务报告必须经具有证券、期货相关业务资格的会计师事务所审计。

挂牌公司不得随意变更会计师事务所，如确需变更的，应当由董事会审议后提交股东大会审议。

第十四条　挂牌公司董事会应当确保公司定期报告按时披露。董事会因故无法对定期报告形成决议的，应当以董事会公告的方式披露，说明具体原因和存在的风险。公司不得以董事、高级管理人员对定期报告内容有异议为由不按时披露。

公司不得披露未经董事会审议通过的定期报告。

第十五条　挂牌公司应当在定期报告披露前及时向主办券商送达下列文件：

（一）定期报告全文、摘要（如有）；

（二）审计报告（如适用）；

（三）董事会、监事会决议及其公告文稿；

（四）公司董事、高级管理人员的书面确认意见及监事会的书面审核意见；

（五）按照全国股份转让系统公司要求制作的定期报告和财务数据的电子文件；

（六）主办券商及全国股份转让系统公司要求的其他文件。

第十六条　年度报告出现下列情形的，主办券商应当最迟在披露前一个转让日向全国股份转让系统公司报告：

（一）财务报告被出具否定意见或者无法表示意见的审计报告；

（二）经审计的期末净资产为负值。

第十七条　挂牌公司财务报告被注册会计师出具非标准审计意见的，公司在向主办券商送达定期报告的同时应当提交下列文件：

（一）董事会针对该审计意见涉及事项所做的专项说明，审议此专项说明的董事会决议以及决议所依据的材料；

（二）监事会对董事会有关说明的意见和相关决议；

（三）负责审计的会计师事务所及注册会计师出具的专项说明；

（四）主办券商及全国股份转让系统公司要求的其他文件。

第十八条 负责审计的会计师事务所和注册会计师按本细则第十七条出具的专项说明应当至少包括以下内容:

(一)出具非标准审计意见的依据和理由;

(二)非标准审计意见涉及事项对报告期公司财务状况和经营成果的影响;

(三)非标准审计意见涉及事项是否违反企业会计准则及其相关信息披露规范性规定。

第十九条 本细则第十七条所述非标准审计意见涉及事项属于违反会计准则及其相关信息披露规范性规定的,主办券商应当督促挂牌公司对有关事项进行纠正。

第二十条 挂牌公司和主办券商应当对全国股份转让系统公司关于定期报告的事后审查意见及时回复,并按要求对定期报告有关内容作出解释和说明。

主办券商应当在公司对全国股份转让系统公司回复前对相关文件进行审查。如需更正、补充公告或修改定期报告并披露的,公司应当履行相应内部审议程序。

第三章 临时报告

第一节 临时报告的一般规定

第二十一条 临时报告是指挂牌公司按照法律法规和全国股份转让系统公司有关规定发布的除定期报告以外的公告。

临时报告应当加盖董事会公章并由公司董事会发布。

第二十二条 挂牌公司应当在临时报告所涉及的重大事件最先触及下列任一时点后及时履行首次披露义务:

(一)董事会或者监事会作出决议时;

(二)签署意向书或者协议(无论是否附加条件或者期限)时;

(三)公司(含任一董事、监事或者高级管理人员)知悉或者理应知悉重大事件发生时。

第二十三条 对挂牌公司股票转让价格可能产生较大影响的重大事件正处于筹划阶段,虽然尚未触及本细则第二十二条规定的时点,但出现下列情形之一的,公司亦应履行首次披露义务:

(一)该事件难以保密;

(二)该事件已经泄漏或者市场出现有关该事件的传闻;

(三)公司股票及其衍生品种交易已发生异常波动。

第二十四条 挂牌公司履行首次披露义务时,应当按照本细则规定的披露要求和全国股份转让系统公司制定的临时公告格式指引予以披露。

在编制公告时若相关事实尚未发生的,公司应当客观公告既有事实,待相关事实发生后,应当按照相关格式指引的要求披露事项进展或变化情况。

第二十五条 挂牌公司控股子公司发生的对挂牌公司股票转让价格可能产生较大影响的信息,视同挂牌公司的重大信息,挂牌公司应当披露。

第二节 董事会、监事会和股东大会决议

第二十六条 挂牌公司召开董事会会议,应当在会议结束后及时将经与会董事签字确认的

决议(包括所有提案均被否决的董事会决议)向主办券商报备。

董事会决议涉及本细则规定的应当披露的重大信息,公司应当以临时公告的形式及时披露;决议涉及根据公司章程规定应当提交经股东大会审议的收购与出售资产、对外投资(含委托理财、委托贷款、对子公司投资等)的,公司应当在决议后及时以临时公告的形式披露。

第二十七条　挂牌公司召开监事会会议,应当在会议结束后及时将经与会监事签字的决议向主办券商报备。

涉及本细则规定的应当披露的重大信息,公司应当以临时公告的形式及时披露。

第二十八条　挂牌公司应当在年度股东大会召开二十日前或者临时股东大会召开十五日前,以临时公告方式向股东发出股东大会通知。

挂牌公司在股东大会上不得披露、泄漏未公开重大信息。

第二十九条　挂牌公司召开股东大会,应当在会议结束后两个转让日内将相关决议公告披露。年度股东大会公告中应当包括律师见证意见。

第三十条　主办券商及全国股份转让系统公司要求提供董事会、监事会及股东大会会议记录的,挂牌公司应当按要求提供。

第三节　关联交易

第三十一条　挂牌公司的关联交易,是指挂牌公司与关联方之间发生的转移资源或者义务的事项。

第三十二条　挂牌公司的关联方及关联关系包括《企业会计准则第 36 号 – 关联方披露》规定的情形,以及挂牌公司、主办券商或全国股份转让系统公司根据实质重于形式原则认定的情形。

第三十三条　挂牌公司董事会、股东大会审议关联交易事项时,应当执行公司章程规定的表决权回避制度。

第三十四条　对于每年发生的日常性关联交易,挂牌公司应当在披露上一年度报告之前,对本年度将发生的关联交易总金额进行合理预计,提交股东大会审议并披露。对于预计范围内的关联交易,公司应当在年度报告和半年度报告中予以分类,列表披露执行情况。

如果在实际执行中预计关联交易金额超过本年度关联交易预计总金额的,公司应当就超出金额所涉及事项依据公司章程提交董事会或者股东大会审议并披露。

第三十五条　除日常性关联交易之外的其他关联交易,挂牌公司应当经过股东大会审议并以临时公告的形式披露。

第三十六条　挂牌公司与关联方进行下列交易,可以免予按照关联交易的方式进行审议和披露:

(一)一方以现金认购另一方发行的股票、公司债券或企业债券、可转换公司债券或者其他证券品种;

(二)一方作为承销团成员承销另一方公开发行的股票、公司债券或企业债券、可转换公司债券或者其他证券品种;

(三)一方依据另一方股东大会决议领取股息、红利或者报酬。

(四)挂牌公司与其合并报表范围内的控股子公司发生的或者上述控股子公司之间发生的关联交易。

第四节　其他重大事件

第三十七条　挂牌公司对涉案金额占公司最近一期经审计净资产绝对值10%以上的重大诉讼、仲裁事项应当及时披露。

未达到前款标准或者没有具体涉案金额的诉讼、仲裁事项,董事会认为可能对公司股票及其他证券品种转让价格产生较大影响的,或者主办券商、全国股份转让系统公司认为有必要的,以及涉及股东大会、董事会决议被申请撤销或者宣告无效的诉讼,公司也应当及时披露。

第三十八条　挂牌公司应当在董事会审议通过利润分配或资本公积转增股本方案后,及时披露方案具体内容,并于实施方案的股权登记日前披露方案实施公告。

第三十九条　股票转让被全国股份转让系统公司认定为异常波动的,挂牌公司应当于次一股份转让日披露异常波动公告。如果次一转让日无法披露,公司应当向全国股份转让系统公司申请股票暂停转让直至披露后恢复转让。

第四十条　公共媒体传播的消息(以下简称“传闻”)可能或者已经对公司股票转让价格产生较大影响的,挂牌公司应当及时向主办券商提供有助于甄别传闻的相关资料,并决定是否发布澄清公告。

第四十一条　实行股权激励计划的挂牌公司,应当严格遵守全国股份转让系统公司的相关规定,并履行披露义务。

第四十二条　限售股份在解除转让限制前,挂牌公司应当按照全国股份转让系统公司有关规定披露相关公告或履行相关手续。

第四十三条　在挂牌公司中拥有权益的股份达到该公司总股本5%的股东及其实际控制人,其拥有权益的股份变动达到全国股份转让系统公司规定的标准的,应当按照要求及时通知挂牌公司并披露权益变动公告。

第四十四条　挂牌公司和相关信息披露义务人披露承诺事项的,应当严格遵守其披露的承诺事项。

公司未履行承诺的,应当及时披露原因及相关当事人可能承担的法律责任;相关信息披露义务人未履行承诺的,公司应当主动询问,并及时披露原因,以及董事会拟采取的措施。

第四十五条　全国股份转让系统公司对挂牌公司实行风险警示或作出股票终止挂牌决定后,公司应当及时披露。

第四十六条　挂牌公司出现以下情形之一的,应当自事实发生之日起两个转让日内披露:

(一)控股股东或实际控制人发生变更;

(二)控股股东、实际控制人或者其关联方占用资金;

(三)法院裁定禁止有控制权的大股东转让其所持公司股份;

(四)任一股东所持公司5%以上股份被质押、冻结、司法拍卖、托管、设定信托或者被依法限制表决权;

(五)公司董事、监事、高级管理人员发生变动;董事13长或者总经理无法履行职责;

（六）公司减资、合并、分立、解散及申请破产的决定；或者依法进入破产程序、被责令关闭；

（七）董事会就并购重组、股利分派、回购股份、定向发行股票或者其他证券融资方案、股权激励方案形成决议；

（八）变更会计师事务所、会计政策、会计估计；

（九）对外提供担保（挂牌公司对控股子公司担保除外）；

（十）公司及其董事、监事、高级管理人员、公司控股股东、实际控制人在报告期内存在受有权机关调查、司法纪检部门采取强制措施、被移送司法机关或追究刑事责任、中国证监会稽查、中国证监会行政处罚、证券市场禁入、认定为不适当人选，或收到对公司生产经营有重大影响的其他行政管理部门处罚；

（十一）因前期已披露的信息存在差错、未按规定披露或者虚假记载，被有关机构责令改正或者经董事会决定进行更正；

（十二）主办券商或全国股份转让系统公司认定的其他情形。

发生违规对外担保、控股股东或者其关联方占用资金的公司应当至少每月发布一次提示性公告，披露违规对外担保或资金占用的解决进展情况。

第四章　监管措施和违规处分

第四十七条　挂牌公司及其董事、监事、高级管理人员、股东、实际控制人、收购人及其他相关信息披露义务人、律师、主办券商和其他证券服务机构违反本细则的，全国股份转让系统公司依据《业务规则》采取相应监管措施及纪律处分。

第五章　释　　义

第四十八条　本细则下列用语具有如下含义：

（一）披露：指挂牌公司或者相关信息披露义务人按法律、行政法规、部门规章、规范性文件、本细则和全国股份转让系统公司其他有关规定在全国股份转让系统公司网站上公告信息。

（二）重大事件：指对挂牌公司股票转让价格可能产生较大影响的事项。

（三）及时：指自起算日起或者触及本细则规定的披露时点的两个转让日内，另有规定的除外。

（四）高级管理人员：指公司经理、副经理、董事会秘书（如有）、财务负责人及公司章程规定的其他人员。

（五）控股股东：指其持有的股份占公司股本总额50%以上的股东；或者持有股份的比例虽然不足50%，但依其持有的股份所享有的表决权已足以对股东大会的决议产生重大影响的股东。

（六）实际控制人：指通过投资关系、协议或者其他安排，能够支配、实际支配公司行为的自然人、法人或者其他组织。

（七）控制：指有权决定一个公司的财务和经营政策，并能据以从该公司的经营活动中获取利益。有下列情形之一的，为拥有挂牌公司控制权：

1. 为挂牌公司持股50%以上的控股股东；

2. 可以实际支配挂牌公司股份表决权超过 30%；

3. 通过实际支配挂牌公司股份表决权能够决定公司董事会半数以上成员选任；

4. 依其可实际支配的挂牌公司股份表决权足以对公司股东大会的决议产生重大影响；

5. 中国证监会或全国股份转让系统公司认定的其他情形。

(八)挂牌公司控股子公司：指挂牌公司持有其 50% 以上股份，或者能够决定其董事会半数以上成员组成，或者通过协议或其他安排能够实际控制的公司。

(九)承诺：指挂牌公司及相关信息披露义务人就重要事项向公众或者监管部门所作的保证和相关解决措施。

(十)违规对外担保：是指挂牌公司及其控股子公司未经其内部审议程序而实施的担保事项。

(十一)净资产：指挂牌公司资产负债表列报的所有者 16 权益；挂牌公司编制合并财务报表的为合并资产负债表列报的归属于母公司所有者权益，不包括少数股东权益。

(十二)日常性关联交易及偶发性关联交易：日常性关联交易指挂牌公司和关联方之间发生的购买原材料、燃料、动力，销售产品、商品，提供或者接受劳务，委托或者受托销售，投资(含共同投资、委托理财、委托贷款)，财务资助(挂牌公司接受的)等的交易行为；公司章程中约定适用于本公司的日常关联交易类型。

除了日常性关联交易之外的为偶发性关联交易。

(十三)控股股东、实际控制人或其关联方占用资金：指挂牌公司为控股股东、实际控制人及其附属企业垫付的工资、福利、保险、广告等费用和其他支出；代控股股东、实际控制人及其附属企业偿还债务而支付的资金；有偿或者无偿、直接或者间接拆借给控股股东、实际控制人及其附属企业的资金；为控股股东、实际控制人及其附属企业承担担保责任而形成的债权；其他在没有商品和劳务对价情况下提供给控股股东、实际控制人及其附属企业使用的资金或者全国股份转让系统公司认定的其他形式的占用资金情形。

(十四)以上：本规则中“以上”均含本数，“超过”不含本数。

第六章　附　　则

第四十九条　本细则由全国股份转让系统公司负责解释。

第五十条　本细则自发布之日起施行。

3 | 17　全国中小企业股份转让系统挂牌公司年度报告内容与格式指引(试行)

股转系统公告〔2013〕6 号　2013 年 2 月 8 日公布实施

第一章　总　　则

第一条　为规范挂牌公司年度报告的编制及披露行为，保护投资者合法权益，根据相关法律法规、《全国中小企业股份转让系统业务规则(试行)》(以下简称“《业务规则》”)及有关规定，制定本指引。

第二条　挂牌公司应当按照本指引的要求编制和披露年度报告。

第三条　本指引的规定是对挂牌公司年度报告信息披露的最低要求；凡公司认为对投资者决策有重大影响的信息，不论本指引是否有明确规定，公司均应当披露。

第四条　挂牌公司年度报告的全文应当遵循本指引第二章的要求进行编制和披露，年度报告摘要的内容应摘自年度报告正文，并按照附件的格式进行编制。

第五条　挂牌公司年度报告中的财务报告应经具有证券、期货相关业务资格的会计师事务所审计，审计报告须由该所至少两名注册会计师签字。

第六条　挂牌公司在编制年度报告时应遵循以下一般要求：

（一）年度报告中引用的数字应当采用阿拉伯数字，有关货币金额除特别说明外，通常指人民币金额，并以元、万元或亿元为单位。

（二）年度报告正文前可刊载宣传本公司的照片、图表或致投资者信，但不得刊登任何祝贺性、推荐性的词句、题字或照片，不得含有夸大、欺诈、误导或内容不准确、不客观的词句。

（三）年度报告中若涉及行业分类，可参照中国证监会有关上市公司行业分类的规定，亦可增加披露使用其它行业分类标准的数据、资料。

（四）年度报告披露内容应侧重说明本指引要求披露事项与公开转让说明书或上一年度披露内容上的重大变化之处，如无变化，亦应说明。

第七条　全国股份转让系统公司对特殊行业公司信息披露另有规定的，公司应当遵循其规定。

行业主管部门对公司另有规定的，公司在编制和披露年度报告时应当遵循其规定。

第八条　由于国家机密、商业秘密等特殊原因导致本指引规定的某些信息不便披露的，挂牌公司可向全国股份转让系统公司申请豁免，经全国股份转让系统公司同意后，可以不予披露。公司应当在年度报告相关章节说明未按本准则要求进行披露的原因。

第二章　年度报告正文

第一节　重要提示、目录和释义

第九条　挂牌公司应在年度报告文本扉页刊登如下重要提示：公司董事会及其董事、监事会及其监事、公司高级管理人员保证本报告所载资料不存在任何虚假记载、误导性陈述或者重大遗漏，并对其内容的真实性、准确性和完整性承担个别及连带责任。

公司负责人、主管会计工作负责人及会计机构负责人（会计主管人员）应当声明并保证年度报告中财务报告的真实、完整。

如有董事、监事、高级管理人员对年度报告内容存在异议或无法保证其真实、准确、完整的，应当声明×××无法保证本报告内容的真实、准确、完整，并说明理由，请投资者特别关注。同时，单独列示未出席董事会审议年度报告的董事姓名及原因。

如执行审计的会计师事务所对公司出具了非标准审计报告，重要提示中应当声明×××会计师事务所为本公司出具了带强调事项段或其他事项段的无保留意见、保留意见、否定意见或无法表示意见的审计报告，本公司董事会、监事会对相关事项已有详细说明，请投资者注意阅读。

第十条 挂牌公司应当对可能造成投资者理解障碍以及具有特定含义的术语作出通俗易懂的解释,年度报告的释义应当在目录次页排印。

年度报告目录应当标明各章、节的标题及其对应的页码。

第十一条 挂牌公司应当在年度报告目录后单独刊登重大风险提示。公司对风险因素的描述应当围绕自身经营状况展开,遵循关联性原则和重要性原则,客观披露公司重大特有风险。公司应当重点说明与上一年度所提示重大风险的变化之处。

第二节 公司简介

第十二条 挂牌公司应当披露如下内容:

(一)公司的中文名称及简称,外文名称及缩写(如有)。

(二)公司的法定代表人。

(三)公司董事会秘书或信息披露事务负责人的姓名、联系地址、电话、传真、电子信箱。

(四)公司注册地址,公司办公地址及其邮政编码,公司网址、电子信箱。

(五)公司登载年度报告的指定信息披露平台的网址,公司年度报告备置地。

(六)公司股票公开转让场所,股票简称、股票代码及挂牌时间。

(七)公司年度内的注册变更情况,包括企业法人营业执照、税务登记、组织机构代码注册信息变更情况。

上述注册信息未发生变化的,可以简要索引说明。

(八)其他有关资料:公司聘请的年度内履行持续督导职责的主办券商的名称、办公地址;公司聘请的会计师事务所名称、办公地址及签字会计师姓名。

第三节 会计数据和财务指标摘要

第十三条 挂牌公司应采用数据列表方式,提供截至本年度末公司近2年的主要会计数据和财务指标,包括但不限于:总资产、归属于挂牌公司股东的净资产、营业收入、归属于挂牌公司股东的净利润、归属于挂牌公司股东的扣除非经常性损益后的净利润、经营活动产生的现金流量净额、净资产收益率、每股收益、归属于挂牌公司股东的每股净资产。

公司在披露“归属于挂牌公司股东的扣除非经常性损益后的净利润”时,应当同时说明本年度内非经常性损益的项目及金额。

第十四条 挂牌公司主要会计数据和财务指标的计算和披露应当遵循如下要求:

(一)因会计政策变更及会计差错更正等追溯调整或重述以前年度会计数据的,应当同时披露调整前后的数据。

(二)编制合并财务报表的公司应当以合并财务报表数据填列或计算以上数据和指标。

(三)财务数据按照时间顺序自左至右排列,左起为本年度的数据,向右依次列示前一期的数据。

(四)对非经常性损益、净资产收益率和每股收益的确定和计算,中国证监会另有规定的,应当遵照执行。

第四节　管理层讨论与分析

第十五条　挂牌公司应结合挂牌公司财务报告进一步解释和分析公司本年度财务报表及附注中的重要历史信息，对本年度公司经营情况进行回顾。公司应对持续经营能力进行评价与说明。

公司可对下一年度的经营计划或目标进行说明。

第十六条　披露内容应具有充分的可靠性。分析中如引用第三方资料及数据，应注明来源及发布者，并判断第三方资料、数据是否拥有足够的权威性；公司自行整理编制的资料及数据，应说明，并注明编制依据。

披露内容应突出重要性，避免过多披露不重要的信息而掩盖重要信息。

第十七条　挂牌公司应回顾分析本年度内的主要经营情况，尤其应着重分析导致公司财务状况、经营成果、现金流量发生重大变化的事项或原因。分析内容包括但不限于：

（一）本年度内业务、产品或服务有关经营计划的实现情况；业务、产品或服务的重大变化及对公司经营情况的影响。

（二）本年度内行业发展、周期波动等情况；应说明行业发展因素、行业法律法规等的变动及对公司经营情况的影响。

（三）结合产品或服务、收入模式、成本结构、采购、生产或业务组织过程、销售、知识产权、研发、竞争、市场规模等因素及公司所掌握的内外部资源，说明公司的商业模式是否较公开转让说明书或上年度披露内容发生重大变化，并说明上述变化及对公司经营情况的影响。

（四）对财务报表中主要财务数据进行讨论、分析，可以采用逐年比较、数据列表或其他方式。对与上一年度相比变动达到或超过30%的重要财务数据或指标，公司应充分解释导致变动的原因，以便于投资者充分了解其财务状况、经营成果及未来变化情况。

如本条规定披露的部分内容与财务报表附注相同的，公司可以建立相关查询索引，避免重复。内容包括但不限于：

1. 公司资产、负债构成（应收款项、存货、投资性房地产、长期股权投资、固定资产、在建工程、短期借款、长期借款等占总资产的比重）同比发生重大变动的，应当说明产生变化的主要影响因素。

2. 若公司的收入构成、利润构成和利润来源发生重大变动，应当详细说明具体变动情况及原因。

3. 结合公司现金流量表相关数据，说明公司经营活动、投资活动和筹资活动产生的现金流量的构成情况，若相关数据同比发生重大变动，公司应当分析主要影响因素。若本年度公司经营活动产生的现金流量与本年度净利润存在重大差异的，公司应当详细解释原因。

4. 主要控股子公司、参股公司经营情况及业绩分析。其中对于参股公司应当重点披露其与公司从事业务的关联性，并说明持有目的。

公司存在其控制的特殊目的主体时，应介绍公司对其控制权方式和内容，并说明从中可以获取的利益及承担的风险。

5. 本年度内及以前年度定向发行募集资金的使用情况。

6. 公司本年度财务报告被会计师事务所出具非标准意见审计报告的，董事会应当就所涉及事项作出说明。说明中应当明确说明非标准审计意见涉及事项是否违反企业会计准则及其相关信息披露规范性规定。

7. 公司作出会计政策、会计估计变更或重大会计差错更正的，应当披露变更、更正的原因及影响；涉及追溯调整或重述的，应当披露对以往各年度经营成果和财务状况的影响金额。

(五)公司在公开转让说明书中披露的经营计划或目标延续到本年度的，公司应对计划或目标的实施进度进行分析，实施进度与计划不符的，应说明原因。

上一年度披露年度经营计划的公司，应对经营计划的实现情况进行分析，与经营计划不符的，应说明原因。

第十八条　挂牌公司应当对持续经营能力进行评价。公司应分析并说明可能对公司持续经营能力有重大影响的事项。

第十九条　挂牌公司可对下一年度经营计划或目标进行说明。说明应当结合行业发展趋势、公司发展战略及其他可能影响经营计划或目标实现的不确定性因素展开。说明包括但不限于：

(一)行业发展趋势。公司可介绍与公司业务关联的宏观经济层面或行业环境层面的发展趋势、公司的行业地位或区域市场地位的变动趋势，并说明上述发展趋势对公司未来经营业绩和盈利能力的影响。

(二)公司发展战略。公司应披露公司发展战略或规划，以及拟开展的新业务、拟开发的新产品、拟投资的新项目等。若公司存在多种业务的，还应当说明各项业务的发展战略或规划。

(三)经营计划或目标。披露经营计划或目标的，公司应同时简要披露公司经营计划涉及的投资资金的来源、成本及使用情况。

披露计划或目标时应说明该经营计划并不构成对投资者的业绩承诺，提示投资者对此保持足够的风险意识，并且应当理解经营计划与业绩承诺之间的差异。

(四)不确定性因素。公司应遵循关联性原则和重要性原则披露对未来发展战略或经营计划有重大影响的不确定性因素并进行说明与分析。

第二十条　挂牌公司应当对公开转让说明书中披露的存续到本年度的风险因素、本年度较上一年度新增的风险因素进行逐一分析，说明其持续或产生的原因、对公司的影响及已经采取或拟采取的措施及风险管理效果。在分析影响程度时公司应当尽可能定量分析。

第五节　重 要 事 项

第二十一条　挂牌公司应当披露本年度内发生的所有诉讼、仲裁事项涉及的累计金额，如果上述金额不超过本年度末净资产(经审计)绝对值10%的，可以免于披露。

已在上一年发生的以临时公告形式披露的，但尚未结案的重大诉讼、仲裁事项，公司应当披露案件进展情况、涉及金额、是否形成预计负债，以及对公司未来的影响；对已经结案的重大诉讼、仲裁事项，公司应当披露案件执行情况。

如本年度内无按照《全国中小企业股份转让系统挂牌公司信息披露细则》规定应当披露的重大诉讼、仲裁事项，应当明确说明“本年度公司无重大诉讼、仲裁事项”。

第二十二条　挂牌公司应当披露本年度内履行的及尚未履行完毕的对外担保合同(不包括对控股子公司担保),包括担保金额、担保期限、担保对象、担保类型(一般担保或连带责任担保)、担保的决策程序等;对于未到期担保合同,如有明显迹象表明有可能承担连带清偿责任,应明确说明。

应当披露公司及其控股子公司为股东、实际控制人及其关联方提供担保的金额,公司直接或间接为资产负债率超过70%(不含本数)的被担保对象提供的债务担保金额,以及公司担保总额超过净资产50%(不含本数)部分的金额。

公司应当说明本年度是否存在违规担保的情形。

第二十三条　本年度内发生股东及其关联方以各种形式占用或者转移公司的资金、资产及其他资源的,挂牌公司应当说明发生原因及整改情况,其中发生控股股东、实际控制人及其关联方占用资金情形的,应当充分披露相关的决策程序,以及占用资金的期初金额、发生额、期末余额、占用资金原因、预计归还方式及时间。

如果不存在上述情形,公司应当予以明确说明。

第二十四条　挂牌公司应当披露本年度内日常性关联交易的预计及执行情况。

公司应当说明本年度内发生的偶发性关联交易的金额,与关联方的交易结算及资金回笼情况,并说明偶发性关联交易的必要性和持续性及对公司生产经营的影响。

第二十五条　挂牌公司应当披露本年度内经过股东大会审议过的收购及出售资产、对外投资,以及本年度内发生的企业合并事项的简要情况及进展,分析上述事项对公司业务连续性、管理层稳定性及其他方面的影响。

第二十六条　挂牌公司应披露股权激励计划的变动,及已披露股权激励计划在本年度的具体实施情况。

第二十七条　挂牌公司及其董事、监事、高级管理人员或股东、实际控制人及其他信息披露义务人如存在本年度或持续到本年度已披露的承诺,应当披露承诺的履行情况。

如果没有已披露承诺事项,公司亦应予以说明。

第二十八条　挂牌公司应披露本年度末资产(经审计)中被查封、扣押、冻结或者被抵押、质押的资产类别、发生原因、账面价值和累计值及其占总资产的比例,并说明对公司的影响。

第二十九条　公司及其董事、监事、高级管理人员、公司控股股东、实际控制人在报告期内存在受有权机关调查、司法纪检部门采取强制措施、被移送司法机关或追究刑事责任、中国证监会稽查、中国证监会行政处罚、证券市场禁入、认定为不适当人选,或收到对公司生产经营有重大影响的其他行政管理部门处罚及全国股份转让系统公司公开谴责的情形,应当说明原因及结论。

第三十条　若上述事项已在临时报告披露且后续实施无变化的,仅需披露该事项概述,并提供所披露的临时报告的相关查询索引。

第六节　股本变动及股东情况

第三十一条　挂牌公司应当披露本年度期初、期末的股本结构,并对股本变动及本年度内股份限售解除情况进行说明。

第三十二条 挂牌公司应当披露前十名股东、持股数量及占总股本比例、本年度内持股变动情况、本年度末持有的无限售股份数量,并对前十名股东相互间关系及持股变动情况进行说明。如所持股份中包括无限售条件股份、有限售条件股份,应当分别披露其数量。

第三十三条 挂牌公司如存在控股股东,应对控股股东进行介绍,内容包括但不限于:若控股股东为法人的,应当披露名称、单位负责人或法定代表人、成立日期、组织机构代码、注册资本;若控股股东为自然人的,应当披露其姓名、国籍、是否取得其他国家或地区居留权、职业经历。首次披露后控股股东上述信息没有变动时,可以索引披露。

第三十四条 挂牌公司应当比照第三十三条披露公司实际控制人的情况,并以方框图及文字的形式披露公司与实际控制人之间的产权和控制关系。实际控制人应当披露到自然人、国有资产管理部门,包括股东之间达成某种协议或安排的其他机构或自然人,以及以信托方式形成实际控制的情况。首次披露后实际控制人上述信息没有变动时,可以索引披露。

第七节 董事、监事、高级管理人员及核心员工情况

第三十五条 挂牌公司应当披露本年度内董事、监事、高级管理人员的变动情况。公司应当披露发生变更的董事、监事和高级管理人员的情况,内容包括但不限于:现任董事、监事、高级管理人员的姓名、性别、年龄、任期起止日期、职业经历、年初和年末持有本公司股份、本年度内股份增减变动量、持股比例、与股东之间的关系。

第三十六条 挂牌公司应披露包括核心技术团队或关键技术人员(非董事、监事、高级管理人员)在内的核心员工以及其他对公司有重大影响的人员变动情况,并说明变动对公司经营的影响及公司采取的应对措施。

第三十七条 挂牌公司应当披露母公司和主要子公司的员工情况,包括在职员工的数量、人员构成(如管理人员、生产人员、销售人员、技术人员、财务人员、行政人员等)、教育程度、员工薪酬政策、培训计划以及需公司承担费用的离退休职工人数。其中,人员构成和教育程度须以柱状图或饼状图等统计图表列示。

第八节 公司治理及内部控制

第三十八条 挂牌公司应当披露公司治理的基本状况,列示公司本年度内建立的各项公司治理制度,董事会应当对公司治理机制是否给所有股东提供合适的保护和平等权利等情况进行评估。

第三十九条 挂牌公司应当披露对公司治理的改进情况,包括来自控股股东及实际控制人以外的股东或其代表参与公司经营管理的情况,以及公司管理层是否引入职业经理人等情况。

第四十条 挂牌公司应当披露董事会下设专门委员会在本年度内履行职责时所提出的重要意见和建议(如有)。

第四十一条 监事会在本年度内的监督活动中发现挂牌公司存在风险的,公司应当披露监事会就有关风险的简要意见;否则,公司应当披露监事会对本年度内的监督事项无异议。

第四十二条 监事会应当对定期报告进行审核并提出书面审核意见,说明董事会对定期报告的编制和审核程序是否符合法律、行政法规、中国证监会及全国股份转让系统公司的规定和

公司章程，报告的内容是否能够真实、准确、完整地反映公司实际情况。

第四十三条　挂牌公司应当就与控股股东或实际控制人在业务、人员、资产、机构、财务等方面存在的不能保证独立性、不能保持自主经营能力的情况进行说明。

第四十四条　挂牌公司应当对会计核算体系、财务管理和风险控制等重大内部管理制度进行评价，披露本年度内发现上述管理制度重大缺陷的具体情况，包括对缺陷的具体描述、缺陷对财务报告的潜在影响，已实施或拟实施的整改措施、时间、责任人及效果。

第四十五条　挂牌公司应当披露年度报告重大差错责任追究制度的建立与执行情况，披露董事会对有关责任人采取的问责措施及处理结果。

第九节　财务报告

第四十六条　挂牌公司的财务报告包括财务报表和其他应当在财务报告中披露的相关信息和资料。

第四十七条　财务报表包括挂牌公司年度末及其前一个年度末的比较式资产负债表、现金流量表、所有者权益（股东权益）变动表、比较式利润表及其附注。编制合并财务报表的公司，除提供合并财务报表外，还应提供母公司财务报表。

第四十八条　财务报表附注参照《公开发行证券的公司信息披露编报规则第 15 号——财务报告的一般规定》（2010 年修订）的相关规定编制，由于国家机密、商业秘密等特殊原因导致上述规定的某些信息不便披露的，挂牌公司可依据第八条规定向全国股份转让系统公司申请豁免披露。

第十节　备查文件目录

第四十九条　挂牌公司应当披露备查文件的目录，包括：

（一）载有公司负责人、主管会计工作负责人、会计机构负责人（会计主管人员）签名并盖章的财务报表。

（二）载有会计师事务所盖章、注册会计师签名并盖章的审计报告原件。

（三）年度内在指定信息披露平台上公开披露过的所有公司文件的正本及公告的原稿。

公司应当在办公场所置备上述文件的原件。全国股份转让系统公司要求提供时，或股东依据法律、法规或公司章程要求查阅时，公司应当及时提供。

第三章　监管措施和违规处分

第五十条　挂牌公司及其董事、监事、高级管理人员、股东、实际控制人及其他相关信息披露义务人、律师、主办券商和其他证券服务机构违反本指引的，全国股份转让系统公司依据《业务规则》采取相应的监管措施或纪律处分。

第四章　附　　则

第五十一条　本指引由全国股份转让系统公司负责解释。

第五十二条　本指引自发布之日起施行。

附:×××股份有限公司年度报告摘要格式

×××股份有限公司年度报告摘要

一、重要提示

1.1 本年度报告摘要来自年度报告全文,投资者欲了解详细内容,应当仔细阅读同时刊载于全国股份转让系统公司指定信息披露平台(www. neeq. com. cn 或 www. neeq. cc)的年度报告全文。

1.2 如有董事、监事、高级管理人员声明对年度报告内容的真实性、准确性、完整性无法保证或存在异议的,应当声明:

××董事、监事、高级管理人员无法保证本报告内容的真实性、准确性和完整性,理由是:……,请投资者特别关注。

1.3 如有董事未出席董事会,应当单独列示其姓名。

1.4 ××会计师事务所对本年度公司财务报告的审计意见为:××××。

如当期会计师事务所发生变更,公司应增加提示:

公司本年度会计师事务所由××会计师事务所变更为××会计师事务所。

如执行审计的会计师事务所出具了带强调事项段的无保留意见、保留意见、无法表示意见或否定意见的审计报告(以下简称“非标准审计报告”),应当特别提示:

××会计师事务所为本公司出具了带强调事项段的无保留意见(或保留意见、无法表示意见、否定意见)的审计报告,本公司董事会、监事会对相关事项亦有详细说明,请投资者注意阅读。

1.5 公司联系方式:董秘(信息披露事务负责人)×××,电话××××,电子信箱××××,办公地址××××。

二、主要财务数据和股东变化

2.1 主要财务数据

单位:元

注:1. N年是指报告年度当年。

2. 在本年度内公司因派发股票股利、公积金转增股本、拆股而增加或并股而减少公司总股本,但不影响股东权益金额的,应当根据相关会计准则的规定按最新股本调整并列报最近2年的基本每股收益和稀释每股收益。

3. 如果年度末至年度报告披露日,公司股本因送红股、资本公积转增股本的原因发生变化且不影响股东权益金额的,应当根据相关会计准则的规定按最新股本调整并列报最近2年的基本每股收益和稀释每股收益。

4. 本年度对上年度财务数据进行了追溯调整或重述的,上年度期末和上年度同期应当同时列示追溯调整或重述前后的数据。

5. 净资产收益率、每股收益的计算公式参照《公开发行证券的公司信息披露编报规则第9号——净资产收益率和每股收益的计算及披露》执行。

6. 归属于挂牌公司股东的每股净资产 = 年度末归属于挂牌公司股东的所有者权益/年度末

股份总数

2.2　股本结构表

注:“核心员工”按《非上市公众公司监督管理办法》的有关规定界定;“董事、监事及高级管理人员”包括挂牌公司的董事、监事和高级管理人员(身份同时为控股股东及实际控制人的除外)。

2.3　前10名股东持股情况表

注:“股东性质”包括国家、国有法人、境内非国有法人、境内自然人、境外法人、境外自然人等。

2.4　公司与控股股东、实际控制人之间的产权及控制关系的方框图。

三、管理层讨论与分析

管理层可以图表结合文字形式,简明、扼要分析公司在本年度内的经营成果及下一年度经营计划或目标(如有)。

四、涉及财务报告的相关事项

4.1　与上年度财务报告相比,会计政策、会计估计和核算方法发生变化的,公司应当说明情况、原因及其影响。

4.2　本年度内发生重大会计差错更正需追溯重述的,公司应当说明情况、更正金额、原因及其影响。

4.3　与上年度财务报告相比,财务报表合并范围发生变化的,公司应当作出具体说明。

4.4　年度财务报告被会计师事务所出具非标准审计意见的,董事会应当对涉及事项作出说明。

3 | 18　全国中小企业股份转让系统挂牌公司半年度报告内容与格式指引(试行)

股转系统公告〔2013〕21号　2013年6月26日公布实施

第一章　总　　则

第一条　为规范挂牌公司半年度报告的编制及披露行为,保护投资者合法权益,根据相关法律法规、《全国中小企业股份转让系统业务规则(试行)》(以下简称《业务规则》)及有关规定,制定本指引。

第二条　挂牌公司应当按照本指引的要求编制和披露半年度报告。挂牌公司半年度报告的编制应当按照附件《全国中小企业股份转让系统挂牌公司半年度报告内容与格式模板》的格式进行。

第三条　半年度报告的报告期是指年初至半年度期末。半年度报告中的财务报告可以不经审计,但中国证券监督管理委员会(以下简称“中国证监会”)和全国中小企业股份转让系统有限责任公司(以下简称“全国股份转让系统公司”)另有规定的除外。如需审计的,应当经过具有证券、期货相关业务资格的会计师事务所审计,有关审计报告由上述会计师事务所盖章及由两名或两名以上注册会计师签字盖章。

第四条 本指引是对挂牌公司半年度报告信息披露的最低要求;凡公司认为对投资者决策有重大影响的信息,不论本指引是否有明确规定,公司均应披露。

第五条 由于国家机密、商业秘密等特殊原因导致本指引规定的某些信息不便披露的,挂牌公司应当在登记预披露时间的同时向全国股份转让系统公司申请豁免披露,经全国股份转让系统公司同意后,可以不予披露。

第六条 挂牌公司在编制半年度报告时应遵循以下一般要求:

(一)半年度报告中引用的数字应当采用阿拉伯数字,有关货币金额除特别说明外,通常指人民币金额,并以元、万元或亿元为单位。

(二)半年度报告中若涉及行业分类,可以参照中国证监会有关上市公司行业分类的规定;公司也可以增加披露适用其他行业分类标准的数据、资料。

第二章 格式与内容

第一节 格 式 要 求

第七条 半年度报告应当包括封面、公司半年大事记、声明与提示、目录、正文及备查文件目录等内容。正文包括基本信息、财务信息和非财务信息。

第八条 半年度报告封面应当载明公司的名称、"半年度报告"的字样、报告期年份和证券代码,也可以载有公司标识、公司照片等。鼓励公司本着简洁、创新、展现个性的目的设计半年度报告封面。

第九条 半年度报告扉页应当载有以"公司半年大事记"为主题的信息。"公司半年大事记"可以报道公司报告期内的重要新闻、对公司有重大影响的事件、承担社会责任的实践活动、所处行业的重要资讯等信息,公司可以自行选择披露事件的数量和类型。如果所披露事件已经对外公布的,应注明源引何处。公司可以自选标题、刊载图片或者设计版式。

第十条 在声明与提示部分,挂牌公司应当刊载如下声明:公司董事会及其董事、监事会及其监事、公司高级管理人员保证本报告所载材料不存在任何虚假记载、误导性陈述或者重大遗漏,并对内容的真实性、准确性和完整性承担个别及连带责任。

如有董事、监事、高级管理人员对半年度报告中内容存在异议或无法保证其真实、准确、完整的,应当声明×××无法保证本报告内容的真实、准确、完整,并说明理由,请投资者特别关注。

公司负责人、主管会计工作负责人及会计机构负责人(会计主管人员)应当声明并保证半年度报告中财务信息的真实、完整。

第二节 基 本 信 息

第十一条 基本信息包括公司概览、主要会计数据与关键指标、管理层讨论与分析三个部分。

第十二条 公司概览包括公司信息、联系人、运营概况和自愿披露四个部分。

(一)公司信息包括法定代表人、注册地址、办公地址、主办券商、会计师事务所(如有)。

（二）联系人包括董事会秘书或信息披露事务负责人的姓名、电话、传真、电子邮箱、联系地址。

（三）运营概况包括公司股份公司成立时间、挂牌时间、行业分类、主要产品与服务项目、总股本、无限售条件的股份数量、控股股东、实际控制人及持股比例、截至报告期末的股东人数、截至报告期末的员工人数（包含子公司）、是否拥有高新技术企业资格、公司拥有的重要经营资质。

（四）在自愿披露部分，公司可以根据实际情况选择与企业经营关联性强、体现企业核心竞争力的信息进行披露，如企业拥有的各项专利技术、重要的合作伙伴、已完成的业务案例等。

第十三条　主要会计数据与关键指标包括盈利能力、偿债能力、营运情况、成长情况和自愿披露指标五个部分。挂牌公司应采用数据列表方式，提供截止报告期末和上年期末（或报告期和上年同期）的数据和指标。编制合并财务报表的公司应当以合并财务报表数据填列或计算以上数据和指标。

（一）盈利能力包括营业收入、毛利率、归属于挂牌公司股东的净利润、加权平均净资产收益率和基本每股收益。

（二）偿债能力包括总资产、归属于挂牌公司股东的每股净资产、资产负债率、流动比率和利息保障倍数。

（三）营运情况包括经营活动产生的现金流量净额、应收账款周转率和存货周转率。

（四）成长情况包括总资产增长率、营业收入增长率和净利润增长率。

（五）在自愿披露部分，公司可以选择与经营关联性强、体现企业核心竞争力的关键指标进行披露，例如市场份额、客户保持率、研发投入与当期营业收入比、新产品投资回报率等。自愿披露指标应有助于投资者判断企业经营状况，列示指标时应当说明计算的方法及所用数据的来源。

第十四条　挂牌公司应当结合财务报告及附注中的重要历史信息，对报告期内的经营情况进行回顾，尤其应着重分析导致公司财务状况、经营成果、现金流量发生重大变化的原因。分析中如引用第三方资料及数据，应注明来源。

（一）结合行业、产品与服务、客户、关键资源、销售渠道、收入模式等要素，简要说明公司的商业模式及是否较上年度发生重大变化。

（二）报告期内的财务状况、经营成果（如营业收入、营业利润、净利润）的实现、现金流量情况，相对于同期或上年度末的增长（下降）情况，年度经营计划（如有）在报告期内的执行情况，并结合行业波动、商业模式、企业季节性、周期性特征，详细分析变动的原因。

尤其应说明行业的发展情况、市场竞争、产品或服务重大变化与调整、重要研发项目的进展、核心团队与关键技术的变化、供应商和客户的变化、销售渠道变动、成本结构、收入模式变动、季节性、周期性特征等对于经营的影响情况。

（三）对公开转让说明书或年度报告中披露的存续到报告期的风险因素进行分析，回顾企业在报告期内经营管理上遇到的困难，例如政策变动、财务风险、客户投诉、成本提高、人才流失及研发失败等。分析报告期内企业通过何种措施来应对这些困难、改善企业经营，例如定向发行、并购重组、人才引进、研究开发以及公司治理改进等，分析其对于提升企业价值的影响。

第三节　财务信息

第十五条　财务信息包括财务报表和财务报表附注两个部分。财务报表及其附注未经会计师事务所审计的,挂牌公司应当注明"未经审计"字样。经会计师事务所审计的,若注册会计师出具标准审计报告,挂牌公司应当明确说明注册会计师出具标准审计报告;若注册会计师出具非标准审计报告,挂牌公司应当披露审计报告正文,并且董事会应当对涉及事项作出说明。

第十六条　财务报表包括比较式资产负债表、利润表和现金流量表。编制合并报表的公司,除提供合并财务报表外,还应提供母公司财务报表。

公司提供的财务报表中会计数据的填列应自左至右,最左侧为最近一期数据,表内各主要报表项目应标有注释编号,并与财务报表注释编号一致。

第十七条　半年度报告财务报表附注包括详情以及项目注释,应当以年初至报告期末为基础披露,详情应当至少包括以下信息:

(一)半年度报告所采用的会计政策与上年度财务报表是否一致。会计政策发生变更的,应当说明会计政策变更的性质、内容、原因及其影响数;无法追溯调整的,应当说明原因。

(二)半年度报告所采用的会计估计与上年度财务报表是否一致。会计估计发生变更的,应当说明会计估计变更的内容、原因及其影响数;影响数不能确定的,应当说明原因。

(三)是否存在前期差错更正。若存在前期差错更正,应当说明前期差错的性质及其更正金额;无法追溯调整的,应当说明原因。

(四)企业经营是否存在季节性或者周期性特征。若存在,应当说明季节性或者周期性特征的内容及其影响。

(五)合并财务报表的合并范围是否发生变化。若发生变化,应当说明变化的原因。

(六)是否存在需要根据《企业会计准则第35号——分部报告》规定披露分部报告的信息。若存在,应当披露主要报告形式的分部收入和分部利润(亏损)。

(七)是否存在半年度资产负债表日至半年度财务报告批准报出日之间的非调整事项。若存在,说明具体情况。

(八)上年度资产负债表日以后所发生的或有负债和或有资产是否发生变化。若变化,应当说明具体情况。

(九)重大的长期资产是否转让或者出售。若存在,说明具体情况。

(十)重大的固定资产和无形资产是否发生变化。若变化,说明具体情况。

(十一)是否存在重大的研究和开发支出。若存在,说明具体情况。

(十二)是否存在重大的资产减值损失。若存在,说明具体情况。

第十八条　具体的报表项目注释参照《公开发行证券的公司信息披露编报规则第15号——财务报告的一般规定》(2010年修订)的规定编制。

第四节　非财务信息

第十九条　非财务信息包括重要事项、股东变动及股东情况、董事、监事、高级管理人员及核心员工情况三个部分。重要事项包括但不限于利润分配或公积金转增股本、定向发行、重大诉讼与仲裁、对外担保、资金占用、关联交易、收购、出售资产、对外投资、企业合并、资产权利受限情况、股权激励、承诺履行等。

第二十条　挂牌公司应披露报告期内实施的利润分配方案或公积金转增股本方案的执行情况，并说明是否存在已经批准但尚未实施的利润分配方案或公积金转增股本方案的情况。

第二十一条　挂牌公司应当披露报告期内进行的定向发行的基本情况，内容包括但不限于发行次数、发行股份总量、募集资金数量等。

第二十二条　挂牌公司应当披露报告期内发生的所有诉讼、仲裁事项的概况及涉及的累计金额，如果上述金额不超过报告期末净资产绝对值10%的，可以免于披露。以前年度发生并以临时公告形式披露，但尚未结案的重大诉讼、仲裁事项在报告期内存在重大进展的，公司应当披露案件进展情况；已经审结的重大诉讼、仲裁事项，公司应当披露报告期内案件的执行情况。

第二十三条　挂牌公司应当披露报告期内履行的及尚未履行完毕的对外担保合同(不包括对控股子公司担保)，包括担保金额、担保期限、担保类型(一般担保或连带责任担保)等。

挂牌公司应当披露公司及其控股子公司为股东、实际控制人及其关联方提供担保的金额，公司直接或间接为资产负债率超过70%(不含本数)的被担保对象提供的债务担保金额，以及公司担保总额超过净资产50%(不含本数)部分的金额。公司还应当说明报告期内是否存在违规担保的情形。

第二十四条　挂牌公司应当披露报告期内发生并持续到报告期的股东及其关联方以各种形式占用或者转移公司资金、资产及其他资源的情形，应当说明发生的原因及整改情况，其中发生控股股东、实际控制人及其关联方占用资金情形的，应当充分披露相关的决策程序，预计归还方式及时间。

第二十五条　挂牌公司应当披露报告期内日常性关联交易的执行情况。同时说明报告期内发生的偶发性关联交易的金额、履行的程序，并说明偶发性关联交易的必要性和持续性及对公司生产经营的影响。

第二十六条　挂牌公司应当披露报告期内经股东大会审议通过的收购及出售资产、对外投资情况，以及报告期内发生的企业合并事项的简要情况及进展，并分析上述事项对公司业务持续性、管理层稳定性及其他方面的影响。

第二十七条　挂牌公司应披露报告期末资产中被查封、扣押、冻结或者被抵押、质押的资产类别、账面价值和累计值及其占总资产的比例。

第二十八条　挂牌公司应披露报告期内通过的股权激励计划、以前年度通过的股权激励计划是否存在变动情况，并说明已披露的股权激励计划在报告期内的实施情况。

第二十九条　挂牌公司及其董事、监事、高级管理人员或股东、实际控制人及其他信息披露义务人如存在报告期内或持续到报告期已披露的承诺，应当披露承诺的履行情况。

第三十条　挂牌公司应当披露报告期期初、期末的股本结构；报告期期末前十名股东持股情况，并对前十名股东相互间关系及持股变动情况进行说明。

挂牌公司应当披露控股股东和实际控制人情况，并对控股股东和实际控制人的变动情况进行说明。

第三十一条　挂牌公司应当披露报告期内董事、监事、高级管理人员的职务、性别、任期及持股情况。

挂牌公司应当披露报告期内董事、监事、高级管理人员及核心员工的变动情况，说明变动对公司经营的影响。

第五节　备查文件目录

第三十二条　挂牌公司应当披露备查文件的目录，内容包括：

（一）载有公司负责人、主管会计工作负责人、会计机构负责人（会计主管人员）签名并盖章的财务报表。

（二）载有会计师事务所盖章、注册会计师签名并盖章的审计报告原件（如有）。

（三）报告期内在指定网站上公开披露过的所有公司文件的正本及公告的原稿。

公司应当在办公场所备置上述文件的原件。全国股份转让系统公司要求提供时，或股东依据法律、法规或公司章程要求查阅时，公司应当及时提供。

第三章　监管措施和违规处分

第三十三条　挂牌公司及其董事、监事、高级管理人员、股东、实际控制人及其他相关信息披露义务人、律师、主办券商和其他证券服务机构违反本指引的，全国股份转让系统公司依据《业务规则》采取相应的监管措施或纪律处分。

第四章　附　　则

第三十四条　本指引包括附件《全国中小企业股份转让系统挂牌公司半年度报告内容与格式模板》。

第三十五条　本指引由全国股份转让系统公司负责解释。

第三十六条　本指引自发布之日起施行。

交易监察类

3 | 19　全国中小企业股份转让系统转让异常情况处理办法（试行）

股转系统公告〔2015〕1号　2015年1月6日公布实施

第一条　为妥善处置转让异常情况，及时防范、化解全国中小企业股份转让系统（以下简称全国股转系统）市场风险，保障证券转让秩序，维护市场稳定，依据《证券法》、《突发事件应对法》、《国务院关于全国中小企业股份转让系统有关问题的决定》、《全国中小企业股份转让系统有限责任公司管理暂行办法》和《全国中小企业股份转让系统业务规则（试行）》等规定，制定本办法。

第二条　本办法所称转让异常情况是指导致或可能导致全国股转系统证券转让部分或全部不能正常进行(以下简称转让不能进行)的情形。

第三条　引发转让异常情况的原因包括不可抗力、意外事件、技术故障等。

第四条　引发转让异常情况的不可抗力是指全国股转系统市场所在地或全国其他部分区域出现或据灾情预警可能出现严重自然灾害、出现重大公共卫生事件或社会安全事件等情形。

第五条　引发转让异常情况的意外事件是指全国股转系统市场所在地发生火灾或电力供应出现故障等情形。

第六条　引发转让异常情况的技术故障是指:

(一)全国股转系统交易、通信系统中的网络、硬件设备、应用软件等无法正常运行;

(二)全国股转系统交易、通信系统在运行、主备系统切换、软硬件系统及相关程序升级、上线时出现意外;

(三)全国股转系统交易、通信系统被非法侵入或遭受其他人为破坏等情形;

(四)全国中小企业股份转让系统有限责任公司(以下简称全国股转公司)认定的其他情形。

第七条　转让不能进行是指无法正常开始转让、无法连续转让、转让结果异常、转让无法正常结束等情形。

第八条　无法正常开始转让是指:

(一)全国股转系统交易、通信系统在开市前无法正常启动;

(二)暂停、恢复证券转让、除权除息等重要操作在开市前未及时、准确处理完毕;

(三)前一转让日的日终清算交收处理未按时完成或虽已完成但清算交收数据出现重大差错而导致无法正确转让;

(四)10%以上的主办券商营业部因系统故障无法正常接入全国股转系统交易系统等情形;

(五)因做市商系统故障,导致相关挂牌公司股票正常履行开盘报价义务的做市商不足2家。

第九条　无法连续转让是指:

(一)全国股转系统交易、通信系统出现10分钟以上中断;

(二)全国股转系统行情发布系统出现10分钟以上中断;

(三)10%以上主办券商营业部无法正常发送转让申报、接收实时行情或成交回报;

(四)10%以上的证券中断交易;

(五)因做市商无法正常发送转让申报、接收实时行情或成交回报,导致部分挂牌股票正常履行报价义务的做市商不足2家。

第十条　转让结果异常是指转让结果出现严重错误、行情发布出现错误、全国股转公司认定的指数计算出现重大偏差等可能严重影响整个市场正常转让的情形。

第十一条　转让无法正常结束是指尾市转让异常、可能导致无法正常完成,收市处理无法正常结束等可能对市场造成重大影响的情形。

第十二条　转让异常情况出现后,全国股转公司将及时向市场公告,并可视情况需要单独或者同时采取技术性停牌、临时停市、暂缓进入交收等措施。

全国股转公司采取前款规定措施的,及时报告中国证监会。对技术性停牌或临时停市的决定,全国股转公司通过指定信息披露平台及相关媒体及时予以公告。

第十三条 技术性停牌或临时停市原因消除后，全国股转公司可以决定恢复转让，并向市场公告。

恢复转让后，全国股转公司对转让异常情况相关背景、原因、应对措施进行总结、分析，并书面报告中国证监会。

第十四条 证券转让相关部门或机构在与证券转让相关的业务实施、流程衔接、操作运行等环节出现重大误差或失误等情形，导致或可能导致转让不能进行，需要采取技术性停牌、临时停市等措施的，参照本办法执行。

第十五条 国内外已经或可能出现对中国证券市场稳定及正常运行造成重大影响的事件或者出现其他全国性事件的，应国家有关部门要求临时停市的，参照本办法执行。

第十六条 本办法中相关用语的含义：

（一）全国股转系统市场所在地：是指全国股转系统交易、通信及清算交收系统所在地；

（二）自然灾害：包括但不限于台风、地震、海啸、暴雪、日凌、洪涝灾害；

（三）重大公共卫生事件：包括但不限于传染病疫情、群体性不明原因疾病、食品安全事件以及其他严重影响公众健康和生命安全的事件；

（四）社会安全事件：包括但不限于恐怖袭击事件、经济安全事件、涉外突发事件以及其他严重影响公共安全的事件。

第十七条 本办法由全国股转公司负责解释。

第十八条 本办法自发布之日起施行。

3 | 20 全国中小企业股份转让系统股票转让方式确定及变更指引（试行）

全国中小企业股份转让系统有限责任公司关于发布《全国中小企业股份转让系统股票转让方式确定及变更指引（试行）》的公告

股转系统公告〔2014〕62号 2014年7月3日公布实施

为明确全国中小企业股份转让系统（以下简称全国股份转让系统）股票转让方式的确定、变更以及做市商加入、退出等相关事宜，根据《全国中小企业股份转让系统业务规则（试行）》、《全国中小企业股份转让系统股票转让细则（试行）》（以下简称《转让细则》）等有关规定，全国中小企业股份转让系统有限责任公司（以下简称全国股份转让系统公司）制定了《全国中小企业股份转让系统股票转让方式确定及变更指引（试行）》（以下简称《指引》），现予发布，并就有关事项公告如下：

一、《指引》自发布之日起实施，（申请）挂牌公司可根据自身情况，申请股票采取协议转让或做市转让方式。

二、《指引》实施后，申请挂牌公司需在提交挂牌申请材料的同时，提交股票转让方式申请，明确股票拟采取的转让方式。

三、截至《指引》发布之日，挂牌申请材料已经接收但全国股份转让系统公司尚未出具审查意见的申请挂牌公司，其股票拟采取做市转让方式的，应按照《指引》规定履行股东大会决策程序、提交股票转让方式申请；未在全国股份转让系统公司出具审查意见前提交做市转让方式申请的，其股票挂牌时采取协议转让方式，申请挂牌公司无需履行股东大会决策程序，也无需提交股票转让方式申请。

四、截至《指引》发布之日，已取得全国股份转让系统公司同意挂牌函但尚未挂牌的申请挂牌公司，其股票挂牌时采取协议转让方式。上述公司可在股票挂牌后按照《指引》规定，申请将股票转让方式变更为做市转让方式。

五、截至《指引》发布之日，已经在全国股份转让系统挂牌的公司，其股票拟采取做市转让方式的，应当按照《指引》规定，申请变更股票转让方式。

特此公告。

全国中小企业股份转让系统有限责任公司

2014 年 7 月 3 日

附件：

全国中小企业股份转让系统股票转让方式确定及变更指引（试行）

第一章　总　　则

第一条　为明确全国中小企业股份转让系统（以下简称全国股份转让系统）申请挂牌公司、挂牌公司股票（以下简称股票）转让方式的确定、变更以及做市商加入、退出等相关事宜，根据《全国中小企业股份转让系统业务规则（试行）》、《全国中小企业股份转让系统股票转让细则（试行）》（以下简称《转让细则》）等有关规定，制定本指引。

第二条　股票可以采取做市转让方式、协议转让方式或竞价转让方式之一进行转让。挂牌公司提出申请并经全国中小企业股份转让系统有限责任公司（以下简称全国股份转让系统公司）同意，可以变更股票转让方式。

股票采取竞价转让方式的，竞价转让的实施条件、竞价转让方式的确定及有关变更要求，由全国股份转让系统公司另行制定。

第三条　申请挂牌公司股东大会应当就股票采取何种转让方式作出决议。

挂牌公司拟申请变更股票转让方式的，其股东大会应当就股票转让方式变更事宜作出决议。挂牌公司应当在股东大会会议结束后 2 个转让日内在全国股份转让系统公司指定信息披露平台（以下简称指定网站）公告决议内容。

第二章　申请挂牌公司股票转让方式的确定

第四条　股票挂牌时拟采取协议转让方式的，申请挂牌公司应当在提交挂牌申请材料的同时，向全国股份转让系统公司提交以下材料：

(一)关于股票采取协议转让方式的申请(附件1);

(二)关于同意公司股票采取协议转让方式的决议;

(三)全国股份转让系统公司要求提交的其他材料。

第五条　股票挂牌时拟采取做市转让方式的,应当具备以下条件:

(一)2家以上做市商同意为申请挂牌公司股票提供做市报价服务,且其中一家做市商为推荐该股票挂牌的主办券商或该主办券商的母(子)公司;

(二)做市商合计取得不低于申请挂牌公司总股本5%或100万股(以孰低为准),且每家做市商不低于10万股的做市库存股票;

(三)全国股份转让系统公司规定的其他条件。

第六条　股票挂牌时拟采取做市转让方式的,申请挂牌公司应当在提交挂牌申请材料的同时,向全国股份转让系统公司提交以下材料:

(一)关于股票采取做市转让方式的申请(附件2);

(二)关于同意公司股票采取做市转让方式的决议;

(三)做市商为申请挂牌公司股票提供做市报价服务申请(附件3);

(四)全国股份转让系统公司要求的其他材料。

第七条　全国股份转让系统公司在出具同意挂牌审查意见时,确认申请挂牌公司股票的转让方式。

第八条　股票采取做市转让方式的,申请挂牌公司应当在股票挂牌前确认做市商做市库存股票已经按照中国证券登记结算有限责任公司(以下简称中国结算)要求登记于做市商做市专用证券账户,并将做市商做市库存股票登记结果向全国股份转让系统公司报告。

第九条　申请挂牌公司应当按照全国股份转让系统公司的要求在公开转让说明书和挂牌提示性公告(附件4、附件5)中披露其股票转让方式。

第三章　协议转让方式变更为做市转让方式

第十条　采取协议转让方式的股票,挂牌公司申请变更为做市转让方式的,应当符合以下条件:

(一)2家以上做市商同意为该股票提供做市报价服务,并且每家做市商已取得不低于10万股的做市库存股票;

(二)全国股份转让系统公司规定的其他条件。

第十一条　挂牌公司应当在作出有关变更转让方式的决议后3个月内,向全国股份转让系统公司提交以下申请材料:

(一)变更股票转让方式为做市转让方式申请(附件6);

(二)挂牌公司关于变更股票转让方式的决议;

(三)做市商为挂牌公司股票提供做市报价服务申请(附件7);

(四)全国股份转让系统公司要求的其他材料。

第十二条　全国股份转让系统公司收到申请材料后,在3个转让日内出具意见,并于出具意见当日(T日)收市后通知挂牌公司和相关做市商。挂牌公司应当于T日在指定网站公告。

第十三条　全国股份转让系统公司同意挂牌公司股票转让方式变更为做市转让方式的，自T+2转让日起该股票转让方式变更为做市转让方式，相关做市商应当履行对该股票的做市报价义务。

第四章　做市转让方式变更为协议转让方式

第十四条　采取做市转让方式的股票，挂牌公司申请变更为协议转让方式的，应当符合以下条件：

（一）该股票所有做市商均已满足《转让细则》关于最低做市期限的要求，且均同意退出做市；

（二）全国股份转让系统公司规定的其他条件。

第十五条　挂牌公司应当在作出有关变更转让方式的决议后5个转让日内，向全国股份转让系统公司提交以下申请材料：

（一）变更股票转让方式为协议转让方式申请（附件8）；

（二）挂牌公司关于变更股票转让方式的决议；

（三）做市商同意退出做市声明（附件9）；

（四）全国股份转让系统公司要求的其他材料。

第十六条　全国股份转让系统公司收到申请材料后，在3个转让日内出具意见，并于出具意见当日（T日）收市后通知挂牌公司和相关做市商。挂牌公司应当于T日在指定网站公告。

第十七条　全国股份转让系统公司同意挂牌公司股票转让方式变更为协议转让方式的，自T+2转让日起该股票转让方式变更为协议转让方式，相关做市商停止为该股票提供做市报价服务，并应当按照《转让细则》有关规定将该挂牌公司股票转出做市专用证券账户。

第五章　申请后续加入为股票做市

第十八条　挂牌时采取做市转让方式的股票，拟后续加入的做市商须在该股票挂牌满3个月后方可经申请同意后为该股票提供做市报价服务。

做市商退出做市后，1个月内不得申请再次为该股票做市。

第十九条　采取做市转让方式的股票，做市商拟后续加入为该股票做市的，应事先向全国股份转让系统公司提交后续加入做市申请（附件10）。全国股份转让系统公司接受申请的时间为每个转让日的15:00至17:00。

第二十条　全国股份转让系统公司收到申请后，在3个转让日内出具意见，并于出具意见当日（T日）收市后通知提出申请的做市商。

全国股份转让系统公司同意申请的，该做市商应当于T日在指定网站公告，并于T+1转让日开始履行对该股票的做市报价义务。

第二十一条　挂牌公司提交将股票由做市转让方式变更为协议转让方式申请后，全国股份转让系统公司停止接受做市商后续加入为该股票做市的申请，已经接受申请的，中止审查。

第六章　申请退出为股票做市

第二十二条　挂牌时采取做市转让方式的股票和由协议转让方式变更为做市转让方式的

股票,其初始做市商为股票做市不满6个月的,不得申请退出为该股票做市。后续加入的做市商为相关股票做市不满3个月的,不得申请退出为该股票做市。

第二十三条　做市商拟退出为股票做市的,应事先向全国股份转让系统公司提交退出做市申请(附件11)。全国股份转让系统公司接受申请的时间为每个转让日的15:00至17:00。

第二十四条　全国股份转让系统公司收到申请后,在3个转让日内出具意见,并于出具意见当日(T日)收市后通知申请退出的做市商。

全国股份转让系统公司同意申请的,该做市商应当于T日在指定网站公告,自T+1转让日起停止履行为相关股票提供做市报价服务,并应当按照《转让细则》有关规定将该挂牌公司股票转出做市专用证券账户。

第七章　特殊情形处理

第二十五条　采取做市转让方式的股票发生下列情形之一,将导致该股票做市商不足2家时,全国股份转让系统公司于有关情形发生当日(T日)收市后在公司网站公告相关情况:

(一)该股票做市商提出申请并经全国股份转让系统公司同意,退出为该股票做市;

(二)该股票做市商被暂停、终止从事做市业务,或被禁止为该股票做市。

自T+1转让日起,该股票暂停转让。暂停转让期间,挂牌公司应当每5个转让日在指定网站发布一次提示性公告。

第二十六条　发生第二十五条所述情形导致股票暂停转让的,相关股票在以下情形发生后恢复转让:

(一)该股票做市商在T+30个转让日内恢复为2家以上;

(二)挂牌公司在T+30个转让日内提出申请并经全国股份转让系统公司同意,股票转让方式变更为协议转让方式;

(三)依据《转让细则》第十八条规定,全国股份转让系统公司强制将股票转让方式变更为协议转让方式。

因发生上述(一)、(三)情形,股票恢复转让的,全国股份转让系统公司于恢复转让前一转让日在公司网站公告相关情况。

第八章　附　　则

第二十七条　本指引所称“以上”包含本数,“不足”不包含本数。

第二十八条　本指引由全国股份转让系统公司负责解释。

第二十九条　本指引自发布之日起施行。

附件:

1. 关于股票采取协议转让方式的申请
2. 关于股票采取做市转让方式的申请
3. 做市商为申请挂牌公司股票提供做市报价服务申请
4. ××股份有限公司关于股票挂牌并采用协议转让方式的提示性公告
5. ××股份有限公司关于股票挂牌并采用做市转让方式的提示性公告

6. 变更股票转让方式为做市转让方式申请
7. 做市商为挂牌公司股票提供做市报价服务申请
8. 变更股票转让方式为协议转让方式申请
9. 做市商同意退出做市声明
10. 后续加入做市申请
11. 退出做市申请

附件1

关于股票采取协议转让方式的申请

全国中小企业股份转让系统有限责任公司：

本公司股东大会已于×年×月×日依法作出决议，决定本公司股票挂牌时采取协议转让方式。现本公司申请挂牌时股票采取协议转让方式。

本公司承诺所提供的申请材料真实、准确、完整，决议程序合法合规，因提供的申请材料不符合上述承诺及决议程序违法违规等问题所引起的一切法律责任由本公司自行承担。

××××股份有限公司
（加盖公章）
联系人：
联系电话：
年　月　日

附件2

关于股票采取做市转让方式的申请

全国中小企业股份转让系统有限责任公司：

本公司股东大会已于×年×月×日依法作出决议，决定本公司股票挂牌时采取做市转让方式。现本公司申请挂牌时股票采取做市转让方式。

目前，已有2家以上做市商（××、××……）同意为本公司股票提供做市报价服务，且其中1家为推荐本公司挂牌的主办券商××/该主办券商的母（子）公司。上述做市商（拟）取得的库存股票合计××股，合计占本公司总股本×%，其中做市商××（拟）取得的库存股票××股，做市商××（拟）取得的库存股票××股……

本公司承诺所提供的申请材料真实、准确、完整，决议程序合法合规，因提供的申请材料不符合上述承诺及决议程序违法违规等问题所引起的一切法律责任由本公司自行承担。

××××股份有限公司
（加盖公章）

联系人：

联系电话：

年 月 日

附件3

做市商为申请挂牌公司股票提供做市报价服务申请

全国中小企业股份转让系统有限责任公司：

本公司自愿为××股份有限公司（申请挂牌公司）股票提供做市报价服务，申请成为××股份有限公司股票挂牌时的初始做市商，并同意××股份有限公司向全国中小企业股份转让系统有限责任公司（以下简称全国股份转让系统公司）提交《关于股票采取做市转让方式的申请》。

本公司做市交易单元：××；做市证券账户：××；拟作为做市库存股的××股份有限公司股票××股，其中：（拟）从原股东处受让××股，（拟）通过股票发行取得××股，（拟）通过其他合法方式取得××股[1]，（股票发行完成后，）占××股份有限公司总股本比例为×%。

本公司承诺向全国股份转让系统公司提供相关材料的真实、准确、完整，并承诺履行报价义务、遵守有关做市商的各项规定，自愿接受因违反承诺及有关规定而导致的法律后果。

××××股份有限公司

（加盖公章）

联系人：

联系电话：

年 月 日

附件4

××股份有限公司关于股票挂牌并采用协议转让方式的提示性公告

本公司股票挂牌公开转让申请已经全国股份转让系统公司同意。本公司股票将于××××年××月××日起在全国股份转让系统挂牌公开转让。

证券简称：××××，证券代码：××××××。

转让方式：协议转让。

公开转让说明书及附件已于××××年××月××日披露于全国股份转让系统指定信息披露平台 www. neeq. com. cn 或 www. neeq. cc，供投资者查阅。

××××股份有限公司

××××年××月××日

附件5

××股份有限公司关于股票挂牌并采用做市转让方式的提示性公告

本公司股票挂牌公开转让申请已经全国股份转让系统公司同意。本公司股票将于××××年××月××日起在全国股份转让系统挂牌公开转让。

证券简称:××××,证券代码:××××××。

转让方式:做市转让。

做市商1:××证券公司(全称),推荐本公司股票挂牌的主办券商/推荐本公司股票挂牌的主办券商××证券公司的母(子)公司。

做市商2:××证券公司(全称)。

……

公开转让说明书及附件已于××××年××月××日披露于全国股份转让系统指定信息披露平台 www. neeq. com. cn 或 www. neeq. cc,供投资者查阅。

××××股份有限公司

××××年××月××日

附件6

变更股票转让方式为做市转让方式申请

全国中小企业股份转让系统有限责任公司:

本公司股东大会已于×年×月×日依法作出决议,决定本公司股票(证券简称:××,证券代码:××)由协议转让方式变更为做市转让方式。现本公司申请变更股票转让方式为做市转让方式。

目前,已有2家(以上)做市商(××、××……)同意为本公司股票提供做市报价服务,且各做市商均已取得不低于10万股的本公司股票。其中,做市商××取得的拟作为做市库存股票的本公司股票××股,做市商××取得的拟作为做市库存股的本公司股票××股……

本公司承诺所提供的申请材料真实、准确、完整,决议程序合法合规,因提供的申请材料不符合上述承诺及决议程序违法违规等问题所引起的一切法律责任由本公司自行承担。

××××股份有限公司

(加盖公章)

联系人:

联系电话:

年　月　日

附件7

做市商为挂牌公司股票提供做市报价服务申请

全国中小企业股份转让系统有限责任公司：

本公司自愿为××股份有限公司（挂牌公司）股票（证券简称：××，证券代码：××）提供做市报价服务，申请成为××股份有限公司股票做市商，并同意××股份有限公司向全国中小企业股份转让系统有限责任公司（以下简称全国股份转让系统公司）提交《变更股票转让方式为做市转让方式申请》。

本公司做市交易单元：××；做市证券账户：××；拟作为做市库存股的××股份有限公司股票××股（其中，在全国中小企业股份转让系统买入××股，通过股票发行取得××股，通过其他合法方式取得××股[2]）。

本公司承诺向全国股份转让系统公司提供相关材料的真实、准确、完整，并承诺履行报价义务、遵守有关做市商的各项规定，自愿接受因违反承诺及有关规定而导致的法律后果。

附件：股票划转申请[3]

××××股份有限公司

（加盖公章）

联系人：

联系电话：

年　月　日

附件

股票划转申请

全国中小企业股份转让系统有限责任公司：

现本公司申请将本公司自营证券账户××（交易单元编码：××，托管单元编码：××）所持××股份有限公司全部股票（证券简称：××，证券代码：××）划转至本公司做市证券账户××（交易单元编码：××，托管单元编码：××）。

××××股份有限公司

（加盖公章）

联系人：

联系电话：

年　月　日

附件 8

变更股票转让方式为协议转让方式申请

全国中小企业股份转让系统有限责任公司：

本公司股东大会已于×年×月×日依法作出决议，决定本公司股票（证券简称：××，证券代码：××）由做市转让方式变更为协议转让方式。现本公司申请变更股票转让方式为协议转让方式。

经与做市商协商一致，本公司股票所有做市商××、××……均同意退出为本公司股票做市。其中，做市商××为本公司股票的初始做市商/后续加入做市商，从最近一次为该股票做市首日起至今已超过6个月/3个月；做市商××为本公司股票的初始做市商/后续加入做市商，从最近一次为该股票做市首日起至今已超过6个月/3个月；……，均符合《全国中小企业股份转让系统股票转让细则（试行）》有关做市商最低做市期限的要求。

本公司承诺所提供的申请材料真实、准确、完整，决议程序合法合规，因提供的申请材料不符合上述承诺及决议程序违法违规等问题所引起的一切法律责任由本公司自行承担。

××××股份有限公司

（加盖公章）

联系人：

联系电话：

年　月　日

附件 9

做市商同意退出做市声明

全国中小企业股份转让系统有限责任公司：

本公司自愿申请退出为××股份有限公司（挂牌公司）股票（证券简称：××，证券代码：××）提供做市报价服务，并同意××股份有限公司向全国中小企业股份转让系统有限责任公司（以下简称全国股份转让系统公司）提交《变更股票转让方式为协议转让方式申请》。

本公司为××（证券简称）的初始做市商/后续加入做市商，从最近一次为该股票做市首日起至今已超过6个月/3个月，符合《全国中小企业股份转让系统股票转让细则（试行）》有关做市商最低做市期限的要求。

本公司承诺向全国股份转让系统公司提供相关材料的真实、准确、完整，并承诺遵守全国股份转让系统公司的各项规定，自愿接受因违反承诺及有关规定而导致的法律后果。

附件：股票划转申请[4]

××××股份有限公司

（加盖公章）

联系人:

联系电话:

年 月 日

附件

股票划转申请

全国中小企业股份转让系统有限责任公司:

现本公司申请将本公司做市证券账户××(交易单元编码:××,托管单元编码:××)所持××股份有限公司全部股票(证券简称:××,证券代码:××)划转至本公司自营证券账户××(交易单元编码:××,托管单元编码:××)。

××××股份有限公司

(加盖公章)

联系人:

联系电话:

年 月 日

附件 10

后续加入做市申请

全国中小企业股份转让系统有限责任公司:

本公司自愿为××股份有限公司(挂牌公司)股票(证券简称:××,证券代码:××)提供做市报价服务,申请成为××股份有限公司股票做市商。

××股份有限公司于×年×月×日在全国中小企业股份转让系统挂牌,挂牌时股票采取做市转让方式且距今已满3个月/挂牌时股票采取协议转让方式。本公司系初次为××(证券简称)做市/本公司系再次为××(证券简称)做市,上一次退出为该股票做市的日期为×年×月×日,距今已满1个月。

本公司做市交易单元:××;做市证券账户:××;拟作为做市库存股的××股份有限公司股票××股(其中,在全国中小企业股份转让系统买入××股,通过股票发行取得××股,通过其他合法方式取得××股[5])。

本公司承诺向全国股份转让系统公司提供相关材料的真实、准确、完整,并承诺履行报价义务、遵守有关做市商的各项规定,自愿接受因违反承诺及有关规定而导致的法律后果。

附件:股票划转申请[6]

××××股份有限公司

(加盖公章)

联系人：

联系电话：

年　月　日

附件

股票划转申请

全国中小企业股份转让系统有限责任公司：

现本公司申请将本公司自营证券账户××（交易单元编码：××，托管单元编码：××）所持××股份有限公司全部股票（证券简称：××，证券代码：××）划转至本公司做市证券账户××（交易单元编码：××，托管单元编码：××）。

××××股份有限公司

（加盖公章）

联系人：

联系电话：

年　月　日

附件11

退出做市申请

全国中小企业股份转让系统有限责任公司：

本公司自愿申请退出为××股份有限公司（挂牌公司）股票（证券简称：××，证券代码：××）提供做市报价服务。

本公司为××（证券简称）的初始做市商/后续加入做市商，从最近一次为该股票做市首日起至今已超过6个月/3个月，符合《全国中小企业股份转让系统股票转让细则（试行）》有关做市商最低做市期限的要求。

本公司承诺向全国股份转让系统公司提供相关材料的真实、准确、完整，并承诺遵守全国股份转让系统公司的各项规定，自愿接受因违反承诺及有关规定而导致的法律后果。

附件：股票划转申请[7]

××××股份有限公司

（加盖公章）

联系人：

联系电话：

年　月　日

附件

股票划转申请

全国中小企业股份转让系统有限责任公司：

现本公司申请将本公司做市证券账户××（交易单元编码：××，托管单元编码：××）所持××股份有限公司全部股票（证券简称：××，证券代码：××）划转至本公司自营证券账户××（交易单元编码：××，托管单元编码：××）。

××××股份有限公司
（加盖公章）
联系人：
联系电话：
年 月 日

［1］通过其他合法方式取得做市库存股票的，应当说明具体途径。

［2］通过其他合法方式取得做市库存股票的，应当说明具体途径。

［3］根据《全国中小企业股份转让系统股票转让细则（试行）》要求，做市商开展做市业务，应通过专用证券账户进行。因此，如做市商拟作为做市库存股的股票登记于自营账户内，在挂牌公司向本公司提交变更股票转让方式为做市转让方式申请同时，做市商还应向中国结算北京分公司提交股票划转申请；如已登记于做市证券账户内，无需本附件。

［4］根据《全国中小企业股份转让系统股票转让细则（试行）》要求，做市商不再为挂牌公司股票提供做市报价服务的，应将库存股票转出做市专用证券账户。因此，在挂牌公司向本公司提交变更股票转让方式为协议转让方式申请同时，做市商还应向中国结算北京分公司提交股票划转申请。

［5］通过其他合法方式取得做市库存股票的，应当说明具体途径。

［6］根据《全国中小企业股份转让系统股票转让细则（试行）》要求，做市商开展做市业务，应通过专用证券账户进行。因此，如做市商拟作为做市库存股的股票登记于自营账户内，其向本公司提交《后续加入做市申请》同时，还应向中国结算北京分公司提交股票划转申请；如已登记于做市证券账户内，无需本附件。

［7］根据《全国中小企业股份转让系统股票转让细则（试行）》要求，做市商不再为挂牌公司股票提供做市报价服务的，应将库存股票转出做市专用证券账户。因此，做市商在向本公司提交《退出做市申请》同时，还应向中国结算北京分公司提交股票划转申请。

3 | 21 全国中小企业股份转让系统股票异常转让实时监控指引（试行）

股转系统公告〔2014〕50号 2014年6月9日公布实施

第一条 为维护全国中小企业股份转让系统（以下简称全国股份转让系统）交易秩序，保护投资者合法权益,根据《全国中小企业股份转让系统业务规则(试行)》(以下简称《业务规则》)、《全国中小企业股份转让系统股票转让细则(试行)》(以下简称《股票转让细则》)、《全国中小企业股份转让系统主办券商管理细则(试行)》等规定,制定本指引。

第二条　全国中小企业股份转让系统有限责任公司(以下简称全国股份转让系统公司)对挂牌公司股票的转让过程进行实时监控,并依法对实时监控中发现的异常情况及行为实施自律监管。

第三条　全国股份转让系统公司在实时监控中,发现股票价格异常波动、股票转让行为异常或做市商报价与转让行为涉嫌违法违规的,可以采取公告转让双方基本情况和转让相关信息、电话问询、要求提交书面承诺、出具警示函、暂停转让、限制证券账户交易、向中国证监会报告等措施。

第四条　股票转让出现下列情形之一的,属于异常波动,挂牌公司应当于次一转让日披露异常波动公告。

(一)协议转让方式下,股票当日换手率超过 10%,或连续三个转让日换手率累计超过 20%;

(二)做市转让方式下,股票连续三个转让日涨跌幅累计超过 50%;

(三)全国股份转让系统公司认定的其他情形。

如果次一转让日无法披露,挂牌公司应当向全国股份转让系统公司申请股票暂停转让直至披露后恢复转让。

第五条　采取协议转让方式的股票,投资者买卖出现下列情形之一的,全国股份转让系统公司于次一转让日进行公告:

(一)成交价格较前收盘价变动幅度超过 50%;

(二)全国股份转让系统公司认定的其他情形。

公告内容包括:证券代码、证券简称、成交价格、成交数量、买卖双方证券账户名称、主办券商证券营业部或交易单元的名称等。

第六条　采取做市转让方式的股票,出现下列情形之一的,相关做市商应当及时向全国股份转让系统公司报告,并说明情况:

(一)当日成交量加权平均价较前收盘价变动幅度超过 20%;

(二)当日最高报卖价、最低报买价较前收盘价变动幅度超过 30%;

(三)全国股份转让系统公司或做市商认为需要报告并说明情况的其他情形。

第七条　全国股份转让系统公司可以单独或联合其他有关单位,对异常及涉嫌违法违规转让行为采取现场或非现场方式进行调查,相关主办券商及其营业部、投资者应当予以配合。

第八条　全国股份转让系统公司对异常转让的当事人采取要求提交书面承诺、出具警示函等措施的,通过相关证券账户所在的主办券商或营业部向当事人发出。相关主办券商或营业部应当及时向客户转告有关警示、督促客户提交书面承诺,并保留相关证据。

做市商或使用专用交易单元的机构投资者进行做市或参与交易的,全国股份转让系统公司直接要求相关当事人提交书面承诺、向其出具警示函。

第九条　全国股份转让系统公司做出限制证券账户交易决定的,通过相关证券账户所在主办券商向当事人发出有关书面决定。该主办券商应当在收到限制证券账户交易决定的当日将其送达相关当事人;确实无法在当天送达的,应保留相关证据并及时向全国股份转让系统公司报告。

做市商、使用专用交易单元的机构投资者进行做市或参与交易的,全国股份转让系统公司直接向相关当事人发出有关书面决定。

第十条 投资者被全国股份转让系统公司采取自律监管措施后仍拒不配合或未按要求整改,主办券商未按照全国股份转让系统公司业务规则履行客户管理责任或不配合监管,或者做市商不配合监管或未按要求整改的,全国股份转让系统公司可依据《股票转让细则》等,采取进一步处理措施。

第十一条 本指引所称"超过"不含本数。

第十二条 本指引由全国股份转让系统公司负责解释。

第十三条 本指引自发布之日起实施。

3 | 22 全国中小企业股份转让系统交易单元管理办法(试行)

股转系统公告〔2014〕28号 2014年4月25日公布实施

第一章 总 则

第一条 为规范全国中小企业股份转让系统有限责任公司(以下简称全国股份转让系统公司)交易单元的管理,维护市场秩序,保障交易安全,根据《全国中小企业股份转让系统业务规则(试行)》、《全国中小企业股份转让系统股票转让细则(试行)》、《全国中小企业股份转让系统主办券商管理细则(试行)》及其他相关规定,制定本办法。

第二条 全国中小企业股份转让系统(以下简称全国股份转让系统)交易单元的管理,适用本办法。本办法未作规定的,适用全国股份转让系统公司其他规定。

第三条 主办券商和全国股份转让系统公司认可的其他机构(以下统称转让参与人)通过交易单元参与全国股份转让系统证券转让活动的,按照全国股份转让系统公司规定行使相关转让权利,获取相关转让服务,并接受全国股份转让系统公司管理。

全国股份转让系统公司认可的其他机构通过设立交易单元参与全国股份转让系统证券转让活动的,相关规定由全国股份转让系统公司另行制定。

第四条 转让参与人应当遵守本办法和全国股份转让系统公司其他相关规定,制定有关交易单元的内部管理制度,规范相关操作流程,防范业务风险,并承担所属交易单元相关证券业务的法律责任。

第二章 一般规定

第五条 转让参与人设立交易单元后,方可参与全国股份转让系统的证券转让。

转让参与人可根据业务需要向全国股份转让系统公司申请设立一个或一个以上的交易

单元。

第六条　转让参与人从事证券经纪、证券自营、做市和证券资产管理等业务，应当使用不同的交易单元，但全国股份转让系统公司另有规定的除外。

第七条　全国股份转让系统公司根据转让参与人的申请和业务范围，为其设立的交易单元设定下列交易或业务权限：

（一）参与不同类别证券品种的转让；

（二）参与不同类型的交易申报；

（三）参与特定证券的做市申报；

（四）其他交易或业务权限。

第八条　全国股份转让系统公司可根据转让参与人的风险承受能力、技术系统、内部控制、业务资格变化及遵守全国股份转让系统公司规则的情况等，调整或取消相关交易或业务权限。

第九条　根据转让参与人的申请，全国股份转让系统公司可以为其交易单元设置以下使用全国股份转让系统公司交易系统资源和获取交易系统服务的功能：

（一）申报买卖指令及其他业务指令；

（二）获取实时及盘后交易回报；

（三）获取证券转让即时行情、证券转让公开信息等交易信息及相关新闻公告；

（四）获取交易系统提供的其他服务。

第十条　转让参与人设立的交易单元通过网关与全国股份转让系统公司交易系统连接。

转让参与人可通过多个网关进行一个交易单元的交易申报，也可通过一个网关进行多个交易单元的交易申报，但不得通过其他转让参与人的网关进行交易申报。

第十一条　全国股份转让系统公司为转让参与人设立的每个交易单元自动配备一个免费标准流速。转让参与人可向全国股份转让系统公司申请一个以上的标准流速，并可将所拥有的总流速配置到一个或一个以上的网关上。

一个标准流速为每秒10笔，全国股份转让系统公司可根据市场需要进行调整。配置到网关上的流速应当为标准流速的整数倍，单个网关最多可配置10个标准流速。

第三章　设立、变更与注销

第十二条　转让参与人可根据业务需要，向全国股份转让系统公司申请设立交易单元。转让参与人申请设立交易单元的，应当按照全国股份转让系统公司的要求提供相关文件。

全国股份转让系统公司自受理之日起5个转让日内作出是否同意的决定。

第十三条　转让参与人购买标准流速或设立网关，应当向全国股份转让系统公司提出申请。

全国股份转让系统公司自受理之日起2个转让日内作出是否同意的决定。

第十四条　全国股份转让系统公司对第十二条、第十三条所述的申请审核同意的，核定相应的交易单元编码及所涉业务类型、标准流速数量与网关编码等。

第十五条　转让参与人可向全国股份转让系统公司申请变更其交易单元业务类型、交易权限与标准流速数量或网关编码等。

全国股份转让系统公司自受理之日起3个转让日内作出是否同意的决定。

第十六条 转让参与人可向全国股份转让系统公司申请注销其交易单元、标准流速或网关。

全国股份转让系统公司自受理之日起3个转让日内作出是否同意的决定。

第十七条 转让参与人在办理网关注销手续时,应当同时办理使用该网关的交易单元的变更或注销手续。

转让参与人在办理全部交易单元注销手续时,应同时办理网关的注销手续。

第十八条 因转让参与人发生重组、合并、破产、清算等情况涉及交易单元或者网关变动的,转让参与人应及时向全国股份转让系统公司申请办理相关的变更或者注销等手续。

第十九条 转让参与人不得转让交易单元。未经全国股份转让系统公司同意,转让参与人不得以出租等方式将设立的交易单元交予他人使用。

第四章 收 费

第二十条 转让参与人通过交易单元从事证券转让业务,应当向全国股份转让系统公司交纳交易单元开设初费、使用费、流速费与流量费等费用。

第二十一条 转让参与人设立首个交易单元时,应交纳人民币50万元的交易单元开设初费。转让参与人设立首个交易单元后,增设交易单元的,不必再交纳交易单元开设初费。

第二十二条 转让参与人申请使用的每个交易单元(含首个交易单元)按每年人民币3万元交纳交易单元使用费。

第二十三条 转让参与人申请使用的总流速不超过其享有的免费标准流速之和时,不需交纳流速费;申请使用的总流速超出其享有的免费标准流速之和的部分,按每个标准流速每年人民币5000元交纳流速费。

第二十四条 转让参与人应当按年向全国股份转让系统公司交纳流量费。转让参与人每年流量费总额按下列公式计算:

转让参与人每年流量费总额=(转让参与人所属各交易单元的年交易类申报笔数总和-该转让参与人享受的年交易类免费申报笔数)×每笔交易类申报收费单价+(转让参与人所属各交易单元的年非交易类申报笔数总和-该转让参与人享有的年非交易类免费申报笔数)×每笔非交易类申报收费单价。其中:

(一)交易类申报包括买申报、卖申报和撤销申报;非交易类申报指除交易类申报外的其他申报,包括新股申购申报、转托管申报、可转债转股和回售申报等。

(二)每个交易单元享受的年免费申报笔数为交易类申报、非交易类申报各5000笔。

(三)每笔交易类申报收费单价为人民币0.15元,每笔非交易类申报收费单价为人民币0.01元。

按上述规则计算的转让参与人应交纳的流量费,每年不足人民币2000元的,按人民币2000元计。

第五章　附　　则

第二十五条　本规则下列用语的含义：

（一）交易单元，是指转让参与人向全国股份转让系统公司申请设立的、参与全国股份转让系统证券转让，并接受全国股份转让系统公司服务及监管的基本业务单位。

（二）网关，是指放置在转让参与人处、用于连接转让参与人与全国股份转让系统公司交易系统的软硬件设施的总称。

（三）标准流速，是指转让参与人在单位时间内通过网关向全国股份转让系统公司交易系统发送的标准的申报笔数。

第二十六条　本办法由全国股份转让系统公司负责解释。

第二十七条　本办法自发布之日起施行。

3 | 23　全国中小企业股份转让系统股票转让细则（试行）

全国中小企业股份转让系统有限责任公司关于发布《全国中小企业股份转让系统股票转让细则（试行）》的公告

股转系统公告〔2013〕46号　2013年12月30日公布

为规范全国中小企业股份转让系统股票转让行为，维护市场运行秩序，保护投资者合法权益，根据《中华人民共和国证券法》、《全国中小企业股份转让系统有限责任公司管理暂行办法》等法律、行政法规、部门规章及《全国中小企业股份转让系统业务规则（试行）》等相关规定，全国中小企业股份转让系统有限责任公司制定了《全国中小企业股份转让系统股票转让细则（试行）》（以下简称《转让细则》），并已获中国证监会批准，现予发布，并就有关事项公告如下：

一、《转让细则》有关交易结算制度的实施涉及系统开发、测试以及市场参与各方的技术衔接。因此，《转让细则》将在交易结算相关技术系统开发和测试完成后实施，具体实施时间由本公司另行公布。

二、《转让细则》实施前，全国中小企业股份转让系统交易结算有关事项仍按《关于发布全国中小企业股份转让系统过渡期交易结算暂行办法的通知》（股转系统公告〔2013〕4号）执行。

三、主办券商应积极配合本公司、中国证券登记结算有限责任公司做好交易结算系统开发、测试等相关工作。

特此公告。

全国中小企业股份转让系统

2013年12月30日

全国中小企业股份转让系统股票转让细则(试行)

第一章　总　　则

第一条　为规范全国中小企业股份转让系统(以下简称全国股份转让系统)股票转让行为，维护证券市场运行秩序，保护投资者合法权益，根据《中华人民共和国证券法》、《全国中小企业股份转让系统有限责任公司管理暂行办法》等法律、行政法规、部门规章、其他规范性文件及《全国中小企业股份转让系统业务规则(试行)》(以下简称《业务规则》)等相关规定，制定本细则。

第二条　在全国股份转让系统挂牌股票的转让，适用本细则。本细则未作规定的，适用全国股份转让系统其他有关规定。

第三条　股票转让及相关活动实行公开、公平、公正的原则，禁止证券欺诈、内幕交易、操纵市场等违法违规行为。

第四条　主办券商、投资者等市场参与人应当遵守法律、行政法规、部门规章、其他规范性文件及全国股份转让系统有关业务规则，遵循自愿、有偿、诚实信用原则。

第五条　全国中小企业股份转让系统有限责任公司(以下简称全国股份转让系统公司)为股票转让活动提供服务，并依法对相关股票转让活动进行自律管理。

第六条　股票转让采用无纸化的公开转让形式，或经中国证券监督管理委员会(以下简称中国证监会)批准的其他转让形式。

第二章　转 让 市 场

第一节　转让设施与转让参与人

第七条　全国股份转让系统为股票转让提供相关设施，包括交易主机、交易单元、报盘系统及相关通信系统等。

第八条　主办券商进入全国股份转让系统进行股票转让，应当向全国股份转让系统公司申请取得转让权限，成为转让参与人。

第九条　转让参与人应当通过在全国股份转让系统申请开设的交易单元进行股票转让。

第十条　交易单元是转让参与人向全国股份转让系统公司申请设立的、参与全国股份转让系统证券转让，并接受全国股份转让系统公司服务及监管的基本业务单位。

第十一条　主办券商在全国股份转让系统开展证券经纪、证券自营和做市业务，应当分别开立交易单元。

第十二条　交易单元和转让权限的具体规定，由全国股份转让系统公司另行制定。

第二节　转 让 方 式

第十三条　股票可以采取做市转让方式、协议转让方式、竞价转让方式之一进行转让。

第十四条　股票采取做市转让方式的，应当有2家以上做市商为其提供做市报价服务。

申请挂牌公司股票拟采取做市转让方式的，其中一家做市商应为推荐其股票挂牌的主办券商或该主办券商的母(子)公司。

第十五条　股票采取竞价转让方式的,应当符合全国股份转让系统公司规定的条件。具体条件由全国股份转让系统公司另行制定。

第十六条　挂牌公司提出申请并经全国股份转让系统公司同意,可以变更股票转让方式。

第十七条　采取做市转让方式的股票,拟变更为协议或竞价转让方式的,挂牌公司应事前征得该股票所有做市商同意。

第十八条　采取做市转让方式的股票,为其做市的做市商不足 2 家,且未在 30 个转让日内恢复为 2 家以上做市商的,如挂牌公司未按规定提出股票转让方式变更申请,其转让方式将强制变更为协议转让方式。

第三节　转 让 时 间

第十九条　股票转让时间为每周一至周五 9:15 至 11:30,13:00 至 15:00。转让时间内因故停市,转让时间不作顺延。

遇法定节假日和全国股份转让系统公司公告的休市日,全国股份转让系统休市。

第二十条　经中国证监会批准,全国股份转让系统公司可以调整转让时间。

第三章　股票转让一般规定

第二十一条　投资者买卖股票,应当以实名方式开立证券账户和资金账户,与主办券商签订证券买卖委托代理协议,并签署相关风险揭示书。

投资者开立证券账户,应当按照中国证券登记结算有限责任公司(以下简称中国结算)的规定办理。

第二十二条　投资者可以通过书面委托方式或电话、自助终端、互联网等自助委托方式委托主办券商买卖股票。

投资者进行自助委托的,应按相关规定操作,主办券商应当记录投资者委托的电话号码、网卡地址、IP 地址等信息。

第二十三条　主办券商接受投资者的买卖委托后,应当确认投资者具备相应股票或资金,并按照委托的内容向全国股份转让系统申报,承担相应的交易、交收责任。

主办券商接受投资者买卖委托达成交易的,投资者应当向主办券商交付其委托主办券商卖出的股票或其委托主办券商买入股票的款项,主办券商应当向投资者交付卖出股票所得款项或买入的股票。

第二十四条　投资者可以撤销委托的未成交部分。

被撤销或失效的委托,主办券商应当在确认后及时向投资者返还相应的资金或股票。

第二十五条　主办券商应按照接受投资者委托的时间先后顺序及时向全国股份转让系统申报。

第二十六条　申报指令应当按全国股份转让系统公司规定的格式传送。全国股份转让系统公司可以根据市场需要,调整申报的内容及方式。

第二十七条　主办券商应当按有关规定妥善保管委托和申报记录。

第二十八条 买卖股票的申报数量应当为1000股或其整数倍。卖出股票时,余额不足1000股部分,应当一次性申报卖出。

第二十九条 股票转让的计价单位为“每股价格”。股票转让的申报价格最小变动单位为0.01元人民币。

按成交原则达成的价格不在最小价格变动单位范围内的,按照四舍五入原则取至相应的最小价格变动单位。

第三十条 股票转让单笔申报最大数量不得超过100万股。

第三十一条 全国股份转让系统公司可以根据市场需要,调整股票单笔申报数量、申报价格的最小变动单位和单笔申报最大数量。

第三十二条 申报当日有效。

买卖申报和撤销申报经全国股份转让系统交易主机确认后方为有效。

第三十三条 主办券商通过报盘系统向全国股份转让系统交易主机发送买卖申报指令。买卖申报经交易主机撮合成交后,转让即告成立。按本细则各项规定达成的交易于成立时生效,交易记录由全国股份转让系统公司发送至主办券商。

因不可抗力、意外事件、交易系统被非法侵入等原因造成严重后果的转让,全国股份转让系统公司可以采取适当措施或认定无效。

对显失公平的转让,经全国股份转让系统公司认定,可以采取适当措施。

第三十四条 违反本细则,严重破坏证券市场正常运行的转让,全国股份转让系统公司有权宣布取消转让。由此造成的损失由违规转让者承担。

第三十五条 依照本细则达成的交易,其成交结果以交易主机记录的成交数据为准。

第三十六条 全国股份转让系统对股票转让不设涨跌幅限制。全国股份转让系统公司另有规定的除外。

第三十七条 投资者买入的股票,买入当日不得卖出;做市商买入的股票,买入当日可以卖出。全国股份转让系统公司另有规定的除外。

第三十八条 按照本细则达成的交易,买卖双方必须承认交易结果,履行清算交收义务。

股票买卖的清算交收业务,应当按照中国结算的规定办理。

第三十九条 全国股份转让系统公司每个转让日发布股票转让即时行情、股票转让公开信息等转让信息,及时编制反映市场转让情况的各类报表,并通过全国股份转让系统指定信息披露平台或其他媒体予以公布。

第四十条 全国股份转让系统对采取做市、协议和竞价转让方式的股票即时行情实行分类揭示。

第四十一条 全国股份转让系统公司负责全国股份转让系统信息的统一管理和发布。未经全国股份转让系统公司许可,任何机构和个人不得发布、使用和传播转让信息。经全国股份转让系统公司许可使用转让信息的机构和个人,未经同意不得将转让信息提供给其他机构和个人使用或予以传播。

第四十二条 全国股份转让系统公司可以根据市场需要,调整即时行情和股票转让公开信息发布的内容和方式。

第四十三条　全国股份转让系统公司可以根据市场发展需要，编制综合指数、成分指数、分类指数等股票指数，随即时行情发布。

股票指数的设置和编制方法，由全国股份转让系统公司另行规定。

第四章　做市转让方式

第一节　委托与申报

第四十四条　做市商应在全国股份转让系统持续发布买卖双向报价，并在其报价数量范围内按其报价履行与投资者的成交义务。做市转让方式下，投资者之间不能成交。全国股份转让系统公司另有规定的除外。

第四十五条　投资者可以采用限价委托方式委托主办券商买卖股票。

限价委托是指投资者委托主办券商按其限定的价格买卖股票的指令，主办券商必须按限定的价格或低于限定的价格申报买入股票；按限定的价格或高于限定的价格申报卖出股票。

限价委托应包括证券账户号码、证券代码、买卖方向、委托数量、委托价格等内容。

第四十六条　全国股份转让系统接受主办券商的限价申报、做市商的做市申报。全国股份转让系统公司另有规定的除外。

限价申报应包括证券账户号码、证券代码、交易单元代码、证券营业部识别码、买卖方向、申报数量、申报价格等内容。

做市申报是指做市商为履行做市义务，向全国股份转让系统发送的，按其指定价格买卖不超过其指定数量股票的指令。做市申报应包括证券账户号码、证券代码、交易单元代码、买卖申报数量和价格等内容。

第四十七条　全国股份转让系统接受限价申报、做市申报的时间为每个转让日的9:15至11:30、13:00至15:00。全国股份转让系统公司可以调整接受申报的时间。

第四十八条　做市商应最迟于每个转让日的9:30开始发布买卖双向报价，履行做市报价义务。

第四十九条　做市商每次提交做市申报应当同时包含买入价格与卖出价格，且相对买卖价差不得超过5%。相对买卖价差计算公式为：

相对买卖价差＝(卖出价格－买入价格)÷卖出价格×100%

卖出价格与买入价格之差等于最小价格变动单位的，不受前款限制。

第五十条　做市商提交新的做市申报后，前次做市申报的未成交部分自动撤销。

第五十一条　做市商前次做市申报撤销或其申报数量经成交后不足1000股的，做市商应于5分钟内重新报价。

第五十二条　做市商持有库存股票不足1000股时，可以免于履行卖出报价义务。

出现前款所述情形，做市商应及时向全国股份转让系统公司报告并调节库存股票数量，并最迟于该情形发生后第3个转让日恢复正常双向报价。

第五十三条　单个做市商持有库存股票达到挂牌公司总股本20%时，可以免于履行买入报价义务。

出现前款所述情形，做市商应及时向全国股份转让系统公司报告，并最迟于该情形发生后第3个转让日恢复正常双向报价。

第二节　成　　交

第五十四条　每个转让日的9:30至11:30、13:00至15:00为做市转让撮合时间。

做市商每个转让日提供双向报价的时间应不少于做市转让撮合时间的75%。

第五十五条　全国股份转让系统对到价的限价申报即时与做市申报进行成交；如有2笔以上做市申报到价的，按照价格优先、时间优先原则成交。成交价以做市申报价格为准。

做市商更改报价使限价申报到价的，全国股份转让系统按照价格优先、时间优先原则将到价限价申报依次与该做市申报进行成交。成交价以做市申报价格为准。

到价是指限价申报买入价格等于或高于做市申报卖出价格，或限价申报卖出价格等于或低于做市申报买入价格。

限价申报之间、做市申报之间不能成交。

第三节　做市商管理

第五十六条　证券公司在全国股份转让系统开展做市业务前，应向全国股份转让系统公司申请备案。

第五十七条　做市商开展做市业务，应通过专用证券账户进行。做市专用证券账户应向中国结算和全国股份转让系统公司报备。

做市商不再为挂牌公司股票提供做市报价服务的，应将库存股票转出做市专用证券账户。

第五十八条　做市商证券自营账户不得持有其做市股票或参与做市股票的买卖。

第五十九条　挂牌时采取做市转让方式的股票，初始做市商应当取得合计不低于挂牌公司总股本5%或100万股（以孰低为准），且每家做市商不低于10万股的做市库存股票。

除前款所述情形外，做市商在做市前应当取得不低于10万股的做市库存股票。

第六十条　做市商的做市库存股票可通过以下方式取得：

（一）股东在挂牌前转让；

（二）股票发行；

（三）在全国股份转让系统买入；

（四）其他合法方式。

第六十一条　挂牌时采取做市转让方式的股票，后续加入的做市商须在该股票挂牌满3个月后方可为其提供做市报价服务。

采取做市转让方式的股票，后续加入的做市商应当向全国股份转让系统公司提出申请。

第六十二条　挂牌时采取做市转让方式的股票和由其他转让方式变更为做市转让方式的股票，其初始做市商为股票做市不满6个月的，不得退出为该股票做市。后续加入的做市商为股票做市不满3个月的，不得退出为该股票做市。

做市商退出做市的，应当事前提出申请并经全国股份转让系统公司同意。做市商退出做市后，1个月内不得申请再次为该股票做市。

第六十三条　出现下列情形时，做市商自动终止为相关股票做市：

（一）该股票摘牌；

（二）该股票因其他做市商退出导致做市商不足2家而变更转让方式；

（三）做市商被暂停、终止从事做市业务或被禁止为该股票做市；

（四）全国股份转让系统公司认定的其他情形。

第四节　做市商间转让

第六十四条　做市商间为调节库存股等进行股票转让的，可以通过互报成交确认申报方式进行。

第六十五条　做市商的成交确认申报是指做市商之间按指定价格和数量与指定对手方确认成交的指令。

做市商的成交确认申报应包括证券账户号码、证券代码、交易单元代码、买卖方向、申报数量、申报价格、对手方交易单元、对手方证券账户号码以及成交约定号等内容。

第六十六条　全国股份转让系统接受做市商成交确认申报和对做市商成交确认申报进行成交确认的时间为每个转让日的15:00至15:30。

第六十七条　全国股份转让系统对证券代码、申报价格和申报数量相同，买卖方向相反，指定对手方交易单元、证券账户号码相符及成交约定号一致的做市商成交确认申报进行确认成交。

做市商间转让股票，其成交价格应在该股票当日最高、最低成交价之间；当日无成交的，其成交价格不得高于前收盘价的110%且不低于前收盘价的90%。

第六十八条　做市商当日从其他做市商处买入的股票，买入当日不得卖出。

第六十九条　做市商间转让不纳入即时行情和指数的计算，成交量在每个转让日做市商间转让结束后计入该股票成交总量。

第七十条　每个转让日做市商间转让结束后，全国股份转让系统公司逐笔公布做市商间转让信息，包括证券名称、成交量、成交价以及买卖双方做市商名称等。

第五节　其他规定

第七十一条　采取做市转让方式的股票，开盘价为该股票当日第一笔成交价。

第七十二条　采取做市转让方式的股票，收盘价为该股票当日最后一笔成交价。

当日无成交的，以前收盘价为当日收盘价。

第七十三条　全国股份转让系统为做市商提供其做市股票实时最高10个价位的买入限价申报价格和数量、最低10个价位的卖出限价申报价格和数量等信息，以及为该股票提供做市报价服务做市商的实时最优10笔买入和卖出做市申报价格和数量等信息。

第七十四条　采取做市转让方式的股票，全国股份转让系统每个转让日9:30开始发布即时行情，其内容主要包括证券代码、证券简称、前收盘价、最近成交价、当日最高价、当日最低价、当日累计成交数量、当日累计成交金额、做市商实时最高3个价位买入申报价格和数量、做市商实时最低3个价位卖出申报价格和数量等。

第五章　协议转让方式

第一节　委托与申报

第七十五条　投资者委托分为意向委托、定价委托和成交确认委托。

意向委托是指投资者委托主办券商按其确定价格和数量买卖股票的意向指令,意向委托不具有成交功能。意向委托应包括证券账户号码、证券代码、买卖方向、委托数量、委托价格、联系人、联系方式等内容。

定价委托是指投资者委托主办券商按其指定的价格买卖不超过其指定数量股票的指令。定价委托应包括证券账户号码、证券代码、买卖方向、委托数量、委托价格等内容。

成交确认委托是指投资者买卖双方达成成交协议,或投资者拟与定价委托成交,委托主办券商以指定价格和数量与指定对手方确认成交的指令。成交确认委托应包括:证券账户号码、证券代码、买卖方向、委托数量、委托价格、成交约定号等内容;拟与对手方通过互报成交确认委托方式成交的,还应注明对手方交易单元代码和对手方证券账户号码。

第七十六条　全国股份转让系统接受主办券商的意向申报、定价申报和成交确认申报。

意向申报应包括证券账户号码、证券代码、交易单元代码、证券营业部识别码、买卖方向、申报数量、申报价格、联系人、联系方式等内容。

定价申报应包括证券账户号码、证券代码、交易单元代码、证券营业部识别码、买卖方向、申报数量、申报价格等内容。

成交确认申报应包括:证券账户号码、证券代码、交易单元代码、证券营业部识别码、买卖方向、申报数量、申报价格、成交约定号等内容;若投资者成交确认委托中包括对手方交易单元代码和对手方证券账户号码,其对应成交确认申报指令也应包括相关内容。

第七十七条　交易主机接受申报的时间为每个转让日的9:15至11:30、13:00至15:00。

全国股份转让系统公司可以调整接受申报的时间。

第七十八条　全国股份转让系统收到拟与定价申报成交的成交确认申报后,如系统中无对应的定价申报,该成交确认申报以撤单处理。

第二节　成　　交

第七十九条　每个转让日的9:30至11:30、13:00至15:00为协议转让的成交确认时间。

第八十条　全国股份转让系统按照时间优先原则,将成交确认申报和与该成交确认申报证券代码、申报价格相同,买卖方向相反及成交约定号一致的定价申报进行确认成交。

成交确认申报与定价申报可以部分成交。成交确认申报股票数量小于定价申报的,以成交确认申报的股票数量为成交股票数量;成交确认申报股票数量大于定价申报的,以定价申报的股票数量为成交股票数量。成交确认申报未成交部分以撤单处理。

第八十一条　全国股份转让系统对证券代码、申报价格和申报数量相同,买卖方向相反,指定对手方交易单元、证券账户号码相符及成交约定号一致的成交确认申报进行确认成交。

第八十二条　每个转让日15:00,全国股份转让系统按照时间优先原则,将证券代码和申报价格相同、买卖方向相反的未成交定价申报进行匹配成交。

第三节　其他规定

第八十三条　采取协议转让方式的股票,开盘价为当日该股票的第一笔成交价。

第八十四条　采取协议转让方式的股票,以当日最后30分钟转让时间的成交量加权平均价为当日收盘价。最后30分钟转让时间无成交的,以当日成交量加权平均价为当日收盘价。当日无成交的,以前收盘价为当日收盘价。

第八十五条　采取协议转让方式的股票,每个转让日的即时行情内容主要包括前收盘价、最近成交价、当日最高成交价、当日最低成交价、当日累计成交数量以及定价申报的价格、数量、成交约定号等。

第八十六条　采取协议转让方式的股票,全国股份转让系统公司公布当日每笔成交信息,内容包括证券代码、证券简称、成交价格、成交数量、买卖双方主办券商证券营业部或交易单元的名称等。

股票转让公开信息涉及机构专用交易单元的,公布名称为“机构专用”。

第六章　竞价转让方式

第一节　委托与申报

第八十七条　股票竞价转让采用集合竞价和连续竞价两种方式。集合竞价,是指对一段时间内接受的买卖申报一次性集中撮合的竞价方式。连续竞价,是指对买卖申报逐笔连续撮合的竞价方式。

第八十八条　股票采取竞价转让方式的,每个转让日的9:15至9:25为开盘集合竞价时间,9:30至11:30、13:00至14:55为连续竞价时间,14:55至15:00为收盘集合竞价时间。

第八十九条　投资者可以采用限价委托方式委托主办券商买卖股票。

限价委托是指投资者委托主办券商按其限定的价格买卖股票的指令,主办券商必须按限定的价格或低于限定的价格申报买入股票;按限定的价格或高于限定的价格申报卖出股票。

限价委托应包括证券账户号码、证券代码、买卖方向、委托数量、委托价格等内容。

第九十条　全国股份转让系统接受主办券商的限价申报。

限价申报应包括证券账户号码、证券代码、交易单元代码、证券营业部识别码、买卖方向、申报数量、申报价格等内容。

第九十一条　全国股份转让系统接受主办券商限价申报的时间为每个转让日9:15至11:30、13:00至15:00。

每个转让日9:20至9:25、14:55至15:00,交易主机不接受撤销申报;在其他接受申报的时间内,未成交申报可以撤销。

每个转让日9:25至9:30,交易主机只接受申报,但不对买卖申报或撤销申报作处理。

全国股份转让系统公司可以调整接受申报的时间。

第九十二条　全国股份转让系统对申报设置有效价格区间。开盘集合竞价的申报有效价格区间为前收盘价的上下20%以内。连续竞价、收盘集合竞价的申报有效价格区间为最近成交价的上下20%以内;当日无成交的,申报有效价格区间为前收盘价的上下20%以内。

不在有效价格区间范围内的申报不参与竞价,暂存于交易主机;当成交价波动使其进入有效价格区间时,交易主机自动取出申报,参加竞价。

挂牌后无成交的股票,对申报不设置有效价格区间。

第二节　成　　交

第九十三条　股票竞价转让按价格优先、时间优先的原则撮合成交。

第九十四条　集合竞价时,成交价的确定原则为:

(一)可实现最大成交量;

(二)高于该价格的买入申报与低于该价格的卖出申报全部成交;

(三)与该价格相同的买方或卖方至少有一方全部成交。

两个以上价格符合上述条件的,取在该价格以上的买入申报累计数量与在该价格以下的卖出申报累计数量之差最小的价格为成交价;若买卖申报累计数量之差仍存在相等情况的,按如下方式确定成交价:

(一)开盘集合竞价时取最接近前收盘价的价格为成交价;无前收盘价的,取其平均价为成交价;

(二)收盘集合竞价时取最接近最近成交价的价格为成交价;当日无成交的,收盘集合竞价时取最接近前收盘价的价格为成交价;无前收盘价的,取其平均价为成交价。

集合竞价的所有转让以同一价格成交。

第九十五条　连续竞价时,成交价的确定原则为:

(一)最高买入申报与最低卖出申报价格相同,以该价格为成交价;

(二)买入申报价格高于集中申报簿当时最低卖出申报价格时,以集中申报簿当时的最低卖出申报价格为成交价;

(三)卖出申报价格低于集中申报簿当时最高买入申报价格时,以集中申报簿当时的最高买入申报价格为成交价。

第三节　其 他 规 定

第九十六条　采取竞价转让方式的股票,开盘价为当日该股票的第一笔成交价。

开盘价通过集合竞价方式产生,不能通过集合竞价产生的,以连续竞价方式产生。

第九十七条　采取竞价转让方式的股票,收盘价通过集合竞价的方式产生。收盘集合竞价不能产生收盘价或未进行收盘集合竞价的,以该转让日最后一笔成交价为收盘价。当日无成交的,以前收盘价为当日收盘价。

第九十八条　集合竞价期间,即时行情内容包括证券代码、证券简称、前收盘价、集合竞价参考价、匹配量和未匹配量等。

连续竞价期间,即时行情内容包括证券代码、证券简称、前收盘价、最近成交价、当日最高成交价、当日最低成交价、当日累计成交数量、当日累计成交金额、实时最高5个价位买入申报价格和数量、实时最低5个价位卖出申报价格和数量等。

第九十九条　采取竞价转让方式的股票出现下列情形之一的,全国股份转让系统公司分别公布相关股票当日买入、卖出金额最大5家主办券商证券营业部或交易单元的名称及其各自的买入、卖出金额：

（一）当日价格振幅达到30%的前5只股票；

价格振幅的计算公式为：价格振幅＝（当日最高价－当日最低价）/当日最低价×100%

（二）当日换手率达到10%的前5只股票；

换手率的计算公式为：换手率＝成交股数/无限售条件股份总数×100%

价格振幅或换手率相同的，依次按成交金额和成交量选取。

股票转让公开信息涉及机构专用交易单元的，公布名称为“机构专用”。

第七章　其他转让事项

第一节　转　托　管

第一百条　投资者可以以同一证券账户在单个或多个主办券商的不同证券营业部买入股票。

第一百零一条　投资者买入的股票可以通过原买入股票的交易单元委托卖出，也可以向原买入股票的交易单元发出转托管指令，转托管完成后，在转入的交易单元委托卖出。

转托管的具体规定，由中国结算制定。

第二节　挂牌、摘牌、暂停与恢复转让

第一百零二条　全国股份转让系统对股票实行挂牌转让。

第一百零三条　股票依法不再具备挂牌条件的，全国股份转让系统公司终止其挂牌转让，予以摘牌。

第一百零四条　全国股份转让系统公司可以对出现异常转让情况的股票采取盘中临时停止转让措施并予以公告。

具体暂停与恢复转让时间，以相关公告为准。

第一百零五条　挂牌公司股票暂停转让时，全国股份转让系统公司发布的行情中包括该股票的信息；股票摘牌后，行情中无该股票的信息。

第一百零六条　股票的挂牌、摘牌、暂停与恢复转让，由全国股份转让系统公司予以公告。相关信息披露义务人应当按照全国股份转让系统公司的要求及时公告。

第一百零七条　股票挂牌、摘牌、暂停与恢复转让的其他规定，按照全国股份转让系统公司其他有关规定执行。

第三节　除权与除息

第一百零八条　股票发生权益分派、公积金转增股本等情况，全国股份转让系统在权益登记日的次一转让日对该股票作除权除息处理。全国股份转让系统公司另有规定的除外。

第一百零九条　除权（息）参考价计算公式为：

除权（息）参考价＝（前收盘价－现金红利）÷（1＋股份变动比例）

挂牌公司认为有必要调整上述计算公式时，可以向全国股份转让系统公司提出调整申请并

说明理由。经全国股份转让系统公司同意的,挂牌公司应当向市场公布该次除权(息)适用的除权(息)参考价计算公式。

第一百一十条 除权(息)日股票买卖,按除权(息)参考价作为计算涨跌幅度和有效申报价格区间的基准,全国股份转让系统公司另有规定的除外。

第一百一十一条 在除权(息)日,挂牌公司应变更股票简称,在简称前冠以“XR”、“XD”、“DR”等字样。

“XR”代表除权;“XD”代表除息;“DR”代表除权并除息。

第八章 转让行为自律监管

第一百一十二条 全国股份转让系统公司对股票转让过程中出现的下列事项,予以重点监控:

(一)涉嫌内幕交易、操纵市场等违法违规行为;

(二)可能影响股票转让价格或者股票成交量的异常转让行为;

(三)股票转让价格或者股票成交量明显异常的情形;

(四)买卖股票的范围、时间、数量、方式等受到法律、行政法规、部门规章、其他规范性文件、《业务规则》及全国股份转让系统其他规定限制的行为;

(五)全国股份转让系统公司认为需要重点监控的其他事项。

第一百一十三条 可能影响股票转让价格或者股票成交量的异常转让行为包括:

(一)可能对股票转让价格产生重大影响的信息披露前,大量或持续买入或卖出相关股票;

(二)单个证券账户,或两个以上固定的或涉嫌关联的证券账户之间,大量或频繁进行反向交易;

(三)单个证券账户,或两个以上固定的或涉嫌关联的证券账户,大笔申报、连续申报、密集申报或申报价格明显偏离该证券行情揭示的最近成交价;

(四)频繁申报或撤销申报,或大额申报后撤销申报,以影响股票转让价格或误导其他投资者;

(五)集合竞价期间以明显高于前收盘价的价格申报买入后又撤销申报,随后申报卖出该证券,或以明显低于前收盘价的价格申报卖出后又撤销申报,随后申报买入该证券;

(六)对单一股票在一段时期内进行大量且连续交易;

(七)大量或者频繁进行高买低卖交易;

(八)单独或者合谋,在公开发布投资分析、预测或建议前买入或卖出相关股票,或进行与自身公开发布的投资分析、预测或建议相背离的股票转让;

(九)申报或成交行为造成市场价格异常或秩序混乱;

(十)涉嫌编造并传播交易虚假信息,诱骗其他投资者买卖股票;

(十一)全国股份转让系统公司认为需要重点监控的其他异常转让。

主办券商发现客户存在上述异常转让行为,应提醒客户;对可能严重影响交易秩序的异常转让行为,应及时报告全国股份转让系统公司。

第一百一十四条 股票转让价格或者股票成交量明显异常的情形包括:

（一）同一证券营业部或同一地区的证券营业部集中买入或卖出同一股票且数量较大；

（二）股票转让价格连续大幅上涨或下跌，且挂牌公司无重大事项公告；

（三）全国股份转让系统公司认为需要重点监控的其他异常转让情形。

第一百一十五条　全国股份转让系统公司对做市商的以下行为进行重点监控：

（一）不履行或不规范履行报价义务；

（二）频繁触发豁免报价条件；

（三）涉嫌以不正当方式影响其他做市商做市；

（四）库存股数量异常变动；

（五）报价异常变动，或通过频繁更改报价涉嫌扰乱市场秩序；

（六）做市商之间涉嫌串通报价或私下交换交易策略、做市库存股票数量等信息以谋取不正当利益；

（七）做市商与特定投资者在一段时间内对特定股票进行大量且连续交易；

（八）其他涉嫌违法违规行为。

第一百一十六条　全国股份转让系统公司可根据监管需要，对主办券商相关业务活动中的风险管理、技术系统运行、做市义务履行等情况进行监督检查。

第一百一十七条　全国股份转让系统公司可以单独或联合其他有关单位，对异常转让行为等情形进行现场或非现场调查。相关主办券商和投资者应当予以配合。

第一百一十八条　全国股份转让系统公司在现场或非现场调查中，可以根据需要要求主办券商及其证券营业部、投资者及时、准确、完整地提供下列文件和资料：

（一）投资者的开户资料、授权委托书、资金账户情况和相关账户的转让情况等；

（二）相关证券账户或资金账户的实际控制人、操作人和受益人情况、资金来源以及相关账户间是否存在关联的说明等；

（三）对股票转让中重点监控事项的解释；

（四）其他与全国股份转让系统公司重点监控事项有关的资料。

第一百一十九条　对第一百一十二条、第一百一十三条、第一百一十四条、第一百一十五条所述重点监控事项中情节严重的行为，全国股份转让系统公司可以视情况采取以下措施：

（一）约见谈话；

（二）要求提交书面承诺；

（三）出具警示函；

（四）限制证券账户转让；

（五）向中国证监会报告有关违法违规行为；

（六）其他自律监管措施。

第一百二十条　转让参与人及相关业务人员违反本细则的，全国股份转让系统公司可根据《业务规则》及全国股份转让系统其他相关业务规定，对其进行纪律处分，并记入诚信档案。

第九章　转让异常情况处理

第一百二十一条　发生下列转让异常情况之一，导致部分或全部转让不能正常进行的，全

国股份转让系统公司可以决定单独或同时采取暂缓进入清算交收程序、技术性停牌或临时停市等措施:

(一)不可抗力;

(二)意外事件;

(三)技术故障;

(四)全国股份转让系统公司认定的其他异常情况。

第一百二十二条 出现无法申报或行情传输中断情况的,主办券商应及时向全国股份转让系统公司报告。无法申报或行情传输中断的证券营业部数量超过全部主办券商所属证券营业部总数10%以上的,属于转让异常情况,全国股份转让系统公司可以实行临时停市。

第一百二十三条 全国股份转让系统公司认为可能发生第一百二十一条、第一百二十二条规定的转让异常情况,并严重影响转让正常进行的,可以决定技术性停牌或临时停市。

第一百二十四条 全国股份转让系统公司对暂缓进入清算交收程序、技术性停牌或临时停市决定予以公告。技术性停牌或临时停市原因消除后,全国股份转让系统公司可以决定恢复转让,并予以公告。

因转让异常情况及全国股份转让系统公司采取的必要措施造成损失的,全国股份转让系统公司不承担责任。

第一百二十五条 转让异常情况处理的具体规定,由全国股份转让系统公司另行制定,并报中国证监会批准。

第十章 转 让 纠 纷

第一百二十六条 主办券商之间、主办券商和客户之间发生转让纠纷,相关主办券商应当记录有关情况,以备全国股份转让系统公司查阅。转让纠纷影响正常转让的,主办券商应当及时向全国股份转让系统公司报告。

第一百二十七条 主办券商之间、主办券商和客户之间发生转让纠纷,全国股份转让系统公司可以按有关规定,提供必要的交易数据。

第一百二十八条 客户对转让有疑义的,主办券商有义务协调处理。

第十一章 转 让 费 用

第一百二十九条 投资者买卖股票成交的,应当按规定向代理股票买卖的主办券商交纳佣金。

第一百三十条 主办券商应当按规定向全国股份转让系统交纳转让经手费及其他费用。

第一百三十一条 股票转让的收费项目、收费标准和收费方式等按有关规定执行。

第十二章 附 则

第一百三十二条 原STAQ、NET系统公司和退市公司挂牌股票转让相关事项另行规定。

第一百三十三条 本细则所述时间,以全国股份转让系统交易主机的时间为准。

第一百三十四条 本细则下列用语具有如下含义:

(一)“做市商”是指经全国股份转让系统公司同意,在全国股份转让系统持续发布买卖双向报价,并在其报价数量范围内按其报价履行与投资者成交义务的证券公司。

(二)“委托”是指投资者向主办券商进行具体授权买卖股票的行为。

(三)“申报”是指转让参与人向全国股份转让系统交易主机发送股票买卖指令的行为。

(四)“集中申报簿”是指交易主机某一时点按买卖方向以及价格优先、时间优先顺序排列的所有未成交申报队列。

(五)“集合竞价参考价”是指截至揭示时集中申报簿中所有申报按照集合竞价规则形成的虚拟集合竞价成交价。

(六)“匹配量”是指截至揭示时集中申报簿中所有申报按照集合竞价规则形成的虚拟成交数量。

(七)“未匹配量”是指截至揭示时集中申报簿中在集合竞价参考价位上的不能按照集合竞价参考价虚拟成交的买方或卖方申报剩余量。

第一百三十五条　本细则所述价格优先的原则是指较高价格买入申报优先于较低价格买入申报,较低价格卖出申报优先于较高价格卖出申报;时间优先的原则是指买卖方向、价格相同的,先申报者优先于后申报者,先后顺序按交易主机接受申报的时间确定。

第一百三十六条　本细则所称“超过”、“低于”、“高于”、“不足”、“大于”不含本数,“以内”、“达到”、“以上”、“以下”含本数。

第一百三十七条　本细则由全国股份转让系统公司负责解释。

3 | 24　全国中小企业股份转让系统证券代码、证券简称编制管理暂行办法

全国中小企业股份转让系统有限责任公司关于发布《全国中小企业股份转让系统证券代码、证券简称编制管理暂行办法》的公告

股转系统公告〔2013〕47号　2013年12月30日公布

为促进全国中小企业股份转让系统健康长远发展,进一步规范对证券代码、证券简称的管理,根据《全国中小企业股份转让系统有限责任公司管理暂行办法》、《全国中小企业股份转让系统业务规则(试行)》等有关规定,全国中小企业股份转让系统有限责任公司制定了《全国中小企业股份转让系统证券代码、证券简称编制管理暂行办法》(以下简称《暂行办法》),并已获中国证监会批准,现予发布,并就有关事项公告如下:

一、鉴于目前的交易结算系统暂无法支持对代码体系的调整,《暂行办法》将在交易结算相关技术系统开发和测试完成后实施,具体实施时间由本公司另行公布。

二、《暂行办法》实施前,全国中小企业股份转让系统证券代码、证券简称的编制管理工作仍参照现有制度执行。

特此公告。

全国中小企业股份转让系统

2013年12月30日

全国中小企业股份转让系统证券代码、证券简称编制管理暂行办法

第一章　总　　则

第一条　为加强全国中小企业股份转让系统(以下简称全国股份转让系统)证券代码、证券简称的管理,确保证券代码、证券简称编制工作安全、稳定、有序地开展,降低系统运行风险,有效利用证券代码资源,制定本办法。

第二条　本办法适用于在全国股份转让系统挂牌证券品种的证券代码、证券简称编制和使用工作。

第二章　管 理 职 责

第三条　全国中小企业股份转让系统有限责任公司(以下简称全国股份转让系统公司)设立证券编码工作委员会负责全国股份转让系统证券代码、证券简称的编制管理工作,统筹规划证券代码体系,制定证券代码和证券简称编制原则,监督证券代码资源的使用情况。

第四条　证券编码工作委员会由全国股份转让系统公司综合事务部、财务管理部、法律事务部、挂牌业务部、公司业务部、交易监察部、机构业务部、信息服务部、技术服务部等相关部门人员组成。

第五条　证券编码工作委员会以会议形式履行职责。证券编码小组会议由交易监察部召集,并可视情形邀请中国证券登记结算有限责任公司有关人员列席。

第六条　证券代码、证券简称日常编制工作由挂牌业务部、公司业务部、机构业务部、信息服务部发起,交易监察部进行确认。

挂牌业务部负责编制和分配与首次挂牌相关的股票、债券、期权及关联衍生品种的证券代码,受理其证券简称申请并核定其证券简称。

公司业务部负责编制和分配非首次挂牌股票、债券、期权及关联衍生品种的证券代码,受理其证券简称申请并核定其证券简称。

机构业务部负责编制和分配基金、专项资产管理计划和其他证券公司创新产品的证券代码,受理其相关简称申请并核定其简称。

信息服务部负责编制和分配指数的证券代码,受理其指数的简称申请并核定其简称。

第七条　证券发行人可以向全国股份转让系统公司提出 ISIN 代码申请,由全国股份转让系统公司统一向全国金融标准化技术委员会证券分技术委员会申请对应的 ISIN 代码。ISIN 代码的有关编制方法参见国际号码代理人协会的 ISO6166 条例。

第三章　编 制 原 则

第八条　全国股份转让系统证券代码采用六位数的数字型编制方法。

第九条　证券代码的编制原则上应当在所属证券品种区间内,可采用连续编制或其他经全国股份转让系统公司批准的方式进行编制。

第十条　按本办法编制的证券代码原则上不得与全国股份转让系统已挂牌证券代码重复。网络投票等必须重复使用证券代码的业务除外。

按本办法编制的证券代码应尽量避免与境内交易所已挂牌或上市证券代码重复。

第十一条　增加或者减少证券代码号段,应当经过证券编码工作委员会批准。

第十二条　证券简称应参考发行人名称、所属证券品种编制,不得超过八个字符(单字节字符),且应尽量避免与全国股份转让系统和境内交易所已挂牌或上市证券的证券简称重复。

第四章　股票及其衍生品种

第一节　挂牌公司股票

第十三条　挂牌公司普通股票证券代码首两位代码为83、87、88。

第十四条　挂牌公司优先股票证券代码首两位代码为82。

第十五条　挂牌公司股票证券简称原则上从公司名称中选取。

挂牌公司股票转让被实行特别处理风险警示,其证券简称首两位字符应改为“ST”,其他字符原则上从公司名称中选取。

第二节　两网公司及退市公司股票

第十六条　两网公司及退市公司A股股票证券代码首三位代码为400。

第十七条　退市公司B股股票证券代码首三位代码为420。

第十八条　退市公司既有A股股票,又有B股股票,其后三位代码应相同。

第十九条　退市公司纯B股公司内资股的证券代码首三位代码为400,后三位代码与该公司B股股票代码后三位代码相同;其证券简称前六位字符取自该公司B股股票简称,后两位字符为“内”。

第二十条　除纯B股公司内资股外,两网公司及退市公司A股股票证券简称的末位字符应为标识其每周转让天数的阿拉伯数字,其他字符原则上从公司名称中选取;B股股票证券简称的后两位字符应为“B”加上其每周转让天数的阿拉伯数字,其他字符原则上从公司名称中选取。

第三节　股权激励期权

第二十一条　股权激励期权证券代码首三位代码为850。

第二十二条　股权激励期权证券简称首四位字符从公司股票证券简称中选取,后四位字符按照期数依次为“JLC1”、“JLC2”等。

第四节　要约收购

第二十三条　要约收购证券代码首三位代码为840。

第二十四条　要约收购证券简称首四位字符从公司股票证券简称中选取,后四位字符为“收购”。

第五章　附　　则

第二十五条　本办法由全国股份转让系统公司负责解释。

机构业务类

3 | 25 全国中小企业股份转让系统主办券商持续督导工作指引(试行)

股转系统公告〔2014〕101号 2014年10月9日公布实施

第一章 总 则

第一条 为规范主办券商持续督导工作,提高挂牌公司信息披露质量和公司治理水平,促进挂牌公司规范运作,根据《全国中小企业股份转让系统业务规则(试行)》(以下简称《业务规则》)、《全国中小企业股份转让系统挂牌公司信息披露细则(试行)》(以下简称《信息披露细则》)、《全国中小企业股份转让系统主办券商推荐业务规定(试行)》等规定,制定本指引。

第二条 主办券商及其持续督导人员应当遵守法律法规和全国中小企业股份转让系统(以下简称"全国股份转让系统")相关规定,诚实守信,勤勉尽责,持续督导挂牌公司履行信息披露、规范运作、信守承诺等义务,不断完善公司治理机制。

第三条 主办券商及其持续督导人员不得通过持续督导工作谋取不正当利益。

第四条 挂牌公司应当配合主办券商持续督导工作,接受主办券商的指导和督促,及时向主办券商提供相关材料、告知重大事项,为主办券商开展持续督导工作创造必要条件。

第五条 全国中小企业股份转让系统有限责任公司(以下简称"全国股份转让系统公司")对主办券商持续督导工作进行自律管理。

第二章 持续督导内容

第六条 主办券商应履行以下督导职责:

(一)指导、督促挂牌公司完善公司治理机制,提高挂牌公司规范运作水平;

(二)指导、督促挂牌公司规范履行信息披露义务,事前审查挂牌公司信息披露文件,发布风险揭示公告;

(三)开展挂牌公司现场检查工作,督促挂牌公司进行整改;

(四)建立与挂牌公司日常联系机制,对挂牌公司进行培训和业务指导;

(五)关注挂牌公司重大变化,向全国股份转让系统公司报告挂牌公司重大事项,调查或协助调查指定事项,并配合做好挂牌公司的日常监管;

(六)全国股份转让系统公司规定的其他职责。

第七条 主办券商应督导挂牌公司依照《公司法》、《非上市公众公司监管指引第3号——章程必备条款》等法律法规制定并完善公司章程。

第八条 主办券商应督导挂牌公司建立健全并有效执行公司治理制度,包括但不限于股东大会、董事会、监事会议事规则及董事、监事和高级管理人员的行为规范等。

第九条　主办券商应督导挂牌公司建立健全并有效执行内部管理制度，包括但不限于会计核算体系、财务管理和风险控制等制度，以及对外担保、重大投资、委托理财、关联交易等重大经营决策的程序与规则等。

第十条　主办券商持续督导人员可以列席挂牌公司股东大会、董事会和监事会。

第十一条　挂牌公司应在召开股东大会、董事会、监事会后，及时向主办券商提供有关决议及备查文件，并在相关文件披露前为主办券商预留必要的事前审查时间。

主办券商应检查股东大会、董事会、监事会的召集、提案审议、通知时间、召开程序、授权委托、关联方回避、表决和决议是否符合法律法规和公司章程的规定，会议记录是否正常签署、保存完整，重点检查董事会是否在职权范围内和股东大会授权范围内对审议事项作出决议。

第十二条　主办券商应督导挂牌公司建立健全信息披露事务管理制度，明确挂牌公司应履行的信息披露义务，信息披露的内容、格式及时间要求，挂牌公司内部对拟披露信息的报告、流转、审查、披露流程以及相关职责划分。

第十三条　挂牌公司应及时向主办券商提供定期报告和临时报告所涉及的文件，并在相关文件披露前为主办券商预留必要的事前审查时间。

主办券商应当按照《业务规则》、《信息披露细则》、《全国中小企业股份转让系统挂牌公司年度报告内容与格式指引（试行）》、《全国中小企业股份转让系统挂牌公司半年度报告内容与格式指引（试行）》、《全国中小企业股份转让系统临时公告格式模板》等信息披露相关规定的要求对挂牌公司信息披露文件进行事前审查，督导挂牌公司规范履行信息披露义务。

主办券商事前审查发现挂牌公司信息披露文件存在虚假记载、误导性陈述或重大遗漏的，应要求挂牌公司及时改正，挂牌公司不予配合的，主办券商应向全国股份转让系统公司报告并发布风险揭示公告。

第十四条　主办券商应对挂牌公司信息披露文件进行事后核对，发现挂牌公司已披露的公告存在重大错误、遗漏或者误导的，应督导挂牌公司进行更正或补充。

全国股份转让系统公司事后审查发现挂牌公司公告不符合信息披露相关规定，公告存在重大错误、遗漏或者误导的，或者发现挂牌公司存在应当披露但未披露事项的，主办券商应按照全国股份转让系统公司要求，督促挂牌公司进行更正或补充。

第十五条　挂牌公司存在以下情形的，主办券商应在知悉或者应当知悉之日起十五个转让日内对其现场检查：

（一）股东大会、董事会、监事会和高级管理层不能按照公司治理要求履行职责或者规范运作；

（二）公司不能规范履行信息披露义务；

（三）控股股东、实际控制人或者其他关联方占用或者转移公司的资金、资产及其他资源；

（四）关联交易显失公允或未履行审批程序和信息披露义务；

（五）公司违规为他人提供担保；

（六）公司及其董事、监事、高级管理人员、控股股东、实际控制人涉嫌重大违法违规行为；

(七)公司经营业绩异常波动;

(八)全国股份转让系统公司要求进行现场检查的其他情形。

第十六条　主办券商应当明确现场检查工作要求,现场检查至少应有两人参加,事前根据引发现场检查的相应情形确定现场检查内容,制定现场检查工作方案,事中形成现场检查工作底稿,事后完成现场检查工作报告。

第十七条　主办券商可以采取以下现场检查手段,以获取充分和恰当的现场检查资料和证据:

(一)对挂牌公司董事、监事、高级管理人员及有关人员进行访谈;

(二)察看挂牌公司的主要生产、经营、管理场所;

(三)对有关文件、原始凭证及其他资料进行查阅、复制、记录;

(四)察看或者走访对挂牌公司损益影响重大的控股或参股公司;

(五)走访或者函证挂牌公司的控股股东、实际控制人及其关联方;

(六)走访或函证挂牌公司重要的供应商或者客户;

(七)主办券商认为必要的其他合法手段。

第十八条　主办券商应当在现场检查结束后的十个转让日内完成《现场检查工作报告》,报送全国股份转让系统公司备案。报告至少应当包括检查时间、检查地点、检查人员、检查涉及的事项、检查方法和措施、检查获取的资料和证据、检查结果、整改建议(如有)等内容。

主办券商应将检查结果和整改建议(如有)以书面方式告知挂牌公司,并督促挂牌公司就整改情况向全国股份转让系统公司报告。

第十九条　主办券商每年至少应对其所督导的挂牌公司的董事会秘书或者信息披露事务负责人进行一次培训,培训内容包括但不限于全国股份转让系统业务规则、细则、规定、指引、指南、通知等相关规定以及挂牌公司违规案例等。

第二十条　挂牌公司出现以下情形的,主办券商应在十个转让日内对其董事、监事、高级管理人员、董事会秘书或者信息披露事务负责人、控股股东和实际控制人等相关人员进行培训:

(一)控股股东或者实际控制人发生变更;

(二)受到中国证监会行政处罚或者被全国股份转让系统公司实施监管措施、纪律处分;

(三)全国股份转让系统公司要求培训的其他情形。

第二十一条　主办券商应当在培训前制作课件,参加培训的人员应签字确认,培训课件和培训人员签字作为持续督导工作底稿保存。

第二十二条　主办券商应指导和督促挂牌公司规范办理信息披露、股票限售及解除限售、证券简称或公司全称变更、暂停与恢复转让等业务,对挂牌公司进行必要的业务指导,使其知悉并遵守相关法律、法规和全国股份转让系统业务规则。

第二十三条　主办券商应建立与挂牌公司的日常联系机制,通过现场走访、电话、电子邮件等方式及时了解挂牌公司情况,解答挂牌公司业务咨询。

第二十四条　挂牌公司应当将业务、公司治理、财务等方面发生的重大变化及时告知主办券商,包括但不限于经营环境和业务、控股股东及实际控制人、管理层、采购和销售、核心技术、财务状况等。

主办券商应当主动、持续关注并了解挂牌公司上述事项发生的重大变化，如达到信息披露标准，应督促挂牌公司及时履行信息披露义务。

第二十五条　挂牌公司董事长、总经理、财务负责人、董事会秘书或者信息披露事务负责人、会计师事务所发生变更，主办券商应及时对变更原因等进行核查或者现场检查，涉及重大未披露事项的，应督促挂牌公司履行信息披露义务。

第二十六条　主办券商应当关注公共传媒关于挂牌公司的报道，涉及重大未披露事项的，应及时进行核查或者现场检查，督促挂牌公司履行必要的信息披露义务或者发布澄清公告。

第二十七条　主办券商应当根据全国股份转让系统公司的要求，调查或者协助调查指定事项，并将调查结果及时报告全国股份转让系统公司。

第二十八条　主办券商在持续督导过程中发现挂牌公司存在重大风险或重大违法违规情况的，以及挂牌公司不予配合或者拒绝按照要求整改的，应及时报告全国股份转让系统公司。

第二十九条　主办券商应当在每年 5 月 31 日前向全国股份转让系统公司报送持续督导年度工作报告，说明上一年度持续督导工作总体情况、存在问题以及挂牌公司配合情况等。

第三章　持续督导工作要求

第三十条　主办券商应建立健全并有效执行持续督导工作制度，包括持续督导工作职责、工作流程和内部控制机制等。

第三十一条　主办券商应建立健全持续督导工作底稿管理制度，为每家挂牌公司建立独立的工作底稿。持续督导工作底稿应当内容完整、记录清晰、结论明确，真实、准确、完整地反映整个持续督导工作的全过程，包括但不限于信息披露督导、公司治理督导、现场检查、培训、业务指导、日常沟通、关注、调查或协助调查、报告、年度工作报告等与持续督导工作相关的所有重要事项。

第三十二条　工作底稿应当载明下列事项：

（一）工作底稿编制的时间；

（二）持续督导工作履行的程序；

（三）核查的文件、现场检查的资料，培训、指导、沟通、关注、调查、报告的记录等；

（四）发表的结论性意见；

（五）执行人员签名和执行日期；

（六）其他需要记载的事项等。

第三十三条　持续督导工作底稿的保存期应当不少于十年。

第三十四条　主办券商应根据需要配备适当数量的持续督导人员负责持续督导工作，全国股份转让系统公司鼓励主办券商设立专门的持续督导工作部门。

第三十五条　持续督导人员应具备以下条件：

（一）具有财务或法律专业知识；

（二）从事证券发行承销、收购兼并、固定收益、全国股份转让系统推荐业务等投资银行相关业务一年以上；

(三)熟悉证券市场相关法律、行政法规、部门规章、规范性文件,准确理解和把握全国股份转让系统相关业务规则;

(四)诚实守信,品行良好,无不良诚信记录,最近三年未受到中国证监会行政处罚或全国股份转让系统公司、证券交易所、证券业协会、基金业协会等行业自律组织纪律处分;

(五)全国股份转让系统公司规定的其他条件。

第三十六条　主办券商应在持续督导工作制度中明确持续督导人员的工作要求和职责,加强对持续督导人员的专业培训和内部管理,为其开展持续督导工作提供必要条件。

主办券商应建立持续督导内部责任划分机制,明确推荐挂牌人员与持续督导人员之间的责任划分。

第三十七条　主办券商应为其所督导的每家挂牌公司指定至少一名持续督导人员具体负责该公司的持续督导工作,并向全国股份转让系统公司报备。

挂牌公司的持续督导人员发生变更的,主办券商应及时报告全国股份转让系统公司。

第三十八条　主办券商应当参照中国证券业协会《证券公司信息隔离墙制度指引》有关规定建立持续督导工作与做市、自营、资产管理、研究、经纪等部门业务之间的信息隔离制度,主办券商及其持续督导人员不得透露挂牌公司未公开的重大信息,严禁进行内幕交易。

第三十九条　主办券商与挂牌公司应在持续督导协议中就持续督导费用进行约定,包括支付金额(或比例)、支付方式、支付时间等。

主办券商应遵循覆盖成本的基本原则,合理收取持续督导费用。

第四章　持续督导变更

第四十条　主办券商应与所推荐挂牌公司签订持续督导协议,自公司挂牌之日起履行持续督导工作职责。

第四十一条　出现以下情形之一的,主办券商和挂牌公司可以解除持续督导协议:

(一)主办券商不再从事推荐业务;

(二)挂牌公司股票终止挂牌;

(三)主办券商和挂牌公司协商一致决定解除持续督导协议;

(四)全国股份转让系统公司规定的其他情形。

因情形(三)解除持续督导协议的,应有其他主办券商承接持续督导工作,主办券商和挂牌公司应事前报告全国股份转让系统公司。

第四十二条　主办券商履行持续督导职责期间未勤勉尽责的,其责任不因解除持续督导协议而免除。

第四十三条　承接持续督导工作的主办券商应与挂牌公司签订持续督导协议,并自持续督导协议签订之日起履行持续督导职责。

第五章　自 律 管 理

第四十四条　全国股份转让系统公司对主办券商持续督导工作进行自律管理,记录并视情况公示主办券商及其持续督导人员的执业情况、违规行为等信息。

第四十五条　主办券商及其持续督导人员出现以下情形之一的，全国股份转让系统公司视情形对主办券商及其相关人员采取约见谈话、责令接受培训、出具警示函、责令改正等自律监管措施：

（一）未建立或者未有效执行持续督导工作制度、工作底稿管理制度、信息隔离制度；

（二）未按规定对挂牌公司信息披露文件进行事前审查；

（三）未按规定对挂牌公司进行核查或者现场检查；

（四）未按规定对挂牌公司相关人员进行培训；

（五）未按规定向全国股份转让系统公司报告挂牌公司重大情况；

（六）全国股份转让系统公司规定的其他情形。

第四十六条　主办券商及其持续督导人员出现以下情形之一的，全国股份转让系统公司视情形对主办券商及其相关人员采取出具警示函、暂不受理文件、通报批评、公开谴责等自律监管措施或纪律处分；情形严重的，限制、暂停直至终止主办券商从事推荐业务；并视情节轻重，及时向中国证监会报告：

（一）持续督导工作底稿等与督导相关的文件存在虚假记载、误导性陈述或者重大遗漏，或者未按规定建立持续督导工作底稿；

（二）唆使、协助或者参与挂牌公司披露存在虚假记载、误导性陈述或者重大遗漏的信息；

（三）不配合全国股份转让系统公司自律管理工作；

（四）通过持续督导工作谋取不正当利益；

（五）严重违反诚实守信、勤勉尽责义务的其他情形。

第六章　附　　则

第四十七条　本指引由全国股份转让系统公司负责解释。

第四十八条　本指引自发布之日起施行。

3 | 26　全国中小企业股份转让系统做市商做市业务管理规定（试行）

全国中小企业股份转让系统有限责任公司关于发布《全国中小企业股份转让系统做市商做市业务管理规定（试行）》的公告

股转系统公告〔2014〕48号　2014年6月5日公布实施

为规范做市商行为，防范做市业务风险，保护投资者合法权益，根据《全国中小企业股份转让系统业务规则（试行）》、《全国中小企业股份转让系统股票转让细则（试行）》、《全国中小企业股份转让系统主办券商管理细则（试行）》等有关规定，全国中小企业股份转让系统有限责任公司（以下简称全国股份转让系统公司）制定了《全国中小企业股份转让系统做市商做市业务管理规定（试行）》（以下简称《管理规定》），现予发布，自发布之日起施行。现就有关事项公告如下：

一、全国股份转让系统公司自《管理规定》发布之日起受理证券公司在全国中小企业股份转让系统从事做市业务备案申请。

二、证券公司应按照《管理规定》和《全国中小企业股份转让系统做市业务备案申请文件内容与格式指南》要求,认真做好做市业务各项准备工作,提交做市业务备案申请文件。自获得全国股份转让系统公司做市业务备案函起3个月内,证券公司应当按要求完成做市技术系统测试并达到上线条件,完成开立做市专用证券账户、做市专用交易单元等后续工作,确保按期开展做市业务。

特此公告。

全国中小企业股份转让系统有限责任公司

2014年6月5日

全国中小企业股份转让系统做市商做市业务管理规定(试行)

第一条 为加强对做市商做市业务的监督管理,规范做市商行为,保护投资者合法权益,根据《全国中小企业股份转让系统业务规则(试行)》(以下简称《业务规则》)、《全国中小企业股份转让系统股票转让细则(试行)》(以下简称《转让细则》)、《全国中小企业股份转让系统主办券商管理细则》(以下简称《管理细则》)等相关规定,制定本规定。

第二条 本规定所称做市商是指经全国中小企业股份转让系统有限责任公司(以下简称全国股份转让系统公司)同意,在全国中小企业股份转让系统(以下简称全国股份转让系统)发布买卖双向报价,并在其报价数量范围内按其报价履行与投资者成交义务的证券公司或其他机构。

第三条 做市商及其做市业务人员应当遵守法律法规和全国股份转让系统相关规定,勤勉尽责、诚实守信,接受全国股份转让系统公司的自律管理。

第四条 证券公司在全国股份转让系统开展做市业务前,应当向全国股份转让系统公司申请备案。其他机构在全国股份转让系统开展做市业务的具体规定,由全国股份转让系统公司另行制定。

第五条 证券公司申请在全国股份转让系统开展做市业务,应当具备下列条件:

(一)具备证券自营业务资格;

(二)设立做市业务专门部门,配备开展做市业务必要人员;

(三)建立做市业务管理制度;

(四)具备做市业务专用技术系统;

(五)全国股份转让系统公司规定的其他条件。

第六条 证券公司在全国股份转让系统开展做市业务申请备案,应向全国股份转让系统公司提交下列文件:

(一)申请书;

(二)证券公司基本情况申报表;

(三)《经营证券业务许可证》(副本)复印件;

（四）做市业务实施方案，包括做市业务部门设置、人员配备与分工情况、做市业务管理制度、做市业务专用技术系统准备情况说明、做市业务实施方案的合规审查意见等；

（五）最近一年度经审计的财务报告、净资本计算表、风险控制指标监管报表、风险资本准备计算表；

（六）全国股份转让系统公司要求提交的其他文件。

第七条　证券公司申请文件齐备的，全国股份转让系统公司予以受理。全国股份转让系统公司自受理之日起十个转让日内向证券公司出具是否同意从事做市业务的备案函，并予以公告。

第八条　全国股份转让系统公司根据审慎原则，可对做市商做市业务专用技术系统、业务实施情况等进行现场检查。

第九条　做市商做市业务人员应当具备下列条件：

（一）已取得证券从业资格；

（二）具备证券投资、投资顾问、投资银行、研究或类似从业经验；

（三）熟悉相关法律、行政法规、部门规章以及做市业务规则；

（四）具备良好的诚信纪录和职业操守，最近二十四个月内未受到过中国证监会行政处罚，最近十二个月内未受到过全国股份转让系统公司、证券交易所、证券业协会、基金业协会等自律组织处分；

（五）全国股份转让系统公司规定的其他条件。

做市业务人员应当签署《做市业务人员自律承诺书》，并向全国股份转让系统公司报备。

第十条　做市商做市专用技术系统应当满足以下要求：

（一）符合《全国中小企业股份转让系统交易支持平台数据接口规范》；

（二）具备开展做市业务所需的委托、报价、成交、行情揭示、数据汇总、统计和查询等必要功能；

（三）系统操作全程留痕；

（四）全国股份转让系统公司规定的其他条件。

做市商应当制定做市专用技术系统安全运行管理制度，并设置必要的数据接口，便利监管部门及时了解和检查做市业务相关情况。

第十一条　做市商应当建立健全下列做市业务内部管理制度：

（一）做市股票报价管理制度，包括做市股票报价的决策与执行程序、报价调整和报价监控机制等；

（二）做市库存股票管理制度，包括做市股票论证、获取、处置的决策程序和库存股票动态调节机制等；

（三）做市资金管理制度，包括做市资金审批、调拨和使用流程等；

（四）业务隔离制度，确保做市业务与推荐业务、证券投资咨询、证券自营、证券经纪、证券资产管理等业务在机构、人员、信息、账户、资金上严格分离；

（五）风险控制与合规管理制度，包括做市业务风险识别、评估和控制机制、做市业务的合规检查与评估机制等；

(六)异常情况处理制度,包括突发事件处理预案、异常情况处理机制等;

(七)内部报告与留痕制度,包括业务运作、风险监控、合规管理及其他相关信息的报告路径及反馈机制、强制留痕制度等;

(八)全国股份转让系统公司规定的其他制度。

第十二条 做市商应当对做市业务进行集中统一管理,建立做市业务相关决策、授权与执行体系。明确做市业务决策机构与决策机制,合理确定做市业务规模和可承受的风险限额。

第十三条 做市商应设立做市业务部门,专职负责做市业务的具体管理和运作。做市业务部门应制定规范的做市业务操作规程,明确部门内部岗位设置及职责分工。

第十四条 做市商及其做市业务人员应依法、合规开展做市业务,不得从事下列行为:

(一)不履行或不规范履行报价义务;

(二)利用内幕信息进行投资决策和交易;

(三)利用信息优势和资金优势,单独或者通过合谋,制造异常价格波动;

(四)以不正当方式影响其他做市商做市;

(五)与其他做市商通过串通报价或私下交换做市策略、做市库存股票数量等信息谋取不正当利益;

(六)与所做市的挂牌公司及其股东就股权回购、现金补偿等作出约定;

(七)做市业务人员通过做市向自身或利益相关者进行利益输送;

(八)全国股份转让系统公司规定的其他行为。

第十五条 做市商应当于每月的前五个转让日内向全国股份转让系统公司报送上月做市业务情况报告,包括但不限于合规情况、履行做市义务情况、做市股票库存、做市业务盈亏及相关风险控制指标等信息。

第十六条 做市商应当积极配合全国股份转让系统公司的自律管理,按照全国股份转让系统公司要求及时说明情况,提供相关文件、资料,不得拒绝或者拖延提供有关资料,不得提供虚假、误导性或者不完整的资料。

第十七条 全国股份转让系统公司对做市商及其做市业务人员执业情况进行持续记录,建立做市业务评价体系,并可将相关信息予以公开。

第十八条 做市商主动终止从事做市业务的,应当向全国股份转让系统公司提出申请。全国股份转让系统公司同意其终止从事做市业务的,自受理之日起10个转让日内书面通知该做市商并公告。

做市商因违反本规定或其他全国股份转让系统相关规定被终止从事做市业务的,全国股份转让系统公司书面通知该做市商并公告。

第十九条 做市商终止从事做市业务,应当制定业务处置方案,做好业务终止后续处置工作,包括做市库存股票处理、做市专用证券账户注销等,并将处置方案、处置情况及时报告全国股份转让系统公司。

第二十条 做市商违反本规定的,全国股份转让系统公司可以视情况采取以下措施,并记入诚信档案:

(一)约见谈话;

（二）要求提交书面承诺；

（三）出具警示函；

（四）责令改正；

（五）通报批评；

（六）公开谴责；

（七）暂停、限制直至终止其从事做市业务；

（八）向中国证监会报告有关违法违规行为。

第二十一条　做市业务人员违反本规定的，全国股份转让系统公司可以视情况采取以下措施，并记入诚信档案：

（一）约见谈话；

（二）责令参加培训；

（三）责令所在机构给予处分；

（四）通报批评；

（五）公开谴责；

（六）向中国证监会报告有关违法违规行为。

第二十二条　本规定由全国股份转让系统公司负责解释。

第二十三条　本规定自发布之日起施行。

3 | 27　全国中小企业股份转让系统主办券商管理细则（试行）

股转系统公告〔2013〕3号　2013年2月8日发布　2013年2月8日实施

第一章　总　　则

第一条　为规范证券公司在全国中小企业股份转让系统（以下简称“全国股份转让系统”）从事相关业务，维护市场正常秩序，保护投资者合法权益，根据《全国中小企业股份转让系统业务规则（试行）》（以下简称“业务规则”）等相关规定，制定本细则。

第二条　证券公司在全国股份转让系统开展相关业务前，应当向全国中小企业股份转让系统有限责任公司（以下简称“全国股份转让系统公司”）申请备案，成为主办券商。未经备案的证券公司不得在全国股份转让系统开展相关业务。

第三条　主办券商及其董事、监事、高级管理人员和相关业务人员，应当遵守法律法规和全国股份转让系统相关规定，勤勉尽责、诚实守信，接受全国股份转让系统公司的自律管理。

第二章　业 务 申 请

第四条　主办券商可在全国股份转让系统从事以下部分或全部业务：推荐业务、经纪业务、做市业务，以及全国股份转让系统公司规定的其他业务。

第五条　证券公司申请在全国股份转让系统从事推荐业务应具备下列条件：

(一)具备证券承销与保荐业务资格;

(二)设立推荐业务专门部门,配备合格专业人员;

(三)建立尽职调查制度、工作底稿制度、内核工作制度、持续督导制度及其他推荐业务管理制度;

(四)全国股份转让系统公司规定的其他条件。

证券公司的子公司具备证券承销与保荐业务资格的,证券公司可以申请从事推荐业务,但不得与子公司同时在全国股份转让系统从事推荐业务。

第六条　证券公司申请在全国股份转让系统从事经纪业务应具备下列条件:

(一)具备证券经纪业务资格;

(二)配备开展经纪业务必要人员;

(三)建立投资者适当性管理工作制度、交易结算管理制度及其他经纪业务管理制度;

(四)具备符合全国股份转让系统公司要求的交易技术系统;

(五)全国股份转让系统公司规定的其他条件。

第七条　证券公司申请在全国股份转让系统从事做市业务应具备下列条件:

(一)具备证券自营业务资格;

(二)设立做市业务专门部门,配备开展做市业务必要人员;

(三)建立做市股票报价管理制度、库存股管理制度、做市风险监控制度及其他做市业务管理制度;

(四)具备符合全国股份转让系统公司要求的做市交易技术系统;

(五)全国股份转让系统公司规定的其他条件。

第八条　证券公司在全国股份转让系统开展业务前,应向全国股份转让系统公司申请备案,提交下列文件:

(一)申请书;

(二)公司设立的批准文件;

(三)公司基本情况申报表;

(四)《经营证券业务许可证》(副本)复印件;

(五)《企业法人营业执照》(副本)复印件;

(六)申请从事的业务及业务实施方案,包括:部门设置、人员配备与分工情况说明,内部控制体系的说明,主要业务管理制度,技术系统说明等;

(七)最近年度经审计财务报表和净资本计算表;

(八)公司章程;

(九)全国股份转让系统公司要求提交的其他文件。

证券公司应当按照全国股份转让系统公司规定的方式和要求,提交上述文件。

第九条　证券公司申请文件齐备的,全国股份转让系统公司予以受理。全国股份转让系统公司同意备案的,自受理之日起十个转让日内与证券公司签订《证券公司参与全国中小企业股份转让系统业务协议书》(以下简称《协议书》),向其出具主办券商业务备案函(以下简称“业务备案函”),并予以公告。公告后,主办券商可在公告业务范围内开展业务。

第十条　主办券商应在取得业务备案函后五个转让日内，在全国股份转让系统指定信息披露平台（www.neeq.com.cn 或 www.neeq.cc）披露公司基本情况、主要业务人员情况及全国股份转让系统公司要求披露的其他信息。

主办券商所披露信息内容发生变更的，应自变更之日起五个转让日内报告全国股份转让系统公司并进行更新。

第十一条　主办券商名称发生变更的，应当办理名称变更备案，向全国股份转让系统公司提交下列文件：

（一）申请书；

（二）机构名称变更的批准文件；

（三）变更后的《经营证券业务许可证》（副本）复印件和《企业法人营业执照》（副本）复印件；

（四）变更后的公司章程；

（五）原业务备案函；

（六）全国股份转让系统公司要求提交的其他文件。

第十二条　主办券商名称变更备案文件齐备的，全国股份转让系统公司自收到变更备案申请之日起五个转让日内与主办券商重新签订《协议书》，换发业务备案函，并予以公告。

第十三条　主办券商申请新增业务的，应当向全国股份转让系统公司提交第八条所列（一）、（四）、（六）项文件及全国股份转让系统公司要求的其他文件。

第十四条　全国股份转让系统公司同意主办券商新增业务备案的，自受理申请文件之日起十个转让日内与申请主办券商签订补充协议，出具业务备案函，并予以公告。

第十五条　主办券商申请终止从事全国股份转让系统相关业务或不再具备相关业务备案条件的，全国股份转让系统公司终止其从事全国股份转让系统相关业务，书面通知该主办券商并公告。

主办券商终止从事全国股份转让系统相关业务的，应制定业务处置方案，做好业务终止后续处置工作，并将处置方案、处置情况及时报告全国股份转让系统公司。

第十六条　主办券商被中国证监会依法指定托管、接管的，托管方或者其他相关机构对所托管的主办券商业务行使经营管理权时，应当确保其遵守全国股份转让系统规定，承担相关义务。

第三章　业务管理

第一节　一般规定

第十七条　主办券商开展全国股份转让系统相关业务，应当建立健全合规管理、内部风险控制与管理机制，严格防范和控制风险。

第十八条　主办券商及其业务人员应当对开展全国股份转让系统业务中获取的非公开信息履行保密义务，不得利用该信息谋取不正当利益。

第十九条　主办券商应当加强业务人员的职业道德和诚信教育，强化业务人员的勤勉尽责意识、合规操作意识、风险控制意识和保密意识。

第二十条　主办券商应按全国股份转让系统公司要求在全国股份转让系统指定信息披露平台披露其执业情况、接受全国股份转让系统公司处分等信息。

第二十一条　主办券商应当根据全国股份转让系统公司要求，调查或协助调查指定事项，并将调查结果及时报告全国股份转让系统公司。

第二十二条　主办券商应按要求组织相关人员参加全国股份转让系统公司举办的业务和技术培训。未按规定参加培训的，全国股份转让系统公司可暂不受理主办券商及其相关7人员出具的文件。

主办券商首次推荐公司挂牌前，应接受全国股份转让系统公司的业务培训。

第二十三条　主办券商应当按照全国股份转让系统公司要求建立开展相关业务所需的技术系统，包括交易系统、做市报价系统、行情系统和通信系统及其备份系统等，并制定相应的安全运行管理制度。

第二十四条　主办券商应遵守全国股份转让系统公司有关转让信息管理的规定，按要求使用全国股份转让系统转让信息。未经全国股份转让系统公司许可，主办券商不得将转让信息提供给客户从事自身股票转让以外的其他活动，不得将转让信息提供给客户以外的其他机构和个人，不得在营业场所外使用转让信息。

第二节　推荐业务

第二十五条　主办券商推荐股份公司股票挂牌，应与申请挂牌公司签订推荐挂牌并持续督导协议，约定双方权利和义务，并对申请挂牌公司董事、监事、高级管理人员及其他信息披露义务人进行培训，使其了解相关法律、法规、规则、协议所规定的权利和义务。

第二十六条　主办券商应对申请挂牌公司进行尽职调查，并在全面、真实、客观、准确调查的基础上出具尽职调查报告。

第二十七条　主办券商应设立内核机构，负责审核股份公司股票挂牌申请，并在审核基础上出具内核意见。

第二十八条　主办券商应根据内核意见决定是否推荐股份公司股票挂牌。同意推荐的，出具推荐报告。

主办券商可以根据申请挂牌公司委托，组织编制申请文件。

第二十九条　主办券商应持续督导所推荐挂牌公司诚实守信、规范履行信息披露义务、完善公司治理机制。主办券商应配备合格专业人员，建立健全持续督导工作制度，勤勉履行审查挂牌公司拟披露的信息披露文件、对挂牌公司进行现场检查、发布风险警示公告等督导职责。

第三节　经纪业务

第三十条　主办券商代理投资者买卖挂牌公司股票，应当与投资者签订证券买卖委托代理协议，并按照全国股份转让系统的股票转让制度要求接受投资者的买卖委托。

第三十一条　主办券商应当按照全国股份转让系统公司要求，建立健全投资者适当性管理制度。主办券商代理投资者买卖挂牌公司股票前，应当充分了解投资者的身份、财务状况、证券投资经验等情况，评估投资者的风险承受能力和风险识别能力。

主办券商不得为不符合投资者适当性要求的投资者提供代理买卖服务，全国股份转让系统公司另有规定的除外。

第三十二条　主办券商在与投资者签订证券买卖委托代理协议前，应着重向投资者说明投资风险自担的原则，详细讲解风险揭示书的内容，要求投资者认真阅读并签署风险揭示书。

第三十三条　主办券商应利用各种方式告知投资者全国股份转让系统业务规则及相关信息，持续揭示投资风险。

第三十四条　主办券商不得欺骗和误导投资者，不得利用自身的技术、设备及人员等业务优势侵害投资者合法权益。

第三十五条　主办券商接受客户股票买卖委托时，应当查验客户股票和资金是否足额，法律、行政法规、部门规章另有规定的除外。

第三十六条　主办券商应设立交易监控系统，对自身及客户转让行为进行有效监督，防范违规转让行为。

第三十七条　主办券商对客户的资金、股票以及委托、成交数据应当有完整、准确、详实的记录或者凭证，按户分账管理，并向客户提供对账与查询服务。

主办券商应当采取有效措施，妥善保存上述文件资料，保存期限不得少于二十年。

第三十八条　主办券商应当加强证券账户管理，不得为他人违法违规使用证券账户进行股票转让提供便利。

第三十九条　主办券商应当在营业场所及时准确地公布转让信息，供从事股票转让的客户使用。主办券商应当告知客户不得将转让信息用于自身股票转让以外的其他活动，并对客户使用转让信息的行为进行有效管理。

第四节　做 市 业 务

第四十条　主办券商开展做市业务，应通过专用证券账户、专用交易单元进行。做市业务专用证券账户应向中国证券登记结算有限责任公司和全国股份转让系统公司报备。

第四十一条　主办券商应建立做市资金的管理制度，明确做市资金的审批、调拨、使用流程，确保做市资金安全。

第四十二条　主办券商应建立做市股票的管理制度，明确做市股票获取、处置的决策程序、以及库存股票头寸管理制度。

第四十三条　主办券商应当建立以净资本为核心的做市业务规模监控和调整机制，根据自身财务状况和中国证监会关于证券公司风险监控指标规定等要求，合理确定做市业务规模。

第四十四条　主办券商应建立做市业务内部报告制度，明确业务运作、风险监控、业务稽核及其他有关信息的报告路径和反馈机制。

第四十五条　主办券商应当建立健全做市业务动态风险监控机制，监控做市业务风险的动态变化，提高动态监控效率。

第四十六条　主办券商开展做市业务，不得利用信息优势和资金优势，单独或者通过合谋，以串通报价或相互买卖等方式制造异常价格波动，损害投资者利益。

第四十七条　主办券商开展做市业务，不得干预挂牌公司日常经营，其业务人员不得在挂牌公司兼职。

第四十八条　主办券商开展做市业务，对报价和成交数据等应有完整、准确、详实的记录或者凭证，并采取有效措施妥善保存，保存期限不得少于二十年。

第四十九条　主办券商应按全国股份转让系统公司要求报告其做市股票库存、做市业务盈亏及相关风险监控指标等信息。

第四章　日 常 管 理

第一节　业 务 联 络

第五十条　主办券商应指定一名公司高级管理人员（以下简称“指定高管”）负责组织、协调主办券商与全国股份转让系统公司的各项业务往来，并指定业务联络人协助履行相应职责。

指定高管及业务联络人的任职、变更应及时报告全国股份转让系统公司。

第五十一条　指定高管和业务联络人应履行下列职责：

（一）负责报送全国股份转让系统公司要求的文件；

（二）组织相关业务人员按时参加全国股份转让系统公司举办的培训；

（三）协调主办券商与全国股份转让系统公司相关技术系统的改造、测试等；

（四）及时接收全国股份转让系统公司发送的业务文件，并予以协调落实；

（五）及时更新全国股份转让系统指定信息披露平台上主办券商相关信息；

（六）督促主办券商及时履行报告与公告义务；

（七）督促主办券商及时缴纳各项费用；

（八）全国股份转让系统公司要求履行的其他职责。

第五十二条　指定高管与业务联络人出现下列情形之一的，主办券商应当自该情形发生之日起五个转让日内予以更换并报告全国股份转让系统公司：

（一）指定高管不再分管全国股份转让系统相关业务或不再担任高级管理人员职务；

（二）连续三个月不能履行职责；

（三）在履行职责时出现重大错误，产生严重后果的；

（四）全国股份转让系统公司认为不适宜继续担任指定高管或业务联络人的其他情形。

第五十三条　指定高管空缺期间，主办券商法定代表人应当履行指定高管的职责，直至主办券商向全国股份转让系统公司报备新的指定高管。

第二节　报告与公告

第五十四条　主办券商向全国股份转让系统公司报送的信息和资料应当真实、准确、完整。

第五十五条　主办券商应向全国股份转让系统公司履行下列定期报告义务：

（一）每年四月三十日前报送上年度经审计财务报表和从事全国股份转让系统相关业务情况报告；

（二）全国股份转让系统公司规定的其他定期报告义务。全国股份转让系统公司可根据需要调整上述报告的报送时间及内容要求。

第五十六条　有下列情形之一的，主办券商应当自该情形发生之日起五个转让日内向全国股份转让系统公司报告：

（一）根据本规则第八条提交的相关文件所涉事项发生变更的；

（二）公司总部、分支机构发生证券法第一百二十九条规定情形的；

（三）净资本等风险控制指标不符合中国证监会规定标准的；

（四）全国股份转让系统公司规定的其他事项。

第五十七条　主办券商发生下列情形的，应当立即向全国股份转让系统公司报告，并持续报告进展情况：

（一）重大业务风险；

（二）进入风险处置；

（三）重大技术故障；

（四）不可抗力或者意外事件可能影响客户正常转让的；

（五）其他影响公司正常经营的重大事件。

主办券商发生前款第（三）、（四）项异常情况的，应当立即在其营业场所予以公告。

第五十八条　主办券商出现证券法第一百五十条至第一百五十四条规定情形的，应当向全国股份转让系统公司报告事件产生的原因、中国证监会采取的措施、主办券商整改结果等情况。

第五十九条　全国股份转让系统公司可以根据审慎监管原则，要求主办券商对从事全国股份转让系统相关业务情况进行自查，并提交专项自查报告。

第六十条　主办券商被依法托管或接管的，托管方或接管方应当自中国证监会批准托管或接管方案之日起二个转让日内将托管或接管方案等文件报送全国股份转让系统公司。

第三节　收　费

第六十一条　主办券商应按照规定的收费项目、收费标准与收费方式，按时交纳相关费用。

第六十二条　主办券商欠缴全国股份转让系统公司相关费用的，全国股份转让系统公司可视情况暂停受理或者办理其相关业务。

第六十三条　主办券商被中国证监会依法指定托管、接管的，主办券商应当按照全国股份转让系统公司要求交纳相关费用，如不能按时交纳的，全国股份转让系统公司可视情况采取相应措施。

第四节　纠纷解决

第六十四条　主办券商应当指定部门受理客户投诉，并按要求将相关业务投诉及处理情况向全国股份转让系统公司报告。

第六十五条　主办券商之间、主办券商与挂牌公司之间、主办券商与客户之间发生的业务纠纷可能影响市场正常秩序的，相关主办券商应当自该情形出现之日起二个转让日内向全国股份转让系统公司报告。

第五章　自律监管

第六十六条　全国股份转让系统公司可根据监管需要，对主办券商业务活动中的风险管理、技术系统运行、做市义务履行、推荐挂牌及持续督导等情况进行监督检查。

第六十七条 主办券商应当积极配合全国股份转让系统公司监管,按照全国股份转让系统公司要求及时说明情况,提供相关文件、资料,不得拒绝或者拖延提供有关资料,不得提供虚假、误导性或者不完整的资料。

第六十八条 全国股份转让系统公司对主办券商及从业人员执业情况进行持续记录,并可将记录信息予以公开。

第六十九条 主办券商及相关业务人员违反本细则的,全国股份转让系统公司可依据《业务规则》采取相应的监管措施或纪律处分。

主办券商因违反本细则被终止从事相关业务的,全国股份转让系统公司将在终止其从事相关业务之日起 12 个月内不再受理其申请。

第六章 附 则

第七十条 本细则由全国股份转让系统公司负责解释。

第七十一条 本细则自发布之日起施行。

投资者服务类

3 | 28 全国中小企业股份转让系统投资者适当性管理细则(试行)

股转系统公告〔2013〕41 号 2013 年 2 月 8 日公布实施 2013 年 12 月 30 日修改

第一条 为促进全国中小企业股份转让系统(以下简称全国股份转让系统)平稳、有序发展,提示市场风险,引导投资者理性参与挂牌公司股票公开转让等相关业务,保护投资者合法权益,根据中国证券监督管理委员会(以下简称中国证监会)有关规定及《全国中小企业股份转让系统业务规则(试行)》(以下简称《业务规则》),制定本细则。

第二条 投资者参与挂牌公司股票公开转让等相关业务,应当熟悉全国股份转让系统相关规定,了解挂牌公司股票风险特征,结合自身风险偏好确定投资目标,客观评估自身的心理和生理承受能力、风险识别能力及风险控制能力,审慎决定是否参与挂牌公司股票公开转让等业务。

第三条 下列机构投资者可以申请参与挂牌公司股票公开转让:

(一)注册资本 500 万元人民币以上的法人机构;

(二)实缴出资总额 500 万元人民币以上的合伙企业。

第四条 集合信托计划、证券投资基金、银行理财产品、证券公司资产管理计划,以及由金融机构或者相关监管部门认可的其他机构管理的金融产品或资产,可以申请参与挂牌公司股票公开转让。

第五条　同时符合下列条件的自然人投资者可以申请参与挂牌公司股票公开转让:

(一)投资者本人名下前一交易日日终证券类资产市值500万元人民币以上。证券类资产包括客户交易结算资金、在沪深交易所和全国股份转让系统挂牌的股票、基金、债券、券商集合理财产品等,信用证券账户资产除外。

(二)具有两年以上证券投资经验,或具有会计、金融、投资、财经等相关专业背景或培训经历。

投资经验的起算时间点为投资者本人名下账户在全国股份转让系统、上海证券交易所或深圳证券交易所发生首笔股票交易之日。

第六条　下列投资者可以参与挂牌公司股票定向发行:

(一)《非上市公众公司监督管理办法》第三十九条规定的投资者;

(二)符合参与挂牌公司股票公开转让条件的投资者。

第七条　公司挂牌前的股东、通过定向发行持有公司股份的股东等,如不符合参与挂牌公司股票公开转让条件,只能买卖其持有或曾持有的挂牌公司股票。

已经参与挂牌公司股票买卖的投资者保持原有交易权限不变。

第八条　主办券商应当根据中国证监会有关规定及本细则要求,制定投资者适当性管理实施方案,建立健全工作制度,完善内部分工和业务流程,并报全国中小企业股份转让系统有限责任公司(以下简称全国股份转让系统公司)备案。

第九条　主办券商应当切实履行投资者适当性管理职责,了解投资者的身份、财务状况、证券投资经验等相关信息,评估投资者的风险承受能力和风险识别能力,有针对性地开展风险揭示、投资者知识普及、投资者服务等工作,引导投资者审慎参与挂牌公司股票公开转让等相关业务。

第十条　主办券商应当认真审核投资者提交的相关材料,并与投资者书面签署《买卖挂牌公司股票委托代理协议》和《挂牌公司股票公开转让特别风险揭示书》。

投资者应抄录《挂牌公司股票公开转让特别风险揭示书》中的特别声明。

第十一条　投资者应当配合主办券商投资者适当性管理工作,如实提供申报材料。投资者不予配合或提供虚假信息的,主办券商可以拒绝为其办理挂牌公司股票公开转让相关业务。

第十二条　主办券商应当妥善保管投资者的档案资料,除依法配合调查和检查外,应当为投资者保密。

第十三条　主办券商应当结合所了解的投资者信息和投资者参与挂牌公司股票转让的情况,定期开展对投资者风险承受能力的持续评估工作,并留存评估结果备查。

第十四条　主办券商应当针对不同类别的投资者制订服务方案和管理流程,根据客户的不同特点,讲解全国股份转让系统业务规则和风险特点,提示参与挂牌公司股票公开转让可能面临的风险。

第十五条　主办券商应当妥善保存业务办理、投资者服务过程中风险揭示的语音或影像留痕。

第十六条　主办券商发现客户存在异常交易行为或者违法违规行为时,应当根据全国股份转让系统公司相关规定及时提醒客户,并向全国股份转让系统公司报告。

第十七条　全国股份转让系统公司对存在异常交易行为的投资者采取口头或书面警示等监管措施的,主办券商应当及时与投资者取得联系,告知其有关监管要求和采取的监管措施。

对出现异常交易行为的投资者,全国股份转让系统公司可以限制其交易,主办券商应当予以配合。

第十八条　主办券商应当为投资者提供合理的投诉渠道,指定专门部门受理投诉,妥善处理与投资者的矛盾和纠纷,并认真做好记录工作。

第十九条　主办券商应当配合全国股份转让系统公司对其投资者适当性管理执行情况进行检查,如实提供投资者开户资料、资金账户情况等信息,不得隐瞒、阻碍和拒绝。

第二十条　主办券商及其相关业务人员违反本细则规定,全国股份转让系统公司可依据《业务规则》等有关规定采取相应的监管措施或纪律处分。

第二十一条　本细则所称"以上"含本数。

第二十二条　本细则由全国股份转让系统公司负责解释。

第二十三条　本细则自发布之日起施行。

第四章

服务指南

综合类

4｜1　股份公司申请在全国中小企业股份转让系统公开转让、股票发行的审查工作流程

全国中小企业股份转让系统有限责任公司2013年3月19日公布　2013年12月20日修改

根据《非上市公众公司监督管理办法》、《全国中小企业股份转让系统有限责任公司管理暂行办法》等规章，股东人数未超过200人股份公司申请到全国中小企业股份转让系统（以下简称全国股份转让系统）挂牌公开转让须经全国中小企业股份转让系统有限责任公司（以下简称全国股份转让系统公司）审查同意，中国证监会豁免核准，纳入非上市公众公司统一监管。

按照标准公开、程序透明、行为规范、高效便民的原则，股东人数未超过200人股份公司申请股票在全国股份转让系统挂牌公开转让、股票发行（包括股份公司申请挂牌同时发行、挂牌公司申请股票发行）的审查工作流程如下：

一、全国股份转让系统公司接收材料

全国股份转让系统公司设接收申请材料的服务窗口。申请挂牌公开转让、股票发行的股份公司（以下简称申请人）通过窗口向全国股份转让系统公司提交挂牌（或股票发行）申请材料。申请材料应符合《全国中小企业股份转让系统业务规则（试行）》、《全国中小企业股份转让系统挂牌申请文件内容与格式指引（试行）》等有关规定的要求。

全国股份转让系统公司对申请材料的齐备性、完整性进行检查：需要申请人补正申请材料的，按规定提出补正要求；申请材料形式要件齐备，符合条件的，全国股份转让系统公司出具接收确认单。

二、全国股份转让系统公司审查反馈

（一）反馈

对于审查中需要申请人补充披露、解释说明或中介机构进一步核查落实的主要问题，审查人员撰写书面反馈意见，由窗口告知、送达申请人及主办券商。

（二）落实反馈意见

申请人应当在反馈意见要求的时间内向窗口提交反馈回复意见；如需延期回复，应提交申请，但最长不得超过三十个工作日。

三、全国股份转让系统公司出具审查意见

申请材料和回复意见审查完毕后，全国股份转让系统公司出具同意或不同意挂牌或股票发行（包括股份公司申请挂牌同时发行、挂牌公司申请股票发行）的审查意见，窗口将审查意见送达申请人及相关单位。

附件：

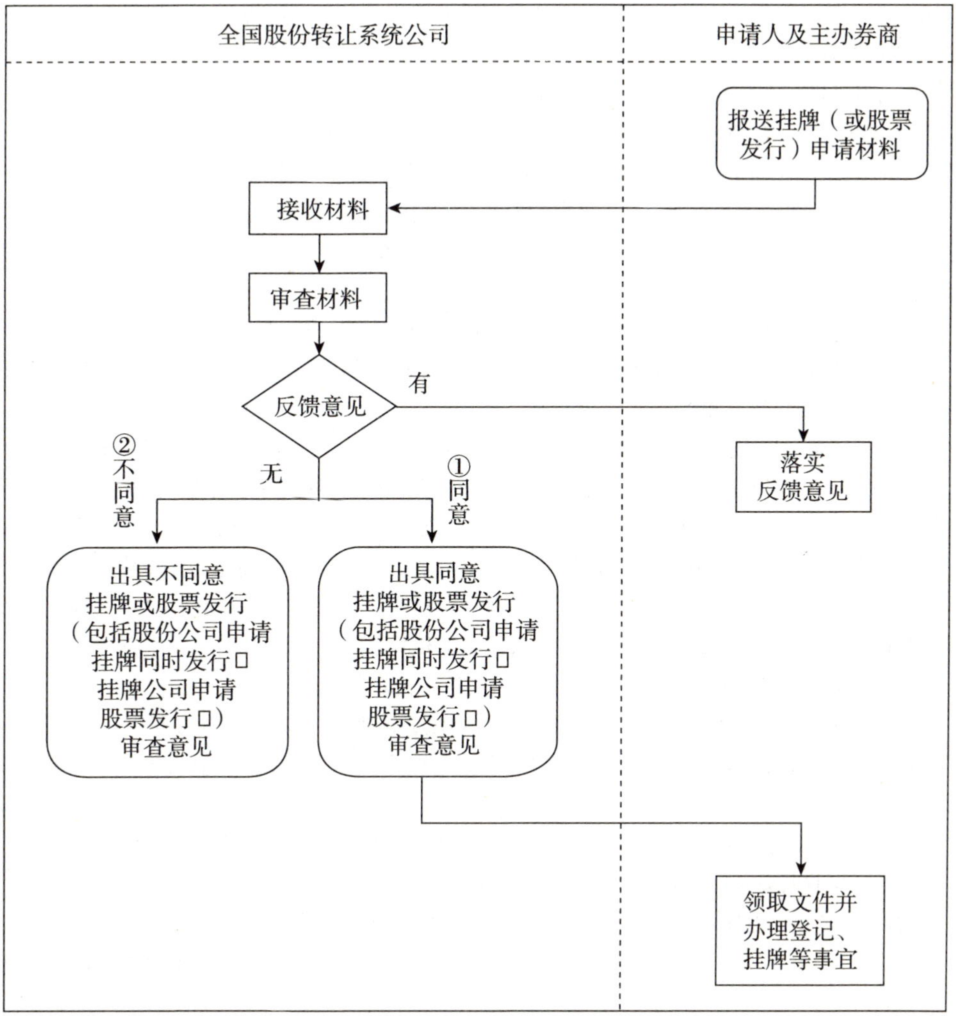

4 | 2 全国中小企业股份转让系统申请材料接收须知

全国中小企业股份转让系统有限责任公司　2013 年 3 月 19 日公布

各申请人：

为方便各申请人办理业务申请事项，我司在公司南门一层设立接收服务窗口，设专职人员负责材料接收工作。请各位申请人按照以下须知要求到接收服务大厅办理业务：

一、提出申请前，请及时了解、熟悉《非上市公众公司监督管理办法》、《全国中小企业股份转让有限责任公司管理暂行办法》等中国证监会部门规章及我司公布的各项业务规则中关于业务申请项目的有关规定，具体情况可登陆我司网站进行查阅。

二、如对我司公示内容有疑问，可向相关业务部门或接收服务窗口进行咨询。

三、接收服务大厅是我司对外接收材料的窗口，统一负责材料接收、法定文件发送等工作。目前我司仅接收现场报送材料，不接收以邮寄、传真等非现场方式提交的材料。

四、报送申请材料和领取公文时，请出具单位介绍信、身份证（附身份证复印件）等身份证明文件。如受他人委托报送申请材料和领取公文时，应提交相关授权委托书及受托人身份证明文件。

五、报送申请材料时，首先应对照各项业务申请材料目录核查材料的齐备性。

六、申请材料接收后，我司接收服务窗口将为申请人开具《申请材料接收确认单》，并于当日将所接收申请材料移交相关部门。

七、根据要求应当提供申报材料原件而不能提供的，应提供复印件，并由申请人律师提供鉴证意见，或由出文单位盖章，以保证与原件一致。申请人在每次报送书面原件的同时，应按我司要求报送相应份数的复印件和标准电子文件。电子文件应以光盘形式提交。

八、申请材料应统一编制目录，按目录标明页码，并以 A4 纸打印、硬壳文件夹装订。申请文件章节之间应有明显的分隔标识。报送材料首页应列明公司经办人员和有关中介机构的姓名（或名称）和联系电话。文件夹立面应注明公司名称和所办事项。

九、申请书应当以公司红头文件印制，由公司法定代表人签发。

十、中介机构出具的专项报告，应附有签字律师、会计师、评估师及其所在机构的证券从业资格证书复印件，该复印件须由该机构盖章确认并说明用途。法律意见书应由律师事务所负责人和两名经办律师签字。

十一、我司接收服务窗口工作时间为每个交易日的上午 8:30 - 11:30，下午 1:30 - 5:00。

十二、接收服务窗口咨询电话：010 - 63889513。

接收服务窗口地址：北京市西城区金融大街丁 26 号金阳大厦南门一层。

全国中小企业股份转让系统

2013 年 3 月 19 日

4 | 3　关于做好申请材料接收工作有关注意事项的通知

全国中小企业股份转让系统有限责任公司　2013年6月13日公布实施

各申请人：

为进一步明确各申请人到我司接收服务窗口（以下简称窗口）办理业务的相关要求，现将有关事项通知如下：

一、有关申请文件的制作

（一）申请人应严格按照《全国中小企业股份转让系统业务规则（试行）》和相关实施细则、工作指引、工作指南，以及《全国中小企业股份转让系统申请材料接收须知》的要求制作和报送申请文件。

（二）申请文件的编排应严格按照相关业务规则要求的文件目录顺序编排。

电子文档包含“书面文件扫描版”和“书面文件WORD版”，其中“书面文件扫描版”包括通过扫描所有书面文件形成的电子文档，通常为PDF格式（即×.pdf格式）。

二、关于签名和盖章

（一）申请材料的主申请报告原则上应当以红头文件印制，标明文号，且必须由法定代表人签发并加盖公章。

具体签发形式，可以在红头中印制签发人，也可以在申请报告落款处加盖法定代表人印章或由本人签字。

（二）申请材料包含多份文件的，应当以隔页纸区分，每份文件应由出文单位加盖骑缝章，并在落款处加盖公章。

公司章程、制度等无落款的文件，应当在章程或制度首页标题上加盖公章。

（三）申请文件中的签名均应为签名人亲笔签名，不得以名章、签名章等代替。

董监高的声明和承诺文件，还应当附见证律师的从业资格证明文件。

三、关于身份证明文件

办事人员代表申请主体到窗口办理业务应当提交身份证明文件。

如申请主体在授权书或介绍信中明确指明××自然人代表办理相应业务的，身份证明文件包括该授权书或介绍信，以及办事人员的身份证复印件。

如申请主体在授权书中指明××单位代表办理业务，被指明的单位应当出具介绍信明确具体办事人员，身份证明文件包括授权书、被授权的单位出具的介绍信和办事人员的身份证复印件。

四、关于书面反馈回复

（一）书面反馈回复必须加盖出文单位公章。

（二）书面反馈回复应当按照书面反馈要求提交相应份数的书面材料和电子版材料。如书面材料较多可以装订成硬壳夹。

（三）提交书面反馈回复，应当同时附《审查反馈意见通知书》复印件，便于窗口工作人员对照检查。

（四）书面反馈回复应当以问答形式对书面反馈要求逐一作出回应。根据书面反馈要求不同，回复意见应当区别说明：

1. 回复意见属于补充、完善、说明类型，应当具体说明补充、完善的内容；

2. 回复意见属于修改类型，应当对比说明原内容和修改后的内容，如回复修改内容比较复杂，可以直接说明修改内容；

3. 回复意见属于删除类型，可以在回复中直接说明“此内容已删除，在×××（文件）中体现”；

4. 回复意见属于格式修改，如编号、页码、文件位置等格式问题，可以在回复中说明“已修改，在×××（文件）中体现”。

（五）关于申请挂牌业务的其他要求

在窗口办理挂牌业务的申请人，除需符合以上工作要求以外，还应当注意以下事项：

1. 对需要申请挂牌公司补充披露的，公司应在反馈回复中说明补充披露的内容、中介机构结论性意见（如有），并说明需披露的内容在公开转让说明书中相应章节的修改情况，同时在公开转让说明书中以楷体加粗的格式进行修改。

2. 对需要中介机构补充提供、调查或发表意见的，中介机构应在各自需提交反馈文件的相应部分补充提供尽职调查过程中的基础性资料、进一步尽职调查的内容以及结论性意见。

3. 反馈回复材料应当在主办券商盖章页同时附内核专员、项目负责人、项目小组成员的签字。

4. 整套申请材料目录前，应单独制作《挂牌公司基本信息和联系方式表》（含电子版，具体格式详见附件）。其中联系方式的座机栏，应当填写直拨座机号码（如是分机，需提供分机号码）。

本通知自下发之日起实施。如有问题，请与我司相关工作人员联系。

接收服务电话：010－6388 9512

全国中小企业股份转让系统有限责任公司
2013年6月13日

4 | 4 关于收取挂牌公司挂牌年费的通知

全国中小企业股份转让系统有限责任公司2013年6月14日公布

各挂牌公司：

依据《关于全国中小企业股份转让系统有限责任公司有关收费事宜的通知》（股转系统公告〔2013〕7号，以下简称《收费通知》）的规定及《全国中小企业股份转让系统挂牌协议》的约定，挂牌公司应当向我司缴纳挂牌年费。现将挂牌公司缴纳2013年挂牌年费的相关事宜通知如下：

一、缴费对象

挂牌公司。2013 年挂牌的公司,挂牌年费已与挂牌初费一并缴纳的除外。

二、缴费期限

2013 年 7 月 15 日之前一次性缴纳。

缴费日期以银行收款回单载明的日期为准。

三、缴费标准

2013 年度的挂牌年费按照挂牌公司 2012 年末的总股本,自我司《收费通知》发布之日的次月(即:2013 年 3 月)起计算收取,共计 10 个月费用,挂牌公司 2012 年年(原文为“2012 年”。——编辑注)末的总股本以 2012 年年报披露的数据为准。根据我司《收费通知》公布的收费标准进行按月折算,2013 年度挂牌公司须缴纳挂牌年费的具体金额如下:

总股本 2000 万股(含)以下:16,666.67 元;

总股本 2000 万股－5000 万股(含):25,000.00 元;(原文为“2000”。——编辑注)

总股本 5000 万股－1 亿股(含):33,333.33 元;

总股本 1 亿股以上:41,666.67 元。

四、缴费方式

银行汇款方式缴至下列账户:

账户名称:全国中小企业股份转让系统有限责任公司

开户行:中国建设银行复兴支行

账号:11001046500053013355

挂牌公司汇款完成,我司取得银行收款回单后,将出具发票,并邮寄至挂牌公司。

请各挂牌公司按本通知的要求,按期足额缴纳挂牌年费。逾期缴纳的,我司将按照《全国中小企业股份转让系统挂牌协议》的约定,每日按应缴纳金额的 3‰收取滞纳金。经催告后,在 10 个工作日内仍未缴纳的,我司有权采取相应的监管措施,并保留追究违约责任的权利。

全国中小企业股份转让系统有限责任公司

2013 年 6 月 14 日

挂牌业务类

4 | 5 全国中小企业股份转让系统股票挂牌业务操作指南(试行)

股转系统公告〔2014〕118 号　2014 年 12 月 31 日公布　2015 年 1 月 12 日实施

为规范申请挂牌公司、主办券商在全国中小企业股份转让系统(以下简称“全国股转系统”)办理股票挂牌业务,根据相关法律法规、《全国中小企业股份转让系统业务规则(试行)》等有关规定，制定本指南。

一、股东开户

除股东存在外资、个人独资企业等特殊情形外，其他境内股东均应于申请挂牌公司向全国中小企业股份转让系统有限责任公司（以下简称全国股转公司）报送申请挂牌文件前，完成开立证券账户的工作。

二、申请证券简称和代码

申请挂牌公司应于向全国股转公司报送申请挂牌文件时一并提交《证券简称及证券代码申请书》，证券简称应避免与已挂牌公司和上市公司重复。

三、领取同意挂牌函、转让方式的函和缴费通知单

申请挂牌公司或主办券商接到领取通知后，于第二个转让日派人持申请挂牌公司出具的介绍信和经办人身份证复印件前往全国股转公司受理窗口领取《同意挂牌函》、《关于同意股票挂牌时采取协议转让方式的函》（或《关于同意股票挂牌时采取做市转让方式的函》）和《缴费通知单》。

四、缴费

根据《缴费通知单》的要求，申请挂牌公司缴纳挂牌初费和当年年费。

五、办理信息披露

（一）挂牌前首次信息披露

取得证券简称和代码的当日或第二个转让日，主办券商应协助申请挂牌公司通过全国股转系统业务支持平台进行首次信息披露操作。

挂牌前首次信息披露文件包括：

（1）公开转让说明书；

（2）财务报表及审计报告；

（3）补充审计期间的财务报表及审计报告（如有）；

（4）法律意见书；

（5）补充法律意见书（如有）；

（6）公司章程；

（7）主办券商推荐报告；

（8）股票发行情况报告书（如有）；

（9）全国股转公司同意挂牌的函；

（10）中国证监会核准文件（如有）；

（11）其他公告文件。

上述（1）－（7）文件系统将自动提取反馈回复的最后一稿，无须主办券商再次上传。

（二）首次信息披露操作流程

主办券商登录业务支持平台，在确认申请挂牌文件在已归档的前提下，进入首次信息批露模块，找到待批露的项目，打开并点击“处理”即可进入传送公告页面。

在该页面，系统将自动抓取“5.1（1）－（7）”列示的文件，券商需要上传同意挂牌函等其他披露文件；确认无误后，选择披露日期，点击“披露”，系统将在转让日的15:30后在www.neeq.com.cn或www.neeq.cc上进行披露。

(三)更正公告

文件披露后,不得随意更改、替换或撤销。如确需修改,申请挂牌公司和主办券商通过全国股转系统业务支持平台提交申请挂牌公司出具的更正公告、更正后的信息披露文件、主办券商出具的情况说明(如涉及法律意见书更正的,由律师事务所出具说明;涉及审计报告及财务报表更正的,由会计师事务所出具说明),上述文件均需加盖公章;经挂牌业务部确认后,发布更正公告及更正后的信息披露文件。

(四)在线填写挂牌进度计划

主办券商应在获知申请挂牌公司代码和简称的当日或第二个转让日,在全国股转系统业务支持平台上在线填写《主办券商办理股份公司股票挂牌进度计划表》,合理安排申请挂牌公司办理挂牌手续的时间,并严格执行。

(五)领取《代码和简称通知书》和缴费发票

申请挂牌公司在准备办理股份初始登记前在全国股转公司挂牌业务部领取《关于证券简称及证券代码的通知》和缴费发票。

(六)提交股票初始登记申请表

公司股份办理初始登记前,无论是否存在首批解除转让限制情形,均需在取得同意挂牌函的当日或第二个转让日向全国股转公司公司业务部提交股票初始登记申请表(加盖主办券商公章),并说明是否存在申请挂牌同时股票发行情形。

除法定限售股份外,申请挂牌公司股东存在自愿限售股份情形的,应根据《关于向全国中小企业股份转让系统申请协助出具自愿限售登记函有关事项的公告》(股转系统公告〔2014〕65号)的要求,向全国股转公司公司业务部提交申请挂牌公司和自愿限售股东共同签字盖章的申请书,并提交主办券商出具的审查意见。

(七)股份初始登记

申请挂牌公司及主办券商应不迟于取得证券简称和代码的第二个转让日向中国证券登记结算有限责任公司北京分公司(以下简称中国结算北京分公司)报送股份初始登记预审文件,根据中国结算北京分公司的安排现场办理登记手续,领取《股份登记确认书》。

(八)办理股票挂牌

申请挂牌公司取得中国结算北京分公司出具的《股份登记确认书》的当日11时前,将《股份登记确认书》《公开转让记录表》(加盖公章)扫描件提交给全国股转公司挂牌业务部,确定公司挂牌日期(挂牌日为取得《股份登记确认书》后的第二个转让日)以便办理股份进入交易系统的操作。

(九)挂牌前的第二次信息披露

1. 披露时间

T-1日(T日为挂牌日,下同),申请挂牌公司及主办券商通过全国股转系统业务支持平台报送第二次信息披露文件。

系统将在转让日的15:30后在 www.neeq.com.cn 或 www.neeq.cc 上进行披露。

2. 披露文件

(1)关于公司股票将在全国股转系统挂牌公开转让的提示性公告;

(2)关于公司挂牌同时发行的股票将在全国股转系统挂牌公开转让的公告(如有);

(3)其他公告文件。

(十)申请挂牌同时发行股票融资的流程

全国股转系统是公开市场,为提高投融资对接的效率,满足申请挂牌公司的融资需求,申请挂牌公司可在申请挂牌时或挂牌审查期间提出股票发行申请,履行董事会、股东大会审议程序,自主决定发行方式、发行价格和发行的比例。申请挂牌同时股票发行后股东不超过200人的,中国证监会豁免核准。

1. 披露发行意向

申请挂牌同时发行股票且尚未确定认购对象的,可在报送申请挂牌材料后向全国股转公司挂牌业务部申请在www. neeq. com. cn或www. neeq. cc披露股票发行意向。

2. 披露公开转让说明书等文件

取得证券简称和代码后,申请挂牌公司按照"5.1挂牌前首次信息披露"流程办理《公开转让说明书》等文件的信息披露事宜。

3. 报送备案材料

在完成股票认购、验资后,参照《全国中小企业股份转让系统股票发行业务细则(试行)》及其指引的有关规定,申请挂牌公司通过业务支持平台向全国股转公司受理窗口报送备案材料;取得全国股转公司出具的股份登记函。

4. 办理股份登记

取得股份登记函后,申请挂牌公司、主办券商持股份登记函及其他材料前往中国结算北京分公司办理股份初始登记,初始登记的股份为发行完成后的全部股份。

5. 披露发行的股份等文件

取得《股份登记确认书》后,申请挂牌公司披露《关于公司挂牌同时股票发行的股票将在全国股转系统挂牌公开转让的公告》等文件。

6. 披露工商变更登记公告

申请挂牌公司完成工商变更登记后,发布《关于完成工商变更登记的公告》。

7. 通过股票发行持有公司股份的股东

根据《全国中小企业股份转让系统投资者适当性管理细则(试行)》的规定,通过申请挂牌同时股票发行持有公司股份的股东,如不符合参与挂牌公司公开转让条件,只能买卖其持有或曾持有的挂牌公司股票。

8. 挂牌日后完成股票发行的

申请挂牌公司拟于挂牌日后完成股票发行的,其发行程序及投资者适当性要求按照已挂牌公司股票发行的规定办理。

(十一)挂牌仪式

申请挂牌公司拟举办挂牌仪式的,请填写《全国股转公司挂牌仪式申请》,发邮件至guapaiyishi@neeq. org. cn,与全国股转公司信息服务研究部沟通具体事宜。

(十二)临时公告

申请挂牌公司在首次信息披露至股票挂牌期间应遵守《关于申请挂牌期间公司信息披露相关问题的通知》(股转系统公告〔2014〕26号)的规定,履行信息披露义务。

在此期间需进行信息披露的，应通过电子邮件方式向全国股转系统挂牌业务部财务和非财务审查员提交公告文件（加盖申请挂牌公司公章或其他信息披露主体公章）、主办券商情况说明（加盖主办券商公章）、信息披露业务流转表（加盖主办券商公章）等文件的扫描件，同时将抄送 xxpl@neeq.org.cn。经同意后，相关公告文件在转让日的 15:30 后在 www.neeq.com.cn 或 www.neeq.cc 上进行披露。

（十三）部分文件参考格式（略）

4 | 6　全国中小企业股份转让系统挂牌协议

全国中小企业股份转让系统有限责任公司　2013 年 4 月 11 日公布实施

甲方：全国中小企业股份转让系统有限责任公司
法定代表人：
住所：
联系电话：

乙方：________股份有限公司
法定代表人：
住所：
联系电话：

第一条　甲方是全国中小企业股份转让系统（以下简称全国股份转让系统）的运营管理机构，负责组织和监督挂牌公司的股票转让及相关活动，实行自律管理。乙方是经中国证监会核准的非上市公众公司，申请其股票在全国股份转让系统挂牌。乙方已向甲方提交了挂牌申请及相关文件，并取得了甲方同意挂牌的审查意见及中国证监会核准。

第二条　为规范乙方股票在全国股份转让系统挂牌行为，明确双方权利与义务，甲乙双方根据《合同法》、《公司法》、《证券法》、《非上市公众公司监督管理办法》、《全国中小企业股份转让系统有限责任公司管理暂行办法》、《全国中小企业股份转让系统业务规则（试行）》等规定，签订本协议。

第三条　甲方的权利：

（一）甲方有权在有关法律、行政法规、中国证监会相关规定授权范围内对乙方实施日常监管；甲方有权依据全国股份转让系统业务规则、细则、指引、通知等规定（以下简称甲方业务规则）对乙方的股票挂牌、公开转让、终止挂牌等行为进行管理。

（二）甲方有权依据经中国证监会批准的收费标准收取挂牌费。

第四条　甲方的义务：

（一）甲方应当依据有关法律、行政法规及中国证监会相关规定制定甲方业务规则并及时公布,为乙方及其他市场主体参与市场活动提供制度保障。

（二）甲方负责运营、管理全国股份转让系统、发布市场信息,为乙方及其他市场参与主体提供正常的信息环境。

（三）甲方负责提供股票转让平台及相关设施,安排乙方股票挂牌,组织乙方股票转让活动。

（四）甲方负责提供信息披露服务平台,安排乙方首次挂牌信息披露及日常信息披露。

（五）甲方应当接受乙方的咨询,对其股票挂牌操作提供必要的指导。

第五条　乙方的权利:

（一）乙方有权向甲方咨询股票挂牌操作事宜,并获得甲方的指导。

（二）乙方有权获得甲方提供的股票转让、信息披露平台及相关设施服务。

第六条　乙方的义务:

（一）乙方同意接受甲方的日常监管及管理。

（二）乙方承诺遵守法律、法规、规章等规范性法律文件。乙方进一步承诺遵守甲方业务规则,履行包括但不限于规范公司治理、信息披露等义务。乙方应保证并责成其包括董事、监事、高级管理人员在内的全体员工理解并遵守本协议内容。

（三）乙方及其董事、监事和高级管理人员在挂牌时和挂牌后作出的承诺文件为本协议不可分割的一部分,是本协议的附件。乙方应保证其董事、监事和高级管理人员签署该等承诺文件。

（四）乙方应按本协议约定向甲方缴纳挂牌费。

（五）乙方应按要求参加甲方组织的业务培训。

（六）乙方应当以书面形式及时通知甲方任何导致乙方不再符合挂牌要求的公司行为或其他事件。

第七条　挂牌费:

（一）挂牌费包括挂牌初费和挂牌年费,由甲方依据经中国证监会批准的收费标准收取。

（二）乙方应当在挂牌日前缴纳按照挂牌首日总股本计算的挂牌初费,并在每年 7 月 15 日以前一次性缴纳按照公司上一年度末总股本计算的本年度挂牌年费。

（三）挂牌当年的挂牌年费按照挂牌首日的总股本和实际挂牌月份（自挂牌日的次月起计算）予以折算,与挂牌初费一并缴纳。

（四）乙方逾期缴纳挂牌费,甲方有权每日按应缴纳金额的 3‰收取滞纳金。

（五）经甲方催告后,乙方于 10 个工作日内仍未缴纳的,甲方有权对乙方采取监管措施,并保留向乙方主张其违约造成之全部损失的权利。

（六）乙方股票终止挂牌后,已经交纳的挂牌费不予返还。

第八条　本协议的执行与解释适用中华人民共和国法律。

第九条　本协议未尽事宜,双方应依照有关法律、法规、规章及甲方业务规则执行。

第十条　与本协议的解释或执行有关的争议及纠纷,应首先由甲乙双方通过友好协商解决。若自争议或者纠纷发生之日起的 30 天内未能通过协商解决,任何一方均可将该项争议提交中国国际经济贸易仲裁委员会按照当时适用的仲裁规则进行仲裁,仲裁地点为北京。仲裁裁决为最终裁决,对双方均具有法律约束力。

第十一条　双方一致同意,本协议生效后,如因适用的法律、法规、规章等规范性法律文件及甲方业务规则发生变化,导致本协议相关条款内容与修订或新颁布的上述法律、法规、规章、甲方业务规则等内容相抵触,本协议该部分条款将自动变更并以修订或新颁布的相关法律、法规、规章、甲方业务规则内容为准。

尽管有前款内容,本协议其他不与有关法律、法规、规章、甲方业务规则内容相抵触的条款持续有效。

第十二条　乙方申请终止或被甲方终止在全国股份转让系统挂牌的,本协议自终止挂牌之日自动解除。本协议解除不影响甲方依法向乙方主张本协议项下未结费用、滞纳金支付的权利。

第十三条　本协议自双方签字盖章之日起生效。双方可以以书面方式对本协议作出补充,经双方签字盖章的有关本协议的补充协议是本协议的组成部分,与本协议具有同等法律效力。

第十四条　本协议一式肆份,双方各执贰份。

(以下无正文)

甲方(公章):________　　乙方(公章):________
法定代表人　　法定代表人
或授权代表(签字):________　　或授权代表(签字):________

________年____月____日　　________年____月____日

4 | 7　董事(监事、高级管理人员)声明及承诺书

【说明】

为促进挂牌公司建立良好的公司治理机制和有效的内控制度,督促公司董事、监事、高级管理人员全面理解并遵守有关法律法规及市场规则,树立诚信意识、规范意识和法律意识,股份公司董事、监事和高级管理人员应在本公司股票在全国中小企业股份转让系统挂牌前签署一式叁份《董事(监事、高级管理人员)声明及承诺书》,其中本人留存壹份,送公司董事会存档壹份,向全国中小企业股份转让系统有限责任公司报备壹份。

董事、监事和高级管理人员签署《董事(监事、高级管理人员)声明及承诺书》时,应当由律师见证,并由律师解释该文件的内容,董事、监事和高级管理人员在充分理解后签字。

《董事(监事、高级管理人员)声明及承诺书》的主要格式和内容如下:

董事(监事、高级管理人员)声明及承诺书

第一部分　声　　明

一、基本情况

1. 挂牌公司全称:____

2. 挂牌公司股票简称：________________股票代码：________________

3. 本人姓名：________________________________

4. 别名：________________________________

5. 曾用名：________________________________

6. 国籍：________________________________

7. 拥有哪些国家或地区的长期居留权（如适用）：________________

8. 专业资格（如适用）：________________________________

9. 身份证号码：________________________________

二、是否有配偶、父母、子女及其配偶、兄弟姐妹及其配偶担任本公司董事、监事或高级管理人员？

是□　否□

如是，请详细说明。

三、是否在其他公司任职？

是□　否□

如是，请填报各公司的名称、注册资本、主要业务以及本人在该公司任职的情况。

四、是否负有数额较大的未清偿到期债务，或者未偿还经法院判决、裁定应当偿付的债务，或者被法院采取强制执行措施，或者受到仍然有效的法院判决、裁定所限制？

是□　否□

如是，请详细说明。

五、是否曾担任因经营不善破产清算、关停并转或曾有类似情况的公司、企业的董事、监事或者高级管理人员？

是□　否□

如是，请详细说明。

六、是否曾担任因违法而被吊销营业执照、责令关闭的公司、企业的法定代表人？

是□　否□

如是，请详细说明。

七、是否曾因犯有贪污、贿赂、内幕交易、泄露内幕信息、操纵证券、期货市场、挪用财产、侵占财产罪或者其他破坏社会主义经济秩序罪而受到刑事处罚？

是□　否□

如是，请详细说明。

八、是否曾因违反《证券法》、《非上市公众公司监督管理办法》和《证券市场禁入规定》等证券市场法律、行政法规或部门规章而受到行政处罚或证券市场禁入？

是□　否□

如是，请详细说明。

九、本人是否曾违反相关业务规则受到全国中小企业股份转让系统有限责任公司（以下简称全国股份转让系统公司）采取的监管措施或违规处分？

是□　否□

如是,请详细说明。

十、是否因涉嫌违反证券市场法律、行政法规正受到中国证监会的调查?

是□ 否□

如是,请详细说明。

十一、本人以及本人的配偶、父母、子女是否持有本公司股票及其衍生品?

是□ 否□

如是,请详细说明。

十二、在挂牌公司及其控股子公司业务中,过去或现在是否拥有除前项以外的其他利益?

是□ 否□

如是,请详细说明。

十三、是否参加过中国证监会或全国股份转让系统公司组织或者认可的证券业务培训?

是□ 否□

如是,请详细说明。

十四、是否已明确知悉作为挂牌公司的董事(监事、高级管理人员),如果对挂牌公司下列信息披露相关违法、违规行为负有直接责任的,将被追究刑事责任:

(一)公司向股东和社会公众提供虚假的或者隐瞒重大事实的财务会计报告,严重损害股东或者其他人利益,或者有其他严重情节的;

(二)公司对依法应当披露的其他重要信息不按照规定披露,严重损害股东或者其他人利益,或者有其他严重情节的。

是□ 否□

十五、是否已明确知悉作为挂牌公司的董事(监事、高级管理人员),不得利用公司内幕信息直接或间接为本人或他人谋取利益?

是□ 否□

十六、是否已明确知悉作为挂牌公司的董事(监事、高级管理人员),不得违背对公司的忠实义务,不得利用职务便利操纵挂牌公司从事法律、行政法规和相关规定禁止的行为?

是□ 否□

十七、除上述问题所披露的信息外,是否存在可能影响本人对上述问题回答的真实性、准确性或完整性而需要声明的其他事项?

是□ 否□

如是,请详细说明。

本人________(正楷体)郑重声明,上述回答是真实、准确和完整的,保证不存在任何虚假记载、误导性陈述或遗漏。本人完全明白做出虚假声明可能导致的后果。全国股份转让系统公司可依据上述回答所提供的资料,评估本人是否适宜担任挂牌公司的董事(监事、高级管理人员)。

声明人: (签署) 日 期:

此项声明于 年 月 日在 (地点)作出。

见证律师: (签署) 日 期:

第二部分　承　诺

范本一：董事适用版

本人________________（正楷体）向全国股份转让系统公司承诺：

一、本人在履行挂牌公司董事的职责时，将遵守并促使本公司和本人的授权人遵守国家法律、行政法规和部门规章等有关规定，履行忠实、勤勉尽责的义务。

二、本人在履行挂牌公司董事的职责时，将遵守并促使本公司和本人的授权人遵守中国证监会发布的部门规章、规范性文件的有关规定。

三、本人在履行挂牌公司董事的职责时，将遵守并促使本公司和本人的授权人遵守《全国中小企业股份转让系统业务规则（试行）》和全国股份转让系统公司发布的其他业务规则、细则、指引和通知等。

四、本人在履行挂牌公司董事的职责时，将遵守并促使本公司和本人的授权人遵守公司《章程》。

五、本人同意接受中国证监会和全国股份转让系统公司的监管，包括及时、如实地答复中国证监会和全国股份转让系统公司向本人提出的任何问题，及时提供《证券法》、《非上市公众公司监督管理办法》、《全国中小企业股份转让系统业务规则（试行）》等法律、行政法规、部门规章、业务规则规定应当报送的资料及要求提供的其他文件的正本或副本，并出席本人被要求出席的会议。

六、本人授权全国股份转让系统公司可将本人提供的承诺与声明的资料向中国证监会报告。

七、本人将按要求参加中国证监会和全国股份转让系统公司组织的专业培训。

八、本人如违反上述承诺，愿意承担由此引起的一切法律责任和接受中国证监会任何行政处罚与全国股份转让系统公司的违规处分。

九、本人因履行挂牌公司董事的职责或者本承诺而与全国股份转让系统公司发生争议提起诉讼时，由全国股份转让系统公司住所地法院管辖。

承诺人：　　　（签署）　　　　　日　期：

此项声明于　　年　月　日在　　　（地点）作出。

见证律师：　　（签署）　　　　　日　期：

范本二：监事适用版

本人________（正楷体）向全国股份转让系统公司承诺：

一、本人在履行挂牌公司监事的职责时，将遵守并促使本公司及其董事和高级管理人员遵守国家法律、行政法规和部门规章等有关规定，履行忠实、勤勉义务。

二、本人在履行挂牌公司监事的职责时，将遵守并促使本公司及其董事和高级管理人员遵守中国证监会发布的部门规章、规范性文件的有关规定。

三、本人在履行挂牌公司监事的职责时，将遵守并促使本公司及其董事和高级管理人员遵守《全国中小企业股份转让系统业务规则（试行）》和全国股份转让系统公司发布的其他业务规则、细则、指引和通知等。

四、本人在履行挂牌公司监事的职责时，将遵守并促使本公司及其董事和高级管理人员遵守公司《章程》。

五、本人在履行挂牌公司监事的职责时，将监督本公司董事和高级管理人员认真履行职责并严格遵守在《董事（高级管理人员）声明及承诺书》中作出的承诺。

六、本人同意接受中国证监会和全国股份转让系统公司的监管，包括及时、如实地答复中国证监会和全国股份转让系统公司向本人提出的任何问题，及时提供并促使本公司董事和高级管理人员及时提供《证券法》、《非上市公众公司监督管理办法》、《全国中小企业股份转让系统业务规则（试行）》等法律、行政法规、部门规章、业务规则规定应当报送的资料及要求提供的其他文件的正本或副本，并出席本人被要求出席的会议。

七、本人授权全国股份转让系统公司可将本人提供的承诺与声明的资料向中国证监会报告。

八、本人按要求参加中国证监会和全国股份转让系统公司组织的专业培训。

九、本人如违反上述承诺，愿意承担由此引起的一切法律责任和接受中国证监会的任何行政处罚与全国股份转让系统公司的违规处分。

十、本人因履行挂牌公司监事的职责或者本承诺而与全国股份转让系统公司发生争议提起诉讼时，由全国股份转让系统公司住所地法院管辖。

承诺人：　　　　（签署）　　　　　　日　期：

此项声明于　　年　月　日在　　　　（地点）作出。

见证律师：　　　（签署）　　　　　　日　期：

范本三：高级管理人员适用版

本人________（正楷体）向全国股份转让系统公司承诺：

一、本人在履行挂牌公司高级管理人员的职责时，将遵守并促使本公司遵守国家法律、行政法规和部门规章等有关规定，履行忠实、勤勉尽责的义务。

二、本人在履行挂牌公司高级管理人员的职责时，将遵守并促使本公司遵守中国证监会发布的部门规章、规范性文件等有关规定。

三、本人在履行挂牌公司高级管理人员的职责时，将遵守并促使本公司遵守《全国中小企业股份转让系统业务规则（试行）》和全国股份转让系统公司发布的其他业务规则、细则、指引和通知等。

四、本人在履行挂牌公司高级管理人员的职责时，将遵守并促使本公司遵守公司《章程》。

五、本人在履行挂牌公司高级管理人员的职责时，将及时向董事会和董事会秘书报告公司经营和财务等方面出现的可能对公司股票及其衍生品交易价格产生较大影响的事项和《全国中小企业股份转让系统业务规则（试行）》等业务规则、细则、指引和通知规定的其他重大事项。

六、本人同意接受中国证监会和全国股份转让系统公司的监管，包括及时、如实地答复中国证监会和全国股份转让系统公司向本人提出的任何问题，及时提供《证券法》、《非上市公众公司监督管理办法》、《全国中小企业股份转让系统业务规则（试行）》等法律、行政法规、部门规章、业务规则规定应当报送的资料及要求提供的其他文件的正本或副本，并出席本人被要求出席的会议。

七、本人授权全国股份转让系统公司可将本人提供的承诺与声明的资料向中国证监会报告。

八、本人将按要求参加中国证监会和全国股份转让系统公司组织的业务培训。

九、本人如违反上述承诺，愿意承担由此引起的一切法律责任和接受中国证监会的任何行政处罚与全国股份转让系统公司的违规处分。

十、本人因履行挂牌公司高级管理人员职责或者本承诺而与全国股份转让系统公司发生争议提起诉讼时，由全国股份转让系统公司住所地法院管辖。

承诺人：　　　　（签署）　　　　　　　日　期：

此项声明于　　年　月　日在　　　　（地点）作出。

见证律师：　　　（签署）　　　　　　　日　期：

注：

1. 挂牌公司董事、监事和高级管理人员应当按照规定向全国股份转让系统公司呈报上述内容与格式的《声明及承诺书》书面文件和电子文件。

2. 同时兼任高级管理人员的董事，应当分别向全国股份转让系统公司报送《董事声明及承诺书》和《高级管理人员声明及承诺书》。

3. 若对填写事项有疑问，请咨询主办券商或律师。

4. 若所附格式文件不够填写，可另书并请装订在后。

4 | 8　推荐挂牌并持续督导协议书

本协议由以下各方于　　年　月　日在　　　　（签约地点）签订：

甲方：　　　　　　　　　　　　　股份有限公司

法定代表人：

住　　所：

乙方：　　　　　　　　　　　　　（主办券商）

法定代表人：

住　　所：

甲方委托乙方负责推荐甲方股票在全国中小企业股份转让系统（以下简称全国股份转让系统）挂牌，组织编制挂牌申请文件，并指导和督促甲方诚实守信、规范履行信息披露义务、完善公司治理机制；乙方同意接受委托。

根据《中华人民共和国合同法》、《中华人民共和国公司法》（以下简称《公司法》）、《中华人民共和国证券法》（以下简称《证券法》）、《非上市公众公司监督管理办法》（以下简称《管理办法》）、《全国中小企业股份转让系统业务规则（试行）》（以下简称《业务规则》）、《全国中小企业股份转让系统主办券商管理细则(试行)》(以下简称《主办券商管理细则》)、《全国中小企业股份转让系统主办券商推荐业务规定(试行)》(以下简称《推荐规定》)、《全国中小企业股份转让系统挂牌公司信息披露细则(试行)》(以下简称《信息披露细则》)等相关规定,甲、乙双方本着平等互利原则,经充分协商,达成如下协议:

第一章 甲方的承诺及权利、义务

甲方基本情况:

(一)股份公司设立时间。

(二)股本总额。

(三)股东人数。

(四)股权结构。

(五)董事、监事、高级管理人员及其持股明细。

甲方就委托乙方担任推荐其公司股票在全国股份转让系统挂牌并持续督导的主办券商事宜,向乙方作出如下承诺:

(一)保证遵守《管理办法》、《业务规则》、《信息披露细则》等相关规定。

(二)接受乙方依据《公司法》、《证券法》、《管理办法》、《业务规则》、《推荐规定》、《信息披露细则》及中国证监会、全国中小企业股份转让系统有限责任公司(以下简称全国股份转让系统公司)发布的其他规定对甲方作出的督促指导,并配合乙方采取的相关措施。

(三)按照相关规定和要求修改公司章程,完善公司治理机制,确保所有股东,特别是中小股东充分行使法律、行政法规和公司章程规定的合法权利。

(四)在同等条件下,优先选择乙方为其定向发行、并购重组等提供服务。

甲方就委托乙方担任推荐其公司股票在全国股份转让系统挂牌并持续督导的主办券商事宜,享有以下权利:

(一)甲方董事、监事、高级管理人员及相关人员有权就相关业务规则获得乙方指导。

(二)甲方有权就公司治理、财务及会计制度、挂牌申请文件制作、信息披露等方面获得乙方业务指导。

甲方就委托乙方担任推荐其公司股票在全国股份转让系统挂牌并持续督导的主办券商事宜,应履行以下义务:

(一)甲方应积极配合乙方的推荐挂牌工作,向乙方提交挂牌所需文件,并保证所提交文件均真实、准确、完整、及时、有效,不存在任何虚假记载、误导性陈述或重大遗漏。

(二)甲方应于正式挂牌前完成以下工作:

1. 通知并协助股东办理股份登记、存管。

2. 核对并向乙方提交股东持股明细以及董事、监事、高级管理人员名单及持股数量。

3. 与证券登记结算机构签订证券登记服务协议,将公司全部股票进行初始登记。

(三)甲方应保证所提供的股东名册真实、准确、完整、有效,如因工作失误造成股东股权争议或纠纷的,由甲方承担全部责任。

(四)甲方应严格按照有关规定,履行信息披露义务。

（五）甲方拟披露信息须经乙方审查后在全国股份转让系统指定的信息披露平台进行披露。

（六）甲方及董事会全体成员应保证信息披露内容的真实、准确、完整，不存在任何虚假记载、误导性陈述或重大遗漏，并承担个别及连带责任。

（七）甲方披露信息，应经董事长或其授权董事签字确认；若有虚假陈述，董事长应承担相应责任。

（八）甲方及其董事、监事、高级管理人员不得利用公司内幕信息直接或间接为本人或他人谋取利益。

（九）甲方董事会秘书负责股权管理与信息披露事务；未设董事会秘书的，应指定一名信息披露事务负责人负责股权管理与信息披露事务。

董事会秘书或信息披露事务负责人为甲方与乙方之间的联络人。

（十）甲方应将董事会秘书或信息披露事务负责人的联络方式（办公电话、住宅电话、移动电话、电子信箱、传真、通信地址等）和其变更情况及时告知乙方。

（十一）董事会秘书被解聘或辞职、信息披露事务负责人被更换或辞职的，甲方应及时告知乙方。

（十二）甲方应配备信息披露必需的通讯工具和计算机等办公设备，保证计算机可以连接互联网，对外咨询电话保持畅通。

（十三）甲方拟披露信息应以纸质文档（包括传真）和电子文档形式及时报送乙方，并保证电子文档与纸质文档内容一致。

（十四）甲方应于每一会计年度结束之日起四个月内编制完成并披露年度报告。

公司年度财务报告须经有证券期货相关业务资格的会计师事务所审计。

（十五）甲方应于每一会计年度的上半年结束之日起两个月内编制完成并披露半年度报告。

（十六）甲方应按《信息披露细则》的规定，编制年度报告、半年度报告，并在披露前经乙方审查。

（十七）甲方应按《信息披露细则》的规定，在发生相关事项时及时编制并披露临时报告，临时报告披露前应经乙方审查。

（十八）董事长不能正常履行职责超过三个月的，甲方应及时将该事实告知乙方。

（十九）甲方发起人、控股股东、实际控制人及董事、监事、高级管理人员持有的公司股票，按相关规定在限售期间不得转让；甲方应将新任及离职董事、监事、高级管理人员名单及其持股数量在2个转让日内告知乙方，并按有关规定向乙方提出限售或解除限售申请。

（二十）甲方股东所持股票解除限售，甲方应提前（　　）个转让日向乙方提出申请。

（二十一）甲方应积极配合乙方的问询、调查或核查，不得阻挠或人为制造障碍，并按乙方要求办理公告事宜。

（二十二）甲方应积极配合乙方的现场调查：

1. 提供必要的办公条件。

2. 保证相关人员及时提供现场调查所必需的资料，认真接受乙方调查访谈，不进行阻挠或人为制造障碍。

3. 乙方现场调查发现甲方已披露的公告存在错误、不充分或不完整情况的，甲方应及时进行更正及补充披露。

4. 积极配合乙方的整改要求，整理规范相关事项。

第二章　乙方的承诺及权利、义务

乙方就担任推荐甲方股票在全国股份转让系统挂牌并持续督导的主办券商事宜，向甲方作出如下承诺：

（一）经全国股份转让系统公司备案可以从事推荐业务。

（二）具有符合《主办券商管理细则》、《推荐规定》规定的从事推荐业务的机构设置和人员配备。

（三）勤勉尽责、诚实守信地履行主办券商推荐职责。

乙方就担任推荐甲方股票在全国股份转让系统挂牌并持续督导的主办券商事宜，享有以下权利：

（一）乙方有权对甲方提出的公司股东所持股票限售或解除限售的申请进行审查，并向全国股份转让系统公司报备。

（二）乙方有权依据《业务规则》、《信息披露细则》等规定，指导和督促甲方诚实守信、规范履行信息披露义务、完善公司治理机制。

（三）乙方有权对甲方拟披露的信息披露文件进行审查，可对甲方拟披露或已披露信息的真实性提出合理怀疑，并对相关事项进行专项调查。

（四）乙方有权根据相关规定及全国股份转让系统公司要求对甲方进行现场调查，必要时可聘请相关中介机构协助调查。

（五）甲方未规范履行信息披露等相关义务的，乙方有权要求其限期改正；拒不改正的，乙方可以发布风险揭示公告，并向全国股份转让系统公司报告。

乙方就担任推荐甲方公司股票在全国股份转让系统挂牌并持续督导的主办券商事宜，应履行以下义务：

（一）乙方应依据《业务规则》、《推荐规定》、《信息披露细则》等规定，勤勉尽责、诚实守信地履行推荐挂牌并持续督导职责，不得损害甲方的合法权益。

（二）乙方应配备符合规定的专门督导人员，负责具体履行持续督导职责。督导人员为乙方与甲方的联络人，须与甲方保持密切联系。

（三）乙方应依据《推荐规定》的规定，推荐甲方股票在全国股份转让系统挂牌。

（四）对甲方董事、监事、高级管理人员及相关信息披露义务人采取培训等相关措施，促使其熟悉和理解全国股份转让系统相关业务规则。

（五）乙方应督促和协助甲方及时按照《公司法》、《业务规则》及其他有关规定办理股份登记、信息披露、限售登记及解除限售登记等事宜。

（六）乙方及其推荐挂牌业务人员、内核业务人员、专门持续督导人员不得泄露尚未披露的信息，不得利用所知悉的尚未披露信息直接或间接为本人或他人谋取利益。

第三章　费　　用

经甲方与乙方协商一致，甲方应向乙方支付下列费用：

（一）推荐挂牌费（　　）元。

（二）持续督导费（　　）元/年。

（三）其他费用（　　）元/年。

费用的支付方式和时间为（　　）。

甲方终止股票挂牌的，已经支付的费用不予返还。

第四章　协议的变更与解除

本协议依据《管理办法》、《业务规则》、《信息披露细则》等规定签订，如因相关规定修订或颁布实施新的规定而导致本协议相关条款内容与修订或新颁布的规定内容不一致的，本协议与之相抵触的有关条款自动变更，并以修订或新颁布后的规定为准，其他条款继续有效；任何一方不得以此为由解除本协议。

出现下列情况之一，甲乙双方可以解除本协议：

（一）甲方股票挂牌申请未获全国股份转让系统公司同意。

（二）乙方不再从事推荐业务。

（三）甲方股票终止挂牌。

除第十一条规定的情形外，甲乙双方不得随意解除本协议；确需解除协议的，应在解除前向全国股份转让系统公司报告并说明合理理由，且应有其他主办券商承接持续督导服务。

第五章　免 责 条 款

因不可抗力因素导致任一方损失，另一方不承担赔偿责任。

发生不可抗力时，双方均应及时采取措施防止损失进一步扩大。

第六章　争 议 解 决

本协议项下产生的任何争议，各方首先应协商解决；协商解决不成的，可选择以下方式解决：

（一）仲裁。

（二）向有管辖权的人民法院提起诉讼。

第七章　其 他 事 项

本协议规定的事项发生重大变化或存在未尽之事宜，甲、乙双方应当重新签订协议或签订补充协议。补充协议与本协议不一致的，以补充协议为准。补充协议为本协议有效组成部分（原文为“份”。——编辑注），报全国股份转让系统公司备案。

本协议自甲、乙双方签字盖章后生效。

本协议一式（　　）份，甲、乙双方各执（　　）份，报全国股份转让系统公司（　　）份，每份均具有同等法律效力。

（以下无正文）

甲方(盖章):　　　　　　　　　　　　　乙方(盖章):
法定代表人或授权代表(签字):　　　　　法定代表人或授权代表(签字):

4 | 9　持续督导协议书

本协议由以下各方于　　年　月　日在　　　　(签约地点)签订:
甲方:　　　　　　　　　　　　　　股份有限公司
法定代表人:
住　　所:

乙方:　　　　　　　　　　　　　　(主办券商)
法定代表人:
住　　所:

甲方委托乙方担任为甲方提供持续督导服务的主办券商,负责指导和督促甲方诚实守信、规范履行信息披露义务、完善公司治理机制;乙方同意接受委托。

根据《中华人民共和国合同法》、《中华人民共和国公司法》(以下简称《公司法》)、《中华人民共和国证券法》(以下简称《证券法》)、《非上市公众公司监督管理办法》(以下简称《管理办法》)、《全国中小企业股份转让系统业务规则(试行)》(以下简称《业务规则》)、《全国中小企业股份转让系统主办券商管理细则(试行)》(以下简称《主办券商管理细则》)、《全国中小企业股份转让系统主办券商推荐业务规定(试行)》(以下简称《推荐规定》)、《全国中小企业股份转让系统挂牌公司信息披露细则(试行)》(以下简称《信息披露细则》)等相关规定,甲、乙双方本着平等互利原则,经充分协商,达成如下协议:

第一章　甲方的承诺及权利、义务

第一条　甲方基本情况:
(一)挂牌时间。
(二)股票简称。
(三)股票代码。
(四)股本总额。
(五)股东人数。
(六)股权结构。
(七)董事、监事、高级管理人员及其持股明细。

第二条　甲方就委托乙方担任为甲方提供持续督导服务的主办券商事宜,向乙方作出如下承诺:
(一)已与原负责持续督导的主办券商终止持续督导协议。

（二）保证遵守《管理办法》、《业务规则》、《信息披露细则》等相关规定。

（三）接受乙方依据《公司法》、《证券法》、《管理办法》、《业务规则》、《推荐规定》、《信息披露细则》及中国证监会、全国中小企业股份转让系统有限责任公司（以下简称全国股份转让系统公司）发布的其他规定对甲方作出的督促指导，并配合乙方采取的相关措施。

（四）在同等条件下，优先选择乙方为其定向发行、并购重组等提供服务。

第三条　甲方就委托乙方担任为甲方提供持续督导服务的主办券商事宜，享有以下权利：

（一）甲方董事、监事、高级管理人员及相关人员有权就相关业务规则获得乙方指导。

（二）甲方有权就公司治理、财务及会计制度、信息披露等方面获得乙方业务指导。

第四条　甲方就委托乙方担任为甲方提供持续督导服务的主办券商事宜，应履行以下义务：

（一）甲方应积极配合乙方的持续督导工作，向乙方提交所需文件，并保证所提交文件均真实、准确、完整、及时、有效，不存在任何虚假记载、误导性陈述或重大遗漏。

（二）甲方应于本合同正式生效前（　　）个转让日内，核对并向乙方提交股东持股明细以及董事、监事、高级管理人员名单及持股数量。

（三）甲方应保证所提供的股东名册真实、准确、完整、有效，如因工作失误造成股东股权争议或纠纷的，由甲方承担全部责任。

（四）甲方应严格按照有关规定，履行信息披露义务。

（五）甲方拟披露信息须经乙方审查后在全国股份转让系统指定的信息披露平台进行披露。

（六）甲方及董事会全体成员应保证信息披露内容的真实、准确、完整，不存在任何虚假记载、误导性陈述或重大遗漏，并承担个别及连带责任。

（七）甲方披露信息，应经董事长或其授权董事签字确认；若有虚假陈述，董事长应承担相应责任。

（八）甲方及其董事、监事、高级管理人员不得利用公司内幕信息直接或间接为本人或他人谋取利益。

（九）甲方董事会秘书负责股权管理与信息披露事务；未设董事会秘书的，应指定一名信息披露事务负责人负责股权管理与信息披露事务。

董事会秘书或信息披露事务负责人为甲方与乙方之间的联络人。

（十）甲方应将董事会秘书或信息披露事务负责人的联络方式（办公电话、住宅电话、移动电话、电子信箱、传真、通信地址等）和其变更情况及时告知乙方。

（十一）董事会秘书被解聘或辞职、信息披露事务负责人被更换或辞职的，甲方应及时告知乙方。

（十二）甲方应配备信息披露必需的通讯工具和计算机等办公设备，保证计算机可以连接互联网，对外咨询电话保持畅通。

（十三）甲方拟披露信息应以纸质文档（包括传真）和电子文档形式及时报送乙方，并保证电子文档与纸质文档内容一致。

（十四）甲方应于每一会计年度结束之日起四个月内编制完成并披露年度报告。

公司年度财务报告须经有证券期货相关业务资格的会计师事务所审计。

（十五）甲方应于每一会计年度的上半年结束之日起两个月内编制完成并披露半年度报告。

(十六)甲方应按《信息披露细则》的规定,编制年度报告、半年度报告,并在披露前经乙方审查。

(十七)甲方应按《信息披露细则》的规定,在发生相关事项时及时编制并披露临时报告,临时报告披露前应经乙方审查。

(十八)董事长不能正常履行职责超过三个月的,甲方应及时将该事实告知乙方。

(十九)甲方发起人、控股股东、实际控制人和董事、监事、高级管理人员持有的公司股票,按规定在限售期间不得转让;甲方应将新任及离职董事、监事、高级管理人员名单及其持股数量在二个转让日内告知乙方,并按有关规定向乙方提出限售或解除限售申请。

(二十)甲方股东所持股票解除限售,甲方应提前(　　)个转让日向乙方提出申请。

(二十一)甲方应积极配合乙方的问询、调查或核查,不得阻挠或人为制造障碍,并按乙方要求办理公告事宜。

(二十二)甲方应积极配合乙方的现场调查:

1. 提供必要的办公条件。

2. 保证相关人员及时提供现场调查所必需的资料,认真接受乙方调查访谈,不进行阻挠或人为制造障碍。

3. 乙方现场调查发现甲方已披露的公告存在错误、不充分或不完整情况的,甲方应及时进行更正及补充披露。

4. 积极配合乙方的整改要求,整理规范相关事项。

第二章　乙方的承诺及权利、义务

第五条　乙方就担任为甲方提供持续督导服务的主办券商事宜,向甲方作出如下承诺:

(一)经全国股份转让系统公司备案可以从事推荐业务。

(二)具有符合《主办券商管理细则》、《推荐规定》规定的从事推荐业务的机构设置和人员配备。

(三)勤勉尽责、诚实守信地履行主办券商持续督导职责。

第六条　乙方就担任为甲方提供持续督导服务的主办券商事宜,享有以下权利:

(一)乙方有权对甲方提出的公司股东所持股票限售或解除限售的申请进行审查,并报全国股份转让系统公司。

(二)乙方有权依据《业务规则》、《信息披露细则》等规定,指导和督促甲方诚实守信、规范履行信息披露义务、完善公司治理机制。

(三)乙方有权对甲方拟披露的信息披露文件进行审查,对甲方拟披露或已披露信息的真实性提出合理怀疑,并对相关事项进行专项核查。

(四)乙方有权根据相关规定及全国股份转让系统公司要求对甲方进行现场调查,必要时可聘请相关中介机构协助调查。

(五)甲方未规范履行信息披露等相关义务的,乙方有权要求其限期改正;拒不改正的,乙方可以发布风险揭示公告,并向全国股份转让系统公司报告。

第七条　乙方就担任为甲方提供持续督导服务的主办券商事宜,应履行以下义务:

（一）乙方应依据《业务规则》、《推荐规定》、《信息披露细则》等规定，勤勉尽责、诚实守信地履行主办券商持续督导职责，不得损害甲方的合法权益。

（二）乙方应配备符合规定的专门督导人员，负责具体履行持续督导职责。督导人员为乙方与甲方的联络人，须与甲方保持密切联系。

（三）乙方应对甲方董事、监事、高级管理人员及相关信息披露人员采取培训等相应措施，促使其熟悉和理解全国股份转让系统相关业务规则。

（四）乙方应督促和协助甲方及时按照《公司法》、《业务规则》及其他有关规定办理信息披露、限售登记及解除限售登记等事宜。

（五）乙方及其专门持续督导人员不得泄露在持续督导过程中获知的尚未披露的信息，不得利用所知悉的尚未披露信息直接或间接为本人或他人谋取利益。

第三章　费　　用

第八条　经甲方与乙方协商一致，甲方应向乙方支付下列费用：

（一）持续督导费（　　）元/年；

（二）其他费用（　　）元/年；

费用的支付方式和时间为（　　）。

第九条　甲方终止股票挂牌的，已经支付的费用不予返还。

第四章　协议的变更与解除

第十条　本协议依据《管理办法》、《业务规则》、《信息披露细则》等规定签订，如因相关规定进行修订或颁布实施新的规定而导致本协议相关条款内容与修订或新颁布的规定内容不一致，本协议与之相抵触的有关条款自动变更，并以修订或新颁布后的规定为准，其他条款继续有效；任何一方不得以此为由解除本协议。

第十一条　出现下列情况之一，甲乙双方可以解除本协议：

（一）乙方不再从事推荐业务。

（二）甲方股票终止挂牌。

第十二条　除第十一条规定的情形外，甲乙双方不得随意解除持续督导协议；确需解除协议的，应在解除前向全国股份转让系统公司报告并说明合理理由，且应有其他主办券商承接持续督导服务。

第五章　免 责 条 款

第十三条　因不可抗力因素导致任一方损失，另一方不承担赔偿责任。

第十四条　发生不可抗力时，双方均应及时采取措施防止损失进一步扩大。

第六章　争 议 解 决

第十五条　本协议项下产生的任何争议，各方首先应协商解决；协商解决不成的，可选择以下方式解决：

（一）仲裁。

（二）向有管辖权的人民法院提起诉讼。

第七章　其他事项

第十六条　本协议规定的事项发生重大变化或存在未尽之事宜，甲、乙双方应当重新签订协议或签订补充协议。补充协议与本协议不一致的，以补充协议为准。补充协议为本协议有效组成部分（原文为“份”。——编辑注），报全国股份转让系统公司备案。

第十七条　本协议自甲、乙双方签字盖章后生效。

第十八条　本协议一式（　　）份，甲、乙双方各执（　　）份，报全国股份转让系统公司（　　）份，每份均具有同等法律效力。

（以下无正文）

甲方（盖章）：　　　　　　　　　　　乙方（盖章）：

法定代表人或授权代表（签字）：　　　法定代表人或授权代表（签字）：

公司业务类

4 | 10　关于发布《挂牌公司股票发行审查要点》等文件的通知

全国中小企业股份转让系统有限责任公司　2015年5月29日公布

各市场参与人：

为进一步提高全国中小企业股份转让系统（以下简称“全国股转系统”）挂牌公司股票发行备案审查（发行后股东人数累计不超过200人）的效率，提升服务质量，在总结挂牌公司股票发行备案审查经验的基础上，全国中小企业股份转让系统有限责任公司（以下简称“全国股转公司”）制定了《挂牌公司股票发行审查要点》（以下简称《审查要点》，详见附件1）、《挂牌公司股票发行文件模板》（以下简称《文件模板》，详见附件2）、《挂牌公司股票发行常见问题解答——股份支付》（以下简称《常见问题解答》，详见附件3）和《挂牌公司股票发行备案材料审查进度表》（以下简称《审查进度表》，详见附件4），现予公布，自公布之日起施行，并就有关事项公告如下：

一、《审查要点》主要就挂牌公司股票发行方案披露后以及股票发行备案材料向全国股转公司提交后，全国股转公司事后审查关注的要点做了说明，挂牌公司在股票发行过程中应当按照《审查要点》等相关规则的要求制作披露文件和备案材料。

二、《文件模板》主要就股票发行过程中要求挂牌公司公开披露的《股票发行方案》、《股票发行情况报告书》、《股票发行认购公告》、《主办券商关于股票发行合法合规性意见》和《股票发行法律意见书》等文件制定了模板，以提高挂牌公司信息披露的质量和效率。此外，《文件模板》还就《全国中小企业股份转让系统股票发行业务指南》中规定的《股票发行备案报告》和《备案登记表》两个文件做了修改完善，挂牌公司应当按照本通知的新要求提交上述两个备案文件，股票发行的其他备案文件要求不变。

三、《常见问题解答》主要就股票发行实践中挂牌公司关注和咨询比较多的"股份支付"问题做了专门解答。对于股票发行中其他关注和咨询比较多的问题，我司会陆续以《常见问题解答》的形式向市场公布。

四、《审查进度表》就挂牌公司股票发行备案审查的时间进度做了全面披露，从全国股转公司收到备案材料的日期，到审查反馈的日期，到出具新增股份备案登记函日期，以及到新增股份挂牌转让的日期，做到了全流程公开，以进一步提高股票发行备案审查的透明度。

我司将不断总结股票发行工作实践，加强对新情况新问题的研究，持续丰富和完善相关指导文件，希望市场参与人积极提出意见建议，不断增强全国股转系统的融资服务功能。

特此通知。

附件：

1.《挂牌公司股票发行审查要点》；

2.《挂牌公司股票发行文件模板》；

3.《挂牌公司股票发行常见问题解答——股份支付》；

4.《挂牌公司股票发行备案材料审查进度表》

全国中小企业股份转让系统有限责任公司

2015 年 5 月 29 日

附件 1:《挂牌公司股票发行审查要点》

股票发行方案披露后的审查要点

编号	审查内容	审查中的关注要点
	一、董事会决议	
1.1	董事会通过决议后，就董事会决策程序和决议内容审查	1. 已确定的发行对象应当与公司签署附生效条件的股票认购合同（部分发行对象确定的，已确定的发行对象也应当签署认购合同），并经董事会审议； 2. 董事会应当履行公司章程规定的表决权回避程序；董事会决策程序和决议内容应当符合《公司法》、《非上市公众公司监督管理办法》、《股票发行细则》等有关规定； 3. 对于交易活跃的挂牌公司，在董事会通过股票发行方案后，发布召开审议股票发行方案的股东大会通知时，应当及时查询截止到股东大会股权登记日的股东人数，以判断本次股票发行是否属于发行后股东人数超过 200 人的情形

续表

编号	审查内容	审查中的关注要点
	二、股票发行方案	
	“公司基本信息”部分是否包含了以下信息	
2.1	公司名称、证券简称、证券代码；公司的注册地址、联系方式；公司的法定代表人、董事会秘书或信息披露负责人	审查有无这些基本信息
	“发行计划”部分是否包含了以下信息	
2.2	发行目的	审查有无这些基本信息
2.3	发行对象或发行对象的范围，以及现有股东的优先认购安排	1. 股票发行确定对象的，应介绍新增发行对象基本情况，并说明是否存在关联关系； 2. 以现金认购发行股票的，现有股东在同等条件下对发行的股票享有优先认购权，除非公司章程另有规定；（现有股东是指召开股东大会股权登记日的在册股东） 3. 排除适用优先认购的表述应当合规、清楚； 4. 发行对象为券商的，应当明确是否为做市库存股
2.4	发行价格或价格区间，以及定价方法	1. 结合发行价格初步判定可能适用股份支付的，应当提醒主办券商做好股份支付的说明； 2. 发行价格不确定的，应当明确价格区间，包括价格的上限和下限
2.5	发行股份数量或数量上限，预计募集资金总额	1. 发行价格与发行股份数量的乘积应该为预计募集资金总额； 2. 发行价格区间与发行股份数量上限的乘积应该与预计募集资金总额对应
2.6	在董事会决议日至股份认购股权登记日期间预计将发生除权、除息的，是否已说明发行数量和发行价格是否相应调整；以及公司挂牌以来的分红派息、转增股本及其对公司价格的影响	公司股票发行期间涉及利润分配的，关注该部分的表述与利润分配方案的表述是否一致
2.7	本次发行股票的限售安排或发行对象自愿锁定的承诺	1. 董监高认购股份的应当按照《公司法》的规定进行限售； 2. 如果有自愿限售安排的，应当说明自愿锁定的承诺，并应当提醒主办券商提交备案材料时一并提交自愿限售申请文件； 3. 无限售安排的也需要进行说明
2.8	募集资金用途	审查有无这些基本信息
2.9	本次发行前滚存未分配利润的处置方案	审查有无这些基本信息
2.10	本次发行拟提交股东大会批准和授权的相关事项	审查有无这些基本信息
2.11	本次发行涉及主管部门审批、核准或备案事项情况	审查有无这些基本信息

续表

编号	审查内容	审查中的关注要点
	“董事会关于本次发行对公司影响的讨论与分析”部分是否包含了以下信息	
2.12	公司与控股股东及其关联人之间的业务关系、管理关系、关联交易及同业竞争等变化情况	审查有无这些基本信息
2.13	本次发行对其他股东权益或其他类别股东权益的影响	审查有无这些基本信息
2.14	与本次发行相关特有风险的说明	审查有无这些基本信息
	发行方案中认购合同摘要(董事会确定发行对象的情形适用)是否包含以下信息	如果是确定了发行对象的股票发行,1. 挂牌公司应当在召开董事会之前与确定的认购对象签订附生效条件的股票认购合同,并提交董事会审议; 2. 应当在股票发行方案中披露认购合同摘要内容
2.15	合同主体、签订时间	审查有无这些基本信息
2.16	认购方式、支付方式	审查有无这些基本信息
2.17	合同的生效条件和生效时间	审查有无这些基本信息
2.18	合同附带的任何保留条款、前置条件	合同附带的任何保留条款、前置条件都应当披露
2.19	自愿限售安排	自愿限售的安排是否与股票发行方案中的一致
2.20	估值调整条款	1. 挂牌公司不能参与对赌; 2. 如果涉及对赌,对赌条款应当披露清楚; 3. 对赌条款不能违反相关法律法规的规定
2.21	违约责任条款	审查有无这些基本信息
	“其他重大事项”部分是否包含了以下信息	
2.22	是否存在公司的权益被股东及其关联方严重损害且尚未消除的情形	审查有无这些基本信息
2.23	是否存在公司及其附属公司违规对外提供担保且尚未解除的情形	审查有无这些基本信息
2.24	是否存在现任董事、监事、高级管理人员最近二十四个月内受到过中国证监会行政处罚,或者最近十二个月内受到过全国股份转让系统公司公开谴责的情形	审查有无这些基本信息
2.25	是否存在其他严重损害股东合法权益或者社会公共利益的情形	审查有无这些基本信息

股票发行方案披露后的审查要点

编号	审查内容	审查中的关注要点
	一、董事会决议	
1.1	董事会通过决议后，就董事会决策程序和决议内容审查	1. 已确定的发行对象应当与公司签署附生效条件的股票认购合同（部分发行对象确定的，已确定的发行对象也应当签署认购合同），并经董事会审议； 2. 董事会应当履行公司章程规定的表决权回避程序；董事会决策程序和决议内容应当符合《公司法》、《非上市公众公司监督管理办法》、《股票发行细则》等有关规定； 3. 对于交易活跃的挂牌公司，在董事会通过股票发行方案后，发布召开审议股票发行方案的股东大会通知时，应当及时查询截止到股东大会股权登记日的股东人数，以判断本次股票发行是否属于发行后股东人数超过200人的情形
	二、股票发行方案	
	“公司基本信息”部分是否包含了以下信息	
2.1	公司名称、证券简称、证券代码；公司的注册地址、联系方式；公司的法定代表人、董事会秘书或信息披露负责人	审查有无这些基本信息
	“发行计划”部分是否包含了以下信息	
2.2	发行目的	审查有无这些基本信息
2.3	发行对象或发行对象的范围，以及现有股东的优先认购安排	1. 股票发行确定对象的，应介绍新增发行对象基本情况，并说明是否存在关联关系； 2. 以现金认购发行股票的，现有股东在同等条件下对发行的股票享有优先认购权，除非公司章程另有规定；（现有股东是指召开股东大会股权登记日的在册股东） 3. 排除适用优先认购的表述应当合规、清楚； 4. 发行对象为券商的，应当明确是否为做市库存股
2.4	发行价格或价格区间，以及定价方法	1. 结合发行价格初步判定可能适用股份支付的，应当提醒主办券商做好股份支付的说明； 2. 发行价格不确定的，应当明确价格区间，包括价格的上限和下限
2.5	发行股份数量或数量上限，预计募集资金总额	1. 发行价格与发行股份数量的乘积应该为预计募集资金总额； 2. 发行价格区间与发行股份数量上限的乘积应该与预计募集资金总额对应
2.6	在董事会决议日至股份认购股权登记日期间预计将发生除权、除息的，是否已说明发行数量和发行价格是否相应调整；以及公司挂牌以来的分红派息、转增股本及其对公司价格的影响	公司股票发行期间涉及利润分配的，关注该部分的表述与利润分配方案的表述是否一致

续表

编号	审查内容	审查中的关注要点
2.7	本次发行股票的限售安排或发行对象自愿锁定的承诺	1. 董监高认购股份的应当按照《公司法》的规定进行限售； 2. 如果有自愿限售安排的，应当说明自愿锁定的承诺，并应当提醒主办券商提交备案材料时一并提交自愿限售申请文件； 3. 无限售安排的也需要进行说明
2.8	募集资金用途	审查有无这些基本信息
2.9	本次发行前滚存未分配利润的处置方案	审查有无这些基本信息
2.10	本次发行拟提交股东大会批准和授权的相关事项	审查有无这些基本信息
2.11	本次发行涉及主管部门审批、核准或备案事项情况	审查有无这些基本信息
	“董事会关于本次发行对公司影响的讨论与分析”部分是否包含了以下信息	
2.12	公司与控股股东及其关联人之间的业务关系、管理关系、关联交易及同业竞争等变化情况	审查有无这些基本信息
2.13	本次发行对其他股东权益或其他类别股东权益的影响	审查有无这些基本信息
2.14	与本次发行相关特有风险的说明	审查有无这些基本信息
	发行方案中认购合同摘要（董事会确定发行对象的情形适用）是否包含以下信息	如果是确定了发行对象的股票发行，1. 挂牌公司应当在召开董事会之前与确定的认购对象签订附生效条件的股票认购合同，并提交董事会审议；2. 应当在股票发行方案中披露认购合同摘要内容
2.15	合同主体、签订时间	审查有无这些基本信息
2.16	认购方式、支付方式	审查有无这些基本信息
2.17	合同的生效条件和生效时间	审查有无这些基本信息
2.18	合同附带的任何保留条款、前置条件	合同附带的任何保留条款、前置条件都应当披露
2.19	自愿限售安排	自愿限售的安排是否与股票发行方案中的一致
2.20	估值调整条款	1. 挂牌公司不能参与对赌； 2. 如果涉及对赌，对赌条款应当披露清楚； 3. 对赌条款不能违反相关法律法规的规定
2.21	违约责任条款	审查有无这些基本信息
	“其他重大事项”部分是否包含了以下信息	
2.22	是否存在公司的权益被股东及其关联方严重损害且尚未消除的情形	审查有无这些基本信息
2.23	是否存在公司及其附属公司违规对外提供担保且尚未解除的情形	审查有无这些基本信息

续表

编号	审查内容	审查中的关注要点
2.24	是否存在现任董事、监事、高级管理人员最近二十四个月内受到过中国证监会行政处罚,或者最近十二个月内受到过全国股份转让系统公司公开谴责的情形	审查有无这些基本信息
2.25	是否存在其他严重损害股东合法权益或者社会公共利益的情形	审查有无这些基本信息

收到股票发行备案文件后的审查要点

编号	审查内容	审查中的关注要点
	一、备案文件检查	
	文件格式检查	
1.1	备案文件所需要签名处,是否为签名人亲笔签名	备案文件中所有签名处不能以签章代替签名人亲笔签名
1.2	股票发行方案、发行情况报告书尾页是否经公司全体董事、监事、高级管理人员签名,并加盖公司公章	审查有无这些基本信息
1.3	主办券商合法合规性意见是否经法定代表人(或法定代表人授权的代表)、项目负责人签字,并加盖主办券商公章,注明报告日期;主办券商法定代表人授权他人代为签字的,是否同时提供了授权委托书原件	审查有无这些基本信息
1.4	法律意见书是否经2名以上经办律师和其所在律师事务所的负责人签名,并经律师事务所加盖公章,并签署日期	审查有无这些基本信息
1.5	报送备案光盘中的电子文件是否包括pdf版本和可编辑的word版本	重点关注是否包括可编辑word版本以及两种版本材料的一致性
	文件一致性检查	
1.6	董事会决议、股东大会决议、股票发行方案和认购合同摘要的内容是否与已披露的文件内容相一致	重点审查认购对象、认购数量、认购价格等重要条款与股票发行方案规定的是否一致
	二、认购合同或者认购缴款凭证	备案材料中应当有认购合同或者认购缴款凭证
2.1	实际出资的认购人是否全部签署了认购合同	确定发行对象的股票发行,合同签订时间应当在董事会之前;不确定发行对象的股票发行,合同签订时间应当在股东大会之后(包括同日)
2.2	发行方案或认购办法规定了认购合同签署时限的,是否在该时限内签署	审查签署时间是否正确
2.3	是否存在发行对象在股东大会召开前已经完成缴款的情形	在股东大会审议通过股票发行方案前,认购对象不能缴款验资

续表

编号	审查内容	审查中的关注要点
2.4	是否存在缴款日期晚于认购期限的情形	认购对象如果不能在认购期内缴款的,挂牌公司可以发布延期认购公告
	三、验资报告	
3.1	是否经有证券期货从业资格的会计师事务所验资	1. 验资报告不能由会计师事务所分所出具; 2. 验资报告不能仅就新增加的注册资本做说明,还应当就计入资本公积的新增资本说明; 3. 出具验资报告的会计师事务所应当具备证券、期货从业资格
3.2	验资报告显示的金额与发行方案、发行情况报告书是否一致	审查金额前后是否一致
3.3	验资报告及相关材料显示的缴款时间,与认购方案中规定的缴款时间是否一致	审查缴款时间是否一致
	四、发行情况报告书	
	投资者适当性的披露情况	
4.1	是否披露了发行对象的人数,以及是否符合投资者适当性的情况	审查有无这些基本信息
4.2	涉及向核心员工发行股票的,是否披露了核心员工名单和认定程序,是否符合《非上市公众公司管理办法》第39条的规定,参与认购的核心员工名单是否在董事会决议认定的名单之内	审查有无这些基本信息
4.3	涉及向券商发股票的,应明确披露是否为做市库存股,如果是做市库存股的,还应当披露券商认购库存股的数量	审查有无这些基本信息
	发行前后相关情况对比	
4.4	发行前后前10名股东持股数量、持股比例及股票限售等比较情况是否完整披露	审查有无这些基本信息
4.5	发行前后股本结构、股东人数、资产结构、业务结构、公司控制权、董事、监事和高级管理人员持股的变动情况是否完整披露	审查有无这些基本信息
4.6	最近两年主要财务指标、股票发行完成后按总股本计算的每股收益等指标的变化情况计算是否完整披露	审查有无这些基本信息
	股份限售	
4.7	如股票发行方案或认购合同中规定了本次股票发行新增股份限售的安排,报告书是否载明该事项	自愿限售的,应当根据股转的规定提交自愿限售材料
4.8	向公司董事、监事和高级管理人员股票发行股份的,是否载明依据《公司法》的规定进行限售	重点审查限售计算是否准确
	优先认购安排	

续表

编号	审查内容	审查中的关注要点
4.9	报告书是否载明现有股东优先认购安排,与股票发行方案是否相一致	审查优先认购安排的合法合规性
	主办券商意见	
4.10	本部分内容是否摘抄、引用自《主办券商对本次股票发行合法合规的意见》	涉及股份支付、对赌或者私募投资基金参与认购的,关注主办券商是否根据要求发表了意见;
4.11	本部分内容的摘抄、引用,与《主办券商对本次股票发行合法合规的意见》文义是否一致	审查有无这些基本信息
	律师意见	
4.12	本部分内容是否摘抄、引用自《法律意见书》	涉及对赌或者私募投资基金参与认购的,关注律师是否根据要求发表了意见;
4.13	本部分内容的摘抄、引用,与《法律意见书》文义是否一致	审查有无这些基本信息
	声明	
4.14	公司全体董事、监事、高级管理人员承诺本股票发行情况报告书不存在虚假记载、误导性陈述或重大遗漏,并对其真实性、准确性、完整性承担个别和连带的法律责任。挂牌公司全体董事是否在股票发行情况报告书的尾页签名,并加盖公司公章	审查有无这些基本信息
	签字盖章	
4.15	公司全体董事、监事、高级管理人员应在股票发行情况报告书的尾页签名,并加盖公司公章	审查有无这些基本信息
	五、中介机构意见	
	主办券商对本次股票发行合法合规的意见	涉及股份支付、对赌或者私募投资基金的,关注主办券商是否根据要求发表了意见;
5.1	是否对挂牌公司符合豁免申请核准股票发行的条件进行说明	审查有无这些基本信息
5.2	是否对公司治理规范性进行说明	审查有无这些基本信息
5.3	是否对发行定价方式或方法、定价过程的公平性、公正性进行说明,并对定价结果是否合法有效进行评价	审查有无这些基本信息
5.4	是否对现有股东优先认购安排和现有股东的合法权益保障的情况进行说明和评价	审查有无这些基本信息
5.5	是否对发行过程及结果合法合规发表意见	审查有无这些基本信息
5.6	是否对发行对象符合中国证监会及全国股份转让系统公司关于投资者适当性和发行对象人数限制的有关规定进行说明	审查有无这些基本信息

续表

编号	审查内容	审查中的关注要点
5.7	是否对挂牌公司挂牌以来履行信息披露义务的情况进行说明	审查有无这些基本信息
5.8	是否对挂牌公司在本次股票发行中,履行信息披露义务的情况进行说明	审查有无这些基本信息
5.9	对本次股票发行认购对象或者挂牌公司现有股东中是否存在私募投资基金管理人或私募投资基金,其是否按照《私募投资基金管理人登记和基金备案办法(试行)》等相关规定履行了登记备案程序进行了专门说明	审查有无这些基本信息
5.10	是否适用《企业会计准则第11号——股份支付》进行会计处理发表意见(如有)	如果股票发行涉及股份支付的,主办券商应当发表意见
	法律意见书	涉及对赌或者私募投资基金的,关注律所是否根据要求发表了意见
5.11	是否对挂牌公司符合豁免申请核准股票发行的条件进行说明,与其他文件的记载是否一致	审查有无这些基本信息
5.12	是否对发行对象符合中国证监会及全国股份转让系统公司关于投资者适当性制度的有关规定进行说明	审查有无这些基本信息
5.13	是否对发行过程及结果的合法合规性进行说明,是否与主办券商意见相一致	审查有无这些基本信息
5.14	是否对发行相关合同等法律文件的合法合规性进行说明	重点审查律师对合同文件中估值调整条款合法合规性的说明意见
5.15	是否对现有股东优先认购安排或公司章程排除优先认购的情况进行说明	审查有无这些基本信息
5.16	对本次股票发行认购对象或者挂牌公司现有股东中是否存在私募投资基金管理人或私募投资基金,其是否按照《私募投资基金管理人登记和基金备案办法(试行)》等相关规定履行了登记备案程序进行了专门说明	审查有无这些基本信息
	六、其他审查要点	
6.1	股东大会通过决议后,就股东大会决策程序和决议内容审查	1. 召开股东大会的通知日期是否符合《公司法》的时间要求; 2. 股东大会审议的股票发行方案是否与董事会审议的一致; 3. 股东大会应当履行公司章程规定的表决权回避程序; 4. 核心员工参与认购的,应当履行规则要求的核心员工认定程序; 5. 董事会对发行方案有重大调整的,是否经股东大会重新审议,并披露决议公告; 6. 股东大会决策程序和决议内容应当符合《公司法》、《非上市公众公司监督管理办法》、《股票发行细则》等有关规定

续表

编号	审查内容	审查中的关注要点
6.2	是否在验资完成后十个转让日内，按照规定向全国股份转让系统公司报送材料，履行备案程序	审查是否在规定的时间内提出备案
6.3	涉及询价发行的，是否存在发行过程不合法合规的情况	1. 询价应当在股东大会通过发行方案后进行； 2. 主办券商应根据询价对象的申购报价情况，按照价格优先的原则，并考虑认购数量或其他因素，与挂牌公司协商确定发行对象、发行价格和发行股数； 3. 建议采取书面形式询价，并做好资料留存； 4. 询价结束后建议发布询价结果公告，披露询价的过程、方法和结果； 5. 缴款验资应当在询价结束后进行
6.4	是否存在股东大会通过股票发行方案前缴款验资或者在认购公告规定的认购期前缴款验资的情形	审查是否存在这些情况
6.5	是否存在取得新增股份备案登记函前使用了募集资金的情形	审查是否存在这些情况

收到股票发行备案文件后的审查要点（涉及资产认购的特殊情形）

编号	审查内容	审查中的关注要点
	一、主办券商关于股票发行合法合规性意见	
1.1	主办券商是否对交易对手是否为关联方、标的资产权属是否清晰、审计或资产评估是否规范等事项发表明确意见	审查有无这些基本信息
1.2	涉及需呈报有关主管部门批准的，主办券商需对是否已获得有效批准发表明确意见	审查有无这些基本信息
1.3	资产相关业务需要取得许可资格或资质的，主办券商需对是否具备相关许可资格或资质发表明确意见	审查有无这些基本信息
	二、法律意见书	
2.1	说明资产评估程序是否合法合规，是否存在资产权属不清或者其他妨碍权属转移的法律风险	审查有无这些基本信息
2.2	标的资产尚未取得完备权属证书的，应说明取得权属证书是否存在法律障碍	审查有无这些基本信息
2.3	涉及需呈报有关主管部门批准的，应说明是否已获得有效批准	审查有无这些基本信息
2.4	资产相关业务需要取得许可资格或资质的，应说明是否具备相关许可资格或资质	审查有无这些基本信息

续表

编号	审查内容	审查中的关注要点
	三、其他	
3.1	股东大会通过决议后，就股东大会决策程序和决议内容审查	1. 召开股东大会的通知日期是否符合《公司法》的时间要求； 2. 股东大会审议的股票发行方案是否与董事会审议的一致； 3. 股东大会应当履行公司章程规定的表决权回避程序； 4. 核心员工参与认购的，应当履行规则要求的核心员工认定程序； 5. 董事会对发行方案有重大调整的，是否经股东大会重新审议，并披露决议公告； 6. 股东大会决策程序和决议内容应当符合《公司法》、《非上市公众公司监督管理办法》、《股票发行细则》等有关规定
3.2	是否在验资完成后十个转让日内，按照规定向全国股份转让系统公司报送材料，履行备案程序	审查是否存在这些情况
3.3	是否存在取得新增股份备案登记函前使用了募集资金的情形	审查是否存在这些情况

附件2:《挂牌公司股票发行文件模板》(略)

附件3:《挂牌公司股票发行常见问题解答——股份支付》

一、是否所有的挂牌公司在符合《企业会计准则第11号——股份支付》规定的情形时，均应适用于股份支付的会计准则？

答：根据《全国中小企业股份转让系统业务规则(试行)》第4.2.1条的规定，挂牌公司应当按照《企业会计准则》的要求编制财务报告，全国股份转让系统公司另有规定的除外。因此，在全国股转系统挂牌的公司在股票发行业务中符合《企业会计准则第11号——股份支付》规定情形的，均应适用股份支付的会计准则并相应进行账务处理。

二、在股票发行中，一般什么情形需要就是否适用股份支付进行说明？

答：在股票发行中，如果符合以下情形的，挂牌公司的主办券商一般应按照《企业会计准则第11号——股份支付》的规定，就本次股票发行是否适用股份支付进行说明：

1. 向公司高管、核心员工、员工持股平台或者其他投资者发行股票的价格明显低于市场价格或者低于公司股票公允价值的；

2. 股票发行价格低于每股净资产的；

3. 发行股票进行股权激励的；

4. 全国股转系统认为需要进行股份支付说明的其他情形。

三、在股票发行中对是否适用股份支付发表意见时，都需要说明哪些问题？

答：挂牌公司的主办券商就是否适用股份支付发表意见时，应当从以下四个方面进行说明：

1. 发行对象

说明本次股票发行的对象，例如公司高管、核心员工、员工持股平台、做市商或者其他外部投资者等。

2. 发行目的

说明本次股票发行的目的，并说明是否以获取职工或其他方服务为目的，或者以激励为目的。

3. 股票的公允价值

说明挂牌公司股票的公允价值，并说明公允价值的判断方法。公允价值的论述应当充分、合理，可参考如下情形：A. 有活跃交易市场的，应当以市场价格为基础，并考虑波动性；B. 无活跃交易市场的，可以参考如下价格：

（1）采用估值技术。估值方法应当符合《企业会计准则第 22 号——金融工具确认和计量》的有关规定确定权益工具的公允价值，并根据股份支付协议的条款的条件进行调整。可以使用的估值方法包括现金流折现法、相对价值法以及其他合理的估值方法，也可聘请估值机构出具估值报告。企业应当根据具体条件恰当选择合理的评估方法，科学合理使用评估假设，并披露评估假设及其对评估结论的影响，形成合理评估结论。

（2）参考同期引入外部机构投资者过程中相对公允的股票发行价格，发行价格不公允的除外，例如，由于换取外部投资者为企业带来的资源或其他利益而确定了不合理的发行价格应当被排除掉。

挂牌公司需注意的是，无论采用何种方法确定公允价格，对公允价格的论述应当合理、充分并可量化，而非只有定性的说明。

4. 结论

主办券商应当结合本次股票发行的对象、发行的目的、股票的公允价值和发行的价格，判断是否需要适用股份支付并说明具体的账务处理方法。

附件 4：《挂牌公司股票发行备案材料审查进度表》（略）

4 | 11　全国中小企业股份转让系统挂牌公司持续信息披露业务指南（试行）

股转系统公告〔2014〕119 号　2014 年 12 月 31 日公布　2015 年 1 月 12 日实施

为规范挂牌公司、主办券商及其他信息披露义务人的信息披露业务办理，根据相关法律法规、《全国中小企业股份转让系统业务规则（试行）》（以下简称《业务规则》）及《全国中小企业股份转让系统挂牌公司信息披露细则（试行）》（以下简称《信息披露细则》）等有关规定，制定本指南。

持续信息披露业务通过全国中小企业股份转让系统业务支持平台信息披露系统（以下简称信息披露系统）实现披露文件的电子化填写与报送，信息披露系统由信息披露文件编制端（以下简称编制端）和信息披露文件报送端（以下简称报送端）组成。

挂牌公司应当通过编制端编制披露文件；主办券商使用"全国中小企业股份转让系统数字证书"（以下简称数字证书）通过报送端报送披露文件。数字证书是主办券商登陆报送端的身份证明，使用数字证书在报送端进行的操作行为均代表主办券的行为，主办券商承担相应法律责任;信息披露系统在规定的时间段中将披露文件自动发送至全国中小企业股份转让系统指定信息披露平台(以下简称信息披露平台)。

一、挂牌公司编制披露文件并报主办券商审查

(一)挂牌公司董事会秘书或者信息披露事务负责人应按照《业务规则》、《信息披露细则》、《全国中小企业股份转让系统挂牌公司年度报告内容与格式指引(试行)》、《全国中小企业股份转让系统挂牌公司半年度报告内容与格式指引(试行)》和《全国中小企业股份转让系统临时公告格式模板》等规定,在编制端使用信息披露文件编制工具填写披露内容,生成信息披露文件。编制工具里没有明确给出模板的临时报告,由挂牌公司根据有关规定自行编制。

挂牌公司在使用编制工具完成信息披露文件编制工作后,应当对编制工具生成的信息披露文件内容的真实性、准确性、完整性进行核查,确保不存在虚假记载、误导性陈述或者重大遗漏,并对其真实性、准确性、完整性承担相应的法律责任。

(二)挂牌公司将编制好的信息披露文件及备查文件送达主办券商。一般情况下,上述材料包括加盖董事会章的信息披露纸质文件及相应电子文件,其中电子文件包括定期报告或临时报告正文及相应 XBRL 文件(自行编制的除外)。

(三)进行定期报告披露的,挂牌公司应与主办券商商定披露日期。主办券商通过报送端的电子化预约功能协助挂牌公司完成披露时间的预约。特殊原因需变更披露预约时间的,主办券商应协助挂牌公司在原预约披露日 5 个转让日前通过报送端进行修改;在 5 个转让日内需要变更预约披露时间的,挂牌公司还应发布《关于变更××年度(半年度)报告披露日期的提示性公告》。

信息披露系统根据均衡披露原则,限制每日预约量以及修改次数。预计披露日期、变更情况及最终披露日期将在信息披露平台上公布。

(四)挂牌公司申请豁免披露涉及国家机密或商业秘密的信息,应通过主办券商向全国中小企业股份转让系统有限责任公司(以下简称全国股转公司)申请并提出豁免披露的充分依据。豁免定期报告相关信息披露的,主办券商应协助挂牌公司在申报预约披露日期的同时通过报送端申请;豁免临时报告披露的,应及时在线下向全国股转公司提出申请。

二、主办券商事前审查并上传至信息披露系统

(一)主办券商对拟披露的信息披露文件进行事前审查,发现拟披露的信息披露文件与全国股转系统相关规定不符的,主办券商应与挂牌公司沟通,了解相关情况,督导挂牌公司进行更正或补充,直至符合全国股转系统有关规定的要求。拟披露的信息披露文件存在虚假记载、误导性陈述或重大遗漏的,主办券商应要求挂牌公司及时改正,挂牌公司拒不改正的,主办券商应通过报送端向全国股转公司报告,并在挂牌公司信息披露文件披露当日同时发布风险揭示公告。

主办券商对年度报告进行事前审查中,如发现挂牌公司的财务报告被出具了否定意见或者无法表达意见的审计报告,或期末净资产为负值,或全国股转系统规定的其他情形的,主办券商应通过报送端向全国股转公司报告。

(二)主办券商事前审查后,无论是否有异议,均应通过报送端将信息披露文件正文(PDF 格式)及 XBRL 文件(自行编制的除外)上传至信息披露系统;主办券商如有异议的应按本条第(一)项的规定执行。

主办券商最迟应在披露日 20:00 前完成事前审查并上传。信息披露文件一经上传将不可

撤回。

三、信息披露系统将信息披露文件发送至信息披露平台

(一)主办券商在转让日15:30前提交信息披露文件,且拟披露日期为当日的,信息披露系统于当日15:30后自动将信息披露文件发送至信息披露平台披露。

(二)主办券商在转让日15:30后提交信息披露文件,且拟披露日期为当日的,信息披露系统自动将信息披露文件发送至信息披露平台披露。

四、信息披露文件披露后的审查和处理

(一)更正或补充公告的处理

全国股转公司监管人员在信息披露系统上对信息披露文件进行审查,若发现信息披露文件不符合全国股转系统信息披露有关规定,或信息披露文件存在重大错误或遗漏的,将通过信息披露系统向主办券商发送反馈意见。主办券商对有关问题核实后应及时通过信息披露系统向全国股转公司进行回复。

信息披露文件在信息披露平台披露后,如因错误或遗漏需要更正或补充的,挂牌公司需发布更正或补充公告,并重新披露相关信息披露文件,原已披露的信息披露文件不做撤销。

(二)撤销或替换公告的处理

已披露的信息披露文件不得撤销或替换。

(三)补发公告的处理

挂牌公司不能按照规定的时间披露信息披露文件,或发现存在应当披露但尚未披露的信息披露文件的,挂牌公司应发布补发公告并补发信息披露文件。

全国股转公司若发现挂牌公司存在应披露但未披露信息披露文件的,通知主办券商督促挂牌公司发布补发公告并补发信息披露文件。

五、信息披露文件无法正常披露的处理

主办券商通过报送端完成信息披露文件的提交后,应及时查看信息披露文件是否在本指南第三条规定的时间段中成功披露至信息披露平台。如发现信息披露文件无法在规定的时间段中成功披露的,主办券商应立即向全国股转公司报告,经全国股转公司确认后进行处理。

4 | 12 全国中小企业股份转让系统重大资产重组业务指南第1号:非上市公众公司重大资产重组内幕信息知情人报备指南

股转系统公告〔2014〕71号 2014年7月25日公布实施

第一条 根据《全国中小企业股份转让系统非上市公众公司公司重大资产重组业务指引(试行)》的规定,股票在全国中小企业股份转让系统(以下简称全国股份转让系统)公开转让的公众公司(以下简称公司)应当在证券暂停转让之日起5个转让日内,向全国中小企业股份转让系统有限责任公司(以下简称全国股份转让系统公司)提交挂牌公司重大资产重组内幕信息知

情人登记表、相关人员买卖公司证券的自查报告、公司重大资产重组交易进程备忘录及公司全体董事对内幕信息知情人报备文件真实性、准确性和完整性的承诺书。

公司暂停转让日距离首次董事会召开之日不足5个转让日的，应当在申请暂停转让的同时报送上述材料。

第二条　内幕信息知情人的范围包括但不限于：

（一）公司的董事、监事、高级管理人员；

（二）持有公司10%以上股份的股东和公司的实际控制人，以及其董事、监事、高级管理人员；

（三）由于所任公司职务可以获取公司本次重组相关信息的人员；

（四）本次重大资产重组的交易对方及其关联方，以及其董事、监事、高级管理人员；

（五）为本次重大资产重组方案提供服务以及参与本次方案的咨询、制定、论证等各环节的相关单位和人员；

（六）参与本次重大资产重组方案筹划、制定、论证、审批等各环节的相关单位和人员；

（七）前述自然人的直系亲属（配偶、父母、子女及配偶的父母）。

第三条　公司重大资产重组内幕信息知情人登记表应当加盖公司公章或公司董事会公章，并写明填报日期。

第四条　自然人的自查报告应当列明自然人的姓名、职务、身份证号码、股票账户、有无买卖股票行为，并经本人签字确认；机构的自查报告中应当列明机构的名称、注册号、股票账户、有无买卖股票行为并盖章确认。

第五条　相关人员存在买卖公司股票行为的，当事人应当书面说明其买卖股票行为是否利用了相关内幕信息；公司及相关方应当书面说明与买卖股票人员相关事项的动议时间，买卖股票人员是否参与决策，买卖行为与该事项是否存在关联关系以及是否签订了保密协议书等。

第六条　公司应当同时提交全体董事对内幕信息知情人报备文件真实性、准确性和完整性的承诺书，由全体董事签字并加盖公司公章。

第七条　除公司重大资产重组交易进程备忘录外，公司报送上述文件应提交原件一份，复印件二份，以及一份与书面文件一致的电子文件（WORD、EXCEL、PDF或全国股份转让系统公司要求的其他文件格式）。

公司应提交三份重大资产重组交易进程备忘录的复印件，并由律师对该复印件提供鉴证意见。鉴证律师应当在文件首页注明“以下第××页至第××页与原件一致”，并签名和签署鉴证日期，律师事务所应该在该文件首页加盖公章，并在第××页至第××页侧面以公章加盖骑缝章。

报备文件所有需要签名处，均应为签名人亲笔签名，不得以名章、签名章等代替。

第八条　本指南规定的报送文件是全国股份转让系统公司对内幕信息知情人报备文件的最低要求。根据审查需要，全国股份转让系统公司可以要求公司、独立财务顾问、律师事务所、其他证券服务机构以及相关的自然人、法人和其他组织补充材料。

第九条　本指南由全国股份转让系统公司负责解释。

第十条　本指南自发布之日起实施。

附表:

挂牌公司重大资产重组内幕信息知情人登记表

证券简称:　　　　　　　　　　证券代码:　　　　　　　主办券商:

序号	姓名	所在单位/部门	知情人类型	身份证号码	证券账户代码	联系方式	获取内幕信息的时间

注:

1. 获取内幕信息的时间一栏请填入内幕信息知情人获取或应当获取内幕信息的第一时间。
2. “知情人类型”指重组相关方(如发行对象、交易对手方、审计机构、评估机构、独立财务顾问、政府相关部门等)或自然人在重组相关方的相关岗位、职务或与相关方的亲属关系等。

报送日期:____________

4 | 13 全国中小企业股份转让系统重大资产重组业务指南第2号:非上市公众公司发行股份购买资产构成重大资产重组文件报送指南

股转系统公告〔2014〕72号　2014年7月25日公布实施

第一条　为规范股票在全国中小企业股份转让系统公开转让的公众公司(以下简称公司)发行股份购买资产构成重大资产重组的文件报送,根据《非上市公众公司重大资产重组管理办法》、《全国中小企业股份转让系统非上市公众公司公司重大资产重组业务指引》等规定,制定本指南。

第二条　公司发行股份购买资产构成重大资产重组且发行后股东人数不超过200人的,应当在验资完成后10个转让日内,根据本指南的要求报送股份发行备案文件。

公司发行股份购买资产构成重大资产重组且发行后股东人数超过200人的,经中国证监会核准后,应当在验资完成后10个转让日内,根据本指南的要求报送股份登记申请文件。

独立财务顾问、律师事务所等中介机构应当根据《非上市公众公司信息披露内容与格式准则第6号——重大资产重组报告书》的有关规定,出具中介机构意见书或报告书。

第三条　公司报送申请文件应提交原件一份,复印件二份。每次报送书面申请文件的同时,应报送一份与书面文件一致的电子文件(WORD、EXCEL、PDF)或全国中小企业股份转让系统公司(以下简称全国股份转让系统公司)规定的其他格式。

第四条　本目录规定的报送文件是全国股份转让系统公司对相关文件的最低要求。根据备案或股份登记需要,全国股份转让系统公司可以要求公司、独立财务顾问、律师事务所及其他证券服务机构补充相关材料。

第五条　报送文件所有需要签名处,均应为签名人亲笔签名,不得以名章、签名章等代替。报送文件的封面和侧面应标明"××公司发行股份购买资产暨重大资产重组备案申请文件"或"××公司发行股份购买资产暨重大资产重组股份登记申请文件"的字样,扉页应标明挂牌公司法定代表人、董事会秘书或信息披露事务负责人,独立财务顾问主管领导、项目负责人,以及相关中介机构项目负责人姓名、电话、传真等联系方式。

第六条　报送文件章与章之间、节与节之间应有明显的分隔标识,文件中的页码应与目录中的页码相符。

第七条　报送文件应采用标准A4纸张双面印刷(需提供原件的历史文件除外)。公司不能提供有关文件的原件的,应由其聘请的律师提供鉴证意见,或由出文单位盖章,以保证与原件一致。如原出文单位不再存续,由继承其职权的单位或作出撤销决定的单位出文证明文件的真实性。

第八条　文件一旦受理,未经全国股份转让系统公司同意,不得增加、撤回或更换。

第九条　本指南由全国股份转让系统公司负责解释。

第十条　本指南自发布之日起实施。

附件一:发行股份备案申请文件目录(备案适用)

第一部分　需公开披露的文件

1-1　重大资产重组报告书

1-2　公司关于重大资产重组的董事会决议和股东大会决议

1-3　独立财务顾问报告

1-4　法律意见书

1-5　本次重大资产重组涉及的拟购买、出售资产的财务报告和审计报告(如有)

1-6　本次重大资产重组涉及的拟购买、出售资产的评估报告及评估说明或资产估值报告(如有)

1-7　重大资产重组实施情况报告书及独立财务顾问、律师专业意见

第二部分　无需公开披露的文件

(一)公司相关文件

2-1　备案申请表

2-2　公司重大资产重组备案申请报告

2-3　重大资产重组的协议或合同

2-4　有关部门对重大资产重组的审批、核准或备案文件(如有)

2-5　本次股票发行的验资报告

2-6　关于股份锁定期的承诺

(二)标的资产相关文件

3-1　标的资产的盈利预测报告(如有)

3－2 与标的资产生产经营有关的资质证明或批准文件(如有)

3－3 标的资产权属完成转移的证明文件

(三)其他文件

4－1 公司在 12 个月内连续对同一或者相关资产进行购买、出售的情况说明(如有)

4－2 全国股份转让系统公司要求的其他文件

附件二:股份登记申请文件目录(核准适用)

1－1 股份登记申请表

1－2 申请出具股份登记函的报告

1－3 中国证监会的核准批文

1－4 本次股票发行的验资报告

1－5 标的资产权属完成转移的证明文件

1－6 重大资产重组实施情况报告书及独立财务顾问、律师专业意见

1－7 全国股份转让系统公司要求的其他文件

附件三:备案申请表(备案适用)

项 目	内 容	备 注
一、发行基本信息		
发行人名称		
发行前股本		
本次新增股本		
发行价格		
是否为混合资产认购		
二、中介机构信息		
独立财务顾问		
会计师事务所		
律师事务所		
资产评估机构或估值机构(如有)		
三、备案材料清单		
重大资产重组报告书		
公司董事会决议		
公司股东大会决议		
独立财务顾问报告		

续表

项　目	内　容	备　注
法律意见书		
本次重大资产重组涉及的拟购买、出售资产的财务报告和审计报告(如有)		
本次重大资产重组涉及的拟购买、出售资产的评估报告及评估说明或资产估值报告(如有)		
重大资产重组实施情况报告书及独立财务顾问、律师专业意见		
公司重大资产重组备案申请报告		
重大资产重组的协议或合同		
有关部门对重大资产重组的审批、核准或备案文件(如有)		
本次股票发行的验资报告		
关于股份锁定期的承诺		
标的资产的盈利预测报告(如有)		
与标的资产生产经营有关的资质证明或批准文件(如有)		
标的资产权属完成转移的证明文件		
公司在12个月内连续对同一或者相关资产进行购买、出售的情况说明(如有)		
签字注册会计师、律师或资产评估师执业证书复印件及其所在机构的执业证书复印件		
独立财务顾问项目组及负责人的联络方式		
全国股份转让系统公司要求的其它文件		

×××股份(有限)公司全体董事承诺:

“所有备案材料均不存在虚假记载、误导性陈述或重大遗漏,且电子文件内容、格式与纸质材料一致。×××股份(有限)公司全体董事对其真实性、准确性、完整性、一致性承担个别和连带的法律责任。

董事×××、×××因……(具体和明确的理由)不能保证××材料真实、准确、完整。”

(全体董事签字处)

×××股份(有限)公司(签章处)

201×年×月×日

附件四:股份登记申请表(核准适用)

项目	内容	备注
一、发行基本信息		
发行人名称		
发行前股本		
本次新增股本		
发行价格		

续表

项　目	内　容	备　注
是否为混合资产认购		
二、中介机构信息		
独立财务顾问		
会计师事务所		
律师事务所		
资产评估机构或估值机构(如有)		
三、文件清单		
申请出具股份登记函的报告		
中国证监会的核准批文(如有)		
本次股票发行的验资报告		
标的资产权属完成转移的证明文件		
重大资产重组实施情况报告书及独立财务顾问、律师专业意见		
签字注册会计师、律师或资产评估师执业证书复印件及其所在机构的执业证书复印件		
独立财务顾问项目组及负责人的联络方式		
全国股份转让系统公司要求的其它文件		
×××股份(有限)公司全体董事承诺: “以上所有材料均不存在虚假记载、误导性陈述或重大遗漏,且光盘内容、格式与纸质材料一致。×××股份(有限)公司全体董事对其真实性、准确性、完整性、一致性承担个别和连带的法律责任。 董事×××、×××因……(具体和明确的理由)不能保证××材料真实、准确、完整。” (全体董事签字处) ×××股份有限公司(签章处) 201×年×月×日		

附件五:备案申请报告模板(备案适用)

××××股份(有限)公司发行股份购买资产备案申请报告

全国中小企业股份转让系统有限责任公司:

××××股份(有限)公司经××××证券股份有限(或有限责任)公司推荐,于××××年××月××日在全国中小企业股份转让系统(或原代办股份转让系统)挂牌。

××××于××××年××月××日召开董事会,审议通过了拟发行股份购买资产的决议。××××年××月××日公司召开临时股东大会,经出席会议的有表决权股东所持表决权2/3以上通过,决议批准本次发行股份购买资产,其中持股比例10%以下的股东表决情况为:××××。

本次发行对象包括符合投资者适当性规定的合格投资者×名,发行后公司股东人数不超过二百人，符合豁免向中国证监会申请核准的条件，现特向贵公司申请备案，并请予出具股份登记函。

××××股份(有限)公司
(盖章)
××××年××月××日

附表

××股份(有限)公司发行股份登记明细表

公司简称：　　　　证券代码：　　　　单位：股

序号	股东姓名或名称	身份证或注册号	本次发行认购股份数量(股)	限售的股份数量(股)	不予限售的股份数量(股)
1					
2					
3					
合计					

附件六：申请出具股份登记函的报告模板(核准适用)

××××股份(有限)公司申请出具股份登记函的报告

全国中小企业股份转让系统有限责任公司：

××××股份(有限)公司经××××证券股份有限(或有限责任)公司推荐，于××××年××月××日在全国中小企业股份转让系统(或原代办股份转让系统)挂牌。

××××于××××年××月××日召开董事会，审议通过了拟发行股份购买资产的决议。××××年××月××日公司召开临时股东大会，经出席会议的有表决权股东所持表决权2/3以上通过，决议批准本次发行股份购买资产，其中持股比例10%以下的股东表决情况为：××××。

××××年××月××日，中国证监会以××××号文核准本次股份发行。本次发行总计××××万股，其中限售××××万股，请予出具股份登记函。

××××股份(有限)公司
(盖章)
××××年××月××日

附表

××股份(有限)公司发行股份登记明细表

公司简称: 证券代码: 单位:股

序号	股东姓名或名称	身份证或注册号	本次发行认购股份数量(股)	限售的股份数量(股)	不予限售的股份数量(股)
1					
2					
3					
合计					

4 | 14 全国中小企业股份转让系统挂牌公司证券简称或公司全称变更业务指南(试行)

股转系统公告〔2013〕24号 2013年7月10日公布实施

为规范挂牌公司证券简称或公司全称变更工作,根据《全国中小企业股份转让系统业务规则(试行)》(以下简称《业务规则》)及有关规定,制定本指南。

一、挂牌公司向主办券商提交证券简称或公司全称变更申请材料,包括申请书(附件(1))及相关证明材料。挂牌公司变更公司全称的,应以新公司名称提出申请,并加盖新的公司印章。

相关证明材料至少包括变更公司全称后的《企业法人营业执照》复印件(加盖新公司印章)或工商行政管理部门关于公司变更全称的证明复印件(加盖新公司印章)。

挂牌公司如果是申请证券简称变更的,还应事先与全国中小企业股份转让系统有限责任公司(以下简称全国股份转让系统公司)公司业务部进行沟通,核实新证券简称的可行性。

二、主办券商审核确定证券简称或公司全称变更申请材料后,填写《挂牌公司证券简称或公司全称变更业务申请表》[附件(2)]并加盖主办券商公章。

三、主办券商须于T-4日(T日为证券简称或公司全称变更生效日)下午15点前将上述业务表和其他证明材料一同传真(传真号:010-63889674)至全国股份转让系统公司,并将所有材料的电子扫描件发送至全国股份转让系统公司(电邮地址:ywbl@ neeq. org. cn),同时电话确认收悉(电话:010-63889549)。

四、挂牌公司或主办券商发布相关公告的,最迟应于T-1日进行信息披露。

五、T日挂牌公司证券简称或公司全称变更生效。

附件:(1)挂牌公司证券简称或公司全称变更的申请书(略)

(2)挂牌公司证券简称或公司全称变更业务申请表(略)

4 | 15　全国中小企业股份转让系统挂牌公司暂停与恢复转让业务指南(试行)

股转系统公告〔2013〕23号　2013年7月10日公布实施

为规范挂牌公司股票暂停与恢复转让业务办理,根据《全国中小企业股份转让系统业务规则(试行)》(以下简称《业务规则》)及有关规定,制定本指南。

一、挂牌公司如存在《业务规则》所列的需进行暂停转让或恢复转让申请情形的,应与主办券商、全国中小企业股份转让系统有限责任公司(以下简称全国股份转让系统公司)监管员进行预沟通,以统筹协调好暂停转让或恢复转让业务办理的时间。

二、挂牌公司填写《暂停(恢复)转让申请表》(见附件)并提供相关证明材料送主办券商审查。

三、主办券商审查无误后,最迟应于T-4日(T日为暂停或恢复转让生效日,且为转让日)下午15点前将加盖主办券商公章的《暂停(恢复)转让申请表》和其他证明材料一同传真(传真号:010-63889674)至全国股份转让系统公司,并将所有材料的电子扫描件发送至全国股份转让系统公司(电邮地址:ywbl@neeq.org.cn),同时电话确认收悉(电话:010-63889549)。

四、主办券商应协助挂牌公司最迟在T-1日发布股票暂停(恢复)转让公告。

五、T日挂牌公司暂停(恢复)转让生效。

附件:暂停(恢复)转让申请表(略)

4 | 16　全国中小企业股份转让系统挂牌公司权益分派业务指南(试行)

股转系统公告〔2014〕19号　2014年5月6日公布实施

为规范挂牌公司的业务办理行为,根据《全国中小企业股份转让系统业务规则(试行)》(以下简称《业务规则》)及有关规定,制定本指南。

挂牌公司应当在股东大会通过分配方案后2个月内根据以下流程完成实施权益分派的工作。挂牌公司近期如有股票发行等业务的,应当综合考虑该业务与权益分派业务的衔接,在具体操作时应当完成一项业务后再开始另一项,两种以上业务不应并行。

一、最迟R-6日向中国结算提交办理权益分派业务的材料

挂牌公司最迟应在R-6日(R为股权登记日),根据中国证券登记结算有限公司(以下简称中国结算)发布的《中国结算北京分公司证券发行人业务指南》(以下简称《中国结算指南》),向中国结算提交委托权益分派实施业务的相关材料。

其中,权益分派实施公告应按中国结算的要求编写,并按照中国结算的审核意见修改。

二、最迟 R－4 日完成权益分派实施公告的披露

挂牌公司在收到中国结算《委托代理权益分派申请表》反馈后，最迟应于 R－4 日根据《全国中小企业股份转让系统挂牌公司持续信息披露业务指南（试行）》的规定，披露权益分派实施公告。

披露的公告应与中国结算审查过的公告一致，如不一致应在 R－1 日 14 点前完成公告更正。

三、R－1 日前完成权益分派相关款项的划拨

挂牌公司按照《中国结算指南》的要求做好权益分派相关款项的划拨工作。

如果挂牌公司不能按照中国结算规定的时间完成相关款项的划拨工作，全国中小企业股份转让系统有限责任公司（以下简称全国股份转让系统公司）在接到中国结算的"推迟现金红利派发通知书"后，对其股票实施暂停转让直至推迟的分红派息日，或相关不良后果已消除之日。

四、R＋1 日权益分派业务办理完成

全国股份转让系统公司完成除权除息，中国结算完成权益分派。

4 | 17　全国中小企业股份转让系统股票发行业务指南

全国中小企业股份转让系统有限责任公司　2013 年 4 月 25 日发布　2013 年 12 月 30 日修改

为规范挂牌公司、主办券商等相关主体在全国中小企业股份转让系统（以下简称全国股份转让系统）办理股票发行业务，根据《全国中小企业股份转让系统股票发行业务细则（试行）》（以下简称《业务细则》）等有关规定，制定本指南。

一、原则性规定

（一）适用范围

挂牌公司向符合规定的投资者发行股票，发行后股东人数累计不超过 200 人的，向全国中小企业股份转让系统有限责任公司（以下简称全国股份转让系统公司）履行事后备案程序，以及按规定股票发行经中国证监会核准的公司，申请办理股票挂牌手续，适用本指南的规定。

前款所称的"发行后股东人数累计不超过 200 人"，是指股票发行方案确定或预计的新增股东人数（或新增股东人数上限）与审议本次股票发行的股东大会规定的股权登记日（以下简称股权登记日）在册股东人数之和不超过 200 人。

（二）现有股东的认定标准

本次股票发行安排现有股东优先认购，或者本次股票发行方案的发行对象或发行对象范围包括现有股东的，现有股东是指股权登记日的在册股东。

（三）路演与询价

采用询价发行的，挂牌公司和主办券商可以进行路演，并按照股票发行方案确定的发行对象范围，向符合投资者适当性规定的特定投资者发送认购邀请书。

挂牌公司及主办券商应当在认购邀请书约定的时间内接收询价对象的申购报价。

在申购报价结束后，挂牌公司与主办券商按照《业务细则》的规定，协商确定发行对象、发行

价格和发行股数。

（四）募集资金使用

挂牌公司在取得股份登记函之前，不得使用本次股票发行募集的资金。

二、业务流程

（一）决议

1. 董事会与股东大会决议

挂牌公司董事会、股东大会应当对股票发行等事项作出决议。董事会、股东大会表决应当执行公司章程规定的表决权回避制度。

2. 股票发行方案重大调整的认定标准

《业务细则》规定的对股票发行方案作出重大调整，是指以下两种情形：

（1）发行对象名称（现有股东除外）、认购价格、认购数量或数量上限、现有股东优先认购办法的调整；

（2）发行对象范围、发行价格区间、发行价格确定办法、发行数量或数量上限的调整。

（二）发行与认购

1. 发行方式

董事会决议确定具体发行对象的，挂牌公司应当按照股票发行方案和认购合同的约定发行股票。

董事会决议未确定具体发行对象的，可以通过询价确定发行对象、发行价格和发行股数。

2. 披露认购公告

挂牌公司最迟应当在缴款起始日前的两个转让日披露股票发行认购公告。

本次股票发行如有优先认购安排的，认购公告中还应披露现有股东的优先认购安排。公司章程已约定不安排优先认购或全体现有股东在发行前放弃优先认购的，也应予以专门说明。

优先认购安排包括但不限于以下内容：

（1）现有股东在本次发行前放弃优先认购的情况（如有）；

（2）现有股东优先认购的缴款期限和缴款方式；

（3）现有股东放弃优先认购股份的处理方式。

3. 认购与缴款

发行对象可用现金、非现金资产，以及同时以非现金资产和现金认购发行股票。

参与认购的投资者和现有股东应按照认购公告和认购合同的约定，在缴款期内进行缴款认购。

（三）验资

认购完成后，挂牌公司应当按照相关规定，办理验资手续。

（四）提交文件

挂牌公司应当在股票发行验资完成后的10个转让日内，向全国股份转让系统公司接收申请材料的服务窗口（北京市西城区金融大街丁26号金阳大厦南门）报送以下文件。

办理豁免申请核准的股票发行备案，公司应当提交附件1规定的文件。

股票发行经中国证监会核准的，公司申请办理股票挂牌手续，应当提交附件2规定的文件。

经接收服务窗口人员核对，确认提交的文件齐备后，向公司出具《材料接收确认单》。文件一经接收，未经全国股份转让系统公司同意，不得变更或撤回。

（五）材料审查

全国股份转让系统公司对提交的文件进行审查。如发现问题将通过电子邮件（feedback@neeq.org.cn）向主办券商发送问题清单。

主办券商应协助公司落实问题清单中的问题，并在收到问题清单后的10个转让日内将对问题清单的回复发送至feedback@neeq.org.cn。

全国股份转让系统公司在备案审查过程中，发现公司、主办券商、律师事务所及其他证券服务机构有需要补充披露或说明的情形，可以要求其提供补充材料或进行补充披露。

（六）出具股份登记函

全国股份转让系统公司对文件审查后出具股份登记函，送达公司并送交中国证券登记结算有限责任公司（以下简称中国结算）和主办券商。

（七）披露相关公告并办理股份登记

公司按照中国结算发布的《全国中小企业股份转让系统股份登记结算业务指南》的要求向中国结算申请办理股份登记。

公司办理股份登记前，应与中国结算协商确定股票发行情况报告书和本次登记股份的挂牌转让公告的披露日；豁免申请核准的挂牌公司还应当同时披露股票发行法律意见书和主办券商关于股票发行合法合规性意见。挂牌转让公告应当明确本次登记股份的转让日，并符合中国结算的有关规定。

挂牌转让公告披露后，中国结算进行股份登记并出具股份登记证明文件。

（八）公开转让

完成股份登记后，本次股票发行中无限售条件和无锁定承诺的股份按照挂牌转让公告中安排的时间在全国股份转让系统公开转让。

三、以非现金资产认购股份的特别规定

（一）以非现金资产认购股票，董事会应当在发行方案中对资产定价合理性进行讨论与分析。

（二）以股权资产认购的，股权资产应当经过具有证券、期货等相关业务资格的会计师事务所审计；以非股权资产认购的，非股权资产应当经过具有证券、期货等相关业务资格的资产评估机构评估。

（三）以资产评估结果作为定价依据的，应当由具有证券、期货等相关业务资格的资产评估机构出具评估报告。

（四）以非现金资产认购股票涉及资产审计、评估或者盈利预测的，资产审计结果、评估结果和经具有证券、期货相关业务资格的会计师事务所审核的盈利预测报告应当最晚和召开股东大会的通知同时公告。

本指南的附件包括《挂牌公司股票发行备案登记表（豁免申请核准的股票发行适用）》、《挂牌公司股票发行登记表（经中国证监会核准的股票发行适用）》、《挂牌公司股票发行备案报告模板（豁免申请核准的股票发行适用）》、《挂牌公司申请出具股份登记函的报告模板（经中国证监会核准的股票发行适用）》和《全国股份转让系统股票发行业务流程图》。

附件1

挂牌公司股票发行备案登记表

（豁免申请核准的股票发行适用）

项目	内容	备注
一、发行基本信息		
发行人名称		
发行前总股本		
本次新增股本		
发行价格		
募集资金总额		
发行方式（定价定向/其它方式）		
现有股东优先认购数量（如有）		
募集资金用途		
二、中介机构信息		
主办券商的名称		
会计师事务所的名称		
律师事务所的名称		
资产评估机构的名称（如有）		
三、备案材料清单		
股票发行备案报告（附件3）		
公司关于股票发行的董事会决议		
公司关于股票发行的股东大会决议		
股票发行方案		
股票发行认购公告		
认购合同或认购缴款凭证		
本次股票发行的验资报告		
资产审计报告或评估报告（如有）		
资产权属证明文件（如有）		
资产生产经营所需行业资质的资质证明或批准文件（如有）		
股票发行情况报告书		
主办券商关于股票发行合法合规性意见		
股票发行法律意见书		
签字注册会计师、律师或者资产评估师执业证书复印件及其所在机构的执业证书复印件		

续表

项　目	内　容	备　注
挂牌公司全体董事对备案文件真实性、准确性和完整性的承诺书		
主办券商项目组及负责人的联络方式		
全国股份转让系统公司要求的其它文件		
×××股份(有限)公司全体董事承诺: “所有备案材料均不存在虚假记载、误导性陈述或重大遗漏,且电子版文件内容、格式与纸质材料一致。×××股份(有限)公司全体董事对其真实性、准确性、完整性、一致性承担个别和连带的法律责任。董事×××、×××因……(具体和明确的理由)不能保证××材料真实、准确、完整。” (全体董事签字处) ×××股份(有限)公司(签章处) 20××年×月×日		

附件 2

挂牌公司股票发行登记表

(经中国证监会核准的股票发行适用)

项目	内容	备注
一、发行基本信息		
发行人名称		
发行前总股本		
本次新增股本		
发行价格		
募集资金总额		
发行方式(定价定向/其它方式)		
现有股东优先认购数量(如有)		
募集资金用途		
二、中介机构信息		
主办券商的名称		
会计师事务所的名称		
律师事务所的名称		
资产评估机构的名称(如有)		
三、文件清单		
中国证监会的核准批文		
申请出具股份登记函的报告(附件4)		
本次股票发行的验资报告		

续表

项 目	内 容	备 注
资产权属证明文件(如有)		
股票发行情况报告书		
签字注册会计师执业证书复印件及其所在机构的执业证书复印件		
挂牌公司全体董事对申请文件真实性、准确性和完整性的承诺书		
主办券商项目组及负责人的联络方式		
全国股份转让系统公司要求的其它文件		
×××股份(有限)公司全体董事承诺: “所有申请材料均不存在虚假记载、误导性陈述或重大遗漏,且电子版文件内容、格式与纸质材料一致。×××股份(有限)公司全体董事对其真实性、准确性、完整性、一致性承担个别和连带的法律责任。董事×××、×××因……(具体和明确的理由)不能保证××材料真实、准确、完整。” (全体董事签字处) ×××股份(有限)公司(签章处) 20××年×月×日		

附件 3

挂牌公司股票发行备案报告模板(豁免申请核准的股票发行适用)
××××股份(有限)公司股票发行备案报告

全国中小企业股份转让系统有限责任公司:

××××股份(有限)公司经××××证券股份有限(或有限责任)公司推荐,于××××年××月××日在全国中小企业股份转让系统(或原代办股份转让系统)挂牌,证券简称:××××,证券代码:××××。

××××于××××年××月××日召开董事会,审议通过了拟进行股票发行的决议和本次股票发行方案。××××年××月××日公司召开临时股东大会,经出席会议的有表决权股东所持表决权2/3以上通过,决议批准本次股票发行。

××××年××月××日至××月××日,发行对象就本次股票发行的股份进行了认购。本次股票发行的发行对象包括公司股东×人,公司的董事、监事、高级管理人员、核心员工×人,符合投资者适当性管理规定的自然人投资者×人,法人及其他经济组织投资者×人,合计×人。

截至(原文为“止”。——编辑注)本次股票发行股权登记日××××年××月××日,我司共有×名在册股东。本次股票发行完成后,股东人数合计×人。因本次股票发行完成后,股东累计不超过200人,依据《非上市公众公司监督管理办法》的规定,豁免向中国证监会申请核准。

本次股票发行总计××××万股,其中限售××××万股,不予限售××××万股(详见附表)。现特向贵公司申请备案,并请予出具股份登记函。

××××股份(有限)公司
(盖章)
××××年××月××日

附表

本次发行股票登记明细表

公司全称:××股份(有限)公司　证券简称:××××　证券代码:××××××　单位:股

序号	股东姓名或名称	任　职	身份证或注册号	本次股票发行新增股份数量(股)	本次限售股份数量(股)	不予限售的股份数量(股)
1						
2						
3						
合计						

附件4

挂牌公司申请出具股份登记函的报告模板(经中国证监会核准的股票发行适用)××××股份(有限)公司申请出具股份登记函的报告

全国中小企业股份转让系统有限责任公司:

××××股份(有限)公司经××××证券股份有限(或有限责任)公司推荐,于××××年××月××日在全国中小企业股份转让系统(或原代办股份转让系统)挂牌,证券简称:××××,证券代码:××××。

××××于××××年××月××日召开董事会,审议通过了拟进行股票发行的决议和本次股票发行方案。××××年××月××日公司召开临时股东大会,经出席会议的有表决权股东所持表决权2/3以上通过,决议批准本次股票发行。

××××年××月××日,中国证监会以××××号文核准本次股票发行。

××××年××月××日至××月××日,发行对象就本次股票发行的股份进行了认购。本次股票发行股份总计××××万股,其中限售××××万股,不予限售××××万股(详见附表)。

现特向贵公司申请出具股份登记函。

××××股份(有限)公司
(盖章)
××××年××月××日

附表

本次发行股票登记明细表

公司全称：××股份（有限）公司　　证券简称：××××　　证券代码：××××××　　单位：股

序号	股东姓名或名称	任　职	身份证或注册号	本次股票发行新增股份数量（股）	本次限售股份数量（股）	不予限售的股份数量（股）
1						
2						
3						
合计						

附件5　股票发行业务流程图

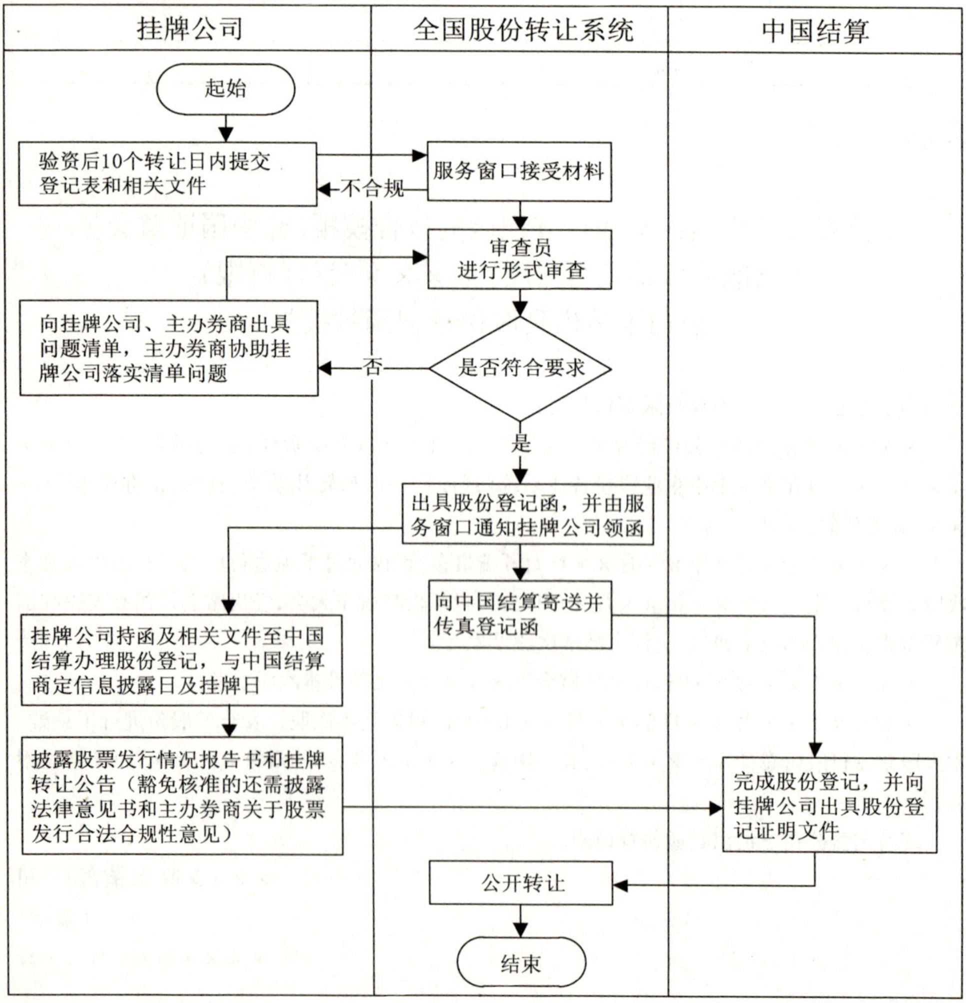

4 | 18 全国中小企业股份转让系统挂牌公司持续信息披露业务指南(试行)

股转系统公告〔2014〕119号 2014年12月31日公布 2015年1月12日实施

为规范挂牌公司、主办券商及其他信息披露义务人的信息披露业务办理，根据相关法律法规、《全国中小企业股份转让系统业务规则(试行)》(以下简称《业务规则》)及《全国中小企业股份转让系统挂牌公司信息披露细则(试行)》(以下简称《信息披露细则》)等有关规定，制定本指南。

持续信息披露业务通过全国中小企业股份转让系统业务支持平台信息披露系统(以下简称信息披露系统)实现披露文件的电子化填写与报送，信息披露系统由信息披露文件编制端(以下简称编制端)和信息披露文件报送端(以下简称报送端)组成。

挂牌公司应当通过编制端编制披露文件；主办券商使用"全国中小企业股份转让系统数字证书"(以下简称数字证书)通过报送端报送披露文件。数字证书是主办券商登陆报送端的身份证明，使用数字证书在报送端进行的操作行为均代表主办券的行为，主办券商承担相应法律责任；信息披露系统在规定的时间段中将披露文件自动发送至全国中小企业股份转让系统指定信息披露平台(以下简称信息披露平台)。

一、挂牌公司编制披露文件并报主办券商审查

(一)挂牌公司董事会秘书或者信息披露事务负责人应按照《业务规则》、《信息披露细则》、《全国中小企业股份转让系统挂牌公司年度报告内容与格式指引(试行)》、《全国中小企业股份转让系统挂牌公司半年度报告内容与格式指引(试行)》和《全国中小企业股份转让系统临时公告格式模板》等规定，在编制端使用信息披露文件编制工具填写披露内容，生成信息披露文件。编制工具里没有明确给出模板的临时报告，由挂牌公司根据有关规定自行编制。

挂牌公司在使用编制工具完成信息披露文件编制工作后，应当对编制工具生成的信息披露文件内容的真实性、准确性、完整性进行核查，确保不存在虚假记载、误导性陈述或者重大遗漏，并对其真实性、准确性、完整性承担相应的法律责任。

(二)挂牌公司将编制好的信息披露文件及备查文件送达主办券商。一般情况下，上述材料包括加盖董事会章的信息披露纸质文件及相应电子文件，其中电子文件包括定期报告或临时报告正文及相应XBRL文件(自行编制的除外)。

(三)进行定期报告披露的，挂牌公司应与主办券商商定披露日期。主办券商通过报送端的电子化预约功能协助挂牌公司完成披露时间的预约。特殊原因需变更披露预约时间的，主办券商应协助挂牌公司在原预约披露日5个转让日前通过报送端进行修改；在5个转让日内需要变更预约披露时间的，挂牌公司还应发布《关于变更××年度(半年度)报告披露日期的提示性公告》。

信息披露系统根据均衡披露原则，限制每日预约量以及修改次数。预计披露日期、变更情

况及最终披露日期将在信息披露平台上公布。

（四）挂牌公司申请豁免披露涉及国家机密或商业秘密的信息，应通过主办券商向全国中小企业股份转让系统有限责任公司（以下简称全国股转公司）申请并提出豁免披露的充分依据。豁免定期报告相关信息披露的，主办券商应协助挂牌公司在申报预约披露日期的同时通过报送端申请；豁免临时报告披露的，应及时在线下向全国股转公司提出申请。

二、主办券商事前审查并上传至信息披露系统

（一）主办券商对拟披露的信息披露文件进行事前审查，发现拟披露的信息披露文件与全国股转系统相关规定不符的，主办券商应与挂牌公司沟通，了解相关情况，督导挂牌公司进行更正或补充，直至符合全国股转系统有关规定的要求。拟披露的信息披露文件存在虚假记载、误导性陈述或重大遗漏的，主办券商应要求挂牌公司及时改正，挂牌公司拒不改正的，主办券商应通过报送端向全国股转公司报告，并在挂牌公司信息披露文件披露当日同时发布风险揭示公告。

主办券商对年度报告进行事前审查中，如发现挂牌公司的财务报告被出具了否定意见或者无法表达意见的审计报告，或期末净资产为负值，或全国股转系统规定的其他情形的，主办券商应通过报送端向全国股转公司报告。

（二）主办券商事前审查后，无论是否有异议，均应通过报送端将信息披露文件正文（PDF 格式）及 XBRL 文件（自行编制的除外）上传至信息披露系统；主办券商如有异议的应按本条第（一）项的规定执行。

主办券商最迟应在披露日 20:00 前完成事前审查并上传。信息披露文件一经上传将不可撤回。

三、信息披露系统将信息披露文件发送至信息披露平台

（一）主办券商在转让日 15:30 前提交信息披露文件，且拟披露日期为当日的，信息披露系统于当日 15:30 后自动将信息披露文件发送至信息披露平台披露。

（二）主办券商在转让日 15:30 后提交信息披露文件，且拟披露日期为当日的，信息披露系统自动将信息披露文件发送至信息披露平台披露。

四、信息披露文件披露后的审查和处理

（一）更正或补充公告的处理

全国股转公司监管人员在信息披露系统上对信息披露文件进行审查，若发现信息披露文件不符合全国股转系统信息披露有关规定，或信息披露文件存在重大错误或遗漏的，将通过信息披露系统向主办券商发送反馈意见。主办券商对有关问题核实后应及时通过信息披露系统向全国股转公司进行回复。

信息披露文件在信息披露平台披露后，如因错误或遗漏需要更正或补充的，挂牌公司需发布更正或补充公告，并重新披露相关信息披露文件，原已披露的信息披露文件不做撤销。

（二）撤销或替换公告的处理

已披露的信息披露文件不得撤销或替换。

（三）补发公告的处理

挂牌公司不能按照规定的时间披露信息披露文件，或发现存在应当披露但尚未披露的信息披露文件的，挂牌公司应发布补发公告并补发信息披露文件。

全国股转公司若发现挂牌公司存在应披露但未披露信息披露文件的,通知主办券商督促挂牌公司发布补发公告并补发信息披露文件。

五、信息披露文件无法正常披露的处理

主办券商通过报送端完成信息披露文件的提交后,应及时查看信息披露文件是否在本指南第三条规定的时间段中成功披露至信息披露平台。如发现信息披露文件无法在规定的时间段中成功披露的,主办券商应立即向全国股转公司报告,经全国股转公司确认后进行处理。

交易监察类

4 | 19 全国中小企业股份转让系统交易单元业务办理指南(试行)

股转系统公告〔2014〕29 号 2014 年 4 月 25 日公布实施

为了规范主办券商在全国中小企业股份转让系统(以下简称全国股份转让系统)办理交易单元初次开通、新增、变更、出租、撤销、缴费等业务流程,根据《全国中小企业股份转让系统股票转让细则(试行)》、《全国中小企业股份转让系统交易单元管理办法(试行)》等有关规定,制定本指南。

一、交易单元业务办理的责任主体及职责

(一)全国中小企业股份转让系统有限责任公司(以下简称全国股份转让系统公司)负责对主办券商交易单元申请的审查及编号分配、交易单元维护、收费等事宜。

(二)中国证券登记结算有限责任公司北京分公司(以下简称中国结算北分)负责主办券商交易单元结算路径申请的审查及结算路径的维护等事宜。

(三)深圳证券通信有限公司(以下简称深证通)负责办理相关通信网关建站、开通及维护等事宜。

二、申请材料接收部门及接收时间

接收部门:全国股份转让系统公司机构业务部

接收时间:每个转让日的 8:30 - 17:00

三、初次开通交易单元

“初次开通交易单元”适用于主办券商通过业务备案后,首次申请开通交易单元的情形。

(一)建立通信网关

申请初次开通交易单元前,主办券商应与深证通市场部联系,签署建站合同,完成网关建站及安装调试工作。具体操作根据深证通相关规定进行。

(二)申请

主办券商应向全国股份转让系统公司提交以下书面申请文件:

1. 经营证券业务许可证(复印件并加盖公章);

2.《交易单元开通申请表》(附件1);

3.《全国中小企业股份转让系统入网开通申请表》(附件7);

4. 经办人身份证复印件(加盖公章)。

(三)审查

全国股份转让系统公司收到符合要求的申请材料后,于两个转让日内完成材料审查。

(四)预配交易单元编号及通知办理交易单元结算路径业务

对通过审查的主办券商,全国股份转让系统公司当日为其预配交易单元编号,同时通知主办券商向中国结算北分结算业务部提交《资金合并清算表》,申请办理交易单元结算路径业务。具体要求以中国结算北分的规定为准。

(五)缴费

主办券商根据全国股份转让系统公司开具的《交易单元缴费通知单》(附件2),于5个转让日内交纳交易单元开设初费(缴费发票到全国股份转让系统公司机构业务部领取)。

(六)交易单元开通

1. 主办券商完成缴费且其交易单元结算路径业务申请材料获中国结算北分结算业务部受理之日为T日。

2. T+1日,全国股份转让系统公司通知中国结算北分维护"交易单元-托管单元-结算账户"的结算路径关系;全国股份转让系统公司完成交易单元配置。

3. T+2日,全国股份转让系统公司通知深证通维护网关;全国股份转让系统公司通知主办券商经办人业务办理完毕,交易单元于次一转让日可用。

四、新增交易单元

"新增交易单元"适用于已开通交易单元的主办券商为满足业务发展需要,增加新的交易单元等情形。

(一)申请

主办券商应向全国股份转让系统公司提交以下书面申请文件:

1. 经营证券业务许可证(复印件并加盖公章);

2.《交易单元开通申请表》(附件1);

3.《全国中小企业股份转让系统入网开通申请表》(适用于为新增交易单元配置新网关的申请人);

4.《全国中小企业股份转让系统网关配置变更申请表》(附件8,适用于新增交易单元适配原有网关的申请人);

5. 经办人身份证复印件(加盖公章)。

(二)审查

全国股份转让系统公司收到符合要求的申请材料后,于两个转让日内完成材料审查。

(三)预配交易单元编号及通知办理交易单元结算路径业务

对通过审查的主办券商,全国股份转让系统公司当日为其预配交易单元编号,同时通知主办券商向中国结算北分结算业务部提交《资金合并清算表》,申请办理交易单元结算路径业务。

具体要求以中国结算北分的规定为准。

(四)新增交易单元开通

1. 中国结算北分结算业务部受理主办券商交易单元结算路径业务申请材料之日为T日。

2. T+1日,全国股份转让系统公司通知中国结算北分维护“交易单元-托管单元-结算账户”的结算路径关系;全国股份转让系统公司完成交易单元配置。

3. T+2日,全国股份转让系统公司通知深证通维护网关;全国股份转让系统公司通知主办券商经办人业务办理完毕,交易单元于次一转让日可用。

五、出租交易单元

“出租交易单元”适用于主办券商(出租方)将其名下交易单元租用给投资基金、保险公司等特殊机构(以下简称承租方)的情形。

(一)申请

主办券商应向全国股份转让系统公司提交以下书面申请文件:

1.《交易单元出租申请表》(附件3);

2. 承租方营业执照(复印件加盖公章);

3. 承租方承诺书(附件4);

4. 交易单元租用协议(复印件并加盖双方公章);

5. 经办人身份证复印件(加盖公章)。

若新增交易单元用于出租,主办券商还应提交以下材料:

1. 经营证券业务许可证(复印件并加盖公章);

2.《全国中小企业股份转让系统入网开通申请表》(适用于为新增交易单元配置新网关的申请人);

3.《全国中小企业股份转让系统网关配置变更申请表》(适用于新增交易单元适配原有网关的申请人)。

(二)审查

全国股份转让系统公司收到符合要求的申请材料后,于两个转让日内完成材料审查。

若新增交易单元用于出租,则参照新增交易单元的业务流程办理。

(三)提交交易单元结算路径业务申请

对通过审查的主办券商,全国股份转让系统公司于当日即通知主办券商向中国结算北分结算业务部提交《解除资金合并清算申请表》;主办券商通知托管人向中国结算北分提交《资金合并清算申请表》,办理交易单元结算路径业务申请。具体要求以中国结算北分的规定为准。

(四)交易单元出租的办理

1. T日,中国结算北分结算业务部受理主办券商的《解除资金合并清算申请表》及托管人的《资金合并清算申请表》。

2. T+1日,全国股份转让系统公司通知中国结算北分维护“交易单元-托管单元-结算账户”的结算路径关系;全国股份转让系统公司完成交易单元配置。

3. T+2日,全国股份转让系统公司通知深证通维护网关;全国股份转让系统公司通知主办券商经办人业务办理完毕,出租交易单元于次一转让日可用。

六、变更交易单元

“变更交易单元”适用于主办券商因发生重组、合并、更名等事项导致的交易单元名称变更，以及因自身业务发展和内部管理需要导致的交易单元业务类别、业务权限和流速权的变更等情形。

（一）交易单元名称、业务类别、业务权限的变更流程

1. 申请

主办券商应向全国股份转让系统公司提交以下书面申请文件：

（1）经营证券业务许可证（复印件并加盖公章）；

（2）《交易单元变更申请表》（附件5）；

（3）经办人身份证复印件（加盖公章）。

同时，主办券商应向中国结算北分结算业务部提交结算路径变更相关申请材料。具体要求以中国结算北分的规定为准。

2. 审查

全国股份转让系统公司收到符合要求的申请材料后，于一个转让日内完成材料审查。

3. 办理

在中国结算北分完成交易单元结算路径维护后的一个转让日内，全国股份转让系统公司完成交易单元配置，并通知经办人相关业务办理完毕。

（二）流速权变更流程

1. 申请

主办券商应向全国股份转让系统公司提交以下书面申请文件：

（1）《全国中小企业股份转让系统网关配置变更申请表》（附件8）；

（2）经办人身份证复印件（加盖公章）。

2. 审查

全国股份转让系统公司收到符合要求的申请材料后，于一个转让日内完成材料审查。

3. 办理

深证通完成网关维护后，全国股份转让系统公司通知经办人业务办理完毕。

七、撤销交易单元

“撤销交易单元”适用于主办券商因发生重组、合并等事项，以及因自身业务发展导致的需要撤销已开通交易单元等情形。

（一）办理解除交易单元结算路径业务

主办券商提交申请前，应向中国结算北分结算业务部提交《解除资金合并清算表》，并确保拟撤销的交易单元已停止所有交易；如果该交易单元为托管单元，还应确保无卖空、无挂账，且托管证券余额为零。具体要求以中国结算北分的规定为准。

（二）申请及办理

1. 主办券商向全国股份转让系统公司提交以下书面申请文件：

（1）《交易单元撤销申请表》（附件6）。

（2）经办人身份证复印件（加盖公章）。

2. T日,全国股份转让系统公司完成审查;且主办券商向中国结算北分提交解除交易单元结算路径业务申请材料。具体要求以中国结算北分的规定为准。

3. T+1日,全国股份转让系统公司通知中国结算北分解除交易单元结算路径;全国股份转让系统公司完成交易单元撤销工作。

4. T+2日,全国股份转让系统公司通知深证通维护网关;全国股份转让系统公司通知经办人业务办理完毕。

若拟撤销的交易单元为该网关的唯一交易单元,主办券商应向深证通申请撤销该网关,否则,该网关将继续产生通信服务费。

八、交易单元的缴费

主办券商通过交易单元从事证券转让业务,应当向全国股份转让系统公司交纳交易单元开设初费、使用费、流速费与流量费等费用。

(一)缴费标准

1. 交易单元开设初费

主办券商首次申请开通交易单元时,应交纳人民币50万元的交易单元开设初费。此后增设交易单元的,不再交纳开设初费。

2. 交易单元使用费

主办券商申请使用的每个交易单元(含初次开通交易单元)按每年人民币3万元交纳交易单元使用费。

3. 流速费

每年每个交易单元享受1个免费标准流速(10笔/秒)。主办券商申请使用的总流速不超过其享有的免费标准流速之和时,不需交纳流速费;申请使用的总流速超出其享有的免费标准流速之和的部分,按每个标准流速每年人民币5000元交纳流速费。

4. 流量费

每个交易单元享受的年免费申报笔数为交易类申报、非交易类申报各5000笔;超出免费部分,按每笔交易类申报收费单价为人民币0.15元、每笔非交易类申报收费单价为人民币0.01元的标准交纳。

按上述规则计算的主办券商应交纳的流量费,每年不足人民币2000元的,按人民币2000元交纳。

(二)缴费方式

交易单元开设初费于主办券商初次开通交易单元时一次性交纳;交易单元使用费、流速费及流量费按年收取,按日计费,计费期间为上年12月1日至当年11月30日,于每年12月25日前交纳。

主办券商每年应按要求,向全国股份转让系统公司指定账户交纳交易单元开设初费、使用费、流速费及流量费。指定账户信息如下:

开户名:全国中小企业股份转让系统有限责任公司

开户行:建设银行北京复兴支行

账户号:11001046500053013355

九、其它

本指南由全国股份转让系统公司负责解释,自发布之日起施行。

附件(略)

机构业务类

4 | 20 全国中小企业股份转让系统做市业务备案申请文件内容与格式指南

股转系统公告〔2014〕49 号　2014 年 6 月 5 日公布实施

为规范证券公司做市业务备案等申请文件的内容与格式,根据《全国中小企业股份转让系统做市商做市业务管理规定(试行)》有关要求,制定本指南。

一、申请在全国中小企业股份转让系统(以下简称全国股份转让系统)从事做市业务的证券公司应当按照本指南制作和报送申请文件。

二、申请文件接收后,经全国股份转让系统公司同意,证券公司可以增加、撤回或者更换。

三、申请文件应提交书面文件以及与书面文件一致的电子文件(PDF 格式)各一套,其中《证券公司基本情况申报表》和《业务实施方案》还须另附一套 Word 格式的电子文件。电子文件以光盘形式提交,并须在盘面上标明申请人名称。

四、书面文件应为原件,如不能提供原件的,可提供复印件,由申请人律师提供鉴证意见或由申请人盖章,保证与原件一致。申请文件应加盖骑缝章,其中《证券公司基本情况申报表》、《业务实施方案》还应在首页加盖公章。

五、申请书应为申请人正式发文,须标明文号、签发人。

六、《证券公司基本情况申报表》、《做市业务人员自律承诺书》、《证券公司参与全国股份转让系统业务协议书》及其附件《证券公司从事做市业务自律承诺书》,应采用全国股份转让系统公司提供的标准格式文本(可到全国股份转让系统公司网站(www. neeq. com. cn)下载)。

七、申请文件所有需要签名处,均应为签名人亲笔签名,不能以名章、签名章等替代。

八、申请文件应包括封面、目录和内容。

申请文件的封面和侧面应标有"××公司做市业务备案申请文件"字样,扉页应标明申请证券公司法定代表人、指定高管、联系人姓名、电话、传真等联系方式。

九、每份申请文件之间应有明显的分隔标识,文件中的页码应与目录中的页码相符。

十、申请文件应采用标准 A4 纸张印刷(须提供原件的历史文件除外)。

申请人签署的业务协议书及其附件(一式四份),无需打孔,应单独装订。

附件:1. 证券公司申请做市业务备案文件目录

2. 证券公司从事做市业务自律承诺书

3. 做市业务人员自律承诺书

附件1

证券公司申请做市业务备案文件目录

一、申请书

二、证券公司基本情况申报表

三、《经营证券业务许可证》(副本)复印件

四、做市业务实施方案

须提交如下附件:

1. 做市业务内部管理制度

2. 做市业务实施方案的合规审查意见

3. 做市业务人员资质证明文件及做市业务人员自律承诺书

4. 做市专用技术系统准备情况说明

五、证券公司参与全国中小企业股份转让系统业务协议书(一式四份)

附件:证券公司从事做市业务自律承诺书(一式四份)

六、最近一年度经审计的财务报告、净资本计算表、风险控制指标监管报表、风险资本准备计算表原件

注:已经获准在全国中小企业股份转让系统从事推荐或经纪业务的证券公司,仅需提交申请做市业务备案文件目录中一、三、四、五项文件。

附件2

证券公司从事做市业务自律承诺书

全国中小企业股份转让系统有限责任公司:

________(以下简称公司)就在全国中小企业股份转让系统(以下简称全国股份转让系统)开展做市业务承诺如下:

一、理解并遵守全国股份转让系统业务规则、细则、指引、通知等规定(以下统称全国股份转让系统业务规定),接受全国中小企业股份转让系统有限责任公司(以下简称全国股份转让系统公司)的自律管理。

二、按照全国股份转让系统业务规定要求,设置专门的做市业务部门,配备合格业务人员。业务人员具有证券从业资格并取得执业证书,具备开展做市业务所需专业知识,熟悉全国股份转让系统业务规定。

三、按要求在做市转让时间内,在全国股份转让系统持续发布买卖双向报价,并在报价价位和数量范围内履行与投资者的成交义务。

四、建立健全做市业务各项业务制度和业务操作流程,建立健全风险管理制度和合规管理制度,保障做市业务依法合规进行,严格防范和控制业务风险。

五、健全公司内部业务隔离制度，确保做市业务与推荐业务、证券投资咨询、证券自营、证券经纪、证券资产管理等业务在机构、人员、信息、账户、资金上的严格分离。

六、遵守相关法律和行政法规，不利用信息优势和资金优势，单独或者通过合谋，以串通报价或相互买卖等方式制造异常价格波动，不通过内幕交易行为损害投资者利益。

七、按要求建立开展做市业务所需的专用技术系统，制定相应的安全运行管理制度，保证专用技术系统安全稳定运行。

八、建立健全做市业务异常情况处理机制和突发事件处理预案制度，对发生的重大业务风险、重大技术故障等可能引发系统性风险、严重影响市场稳定的突发事件，按照预案妥善处理，并及时向全国股份转让系统公司报告。

九、按全国股份转让系统公司要求及时报送相关文件，履行报告、公告义务。积极配合全国股份转让系统公司对本公司及其从业人员的检查、核查，不进行阻挠或人为制造障碍，认真执行全国股份转让系统公司的整改要求。

十、在开展做市业务过程中遇到现行规则未作规定的重大事项时，及时报告全国股份转让系统公司，并根据全国股份转让系统公司要求进行处理。

本公司保证遵守以上承诺，严格自律，诚实守信，依法合规开展做市业务，维护市场运行秩序，保护投资者合法权益，接受全国股份转让系统公司的自律管理，并对此承担责任。

承诺人（签章）：

法定代表人（签字）：

附件3

做市业务人员自律承诺书

本人就在全国中小企业股份转让系统（以下简称全国股份转让系统）从事做市业务承诺如下：

一、理解并自觉遵守相关法律、行政法规和全国股份转让系统各项业务规定。

二、严格执行所在公司各项做市业务管理制度，主动识别、防范、应对做市业务风险，对本人从事做市业务的合法合规性承担责任。

三、符合《全国中小企业股份转让系统做市商做市业务管理规定（试行）》对于做市业务人员相关条件的规定。在从事做市业务期间，加强对有关法律法规和全国股份转让系统业务规则的学习，持续提高做市业务能力。

四、依法合规开展做市业务，诚实守信、勤勉尽责，严防利益冲突，不向自身或利益相关人进行利益输送，不从事内幕交易或操纵市场等任何损害投资者利益的活动。

五、主动配合和接受全国中小企业股份转让系统有限责任公司的自律管理。

六、本人主动承诺的其他事项（如有）：

如本人在履行职责期间违背上述承诺事项，自愿接受全国中小企业股份转让系统有限责任公司依照相关规定采取的监管措施和纪律处分。同时承担相应的法律责任，并接受处罚。

承诺人(签名):
证券公司(盖章):
日期:

4 | 21　全国中小企业股份转让系统投资者适当性管理证券账户信息报送业务指南

股转系统公告〔2014〕27 号　2014 年 4 月 29 日公布实施

为加强主办券商投资者适当性管理,规范投资者适当性管理证券账户信息报送标准及流程,根据《全国中小企业股份转让系统投资者适当性管理细则(试行)》、《全国中小企业股份转让系统交易支持平台数据接口规范》等有关规定,制定本指南。

一、投资者适当性管理证券账户信息报送内容、格式、时限

主办券商应于每个转让日 15:00－15:30 期间,按照《全国中小企业股份转让系统交易支持平台数据接口规范》第七章"投资者适当性管理信息库"有关要求,通过深圳证券通信有限公司金融数据交换平台(以下简称 FDEP),向全国中小企业股份转让系统有限责任公司(以下简称全国股份转让系统公司)报送当日新增合格投资者证券账户信息。包括如下内容:

1. 合格投资者业务开通流水号。为该主办券商内部当日唯一流水序号。

2. 证券账户。

3. 账户名称。对于合格个人投资者,填写姓名;对于合格机构投资者,填写机构全称。

4. 签署日期。为合格投资者签署适当性协议的日期,格式为 CCYYMMDD。

5. 申请日期。为主办券商上报该投资者为合格投资者的日期,格式为 CCYYMMDD。

6. 类别标识。"1"为买卖挂牌公司股票合格投资者新增。

7. 营业部编码。证券营业部识别码,为主办券商内部唯一 2 位编码。

8. 备用标识。为空。

主办券商未按时申报的,全国股份转让系统公司按其当日无新增合格投资者进行处理;当日多次报送的,全国股份转让系统公司以其最后一次报送的证券账户信息为准;若同一报送文件中存在同一证券账户重复报送的情形,则以流水号最小的证券账户信息为准。当日无新增合格投资者的,应报送空表。

二、投资者适当性管理证券账户信息的处理流程

1. 证券账户信息接收。

每个转让日收市后,全国股份转让系统公司接收中国证券登记结算有限责任公司北京分公司(以下简称中国结算北京分公司)发送的增量证券账户信息。

2. 投资者适当性管理证券账户信息生成。

每个转让日 19:30 后,全国股份转让系统公司对各主办券商上报的投资者适当性管理证券账户信息进行汇总,生成《当日新增合格投资者汇总信息库》,主要包括当日新增的全部合格投

资者证券账户、适当性协议签署日期及申请开通的交易类别标识等信息。随后,全国股份转让系统公司将主办券商报送的合格投资者证券账户信息与中国结算北京分公司发送的曾持股证券账户信息(不包括违规买入证券的证券账户信息)进行比对处理,生成《受限投资者可交易证券信息库》,主要包括全部受限投资者证券账户及可交易证券等信息。

3. 证券账户信息下发

每个转让日20:00后,全国股份转让系统公司通过FDEP向各主办券商下发《当日新增合格投资者汇总信息库》以及《受限投资者可交易证券信息库》。

每月第一个转让日20:00后,全国股份转让系统公司将向各主办券商下发截至当日的全部合格投资者证券账户信息。

三、报送错误信息的反馈与处理

次一转让日9:00前,全国股份转让系统公司将前一日数据处理过程中发现的错误证券账户信息按主办券商进行分类,并通过指定电子邮箱向相关主办券商发送。错误证券账户信息包括:

1. 合格投资者业务开通流水号。

2. 错误原因。

主办券商应更正后随当日新增合格投资者证券账户信息于当日15:00–15:30进行补报。

四、主办券商证券账户信息联系人

主办券商应当指定专人负责证券账户信息的统计、报送、接收及维护工作,并按要求将相关工作人员的名单及联系方式报全国股份转让系统公司。

五、本指南自全国股份转让系统交易支持平台上线之日起实施。

4 | 22　全国中小企业股份转让系统主办券商和挂牌公司协商一致解除持续督导协议操作指南

全国中小企业股份转让系统有限责任公司　2014年3月31日公布实施

为规范全国中小企业股份转让系统(以下简称全国股份转让系统)主办券商和挂牌公司协商一致解除持续督导协议的操作流程,根据《全国中小企业股份转让系统业务规则(试行)》(以下简称《业务规则》)、《全国中小企业股份转让系统主办券商管理细则(试行)》、《全国中小企业股份转让系统推荐业务规定(试行)》等规定,制定本指南。

一、适用范围

主办券商和挂牌公司协商一致决定解除持续督导协议的,适用本指南。

二、操作流程

(一)原承担持续督导职责的主办券商(以下简称原主办券商)与挂牌公司协商并达成解除持续督导协议的一致意见;挂牌公司与承接督导事项的主办券商(以下简称承接主办券商)达成签订持续督导协议的一致意见。

（二）挂牌公司召开董事会会议审议与原主办券商解除持续督导协议并与承接主办券商签署持续督导协议的有关议案，包括拟向全国股份转让系统公司提交的说明报告、拟与原主办券商签订的终止协议、拟与承接主办券商签订的持续督导协议等，挂牌公司应当在董事会会议结束后两个转让日内以临时公告的形式及时披露更换主办券商相关事宜。

挂牌公司将董事会审议通过的议案提交股东大会表决，在股东大会结束后两个转让日内以临时公告的形式及时披露。

（三）挂牌公司、原主办券商和承接主办券商应在挂牌公司股东大会表决通过后五个转让日内，向全国股份转让系统公司提交说明报告和相关文件。

（四）全国股份转让系统公司接收材料后认为与相关要求不符的，于五个转让日内提出反馈意见，要求挂牌公司、原主办券商或者承接主办券商补充、完善相关文件。全国股份转让系统公司收到反馈回复意见后重新计算五个转让日。

（五）全国股份转让系统公司接收材料或者反馈回复意见后五个转让日内未提出异议的，挂牌公司与原主办券商签订终止协议，与承接主办券商签订持续督导协议。终止协议与新签订的持续督导协议的生效日期应相同，挂牌公司、原主办券商和承接主办券商均应在上述协议生效的两个转让日内分别按照公告模板（附件1、2、3）在全国股份转让系统网站（www.neeq.com.cn）进行公告。

三、文件要求

（一）挂牌公司向全国股份转让系统公司提交解除持续督导协议的说明报告、董事会决议、股东大会决议、拟与原主办券商签订的终止协议、拟与承接主办券商签订的持续督导协议。挂牌公司应在说明报告中简要介绍其自挂牌以来的基本情况，介绍原主办券商督导工作情况并作出评价，说明双方解除督导协议的原因和具体安排，评估更换主办券商对挂牌公司的影响。

（二）原主办券商向全国股份转让系统公司提交解除持续督导协议的说明报告。原主办券商应在说明报告中简要介绍挂牌公司的基本情况、公司治理和信息披露情况，对持续督导工作进行总结，说明挂牌公司配合持续督导工作情况、落实主办券商整改意见、缴纳持续督导费用等情况，说明双方解除持续督导协议的原因，并作出声明：本公司在履行持续督导职责期间未勤勉尽责的，相应的责任不因解除持续督导协议而免除。

（三）承接主办券商向全国股份转让系统公司提交承接持续督导工作的说明报告。承接主办券商应在说明报告中声明：本公司已对挂牌公司业务、公司治理、财务以及自挂牌以来的信息披露情况进行必要的调查，将自持续督导协议生效之日起开展持续督导工作并承担相应的责任。

（四）以上材料应提交书面文件以及与书面文件一致的电子文件（PDF格式）各一套。电子文件以光盘形式提交，并须在盘面上标明提交人名称。

（五）说明报告应载有联络人姓名、电话、邮箱等联系方式。说明报告及相关文件均应盖公章和骑缝章。

四、附则

主办券商或挂牌公司单方面解除持续督导协议的，应按照《业务规则》第4.4.1条和第4.5.1条规定及《推荐挂牌并持续督导协议书》（或《持续督导协议书》）中相关约定处理。

附件：

1. 挂牌公司变更持续督导主办券商公告格式模板

2. 主办券商解除持续督导协议公告格式模板

3. 主办券商签署持续督导协议公告格式模板

全国中小企业股份转让系统有限责任公司

2014 年 3 月 31 日

附件 1　挂牌公司变更持续督导主办券商公告格式模板

证券代码:___________　证券简称:__________　公告编号:__________

×××××股份有限公司变更持续督导主办券商公告

本公司及董事会全体成员保证公告内容不存在虚假记载、误导性陈述或者重大遗漏，并对其内容的真实、准确和完整承担个别及连带责任。

董事×××、×××因____（具体和明确的理由）____不能保证公告内容真实、准确、完整。

简要介绍原主办券商持续督导工作情况，说明终止持续督导协议的原因，董事会、股东大会对变更持续督导主办券商的审议情况，与原主办券商协商一致解除持续督导协议的情况，与承接主办券商签署持续督导协议的情况。

________股份有限公司董事会

________年____月____日

附件 2　主办券商解除持续督导协议公告格式模板

××证券股份有限（有限责任）公司解除持续督导协议公告

说明持续督导期间，对持续督导工作进行总结，说明双方解除持续督导协议的原因和协商一致解除持续督导协议的情况，并作出声明："本公司在履行持续督导职责期间未勤勉尽责的，相应的持续督导责任不因解除持续督导协议而免除。"

________证券股份有限（有限责任）公司

________年____月____日

本公司及董事会全体成员保证公告内容不存在虚假记载、误导性陈述或者重大遗漏，并对其内容的真实、准确和完整承担个别及连带责任。

董事×××、×××因____（具体和明确的理由）____不能保证公告内容真实、准确、完整。

简要介绍原主办券商持续督导工作情况，说明终止持续督导协议的原因，董事会、股东大会对变更持续督导主办券商的审议情况，与原主办券商协商一致解除持续督导协议的情况，与承接主办券商签署持续督导协议的情况。

________股份有限公司董事会

________年____月____日

附件3 主办券商签署持续督导协议公告格式模板

××证券股份有限（有限责任）公司签署持续督导协议公告

简要说明对挂牌公司业务、公司治理、财务以及自挂牌以来的信息披露情况的调查情况和结论，说明持续督导协议签署情况，并作出声明："本公司已对挂牌公司业务、公司治理、财务以及自挂牌以来的信息披露情况进行必要的调查，将自持续督导协议生效之日起开展持续督导工作并承担相应的责任。"

________证券股份有限（有限责任）公司

________年____月____日

4 | 23 全国中小企业股份转让系统主办券商相关业务备案申请文件内容与格式指南

全国中小企业股份转让系统有限责任公司 2013年6月14日发布

为规范主办券商业务备案等申请文件的内容与格式，根据《全国中小企业股份转让系统业务规则（试行）》、《全国中小企业股份转让系统主办券商管理细则（试行）》，制定本指南。

一、申请在全国中小企业股份转让系统（以下简称全国股份转让系统）从事主办券商相关业务的证券公司以及已经开展相关业务的主办券商（以下简称申请人）应当按照本指南制作和报送申请文件。

二、本指南规定的申请文件目录是对主办券商相关业务备案申请文件的最低要求。根据审查需要，全国中小企业股份转让系统有限责任公司（以下简称全国股份转让系统公司）可要求申请人补充文件。

三、申请文件接收后，经全国股份转让系统公司同意，可以增加、撤回或者更换。

四、申请文件应提交书面文件以及与书面文件一致的电子文件（PDF格式）各一套，其中《证券公司基本情况申报表》和《业务实施方案》还须另附一套Word格式的电子文件。电子文件以光盘形式提交，并须在盘面上标明申请人名称。

五、书面文件应为原件，如不能提供原件的，可提供复印件，由申请人律师提供鉴证意见或由申请人盖章，保证与原件一致。申请文件应加盖骑缝章，其中《证券公司基本情况申报表》、《业务实施方案》、《公司章程》还应在首页加盖公章。

六、申请书为申请人正式发文，须标明文号、签发人。

七、《证券公司基本情况申报表》、《证券公司参与全国股份转让系统业务协议书》及其附件自律承诺书，应采用全国股份转让系统公司提供的标准格式文本［可到全国股份转让系统公司网站（www.neeq.com.cn）下载］。

八、申请文件所有需要签名处，均应为签名人亲笔签名，不要以名章、签名章等替代。

九、申请文件应包括封面、目录和内容。

申请文件的封面和侧面应标有“××公司主办券商××业务备案申请文件”字样，扉页应标明申请证券公司法定代表人、指定高管、联系人姓名、电话、传真等联系方式。

十、每份申请文件之间应有明显的分隔标识，文件中的页码应与目录中的页码相符。

十一、申请文件应采用标准 A4 纸张印刷（须提供原件的历史文件除外）。

申请人签署的业务协议书及其附件（一式四份），无需打孔，应单独装订。

4 | 24　证券公司从事推荐业务自律承诺书

全国中小企业股份转让系统有限责任公司：

________（以下简称公司）就在全国中小企业股份转让系统（以下简称全国股份转让系统）开展推荐业务承诺如下：

一、理解并遵守全国股份转让系统业务规则、细则、指引、通知等规定（以下统称全国股份转让系统业务规定），接受全国中小企业股份转让系统有限责任公司（以下简称全国股份转让系统公司）的自律管理。

二、按照全国股份转让系统业务规定要求，设置专门的推荐业务部门，配备合格业务人员。业务人员具有证券从业资格并取得执业证书，具备财务、法律或行业分析等方面的专业知识或工作经验，熟悉全国股份转让系统业务规定。

三、建立健全推荐业务各项业务制度和业务操作流程，建立健全风险管理制度和合规管理制度，保障推荐业务依法合规进行，严格防范和控制业务风险。

四、在全国股份转让系统指定信息披露平台披露公司基本情况、主要业务人员情况、执业情况等信息，并按全国股份转让系统公司要求及时更新。

五、按全国股份转让系统公司要求及时报送相关文件，履行报告、公告义务。

六、按照《全国中小企业股份转让系统业务规则（试行）》（以下简称《业务规则》）和《全国中小企业股份转让系统主办券商推荐业务规定（试行）》（以下简称《推荐业务规定》）的要求，严格执行推荐标准，认真履行推荐程序，推荐符合规定条件的股份公司股票在全国股份转让系统挂牌，并对此承担相应责任。

七、按照《推荐业务规定》的要求，为每家申请挂牌公司设立项目小组，根据《主办券商尽职调查工作指引（试行）》对申请挂牌公司进行尽职调查，并在全面、真实、客观调查的基础上出具尽职调查报告。

八、按照《推荐业务规定》的要求，设立推荐挂牌内核机构，制定内核机构工作制度。内核机构按照《推荐业务规定》的相关要求召开内核会议，对申请挂牌公司进行内部审核并出具内核意见；内核会议成员独立、客观、公正地进行审核、出具审核意见及行使表决权。

九、认真编制推荐文件，并根据申请挂牌公司委托认真组织编制挂牌申请文件，保证相关文件均真实、准确、完整，不存在虚假记载、误导性陈述和重大遗漏。

十、依据《业务规则》、《推荐业务规定》、《全国中小企业股份转让系统挂牌公司信息披露细则（试行）》等规定，为每家所推荐挂牌公司配备符合要求的专职督导人员，认真履行持续督导职责，指导和督促所推荐挂牌公司诚实守信、规范履行信息披露义务、完善公司治理机制。

十一、按照全国股份转让系统公司相关规定，为挂牌公司定向发行、并购重组等提供相关服务。

十二、积极配合全国股份转让系统公司对本公司及其从业人员的检查、核查，不进行阻挠或人为制造障碍，认真执行全国股份转让系统公司的整改要求。

十三、根据全国股份转让系统公司的要求，调查或协助调查指定事项，并将调查结果及时报告全国股份转让系统公司。

十四、在开展推荐业务过程中遇到现行规则未作规定的重大事项时，及时报告全国股份转让系统公司，并根据全国股份转让系统公司要求进行处理。

本公司保证遵守以上承诺，严格自律，诚实守信，勤勉尽责地开展推荐业务，维护挂牌公司和投资者合法权益，接受全国股份转让系统公司的监督管理，并对此承担责任。

承诺人（签章）：

法定代表人（签字）：

4 | 25　证券公司从事经纪业务自律承诺书

全国中小企业股份转让系统有限责任公司：

________（以下简称公司）就在全国中小企业股份转让系统（以下简称全国股份转让系统）开展经纪业务承诺如下：

一、理解并遵守全国股份转让系统业务规则、细则、指引、通知等规定（以下统称为全国股份转让系统业务规定），接受全国中小企业股份转让系统有限责任公司（以下简称全国股份转让系统公司）的自律管理。

二、按照全国股份转让系统业务规定要求，配备合格业务人员。业务人员具有证券从业资格并取得执业证书，具备开展经纪业务所需专业知识，熟悉全国股份转让系统业务规定。

三、建立健全投资者适当性管理制度、交易结算管理制度等各项业务管理制度及业务操作流程，建立健全风险管理制度和合规管理制度，保障依法合规开展业务，严格防范和控制业务风险。

四、在全国股份转让系统指定信息披露平台披露公司基本情况、主要业务人员情况、执业情况等信息，并按全国股份转让系统公司要求及时更新。

五、按全国股份转让系统公司要求及时报送相关文件，履行报告、公告义务。

六、做好投资者适当性管理工作，严格按照《全国中小企业股份转让系统投资者适当性管理细则（试行）》规定的准入标准为投资者提供代理买卖服务，不为不满足投资者适当性标准的投资者提供服务。

七、与投资者签署证券买卖委托代理协议前，充分了解投资者的财务状况、投资经验、专业知识水平，评估投资者的风险承受能力和风险识别能力，向投资者详细讲解全国股份转让系统相关业务规则，提醒其对投资风险予以特别关注，要求投资者认真阅读并签署风险揭示书。

八、发现投资者存在异常交易行为，及时告知、提醒投资者，对可能严重影响正常交易秩序的异常交易行为，采取拒绝接受委托等必要措施，并及时报告全国股份转让系统公司。

九、建立投资者持续性教育与风险揭示工作机制，利用各种形式持续向投资者充分揭示市场特征和投资风险。

十、完善客户纠纷处理机制，及时化解代理买卖股票业务中与客户产生的矛盾，按要求将投资者投诉及处理情况向全国股份转让系统公司报告。

十一、按要求建立开展经纪业务所需的交易系统、行情系统和通信系统及其备份系统（以下统称转让技术系统），并制定相应的安全运行管理制度。

十二、按照全国股份转让系统公司或全国股份转让系统公司授权机构（以下统称全国股份转让系统公司）的技术规范和业务要求，对转让技术系统的软件和硬件进行改造、测试，并及时向全国股份转让系统公司报告相关情况。在对技术系统进行改造、测试时，不影响转让活动的正常进行。

十三、定期检查转让技术系统的安全性、稳定性，制订（原文为“定”。——编辑注）应急预案，按要求进行定期或者临时应急演练。

十四、技术系统出现重大故障或者其他因素影响市场交易时，立即采取有效措施，尽快恢复系统正常运行，并及时向全国股份转让系统公司报告。

十五、在转让技术系统与其他技术系统之间、转让通信网络与其他应用网络之间，采取技术隔离措施。

十六、保障与全国股份转让系统公司技术系统连接的安全，不在转让时间内通过全国股份转让系统公司技术系统从事与证券业务无关的活动。

十七、对证券转让中产生的业务数据、系统数据等实行严格的安全保密管理，并作备份和异地保存。

十八、遵守全国股份转让系统公司有关转让信息管理的规定，通过全国股份转让系统许可的通信系统传输转让信息，按要求使用全国股份转让系统转让信息。

十九、告知客户不得将转让信息用于自身股票转让以外的其他活动，并对客户使用转让信息的行为进行有效管理。发现客户使用转让信息存在损害全国股份转让系统公司利益的行为，及时采取有效措施予以制止，并向全国股份转让系统公司报告。

二十、积极配合全国股份转让系统公司对本公司及其从业人员的检查、核查，不进行阻挠或人为制造障碍，认真执行全国股份转让系统公司的整改要求。

二十一、根据全国股份转让系统公司的要求，调查或协助调查指定事项，并将调查结果及时报告全国股份转让系统公司。

二十二、在开展经纪业务过程中遇到现行规则未作规定的重大事项时，及时报告全国股份转让系统公司，并根据全国股份转让系统公司要求进行处理。

本公司保证遵守以上承诺，严格自律，诚实守信，勤勉尽责地开展经纪业务，维护挂牌公司和投资者合法权益，接受全国股份转让系统公司的监督管理，并对此承担责任。

承诺人（签章）：

法定代表人（签字）：

投资者服务类

4 | 26　买卖挂牌公司股票委托代理协议

甲方(投资者):____________

证券账户卡号:____________

身份证号(或营业执照号):____________(盖章)

通讯地址:________________________

乙方:____________公司____________营业部

依照《中华人民共和国合同法》、《全国中小企业股份转让系统业务规则(试行)》(以下简称《业务规则》)和其他有关法律、法规、规章制度,甲乙双方就甲方委托乙方代理股票公开转让及其他相关业务,达成如下协议,供双方共同遵守。

第一章　双方声明及承诺

第一条　甲方向乙方作如下声明和承诺:

1. 甲方具有合法的证券投资资格,不存在法律、法规和规章制度限制从事证券投资的情形;

甲方属于符合《全国股份转让系统投资者适当性管理细则(试行)》规定的投资者。

2. 甲方保证在其与乙方委托代理关系存续期内向乙方提供的所有证件、资料均真实、准确、完整、合法、有效;

3. 甲方保证其资金来源合法,不存在任何第三方或共有人对此主张权利的情形;

4. 甲方已认真阅读并充分理解乙方向其提供的《股票公开转让特别风险揭示书》,充分认识并愿意承担股票公开转让的投资风险;甲方已详细阅读本协议书所有条款,并准确理解其含义,特别是其中有关乙方的免责条款;

5. 甲方已认真阅读并承诺遵守《业务规则》和其他股票公开转让业务相关规定;

6. 甲方承诺遵守自愿、有偿、诚实信用的原则,不进行内幕交易;不操纵市场价格;不以虚假报价或其他违规行为扰乱正常的股票公开转让秩序,误导他人的投资决策;

7. 甲方接受并配合乙方对涉嫌违规行为的调查和处理;

8. 甲方承诺遵守本协议,并承诺遵守乙方的相关管理制度。

第二条　乙方向甲方作如下声明和承诺:

1. 乙方是依法设立的证券经营机构,符合从事代理投资者买卖挂牌公司股票业务的条件,且已实施客户交易结算资金第三方存管;

2. 乙方具备开展股票公开转让业务的必要条件,能够为甲方的股票公开转让提供相应的服务;

3. 乙方确认其向甲方提供的委托方式以双方约定方式为准；

4. 乙方对甲方的开户资料、委托记录等资料负有保密义务，非经法定有权机关或甲方指示，不得向第三方透露。乙方承担因其擅自泄露甲方资料给甲方造成的损失；

5. 乙方保证严格按照有关法律、法规和规章制度的规定从事股票公开转让业务；

6. 乙方承诺遵守本协议，按本协议为甲方提供股票公开转让委托代理服务。

第二章　业务开通

第三条　甲方初次参与股票公开转让，应具有人民币普通股票账户（以下简称“证券账户”）和资金账户。

第四条　甲方申请开通股票公开转让业务权限时，应按照要求如实填写申报资料。由于甲方提供不实资料引起的法律责任，由甲方承担。

第五条　甲方应严格按照法律、法规、规章、证券登记结算机构业务规则及其他规则开立银行结算账户、办理客户交易结算资金存入或转出及有关银行业务事项。因甲方违反相关规则所造成的损失，由甲方自行承担。

第三章　委　　托

第六条　甲方委托乙方代理股票公开转让前，必须设置交易密码。甲方必须牢记交易密码，并对交易密码负有保密责任。

甲方可持有效证件到乙方柜台或通过自助委托系统修改交易密码。

第七条　乙方接受甲方委托，为甲方办理下列事项：

1. 接受并执行甲方下达的合法有效委托；

2. 应甲方要求提供其委托、成交及账户股份变动情况的清单；

3. 代理甲方进行资金、证券的清算、交收；

4. 代理甲方领取红利股息及其他利息分配；

5. 代理保管甲方买入或存入的有价证券；

6. 双方依法约定的其他事项；

7. 中国证监会规定提供的其他服务。

第八条　甲方采取的委托方式由双方书面约定。委托方式包括柜台委托及自助委托等，自助委托包括电话委托、网上委托以及乙方认可的其他合法委托方式。

甲方应充分了解各种委托系统的操作方法，乙方对此有解答咨询的义务。

第九条　乙方在代理股票公开转让业务中可以接受甲方的限价委托、成交确认委托等方式。

乙方认为甲方存在虚假委托或操纵价格的行为时，有权拒绝接受。

第十条　乙方接受甲方委托前，应充分了解甲方的财务状况和投资需求，可以要求甲方提供相关证明性资料。

第十一条　如甲方为不符合股票公开转让准入标准的投资者，其只能委托乙方买卖其持有或曾持有的公司股票。

第十二条　甲方卖出的股份，不得超过其托管在乙方的股份余额。甲方在发出买入股份的限价委托、成交确认委托时,应保证其资金账户中有足额的资金。

第十三条 乙方发现甲方存在违规行为的,将予以警示,必要时可以拒绝甲方的委托或终止本协议。

第十四条 甲方通过自助委托系统下达的委托指令,以乙方电脑数据为准;柜台委托以甲方签字确认的委托凭证为准;甲方以电话语音、传真、信函下达的委托指令,如乙方无法确认,将不作为对乙方的有效指令;甲方对其委托行为所产生的一切经济和法律后果承担全部责任。

第十五条 甲方需查询委托结果或打印回单的,应在委托后三个交易日内办理;如有疑问,须在查询结果或打印回单当日向乙方书面质询。

第四章 信 息 服 务

第十六条 乙方应在其营业场所披露最新的价格、成交等信息。

第十七条 乙方应及时揭示最新的股票公开转让业务规则、制度及相关信息。

第五章 变更和撤销

第十八条 甲方重要资料发生变更的,应及时通知乙方,并按乙方要求办理变更手续。

前款所述甲方重要资料包括但不限于甲方的姓名、联系方式、居住地址、有效证件号码、授权代理人及授权事项、委托交易方式等。

第十九条 有下列情形之一的,乙方可要求甲方限期纠正,甲方不能按期纠正或拒不纠正的,乙方可视情形依法撤销其与甲方的委托代理关系或暂停甲方对其账户的使用(包括但不限于限制存取款、限制交易等):

1. 甲方提供虚假资料、证件;
2. 甲方的资金来源不合法;
3. 甲方有严重损害乙方合法权益,影响其正常经营秩序的行为;
4. 甲方违反全国中小企业股份转让系统业务规则,通过乙方进行违法违规交易的;
5. 法律、法规规定的其他情形。

第二十条 乙方若不符合从事代理投资者买卖挂牌公司股票业务的条件,股票公开转让委托协议自行终止。

第二十一条 乙方撤销其与甲方的委托代理关系,需及时通知甲方,并说明理由。

第二十二条 甲方在收到乙方撤销委托代理关系通知后,应及时到乙方办理相关手续。在此期间,乙方不接受除卖出甲方持有证券外的所有委托买卖指令。

第六章 甲方授权代理人委托

第二十三条 甲方可以授权他人作为办理股票公开转让委托及相关事项的代理人。甲方代理人办理上述事项时,应当出示授权委托书,并提交代理人的有效证件。相关材料应交乙方存档。

第二十四条 授权委托书至少应载明下列内容:代理人姓名及身份证件号码、授权权限、代理期限及乙方要求明示的其他事项。

第二十五条 甲方在授权委托有效期内变更授权事项或撤销授权时,应当及时书面通知乙方，并办理有关手续。乙方在收到甲方书面通知前，原授权委托书仍然有效。

因未及时通知乙方所造成的损失由甲方自行承担。

第七章　免 责 条 款

第二十六条　乙方郑重提醒甲方注意密码的保密。任何使用甲方密码进行的委托均视为有效的甲方委托。甲方自行承担由于其密码失密造成的损失。

第二十七条　甲方如果遗失证券账户卡、身份证明等证件，应立即向乙方及其他相关机构挂失。由于甲方未及时挂失而导致其遭受损失的，由甲方自行承担，乙方不承担任何责任。

第二十八条　甲方通过私下协商达成的转让意向因对方不申报成交确认委托或申报不匹配的成交确认委托，无法成交的，乙方对此不承担责任。

第二十九条　因地震、台风、水灾、火灾、战争及其他不可抗力因素导致的甲方损失，乙方不承担任何赔偿责任。

第三十条　因乙方不可预测或无法控制的系统故障、设备故障、通讯故障、停电等突发事故，给甲方造成的损失，乙方不承担任何赔偿责任。

第三十一条　当发生不可抗力、意外事故时，乙方应当及时采取措施防止甲方损失的进一步扩大。

第八章　附　　则

第三十二条　乙方按照有关法律、法规及业务规则的规定收取佣金及其他服务费用、代扣代缴有关税费。佣金标准如发生变动，甲方同意乙方按新的规定执行。

乙方依法提供其他有偿服务的，可按双方约定标准向甲方收取合理服务费用。

第三十三条　本协议书与有关法律、法规及业务规则有抵触的，协议书与之不相适应的内容及条款自行失效，相关内容及条款按新修订的法律、法规、规章制度及行业规章办理。但本协议其他内容和条款继续有效。

第三十四条　若相关的法律、法规和业务规则发生变更，需要修改或增补本协议，由乙方在其营业场所以公告形式通知甲方。若甲方在七个工作日内不提出异议，则公告内容即成为本协议组成部分。

第三十五条　当双方出现争议时，可选择如下方式解决：

1. 协商；

2. 向乙方所在地有管辖权的法院起诉；

3. 其他合法方式。

第三十六条　本协议自双方签署之日起生效。股票公开转让特别风险揭示书及甲方填写的申报文件均视为本协议附件，同时生效。

第三十七条　本协议一式两份，甲乙双方各执一份，具有同等的法律效力。

甲方（个人）：____________　　　　乙方：____________证券公司

甲方（机构）：____________（签章）　　　　（盖章）

________年____月____日　　　　________年____月____日

4 | 27 《全国中小企业股份转让系统挂牌公司股票公开转让特别风险揭示书》必备条款

尊敬的投资者：

为了使您更好地了解全国中小企业股份转让系统（以下简称全国股份转让系统）挂牌公司股票公开转让的投资风险，根据《全国中小企业股份转让系统投资者适当性管理细则（试行）》的规定，本公司特向您提供《挂牌公司股票公开转让特别风险揭示书》，揭示参与股票公开转让存在的风险，请您认真阅读并签署。

一、重要提示

1. 全国股份转让系统制度规则与上海、深圳证券交易所的制度规则存在较大差别。在参与挂牌公司股票公开转让之前，请您务必认真阅读《全国中小企业股份转让系统业务规则（试行）》等有关业务规则、细则、指引和通知。

2. 全国股份转让系统是经国务院批准设立的全国性证券交易场所，为挂牌公司提供股票公开转让服务，作为全新的市场，相关制度规则还需要不断修订和完善，请您务必密切关注相关制度调整。

3. 全国股份转让系统的挂牌公司是根据《非上市公众公司监督管理办法》、《全国中小企业股份转让系统业务规则（试行）》的规定，经全国中小企业股份转让系统有限责任公司（以下简称全国股份转让系统公司）审查同意，中国证券监督管理委员会（以下简称中国证监会）核准后，股票在全国股份转让系统挂牌并公开转让的非上市公众公司，公司股东人数可以超过200人。

中国证监会和全国股份转让系统公司不对挂牌公司的投资价值及投资者的收益作出实质性判断或者保证。

4. 全国股份转让系统挂牌公司的信息披露要求与上市公司不同。主办券商负责指导和督促挂牌公司的信息披露，但对披露内容不进行实质性审核。

5. 挂牌公司股票价格可能因多种原因发生波动，投资者应充分关注投资风险。本公司仅为投资者提供代理股票公开转让服务，对投资损失不承担任何责任。

6. 除全国股份转让系统公司规定的情形外，不符合股票公开转让准入标准的投资者只能买卖其持有或曾持有的挂牌公司股票，不得委托买卖其他挂牌公司的股票。

二、风险揭示

参与挂牌公司股票公开转让，除股票投资的共有风险外，还应特别关注以下风险：

1. 公司风险：部分挂牌公司具有规模较小，对单一技术依赖度较高，受技术更新换代影响较大；对核心技术人员依赖度较高；客户集中度高，议价能力不强等特点。部分公司抗市场风险和行业风险的能力较弱，业务收入可能波动较大。

2. 流动性风险：与上市公司相比，挂牌公司股权相对集中，市场整体流动性低于沪深证券交易所。

3. 信息风险：挂牌公司信息披露要求和标准低于上市公司，除挂牌公司所披露的信息外，投资者还需认真获取和研判其他信息，审慎做出投资决策。

本风险揭示书的揭示事项仅为列举性质，未能详尽列示股票公开转让的全部投资风险和可能导致投资损失的所有因素。您在参与此项业务前，请务必对此有清醒的认识。我们诚挚地建议您，从风险承受能力、风险认知能力、投资目标、心理和生理承受能力等自身实际情况出发，审慎参与股票公开转让，合理配置金融资产。

特别声明：

以下内容由投资者本人抄写：

本人确认已阅读并理解相关规则和上述风险揭示内容，具备相应的风险承受能力，自愿参与挂牌公司股票公开转让，并愿意承担相关投资风险和损失。

____

____

以下内容由机构投资者开户代理人抄写：

本机构确认已阅读并理解相关规则和上述风险揭示内容，具备相应的风险承受能力，自愿参与挂牌公司股票公开转让，并愿意承担相关投资风险和损失。

____

____

说明：

1. 本风险揭示书内容的字号应当不小于小三号。

2. 本风险揭示书列示的条款为必备条款，主办券商可根据具体情况在本公司制定的风险揭示书中增加有关内容。

3.《全国中小企业股份转让系统挂牌公司股票公开转让特别风险揭示书》一式两份，双方各执一份。

附　　录

首轮反馈问题新模板——律师问题

第一章

《反馈意见》“第一部分 1. 合法合规”

1 | 1 股东主体适格

请主办券商及律师核查以下事项并发表相应意见:

(1)请核查公司股东是否存在或曾经存在法律法规、任职单位规定不得担任股东的情形或者不满足法律法规规定的股东资格条件等主体资格瑕疵问题,并对公司股东适格性发表明确意见。

(2)若曾存在股东主体资格瑕疵问题,请核查规范措施是否真实、合法、有效,以及规范措施对公司的影响,并就股东资格瑕疵问题是否影响公司股权明晰、公司设立或存续的合法合规性发表明确意见。

请公司就相应未披露事项作补充披露。

1 | 2 出资合法合规

请主办券商及律师核查以下事项并发表相应意见:

(1)请核查公司历次出资的缴纳、非货币资产评估和权属转移情况(如有)、验资情况,并就公司股东出资的真实性、充足性发表明确意见。

(2)请核查出资履行程序、出资形式及相应比例等是否符合当时有效法律法规的规定,对出资程序完备性和合法合规性发表明确意见。

(3)请核查公司是否存在出资瑕疵,若存在,请核查以下事项并发表明确意见:①核查出资瑕疵的形成原因、具体情形,出资瑕疵对公司经营或财务的影响;②对公司前述出资瑕疵是否存在虚假出资事项、公司是否符合“股票发行和转让行为合法合规”的挂牌条件发表意见;③核查公司针对出资瑕疵所采取的规范措施情况,并对规范措施是否履行相应程序并合法有效、是否足以弥补出资瑕疵、出资瑕疵及其规范措施是否会导致公司面临相应的法律风险发表意见;④另请主办券商及会计师核查公司采取的规范措施涉及的会计处理方式是否符合《企业会计准则》的规定。

请公司就相应未披露事项作补充披露。

1 | 3 公司设立与变更

1 | 3.1 公司设立

请主办券商及律师核查以下事项并发表明确意见：

(1)设立(改制)的资产审验情况，如以评估值入资设立股份公司，补充说明是否合法、合规，是否构成"整体变更设立"。(2)自然人股东纳税情况，如未缴纳，说明其合法合规性及规范措施。(3)是否存在股东以未分配利润转增股本的情形，公司代缴代扣个人所得税的情况。若没有，请说明若发生追缴税费的情形，相关防范措施情况。

请公司就相应未披露事项作补充披露。

1 | 3.2 股本变化

请主办券商及律师核查公司历次增资、减资等股本变化情况及履行的内部决议、外部审批程序，并就公司历次的增资、减资等是否依法履行必要程序、是否合法合规、有无纠纷及潜在纠纷发表明确意见。

请公司就相应未披露事项作补充披露。

1 | 4 股权

1 | 4.1 股权明晰

请主办券商及律师：

(1)核查公司是否存在或曾经存在股权代持的情形，若存在，请核查股权代持的形成、变更及解除情况以及全部代持人与被代持人的确认情况，并对代持形成与解除的真实有效性、有无纠纷或潜在纠纷发表意见。

(2)核查公司是否存在影响公司股权明晰的问题以及相关问题的解决情况，以及公司现有股权是否存在权属争议纠纷情形。

(3)结合核查的具体事实情况对公司是否符合"股权明晰、股票发行和转让合法合规"的挂牌条件发表明确意见。

请公司就相应未披露事项作补充披露。

1 | 4.2 股权变动与股票发行合法合规

请主办券商及律师：(1)核查公司历次股权转让是否依法履行必要程序、是否合法合规、有无纠纷及潜在纠纷并发表明确意见。(2)核查公司历次股票发行情况(如有)并就公司股票发行的合法合规性发表意见。

请公司就相应未披露事项作补充披露。

1 | 4.3 子公司股票发行及股权转让合法合规

请主办券商及律师核查公司的控股子公司或纳入合并报表的其他企业的股票发行及股权转让情况并对其合法合规性发表意见。

请公司就相应未披露事项作补充披露。

1 | 5 控股股东与实际控制人

1 | 5.1 控股股东、实际控制人认定

请主办券商及律师核查控股股东、实际控制人的认定的理由和依据,并对认定依据是否充分、合法并发表意见。

请公司就相应未披露事项作补充披露。

1 | 5.2 控股股东与实际控制人合法合规

请主办券商及律师核查公司的控股股东、实际控制人最近 24 个月内是否存在重大违法违规行为,对控股股东、实际控制人的合法合规情况发表意见。

请公司就相应未披露事项作补充披露。

1 | 6 董监高及核心员工

1 | 6.1 董事、监事、高管任职资格

请主办券商及律师核查以下事项并发表明确意见:

(1)现任董事、监事、高级管理人员是否存在不具备法律法规规定的任职资格或违反法律法规规定、所兼职单位规定的任职限制等任职资格方面的瑕疵,若存在,请核查具体瑕疵、解决情况和对公司的影响;(2)现任董事、监事和高级管理人员最近 24 个月内是否存在受到中国证监会行政处罚或者被采取证券市场禁入措施的情形;(3)对公司董事、监事和高级管理人员的任职资格发表明确意见。

请公司就相应未披露事项作补充披露。

1 | 6.2 董事、监事、高管合法合规

请主办券商及律师核查以下事项并发表相应意见:(1)现任董事、监事、高管是否存在违反法律法规规定或章程约定的董事、监事、高管义务的问题,若存在,请核查具体情况、对公司的具体影响以及公司的解决措施。(2)公司的董事、监事、高管最近 24 个月内是否存在重大违法违规行为。(3)请对公司董事、监事、高管的合法合规情况发表意见。

请公司就相应未披露事项作补充披露。

1 | 6.3 竞业禁止

请主办券商及律师核查以下事项：

(1)公司董监高、核心员工(核心技术人员)是否存在违反竞业禁止的法律规定或与原单位约定的情形，是否存在有关上述竞业禁止事项的纠纷或潜在纠纷，若存在请核查具体解决措施、对公司经营的影响；

(2)公司董监高、核心员工(核心技术人员)是否存在与原任职单位知识产权、商业秘密方面的侵权纠纷或潜在纠纷，若存在请核查纠纷情况、解决措施、对公司经营的影响。

请公司就相应未披露事项作补充披露。

1 | 6.4 董事、监事、高管重大变化

请主办券商及律师核查报告期内管理层人员发生重大变化的原因、对公司经营的影响。

请公司就相应未披露事项作补充披露。

1 | 7 合法规范经营

1 | 7.1 业务资质

请主办券商及律师核查以下事项并发表明确意见：

(1)公司是否具有经营业务所需的全部资质、许可、认证、特许经营权，并对公司业务资质的齐备性、相关业务的合法合规性发表意见。

(2)公司是否存在超越资质、范围经营、使用过期资质的情况，若存在，请核查公司的规范措施、实施情况以及公司所面临的法律风险、相应风险控制措施，并对其是否构成重大违法行为发表意见。

(3)公司是否存在相关资质将到期的情况，若存在，请核查续期情况以及是否存在无法续期的风险，若存在无法续期的风险请核查该事项对公司持续经营的影响。

请公司就相应未披露事项作补充披露。

1 | 7.2 环保

请主办券商及律师：

(1)核查公司所处行业是否为重污染行业，以及认定的依据或参考。

(2)若公司不属于前述重污染行业，请核查：①公司建设项目的环保合规性，包括且不限于公司建设项目的环评批复、环评验收及“三同时”验收等批复文件的取得情况；②公司是否需要办理排污许可证以及取得情况；③结合公司的业务流程核查公司日常环保合规情况，是否存在环保违法和受处罚的情况。

(3)若公司属于重污染行业，请核查：

①关于公司建设项目，请核查公司建设项目的环评批复、环评验收及“三同时”验收等批复

文件的取得情况。建设项目未完工或尚未取得相关主管部门的验收文件的，请核查环评批复文件中的环保要求的执行情况。对建设项目环保事项的合法合规性发表意见。

②关于污染物排放，请结合公司的业务流程核查公司是否存在污染物排放，若存在污染物排放，请核查公司的排污许可证取得和排污费缴纳情况，公司是否属于污染物减排对象，公司的排放是否符合标准，是否遵守重点污染物排放总量控制指标。

③关于公司的日常环保运转，请核查：公司有关污染处理设施是否正常有效运转；公司的环境保护责任制度和突发环境应急预案建设情况；公司是否存在公司工业固体废物和危险废物申报和处理情况；公司是否有禁止使用或重点防控的物质处理问题。

④公司是否被环保监管部门列入重点排污单位名录，是否依法公开披露环境信息。

⑤公司是否存在环保事故、环保纠纷或潜在纠纷、是否存在处罚等；公司曾受到处罚的，是否构成重大违法行为，以及公司的相关整改情况。

(4)请核查公司是否存在排污许可、环评等行政许可手续未办理或未办理完成等等环保违法情形，若存在，请核查违法原因以及公司的补救措施，相应补救措施的进展及是否可行、可预期，请说明向环保监管机构的尽职调查情况，并分析公司存在的风险、相应的风险管理措施及其有效性、风险可控性，以及是否影响公司的持续经营能力。

(5)请主办券商及律师综合以上事项对公司的环保事项的合法合规性发表明确意见。

请公司就相应未披露事项作补充披露。

1 | 7.3 安全生产

请主办券商及律师核查以下事项并发表明确意见：

(1)公司是否需要并取得相关部门的安全生产许可，建设项目安全设施验收情况；(2)公司日常业务环节安全生产、安全施工防护、风险防控等措施；(3)公司报告期以及期后是否发生安全生产方面的事故、纠纷、处罚，若发生，请核查其具体情况、公司的整改措施、对公司持续经营的影响，就其是否构成重大违法行为发表明确意见。请主办券商及律师就公司安全生产事项的合法合规性发表意见。

请公司就相应未披露事项作补充披露。

1 | 7.4 质量标准

请主办券商及律师核查以下事项：(1)公司采取的质量标准；(2)公司的质量标准是否符合法律法规规定。

请公司就相应未披露事项作补充披露。

1 | 7.5 公司或其股东的私募基金备案

自2015年3月20日之日起申报的公司或其股东属于私募投资基金管理人或私募投资基金的，请核查其私募基金备案问题。

请主办券商、律师核查以下事项：

(1)应核查公司或其股东是否按照《证券投资基金法》、《私募投资基金监督管理暂行办法》

及《私募投资基金管理人登记和基金备案办法(试行)》等相关规定履行了登记备案程序,并请分别在《推荐报告》、《法律意见书》中说明核查对象、核查方式、核查结果并发表意见。

(2)申请挂牌同时发行股票的,应核查公司股票认购对象中是否存在私募投资基金管理人或私募投资基金,是否按照《证券投资基金法》、《私募投资基金监督管理暂行办法》及《私募投资基金管理人登记和基金备案办法(试行)》等相关规定履行登记备案程序,并请分别在《推荐报告》、《法律意见书》或其他关于股票发行的专项意见中说明核查对象、核查方式、核查结果并发表意见。

请公司就相应未披露事项作补充披露。

1 | 7.6　公司违法行为

请主办券商及律师核查以下事项并发表意见:

(1)公司最近24个月是否存在违法行为,并对以上违法行为是否构成重大违法行为发表意见。

(2)针对公司受到处罚的情况,请核查公司受处罚的原因、公司的整改措施及其有效性,处罚事项对公司经营的影响以及公司风险管理措施的有效性。

请公司就相应未披露事项作补充披露。

1 | 7.7　其他合规经营问题

请主办券商及律师核查公司是否存在其他如劳动社保、消防、食品安全、海关、工商、质检等等合规经营方面的问题和法律风险。

请公司就相应未披露事项作补充披露。

1 | 7.8　未决诉讼或仲裁

公司存在未决诉讼或仲裁的,请主办券商及律师核查:(1)公司诉讼、仲裁的具体事由和进展情况;(2)诉讼、仲裁事项对公司经营的具体影响,若存在不利影响,公司应披露所采取的措施。

请公司就相应未披露事项作补充披露。

第二章

《反馈意见》“第二部分 2. 公司业务”

2 | 1 技术与研发

请公司披露并请主办券商及律师核查以下事项：

(1)公司所使用的技术工艺及其在公司产品或服务中的作用，公司技术或工艺的创新性、比较优势及可替代情况。

(2)研发基本情况，包括且不限于研发机构的部门设置情况、研发人员数量和构成、核心技术(业务)人员情况、研发支出的具体情况及其占营业收入比例、研发项目与成果。

(3)公司所取得的技术的明细，以及是否存在侵犯他人知识产权情形。公司应区分技术的不同取得形式进行披露：①若是原始取得，应披露是否存在其他单位的职务发明问题、是否侵犯他人知识产权、是否存在竞业禁止问题；②若是合作研发取得，应披露合作概况、相关权属和利益分配的约定；③若是受让取得，应披露受让的原因、受让概况、技术是否存在权属瑕疵。针对以上情况，公司应披露相应技术是否存在纠纷或潜在纠纷，公司的相应应对措施。

(4)若公司为高新技术企业，请结合研发投入、研发人员情况等披露公司是否存在无法通过高新技术企业资格复审的风险。

2 | 2 重大业务合同

请公司披露报告期内对公司持续经营有重大影响的业务合同及履行情况，包括披露标准、合同主体、合同标的、合同期间、合同总价，披露的合同应与报告期内收入成本相匹配，包括履行完毕的、仍在履行的；并请按采购合同、销售合同、借款合同、担保合同(若有)等分别列示。请主办券商及律师对前述事项予以核查。

2 | 3 资产

2 | 3.1 资产权属

请主办券商及律师核查公司的以下事项并发表明确意见：

(1)公司资产是否权属清晰、证件齐备,是否存在权利瑕疵、权属争议纠纷或其他权属不明的情形,若存在,请核查相应事项的规范情况。

(2)是否存在资产产权共有的情形以及是否存在对他方重大依赖的情形,是否影响公司资产、业务的独立性。

请公司就相应未披露事项作补充披露。

2 | 3.2 知识产权

请主办券商及律师核查以下事项并相应发表意见:(1)是否存在权利瑕疵、权属争议纠纷或权属不明的情形,公司相对应的解决措施及其有效性;(2)公司在知识产权方面是否存在对他方的依赖,是否影响公司资产、业务的独立性;(3)存在知识产权纠纷的诉讼或仲裁的,量化分析诉讼或仲裁对公司持续经营能力的影响。

请公司就相应未披露事项作补充披露。

第三章

《反馈意见》“第一部分 7.关联交易”

7 | 1 关联方

请公司按照《公司法》、《企业会计准则》等规定的要求完整披露和列示关联方名称、主体资格信息以及与公司的关联关系。

请主办券商及律师根据《公司法》及《企业会计准则》的要求核查公司关联方认定和披露，并就其认定是否准确、披露是否全面、是否存在为规避披露关联交易将关联方非关联化的情形发表明确意见。

7 | 2 必要性与公允性

请公司：(1)结合交易的决策程序、内容、目的、市场价格或其他可比价格等要素，披露公司关联交易的必要性及公允性，未来是否持续；(2)如报告期内存在关联交易显失公允或存在其他利益安排，请量化分析并披露对公司财务状况的影响，并披露对关联交易的规范措施，并作重大事项提示；(3)如报告期关联交易占比较大，分析是否对关联方存在重大依赖，并披露关联交易对公司业务完整性及持续经营能力的具体影响，并作重大事项提示。

请主办券商、会计师核查关联交易的必要性及公允性，发表专业意见，并着重说明对关联交易真实性的核查方法及程序。

请主办券商及律师核查报告期内关联交易的内部决策程序的履行及规范情况。

7 | 3 规范制度

请公司披露针对关联方交易的内部管理制度。请主办券商及律师就公司是否制定了规范关联交易的制度，是否切实履行，发表明确意见。

7 | 4 关联方资金(资源)占用

请公司披露并请主办券商及律师核查以下事项：

(1)报告期内公司是否存在控股股东、实际控制人及其关联方占用公司资源(资金)的情形,若存在,请披露、核查其发生和解决情况。

(2)公司防范关联方占用资源(资金)的制度及执行情况。

第四章

《反馈意见》"第一部分 8.同业竞争"

请公司披露以下事项:(1)控股股东、实际控制人及其控制的其他企业的经营范围以及主要从事业务,是否与公司从事相同、相似业务,相同、相似业务(如有)的情况及判断依据;(2)该等相同、相似业务(如有)是否存在竞争;(3)同业竞争的合理性解释,同业竞争规范措施的执行情况,公司作出的承诺情况;(4)同业竞争情况及其规范措施对公司经营的影响;(5)重大事项提示(如需)。

请主办券商及律师核查以下事项并发表明确意见:

(1)公司与控股股东、实际控制人及其控制的其他企业是否从事相同或相似业务、是否存在同业竞争,判断依据是否合理;

(2)同业竞争规范措施是否充分、合理,是否有效执行,是否影响公司经营。

第五章

《反馈意见》“第一部分 9. 财务、机构、人员、业务、资产的分开情况”

请公司披露公司的财务、机构、人员、业务、资产与控股股东和实际控制人及其控制的其他企业的分开情况。

请主办券商及律师就以下事项核查并发表明确意见:(1)公司的财务、机构、人员、业务、资产是否与控股股东和实际控制人及其控制的其他企业分开;(2)核查公司对外的依赖性,其是否影响公司的持续经营能力。

图书在版编目(CIP)数据

新三板挂牌工作手册:常规、重点法律问题反馈解决实例与新三板法律法规/高慧编著.—北京:法律出版社,2015.7

ISBN 978-7-5118-7859-5

Ⅰ.①新… Ⅱ.①高… Ⅲ.①中小企业—企业融资—中国—手册 Ⅳ.①F279.243-62

中国版本图书馆CIP数据核字(2015)第081278号

新三板挂牌工作手册 常规、重点法律问题反馈解决实例与新三板法律法规	高 慧 编著	责任编辑 李天一 装帧设计 马 帅

开本 710毫米×1000毫米 1/16
印张 33.75 **字数** 835千
版本 2015年7月第1版
印次 2015年7月第1次印刷
出版 法律出版社
编辑统筹 独立项目策划部
总发行 中国法律图书有限公司
经销 新华书店
印刷 三河市兴达印务有限公司
责任印制 张建伟

法律出版社/北京市丰台区莲花池西里7号(100073)
电子邮件/info@lawpress.com.cn
销售热线/010-63939792/9779
网址/www.lawpress.com.cn
咨询电话/010-63939796

中国法律图书有限公司/北京市丰台区莲花池西里7号(100073)
全国各地中法图分、子公司电话:
第一法律书店/010-63939781/9782
西安分公司/029-85388843
重庆公司/023-65382816/2908
上海公司/021-62071010/1636
北京分公司/010-62534456
深圳公司/0755-83072995

书号:ISBN 978-7-5118-7859-5
定价:88.00元
(如有缺页或倒装,中国法律图书有限公司负责退换)